主力行为盘口解密

（七）

翁富 著

图书在版编目（CIP）数据

主力行为盘口解密. 七 / 翁富 著. —北京：地震出版社，2020.9
ISBN 978-7-5028-5074-6

Ⅰ. ①主… Ⅱ. ①翁… Ⅲ. ①股票投资－基本知识 Ⅳ. ①F830.91

中国版本图书馆 CIP 数据核字（2019）第 100234 号

地震版　XM4419/F（5792）

主力行为盘口解密（七）
翁　富　著

责任编辑：吴桂洪　王凡娥
责任校对：凌　樱

出版发行：地震出版社

北京市海淀区民族大学南路 9 号　　　　邮编：100081
发行部：68423031　　68467993　　　　传真：88421706
门市部：68467991　　　　　　　　　　　传真：68467991
总编室：68462709　　68423029　　　　传真：68455221
证券图书事业部：68426052　　68470332
http://seismologicalpress.com
E-mail:zqbj68426052@163.com

经销：全国各地新华书店
印刷：北京市兴星伟业印刷有限公司

版（印）次：2020 年 9 月第一版　2020 年 9 月第一次印刷
开本：787×1092　1/16
字数：382 千字
印张：19.5
书号：ISBN 978-7-5028-5074-6
定价：68.00 元

版权所有　翻印必究

（图书出现印装问题，本社负责调换）

前 言

《主力行为盘口解密》系列专辑陆续出版后深受广大投资者喜爱，多次重印，影响之大非笔者始料所及。本系列专辑的雏形是笔者操盘过程中所思所想的记录，首辑推出时的构想是希望满足一小批专业投资者对盘口分析的需求，并希望通过自己的努力对主力行为在盘口的表现做一些规律性的总结和探索。

笔者专业投身于证券市场二十多年，深知股票买卖操作中既有投资也有投机。在分析个股时，基本面、消息面、技术分析等都要研究，而无论是基本面分析还是技术分析，笔者始终认为，不能脱离一个往往最容易被忽略的而又是最为重要的要素——人！因为股价走势是由资金决定的，而操作资金的是人。虽然现在有自动化交易，使用机器代替人进行，但交易策略、交易计划与交易软件均是由人来完成的，所以对人的分析才是分析的本质。指数每日起起落落，股价每天升升跌跌，表面上是业绩、政策、消息等因素影响导致，深层次上其实是参与者买卖行为动作背后的结果，信息影响的只是参与者思考决定买卖行为的因素，扮演重要角色的却是主力机构的买卖行为。

从另一个角度来看，分析大市或者个股的未来表现，弄清楚参与者的意愿，才能决胜千里。而参与者行列中起决定性因素的是实力机构，分析清楚它们的行为目的，就等于分析清楚了我们所需要的结果，个股的表现和发展方向往往只是主力机构交易行为的表现形式。

因此，无论是股票、期货、外汇还是其他交易品种，都是人在参与交易或者说是人为地在交易，而参与者又可以分为多种交易个体：一般投资者、机构投资者、超强实力机构。在单一个股中，超强实力机构的行为动作是影响个股未来表现和发展方向的核心因素！没有超强实力机构的介入和刻意的操作，上市公司要想有好的业绩、优异的发展前景也只能体现在财务报表上，股价的升跌实际上并不与其有太直接的关系。也就是说，好的公司没有超强实力机构进驻和炒作，股价是难有好的表现的，公司业绩好、前景无限仅仅是吸引超强实力机构进驻和炒作的因素。从这一点可以清晰地看出，投资一个好股票、有好的回报的前提，其实是在"投资"一个进驻这个好股票的超强实力机构。

发现一匹黑马,不能仅仅只是发现一家好的上市公司,发现一匹黑马的核心是发现一个潜伏在这家公司股票里的实力机构,然后在这个股票上进行中短期(3个交易日至2年)投机或者投资。笔者以实践经验来讲,发现目标股票中有实力机构远远比发现一家好公司更重要。实力机构是让我们赚钱致富的根本。一家好公司只是充当主力运作赚钱的一个道具,也就是我们紧跟着主力运作赚钱的一个道具,这才是真正的炒股思维。

笔者在日常看盘中发现,日常交易时间中两市大约有20%的个股每天盘面上都有主力活动的痕迹,这些股票里面又大概有20%主力的活动是相当明显的,更有小部分表现得非常出格。每日盘中不缺乏主力机构拉升的个股,问题的关键在于你是否具备发现和看懂它们的专业知识和能力!

如何发现个股中有实力机构?发现个股中有实力机构后又如何分析它的操作手法、操作思路、操作目的、操作方向呢?主力运作一只股票,操盘手在操盘过程中,无论是有意或者无意的操作都会在盘口上留下其磨灭不掉的痕迹,我们可以根据这些痕迹寻找和分析主力的操盘意图。

盘口语言是主力在运作个股做盘过程中有意或者无意泄露出来的,在盘口买卖盘挂单、单笔成交、分时走势的异常中可以辨别出主力做盘的行为目的和方向。盘口语言不是主力打电话告诉你它要拉升或者打压,也不是主力机构在电视上、广播电台中公开宣布它会如何操作某只股票,真正的盘口语言是一种无形的语言,这种无形的语言在一定条件下用专业知识是可以读得懂的,并且是可以预知了解的。

实际上,盘口中的主力行为与人们平常生活中的行为有着极其相似的地方。一种行为、一个动作出现后可以预知下一个行为动作的发生。例如,一个老烟民嘴里叼着一支香烟,双手插进衣袋里乱摸时,不用他用语言表达,你就知道他在找打火机。大热天,一个满头大汗的小伙子在拧矿泉水瓶盖,不用他用语言表达,你就知道他下一步是喝水。从生活常识、大自然中的规律,我们可以总结出在一种行为、一个动作出现后,紧跟着会发生的行为动作,这是客观的,是有根据的。因此,研究分析主力行为是有方法和技巧的。

在股票、期货交易中,真正的盘口语言需要看盘者有丰富的经验才行,这和现代高科技产品一样,例如电视、电话等电波信号的传播,如果你没有电视机、没有先进的相关接收器,绝对是接收不了的,更无法显示与还原电波信号真正代表的信息,要想获取这些听不见、摸不着、看不到的信息,你就必须掌握接收或者破解信息密码的专门技术。

近年来,政策打压严重暴炒个股的力度逐年加大,但主力并没有因此全都消失,单一主力明目张胆地暴炒个股的少了,但只要证券市场有利可图就少不了他们的身影。本书选取了大量的实战案例,运用图文对话的方式,详细介绍主力是如何运作个股,操盘手在操盘过程中的操作思路、操作手法、操作技巧,以及最详尽的操作细节,希望对读者朋友的炒股技术有实质性的帮助。

祝诸位投资者早日成功!

目 录

第一章

市场强弱与可操作性评估体系之"涨跌家数之比" …………… 2
牛市调整与见顶的三种规律特征 …………………………………… 6
指数必跌的一种技术走势形态 ……………………………………… 9
恐慌性市场的几大特征 ……………………………………………… 11
大盘恐慌性急速跳水减仓技巧 …………………………………… 15
独立性结合对比法分析 ……………………………………………… 19
国家队惊天地泣鬼神护盘盘口细节 ……………………………… 22

第二章

游资主动操盘与消极操盘对股价的影响 ………………………… 30
超级大资金出击一只股票的原因与案例 ………………………… 33
认识主力护盘的细节与目的 ………………………………………… 39
如何看清主力护盘盘口 ……………………………………………… 42
看懂下跌市机构护盘动作 …………………………………………… 47
主力托单与拉起结合护盘盘口 …………………………………… 50
盘口主力夹板做盘机理 ……………………………………………… 53
揭秘主力盘中瞬间砸跌停老鼠仓式操盘机理 ………………… 57

第三章

主力操盘连续性干预影响股价上行行为 ………………………… 64
主力操控对股价的影响与股价恢复正常状态 ………………… 68
主力操控个股做图、做量实例 …………………………………… 72
主力对敲做量几种可辨别特征 …………………………………… 76
连续拉高型对敲盘口特征 …………………………………………… 80
控盘主力做成交量实例 ……………………………………………… 83
基金交易干预个股盘口痕迹 ………………………………………… 86
解读高位天量的危险信号 …………………………………………… 90

1

第四章

- 通过盘口看强弱秘技 …… 96
- 盘口主力动作与后市逻辑关系 …… 99
- 主力操盘引导性影响股价上行盘口 …… 103
- 买盘挂巨单虚张声势盘口 …… 110
- 盘口识别主力制造大买单吸筹陷阱 …… 114
- 一叶知秋：主力操盘行为的背后 …… 117
- 平台突破后的危险信号特征 …… 121
- 个股长下影线成因盘口主力行为剖析 …… 124

第五章

- 变盘节点上的一组K线形态 …… 130
- 不能抢反弹的K线形态及其原因 …… 133
- 揭秘神秘长上影线的成因 …… 137
- 下影线三种构成以及分析原理 …… 140
- 利用60分钟K线分析大市涨跌技巧 …… 143
- 个股出现这几种分时走势就要撤 …… 147
- 局部分时中一种危险的走势 …… 151
- 详析盘口分时八字形走势意义 …… 154
- 分时强势整理上升状态 …… 159
- 主力出其不意的操盘绝招 …… 163
- 认识并远离有这种危险盘口的股票 …… 166

第六章

- 温州帮的短线滚动操盘 …… 170
- 通过数据分析看温州帮的操盘状况 …… 175
- 温州帮损招之尾盘恶毒连续砸盘出货 …… 182
- 主力的借力与点火 …… 185
- 主力盘中洗盘伎俩识别技巧 …… 189
- 主力隐蔽分仓持股实例剖析 …… 192
- 主力滚动操盘一只股票数日经典案例 …… 197
- 主力为赚1%蝇头小利而忙碌的原因 …… 202

主力短线做差价与洗盘结合的操作	207
主力同一组扫货动作不同性质之分	210
主力盘口多渠道造假手段剖析	214
主力拉高后被砸遇险狼狈相	218
远离走势诡异个股	223
超级强势股的几种独有特性	227
短线游资的绝望折腾	232
个股下午开盘瞬间暴拉的性质区别	236
机构开盘就拉巨单拔高玄机	239
竞价大卖单压低出货盘口特征	243
剖析短线主力被套自救招式	247
新主力建仓与老主力推高的区分方法	251
游资主力遇袭情况	255
主力灵活操盘细节体现	258
从机构做盘的思路上战略看盘	262
短线强势股低开杀跌卖出技巧	265
告诉你什么是通吃扫货	269
机构的内回转T+0交易操作三种形式	274
如何通过配股交易数据看清主力	278
盘口细节看主力做盘目的	281
分析盘面全局,辨明主力行为	285
深度剖析断崖式崩盘大跌盘口	290
游资机构超短线套利手段	294
传统技术与盘口结合分析案例	297

后　记 …… 301

第一章

主力行为盘口解密(七)

市场强弱与可操作性评估体系之"涨跌家数之比"

常有股友问"现在市场是什么状况？能不能入场操作？"广大投资者操作必做的第一件事，是入市前先了解当前市场情况，这是理性成熟的一种表现。对市场基础情况不闻不问、一点都不了解就入市是盲目的投资行为。

怎样的市场可以操作？怎样的市场不应操作？有没有一个简单分析就能得到结论的方法？对于这些问题，笔者早已在实践中总结出一条较简单的判断方法：对比个股涨跌家数和看个股涨跌幅度，作为是否可以入市的参考依据！

指数短期涨跌常因机构拉抬或打压指标股而出现失真，但盘中或盘后个股的涨跌家数和涨跌幅度，最能真正反映出当前市场的真实情况。实践中如股指下跌，但个股上升家数远多于下跌家数，那么当前市场具有可操作性，往往此时的大盘指标股是在调整，中小盘股表现活跃。股指明显上升，但此时个股下跌家数远多于上升家数，那么当前市场就不具可操作性，往往此时的股指上升是由大盘指标股的拉升造成，中小盘股表现弱势。这种现象就是我们常说的"八二效应"。

当前市场可不可操作，实践中并不仅仅以股指升跌作为唯一标准，看市场个股涨跌家数之比和个股涨跌幅度大小更实际。那么，这两种方法具体应如何分析？下面就先讲讲个股涨跌家数之比分析法。

个股涨跌家数之比，有两种比对法。

(1)以A股市场全部个股为标的比较，盘中实时或盘后计算红盘上升与绿盘下跌个股家数之比。

(2)以每个独立市场个股为标的比较，如(中小板、创业板)每个单独市场，盘中实时或盘后计算红盘上升与绿盘下跌家数之比。

由于还没有某个指数能直接反映出A股市场全部股票的涨跌家数，要了解盘中实时或者当天A股全部股票升跌家数就要手工统计。在大部分行情软件中输入数字"67"，按回车键后，A股全部股票的涨跌幅排行榜数据就显示出来，通过该涨跌幅排行榜可以轻松计算出个股涨跌家数，下面以某日盘中实时盘面举例说明。

第一章

在股票行情软件输入数字"67",按回车键后,即显示A股全部股票涨跌幅排行榜,通过涨幅排行榜第一版往下翻页,翻至当时红盘涨幅最后一个页面。如图中某日某时红盘个股涨幅排名最后一名是第1490名,这代表当时有1490家A股是红盘上升的。

通过涨幅排行榜往下翻页看完红盘个股,继续往下翻页将翻过涨幅平盘个股,继续下面就是下跌绿盘个股。

图中某日某时绿盘个股排列是由第1800名开始的,然后继续往下翻页到跌幅最大、最后绿盘品种。

主力行为盘口解密(七)

绿盘个股排列由第 1800 名开始，翻到跌幅最大、最后品种，这里是世纪华通(002602)，以大跌 10% 排列第 3043 名，再下面就是停牌品种。

| 3043 | 002602 | 世纪华通 | × -10.00 |

在本统计中，平盘的个股和停牌品种不纳入统计范围。这个方法只计算红绿盘个股家数之比的大概值，没有必要做特别精准的计算。

按照以上数据，红盘个股由第 1 名到第 1490 名，绿盘个股由第 1800 名开始排到第 3043 名(3043－1800＝1553)，简单计算结果，下跌绿盘个股家数为 1553 家。红绿盘家数之比为 1490∶1553。这个比值几乎就是红绿参半，也即升跌家数基本持平。

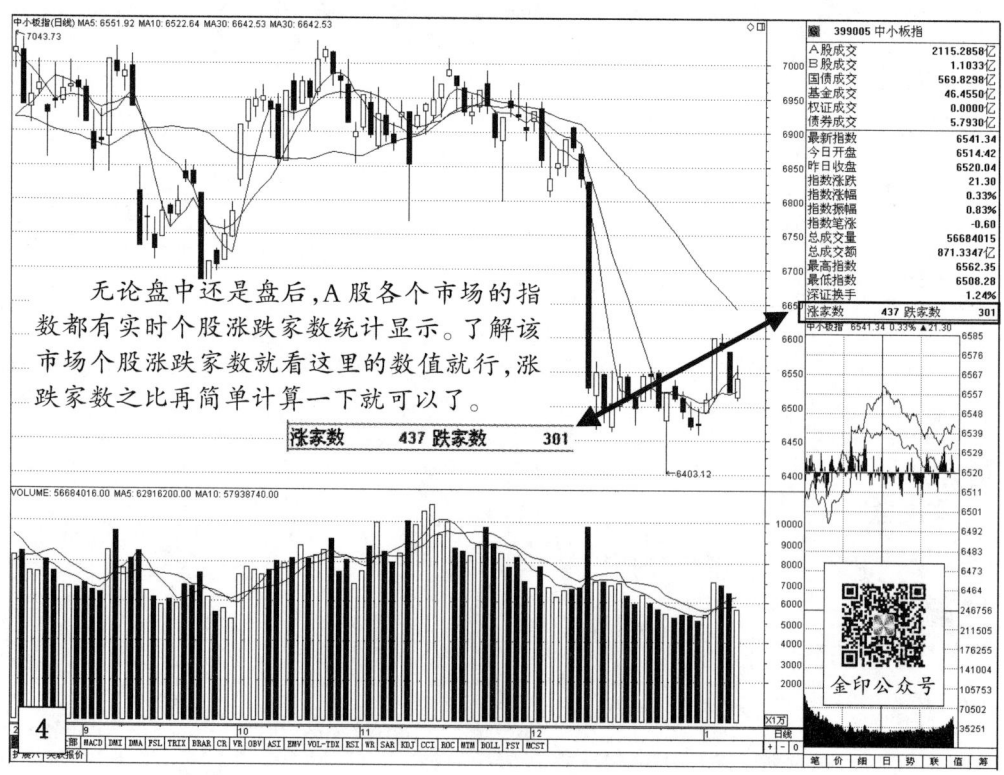

无论盘中还是盘后，A 股各个市场的指数都有实时个股涨跌家数统计显示。了解该市场个股涨跌家数就看这里的数值就行，涨跌家数之比再简单计算一下就可以了。

涨家数　437　跌家数　301

以上是以 A 股市场全部股票为标的比较，是盘中某时间红盘上升与绿盘下跌家数之比，在收盘后也可以进行对比。

以 A 股每个单独市场（上海主板、深圳主板、中小板、创业板）个股为标的比较，可以通过各市场的涨跌幅排名进行统计。而实际上还有更简单的方法，就是直接看每个市场代表性指数。在指数日 K 线或分时版面有具体的实时个股涨跌家数统计。

A 股全部个股涨跌幅排行榜：代码 67；

上证指数：代码 999999；

深证成指指数：代码 399001；

中小板指数：代码 390005；

创业板指数：代码 399006；

沪深 300 指数：代码 399300。

通过个股涨跌家数对比去了解市场强弱及可操作性，可以通过将比数分档来评估市场状况，大体可分为五档，以涨跌家数 5∶5 为强弱临界点。

涨跌家数 7∶3 以上说明当前市场较强，大胆重仓操作。

涨跌家数 6∶4 以上说明市场当前不是很强，谨慎操作。

涨跌家数 5∶5 说明市场当前一般，非高手不操作。

涨跌家数 4∶6 说明市场当前较弱，高手也不操作。

涨跌家数 3∶7 以上说明市场当前很弱，不能操作，应空仓。

个股买卖都产生印花税、手续费等费用，若操作所买入个股是平盘的，那么此笔交易实际是亏损的。由于平盘个股不在统计范围，所以在涨跌家数 5∶5 的情况下，如将平盘个股考虑进去，赢面并没有 50%。据不完全统计，实际上表现一般的行情状况下平盘个股大概占市场的 5%，市场比较好或者比较弱时占比就会更小一点。

以上分析方法是以市场实况为基础，结合数学概率论去考虑评估市场环境情况。做股票无论高手还是低手，每一个人入市操作都必然受市场整体情况影响。在市场整体赢面大时操作，个人的成功赢面一定高。在市场整体赢面小时操作，个人的失败概率一定大。做股票不看不问市场整体环境的操作是盲目和不理性的！

以上仅仅是从涨跌家数之比去分析判断市场环境，以及是否具有可操作条件，仅靠这点还不足以说明市场的可操作性，其实还需要结合"个股涨跌幅度"这一点去分析判断市场环境才更有意义。

主力行为盘口解密(七)

牛市调整与见顶的三种规律特征

A股市场2014年8月开始见底上升,在几个月时间涨幅巨大。从2015年3月12日起,指数连续逼空上升,超强势牛市特征毫无疑问。常言熊市不言底、牛市不言顶!确定行情属于牛市后,就没有必要日日去分析预测顶在哪里,最高点在哪里。牛市中总是惦记着预测的顶出现然后逃顶,怀有这种提心吊胆心理者往往不敢放手大胆操作,如此难以好好分享牛市欢乐盛宴。

面对牛市指数节节上升,克服恐惧畏高心理笔者有招。牛市中最基本的策略是:"只要市场没出现见顶痕迹,就跟随牛市步伐前进大胆持股操作。牛市中重个股轻大盘,在指数未出现见顶或大调整痕迹前就大胆坚决做多。牛市中不预测市场顶在哪里,就做趋势跟随者。待指数出现不妙表现后,及时分析判断顶是否已形成,若是立即走人。"一个散户拿着300万元做股票,个股买卖在几分钟时间内就能完成全部买卖进出,不存在说想买进不去,想跑出不来这样的情况。待指数出现不妙表现再及时撤退,大不了少赚5%~10%,这样比每日胆小如鼠害怕大盘即将翻天覆地崩塌、不敢大胆操作要强上百倍。思维想通了,自然就没有什么可怕了。

重要的问题是,如何发现和判断牛市见顶或大调整痕迹?市场出现见顶痕迹时能否及时发现和回避?解决了这些问题就无后顾之忧了!

要准确预测牛市见顶或大调整的时间和点位,那是不可能的。但仍可以根据历史上多次大牛市见顶和大调整的表现,去总结一些规律性走势特征作为参考。下面多张图表中的指数表现,是笔者对历史上多轮牛市见顶和大调整走势中一些规律走势特征的总结,与各位分享。

大牛市并不是以连续上升方式一气呵成的,上升中途也必然有调整、有起伏。牛市上升中途的见顶或调整有三种表现状态:①单日大阴调整(见图1);②小波段调整(见图2);③大波段调整(见图3)。

单日大阴调整和大波段调整特征与区分

牛市调整的杀伤力也是相当大的,指数下跌时单日一根大阴跌幅大的可以达到5%以上,小的也达到3%。单日大跌次日一个低开下探,两个交易日就可让你的市值快速损失10%~20%。单日单根大阴线杀跌频繁出现在单日大阴调整和大波段调整这两种状态之下。当单日单根大阴线杀跌出现,如何判断这单日杀跌是单日调整,还是大波段调整的开始?这可以从多方面入手分析判断,根据历史牛市中单日大阴调整特征：单日大阴调整出现在指数日K线沿5日均线较流畅上升时突然出现的大跌，这是单日大阴调整的明显特征之一。单日大阴线大跌后，往往次日就是一根大阳线收复，或大阳线将大阴线当天的跌幅2/3或以上实体吐没，这是单日大阴调整的特征之二。出现这样的走势就意味着市场仅仅是一日调整，后面仍有新高。

单日单根大阴线杀跌也是大波段调整开始的一种常见K线特征。区分方法是：单根大阴线杀跌在指数高位宽幅震荡时出现，这是大波段调整的特征之一。单根大阴线杀跌在指数高位宽幅震荡时出现后，次日或后面几日指数并没有出现强而有力的大阳往上收复，而是继续下行，这是大波段调整的特征之二。单日单根大阴线杀跌是单日大阴调整和大波段调整共有的特征，二者的区分通过大阴线出现前的指数日K线表现和后面的反抽情况表现来区分判断。

小波段调整的特征

小波段调整有它特别的走势特征，如图2所示，日K线先是连续多根阳线强势上升，后转入滞涨盘升状态，盘升状态的K线数量一般是前面连续多日阳线上升数量的2倍左右，滞涨盘升后期就是小阴线慢慢下滑状态。这种调整就是小波段调整。

小波段调整顶部具体有一定的小圆弧角度，小圆弧右边以内下行到前面连续多根阳线强势上升中间一半的位置就会止跌拉起。牛市中局部小圆弧调整大都是上升中途的阶段性小调整，这种小圆弧调整的出现意味着后面仍有新高。

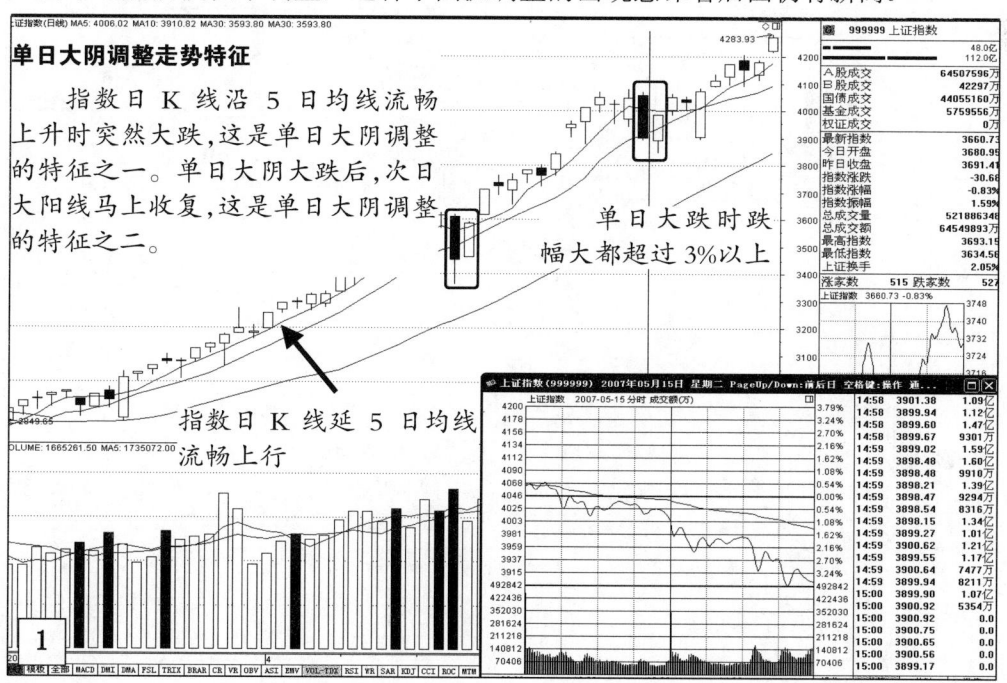

主力行为盘口解密(七)

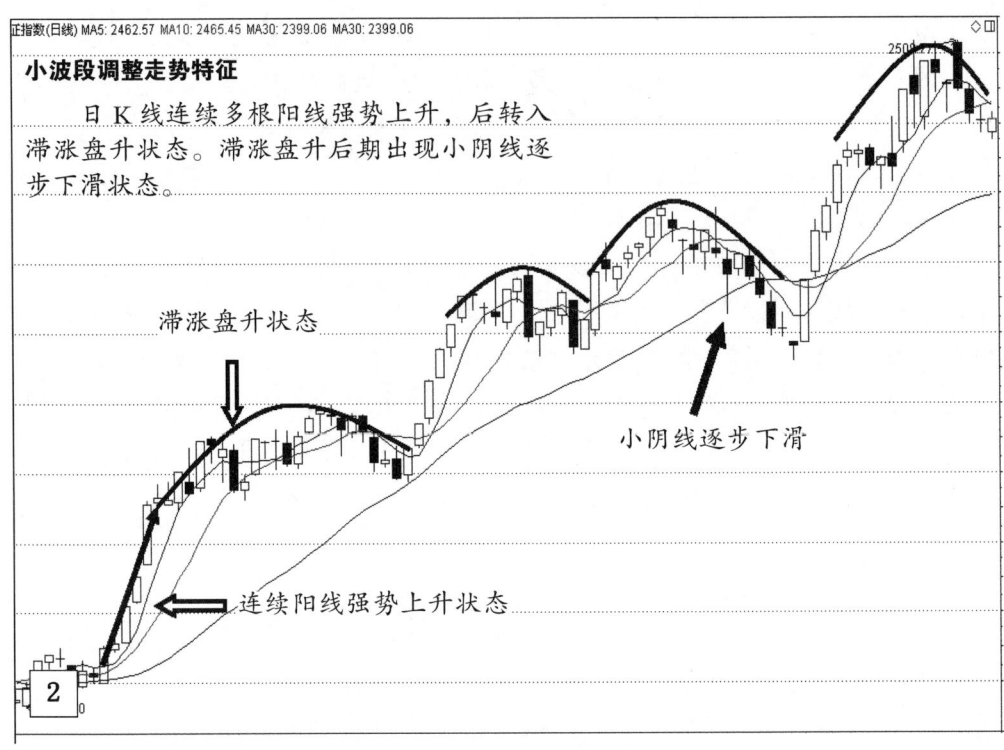

小波段调整走势特征

　　日K线连续多根阳线强势上升，后转入滞涨盘升状态。滞涨盘升后期出现小阴线逐步下滑状态。

滞涨盘升状态
小阴线逐步下滑
连续阳线强势上升状态

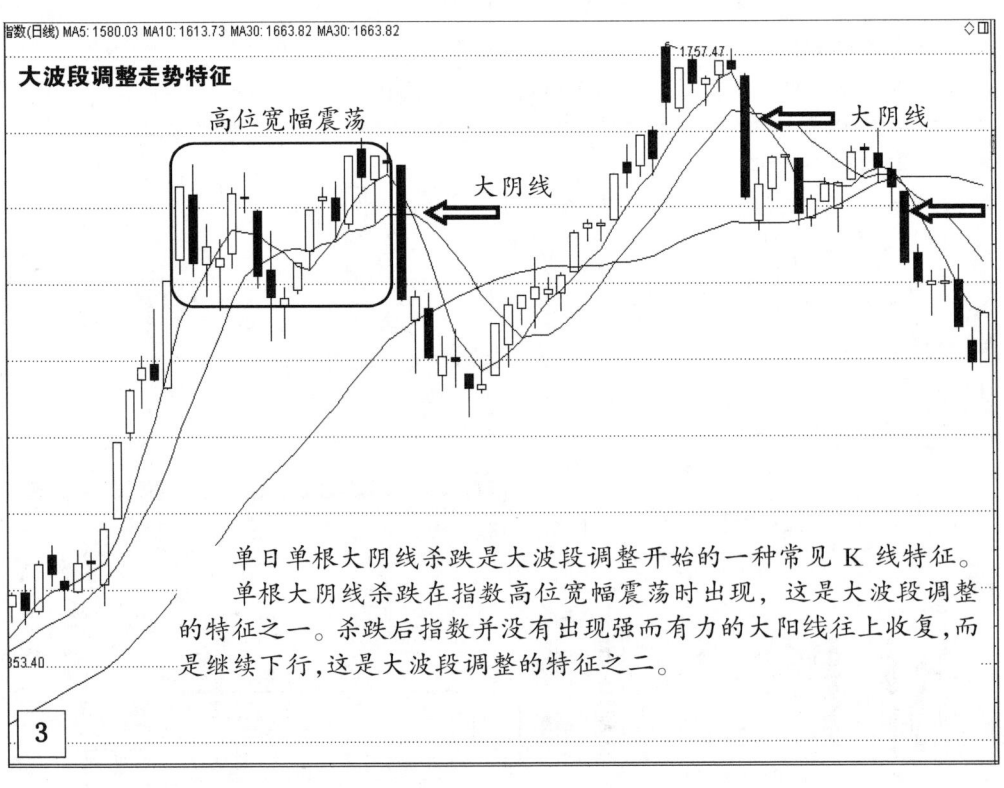

大波段调整走势特征

高位宽幅震荡
大阴线
大阴线

　　单日单根大阴线杀跌是大波段调整开始的一种常见K线特征。单根大阴线杀跌在指数高位宽幅震荡时出现，这是大波段调整的特征之一。杀跌后指数并没有出现强而有力的大阳线往上收复，而是继续下行，这是大波段调整的特征之二。

指数必跌的一种技术走势形态

技术分析在没有主力机构操盘的情况下是较有参考价值的。K线形态走势总是在某一不确定时段出现与过去十分相似的表现,也就是历史在不断重演。股票市场是人在参与交易,人类社会活动中无处不存在各种各样的规律性行为。如大部分人的生活和作息等规律是很明显的;又如人的喜、怒、哀、乐也都是在特定环境下发生的,这些都有一定规律可循。

人类社会活动存在规律性,股市是人在交易,交易过程中人类将其社会活动规律不经意地渗透到股市中。因此,股市中的大部分规律就是人类的社会活动规律。找出这些影响股票市场的规律,对于行情的分析判断十分有意义。

K线中某一段时期的走势会形成较鲜明的特征形态。K线形态是历史重演的重要角色之一。掌握经典的特征形态能帮你看清市场阶段性状态,以及预测后市一定时期的表现。规律性形态既有上升的,也有下跌的,下面介绍一种看跌的规律性K线形态。

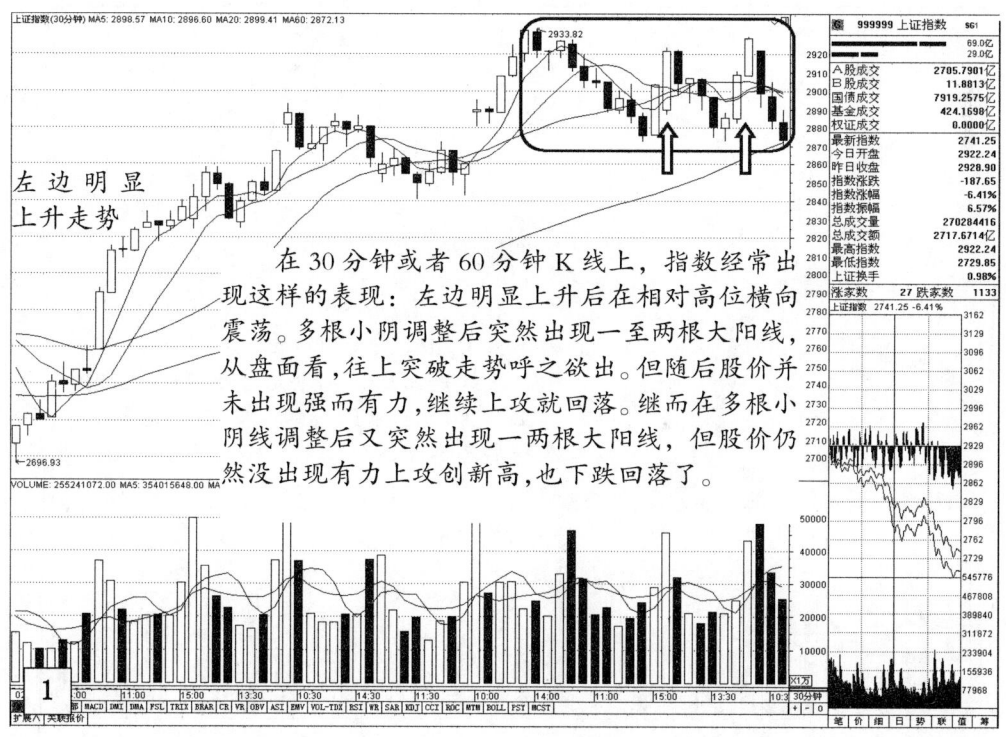

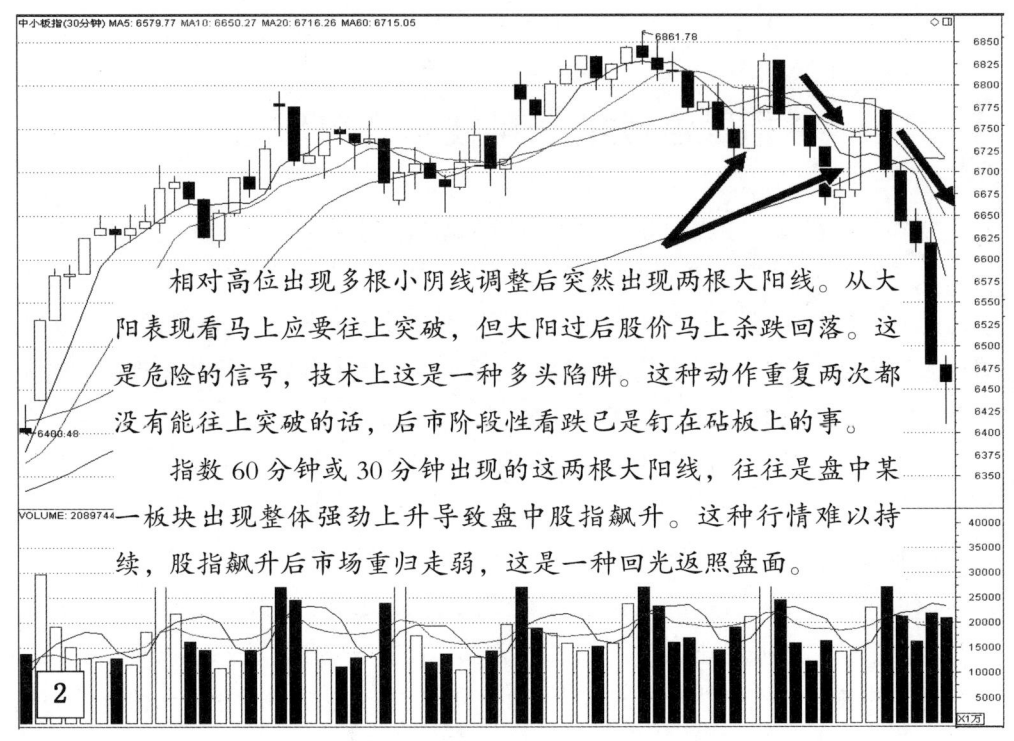

相对高位出现多根小阴线调整后突然出现两根大阳线。从大阳表现看马上应要往上突破，但大阳过后股价马上杀跌回落。这是危险的信号，技术上这是一种多头陷阱。这种动作重复两次都没有能往上突破的话，后市阶段性看跌已是钉在砧板上的事。

指数60分钟或30分钟出现的这两根大阳线，往往是盘中某一板块出现整体强劲上升导致盘中股指飙升。这种行情难以持续，股指飙升后市场重归走弱，这是一种回光返照盘面。

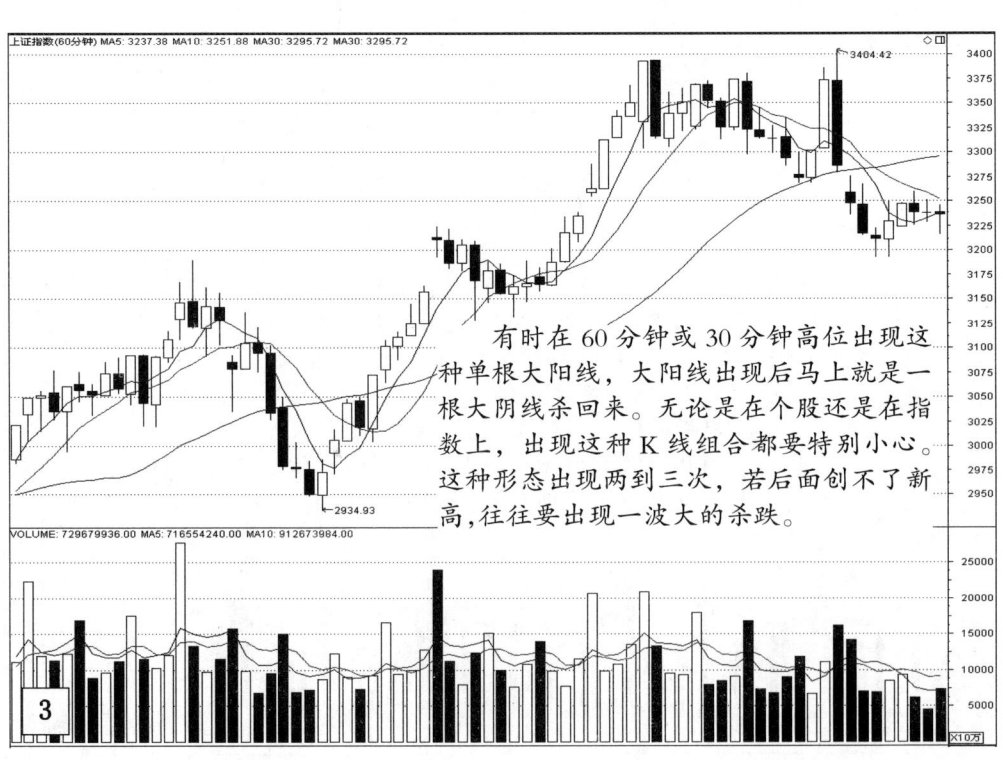

有时在60分钟或30分钟高位出现这种单根大阳线，大阳线出现后马上就是一根大阴线杀回来。无论是在个股还是在指数上，出现这种K线组合都要特别小心。这种形态出现两到三次，若后面创不了新高，往往要出现一波大的杀跌。

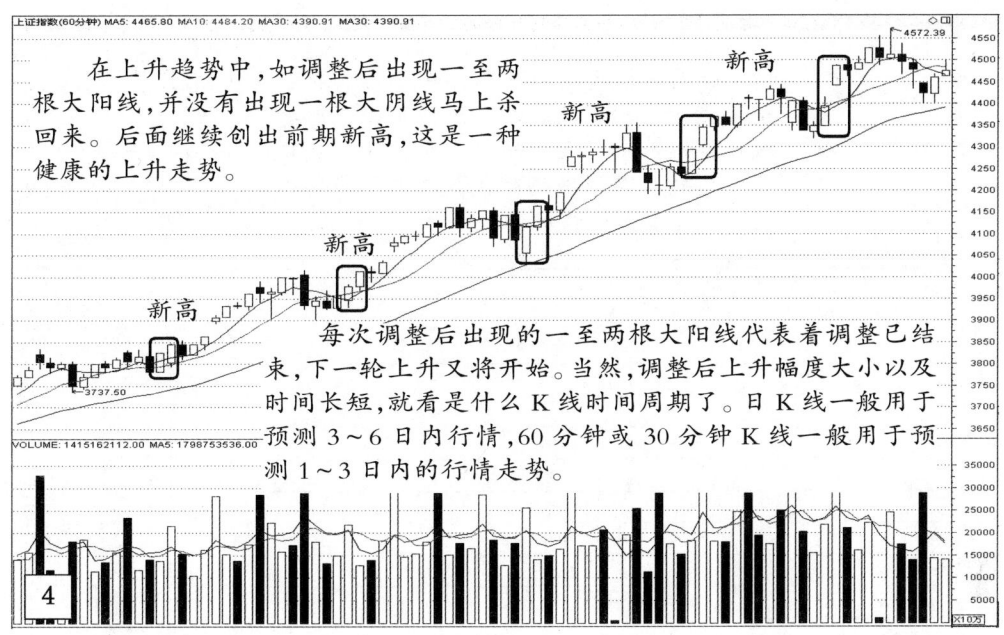

恐慌性市场的几大特征

恐慌,形容受到惊吓或做了亏心事后的内心反应!证券市场中出现恐慌,不存在谁做了亏心事后内心受惊,而是投资者受到某种惊吓出现恐惧害怕。

恐慌性抛售是指受市场悲观惊慌情绪影响,大量投资者不计成本、不管好坏、大规模集中同时抛售的群体性行为,这种群体性行为可以导致价格骤跌甚至崩盘现象。恐慌情绪出现时往往带有羊群效应,以致发生争先恐后相继出逃相互践踏的悲惨壮烈场面。

恐慌性市场出现的原因有多种:如国家出台紧缩政策或利空股市政策、突发性重大负面消息、技术面内在因素影响等。

恐慌抛售导致大盘或个股短期内下跌幅度往往超过一般人的想象。市场若出现的是技术性恐慌,投资者大规模抛售多是盘中受羊群效应争先恐后相继出逃的情绪影响,这种恐慌盘中持续时间较短,在熊市下跌末期最容易出现恐慌情绪。严重的恐慌情绪可以持续两三日,大批个股因恐慌性砸盘无量跌停。

大盘恐慌情绪出现时盘面有几个明显特征:①各大指数盘中出现急跳水;②软件中"81"和"83"中5分钟跌幅榜,上榜个股此时全部跌幅超过3%;③大部分个股分时出现大于60度角陡峭急跌;④急跌个股大部分成交量没有明显放大。盘面同时出现这几种特征,就说明当时市场属于恐慌状态。

主力行为盘口解密(七)

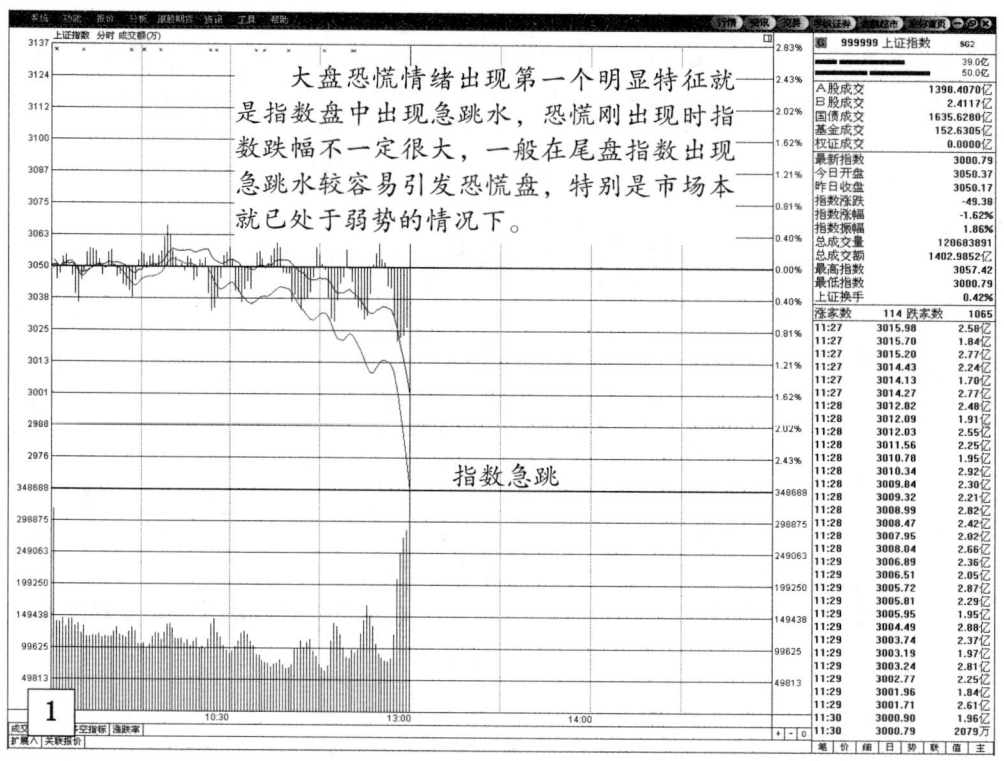

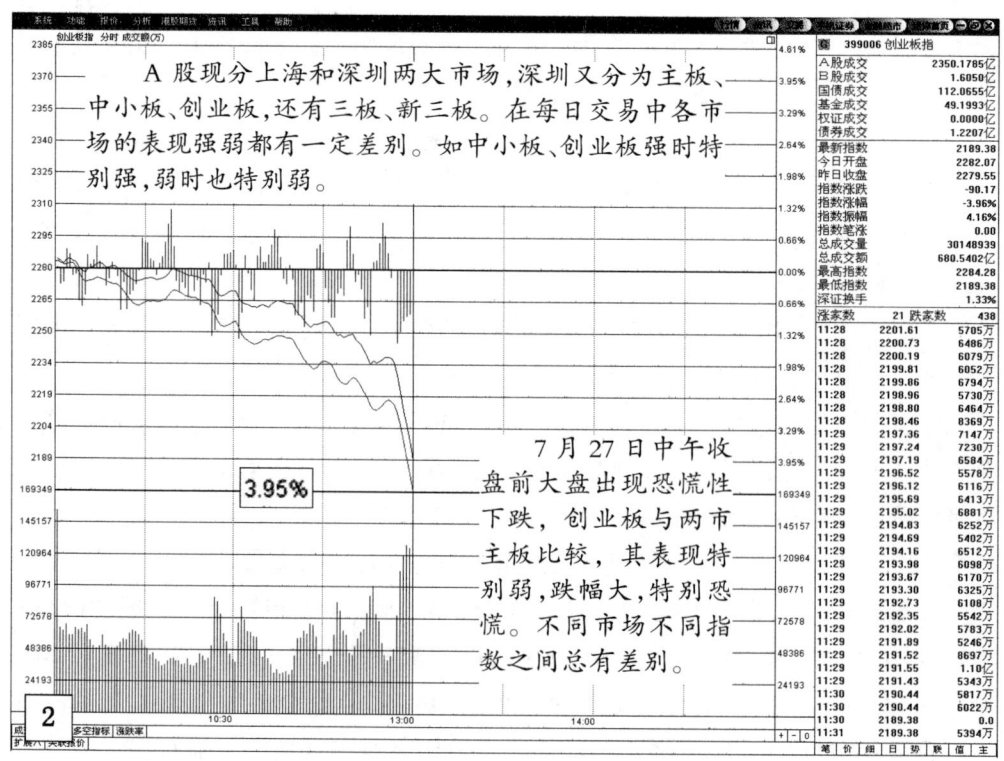

综合排名 - 上证A股

今日涨幅排名			5分钟涨速排名			今日委比前排名		
海汽集团	15.72	10.01	欧亚集团	30.46	0.33	海汽集团	15.72	100.00
天海投资	7.39	9.97	皖通高速	14.93	0.27	天海投资	7.39	100.00
人福医药	19.66	9.59	福耀玻璃	15.91	0.19	国机通用	19.40	95.44
醋化股份	28.69	9.13	海汽集团	15.72	0.00	红豆股份	9.25	92.78
上工申贝	15.66	6.53	工商银行	4.29	0.00	欧亚集团	30.46	91.99
振华重工	5.18	5.50	怡球资源	5.16	0.00	桃李面包	40.60	90.76
今日跌幅排名			5分钟跌速排名			今日委比后排名		
广晟有色	53.97	-10.01	杭电股份	13.68	-4.80	广晟有色	53.97	-100.00
怡球资源	5.16	-9.95	当代明诚	22.55	-4.65	怡球资源	5.16	-100.00
盛和资源	14.53	-9.19	盛和资源	14.53	-4.41	新华保险	39.90	-95.80
西藏珠峰	29.16	-9.16	龙溪股份	10.40	-4.15	航天晨光	18.70	-95.09
兰太实业	13.44	-9.07	重庆啤酒	15.35	-4.12	杭电股份	13.68	-94.36
杭电股份	13.68	-8.68	隆鑫通用	19.81	-4.11	读者传媒	32.30	-93.27

（跌幅很大）

> 大盘恐慌性状态第二个明显特征是：行情软件中81和83中5分钟跌幅榜，上榜个股此时全部跌幅超过3%或更大。这是恐慌最直接的表现，个别个股 5 分钟跌 3%不是什么事，大量个股在5分钟时间内跌幅超过 3%或更多就说明市场非常恐慌。

西部矿业								17.8亿
醋化股份								15.9亿
金山股份								15.5亿
人福医药								15.2亿
上海建工	4.07	7.39	广晟有色	53.97	10.61	隆基股份	15.07	10.2亿
	10.20	7.29	兰太实业	13.44	10.55	人福医药	19.66	9.91亿

综合排名 - 深证A股

今日涨幅排名			5分钟涨速排名			今日委比前排名		
*欣泰	5.03	10.07	清水源	27.64	0.88	博思软件	18.50	100.00
尤洛卡	9.99	10.02	文化长城	14.01	0.79	辰安科技	34.72	100.00
辰安科技	34.72	10.01	维宏股份	166.69	0.42	爱司凯	74.45	100.00
金字火腿	10.55	10.01	硅宝科技	14.58	0.28	科大国创	49.95	100.00
京蓝科技	24.40	10.01	海鸥卫浴	11.52	0.17	海波重科	25.63	100.00
爱司凯	74.45	10.00	博思软件	18.50	0.00	*欣泰	5.03	100.00
今日跌幅排名			5分钟跌速排名			今日委比后排名		
宁波华翔	21.92	-10.02	南通锻压	27.28	-7.31	宁波华翔	21.92	-100.00
三夫户外	76.41	-10.00	海联讯	14.09	-5.37	西部材料	29.12	-100.00
盛天网络	46.30	-9.99	科大智能	23.55	-5.04	冀凯股份	20.91	-100.00
冀凯股份	20.91	-9.99	南华仪器	40.28	-5.00	三夫户外	76.41	-100.00
西部材料	29.12	-9.98	东诚药业	47.53	-4.94	盛天网络	46.30	-100.00
东诚药业	47.53	-9.98	汇源通信	19.07	-4.65	全志科技	91.58	-98.90

（快速暴跌）

> 大盘出现恐慌时，不同市场恐慌程度有一定差异。7月27日中午临收盘时市场恐慌砸盘，深市创业板、中小板明显表现得更恐慌。这可从当时5分钟跌幅榜个股跌幅更大更猛中看出来。

*欣泰						总金额排名		
九芝堂							13.46	43.2亿
泸天化							25.26	17.2亿
华天科技							39.25	16.3亿
							49.51	12.5亿
山纺织	15.22	6.25	南大光电	40.00	11.09	万科A	17.38	11.2亿
三九	26.10	5.97	金科娱乐	30.36	10.97	中国宝安	10.72	11.0亿

主力行为盘口解密(七)

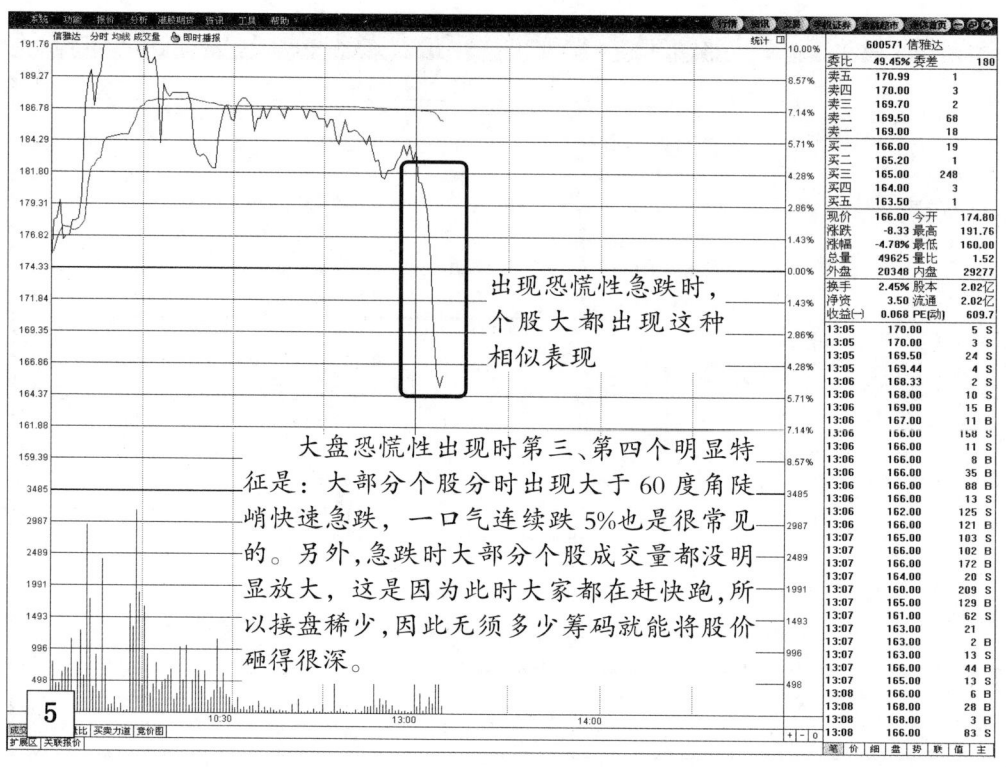

出现恐慌性急跌时，个股大都出现这种相似表现

大盘恐慌性出现时第三、第四个明显特征是：大部分个股分时出现大于60度角陡峭快速急跌，一口气连续跌5%也是很常见的。另外，急跌时大部分个股成交量都没明显放大，这是因为此时大家都在赶快跑，所以接盘稀少，因此无须多少筹码就能将股价砸得很深。

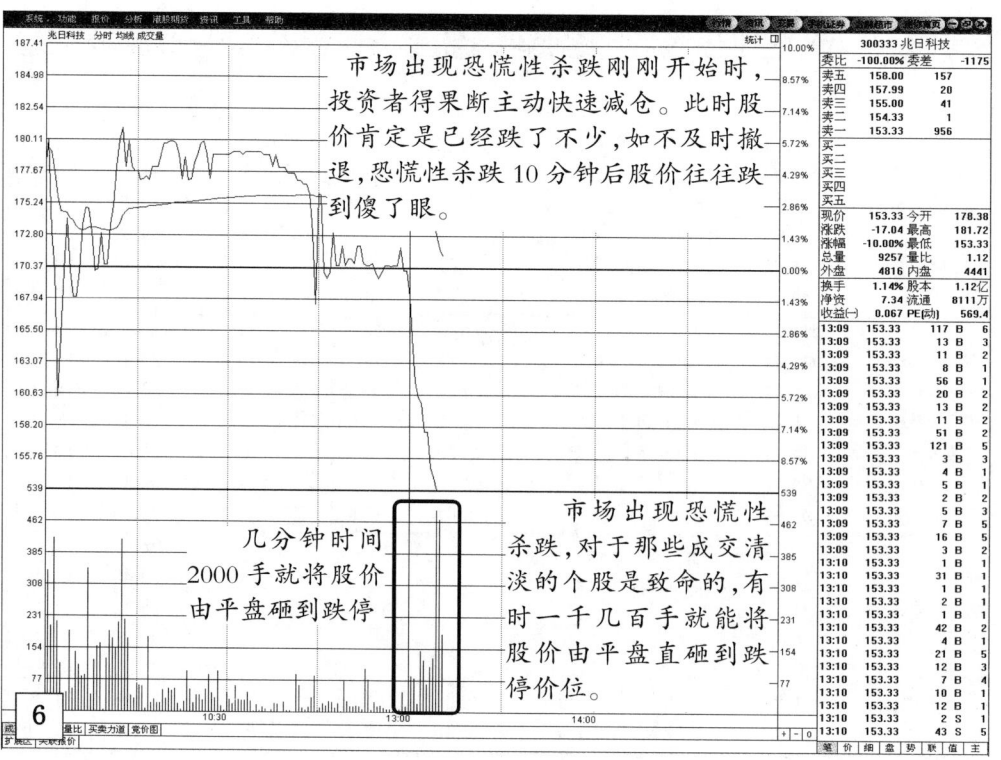

市场出现恐慌性杀跌刚刚开始时，投资者得果断主动快速减仓。此时股价肯定是已经跌了不少，如不及时撤退，恐慌性杀跌10分钟后股价往往跌到傻了眼。

几分钟时间2000手就将股价由平盘砸到跌停

市场出现恐慌性杀跌，对于那些成交清淡的个股是致命的，有时一千几百手就能将股价由平盘直砸到跌停价位。

大盘恐慌性急速跳水减仓技巧

股市曾流行这么一句话："会买的是徒弟,会卖的是师傅",这句话虽然片面,但也有合理的部分,首先赚钱的先决条件是选到好股票,也就是要买到好股票。买到好股后赚多赚少就得看卖的手艺了。卖得好可以多赚,同时卖得好也可以少亏。大部分投资者十分重视买的选择与研究,对卖的研究投入较少或不太重视。

大盘走势影响个股表现,不同市场环境下卖出自然有不同的抉择。强势上升市场与弱势下跌市场差别很大。牛市或强势市场中股指都会出现暴涨暴跌。在股指盘中出现跳水时个股肯定大受影响。面对短线暴跌应如何卖?卖出有没有什么好的技巧?本文重点讨论个股急跌时卖出技巧。

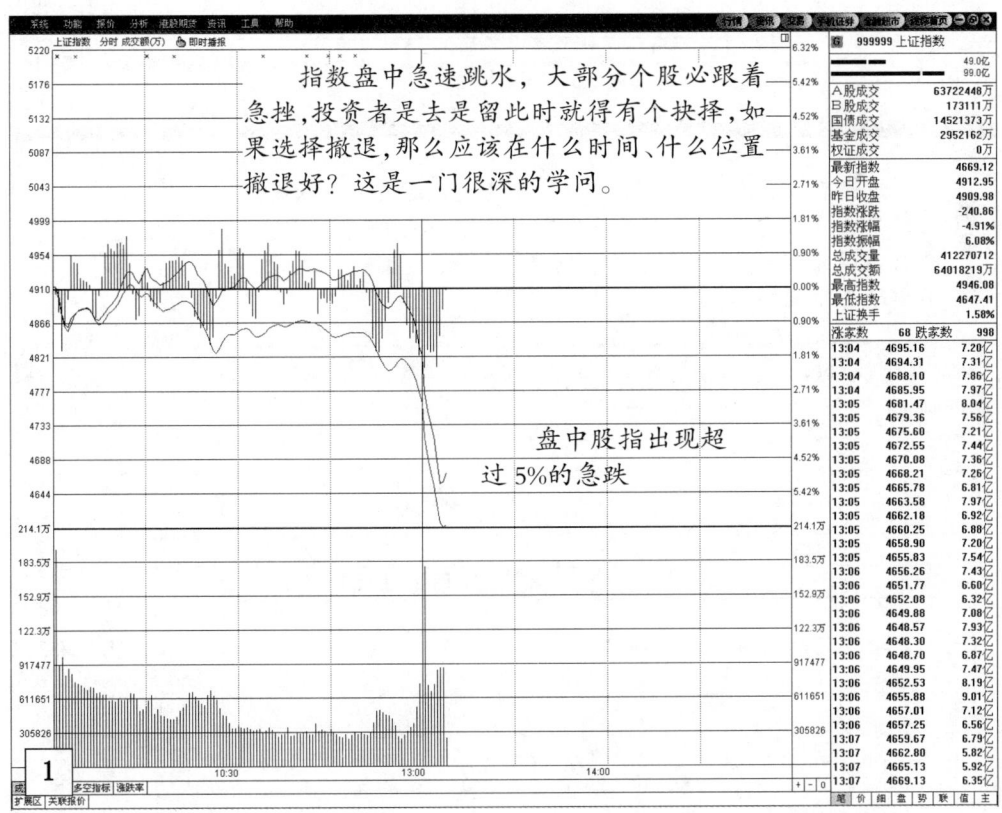

主力行为盘口解密(七)

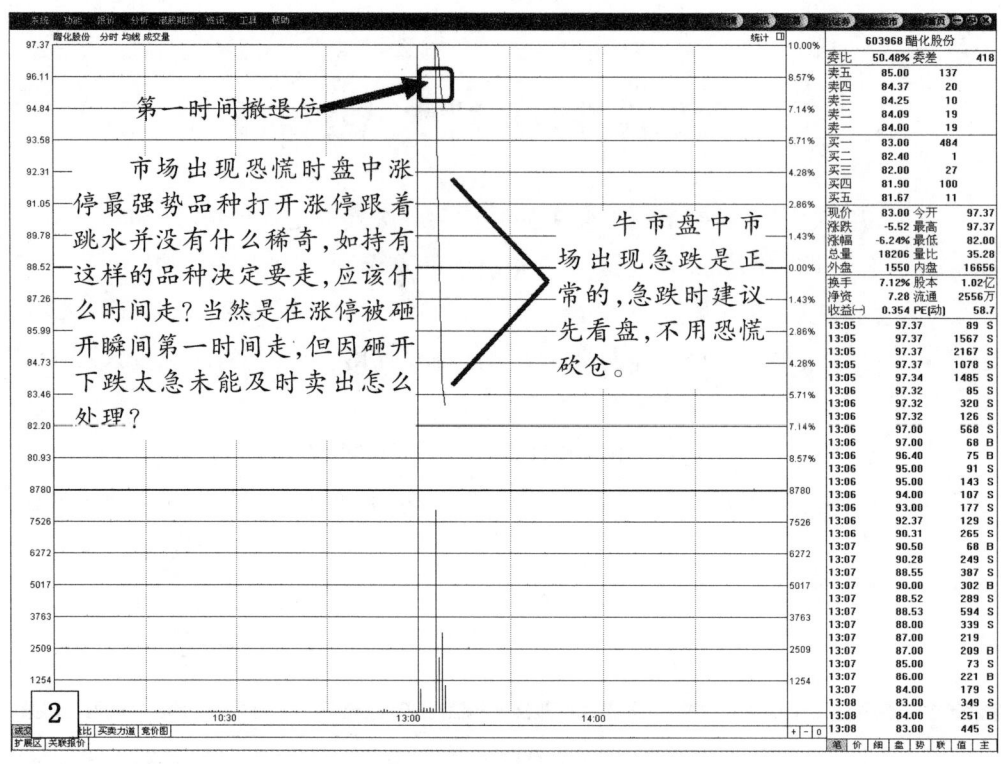

第一时间撤退位

市场出现恐慌时盘中涨停最强势品种打开涨停跟着跳水并没有什么稀奇,如持有这样的品种决定要走,应该什么时间走?当然是在涨停被砸开瞬间第一时间走,但因砸开下跌太急未能及时卖出怎么处理?

牛市盘中市场出现急跌是正常的,急跌时建议先看盘,不用恐慌砍仓。

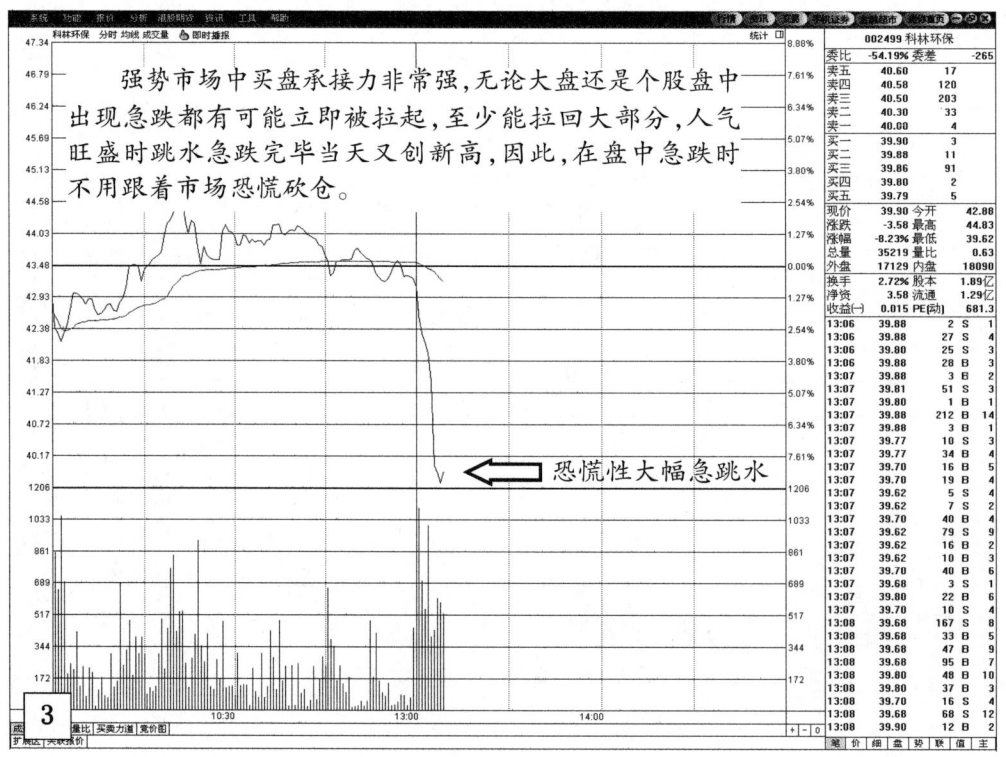

强势市场中买盘承接力非常强,无论大盘还是个股盘中出现急跌都有可能立即被拉起,至少能拉回大部分,人气旺盛时跳水急跌完毕当天又创新高,因此,在盘中急跌时不用跟着市场恐慌砍仓。

← 恐慌性大幅急跳水

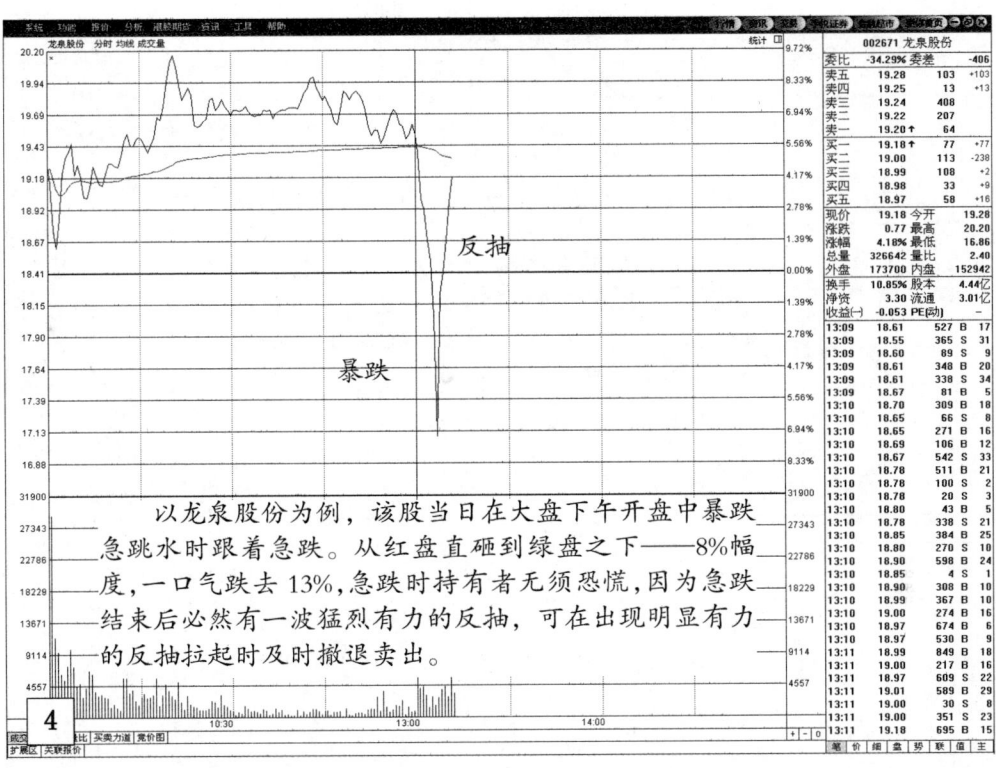

以龙泉股份为例，该股当日在大盘下午开盘中暴跌急跳水时跟着急跌。从红盘直砸到绿盘之下——8%幅度，一口气跌去13%，急跌时持有者无须恐慌，因为急跌结束后必然有一波猛烈有力的反抽，可在出现明显有力的反抽拉起时及时撤退卖出。

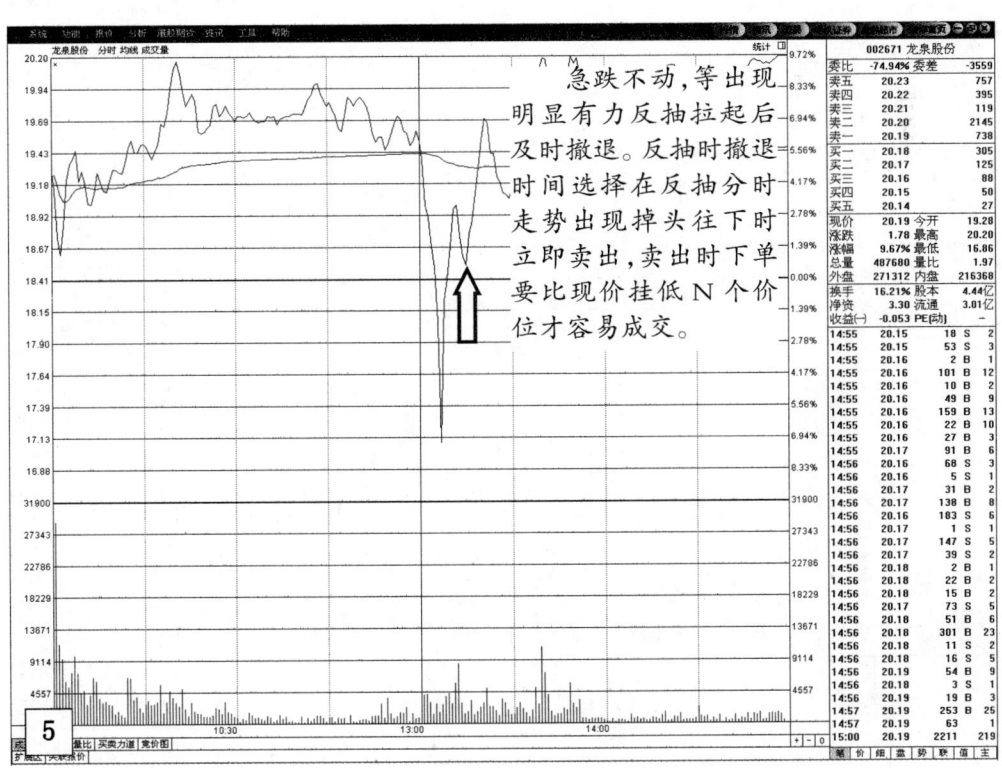

急跌不动，等出现明显有力反抽拉起后及时撤退。反抽时撤退时间选择在反抽分时走势出现掉头往下时立即卖出，卖出时下单要比现价挂低N个价位才容易成交。

主力行为盘口解密(七)

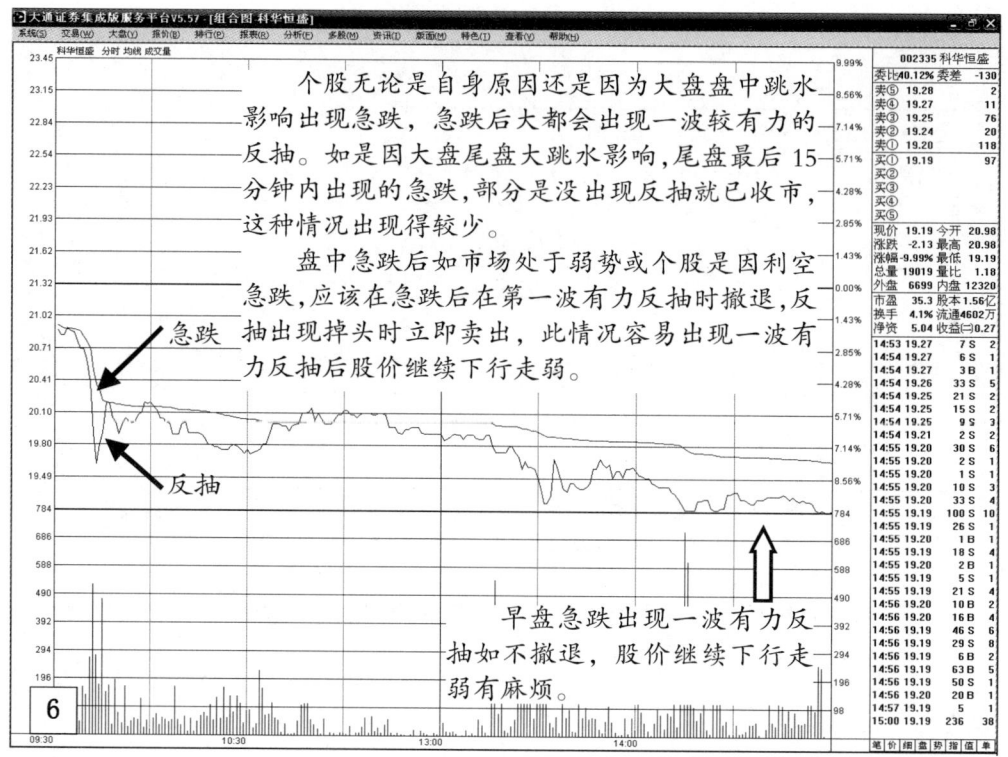

个股无论是自身原因还是因为大盘盘中跳水影响出现急跌,急跌后大都会出现一波较有力的反抽。如是因大盘尾盘大跳水影响,尾盘最后15分钟内出现的急跌,部分是没出现反抽就已收市,这种情况出现得较少。

　　盘中急跌后如市场处于弱势或个股是因利空急跌,应该在急跌后在第一波有力反抽时撤退,反抽出现掉头时立即卖出,此情况容易出现一波有力反抽后股价继续下行走弱。

早盘急跌出现一波有力反抽如不撤退,股价继续下行走弱有麻烦。

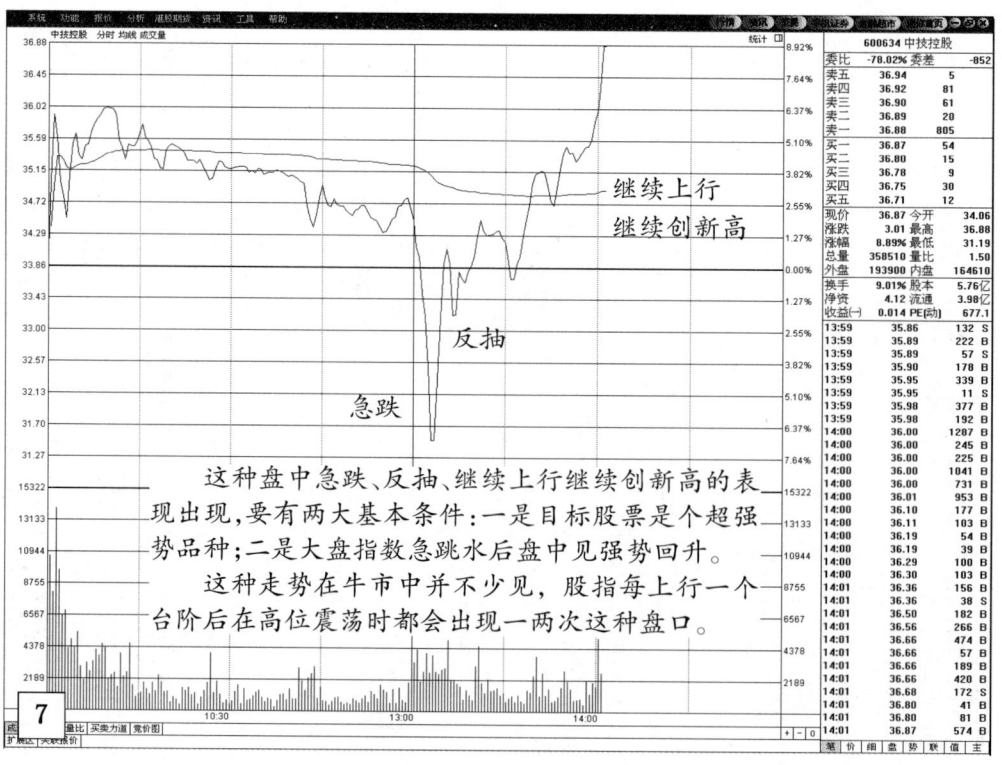

　　这种盘中急跌、反抽、继续上行继续创新高的表现出现,要有两大基本条件:一是目标股票是个超强势品种;二是大盘指数急跳水后盘中见强势回升。

　　这种走势在牛市中并不少见,股指每上行一个台阶后在高位震荡时都会出现一两次这种盘口。

独立性结合对比法分析

独立，指单独地站立或者指关系上不依附、不隶属，依靠自己的力量去做某事。对于个人而言分成：经济独立、思想独立、生活独立。股票市场中个股表现也有其独立性，如独立上升、独立下跌、独立横盘等。

个股表现独立可分为两大类：市场大众交易行为下的独立表现和机构操纵主导干预股价下的独立表现，无论上升、下跌、横盘都有不少个股在某段时期内有较强的独立表现。判断个股表现是否独立，最直接的办法就是拿该股某段时期内的表现与大盘同期表现作比较。比较时可以分不同项目进行对比，如进行某时段日K线对比，进行某日分时盘口对比等。

分析个股的独立性可以就目标股票多项目进行比对分析。下面以宏磊股份为例讲讲这方面的内容。

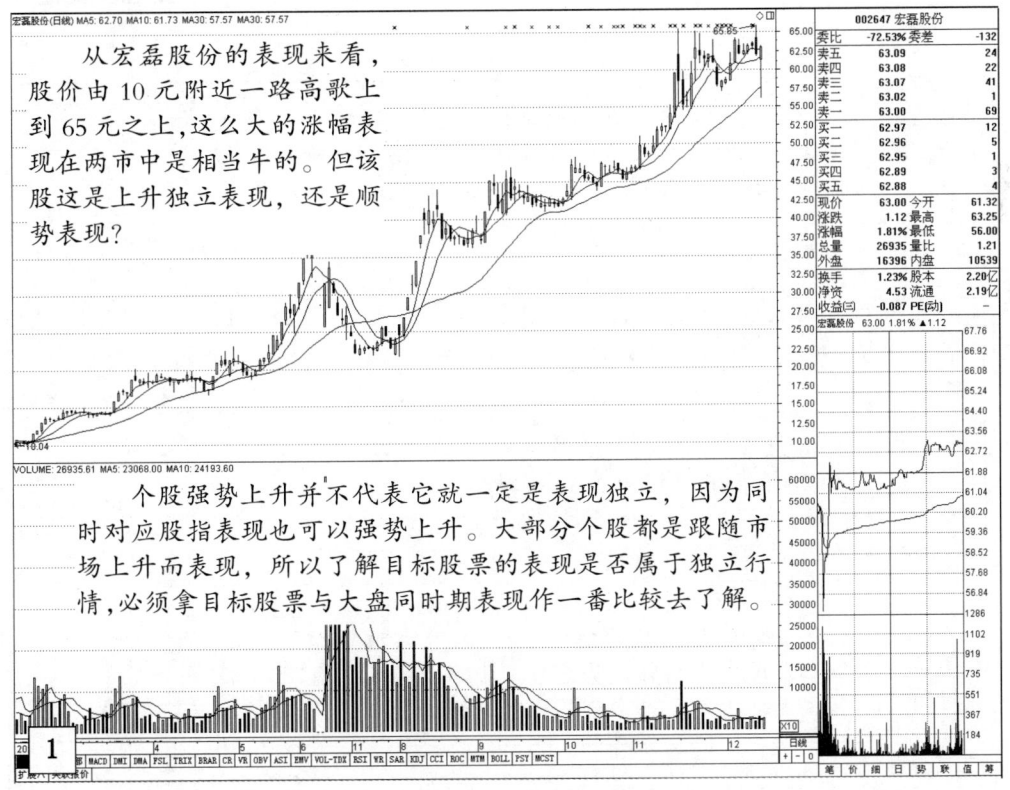

从宏磊股份的表现来看，股价由10元附近一路高歌上到65元之上，这么大的涨幅表现在两市中是相当牛的。但该股这是上升独立表现，还是顺势表现？

个股强势上升并不代表它就一定是表现独立，因为同时对应股指表现也可以强势上升。大部分个股都是跟随市场上升而表现，所以了解目标股票的表现是否属于独立行情，必须拿目标股票与大盘同时期表现作一番比较去了解。

主力行为盘口解密(七)

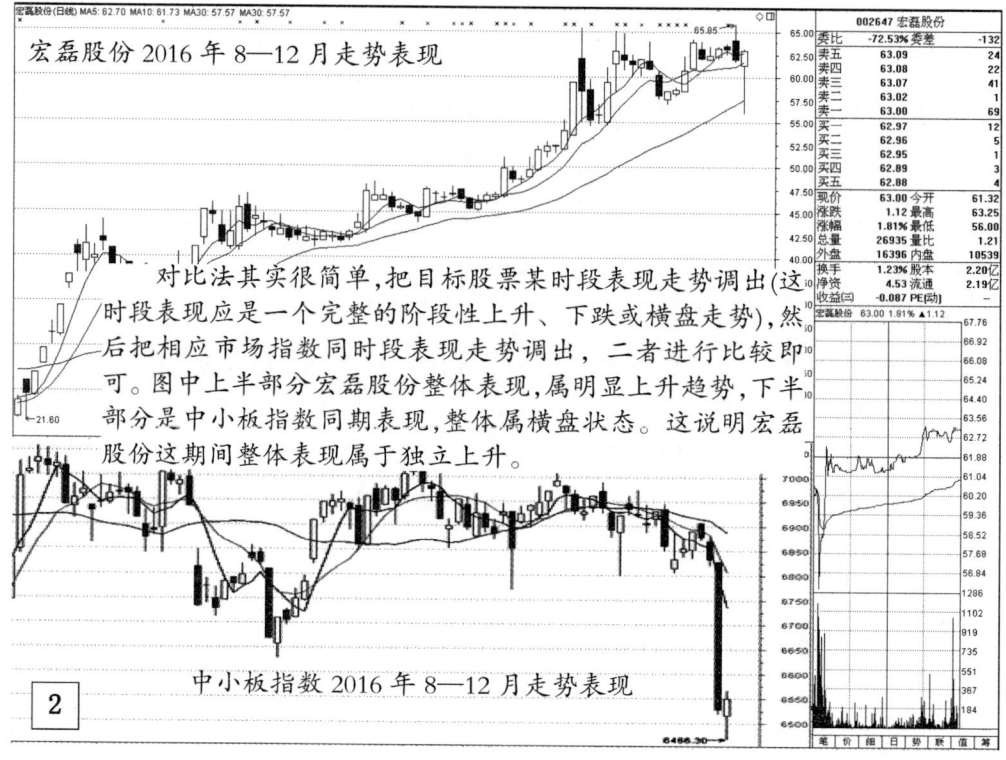

宏磊股份2016年8—12月走势表现

对比法其实很简单,把目标股票某时段表现走势调出(这时段表现应是一个完整的阶段性上升、下跌或横盘走势),然后把相应市场指数同时段表现走势调出,二者进行比较即可。图中上半部分宏磊股份整体表现,属明显上升趋势,下半部分是中小板指数同期表现,整体属横盘状态。这说明宏磊股份这期间整体表现属于独立上升。

中小板指数2016年8—12月走势表现

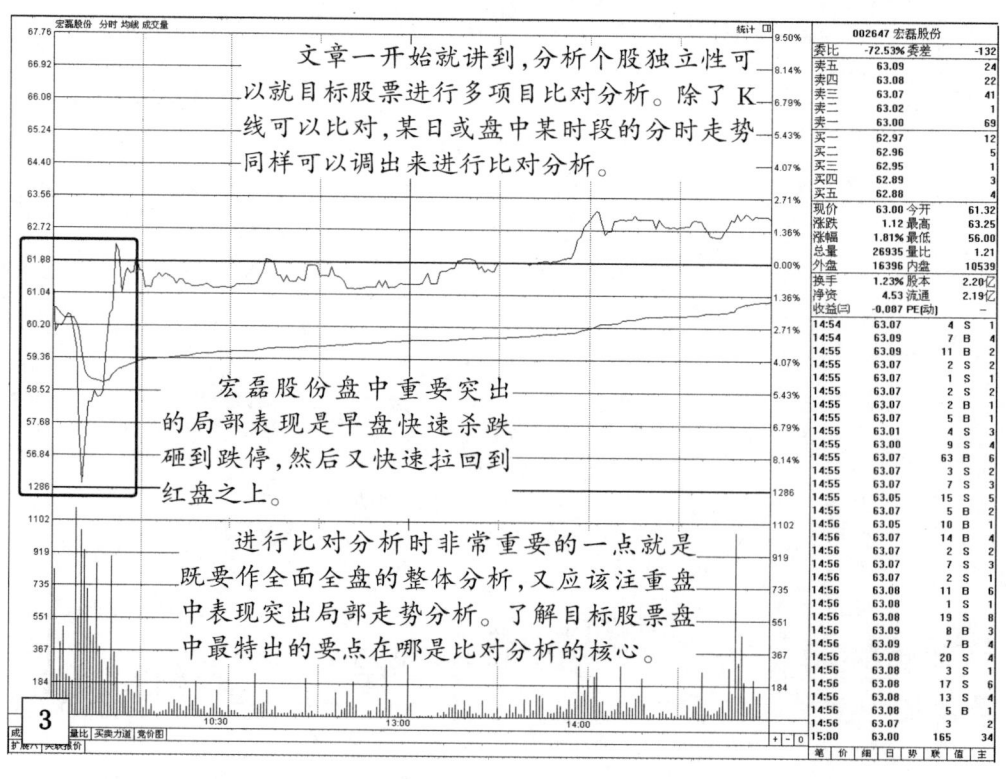

文章一开始就讲到,分析个股独立性可以就目标股票进行多项目比对分析。除了K线可以比对,某日或盘中某时段的分时走势同样可以调出来进行比对分析。

宏磊股份盘中重要突出的局部表现是早盘快速杀跌砸到跌停,然后又快速拉回到红盘之上。

进行比对分析时非常重要的一点就是既要作全面全盘的整体分析,又应该注重盘中表现突出局部走势分析。了解目标股票盘中最特出的要点在哪是比对分析的核心。

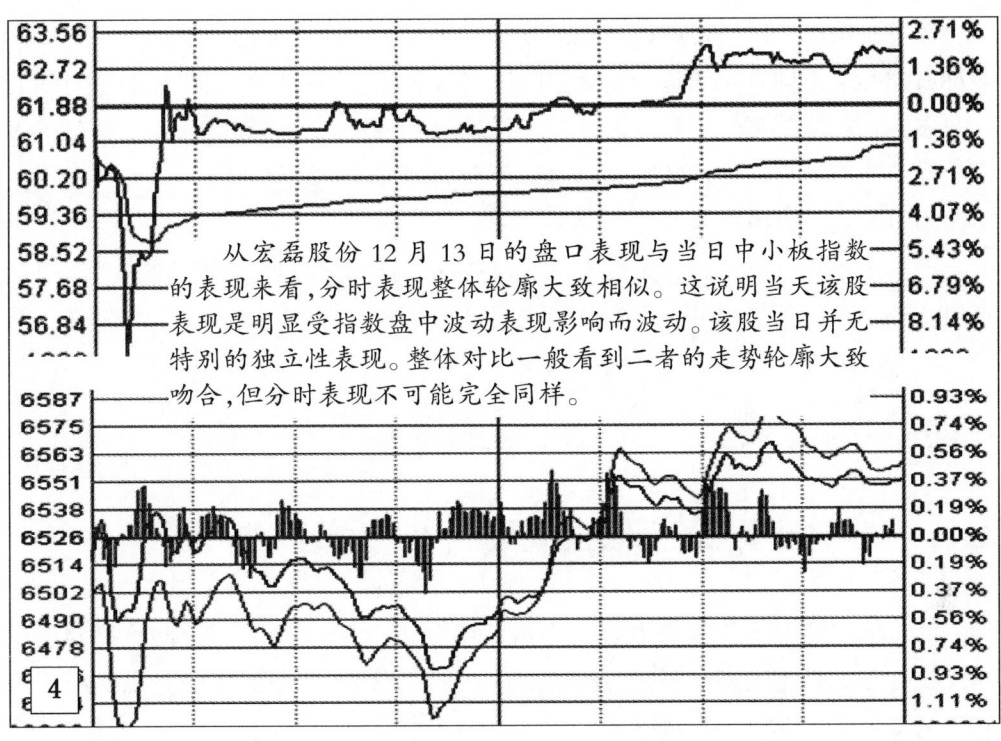

从宏磊股份 12 月 13 日的盘口表现与当日中小板指数的表现来看,分时表现整体轮廓大致相似。这说明当天该股表现是明显受指数盘中波动表现影响而波动。该股当日并无特别的独立性表现。整体对比一般看到二者的走势轮廓大致吻合,但分时表现不可能完全同样。

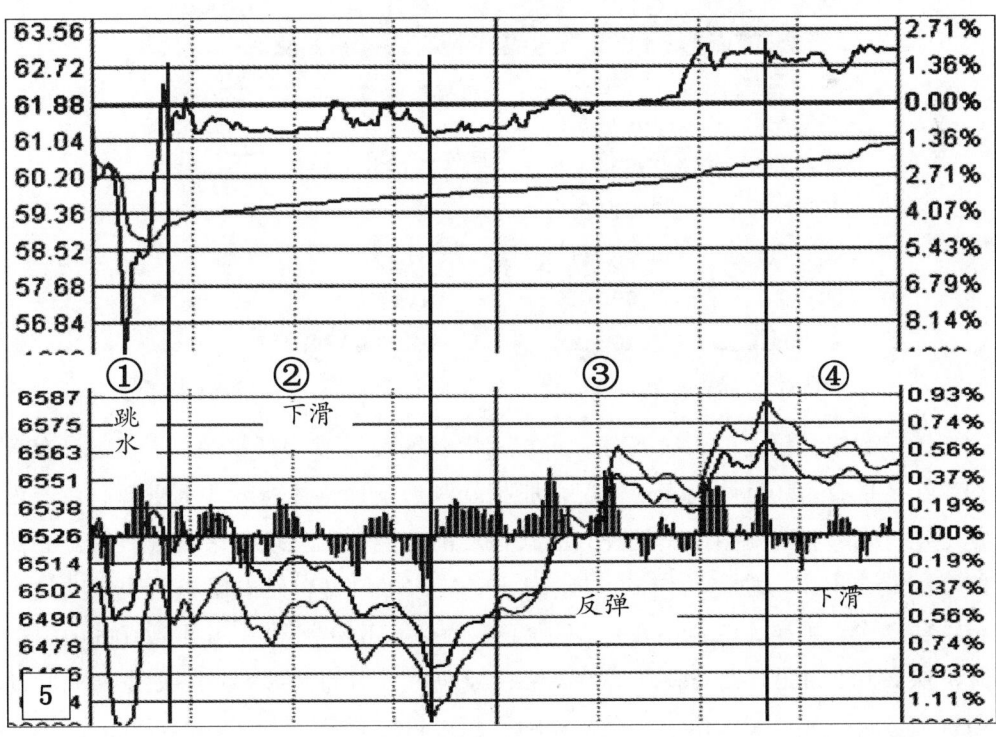

主力行为盘口解密(七)

图5中的4个区域是局部对比划分图,局部比对比划分的基本原则:可以以目标股票盘中不同表现的每一个完整阶段去分区,也可以以当天目标股票对应股指盘中不同表现的每一个阶段去分区。以哪一个为标准?原则是:哪个在盘中表现上升、下跌、横盘阶段性明显,每一阶段交替清晰、表现特殊、最有意义就以哪个为划分对比分区的蓝本。

图5中被划分成4个对比区,这是以股指为蓝本进行划分的。因为当天股指在盘中的跳水、下滑、反弹等阶段表现明显。

国家队惊天地泣鬼神护盘盘口细节

2015年9月3日是纪念反法西斯战争胜利70周年大阅兵日。阅兵盛会前股市怎么走已知,盛会后悲壮的A股市场又将何去何从?下面不妨先来回顾国内历次盛会开幕前A股的表现情况吧!

事件	开始时间	当日沪指涨幅	前5个交易日涨幅
香港回归	1997.7.1	-2.66%	-3.17%
99年阅兵	1999.10.1	-0.90%	-2.09%
澳门回归	1999.12.20	-1.07%	-0.66%
APEC领导人会议	2001.10.21	-2.67%	-7.03%
北京奥运会	2008.8.8	-4.47%	-7.00%
09年阅兵	2009.10.1	+0.90%	-2.23%
上海世博会	2010.5.1	+0.08%	-3.79%
APEC领导人会议	2014.11.10	+2.30%	+1.80%

历史数据显示之前历次盛会前A股股指表现大都不尽如人意。八次中只有一次收红。现看市场近两周表现情况,股指暴跌后反抽整体表现并不乐观。在国内稳定是一切大会与盛事的基础。大阅兵盛会前A股市场呈现和谐喜庆气氛是必然的,因此维护市场稳定动作早已展开!在8月31日盘中已出现相当明显的大资金维稳动作。神秘大资金在8月31日下午直接入市抬高上证50指数(000016)以及沪深300(399300)成份股,其中以银行板块拉升最为明显!下午护盘期间共动用资金数百亿元,其中用于买盘托盘的就超过百亿元。

对于这些在重要节日后的 5 个交易日市场表现,大概统计数据如下:八次中只有三次收红、两次大涨、一次微升、五次大跌。而现市的市场情况与 2008 年 8 月 8 日奥运会开幕前的市场环境非常相似,都是处于较弱势的环境中。大阅兵盛会后市场表现将极有可能出现较大幅度下挫,小心。

1997 年 7 月 1 日　　　　后 5 个交易日:跌幅超 10%
1999 年 10 月 1 日　　　　后 5 个交易日:跌幅超 4%
1999 年 12 月 20 日　　　 后 5 个交易日:跌幅超 4.5%
2001 年 10 月 21 日　　　 后 5 个交易日:升幅超 9.7%
2008 年 8 月 8 日　　　　 后 5 个交易日:跌幅超 6%
2009 年 10 月 1 日　　　　后个交易 5:升幅超 10.7%
2010 年 5 月 1 日　　　　 后 5 个交易日:跌幅超 4.7%
2014 年 11 月 10 日　　　 后 5 个交易日:升幅超 0.02%

下面就来欣赏超级神秘资金入市维稳,惊天地泣鬼神的夸张操盘动作。

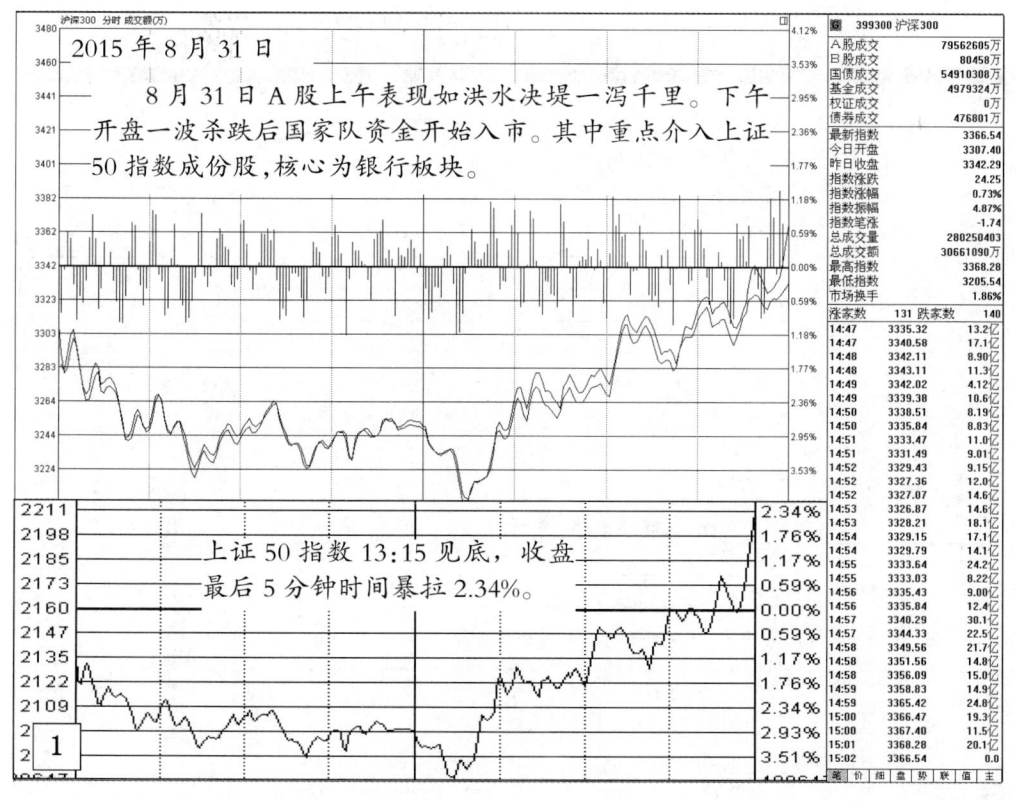

2015 年 8 月 31 日

　　8 月 31 日 A 股上午表现如洪水决堤一泻千里。下午开盘一波杀跌后国家队资金开始入市。其中重点介入上证 50 指数成份股,核心为银行板块。

上证 50 指数 13:15 见底,收盘最后 5 分钟时间暴拉 2.34%。

主力行为盘口解密(七)

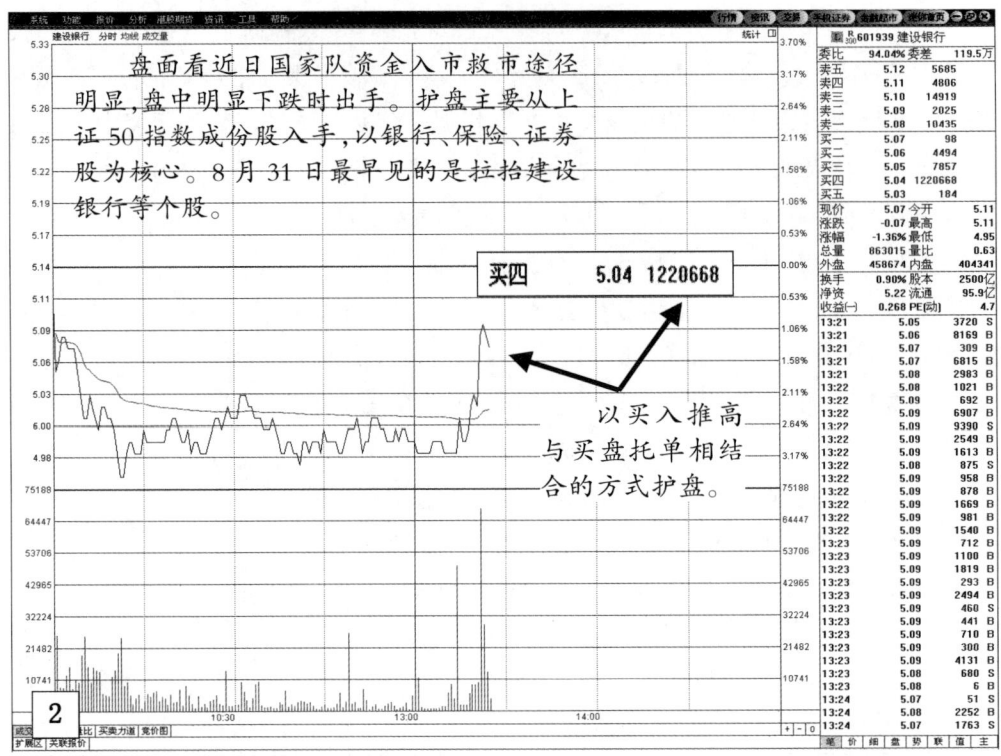

盘面看近日国家队资金入市救市途径明显,盘中明显下跌时出手。护盘主要从上证50指数成份股入手,以银行、保险、证券股为核心。8月31日最早见的是拉抬建设银行等个股。

以买入推高与买盘托单相结合的方式护盘。

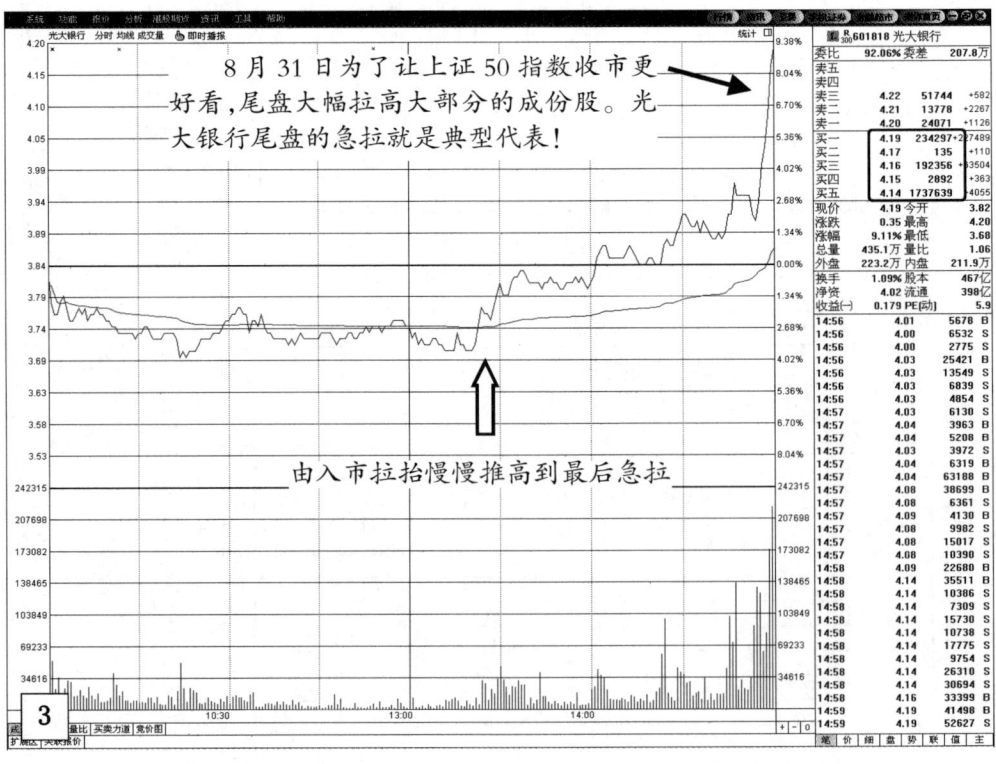

8月31日为了让上证50指数收市更好看,尾盘大幅拉高大部分的成份股。光大银行尾盘的急拉就是典型代表!

由入市拉抬慢慢推高到最后急拉

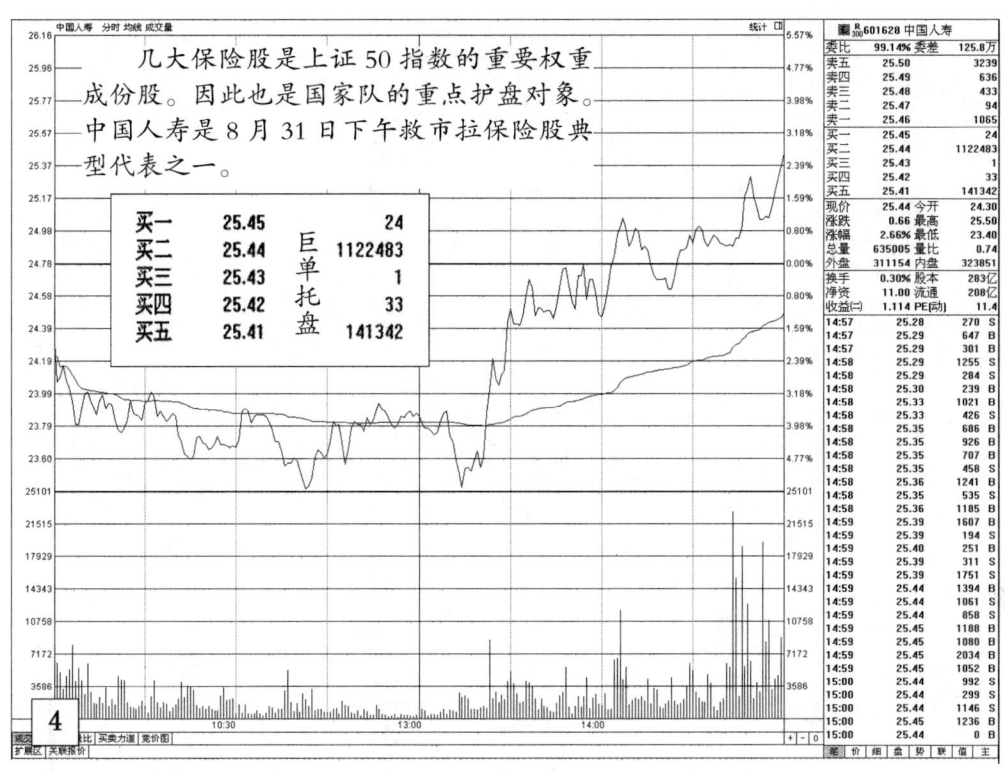

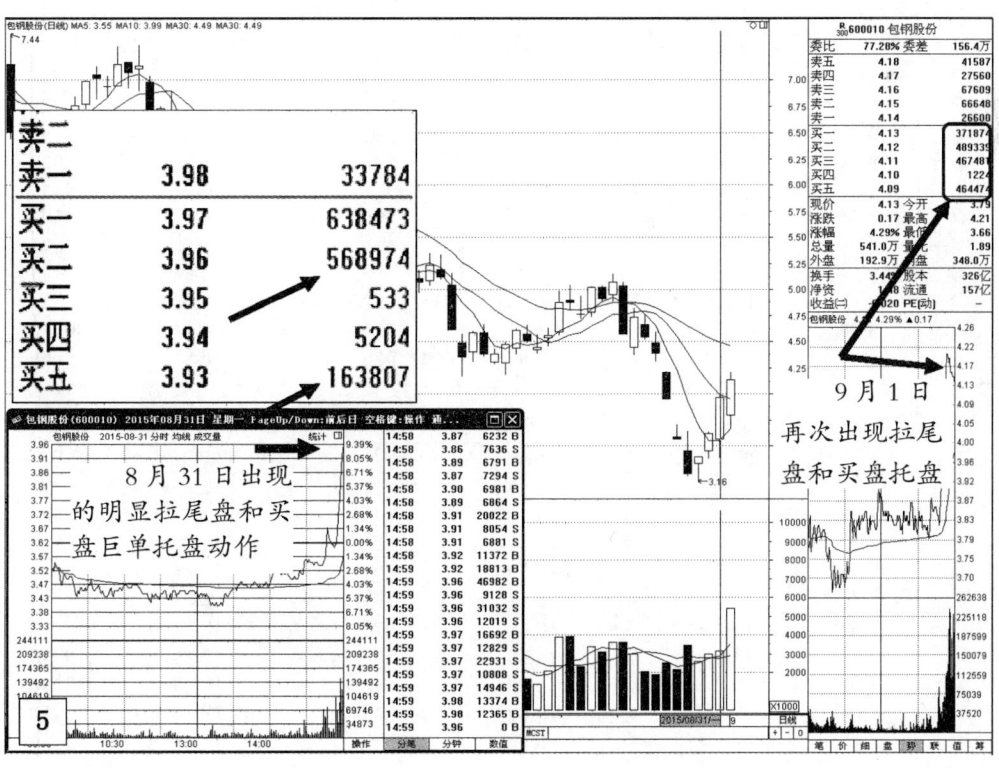

主力行为盘口解密(七)

R/300 600000 浦发银行		
委比 92.57%	委差	75.5万
卖五	15.02	2113
卖四	15.01	504
卖三	15.00	10495
卖二	14.99	13233
卖一	14.98	3951
买一	14.97	338316
买二	14.96	1186
买三	14.95	352816
买四	14.94	5
买五	14.93	93323

L R/300 600016 民生银行		
委比 98.40%	委差	152.7万
卖五	8.64	1216
卖四	8.63	522
卖三	8.62	1089
卖二	8.61	739
卖一	8.60	8831
买一	8.59	673541
买二	8.58	13
买三	8.57	548
买四	8.56	862445
买五	8.55	3063

R/300 601166 兴业银行		
委比 97.42%	委差	77.3万
卖五	14.65	2577
卖四	14.64	5987
卖三	14.63	1657
卖二	14.62	10
卖一	14.61	25
买一	14.60	349145
买二	14.59	339232
买三	14.58	5
买四	14.57	95281
买五	14.56	31

——8月31日银行,保险品种买盘夸张托单经典盘口——

L R/300 601328 交通银行		
委比 82.58%	委差	207.3万
卖五		
卖四	亮点在买盘巨大	
卖三	的托单,数量巨大	
卖二		
卖一	6.40	218533
买一	6.39	795785
买二	6.38	291
买三	6.37	3149
买四	6.36	1486268
买五	6.35	5673

R/300 601318 中国平安		
委比 99.61%	委差	79.5万
卖五	30.34	191
卖四	30.33	18
卖三	30.32	43
卖二	30.31	86
卖一	30.30	1229
买一	30.29	703861
买二	30.28	4
买三	30.27	106
买四	30.26	91436
买五	30.25	1547

R/300 601628 中国人寿		
委比 99.14%	委差	125.8万
卖五	25.50	3239
卖四	25.49	636
卖三	25.48	433
卖二	25.47	94
卖一	25.46	1065
买一	25.45	24
买二	25.44	1122483
买三	25.43	1
买四	25.42	33
买五	25.41	141342

R/300 600048 保利地产		
委比 91.44%	委差	38.2万
卖五	8.48	4190
卖四	8.47	957
卖三	8.46	1090
卖二	8.45	5914
卖一	8.44	5735
买一	8.43	155
买二	8.42	187857
买三	8.41	158025
买四	8.40	31
买五	8.39	53817

R/300 600018 上港集团		
委比 98.09%	委差	87.0万
卖五	7.92	515
卖四	7.91	223
卖三	7.90	2985
卖二	7.89	3957
卖一	7.88	795
买一	7.87	1033
买二	7.86	22
买三	7.85	426682
买四	7.84	3644
买五	7.83	447028

R/300 600050 中国联通		
委比 90.83%	委差	85.0万
卖五	6.60	10772
卖四	6.59	12415
卖三	6.58	12610
卖二	6.57	6549
卖一	6.56	551
买一	6.55	782674
买二	6.54	131
买三	6.53	30
买四	6.52	106213
买五	6.51	3658

——其他权重指标股,8月31日买盘大托单部分代表性盘口——

R/300 600104 上汽集团		
委比 98.93%	委差	26.4万
卖五	17.39	262
卖四	17.38	265
卖三	17.37	134
卖二	17.36	293
卖一	17.35	476
买一	17.34	2
买二	17.32	211096
买三	17.31	15
买四	17.30	377
买五	17.29	53611

L R/300 601088 中国神华		
委比 99.56%	委差	78.5万
卖五	15.61	108
卖四	15.60	743
卖三	15.59	300
卖二	15.58	432
卖一	15.57	133
买一	15.56	375
买二	15.55	25
买三	15.54	52
买四	15.53	396595
买五	15.52	389505

L R/300 601800 中国交建		
委比 99.90%	委差	62.6万
卖五	12.27	34
卖四	12.26	28
卖三	12.25	37
卖二	12.24	22
卖一	12.23	193
买一	12.22	5
买二	12.20	310310
买三	12.19	316386
买四	12.18	12
买五	12.17	16

R₃₀₀ 000333 美的集团			R₃₀₀ 000792 盐湖股份			R₃₀₀ 000895 双汇发展		
委比	87.51% 委差	30180	委比	97.86% 委差	17117	委比	79.91% 委差	18590
卖五	28.84	33	卖五	18.36	5	卖五	18.04	51
卖四	28.83	165	卖四	18.35	90	卖四	18.03	10
卖三	28.82	118	卖三	18.34	64	卖三	18.02	41
卖二	28.81	70	卖二	18.33	26	卖二	18.01	24
卖一	28.80	1767	卖一	18.32	2	卖一	18.00	2211
买一	28.79	13025	买一	18.31	4617	买一	17.99	10208
买二	28.78	271	买二	18.30	378	买二	17.98	53
买三	28.77	18664	买三	18.29	6418	买三	17.97	224
买四	28.76	5	买四	18.27	3	买四	17.96	10397
买五	28.75	368	买五	18.26	5888	买五	17.95	45

——深成指指数成份股也有护盘,8月31日买盘大托单部分盘口——

R₃₀₀ 002304 洋河股份			R₃₀₀ 002146 荣盛发展			R₃₀₀ 300015 爱尔眼科		
委比	96.17% 委差	19434	委比	70.49% 委差	19708	委比	93.62% 委差	12450
卖五	55.67	3	卖五	8.46	1426	卖五	26.98	77
卖四	55.65	20	卖四	8.45	1093	卖四	26.97	57
卖三	55.64	2	卖三	8.44	376	卖三	26.96	31
卖二	55.62	3	卖二	8.43	418	卖二	26.95	106
卖一	55.60	359	卖一	8.42	812	卖一	26.94	153
买一	55.59	5898	买一	8.41	8446	买一	26.93	5216
买二	55.58	20	买二	8.40	1785	买二	26.92	36
买三	55.57	48	买三	8.39	305	买三	26.91	4264
买四	55.56	7272	买四	8.38	13282	买四	26.90	1
买五	55.54	6583	买五	8.37	15	买五	26.89	3357

R₃₀₀ 601939 建设银行			R₃₀₀ 600016 民生银行			R₃₀₀ 601628 中国人寿		
委比	85.31% 委差	201.6万	委比	91.02% 委差	186.9万	委比	98.61% 委差	140.2万
卖五	5.67	25606	卖五	8.94	10214	卖五	26.10	2895
卖四	5.66	24612	卖四	8.93	14031	卖四	26.09	1050
卖三	5.65	65754	卖三	8.92	35461	卖三	26.08	1820
卖二	5.64	30960	卖二	8.91	29611	卖二	26.07	905
卖一	5.63	26689	卖一	8.90	2903	卖一	26.06	3185
买一	5.62	1098024	买一	8.89	353178	买一	26.05	151610
买二	5.61	424	买二	8.88	381	买二	26.04	788903
买三	5.60	1090881	买三	8.87	530080	买三	26.03	342887
买四	5.59	37	买四	8.86	540787	买四	26.02	11
买五	5.58	247	买五	8.85	536335	买五	26.01	128548

——9月1日国家队继续利用拉抬和买盘托巨单结合方式出手护盘盘口表现——

R₃₀₀ 600104 上汽集团			R₃₀₀ 600519 贵州茅台			R₃₀₀ 600837 海通证券		
委比	94.18% 委差	48.8万	委比	99.87% 委差	64866	委比	99.81% 委差	71.2万
卖五	17.49	1589	卖五	194.60	4	卖五	12.52	92
卖四	17.48	1451	卖四	194.50	9	卖四	12.51	8
卖三	17.47	1092	卖三	194.40	8	卖三	12.50	272
卖二	17.46	2608	卖二	194.39	7	卖二	12.49	71
卖一	17.45	8355	卖一	194.38	13	卖一	12.48	223
买一	17.44	120277	买一	194.36	15744	买一	12.47	56045
买二	17.43	245516	买二	194.33	8	买二	12.46	164056
买三	17.42	41110	买三	194.32	34212	买三	12.45	155931
买四	17.41	75	买四	194.31	8717	买四	12.44	172899
买五	17.40	96305	买五	194.30	6226	买五	12.43	163624

第二章

主力行为盘口解密(七)

游资主动操盘与消极操盘对股价的影响

资金进出直接影响股价升跌，大资金的进出更明显影响股价的升跌；以做庄为目的的大资金进出不但影响还会干预股价升跌，活跃的游资群体如水中鲇鱼搅动活跃着整个市场气氛，使得个股交投活跃投机机会大增。

有实力有技术的游资不仅仅是一群跟风者，他们通过自己选股介入，拉高自我创造盈利的机会，在不同的市场环境中这类游资活跃程度各有不同，市场弱势难操作时，那些通过有组织做庄炒作赚钱的游资表现也十分迷茫，他们在做盘时举棋不定将直接影响操盘个股的表现。下面以华微电子为例，来看看游资主力做盘时的主动与消极态度对股价的影响。

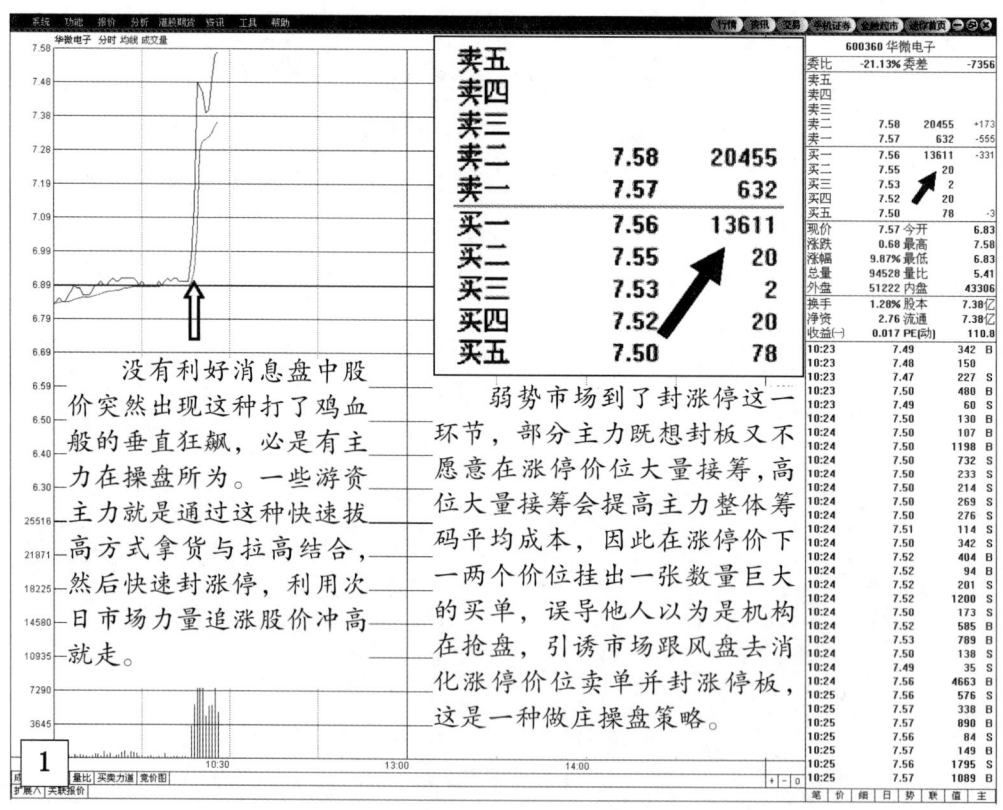

没有利好消息盘中股价突然出现这种打了鸡血般的垂直狂飙，必是有主力在操盘所为。一些游资主力就是通过这种快速拔高方式拿货与拉高结合，然后快速封涨停，利用次日市场力量追涨股价冲高就走。

弱势市场到了封涨停这一环节，部分主力既想封板又不愿意在涨停价位大量接筹，高位大量接筹会提高主力整体筹码平均成本，因此在涨停价下一两个价位挂出一张数量巨大的买单，误导他人以为是机构在抢盘，引诱市场跟风盘去消化涨停价位卖单并封涨停板，这是一种做庄操盘策略。

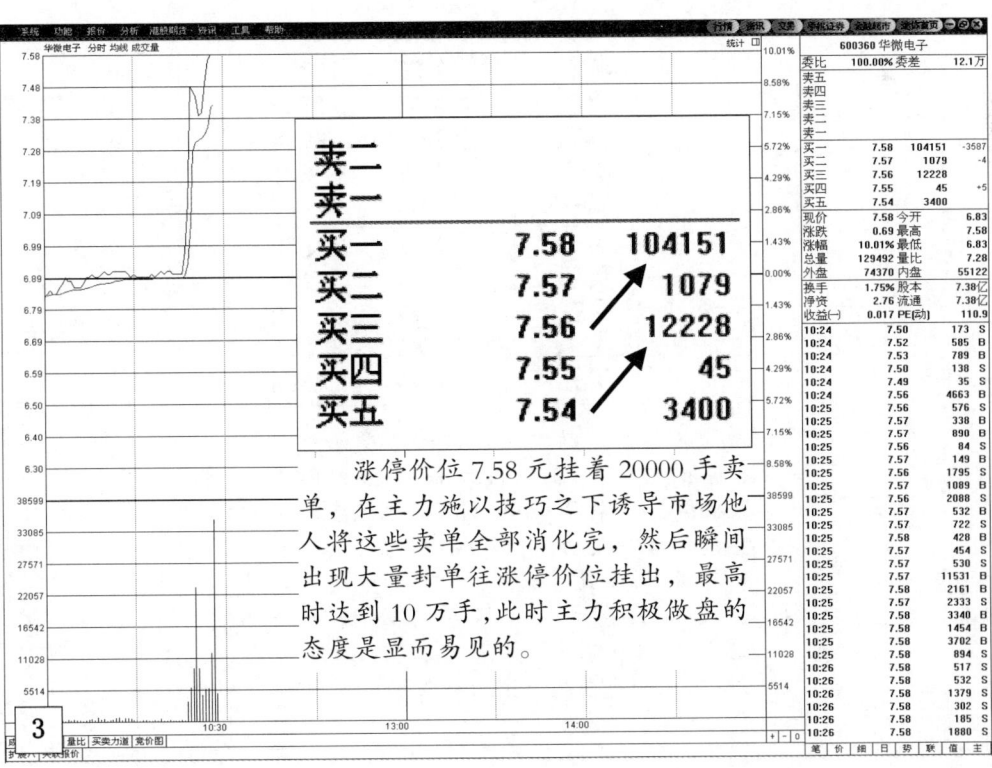

主力行为盘口解密(七)

图4

卖二	涨停打开	
卖一	7.58	5316
买一	7.57	285
买二	7.56	12322
买三	7.55	40
买四	7.53	98
买五	7.52	20

7.56元的托单未撤

10:26	7.58	762	S
10:26	7.58	1934	S
10:26	7.58	3205	S

涨停价卖单被消化完,瞬间大量封单往涨停价位挂上,最高达到10万手,这些封单大部分是主力的,操盘手大量挂出封单希望诱导其他机构大户往涨停价位也大量挂单,在其他人挂单较多时主力撤下自己的挂单,然后再挂出,通过改变排队顺序排在靠后位置避免市场抛单砸给自己,在卖盘抛出几千手卖单后操盘手发现市场没有什么封单,马上将自己的封单全部撤掉了,目的是避免大量接盘。

图5

卖五	7.58	12370
卖四	7.57	2703
卖三	7.56	2514
卖二	7.55	526
卖一	7.54↑	76
买一	7.51↓	29
买二	7.50	189
买三	7.49	30
买四	7.48	201
买五	7.47	2054

买盘主力撤单,没有了明显做盘动作。

前期主力以主动积极的态度介入和拉抬华微电子,结果股价大涨,涨停价附近通过操纵技巧做盘,在发现市场跟风盘较少时操盘手信心被动摇,不但将封涨停的大买单全部撤下,在股价涨停被打开后也将之前挂在买二7.56元用于吸引市场抢涨停的12000余手大买单也撤下了,撤单目的是避免接货,可见在弱市主力也害怕!

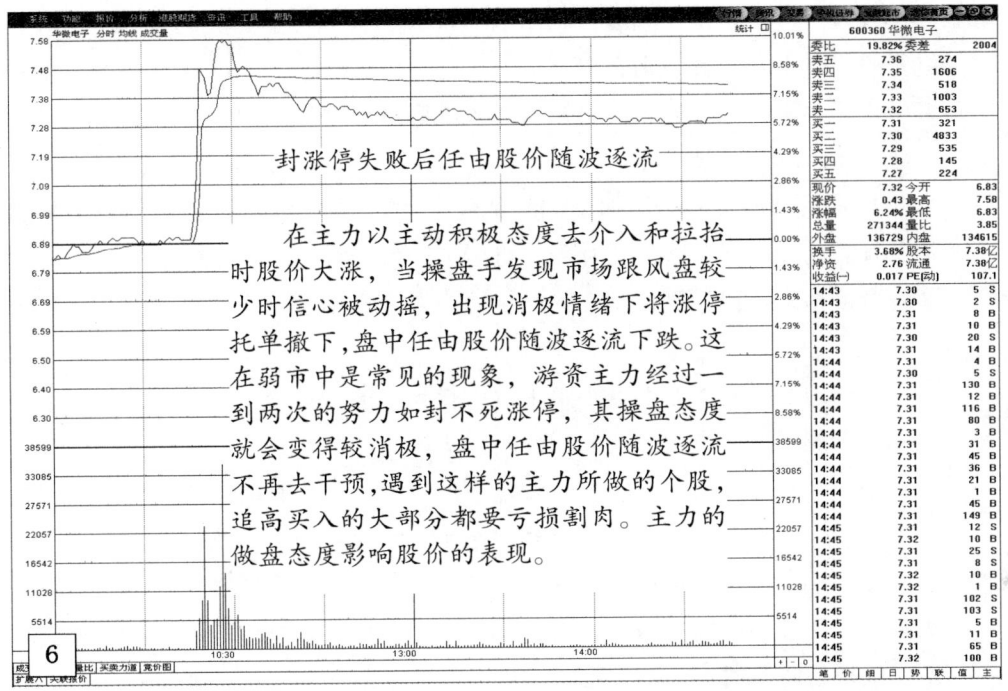

超级大资金出击一只股票的原因与案例

何谓大资金？这在股票市场上并无统一定义，也较难作出统一准确的数值定义。这首先看股票市场中重要机构群体的构成。基金、险资、银行、QFII、券商、阳光私募、地下私募等都是股票市场的重要机构构成群体。以开放式基金为例，单个开放式基金规模至少要十亿元才算得上大。险资、银行、QFII、券商等机构或单个主体或单个产品，也至少要十亿元规模才算得上大。对于阳光私募而言，单个产品达到3亿元的就算较大的了。至于地下私募也要达到3亿元才能算比较大。不同领域的机构情况各不相同，因此很难做出何谓大资金的标准化定义。笼统地说，大资金大机构，指单个主体或者单个产品资金规模3亿元起，至数十亿元才称得上叫大资金。3亿～5亿元仍属于入门级别的。

基金、保险公司、银行、QFII、阳光私募等机构投入一只股票的资金量，资金所占比例有较多的要求和限制。券商、地下私募等投入一只股票的资金量，资金所占比例也有其内部风控制度。但他们可以完全把所有资金都集中操作一只股票，特别是地下私募在这方面表示最为突出。集中优势资金，过亿元乃至数亿元资金全部投进一只股票是常见的。利用消息优势＋优势资金＋操盘技术，影响左右操纵个股股价谋利之行为常有。

二级市场大机构操作一只股票投入庞大的资金，常见原因有：

①该机构管理资金规模庞大，在一只股票中投入几亿元乃至十亿元以上，其资金量仍只是其管理资本规模的10%或者不到10%。这种情况看其进出资金量庞大，但其行为仍然属于分散投资行列，可能只因特别看好而重仓配置。

②没有严格资金监管风控制度的机构巨资重仓或全仓买卖一只股票，以谋求绝对收益。

③以做庄为目的的主力操盘，集中数以亿元计的资金介入一只股票，谋求较高的控制权，利用最大影响力操纵运作股票赚钱。

二级市场巨资买卖一只股票一般就这三种行为。另外有时个股出现单日或多日交易中，仅一个机构出现数亿元金额买卖进出。这些可能是属于增发、配股、大小非限受解禁交易等特殊行为。这与单纯的二级市场巨资买卖有较大的区别。

大机构大资金的进出对个股股价影响比较大。特别是机构群以共同作战方式进出某些板块的股票时，该板块可能出现大行情。因此，无论是抓个股的机会还是抓板块抓热点机会，密切注意大机构大资金的动向是非常必要的。就个股而言，发现大机构大资金的进出有两种方法：一是看个股的公开数据；二是看个股的成交和走势去分析判断。下面以永泰能源为例讲解如何从个股公开数据中发现大机构大资金的动向。

证券代码	证券简称	偏离值(%)	成交量(股)	成交金额(万元)
600157	永泰能源	10.23	768898805	349025.19

买入营业部名称	累计买入金额(元)
(1)国元证券股份有限公司上海虹桥路证券营业部	110174872.35
(2)中国中投证券有限责任公司杭州环球中心证券营业部	92138351.63
(3)信达证券股份有限公司深圳福星路证券营业部	91928730.00
(4)华泰证券股份有限公司深圳益田路荣超商务中心证券营业部	82280411.11
(5)齐鲁证券有限公司宁波江东北路证券营业部	80578879.55

卖出营业部名称	累计卖出金额(元)
(1)海通证券股份有限公司太原新建路营业部	432225385.00
(2)中国中投证券有限责任公司杭州环球中心证券营业部	53684240.23
(3)国泰君安证券股份有限公司深圳华发北路营业部	52312113.00
(4)兴业证券股份有限公司武汉青年路证券营业部	50476901.00
(5)华泰证券股份有限公司深圳益田路荣超商务中心证券营业部	48294429.00

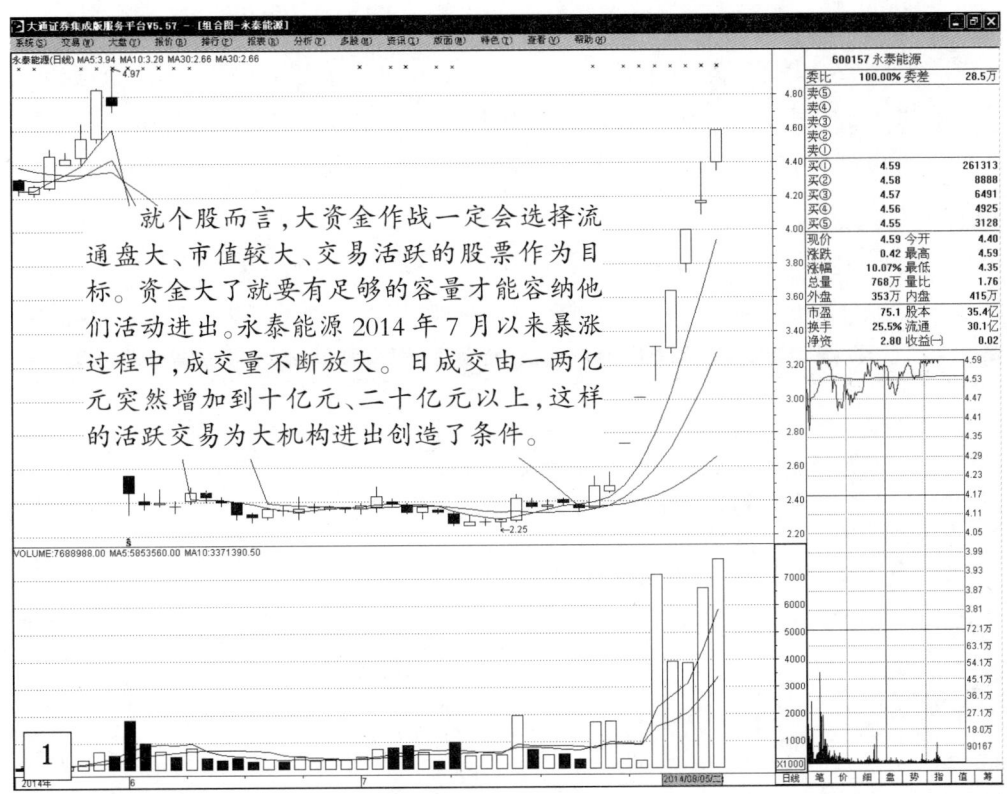

就个股而言,大资金作战一定会选择流通盘大、市值较大、交易活跃的股票作为目标。资金大了就要有足够的容量才能容纳他们活动进出。永泰能源2014年7月以来暴涨过程中,成交量不断放大。日成交由一两亿元突然增加到十亿元、二十亿元以上,这样的活跃交易为大机构进出创造了条件。

8月5日,永泰能源成交金额达到34.9亿元。从当天公开交易数据可以看到,买入第一名是国元证券股份有限公司上海虹桥路证券营业部,买入量1.1亿元。其他后四名都在8000万元以上。随便一看就知道这些机构的资产都是亿元级别的。卖出第一名是海通证券股份有限公司太原新建路营业部,卖出量为4.32亿元。一只股票一日的交易进出就达到几亿元,这个机构才是个真正的大土豪。

再来看金融街2014年5月6日公开交易数据。

证券名称	证券代码	跌幅偏离值(%)	成交量(万股)	成交金额(万元)
金融街	000402	-8.26	24583	143282

买入金额最大的前5名

营业部或交易单元名称	买入金额(元)	卖出金额(元)
恒泰证券股份有限公司北京安德路证券营业	317630335.02	10596.11
国泰君安证券股份有限公司上海江苏路证券营业部	68999299.30	2757637.74
机构专用	41043861.52	0.00
长城证券有限责任公司武汉云林街证券营业部	39732719.41	7754263.00
机构专用	23528341.77	0.00

主力行为盘口解密(七)

卖出金额最大的前5名

营业部或交易单元名称	买入金额(元)	卖出金额(元)
国元证券股份有限公司上海虹桥路证券营业部	14625.00	60076743.75
方正证券股份有限公司深圳福中路证券营业部	573154.41	58729104.05
机构专用	0.00	53640280.79
海通证券股份有限公司上海建国西路证券营业部	54463.00	33623858.66
国泰君安证券股份有限公司宁波彩虹北路证券营业部	68557.00	29060188.50

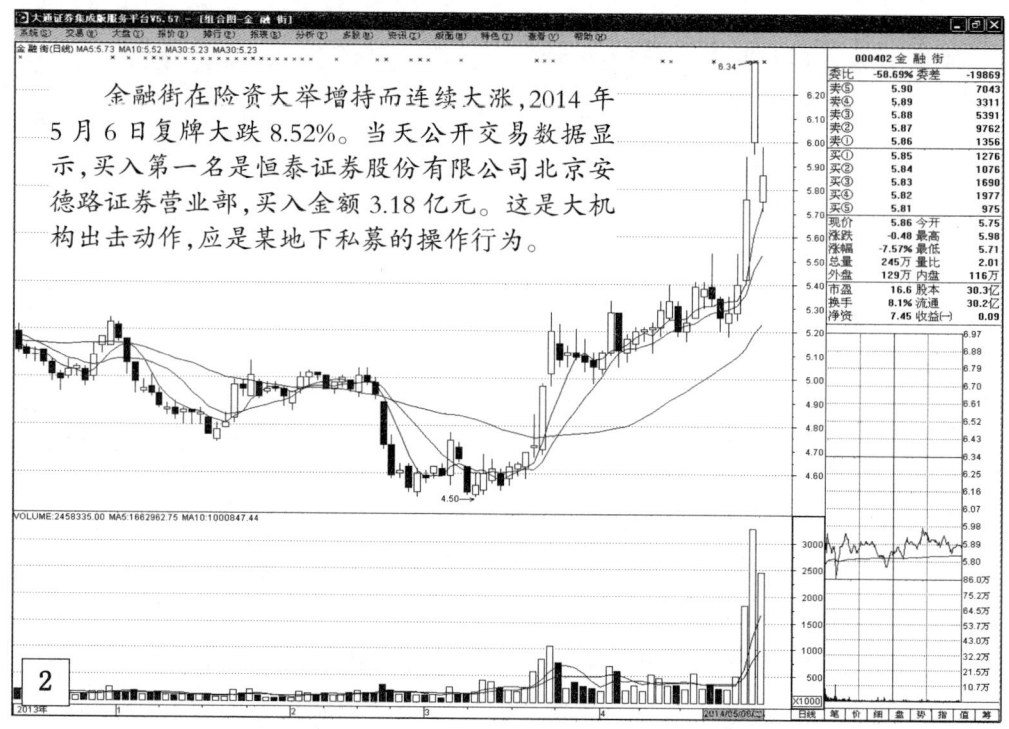

下面是中国中冶2009年9月21日和22日的公开交易数据。

证券代码	证券简称	成交量	成交金额(万元)
601618	N中冶	1501604352.00	1047938.15

买入营业部名称	合计金额(元)
东吴证券有限责任公司杭州文晖路证券营业部	511584115.72
海通证券股份有限公司上海桂林路证券营业部	187312053.50
金元证券股份有限公司成都二环路证券营业部	184784004.85
长江证券股份有限公司杭州庆春路证券营业部	112171274.97
安信证券股份有限公司南昌胜利路证券营业部	108311021.87

卖出营业部名称	合计金额(元)
国信证券股份有限公司深圳泰然九路证券营业部	74045010.77
国信证券股份有限公司上海北京东路证券营业部	56352512.64
华泰证券股份有限公司江阴福泰路证券营业部	42741904.36
兴业证券股份有限公司泉州市丰泽街证券营业部	42732549.12
国信证券股份有限公司广州东风中路证券营业部	38764990.11

证券代码	证券简称
601618	中国中冶

买入营业部名称	合计金额(元)
东吴证券有限责任公司杭州文晖路证券营业部	77556072.72
中国国际金融有限公司上海淮海中路证券营业部	75139521.37
长城证券有限责任公司南宁民族大道证券营业部	50089603.61
东海证券有限责任公司青岛闽江二路证券营业部	43813420.80
安信证券股份有限公司南昌胜利路证券营业部	40678721.71

卖出营业部名称	合计金额(元)
湘财证券有限责任公司岳阳南湖大道证券营业部	80021521.52
湘财证券有限责任公司杭州教工路证券营业部	66196773.66
英大证券有限责任公司深圳园岭三街证券营业部	63207644.79
海通证券股份有限公司杭州解放路证券营业部	61822459.51
中信证券股份有限公司深圳新闻路证券营业部	60819143.81

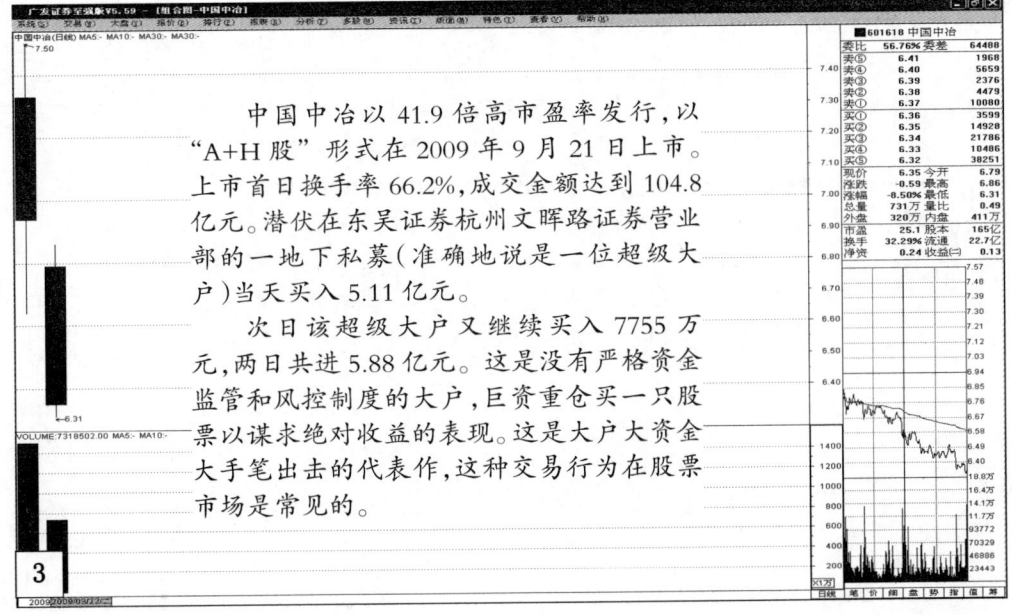

中国中冶以41.9倍高市盈率发行,以"A+H股"形式在2009年9月21日上市。上市首日换手率66.2%,成交金额达到104.8亿元。潜伏在东吴证券杭州文晖路证券营业部的一地下私募(准确地说是一位超级大户)当天买入5.11亿元。

次日该超级大户又继续买入7755万元,两日共进5.88亿元。这是没有严格资金监管和风控制度的大户,巨资重仓买一只股票以谋求绝对收益的表现。这是大户大资金大手笔出击的代表作,这种交易行为在股票市场是常见的。

主力行为盘口解密(七)

下面是华泰证券2010年2月21日和26日的公开交易数据。

证券代码	证券简称
601688	华泰证券

买入营业部名称	累计买入金额(元)
机构专用	1042712326.08
海通证券股份有限公司上海平武路证券营业部	61649895.61
华泰证券股份有限公司绍兴上大路证券营业部	52390551.22
兴业证券股份有限公司西安朱雀大街证券营业部	40881238.37
长城证券有限责任公司成都芳沁街证券营业部	39722252.71

卖出营业部名称	累计卖出金额(元)
国元证券股份有限公司上海中山北路证券营业部	56858220.26
国信证券股份有限公司上海北京东路证券营业部	37981952.93
信达证券股份有限公司铁岭光荣街营业部	36179303.32
东海证券有限责任公司北京安立路证券营业部	33034451.00
招商证券股份有限公司上海世纪大道证券营业部	29850964.95

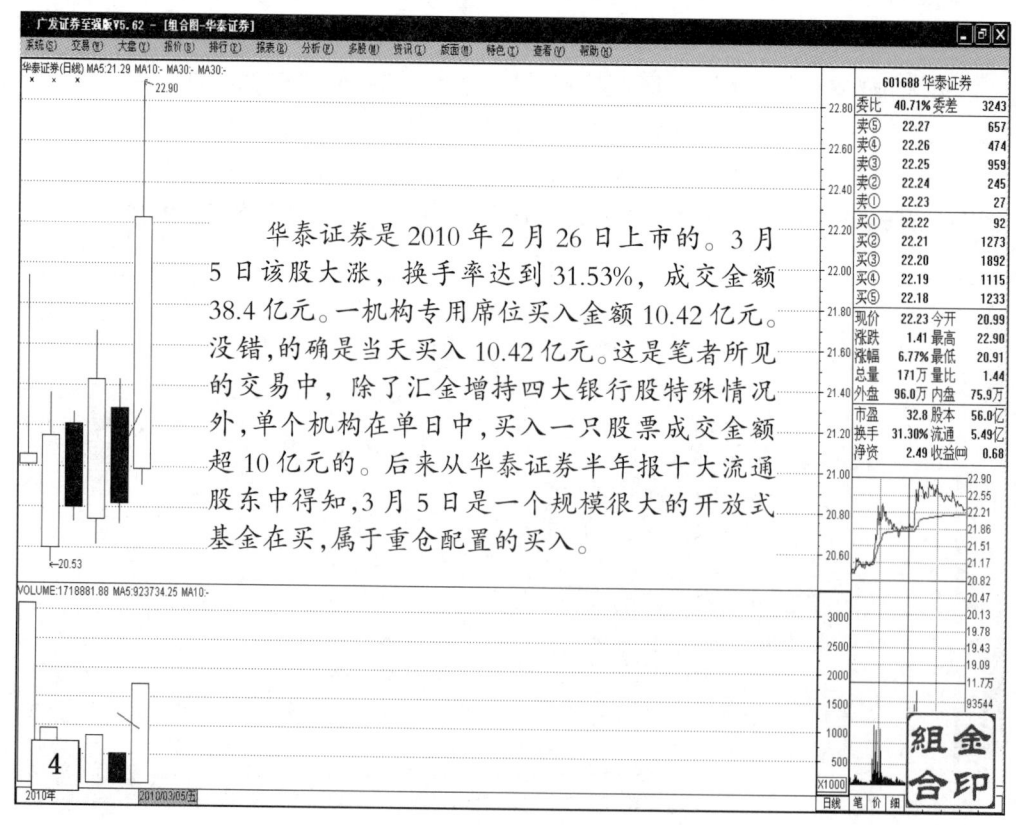

华泰证券是2010年2月26日上市的。3月5日该股大涨,换手率达到31.53%,成交金额38.4亿元。一机构专用席位买入金额10.42亿元。没错,的确是当天买入10.42亿元。这是笔者所见的交易中,除了汇金增持四大银行股特殊情况外,单个机构在单日中,买入一只股票成交金额超10亿元的。后来从华泰证券半年报十大流通股东中得知,3月5日是一个规模很大的开放式基金在买,属于重仓配置的买入。

认识主力护盘的细节与目的

A股市场快速扩容，个股越来越多，数量庞大市值以万亿元计，炒作齐涨齐跌已较难出现。现阶段市场绝大部分都是以板块轮番炒方式展开，热点板块强势品种大涨时，同一日中也有其他板块明显在跌。表面上看似红红火火的市场，跌不休的品种也不在少数。对于个股而言，现在已经极少有控盘式庄股。但每一只股票中都有持股量较大的机构，股价涨跌自然对他们的利益影响最大。因此，在自身允许的能力范围内，他们有时也出来干预或者引导股价的方向，这是顺理成章的事。

股价在高位时不想它跌，持股量较大的机构可能出来维护，股价已经跌了不少不想它继续下跌，持股量较大的机构更有理由出来维护一下，所以无论股价在高位还是低位，总能看到有机构干预股价的动作。干预股价的动作有的是轻微的，也有操纵严重的。

下面就通过一些盘口小细节来看看机构维护股价的不同行为动作。

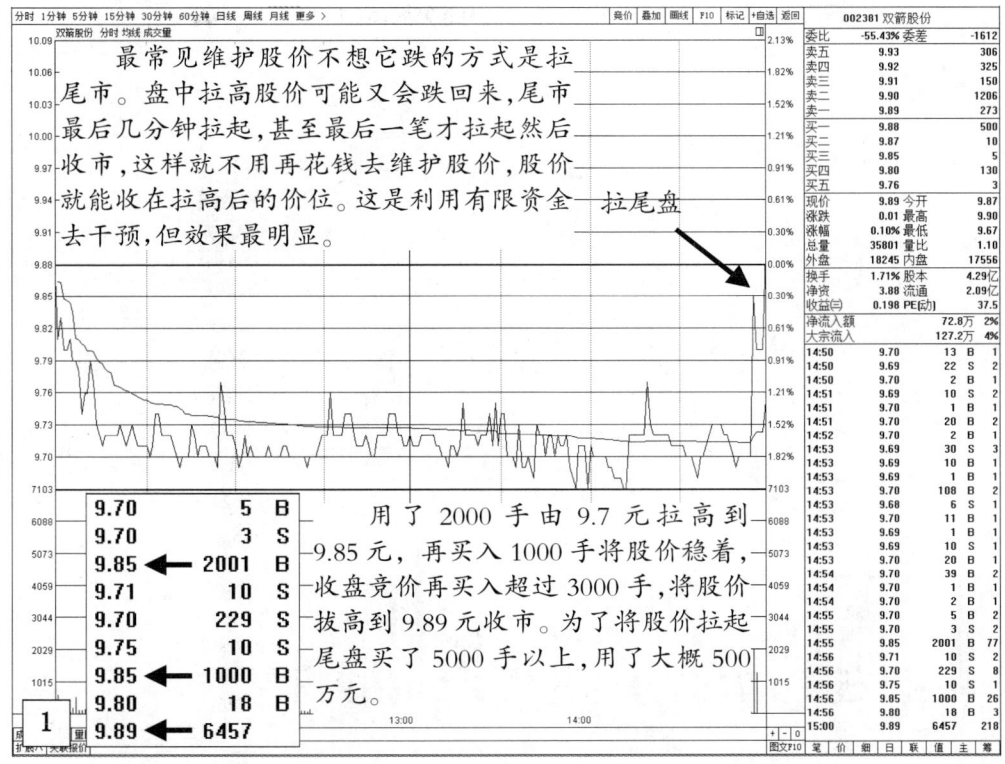

主力行为盘口解密(七)

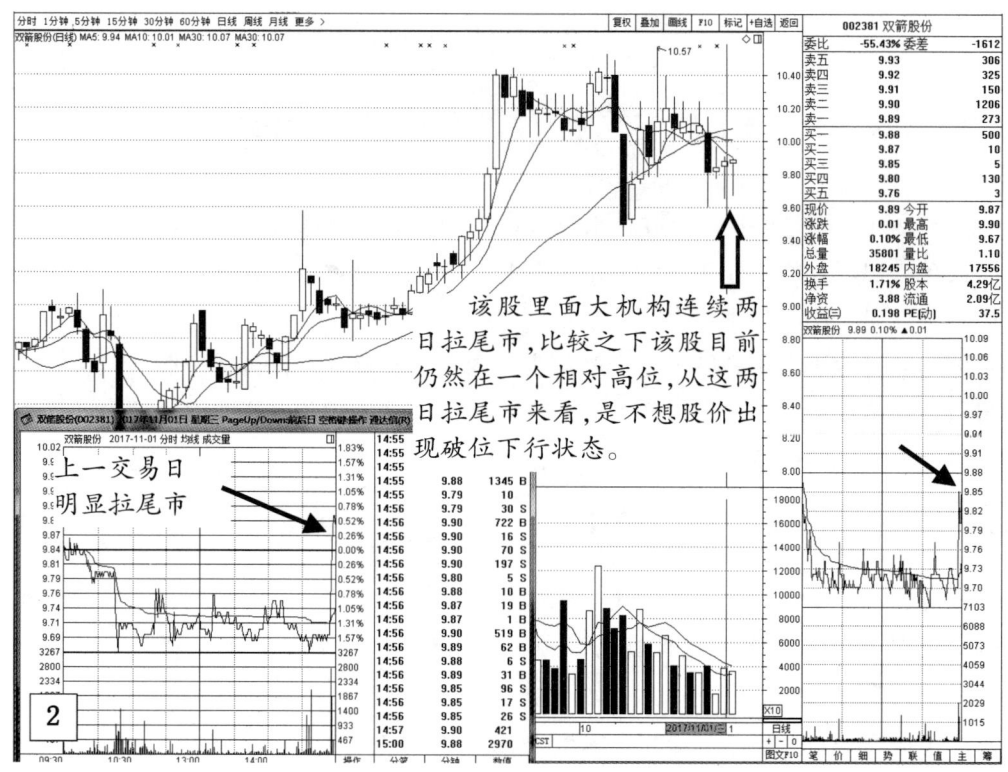

该股里面大机构连续两日拉尾市,比较之下该股目前仍然在一个相对高位,从这两日拉尾市来看,是不想股价出现破位下行状态。

上一交易日明显拉尾市

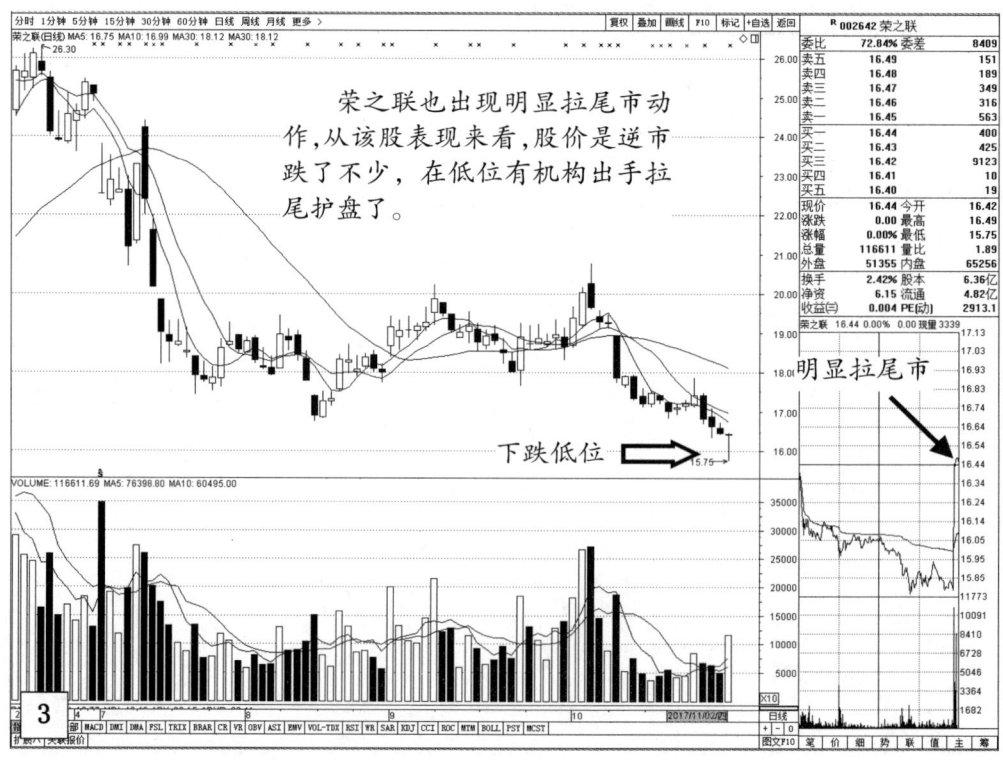

荣之联也出现明显拉尾市动作,从该股表现来看,股价是逆市跌了不少,在低位有机构出手拉尾护盘了。

下跌低位

明显拉尾市

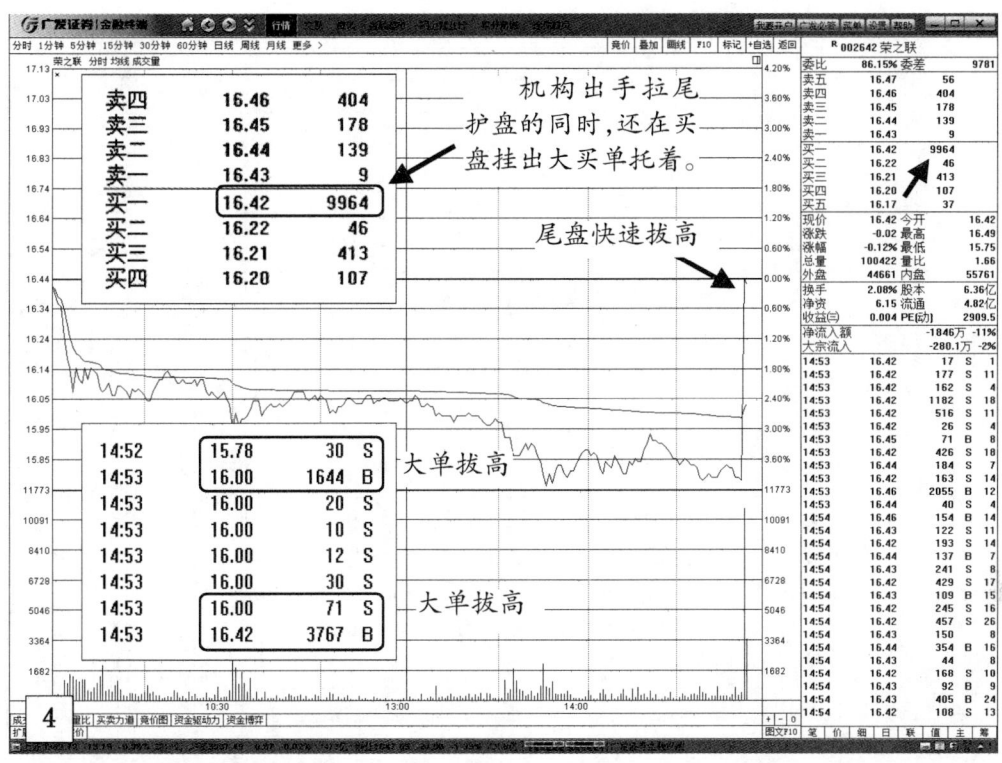

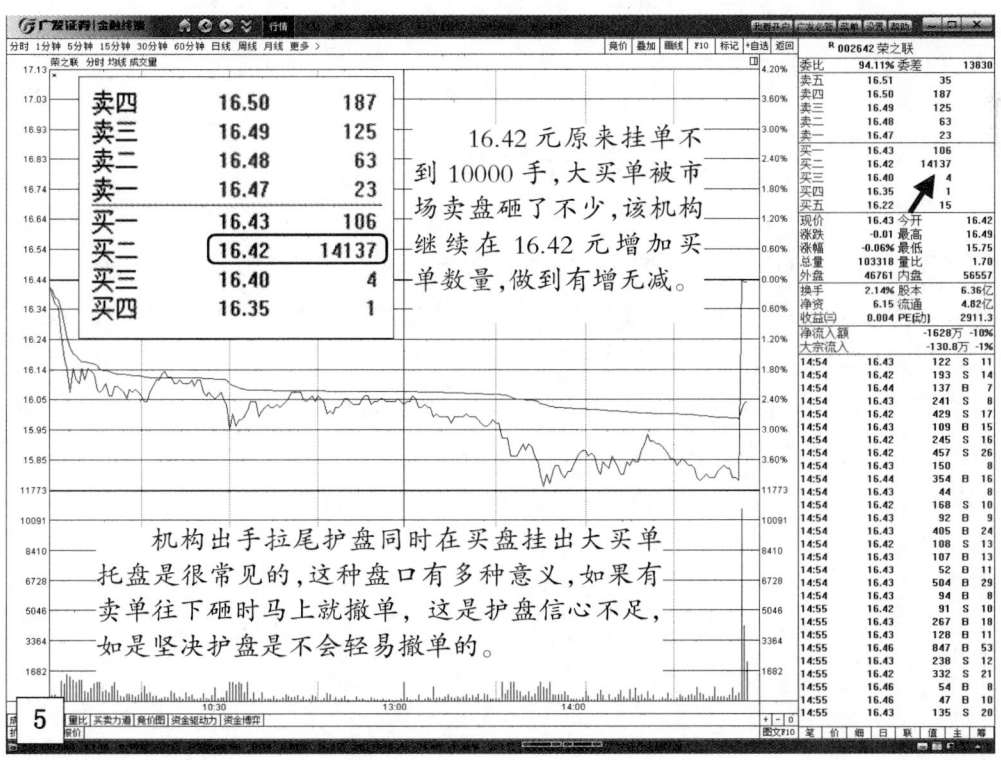

主力行为盘口解密(七)

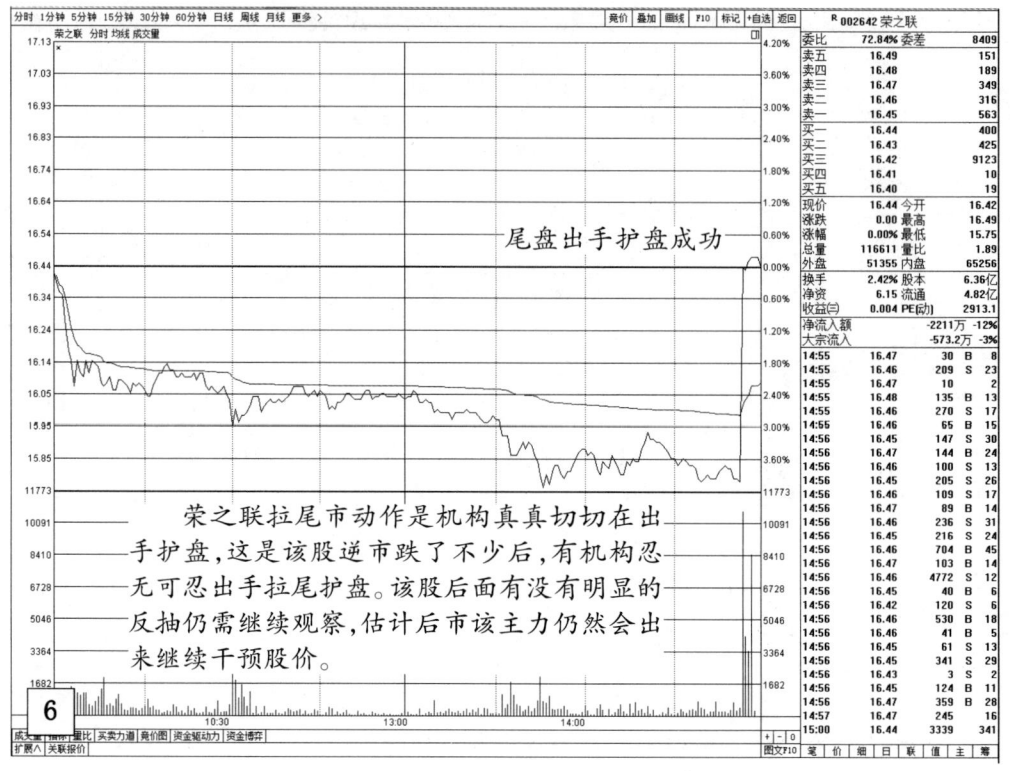

如何看清主力护盘盘口

　　个股中局部有限干预式做庄行为每日可见，利用消息、技术走势、资金优势配以一定量的买卖，引导目标股票往预期的向发展以此实现主力目的。主力运作过程中需要经常出手护盘。护盘有两种情况：①目标股票拉高后，为了维护拉高胜利果实出手护盘以维持股价在高位收盘。②目标股票在各种因素影响下下跌（绿盘），为了维护股价不跌或少跌主力出手护盘。第一种护盘一般是在红盘之上出现，第二种护盘情况大都是在绿盘之下展开。下面以黑猫股份因大盘下跌影响表现为例，介绍该股主力盘中展开的一系列护盘做盘细节。

在买盘托单防止股价继续下跌护盘,买单可以是一张或多张。单笔数量大小由主力自己根据各种情况考虑决定。多笔托单同时出现的常见每张大单数量相同或者相近,其原因是该机构为了方便识别自己在每一价位上的挂单量多少。盘中两笔1700多手买单中,1700这大数就是主力自己的。主力挂单一般是大数,小数单大都是市场其他人的。

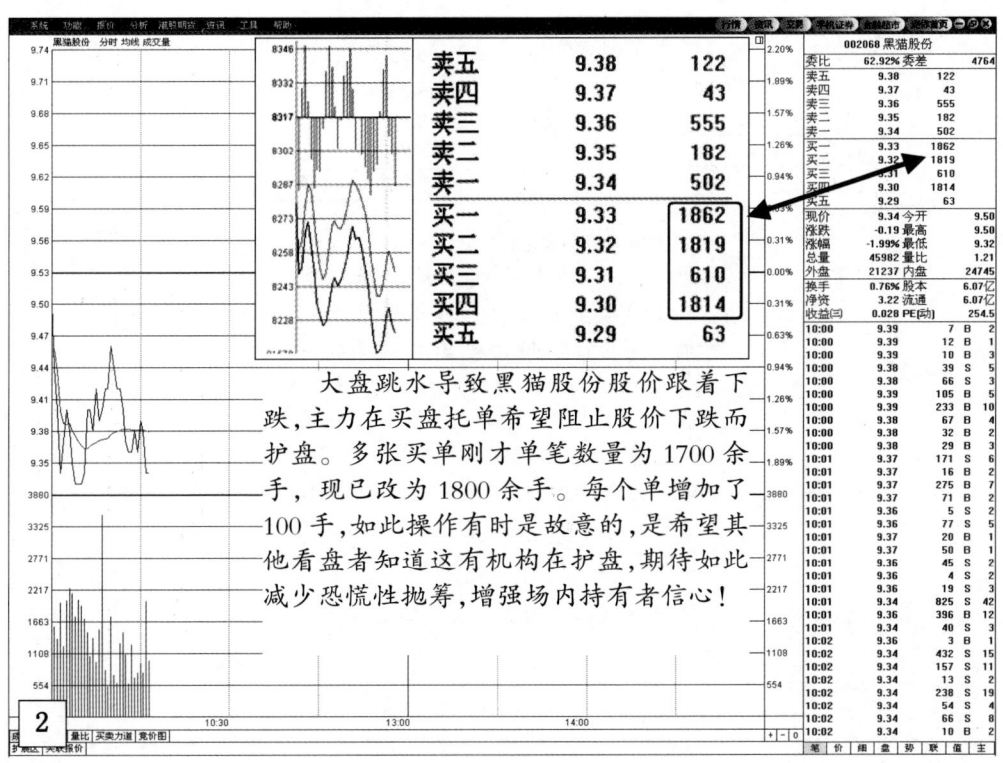

大盘跳水导致黑猫股份股价跟着下跌,主力在买盘托单希望阻止股价下跌而护盘。多张买单刚才单笔数量为1700余手,现已改为1800余手。每个单增加了100手,如此操作有时是故意的,是希望其他看盘者知道这有机构在护盘,期待如此减少恐慌性抛筹,增强场内持有者信心!

主力行为盘口解密(七)

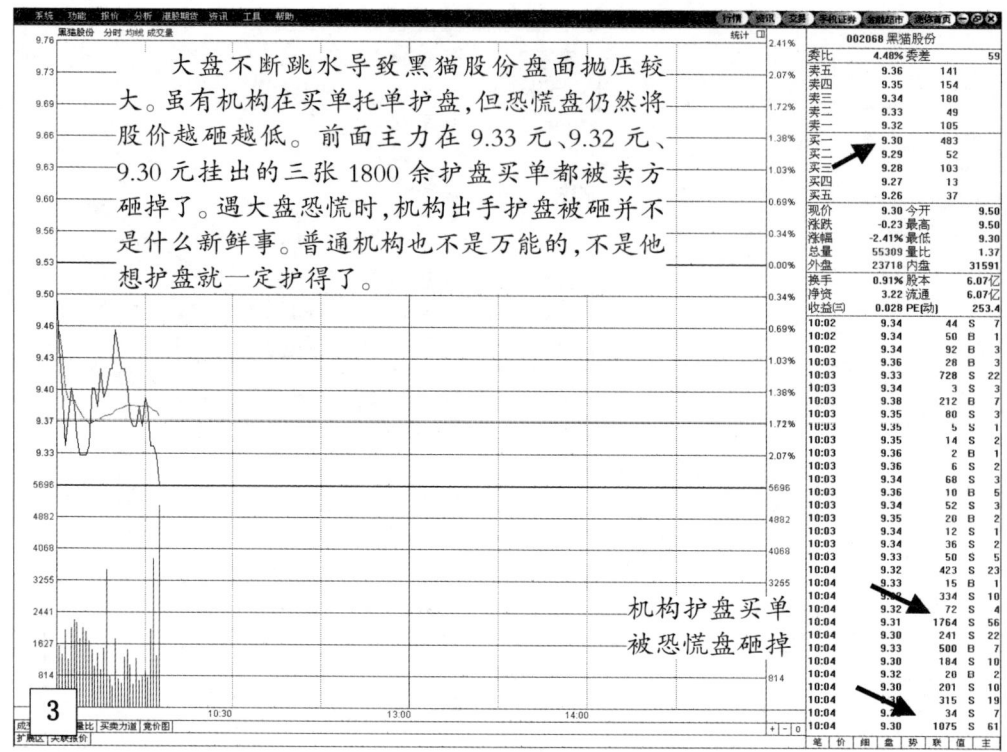

大盘不断跳水导致黑猫股份盘面抛压较大。虽有机构在买单托单护盘,但恐慌盘仍然将股价越砸越低。前面主力在9.33元、9.32元、9.30元挂出的三张1800余护盘买单都被卖方砸掉了。遇大盘恐慌时,机构出手护盘被砸并不是什么新鲜事。普通机构也不是万能的,不是他想护盘就一定护得了。

机构护盘买单被恐慌盘砸掉

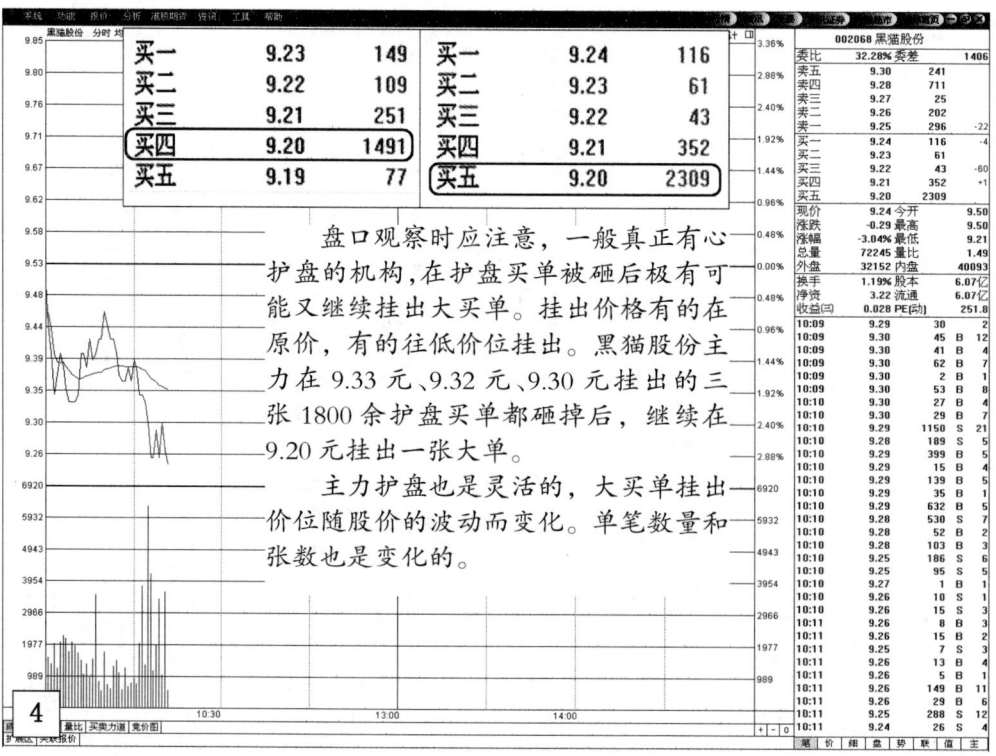

盘口观察时应注意,一般真正有心护盘的机构,在护盘买单被砸后极有可能又继续挂出大买单。挂出价格有的在原价,有的往低价位挂出。黑猫股份主力在9.33元、9.32元、9.30元挂出的三张1800余护盘买单都砸掉后,继续在9.20元挂出一张大单。

主力护盘也是灵活的,大买单挂出价位随股价的波动而变化。单笔数量和张数也是变化的。

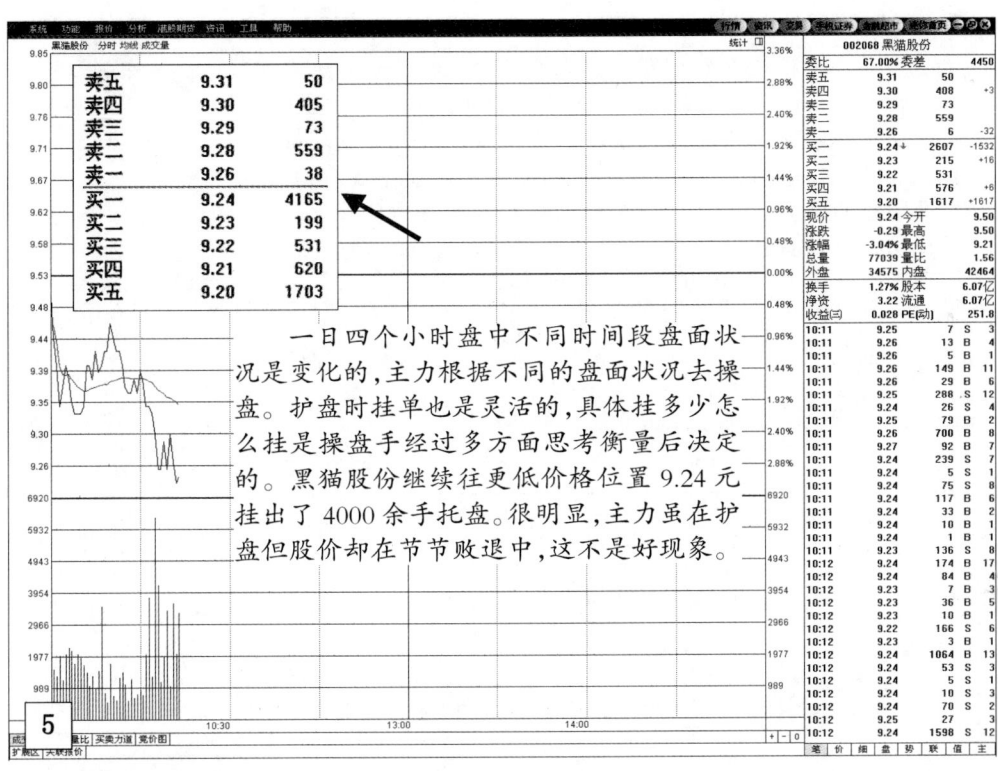

一日四个小时盘中不同时间段盘面状况是变化的,主力根据不同的盘面状况去操盘。护盘时挂单也是灵活的,具体挂多少怎么挂是操盘手经过多方面思考衡量后决定的。黑猫股份继续往更低价格位置9.24元挂出了4000余手托盘。很明显,主力虽在护盘但股价却在节节败退中,这不是好现象。

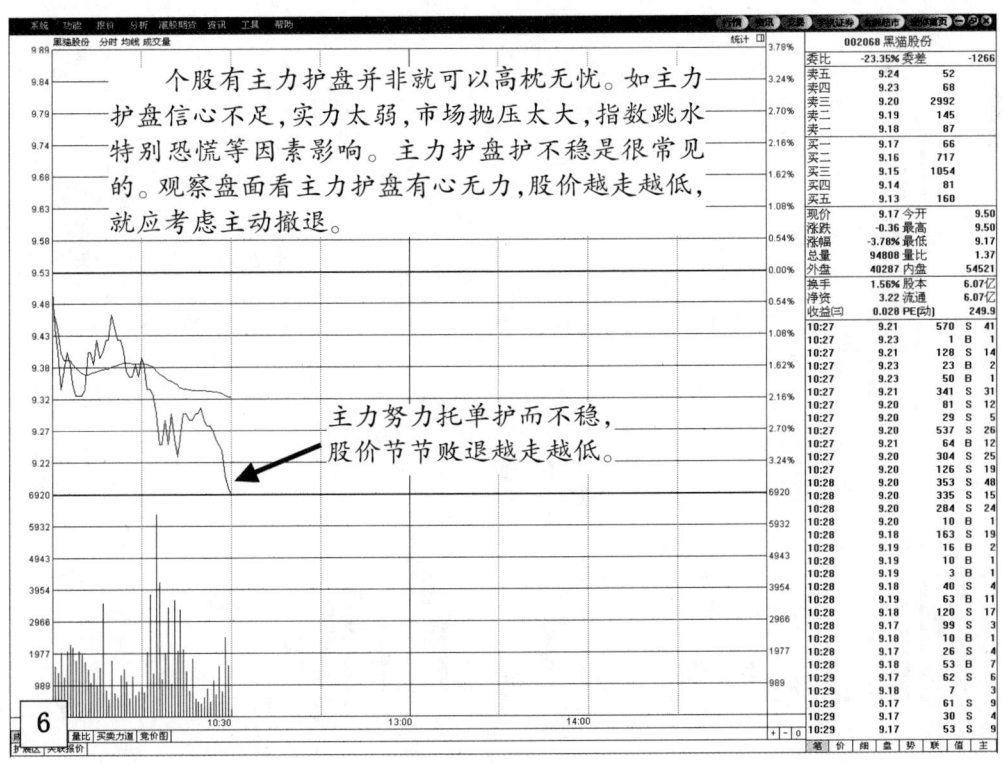

个股有主力护盘并非就可以高枕无忧。如主力护盘信心不足,实力太弱,市场抛压太大,指数跳水特别恐慌等因素影响。主力护盘护不稳是很常见的。观察盘面看主力护盘有心无力,股价越走越低,就应考虑主动撤退。

主力努力托单护而不稳,股价节节败退越走越低。

主力行为盘口解密(七)

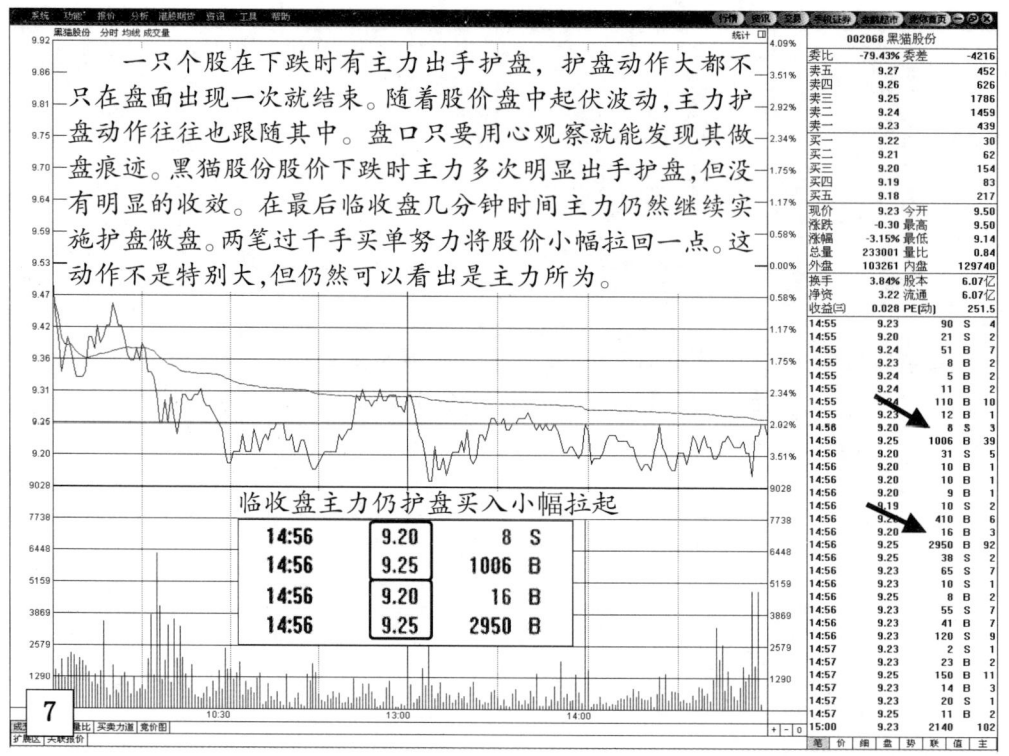

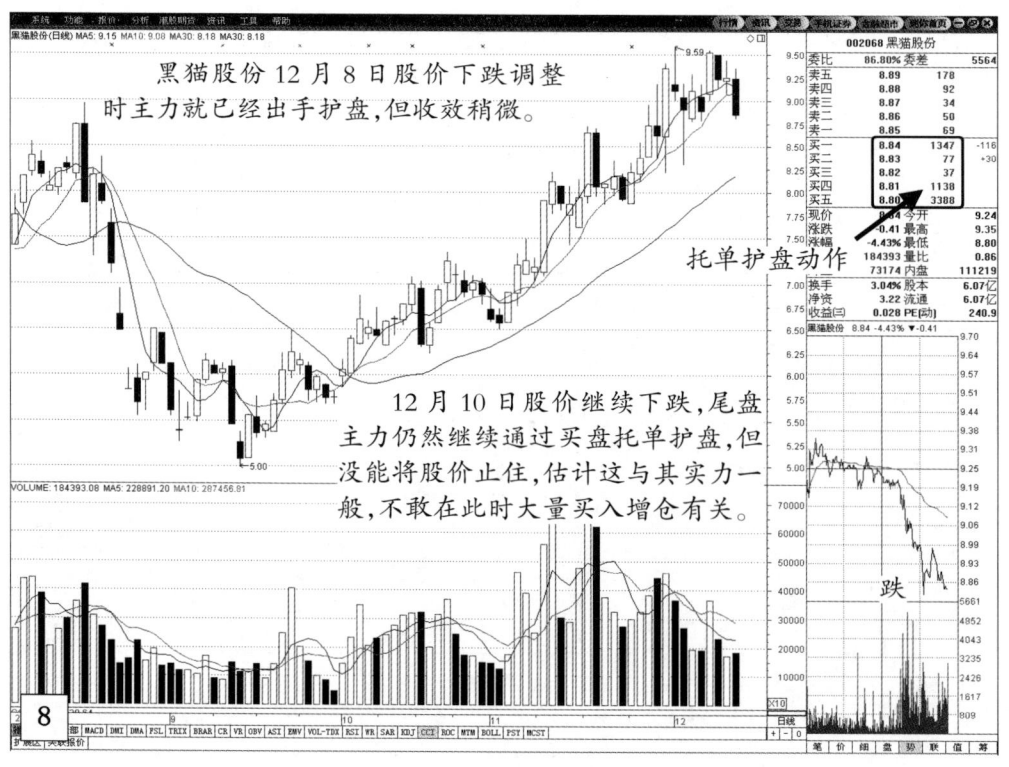

看懂下跌市机构护盘动作

中国有句老话叫"事不关己,高高挂起",与自己无关的事离远点,恐怕是国人现在的心态写照。股票市场里的主力机构当然也是如此,与自己股票无关的事不会理会更不会去招惹是非,但关系到自己股票利益的事情就不能不管了。个股出现明显的护盘行为,都是与场内机构有利益关系的动作。

一个机构投入某个股票资金大,股价出现下跌,首当其冲损伤最大的自然是该机构自己。为了避免账面出现大的损失或减少损失,股价下跌时出手护盘那就是必要的。机构出手护盘必须是在其认为有必要的情况下才有动作。什么情况是机构认为有必要出手护盘的?每个机构都有自己的想法和评估标准。投资者认为某股票跌到某价位机构就应出来护盘,那是投资者自认为的想法。你的自认为并不重要,机构的自认为才是有用的,才能看到真正的动作。

一只股票某机构拿得越多,股价跌得越多它账面亏损就越大。在目标股票出现不断下跌时,但凡有能力有信心的大都会出来护盘。护盘的方式方法很多。选择用什么方式去维护股价少跌、不跌,这就要视该机构的选择而定了。

对于投资者看盘非常重要的是,在没有机构出来护盘时期盼是没有意义的。当有机构出现时就要分析该机构的护盘动作,有没有真正起到稳定价格的作用,或者是令目标股票出现起死回生。如持该股,是去是留就得做出决策。

机构出手护盘的方式和方法很多,股价大跌时机构明显护盘有一种动作:"股价盘中大跌,机构突然用一张或多张数千手买单将股价瞬间拉起几个点进行护盘。"下面以九安医疗2014年12月23日的盘口表现为例,介绍这一机构护盘行为在盘面中的表现。

主力行为盘口解密(七)

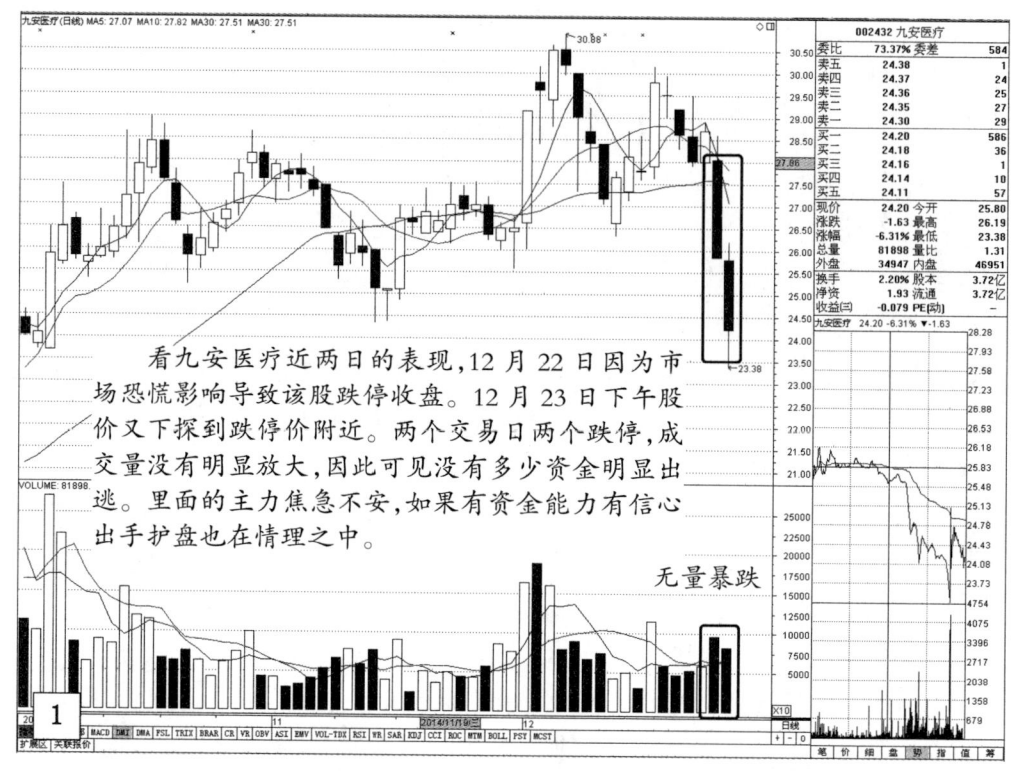

看九安医疗近两日的表现,12月22日因为市场恐慌影响导致该股跌停收盘。12月23日下午股价又下探到跌停价附近。两个交易日两个跌停,成交量没有明显放大,因此可见没有多少资金明显出逃。里面的主力焦急不安,如果有资金能力有信心出手护盘也在情理之中。

无量暴跌

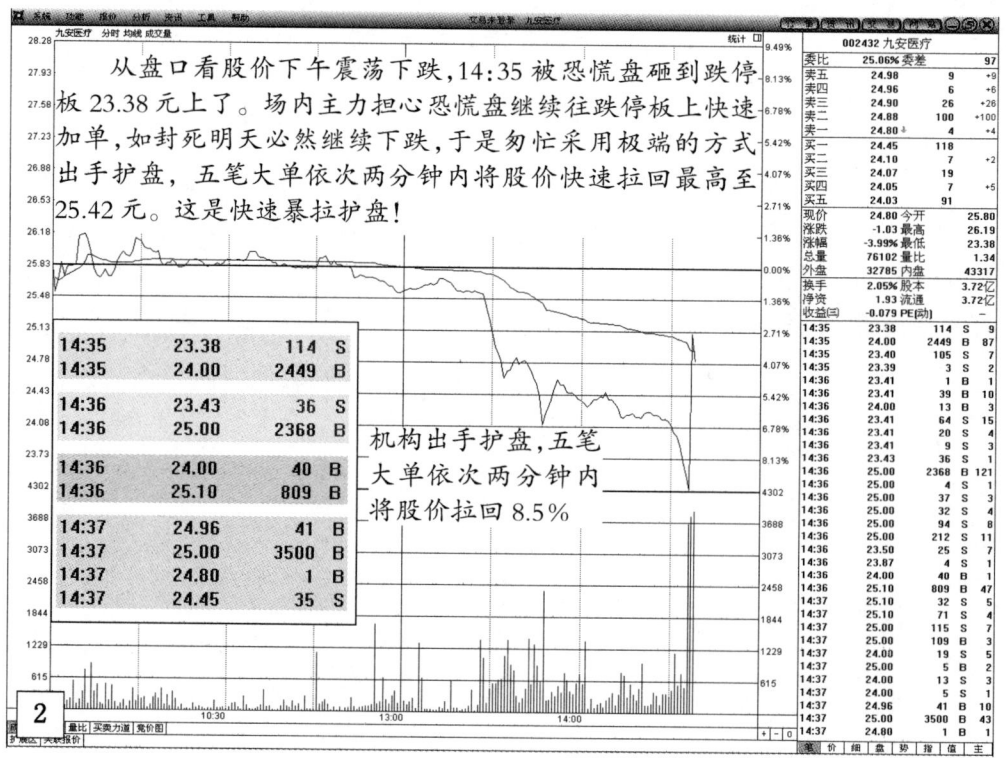

从盘口看股价下午震荡下跌,14:35被恐慌盘砸到跌停板23.38元上了。场内主力担心恐慌盘继续往跌停板上快速加单,如封死明天必然继续下跌,于是匆忙采用极端的方式出手护盘,五笔大单依次两分钟内将股价快速拉回最高至25.42元。这是快速暴拉护盘!

机构出手护盘,五笔大单依次两分钟内将股价拉回8.5%

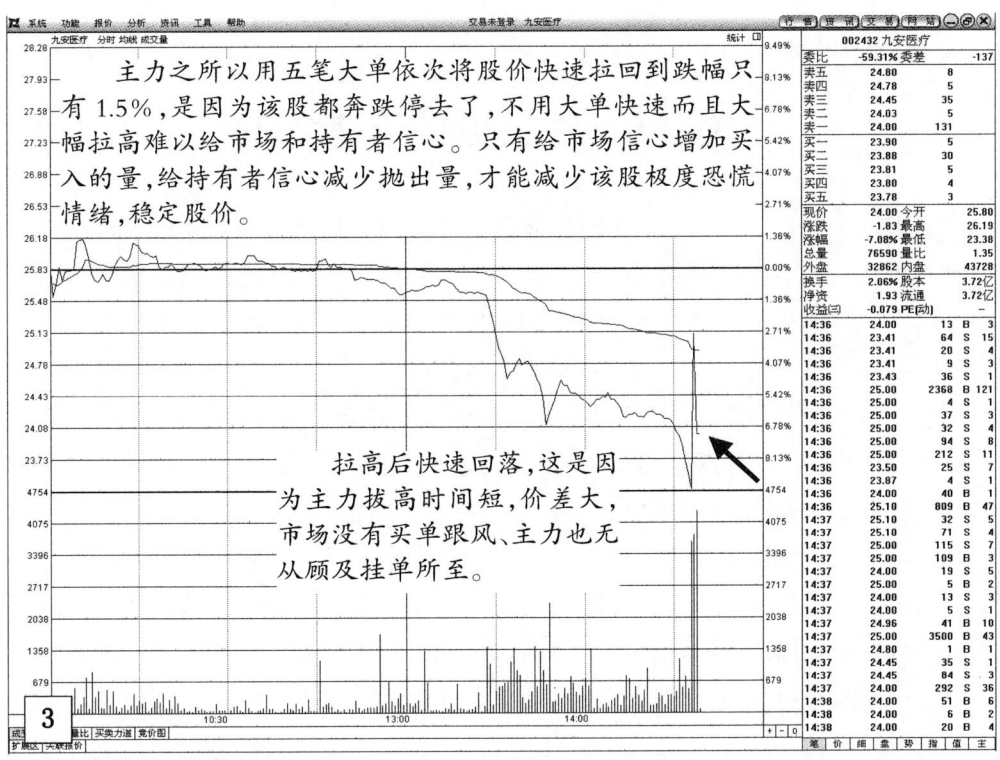

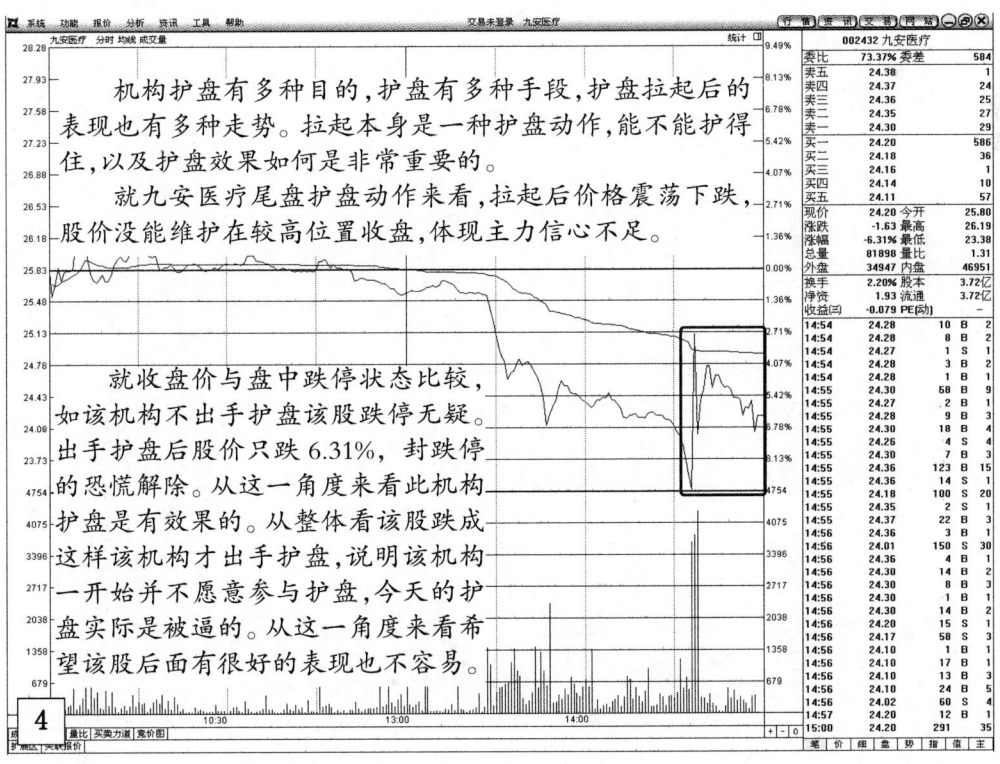

主力托单与拉起结合护盘盘口

　　股市好时散户、机构、主力日日赚钱，大家日子轻松愉快；市场下跌时散户日子难过，机构、主力也并不轻松。上证指数由5178点下跌，期间散户可以轻松抛出手中筹码兑现，拿着股市赚来的钱去买车买房，而大部分机构主力却因资金庞大未能全身而退，还在场内反复折腾苦撑着。

　　机构主力资金因庞大未能全身而退，大盘下跌时出手护盘便是顺理成章之事，这是因为他们拿的筹码多，股价下跌对他们影响最大。机构出手如何护盘？盘中有什么动作可以看清楚吗？这些就要从交易盘面中入手了。

　　技术层面机构出手护盘有两种方式：一是在买盘挂出数量相对较大的买单将股价托住；二是直接入市买入将股价拉起。很多时候主力操盘手双管齐下，两种护盘动作同时使用或者轮流出招。下面以正邦科技盘中走势为例，看看该股主力当日盘中通过托单和拉高同时结合进行护盘过程。

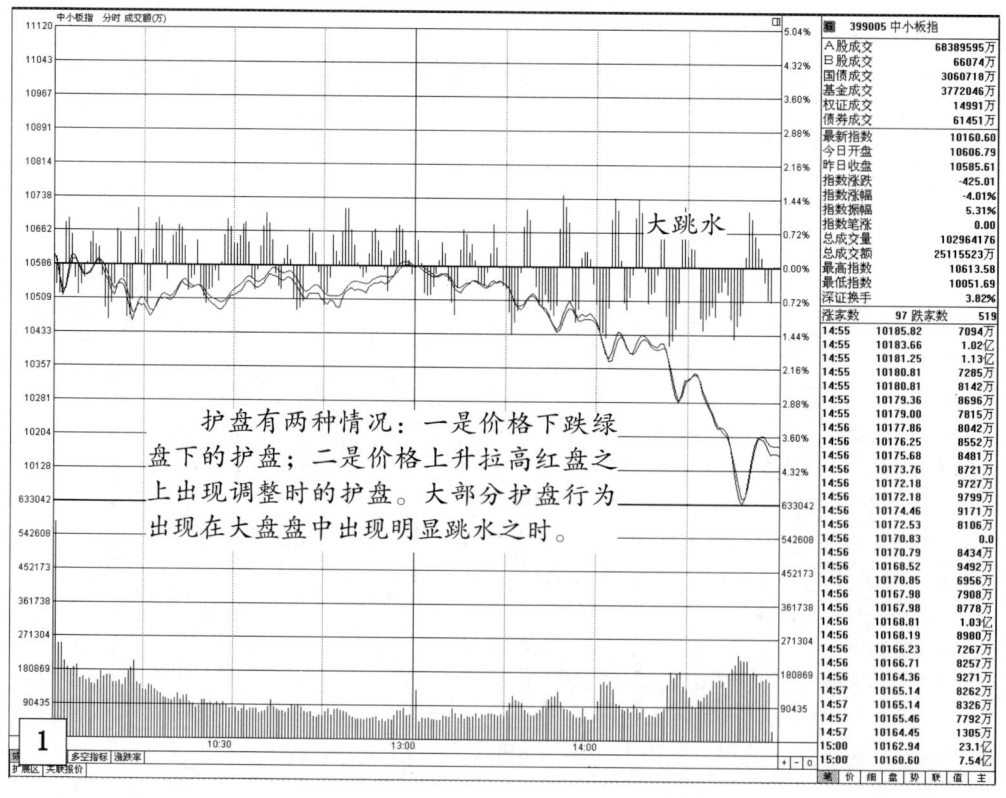

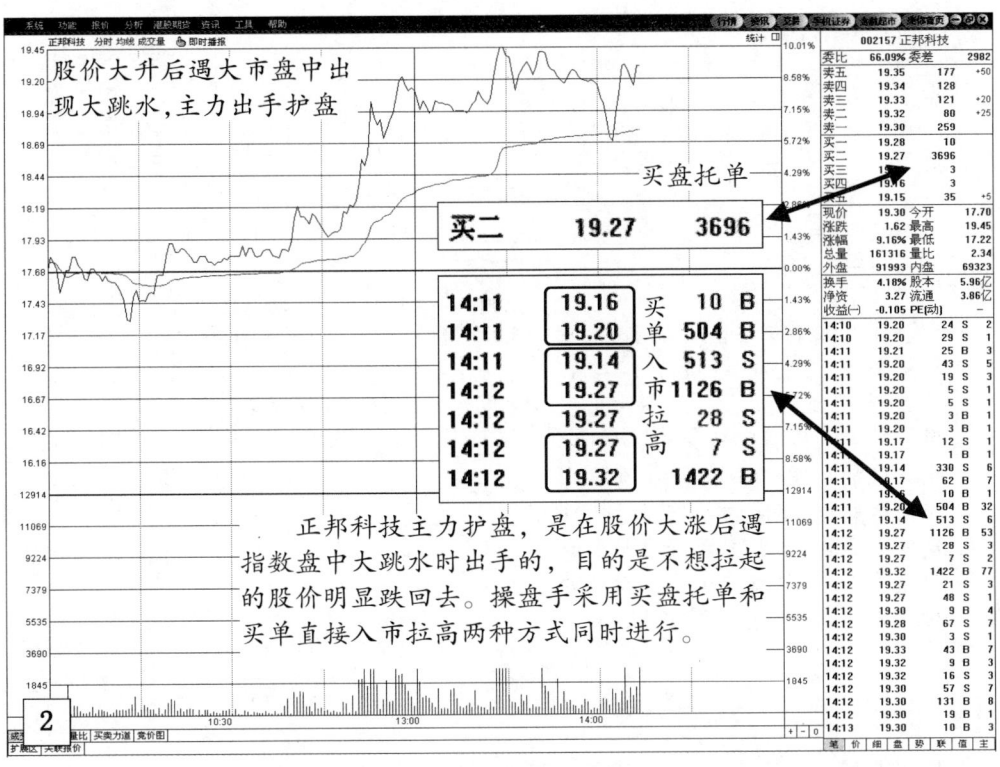

主力行为盘口解密(七)

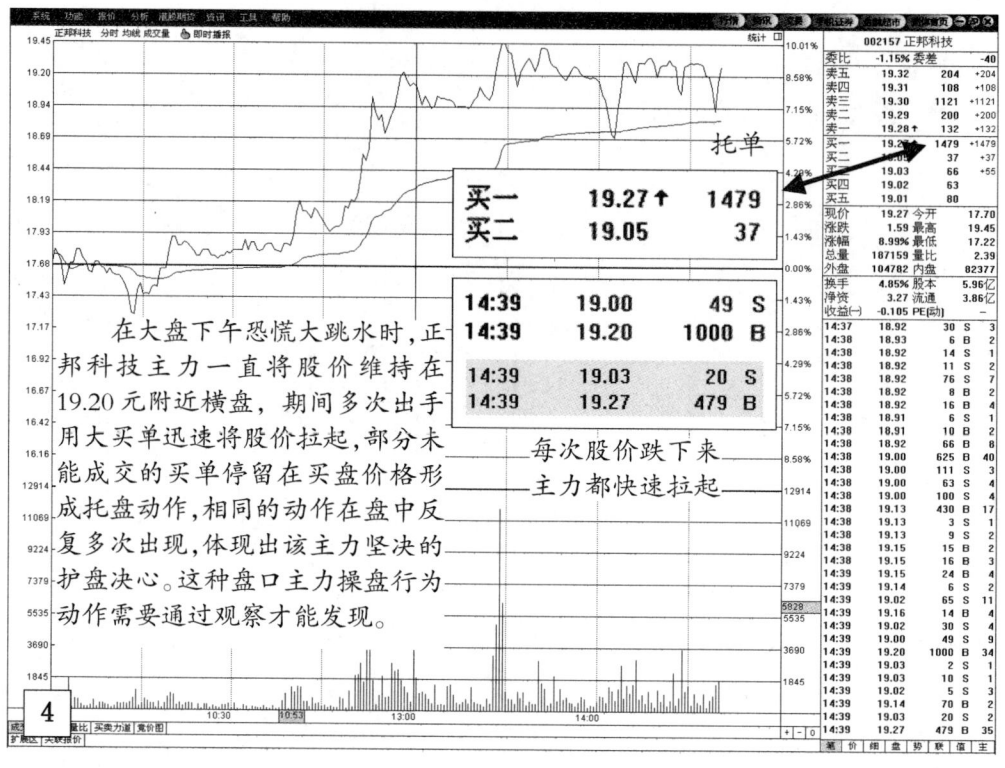

在大盘下午恐慌大跳水时,正邦科技主力一直将股价维持在19.20元附近横盘,期间多次出手用大买单迅速将股价拉起,部分未能成交的买单停留在买盘价格形成托盘动作,相同的动作在盘中反复多次出现,体现出该主力坚决的护盘决心。这种盘口主力操盘行为动作需要通过观察才能发现。

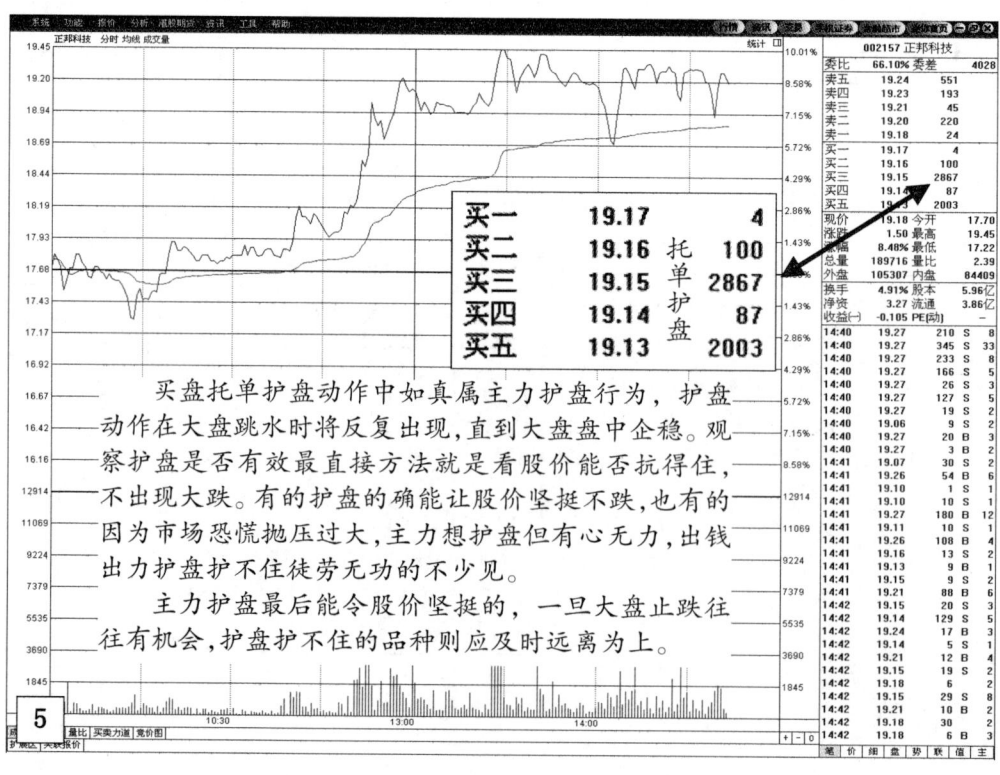

买盘托单护盘动作中如真属主力护盘行为,护盘动作在大盘跳水时将反复出现,直到大盘盘中企稳。观察护盘是否有效最直接方法就是看股价能否抗得住,不出现大跌。有的护盘的确能让股价坚挺不跌,也有的因为市场恐慌抛压过大,主力想护盘但有心无力,出钱出力护盘护不住徒劳无功的不少见。

主力护盘最后能令股价坚挺的,一旦大盘止跌往往有机会,护盘护不住的品种则应及时远离为上。

盘口主力夹板做盘机理

股市中夹板是指个股在交易过程中，出现卖盘委卖五档中挂有一张或多张大卖单压着，同时在买盘委买五档中也有一张或多张大买单托着，这是一种特殊盘口挂单，个股挂单出现夹板现象有两种情况：一是市场大众委托挂单巧合形成的市场自然现象；二是有大户或机构故意如此挂单希望影响或操纵股价行为。

交易过程中个股出现夹板动作本是正常市场现象，一些聪明机构大户发现夹板状态下的交易秘密后，逐渐将其转变为一种赚差价的套利技巧。西方国家股市采用 T+0 交易制度，他们的买卖报价规则跟 A 股有很大的不同，在一些品种中以买一价位买入，以卖一价位卖出就已有微薄的利润，因此有机构长期在同一股票最小报价区间同时在买一和卖一挂上巨大的买卖单，只要买一接到的货挂在卖一被市场吃掉，该主力就可以赚钱，挂在买一的买单遇他人砸出，他就能收集到筹码，如此操作每笔交易利润不多但通过长期累积就可观了。这些机构实力很强，他们也会在适当时间将股价做上一台阶赚得更多。A 股市场基本没有这种套利机会，国内机构对夹板特殊盘口改进后，演变成出货时用于引诱买盘跟风接货技巧。

个股夹板既可以在买一价位和卖一价位挂出巨大挂单，也可以在其他价位挂出，同样也可以在买盘和卖盘挂多张大单，另外挂单数量上由做盘者根据他的情况去决定。

盘口夹板出现后，如属机构刻意操纵的还会有进一步动作出现，对敲往往是下一步不可少的动作。机构实施对敲时通过不断利用买单买入消化卖盘大卖单，制造大量买盘成交，以此去吸引市场注意，引诱部分投资者跟进买入。由于夹板上的大卖单是机构自己事前挂出来的，投资者买入就是把机构的筹码接走了，这是一种变相的减仓出货行为。现时 A 股市场出现个股盘口夹板动作，如明显有机构在活动的，此类大部分是主力展开减仓出货行为。

主力行为盘口解密(七)

华鼎股份卖一和买一都挂出比其他价位大数十倍的大单，这种盘口有时属市场巧合现象。如是机构刻意做盘，盘口必然会有进一步的其他操纵动作出现。机构实施夹盘操纵时，他并不怕市场他人砸盘，实践中笔者也很少看到在有大卖单大量砸往买一挂单。夹盘形成后买卖双方都处于观望阶段，等看后面如何发展。

同一交易日朗源股份盘口也出现明显夹盘现象，卖一和买一都挂出比其他价位大几十倍的大单。这种单价位出现巨大挂单夹盘大都是机构在活动，在数十亿元流通盘个股中，挂单出现几万手或更大一张的较常见，但是每个价位单笔数量都有那么大，这是市场自然现象与主力做盘的明显区别。

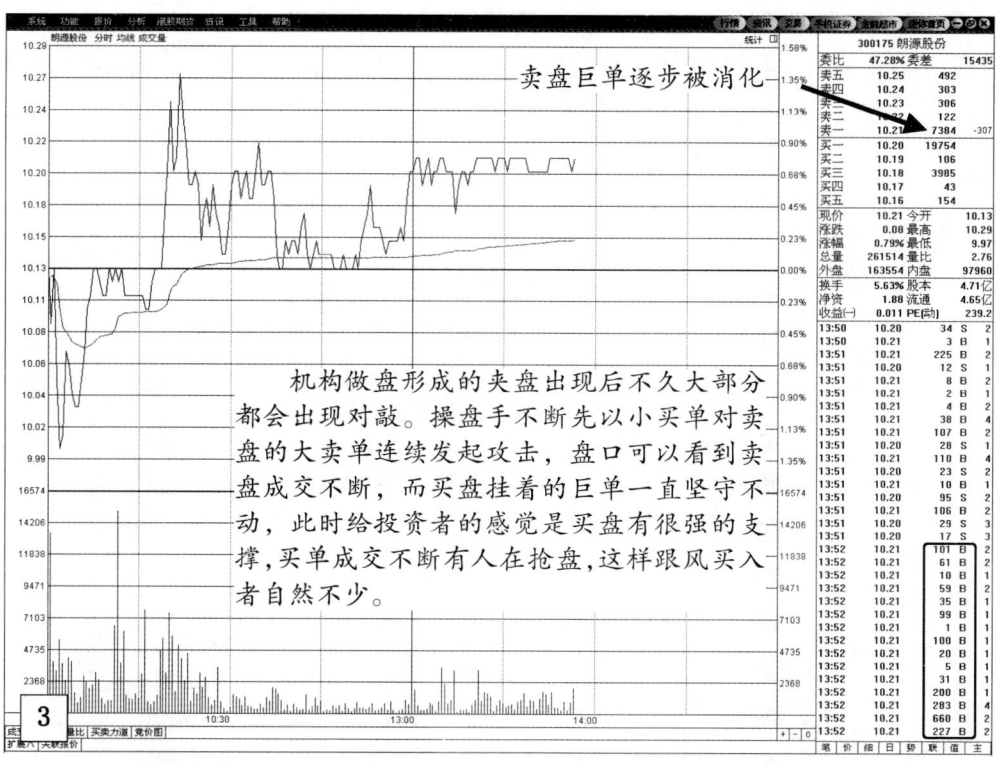

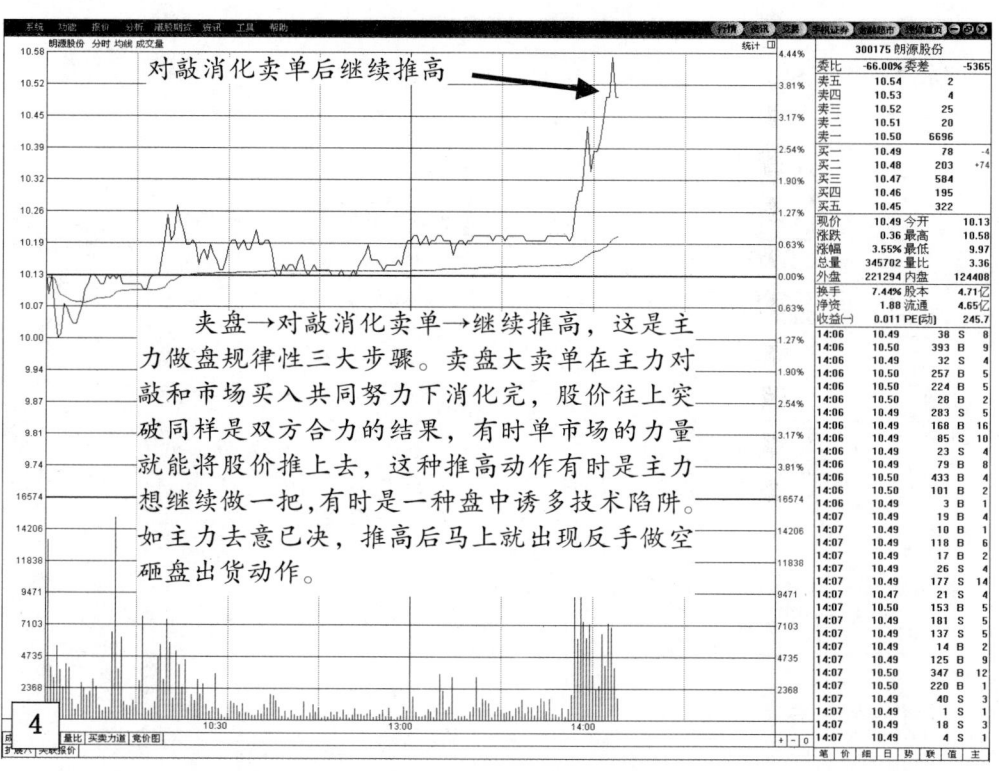

主力行为盘口解密(七)

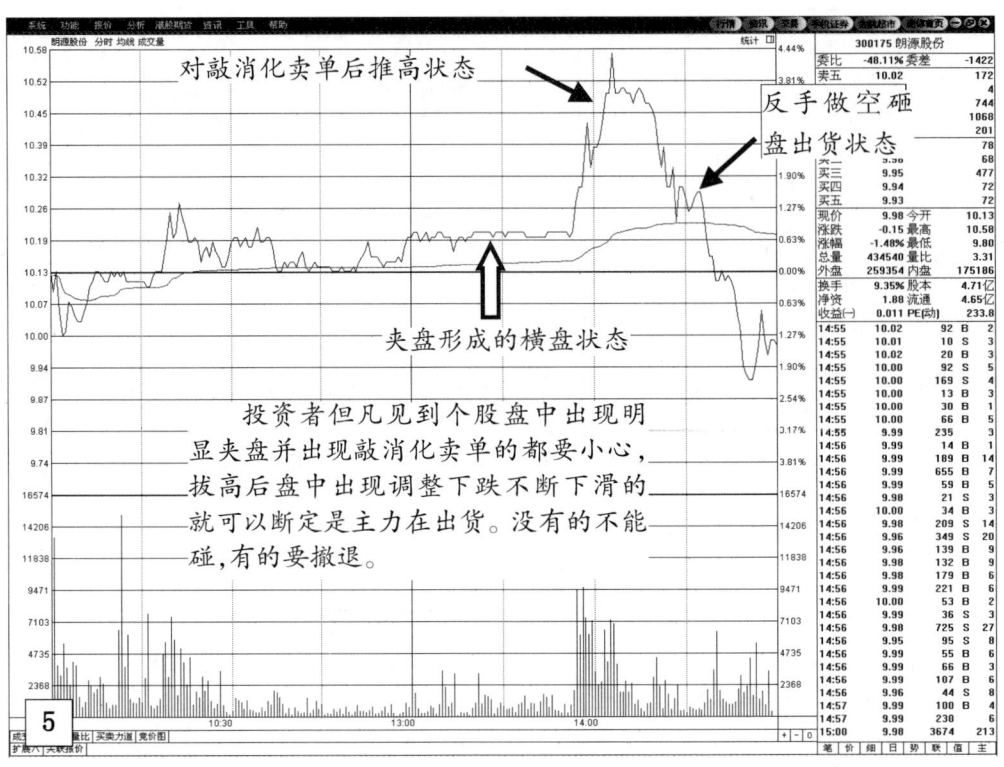

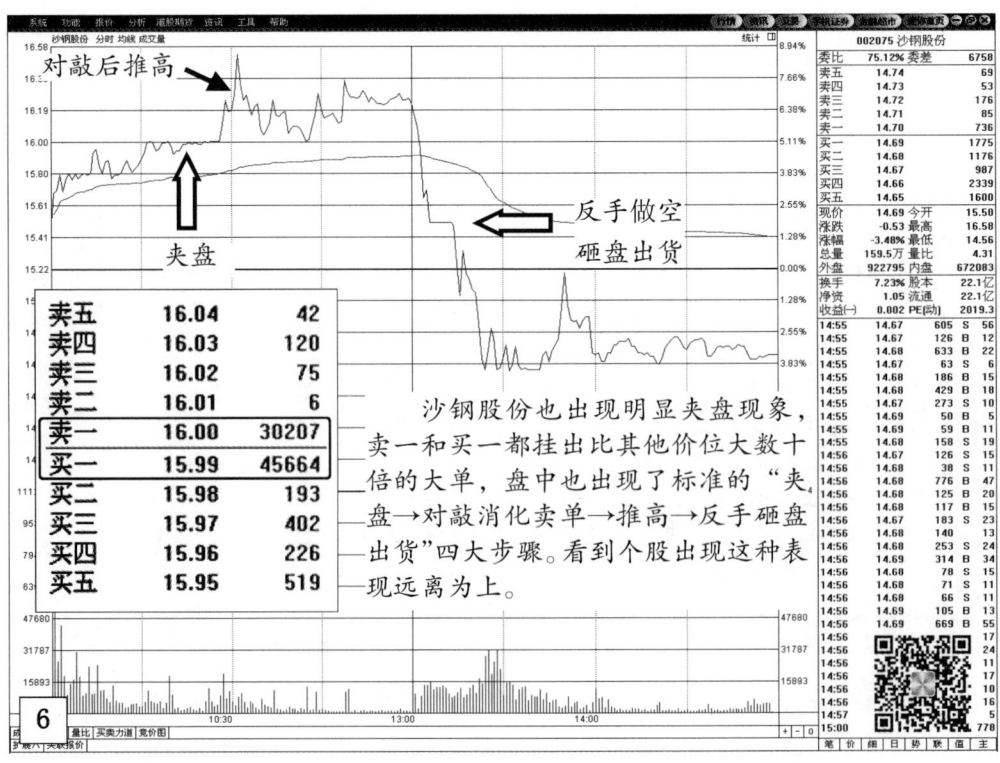

揭秘主力盘中瞬间砸跌停老鼠仓式操盘机理

个股盘中出现突然瞬间数千上万手卖单大幅往下砸盘盘口动作，笔者早年已多次发表相关文章介绍。这种交易行为，既有机构刻意操纵动作，也有意外发生的交易。刻意操纵动作中可分为三种情况：①机构老鼠仓利益输送动作；②机构故意砸盘以引起市场关注引诱跟风盘入市推高股价；③因各种原因愤怒不满者的砸盘发泄动作。

非故意造成的砸盘行为中一般有几种情况：①大单卖出时下单价格点的是市价交易，因买盘接盘量小导致软件自动往下大幅压价成交；②大单卖出时下单价挂的特别低甚至以跌停价下单卖出，因买盘接盘量小导致软件自动往下大幅压价成交形成的砸盘现象。在大盘恐慌时较容易出现这种情况。平时交易大单卖出下单价挂得特别低，甚至以跌停价下单卖出的人是有的。遇到情绪不好的直接以跌停价下单卖出的人多不胜数。

硅宝科技（300019）2005年3月16日盘中就出现明显两笔大卖单砸盘痕迹。砸盘是主力故意做盘动作，目的是通过大幅砸盘制造老鼠仓行为，引起市场大众的关注和引诱跟风盘入市推高价格。下面通过该股盘面表现与具体公开数据去分析主力的做盘行为。

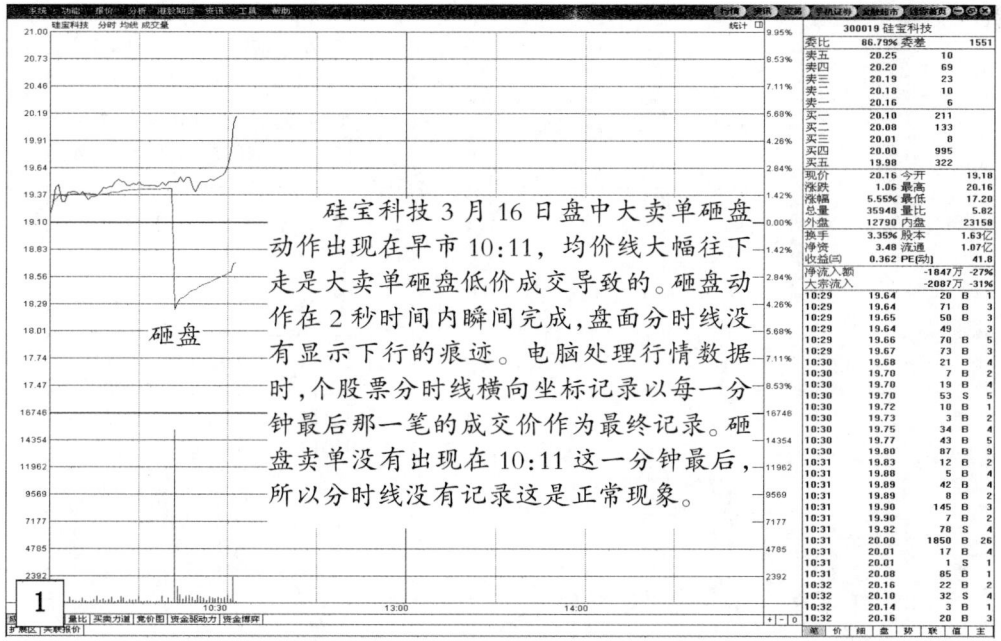

主力行为盘口解密(七)

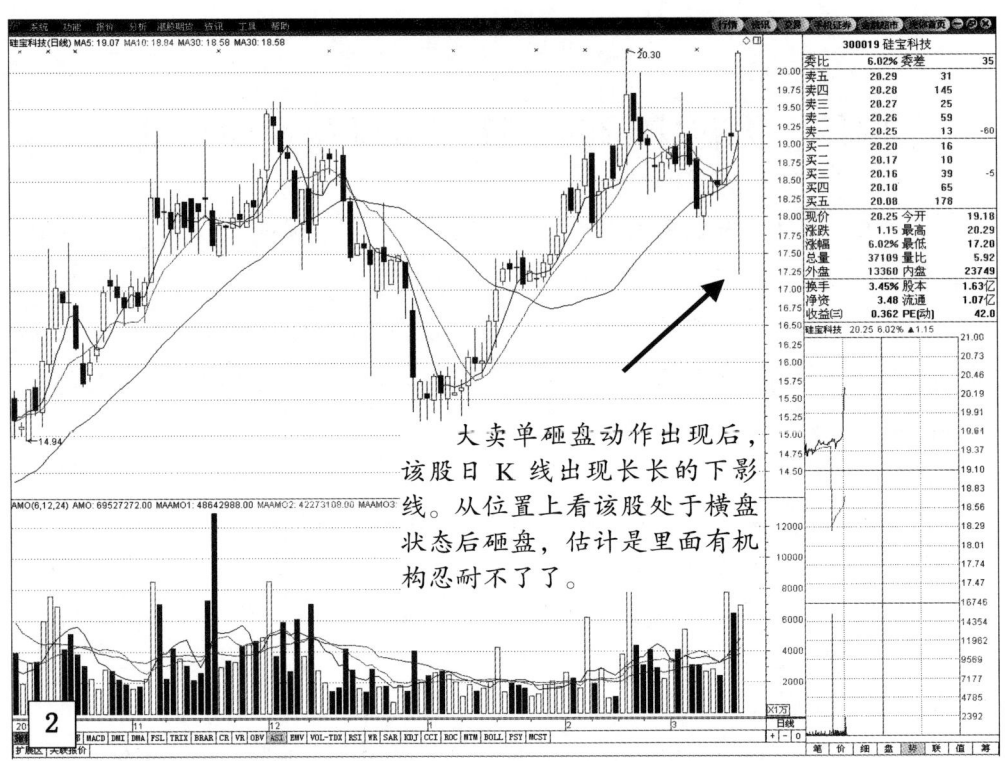

大卖单砸盘动作出现后,该股日K线出现长长的下影线。从位置上看该股处于横盘状态后砸盘,估计是里面有机构忍耐不了了。

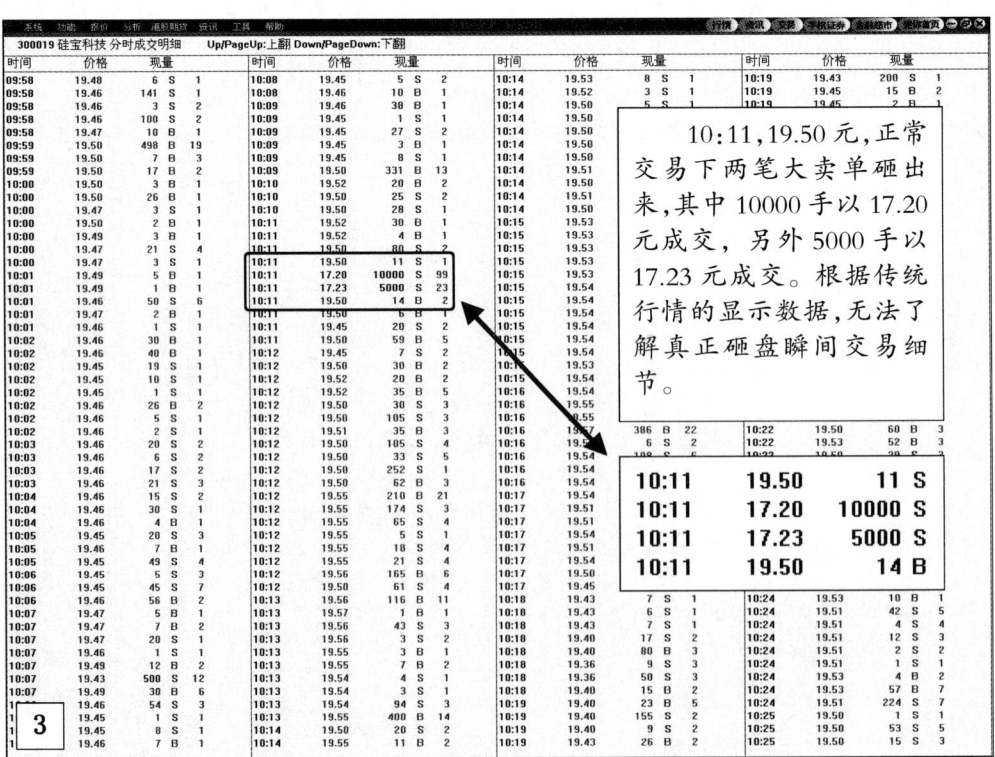

10:11,19.50元,正常交易下两笔大卖单砸出来,其中10000手以17.20元成交,另外5000手以17.23元成交。根据传统行情的显示数据,无法了解真正砸盘瞬间交易细节。

深圳证券市场创业板交易公开信息(2015年03月16日)

证券名称	证券代码	振幅值(%)	成交量(万股)	成交金额(万元)
硅宝科技	300019	21.98	774	15219

买入金额最大的前5名

营业部或交易单元名称	买入金额(元)	卖出金额(元)
华泰证券绍兴上大路证券营业部	13710484.00	2988481.28
国泰君安交易单元(010000)	11100361.42	247246.00
国金证券上海长宁区延安西路证券营业部	7199845.00	0.00
机构专用	5287253.48	0.00
安信证券广州中山六路证券营业部	4573267.51	74154.00

卖出金额最大的前5名

营业部或交易单元名称	买入金额(元)	卖出金额(元)
广发证券上海民生路证券营业部	117403.00	30397397.20
西藏同信证券上海东方路证券营业部	194568.00	10309717.78
华泰证券无锡解放西路证券营业部	0.00	4497347.23
中信建投证券北京丹棱街证券营业部	19520.00	4037628.00
招商证券杭州文三路证券营业部	752355.00	3682080.50

硅宝科技3月16日盘中10:11两笔大卖单共15000手砸出的成交金额为2900万元左右。从硅宝科技当天的公开交易数据来看，卖出第一名广发证券上海民生路证券营业部的卖出金额为3000万元左右，这与15000手砸盘金额相当，当天无其他机构卖出量与此接近。由此判断这盘中砸盘的正是潜伏在广发证券上海民生路证券营业部的机构。通过某商业软件的逐笔交易，可以分析出硅宝科技3月16日盘中10:11两笔大卖单砸出时具体的成交情况。

硅宝科技10:11两笔大卖单10000手和5000手，是卖方分两笔两次砸出来的，买方则是广大群众和两个早有准备的大账户。图4中①区逐笔成交数据显示，一笔10000手大卖单10:11:12由19.50元直砸到17.20元。砸盘前在19.50元以下，17.20元以上挂单排队等候买的都成交了。这10000手大卖单中大概有8300手左右是在②方框内成交的。①区方框内价格范围是17.50～17.20元之间，此价格范围对应当时跌幅为8.5%至跌停价。砸单在这超低位区域成交金额约为1300万元。这与当天公开交易数据中买入第一名华泰证券绍兴上大路证券营业部买入量1371万元十分接近。笔者分析认为该机构是早有计划在这些低位价格挂单接走大部分砸盘筹码。砸盘时17.50～19.50元的价格范围成交大概1600多手，这些都是市场其他人的买单因被砸而成交。这1600多手是被幸运

主力行为盘口解密（七）

的散户接走了，也就是说，这 10000 手大卖单砸出，前面的 1600 多手被幸运散户接走，其他的 8000 多手被早有准备的华泰证券绍兴上大路证券营业部接走。这营业部必然和砸盘的主力有联系。

图 4 中③区逐笔成交数据显示，一笔 5000 手大卖单于 10:11:22 砸下来。在③区黑色方框内可见 10:11:22 刚开始时以 19.07 元成交了 10 手买单，18.42 元成交了 135 手卖单。再往下是以 17.50 元以下更低的价格逐笔成交。这 19.07 元成交的 10 手买单，应是刚刚 10000 手砸下来剩余没有成交的 10 手被一散户买走了。然后马上出现 5000 手卖单又砸下来。③区内 17.50 元以下的接盘应是在 5000 手大卖单砸出前瞬间挂上去的，是知情有准备的。整个③区内的成交也就 5000 手，成交金额 900 余万元，与当天公开交易数据中买入第二名国泰君安交易单元(010000)买入量 1110 万元十分接近。而且这些买入单中，大部分单笔是 296 手、297 手、298 手、299 手、300 手、338 手、339 手、342 手、343 手。这是规律数字，明显属一个人的操作无疑。因此可以确定的是国泰君安交易单元(010000)这个席位主力在接盘。下单时间、下单量刚好把 5000 手接完之精准，如果用巧合去解释那就太神了。

通过逐笔交易成交和交易公开数据结合分析，硅宝科技 3 月 16 日盘中 10:11

两笔大卖单10000手和5000手砸盘,是广发证券上海民生路证券营业部主力有计划的刻意砸盘。砸盘前早已在至少两个其他证券营业部布置好买单将其砸出来的大部分筹码接回。如此砸盘的目的是为两个老鼠仓输送利益筹码?既可能是老鼠仓利益输送,也可能不是,这只有该机构内部才清楚,但砸盘的毫无疑问是广发证券上海民生路证券营业部机构,接盘者华泰证券绍兴上大路证券营业部和国泰君安交易单元(010000)如果是该主力的分仓,这砸盘动作的交易只是形成内部对敲,否则就属老鼠仓输送利益关系。

无论是老鼠仓利益输送还是其对敲,这种疯狂砸盘行为出现,市场大部分投资者会认为是主力在布置老鼠仓的动作。不少看盘者认为该股票立马就要大涨,因此有部分投资者会跟风买入,市场好时这些品种股价由此被受误导的投资者跟风买入力量明显推高,做盘主力无须花多少资金便可坐享价格当天上涨。

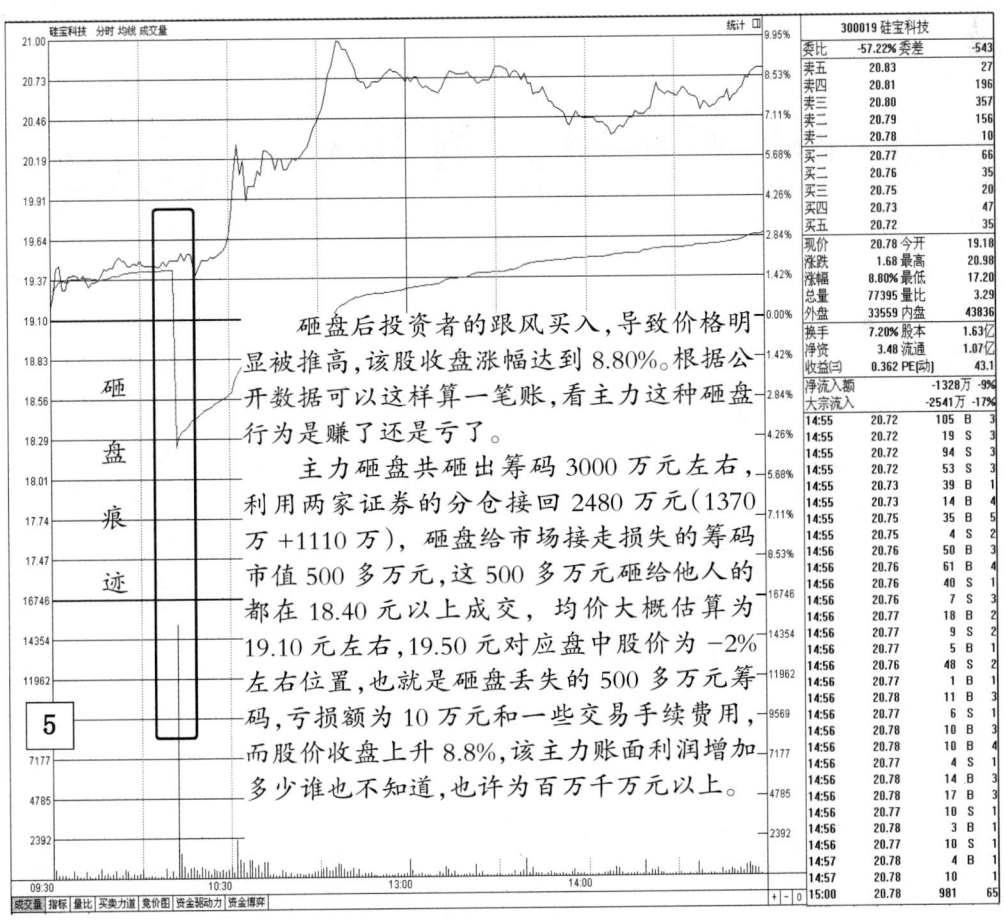

砸盘后投资者的跟风买入,导致价格明显被推高,该股收盘涨幅达到8.80%。根据公开数据可以这样算一笔账,看主力这种砸盘行为是赚了还是亏了。

主力砸盘共砸出筹码3000万元左右,利用两家证券的分仓接回2480万元(1370万+1110万),砸盘给市场接走损失的筹码市值500多万元,这500多万元砸给他人的都在18.40元以上成交,均价大概估算为19.10元左右,19.50元对应盘中股价为-2%左右位置,也就是砸盘丢失的500多万元筹码,亏损额为10万元和一些交易手续费用,而股价收盘上升8.8%,该主力账面利润增加多少谁也不知道,也许为百万千万元以上。

主力行为盘口解密(七)

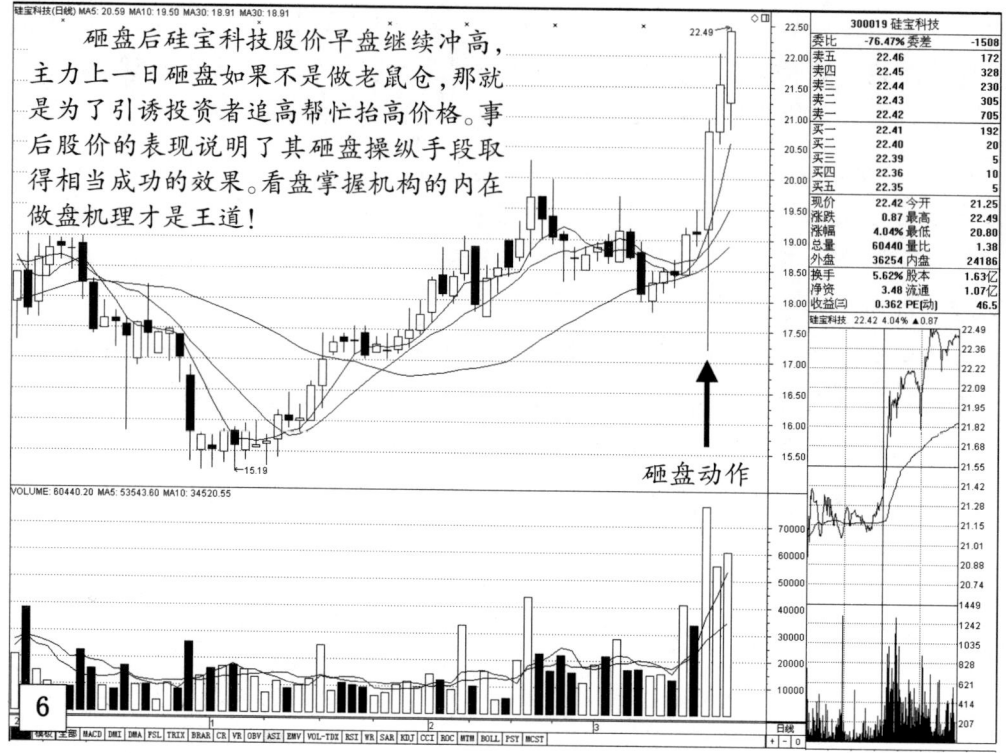

砸盘后硅宝科技股价早盘继续冲高，主力上一日砸盘如果不是做老鼠仓，那就是为了引诱投资者追高帮忙抬高价格。事后股价的表现说明了其砸盘操纵手段取得相当成功的效果。看盘掌握机构的内在做盘机理才是王道！

砸盘动作

第三章

主力行为盘口解密(七)

主力操盘连续性干预影响股价上行行为

　　大资金短期内大量买卖一只股票，会直接影响该股股价明显升跌。资金量大，买卖量大，动作持续影响股价就更明显。特别是短线操盘，大户或者机构利用很小的资金量就可以操纵干预股价，特别是在买卖一些中小盘股时，几十手到几百手买单连续下单买入某个股票时，股价在自己和市场共同买入动作下出现快速走高，个人的连续买卖行为的确影响到股价的升跌。做庄行为的产生就是源于N年前一些大户在交易中发现，自己大量连续买卖时股价明显受到影响而升跌，从而产生通过自身买卖影响操纵股价为自己利益服务。

　　本文以多个股票盘中走势表现为例，介绍一些资金利用连续性大量买入方式操盘，影响股价往其目标方向运动的做盘行为。

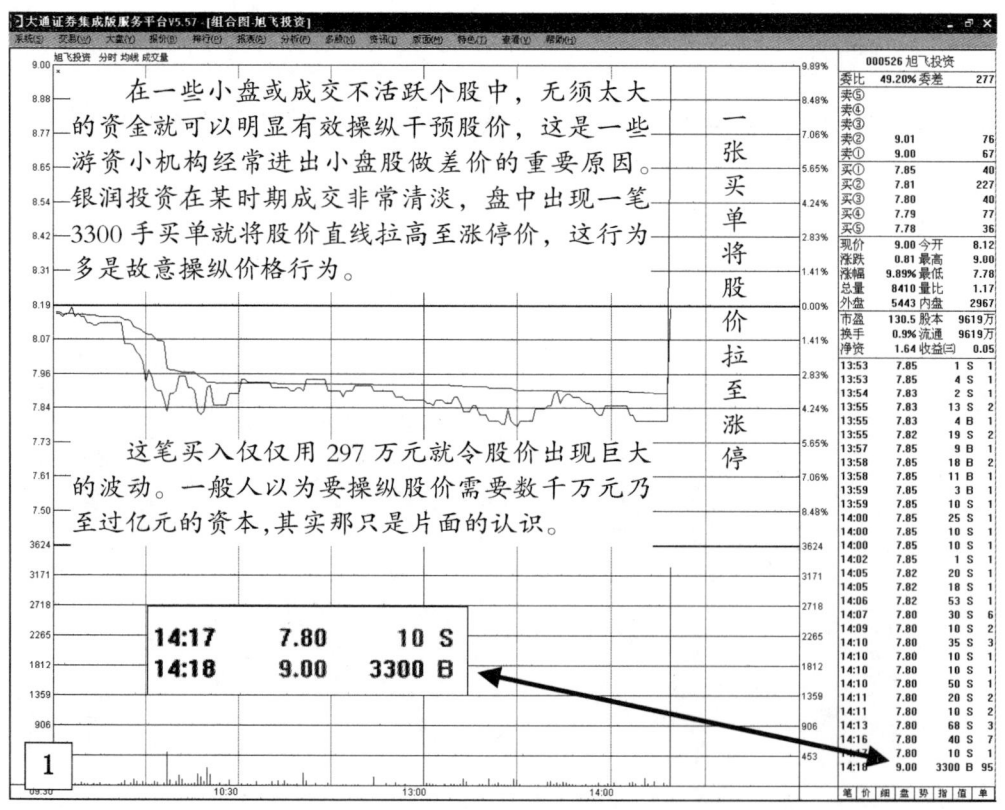

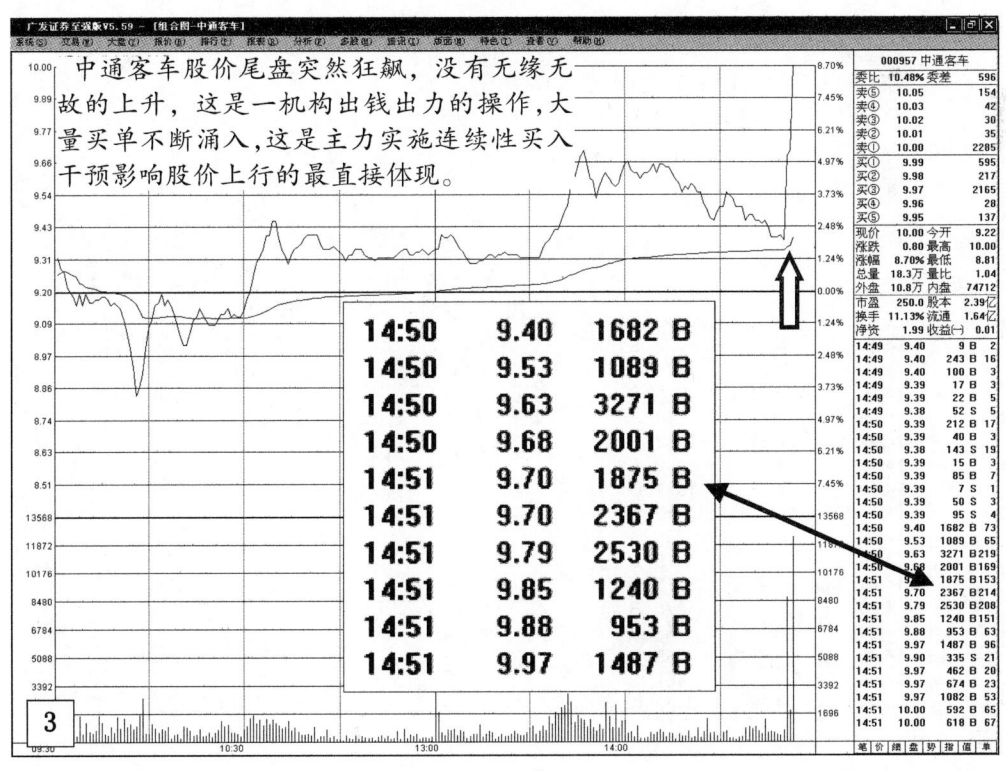

出现在民丰特纸盘面的是三张连续性数字相同的买单，每笔都明显往上拔高价格。这种连续性买入影响股价上升动作，多是某机构有计划实施的操纵价格行为。

1000手每笔所需资金仅60多万元，三张大单共计也就200万元左右，但这200万元在机构有计划地刻意地做盘操作下令股价出现大涨。短时间的干预价格除资金外，还有技巧和时间选择上的智慧！

中通客车股价尾盘突然狂飙，没有无缘无故的上升，这是一机构出钱出力的操作，大量买单不断涌入，这是主力实施连续性买入干预影响股价上行的最直接体现。

主力行为盘口解密(七)

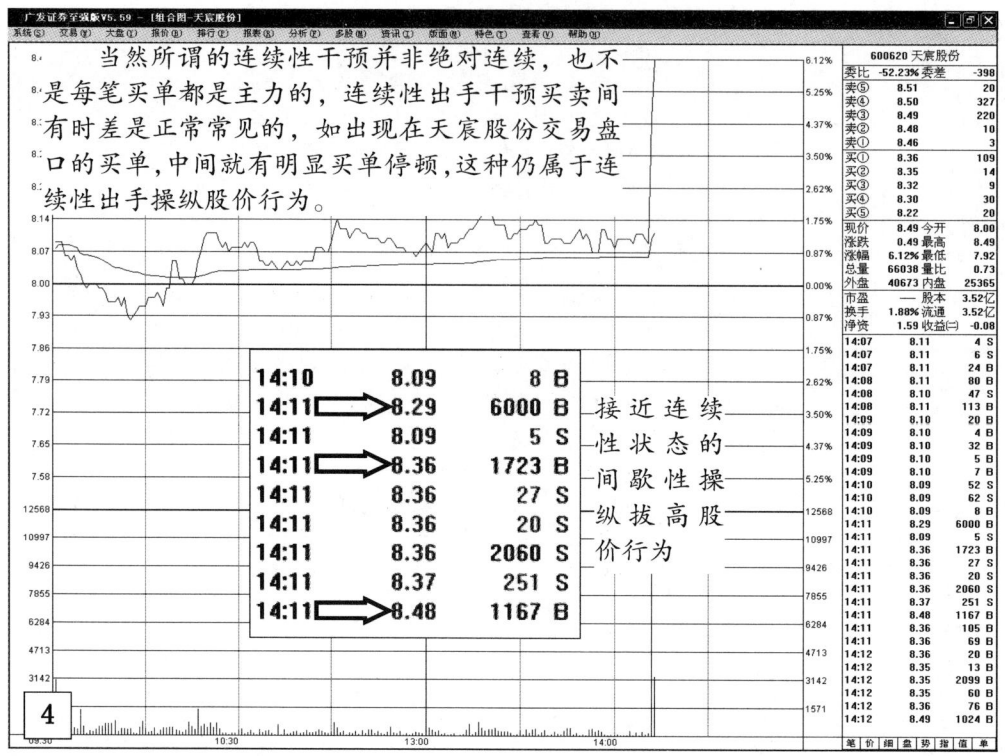

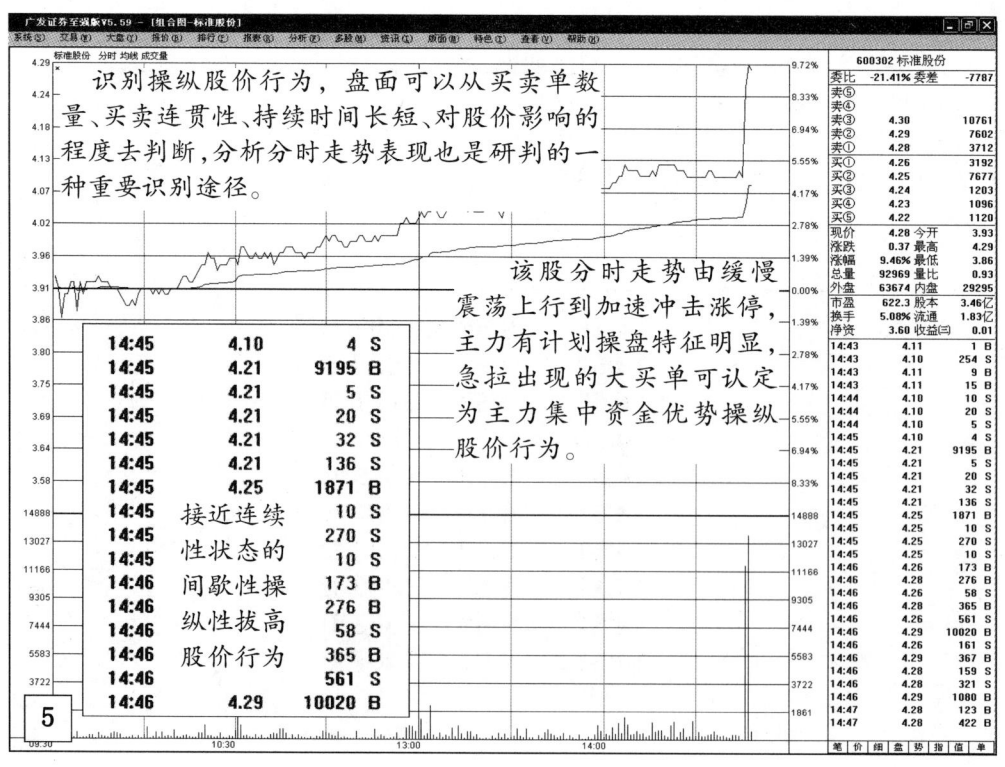

上海证券交易所每日交易信息（2014 年 06 月 25 日）

证券名称	证券代码	偏离值(%)	成交量(万股)	成交金额(万元)
中央商场	600280	10.38	5136267	4649.53

买入营业部名称	累计买入金额(元)
湘财证券股份有限公司佛山祖庙路证券营业部	25269692.00
中国银河证券股份有限公司厦门美湖路证券营业部	4580000.00
国联证券股份有限公司南京太平南路证券营业部	549600.00
国信证券股份有限公司太原府西街证券营业部	484324.00
国泰君安证券股份有限公司丽江福慧路证券营业部	454551.00

卖出营业部名称	累计卖出金额(元)
机构专用	4580000.00
机构专用	3664000.00
西南证券股份有限公司重庆惠工路证券营业部	986037.36
中信建投证券股份有限公司北京市海淀南路证券营业部	909725.40
中国银河证券股份有限公司合肥长江中路证券营业部	859004.07

以中央商场(600280)6 月 25 日表现为例，公开交易数据显示该股当天涨停总成交金额为 4650 万元，买入第一名湘财证券股份有限公司佛山祖庙路证券营业部买进 2527 万元，占比 54.3%，仅看这组数据就知道该股当天的涨停，湘财证券股份有限公司佛山祖庙路证券营业部主力一定是作为绝对主导角色，至于有没有刻意地操纵股价，这个要看盘面走势去分析确认。但凡某股票一个机构当天的买卖量占比达到当天总量的 10%，无论该机构是有意还是无意操纵股价，其买卖行为都已经影响到目标股票当天的表现。当天如果该机构加以有计划的操盘，那就可以相当明显地影响该股的走势表现。如果某股票一个机构当天买卖量占比达到该股总量的 30%，那么该股当天价格表现肯定明显受到该机构的影响。

主力行为盘口解密(七)

中央商场6月25日公报两控股子公司吸收合并利好，这是股价快速封涨停的导火索。股价快速封涨停是湘财证券股份有限公司佛山祖庙路证券营业部主力实施连续性买导致的，股价9:58～10:09十分钟内涨停，利好是该主力选择该股作为目标的重要因素。股价上升并涨停内在本质是该主力利用大量资金连续性抢进推高的。

中央商场6月25日涨停表现仅仅是主力集中优势资金、实施连续性买入干预影响股价的一种表现。每日交易盘中主力实施连续性买入干预影响股价行为随处可见，机构连续性买卖干预影响股价行为，背后的目的很多很复杂。

主力操控对股价的影响与股价恢复正常状态

无论哪一个市场，以投机为生的主力都被定义为投机分子，它对市场的好处是促进市场交易活跃气氛，为市场流动性做出贡献，在监管不力的市场中主力疯狂炒作，大量投机会扰乱市场正常秩序导致严重后果，完全没有主力的市场当其失去必要的流动性后果也很严重！投机不可怕，监管不力才令投机可怕。

主力的交易除了一般性投机买卖，也有实施干预性的操作，所谓干预性操作就是有计划地利用自身各种优势去影响甚至操纵股价谋利。主力操盘影响价格或者通过操纵股价谋利很常见，操作某个股票投入的资金大小，操作时影响股价的程度各不相同，如盐津铺子(002847)、日盈电子(603286)等属于中度控盘式明显操纵，而江特电机(002176)表现则属某机构做短差有限的干预操作。下面就以江特电机为例剖析著名游资是如何去通过资金优势稳封涨停和撤退的。

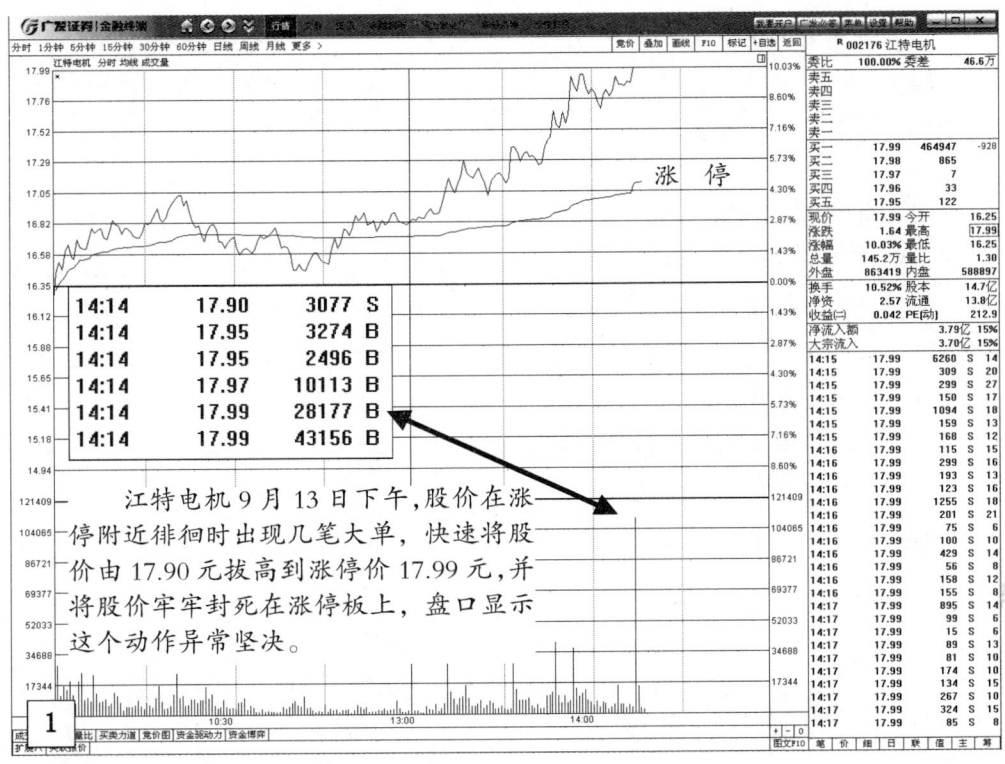

江特电机9月13日下午，股价在涨停附近徘徊时出现几笔大单，快速将股价由17.90元拔高到涨停价17.99元，并将股价牢牢封死在涨停板上，盘口显示这个动作异常坚决。

江特电机封涨停板明显是机构在该股一路上升人气旺盛情况下的顺势炒作，从瞬间封涨停板挂单情况可看到，涨停板挂单靠前位置陈列着：10000、9997、9996、9995、9994、9993、9992、9991手多笔很有意思的封单，以笔者多年经验分析判断这是一个机构所为。这种特殊数字挂单说明该股是一个机构花大资金去封涨停，股价能一次性牢牢封涨停说明大资金干预股价效果明显。

主力行为盘口解密(七)

深圳证券市场中小企业板交易公开信息 （2017年09月13日）

证券名称	证券代码	涨幅(%)	成交量(万股)	成交金额(万元)
江特电机	002176	9.66	14956	256359

买入金额最大的前5名

营业部或交易单元名称	买入金额(元)	卖出金额(元)
光大证券宁波解放南路证券营业部	76406829.28	711283.00
浙商证券绍兴解放北路证券营业部	54083521.00	508952.00
方正证券金华光南路证券营业部	47283631.12	0.00
长江证券北京万柳东路证券营业部	42965222.00	46174.00
华泰证券厦门厦禾路证券营业部	34356689.40	4062582.00

卖出金额最大的前5名

营业部或交易单元名称	买入金额(元)	卖出金额(元)
海通证券长沙五一大道证券营业部	2607618.00	38775818.00
国泰君安证券宜春中山中路证券营业部	8349925.00	27270610.00
中原证券平顶山分公司	8695.00	25329642.00
东方证券上海浦东新区耀华路证券营业部	507623.92	24339339.60
中泰证券上海分公司	8835.00	21922957.75

从江特电机当日涨停公开数据来看，著名短线游资光大证券宁波解放南路证券营业部买入量达到7640万元，是当日买的最多的机构。按照这个营业部之前做涨停风格，涨停板上的10000、9997、9996、9995、9994、9993、9992、9991手特殊封单可以断定是他们的。至于挂出这样特殊数字的封单原因很多，其中最重要的一个原因是主力可以快速利用这样的挂单，辨别自己挂单所处排队位置，这样有利于判断自己封单成交情况，便于按照自己的操盘计划做撤换等动作。成交活跃的个股涨停都会有很多机构挂单排队买入，而最常见的机构挂单通常都用10000手，主力单笔挂单排队在数字上与众不同非常有利于快速辨别自己挂单所处排队的位置。

光大证券宁波解放南路证券营业部是以做短线出名的，快进快出是他们常用的手段，涨停日利用巨大封单封涨停是为了次日该股能出现大幅高开，然后马上兑现走人。

而涨停日另外两个著名游资：浙商证券绍兴解放北路证券营业部和方正证券金华光南路营业部分别也买入5408万、4728万元，前三者相加总量达1.8亿元。在彼此套路相同、手段相似的情况下，开盘大家争相出逃成为必然。9月14日，江特电机涨停次日大幅高开5%，开盘后股价一路震荡下行杀跌，几个游资主力一路往下派发出货，股价高开低走也在预料之中。当个股有大资金集中火力快速撤退时，股价受到的影响是非常明显的。

这处是一个分水岭位置，左边是涨停日进场几个游资砸盘出逃时段，这处出现最低点时往往是他们撤退完毕的标志，因为他们争相出逃会一直持续到都出完为止，未出完之前别指望股价有大的明显反弹。

分水岭

以涨停日进场几大游资为主，其他机构散户为辅高开后争相出逃，一直将股价砸到10:20左右，股价盘中下跌到3%时才出完。涨停日进场的几个游资都知道对手的情况，都是做短线的主，高开后争着快出是上策，而且要一口气出完。当几家短线游资相遇一起时相争砸盘撤退是常见的事情，这次至于他们谁赚了钱只有他们自己知道。

主力行为盘口解密(七)

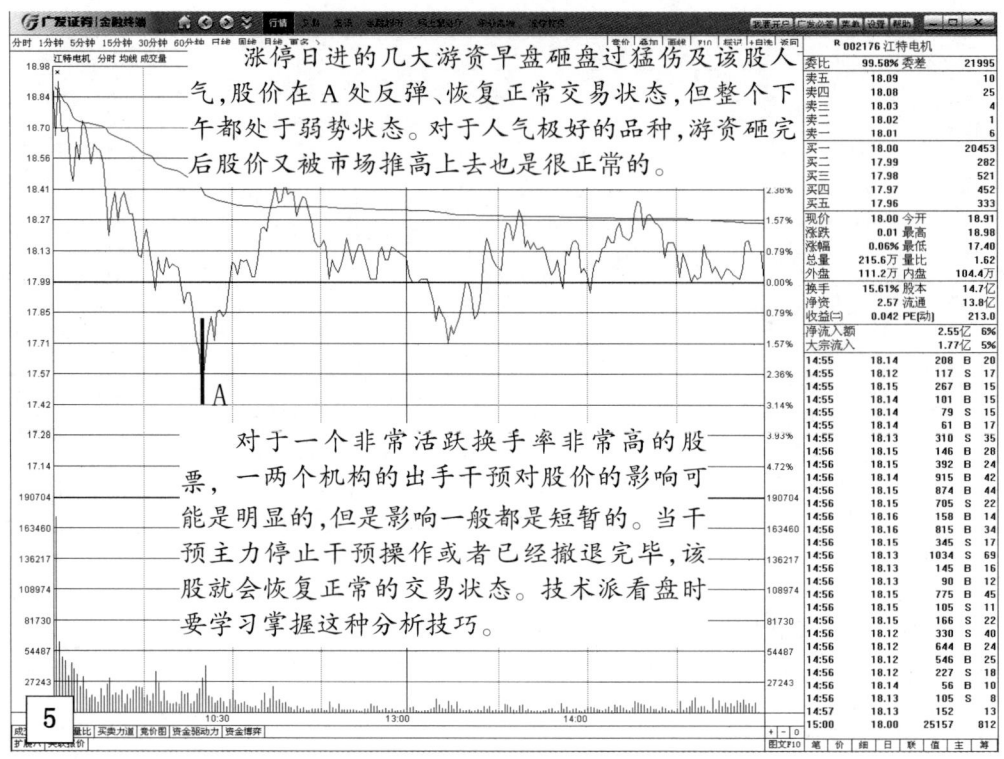

涨停日进的几大游资早盘砸盘过猛伤及该股人气,股价在 A 处反弹、恢复正常交易状态,但整个下午都处于弱势状态。对于人气极好的品种,游资砸完后股价又被市场推高上去也是很正常的。

对于一个非常活跃换手率非常高的股票,一两个机构的出手干预对股价的影响可能是明显的,但是影响一般都是短暂的。当干预主力停止干预操作或者已经撤退完毕,该股就会恢复正常的交易状态。技术派看盘时要学习掌握这种分析技巧。

主力操控个股做图、做量实例

当今社会若一家公司或一个人在某领域占据大部分市场或完全垄断,如任其所为必然会出现操纵市场做出不利于大众的各种举措,事实上这些公司或个人在某领域占有一定的语权后都会谋求通过操纵去获得更大利益,操纵市场会直接给自身带来更大的利益,所以这是屡禁不止的。证券市场上主力操纵个股案例屡见不鲜,操纵个股自然也是为了谋取自身利益。

股票市场中主力是如何操纵影响个股的?具体细节在哪里可以清晰看到?主力操纵个股自然不会公开给投资者明示,在交易盘口中,如改变买卖盘挂单、制造单笔交易、控制分时走势、改变成交量大小、控制 K 线形状等,这些都是主力可行的实施方法。本文就来剖析、讲解一些主力对敲操纵个股成交量和 K 线状态的细节。

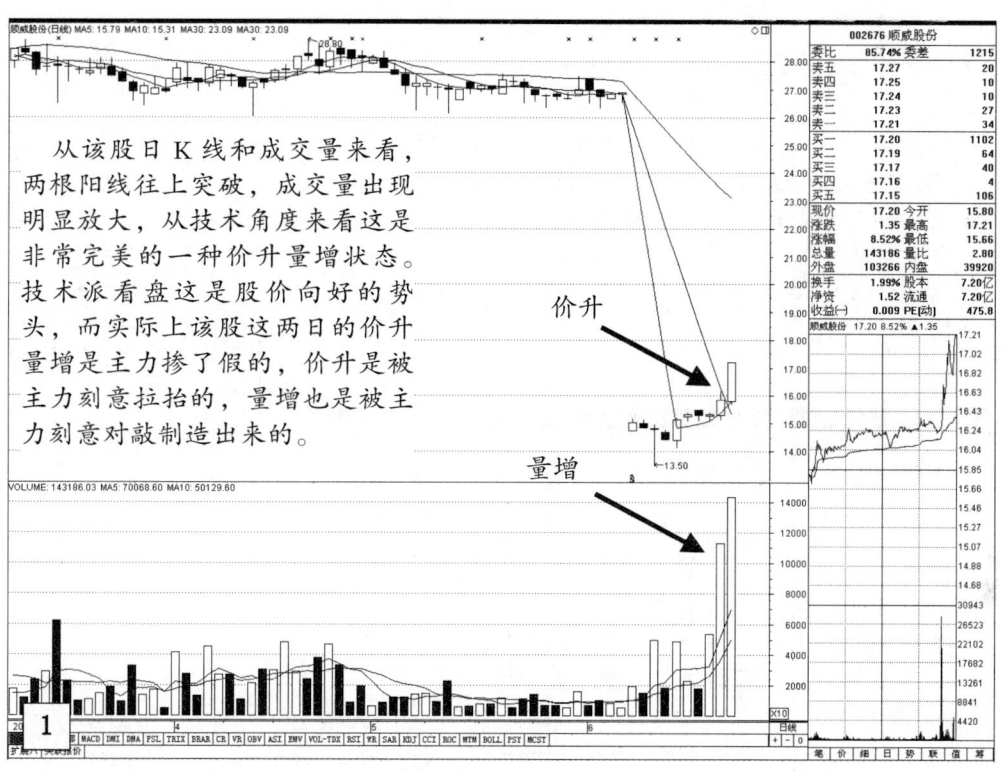

从该股日K线和成交量来看，两根阳线往上突破，成交量出现明显放大，从技术角度来看这是非常完美的一种价升量增状态。技术派看盘这是股价向好的势头，而实际上该股这两日的价升量增是主力掺了假的，价升是被主力刻意拉抬的，量增也是被主力刻意对敲制造出来的。

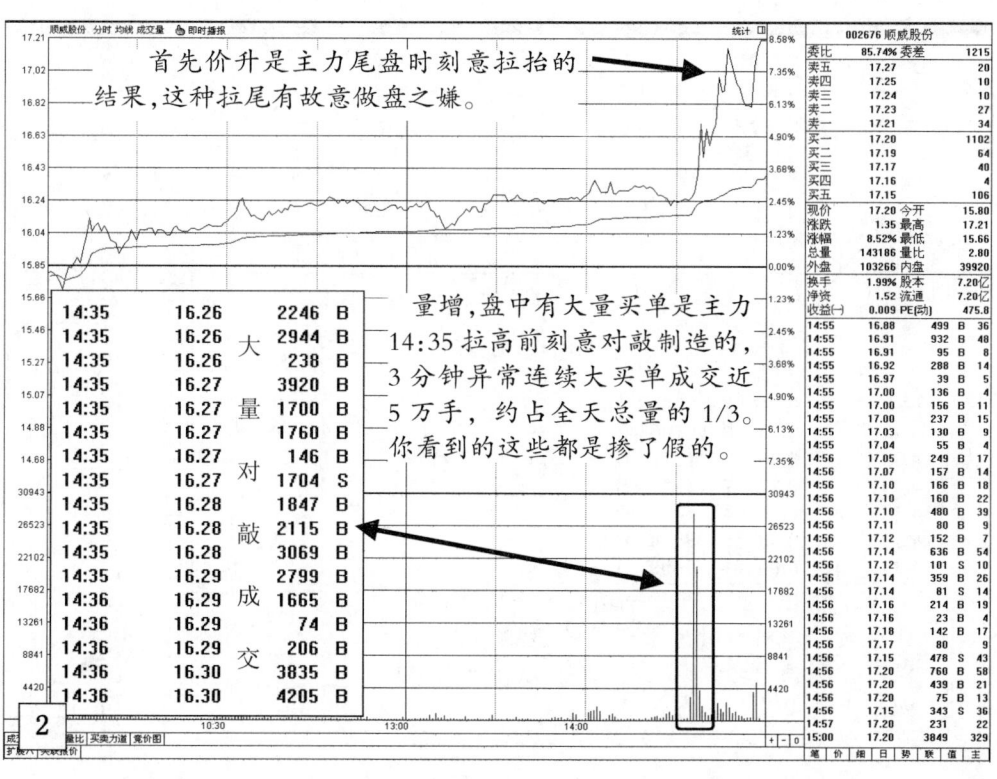

首先价升是主力尾盘时刻意拉抬的结果，这种拉尾有故意做盘之嫌。

量增，盘中有大量买单是主力14:35拉高前刻意对敲制造的，3分钟异常连续大买单成交近5万手，约占全天总量的1/3。你看到的这些都是掺了假的。

主力行为盘口解密(七)

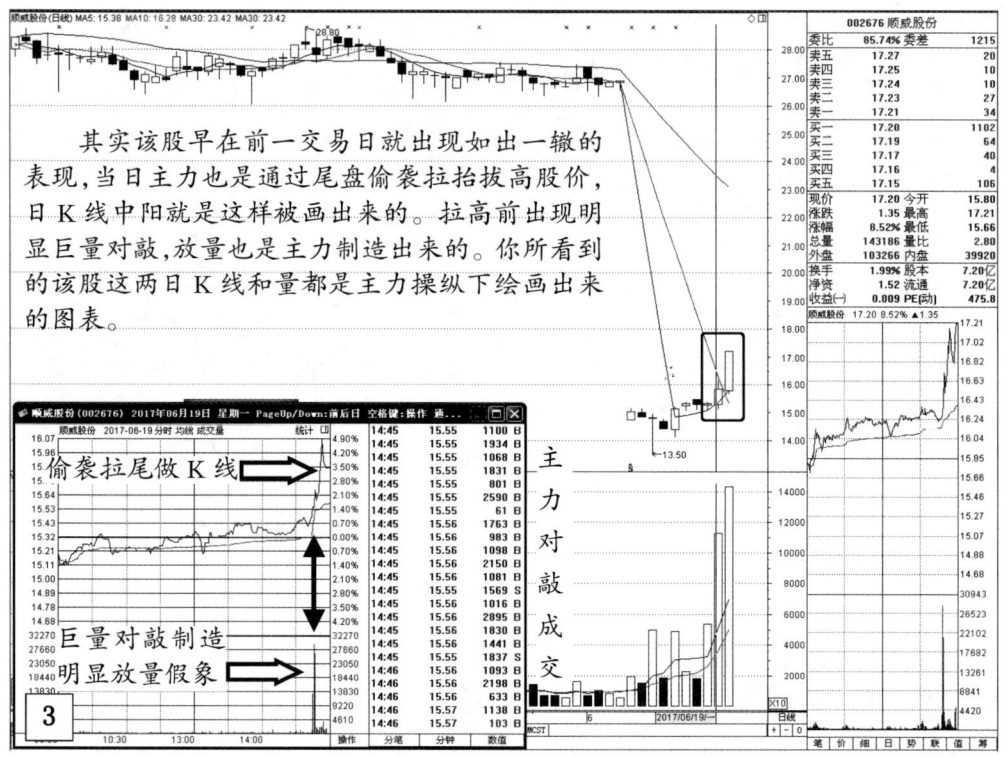

其实该股早在前一交易日就出现如出一辙的表现,当日主力也是通过尾盘偷袭拉抬拔高股价,日K线中阳就是这样被画出来的。拉高前出现明显巨量对敲,放量也是主力制造出来的。你所看到的该股这两日K线和量都是主力操纵下绘画出来的图表。

偷袭拉尾做K线

巨量对敲制造明显放量假象

主力对敲成交

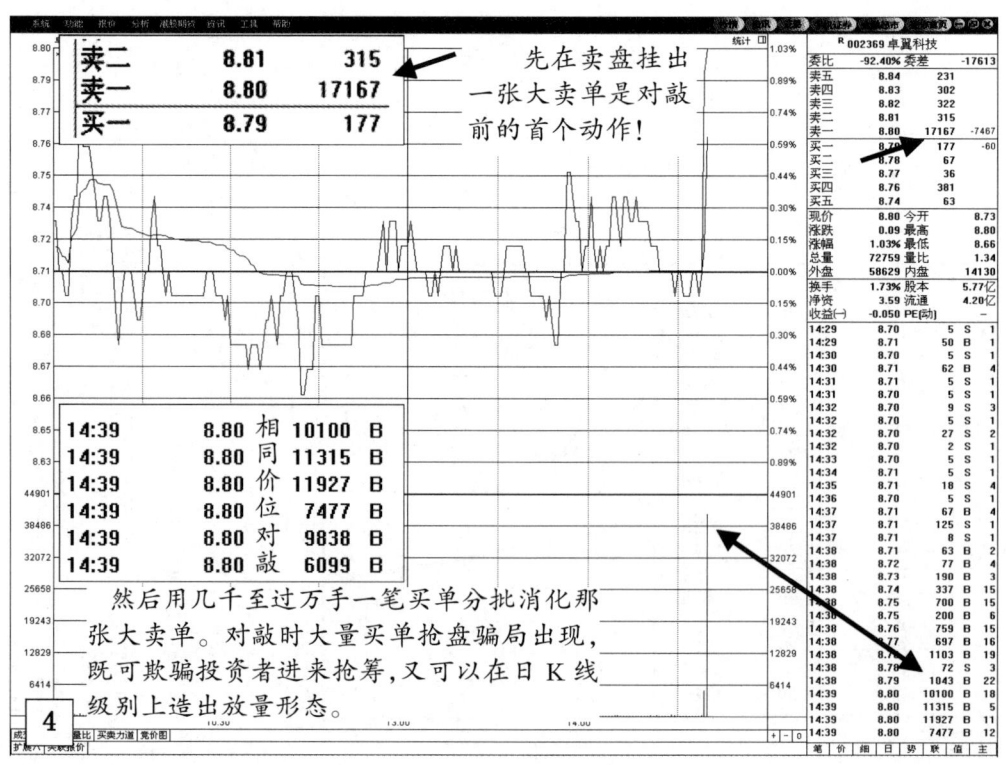

先在卖盘挂出一张大卖单是对敲前的首个动作!

然后用几千至过万手一笔买单分批消化那张大卖单。对敲时大量买单抢盘骗局出现,既可欺骗投资者进来抢筹,又可以在日K线级别上造出放量形态。

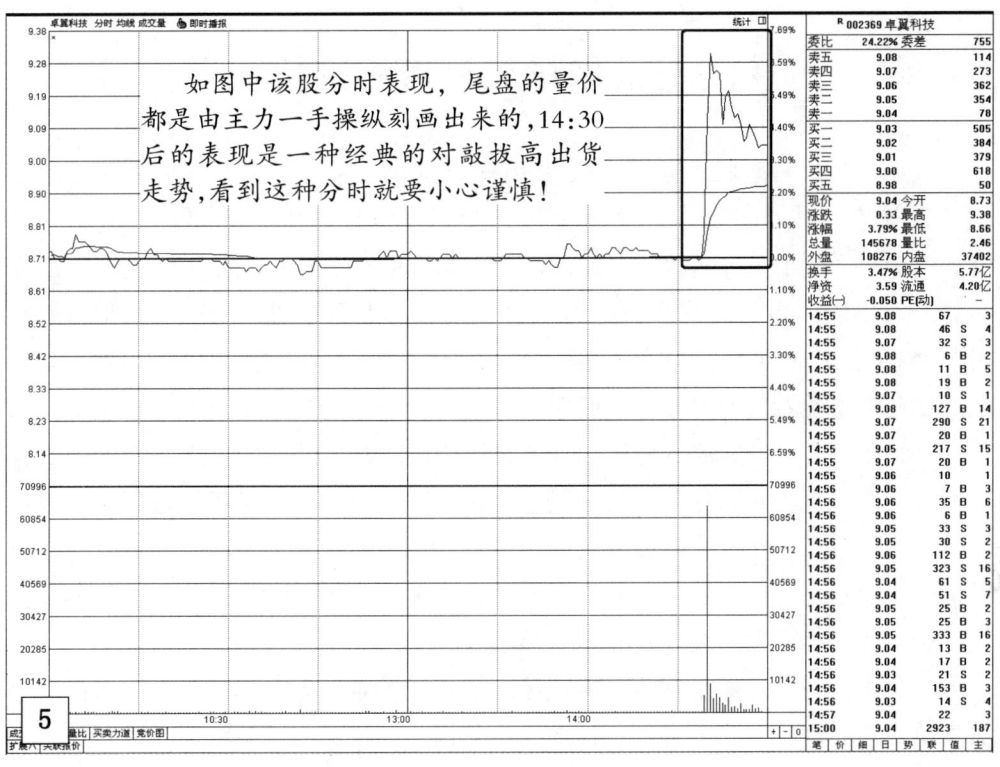

如图中该股分时表现,尾盘的量价都是由主力一手操纵刻画出来的,14:30后的表现是一种经典的对敲拔高出货走势,看到这种分时就要小心谨慎!

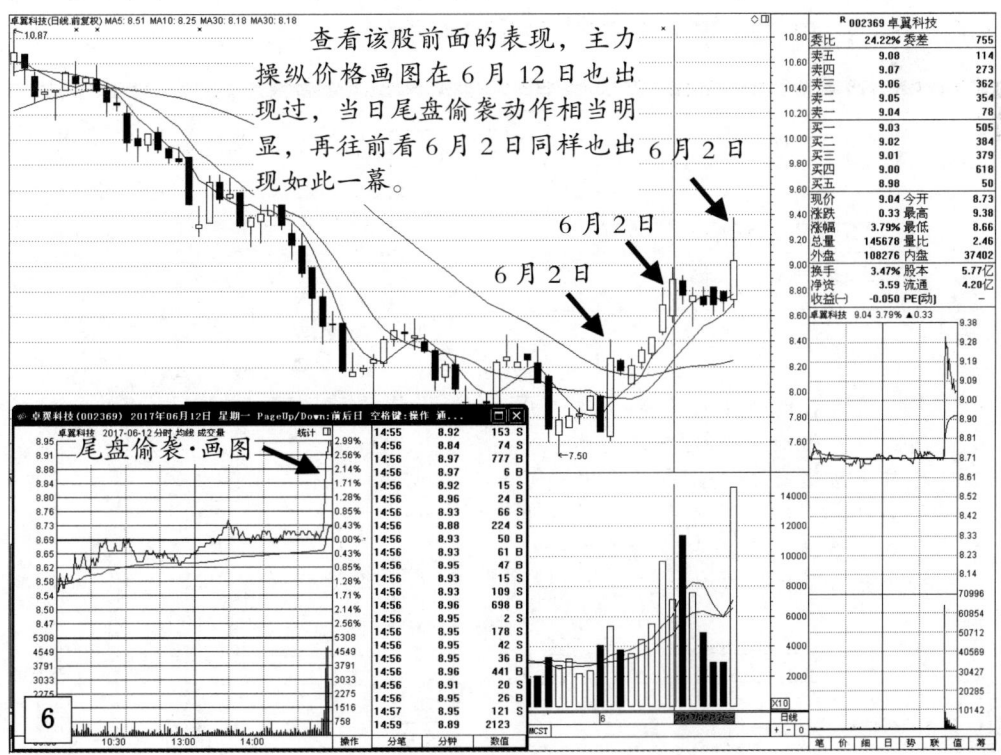

查看该股前面的表现,主力操纵价格画图在6月12日也出现过,当日尾盘偷袭动作相当明显,再往前看6月2日同样也出现如此一幕。

尾盘偷袭·画图

主力行为盘口解密(七)

主力对敲做量几种可辨别特征

做庄的少了对敲就难以展开操盘了,做庄对敲目的非常多,其中一种对敲是为了做量,一些小盘股中一个主力投入几亿元资金炒作,控制该股流通盘的20%~30%并不奇怪。有些股票日K线和盘口表现经常出现各种怪异表现,成交量忽大忽小的。由于这些个股主力控盘度较高,市面流通筹码少,日常自然交易量也较小。时间长了这些股票股性逐渐下降,变得毫无朝气死水一潭!

做庄的不能看着自己控盘的股票变成没人参与处于半死不活的状态,保持日K线级别有一定的成交量与交易气氛是必然的,因此通过对敲制造一定的成交量非常有必要。主力对敲做量行为一般分两种情况:一是操盘手根据近日成交量大小适当对敲制造一些成交增加一定的交易量;二是对敲制造出巨大的成交量,这种情况一般是主力为了做一些差价,或者是准备拉高出货时的动作。对敲制造巨量这种动作在盘面上的表现是非常明显的。

主力大规模对敲做量有几种特征可以辨别:①主力先在卖盘压出一张或多张大卖单,然后用买单吃上去是一种方式;②盘口大量大买单不断成交,股价当时却没出现明显上涨;③盘中大量买单的成交价是相同的,或大买单没有明显往上扫高的价差;④出现较多单笔成交数量相同的买单。

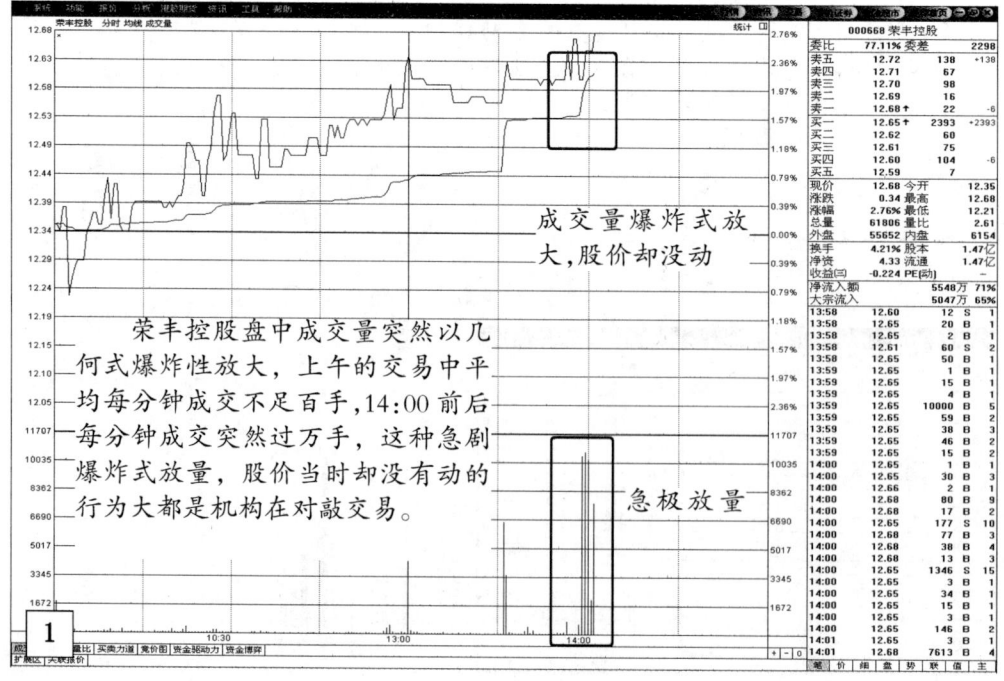

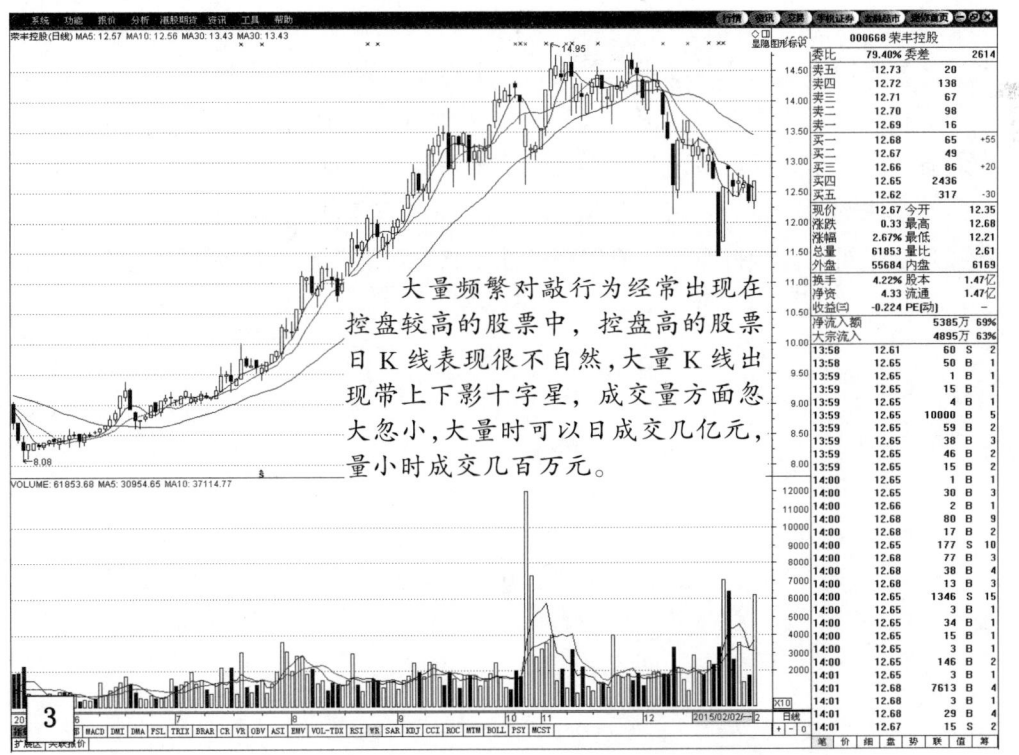

荣丰控股十大股东情况(截止日期：2014-09-30)

A股户数：10932　　户均流通股：13417

股东名称	持股数 （单位：万股）	占总股本比 (%)	股份 性质	增减 情况
盛世达投资有限公司	5768.07	39.28	无限售A股	未变
长江证券股份有限公司	732.62	4.99	无限售A股	未变
五矿国际信托有限公司－信利达1号证券投资集合资金信托计划	137.00	0.93	无限售A股	新进
中国石油大庆石油化工总厂	114.00	0.78	无限售A股	未变
陈照军	113.14	0.77	无限售A股	新进
李光滨	103.49	0.70	无限售A股	新进
山西太钢投资有限公司	101.48	0.69	无限售A股	↑24.60
李文涛	88.13	0.60	无限售A股	新进
尹国云	87.94	0.60	无限售A股	新进
张智勇	82.12	0.56	无限售A股	新进

　　从荣丰控股十大流通股东中看不到有主力明显大量的持仓痕迹。

　　高控盘个股大都是地下私募做庄，主力把筹码分散到几十至上百个账户中。因此看F10中十大流通股东是看不到他们的踪迹的。如果F10中十大流通股东都是些基金类的机构持股，持股数量达到目标股票流通盘的30%以上，那么这个股票就是众多机构大量持股导致筹码高度锁定状态，这与地下私募主力无关。

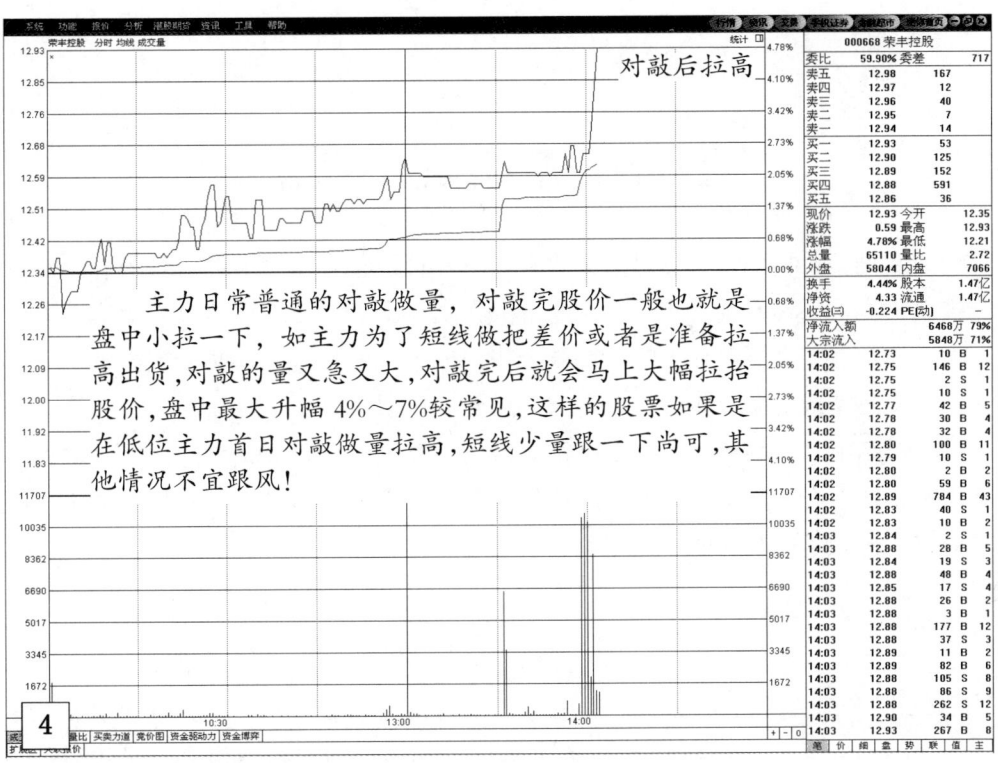

主力日常普通的对敲做量，对敲完股价一般也就是盘中小拉一下，如主力为了短线做把差价或者是准备拉高出货，对敲的量又急又大，对敲完后就会马上大幅拉抬股价，盘中最大升幅4%~7%较常见，这样的股票如果是在低位主力首日对敲做量拉高，短线少量跟一下尚可，其他情况不宜跟风！

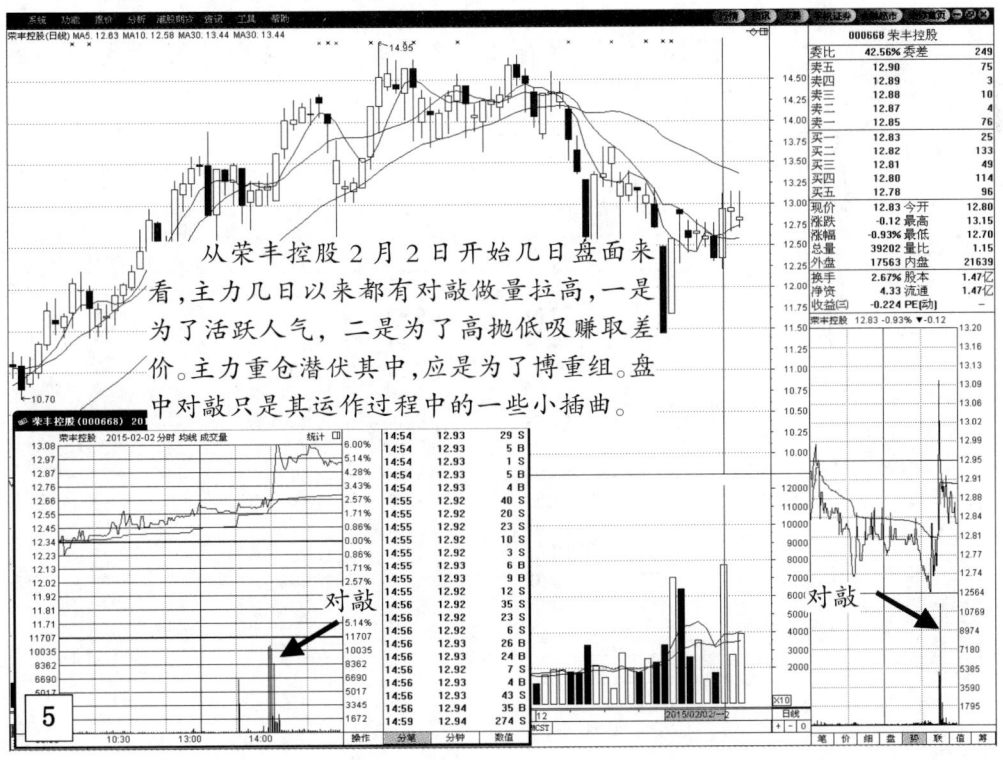

从荣丰控股2月2日开始几日盘面来看，主力几日以来都有对敲做量拉高，一是为了活跃人气，二是为了高抛低吸赚取差价。主力重仓潜伏其中，应是为了博重组。盘中对敲只是其运作过程中的一些小插曲。

主力行为盘口解密(七)

连续拉高型对敲盘口特征

最常见的机构制造买盘对敲方式有以下几种：①在卖盘上看得见的五档价位先挂出大卖单，然后用大买单往上吃；②在卖盘上看不见五档价位之上价格先挂出大卖单然后用大买单往上吃；③同一账户或不同账户之间同时反方向下单，通过空中交易完成对敲；④以上三者同时结合混合型对敲。

对敲细节上有两种不同情况：①对敲大买单成交价格完全相同；②对敲买单成交价格往上有明显价差，大单成交价不相同。下面就通过同一交易日中几个不同对敲案例来了解其中的一些区别。

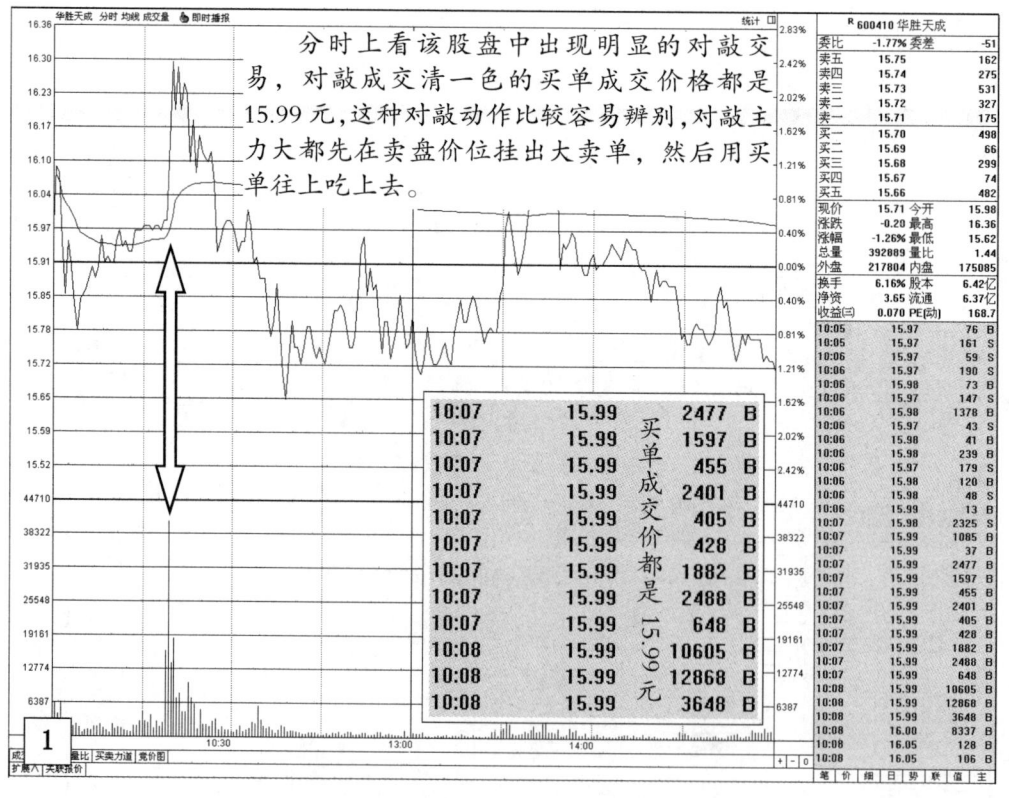

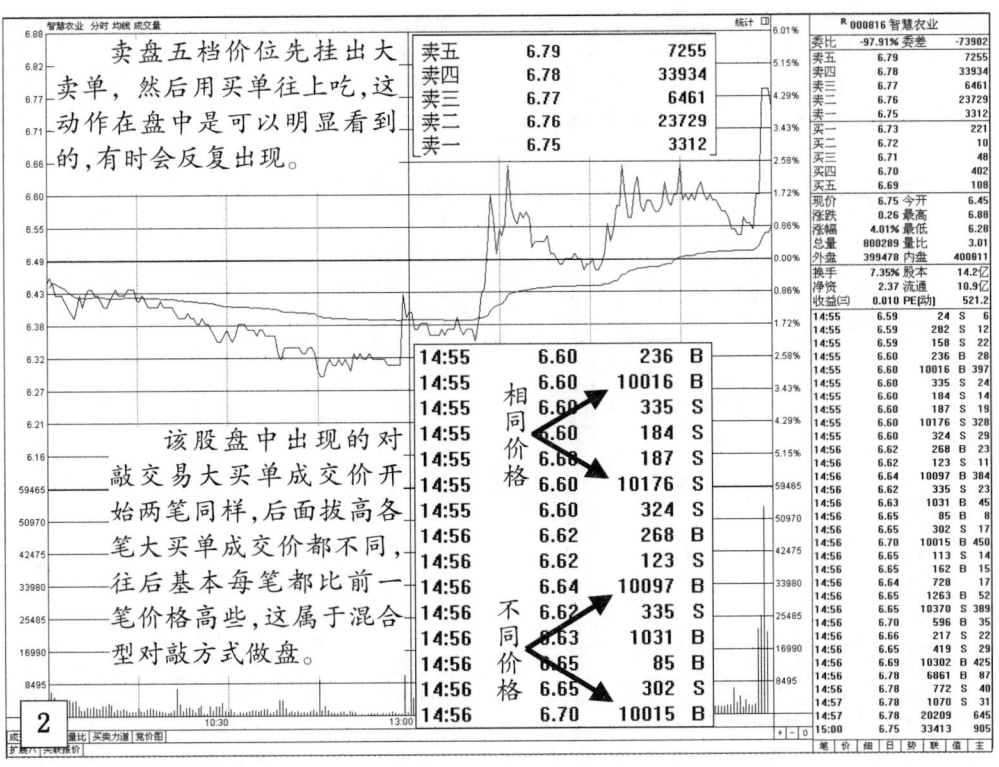

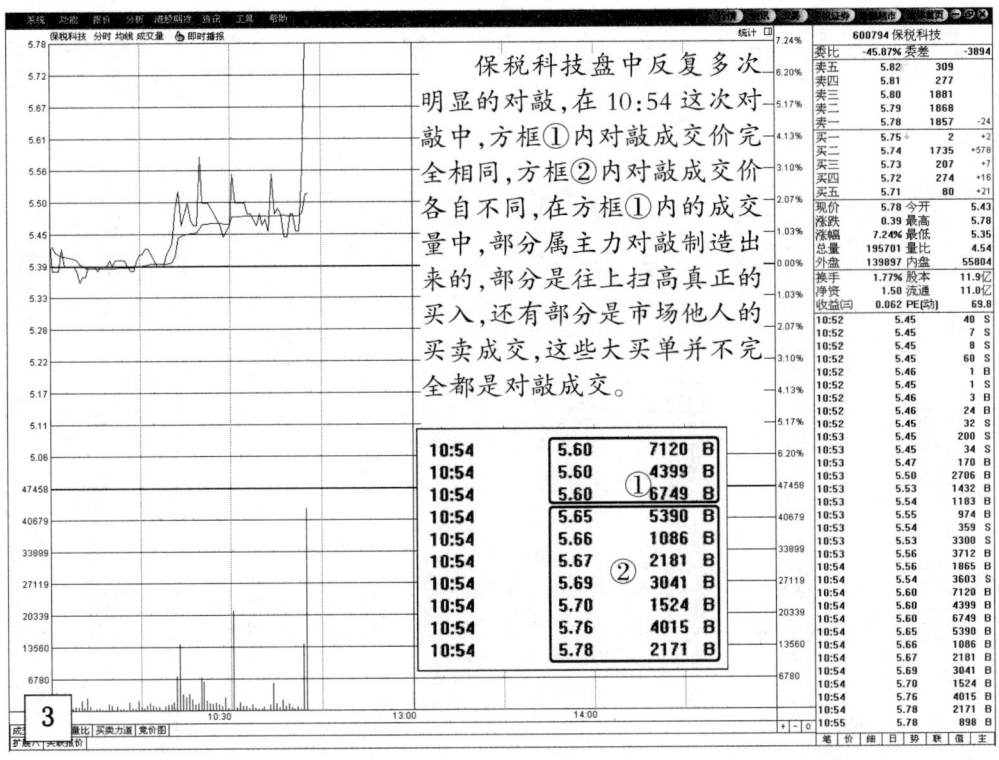

主力行为盘口解密(七)

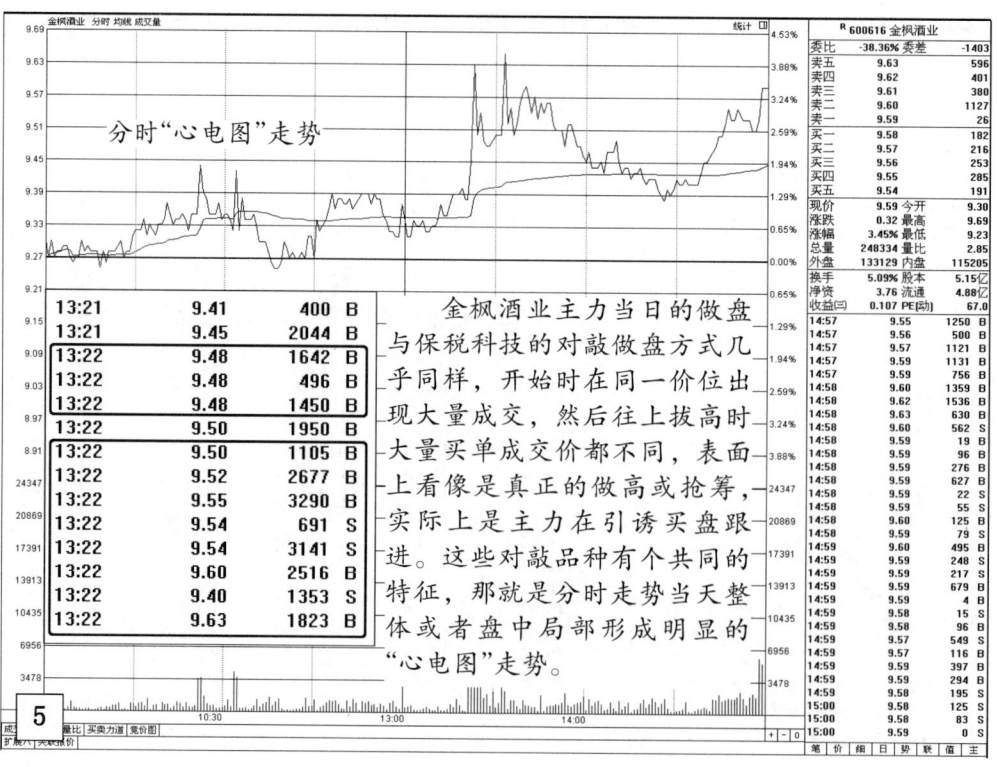

在保税科技盘中多次对敲动作中,对敲时主力多采用在卖盘上看不见的五档价位之上价位先批量挂出卖单,然后用大买单往上以扫高方式吃上去,拔高股价时这些大买单既有主力的对敲成交,也有往上扫高真正的买入,还有部分是市场他人的买卖成交。一般人较难辨别这种对敲手段,因为股价盘中被拔上去了,以致大家误以为是主力在拉高或者在抢筹。

金枫酒业主力当日的做盘与保税科技的对敲做盘方式几乎同样,开始时在同一价位出现大量成交,然后往上拔高时大量买单成交价都不同,表面上看像是真正的做高或抢筹,实际上是主力在引诱买盘跟进。这些对敲品种有个共同的特征,那就是分时走势当天整体或者盘中局部形成明显的"心电图"走势。

控盘主力做成交量实例

成交量有三种表达方式：①成交金额；②成交手数；③换手率。平时在日K线图上所看到的量是指成交手数。成交量的大小代表该股的活跃程度，越是活跃的股票越受大众特别是大机构的欢迎。因为大资金操作需要日均成交较大的个股才容易进出，日均成交量大的股票股价表现活跃机会多。

几种日常成交量清淡个股：高价股（股价50元以上参与者少），小盘股（流通盘3000万股以下），主力高度控盘股（控制流通盘20%以上），问题股（公司官司缠身、严重亏损、触犯法律法规等）。

对于成交清淡个股建议投资者少碰为妙，这类个股有时指数疯涨它可以一动不动，市场表现健康时他也可以无量大跌，大资金最怕这样的个股，操作时进得去出不来是大忌。

个股主力介入程度深持有筹码量大，造成市面流动性不足导致成交清淡。主力往上做高股价时按正常交易状态成交量将越来越少，换手率过低对主力不利，因为市场参与者少，主力日常进行高抛低吸难以展开，做高股价后想出货接盘少则难以兑现，因此庄股做高时操盘难免要展开对敲做量，主力通过自己掌握的账户展开自买自卖对敲交易把量做出来，其他机构和散户看到该股交易比较活跃才会参与进来，若是没成交量，市场参与者必定是越来越少。

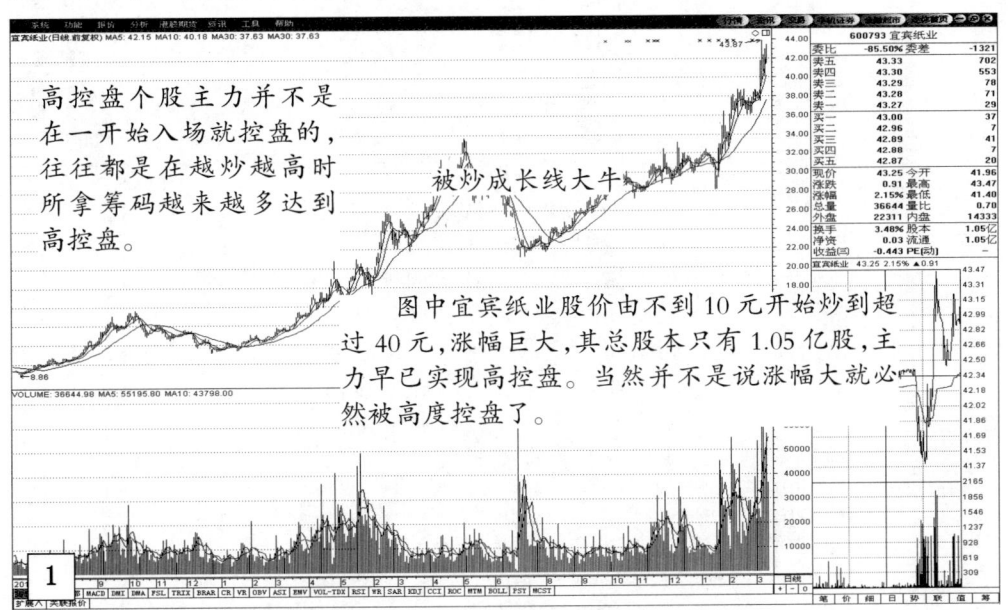

主力行为盘口解密(七)

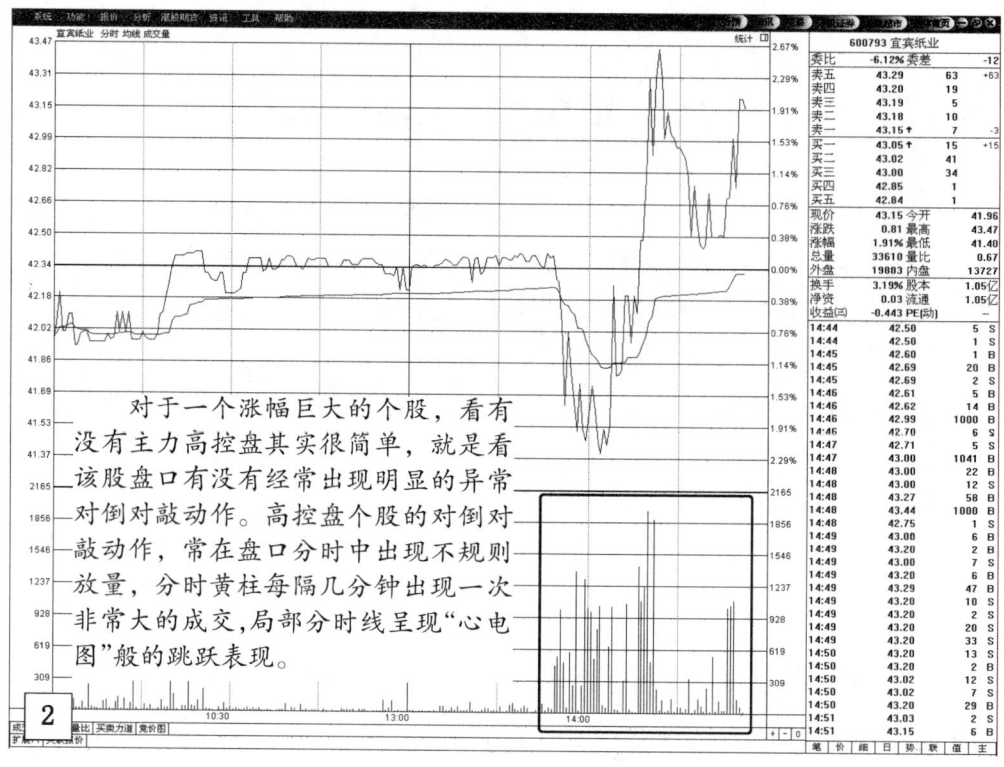

对于一个涨幅巨大的个股,看有没有主力高控盘其实很简单,就是看该股盘口有没有经常出现明显的异常对倒对敲动作。高控盘个股的对倒对敲动作,常在盘口分时中出现不规则放量,分时黄柱每隔几分钟出现一次非常大的成交,局部分时线呈现"心电图"般的跳跃表现。

高控盘个股对敲盘口出现不规则放量时,观察其成交数据可以看到经常有多单笔数值相近或相同的大买卖单连续成交,这是操盘手懒惰得在交易软件上修改数字就不断下单的结果,有的大买卖单成交中夹有小单,这是机构大单与散户小单成交捏合在一起了。

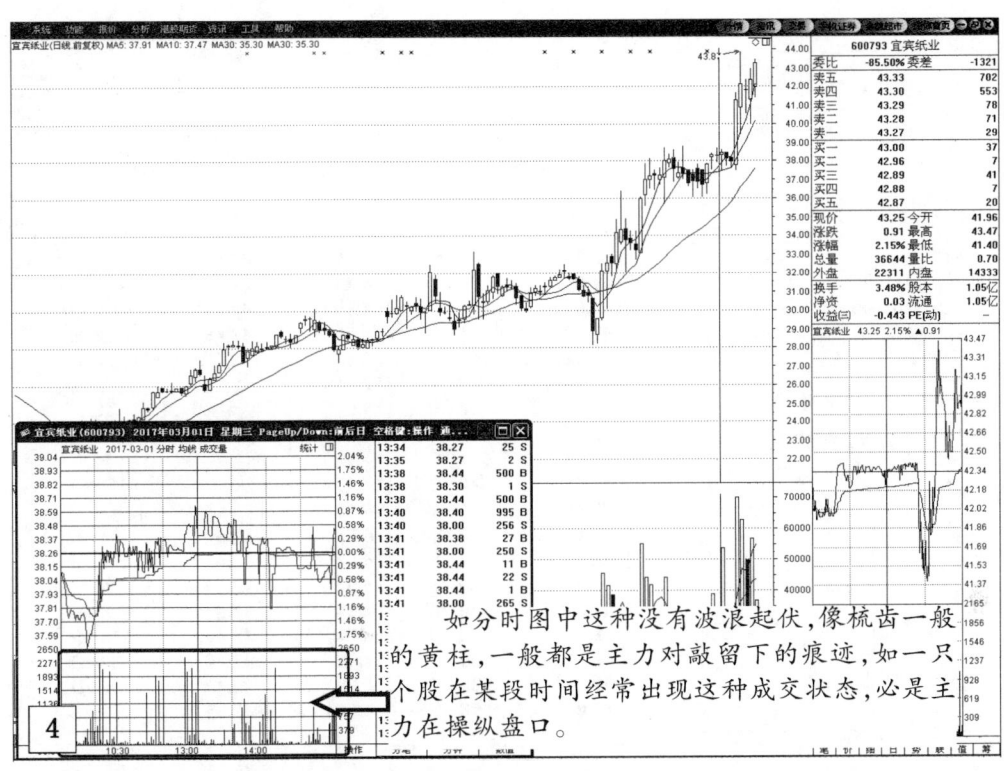

如分时图中这种没有波浪起伏,像梳齿一般的黄柱,一般都是主力对敲留下的痕迹,如一只个股在某段时间经常出现这种成交状态,必是主力在操纵盘口。

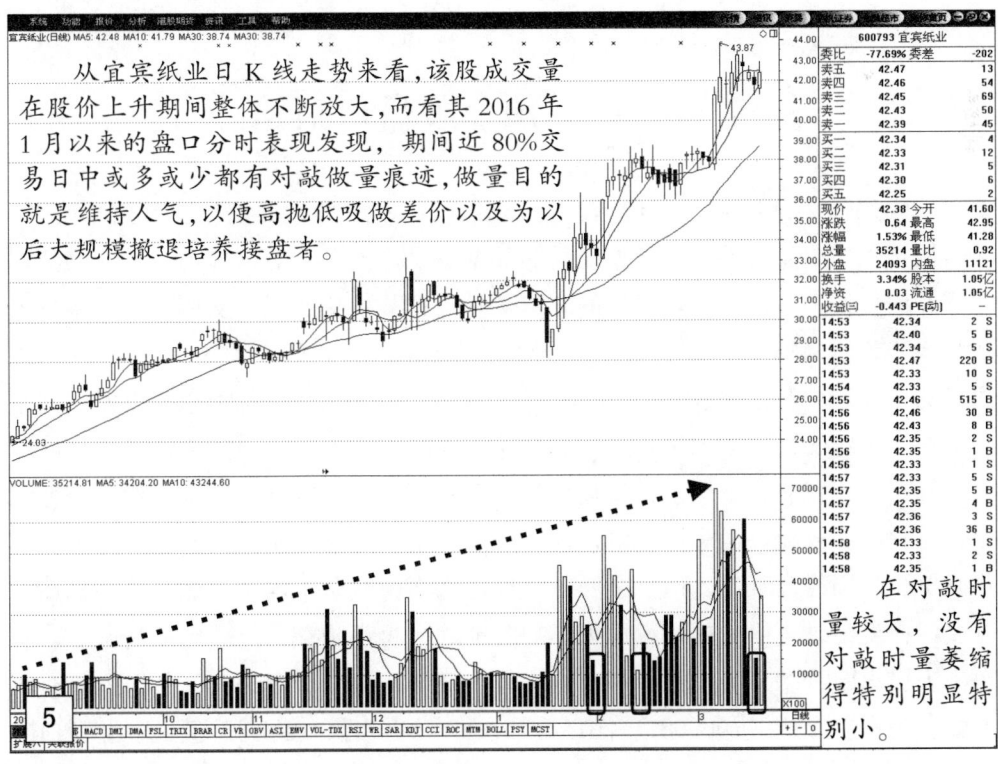

从宜宾纸业日K线走势来看,该股成交量在股价上升期间整体不断放大,而看其2016年1月以来的盘口分时表现发现,期间近80%交易日中或多或少都有对敲做量痕迹,做量目的就是维持人气,以便高抛低吸做差价以及为以后大规模撤退培养接盘者。

在对敲时量较大,没有对敲时量萎缩得特别明显特别小。

主力行为盘口解密(七)

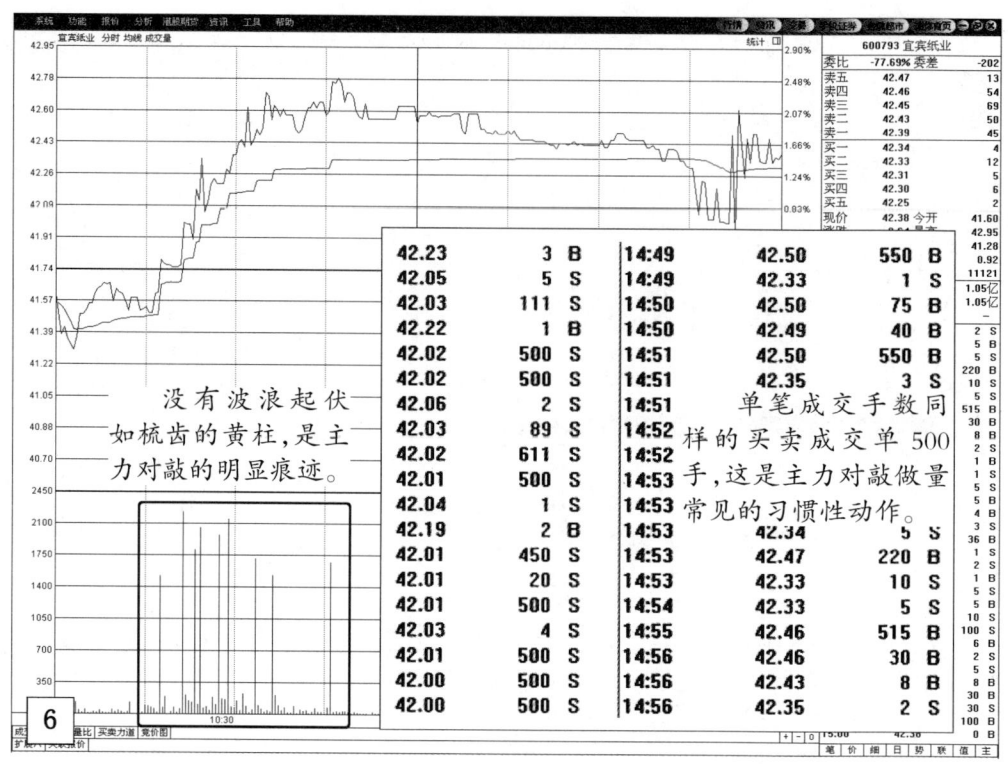

基金交易干预个股盘口痕迹

新闻媒体经常出现"大数据"这一IT行业术语,大数据指的是巨量资料。大数据技术战略意义不在于掌握庞大的数据信息,而在于对这些含有意义的数据进行专业化处理。证券市场每日的海量交易数据被上交所和深交所的电脑服务器所收录,通过特殊软件对数据进行处理,可辨别出市场中主力的各种做盘行为、机构老鼠仓行为等。据说2014年超过40位基金经理老鼠仓行为东窗事发,都是交易所通过对交易大数据进行专业处理挖出来的。

高科技年代股票市场主力做盘行为、老鼠仓行为更容易被查出,但被查处的个案只是冰山一角,做庄操纵股价行为仍然层出不穷屡见不鲜,游资私募主力操纵股价也许你经常听说,但基金操纵股价也许你就闻所未闻了。无论是私募还是基金,在交易过程中实施有意操纵影响股价的行为都是存在的。一般情况下,私募主力操纵股价的行为动作特别明显露骨,基金操纵股价因为监管严厉做盘有所忌惮,下面以金螳螂(002081) 2015年1月5日盘口表现为例,说说基金盘口有限行为操纵股价的一些动作。

先看 2015 年 1 月 5 日金螳螂涨停当天交易所公布的公开交易数据，该股当天涨停总成交金额 7.47 亿元，买入最多前五名营业部全部是机构专用席位，五大机构专用席位共买入 1.67 亿元，占当天总量的 22.3%。第一名机构买入量 5905 万元，占当天总量的 8%。该股当天上涨明显是这几家机构为主要力量推高并封涨停的。

深圳证券市场中小企业板交易公开信息（2015 年 1 月 5 日）

证券名称	证券代码	涨幅偏离值(%)	成交量(万股)	成交金额(万元)
金螳螂	002081	8.58	4111	74740

买入金额最大的前 5 名

营业部或交易单元名称	买入金额(元)	卖出金额(元)
机构专用	59051385.72	0.00
机构专用	38370521.28	0.00
机构专用	27693581.77	0.00
机构专用	21561862.99	0.00
机构专用	20907819.55	0.00

卖出金额最大的前 5 名

营业部或交易单元名称	买入金额(元)	卖出金额(元)
机构专用	0.00	54939201.75
国泰君安证券深圳益田路证券营业部	0.00	25260312.00
西藏同信证券上海东方路证券营业部	17500.00	24062367.00
广发证券中山小榄营业部	12936.00	13709112.00
机构专用	0.00	13549000.04

主力行为盘口解密(七)

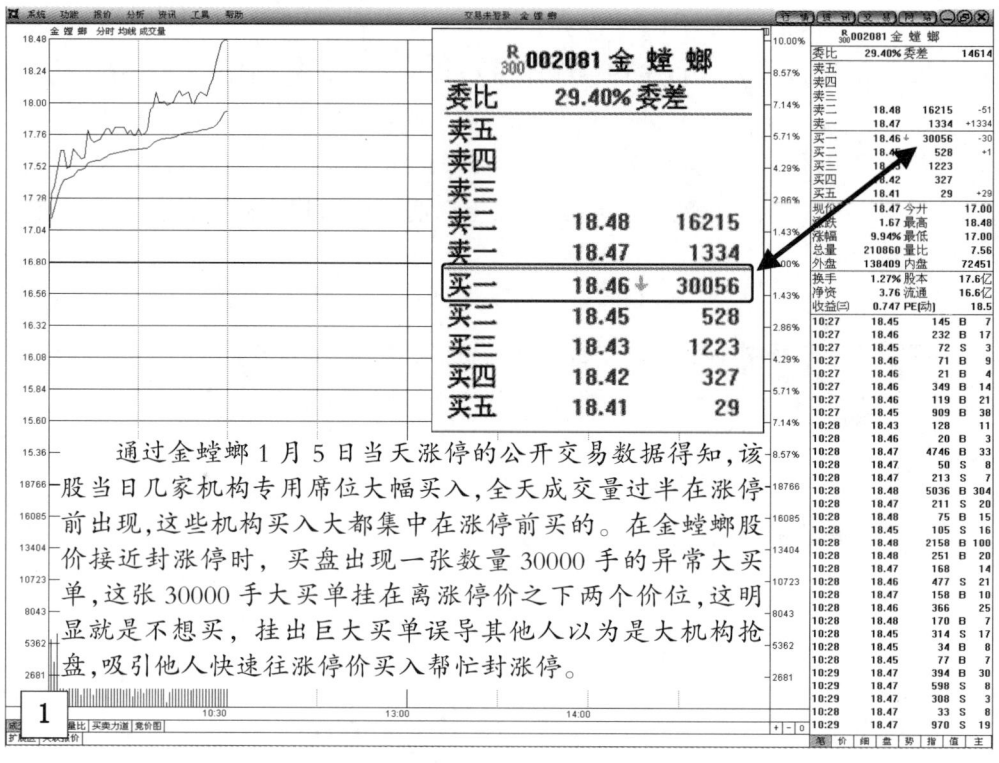

通过金螳螂1月5日当天涨停的公开交易数据得知,该股当日几家机构专用席位大幅买入,全天成交量过半在涨停前出现,这些机构买入大都集中在涨停前买的。在金螳螂股价接近封涨停时,买盘出现一张数量30000手的异常大买单,这张30000手大买单挂在离涨停价之下两个价位,这明显就是不想买,挂出巨大买单误导其他人以为是大机构抢盘,吸引他人快速往涨停价买入帮忙封涨停。

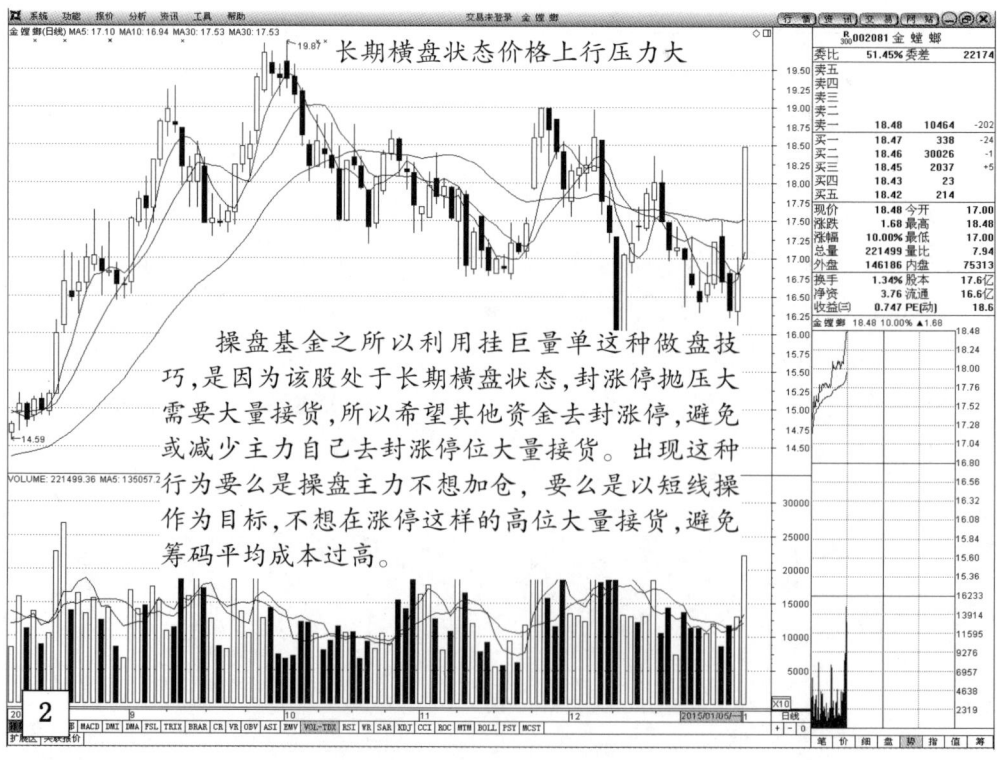

操盘基金之所以利用挂巨量单这种做盘技巧,是因为该股处于长期横盘状态,封涨停抛压大需要大量接货,所以希望其他资金去封涨停,避免或减少主力自己去封涨停位大量接货。出现这种行为要么是操盘主力不想加仓,要么是以短线操作为目标,不想在涨停这样的高位大量接货,避免筹码平均成本过高。

第三章

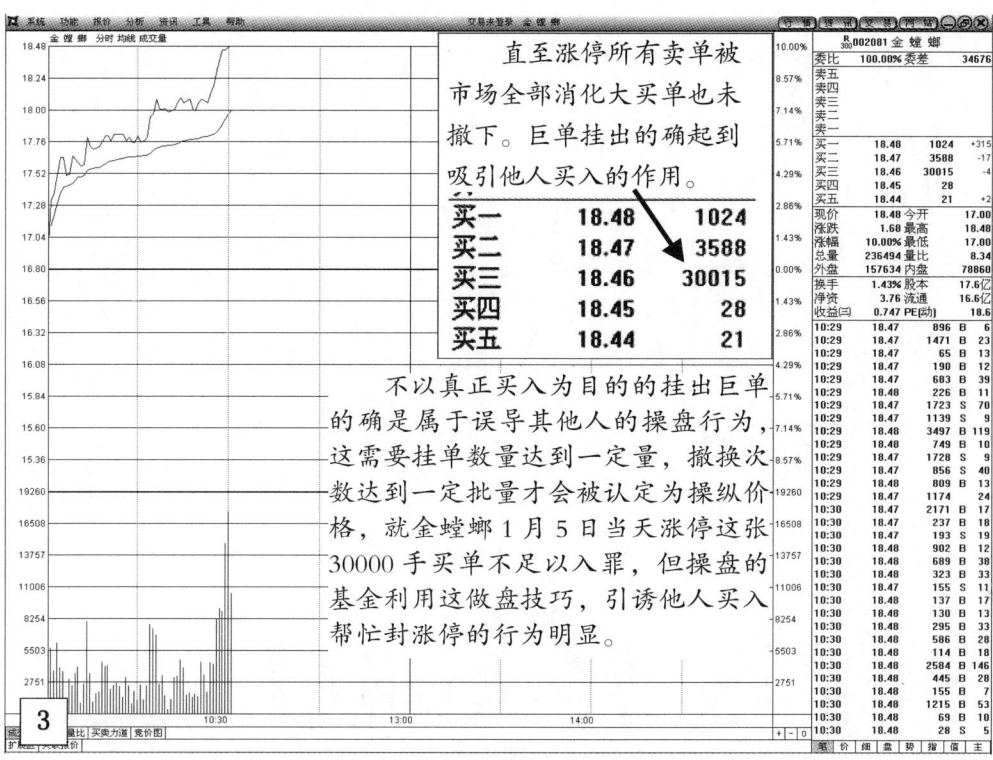

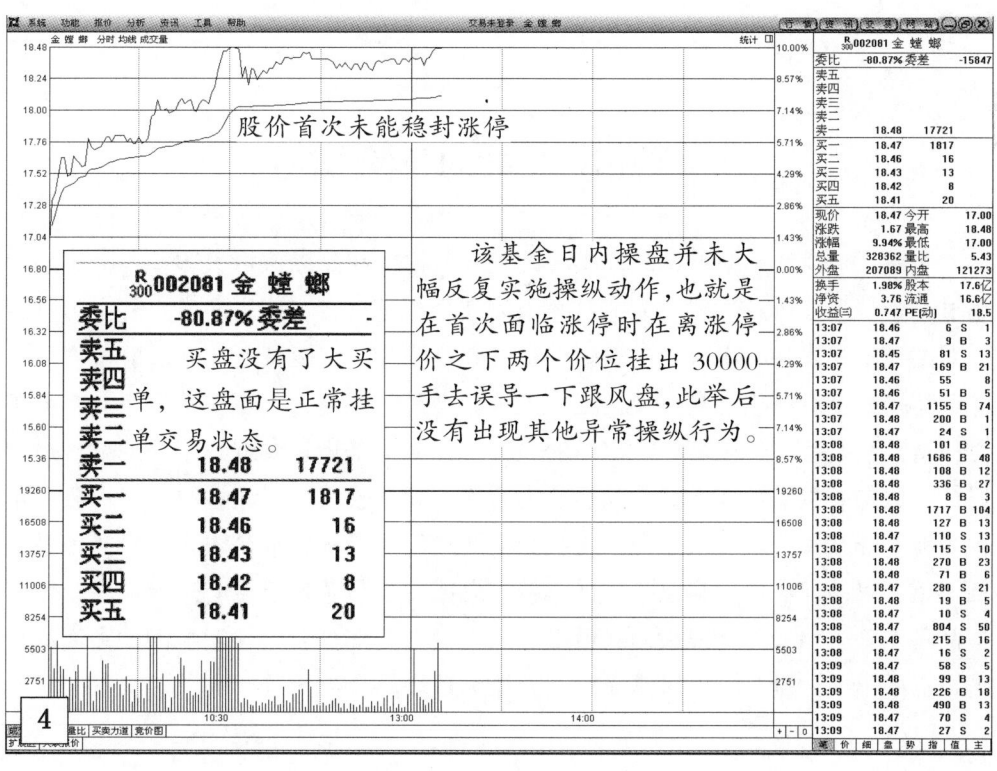

主力行为盘口解密(七)

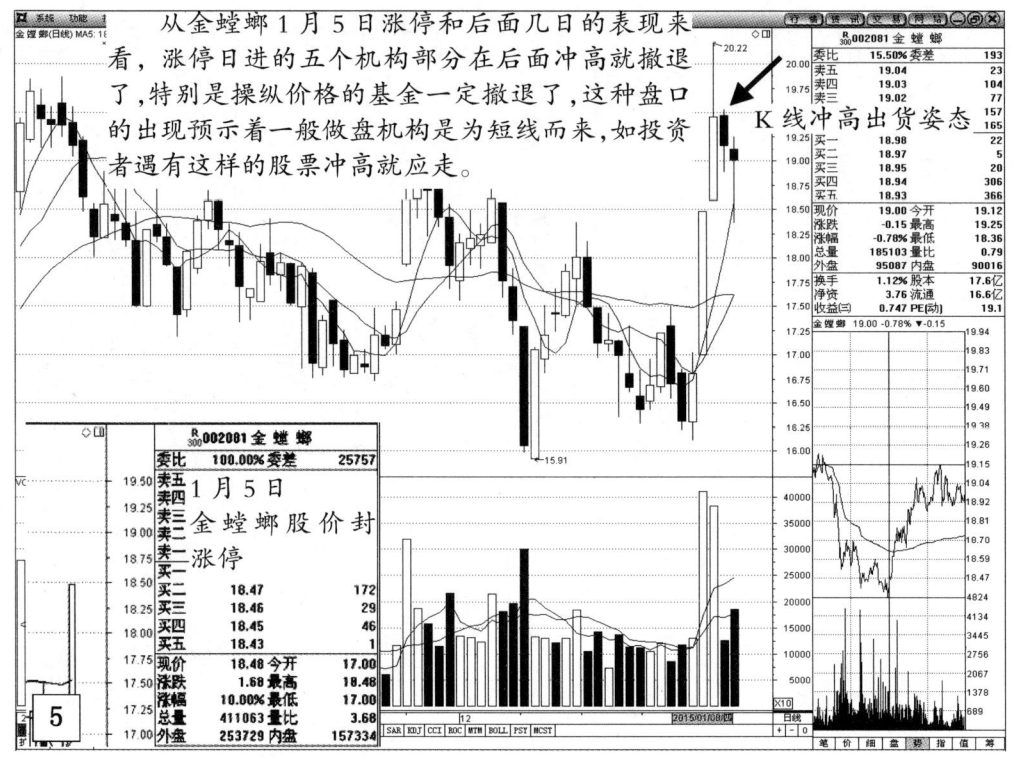

解读高位天量的危险信号

　　个股在横盘或小幅波动时发生转折上行，往往都是以放量大阳作为上升启动信号，但技术分析者不要以为放量大阳突破全都是机会，这里面常也有主力刻意设置的技术陷阱，利用假突破欺骗引诱广大投资者入市接盘是常有之事。

　　特别是个股在相对高位现巨量、天量，当天即使是大阳也要特别小心，巨量是指近几次股价在阶段高点时出现的最大量，天量是指超过近三年来的单日最大量。个股在高位横盘或小幅波动后放出巨量、天量收大阳，此情况一出该股后市要么就是连续大升，要么就是连续大跌，此时的巨量、天量是主力有目的地做盘而造就。目的何在主力自己最清楚，持有者或想参与者自己也必须看清楚。在这些品种中除了当天日K线大阳和巨量，当天盘口大部分会出现明显的主力活动痕迹，盘中出现大量对敲是最常见的主力操纵动作。

第三章

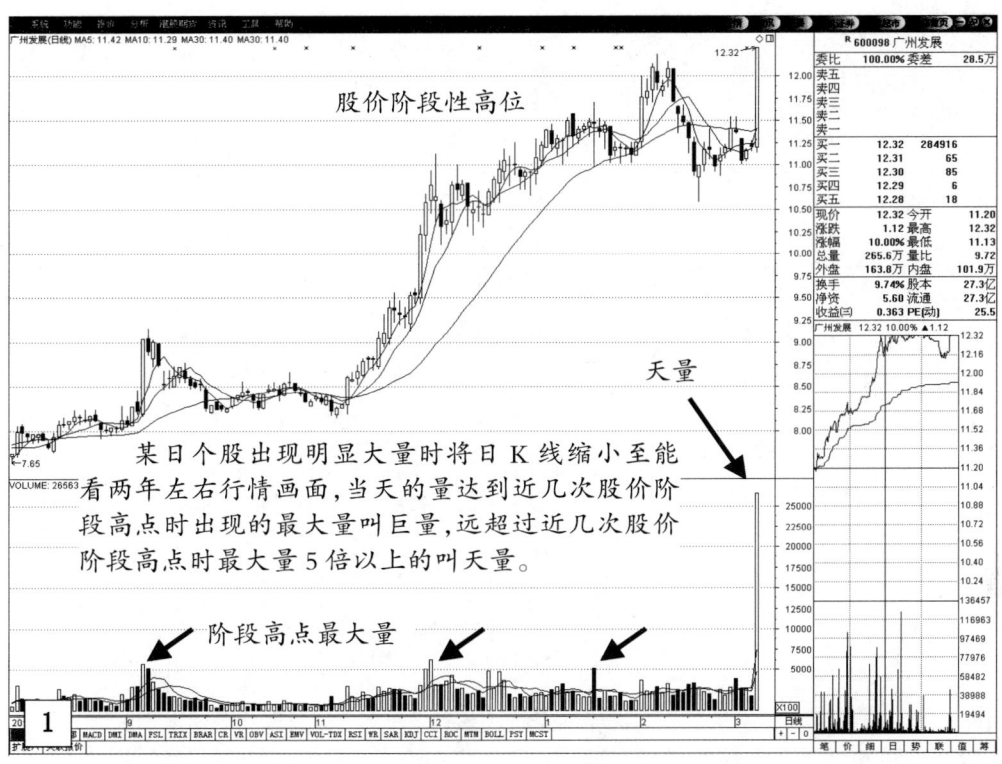

某日个股出现明显大量时将日K线缩小至能看两年左右行情画面,当天的量达到近几次股价阶段高点时出现的最大量叫巨量,远超过近几次股价阶段高点时最大量5倍以上的叫天量。

出现天量当天的盘口是肯定有大资金活动的,这些资金操纵股价的概率非常大,如广州发展在3月7日天量当日股价拉高之时,盘中每隔几分钟就出现一次明显的多笔大笔交易,卖盘挂单反复出现单笔数量达10万手的卖单。

主力行为盘口解密(七)

卖盘挂单反复出现单笔数量达10万手的卖单,随后出现多笔1万余手买单有规律地往10万手卖单啃,直至卖单完全被消化,此时盘面看起来大资金抢筹动作明显。

另外一个明显的操纵动作是买一和卖一两个价位同时挂出数量巨大的买卖单形成"夹盘"盘口,"夹盘"盘口出现后在成交回报中可看到,活跃买单不断出现,主力通过一定的对敲引诱投资者抢进接盘。

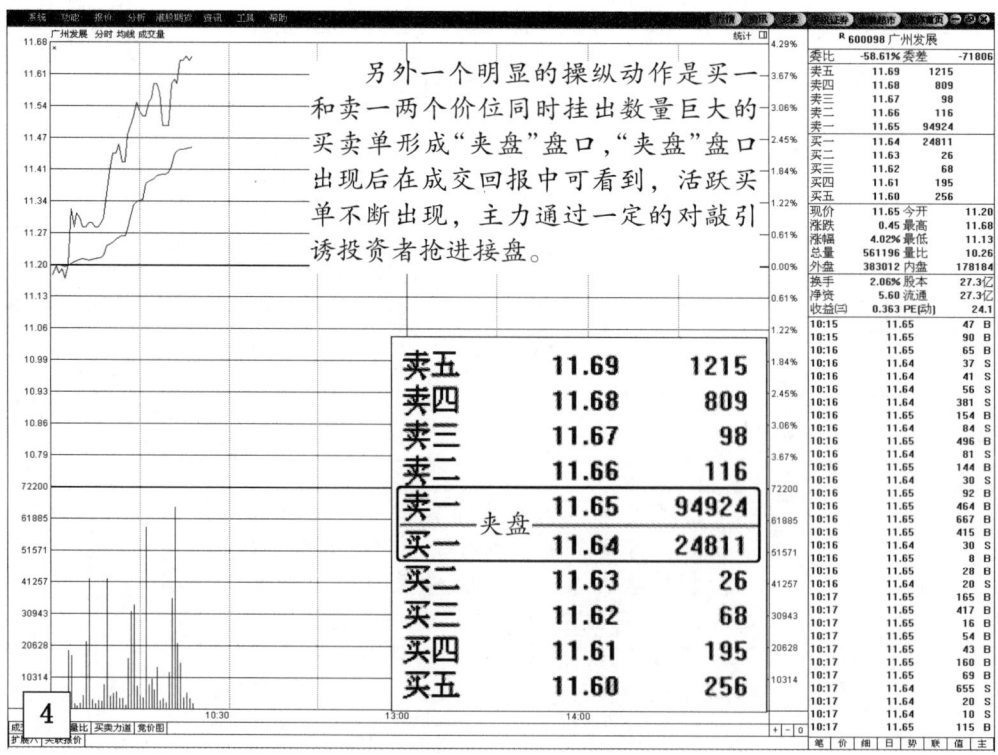

第三章

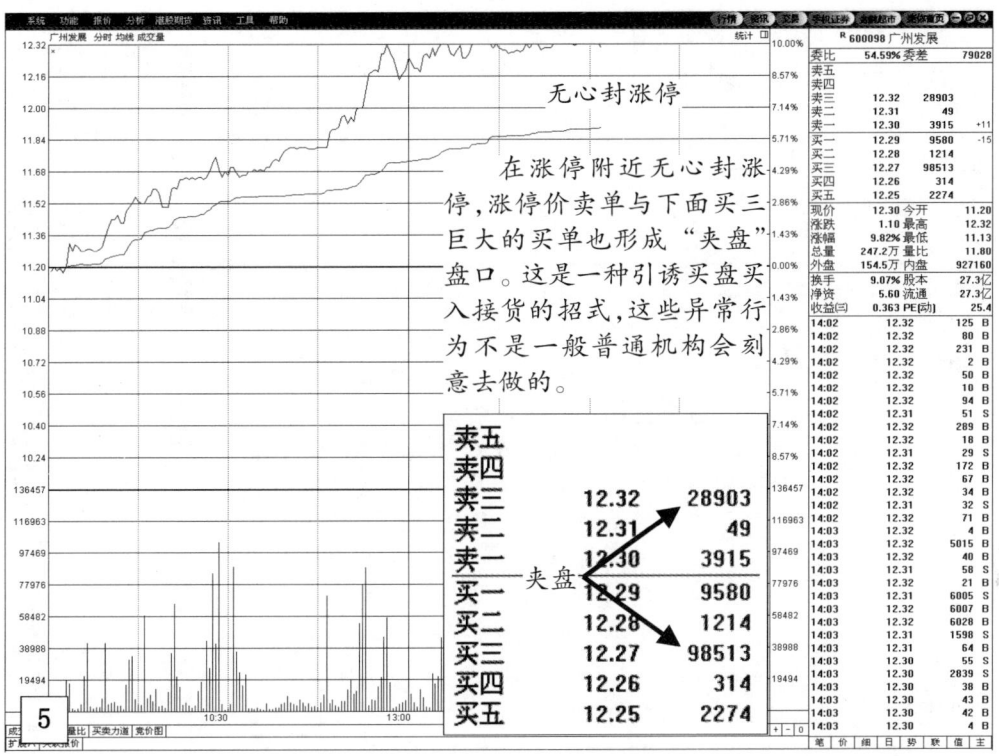

无心封涨停

在涨停附近无心封涨停，涨停价卖单与下面买三巨大的买单也形成"夹盘"盘口。这是一种引诱买盘买入接货的招式，这些异常行为不是一般普通机构会刻意去做的。

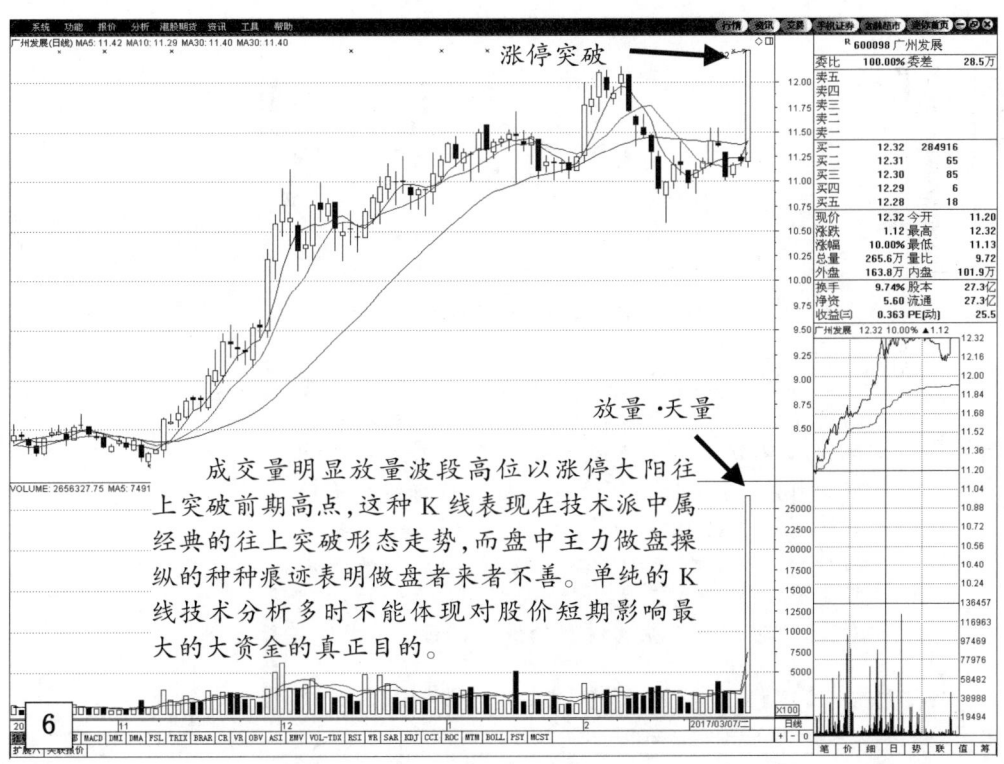

涨停突破

放量·天量

成交量明显放量波段高位以涨停大阳往上突破前期高点，这种K线表现在技术派中属经典的往上突破形态走势，而盘中主力做盘操纵的种种痕迹表明做盘者来者不善。单纯的K线技术分析多时不能体现对股价短期影响最大的大资金的真正目的。

主力行为盘口解密(七)

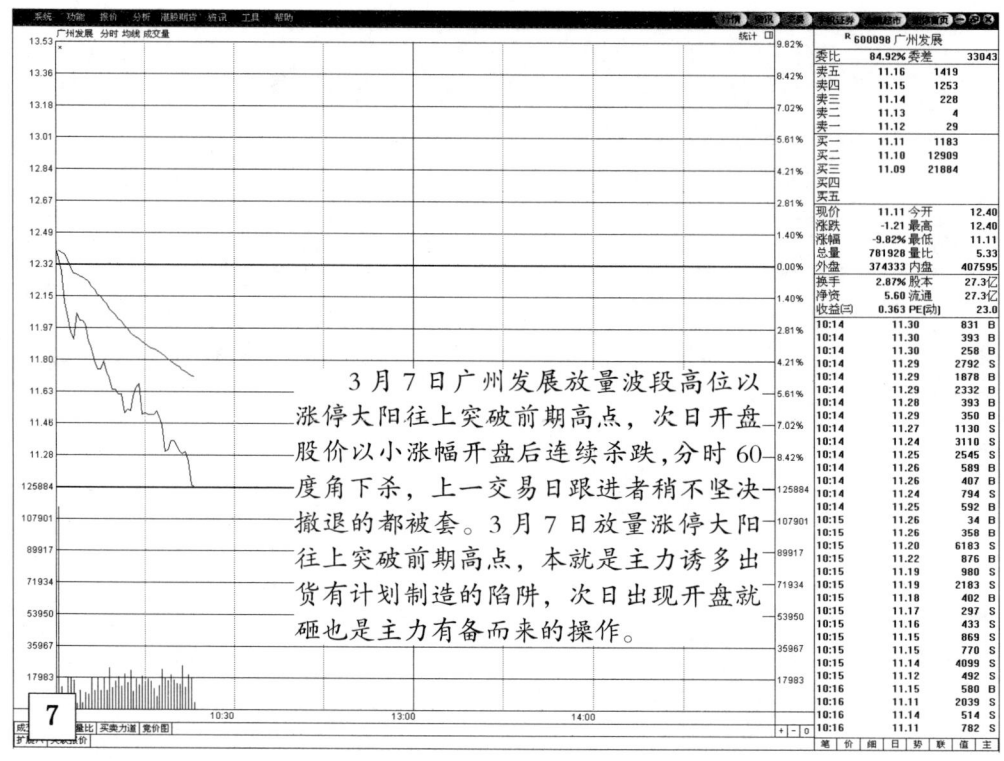

3月7日广州发展放量波段高位以涨停大阳往上突破前期高点,次日开盘股价以小涨幅开盘后连续杀跌,分时60度角下杀,上一交易日跟进者稍不坚决撤退的都被套。3月7日放量涨停大阳往上突破前期高点,本就是主力诱多出货有计划制造的陷阱,次日出现开盘就砸也是主力有备而来的操作。

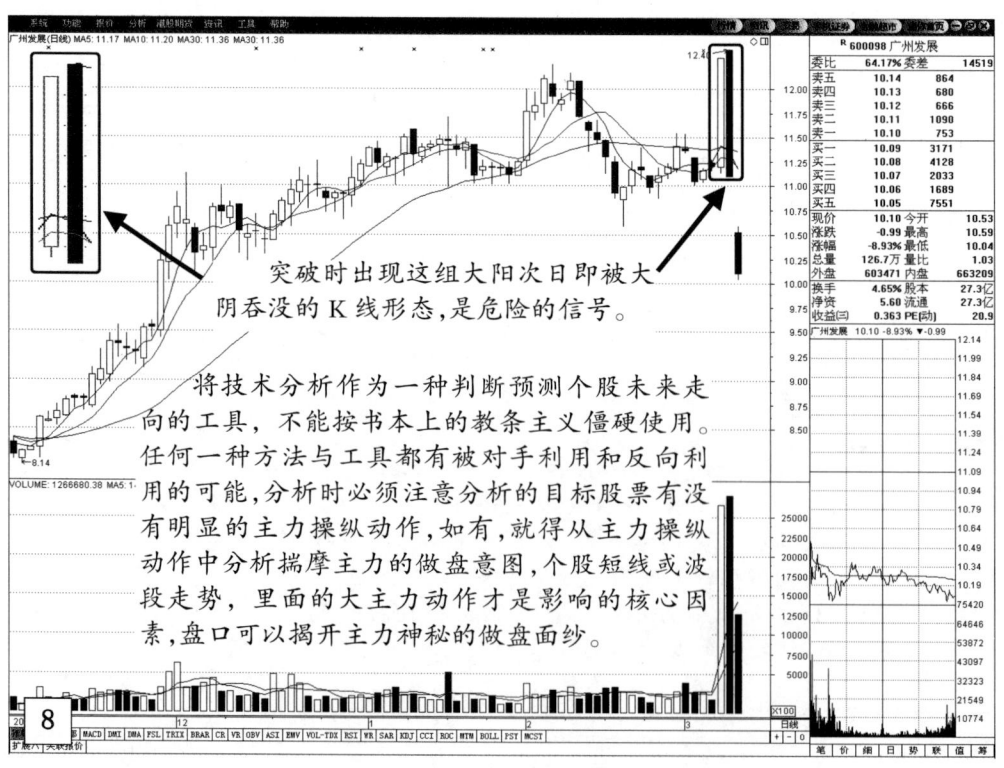

突破时出现这组大阳次日即被大阴吞没的K线形态,是危险的信号。

将技术分析作为一种判断预测个股未来走向的工具,不能按书本上的教条主义僵硬使用。任何一种方法与工具都有被对手利用和反向利用的可能,分析时必须注意分析的目标股票有没有明显的主力操纵动作,如有,就得从主力操纵动作中分析揣摩主力的做盘意图,个股短线或波段走势,里面的大主力动作才是影响的核心因素,盘口可以揭开主力神秘的做盘面纱。

第四章

主力行为盘口解密(七)

通过盘口看强弱秘技

主力拿货时总得把部分投资者的筹码骗出来，拉高时有时主力和投资者的利益一致，但多时操盘手都利用各种手段将获利较丰厚的部分投资者赶下车。在出货阶段主力与投资者自然是水火不容的敌对关系。

出货阶段主力会想尽各种办法把盘口做好，盘面往往相当诱人，吸引他人跟进接货，这些手段各式各样仅靠一文难以全部描述清楚，下面以动力源盘中3月3日盘口表演为例，介绍主力是如何通过扫盘做高股价欺骗投资者的。

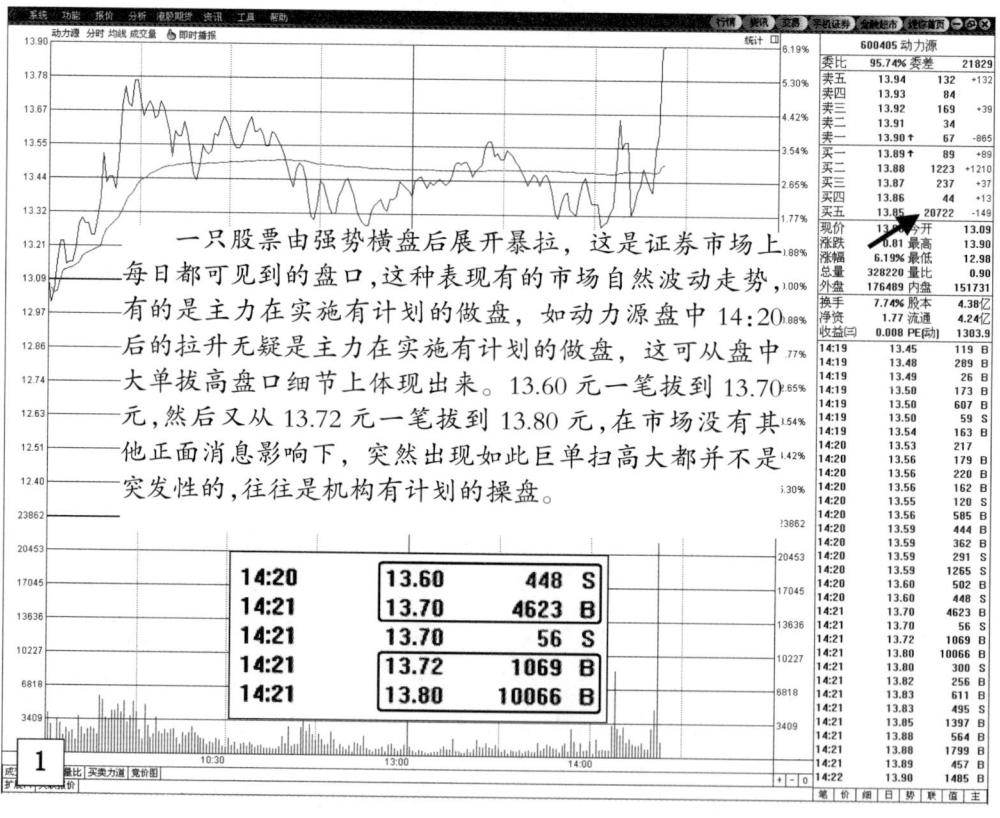

一只股票由强势横盘后展开暴拉，这是证券市场上每日都可见到的盘口，这种表现有的市场自然波动走势，有的是主力在实施有计划的做盘，如动力源盘中14:20后的拉升无疑是主力在实施有计划的做盘，这可从盘中大单拔高盘口细节上体现出来。13.60元一笔拔到13.70元，然后又从13.72元一笔拔到13.80元，在市场没有其他正面消息影响下，突然出现如此巨单扫高大都并不是突发性的，往往是机构有计划的操盘。

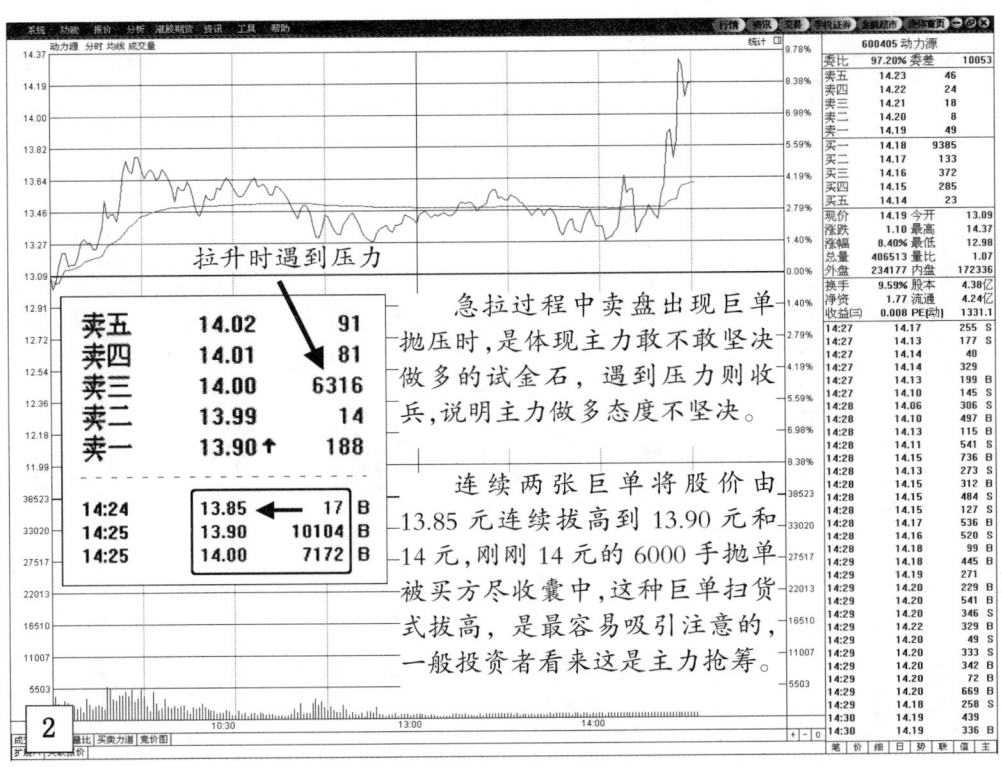

急拉过程中卖盘出现巨单抛压时，是体现主力敢不敢坚决做多的试金石，遇到压力则收兵，说明主力做多态度不坚决。

连续两张巨单将股价由13.85元连续拔高到13.90元和14元，刚刚14元的6000手抛单被买方尽收囊中，这种巨单扫货式拔高，是最容易吸引注意的，一般投资者看来这是主力抢筹。

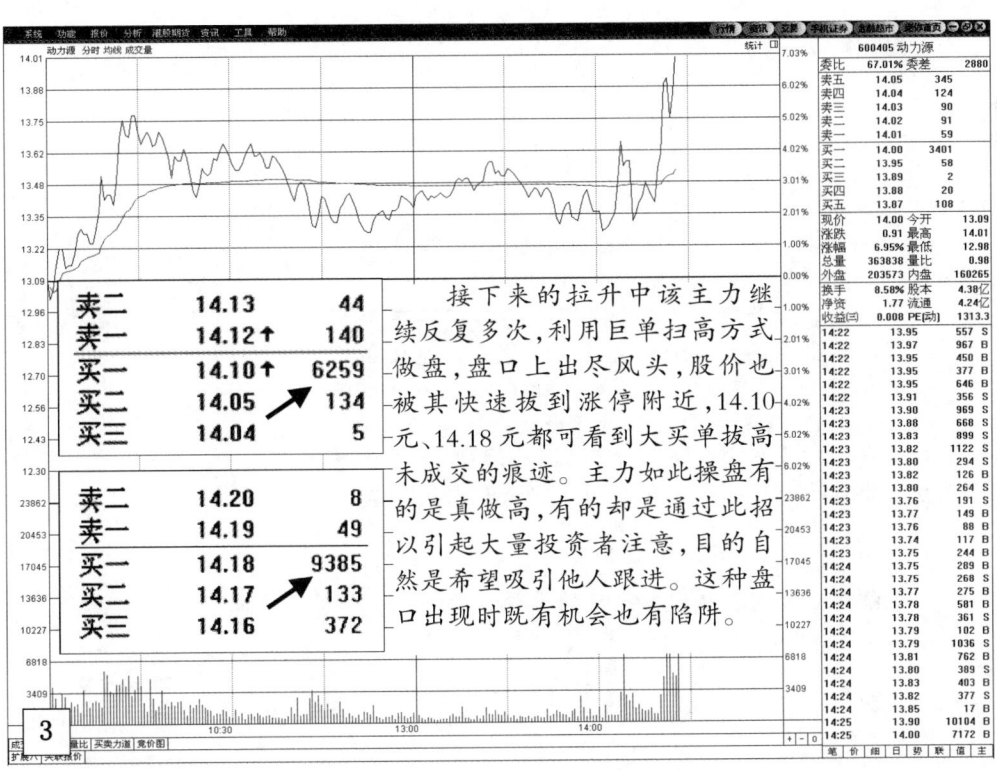

接下来的拉升中该主力继续反复多次，利用巨单扫高方式做盘，盘口上出尽风头，股价也被其快速拔到涨停附近，14.10元、14.18元都可看到大买单拔高未成交的痕迹。主力如此操盘有的是真做高，有的却是通过此招以引起大量投资者注意，目的自然是希望吸引他人跟进。这种盘口出现时既有机会也有陷阱。

主力行为盘口解密(七)

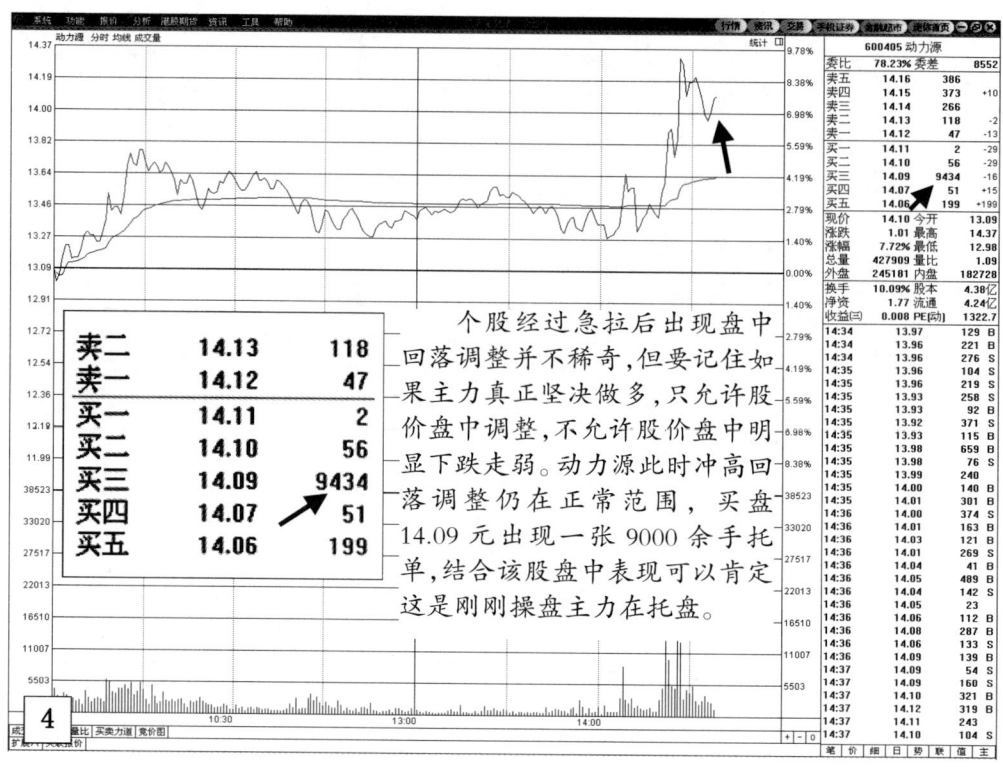

个股经过急拉后出现盘中回落调整并不稀奇,但要记住如果主力真正坚决做多,只允许股价盘中调整,不允许股价盘中明显下跌走弱。动力源此时冲高回落调整仍在正常范围,买盘14.09元出现一张9000余手托单,结合该股盘中表现可以肯定这是刚刚操盘主力在托盘。

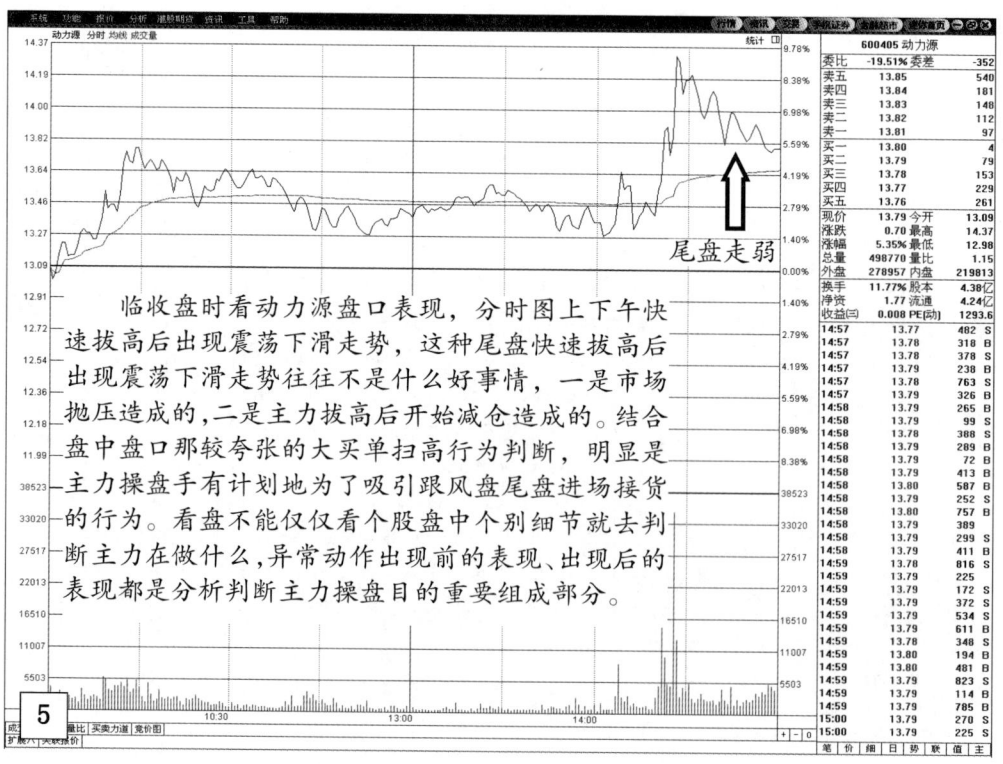

临收盘时看动力源盘口表现,分时图上下午快速拔高后出现震荡下滑走势,这种尾盘快速拔高后出现震荡下滑走势往往不是什么好事情,一是市场抛压造成的,二是主力拔高后开始减仓造成的。结合盘中盘口那较夸张的大买单扫高行为判断,明显是主力操盘手有计划地为了吸引跟风盘尾盘进场接货的行为。看盘不能仅仅看个股盘中个别细节就去判断主力在做什么,异常动作出现前的表现、出现后的表现都是分析判断主力操盘目的重要组成部分。

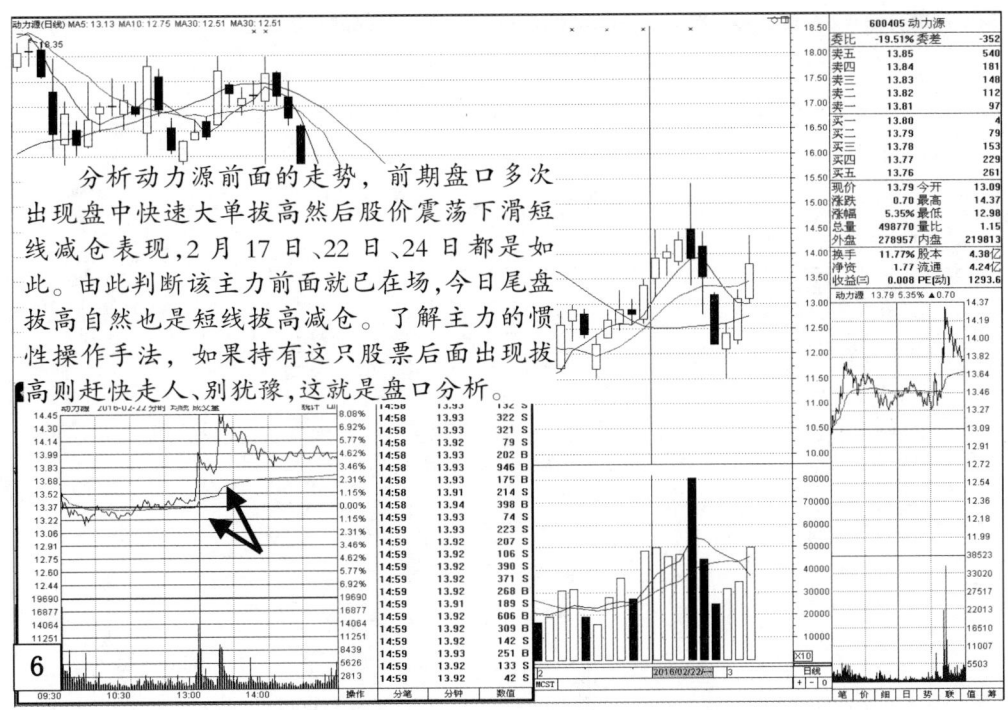

盘口主力动作与后市逻辑关系

看盘围绕三大目的进行:"空仓、持仓、满仓"。

空仓看盘目的是选股操作;持仓看盘目的就相对复杂点,持仓品种是增仓、减仓或是持股不动,持仓的另一种情况就是选择更多可操作品种介入;满仓看盘目的比较简单,就是持股、减仓、清仓三种。当然实际上投资者看盘操作时大多并不是如此单纯地循环,中间进进出出买卖行为更复杂。

就单一持仓个股而言,关系到持仓、增仓、减仓、清仓四种情况,看盘时投资者根据自己所掌握的方法技巧力求看准和做对,围绕这四种情况展开的看盘分析其实很复杂,要知道自己所拿个股应持仓还是增仓、减仓、清仓,就要通过客观多层面分析才有明确的决定。至于个股的分析方法技巧每个人都有自己的一套,笔者就长青股份实盘演示盘口主力行为分析过程,以及分析结论。

分析最好能做到全面客观,分析过程也必须有重点作为切入点,如长青股份8月17日表现,笔者主要从盘口主力明显活动买盘托单操纵推高股价入手,通过分析主力做盘目的去预测判断该股后市表现,为操作应持仓、增仓、减仓、清仓做出决择。

主力行为盘口解密(七)

长青股份8月17日尾盘出现急拉状态,盘口有大资金刻意做盘痕迹,14:52出现一笔18000手大买单瞬间将股价由16.32元拔高至16.50元,成交5560手,未成交12000余手在买二16.50元显示出来。在小盘股中出现一笔近3000万元的大单扫高,显然是大资金在活动。该机构操盘动作对股价产生明显的影响。这是重要的分析切入点。

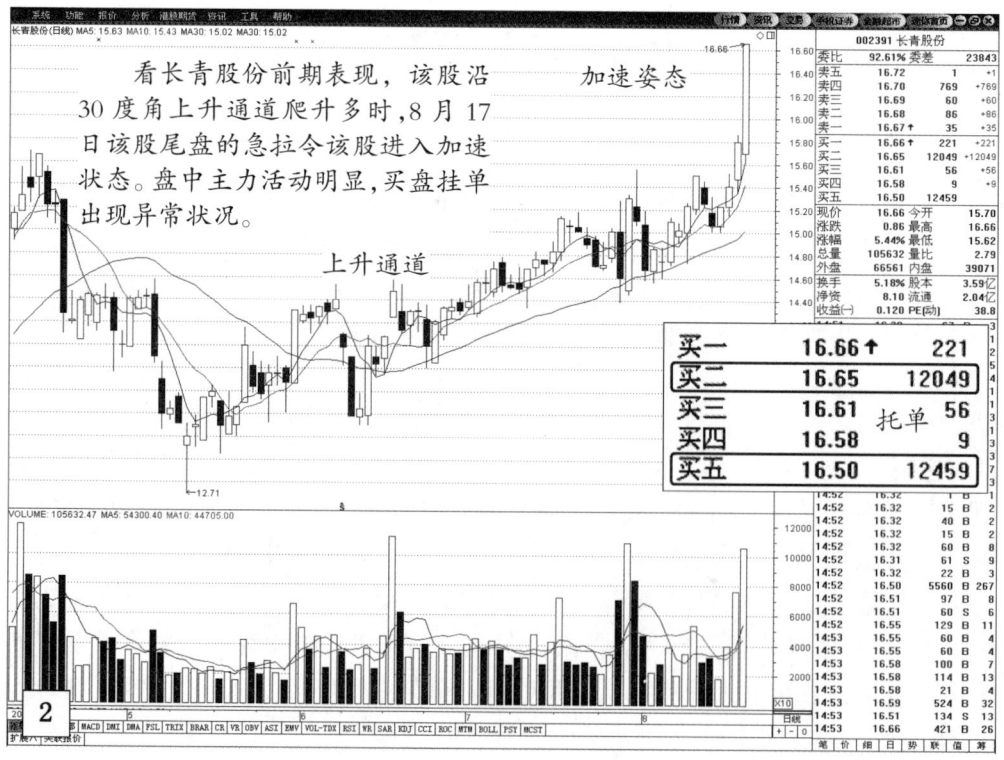

看长青股份前期表现,该股沿30度角上升通道爬升多时,8月17日该股尾盘的急拉令该股进入加速状态。盘中主力活动明显,买盘挂单出现异常状况。

第四章

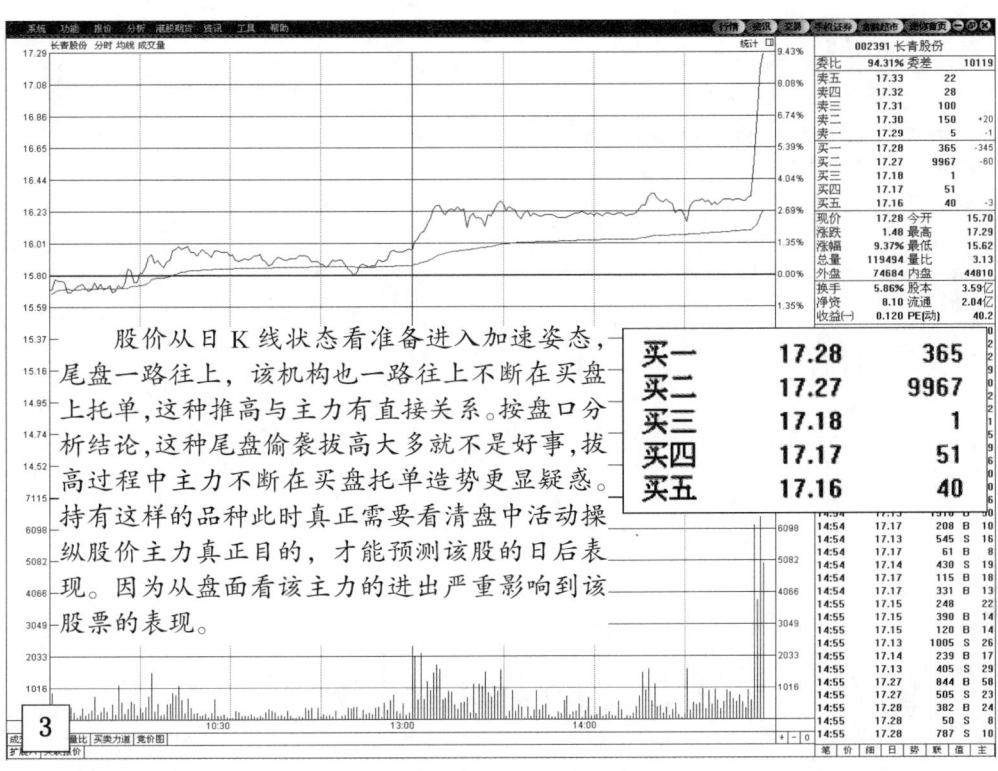

股价从日K线状态看准备进入加速姿态，尾盘一路往上，该机构也一路往上不断在买盘上托单，这种推高与主力有直接关系。按盘口分析结论，这种尾盘偷袭拔高大多就不是好事，拔高过程中主力不断在买盘托单造势更显疑惑。持有这样的品种此时真正需要看清盘中活动操纵股价主力真正目的，才能预测该股的日后表现。因为从盘面看该主力的进出严重影响到该股票的表现。

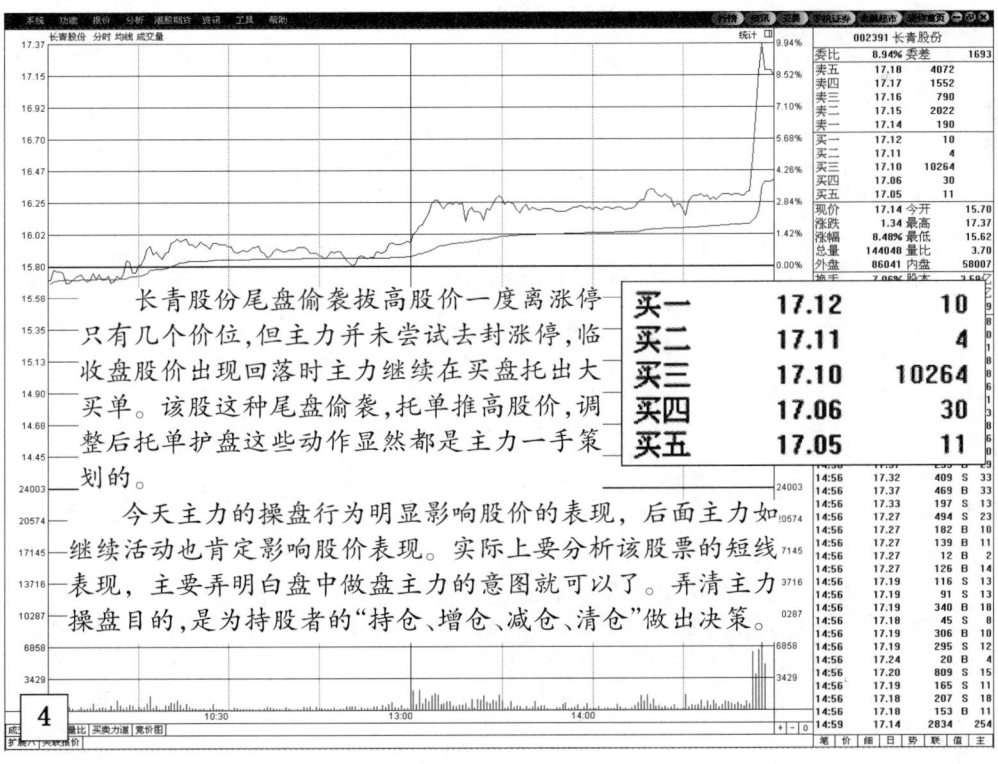

长青股份尾盘偷袭拔高股价一度离涨停只有几个价位，但主力并未尝试去封涨停，临收盘股价出现回落时主力继续在买盘托出大买单。该股这种尾盘偷袭，托单推高股价，调整后托单护盘这些动作显然都是主力一手策划的。

今天主力的操盘行为明显影响股价的表现，后面主力如继续活动也肯定影响股价表现。实际上要分析该股票的短线表现，主要弄明白盘中做盘主力的意图就可以了。弄清主力操盘目的，是为持股者的"持仓、增仓、减仓、清仓"做出决策。

主力行为盘口解密(七)

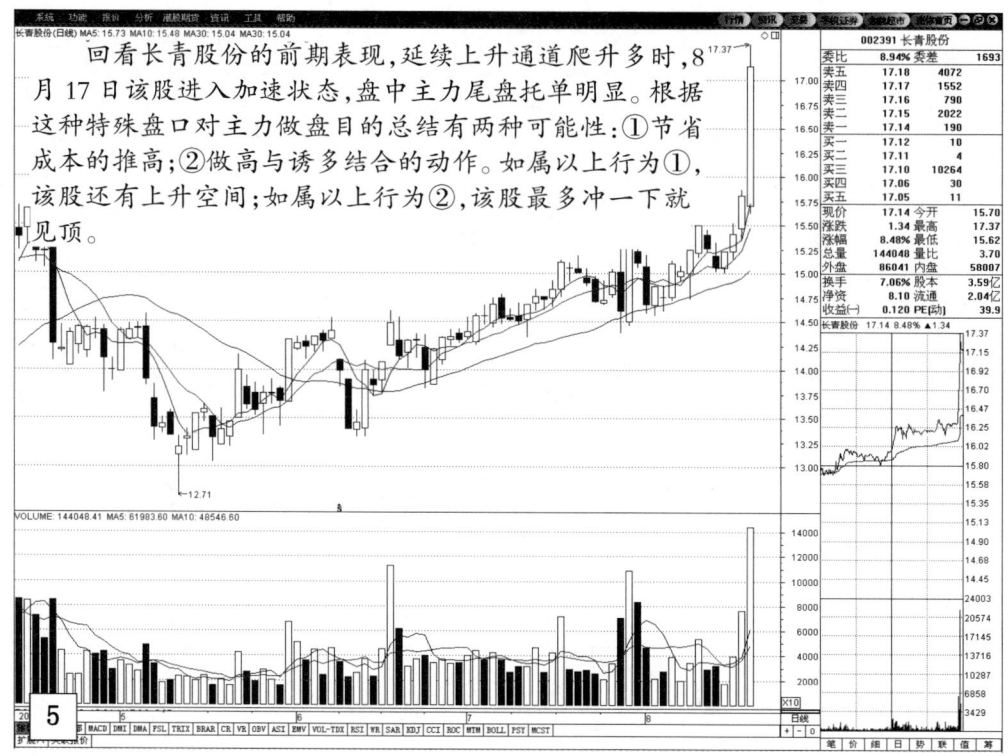

回看长青股份的前期表现,延续上升通道爬升多时,8月17日该股进入加速状态,盘中主力尾盘托单明显。根据这种特殊盘口对主力做盘目的总结有两种可能性:①节省成本的推高;②做高与诱多结合的动作。如属以上行为①,该股还有上升空间;如属以上行为②,该股最多冲一下就见顶。

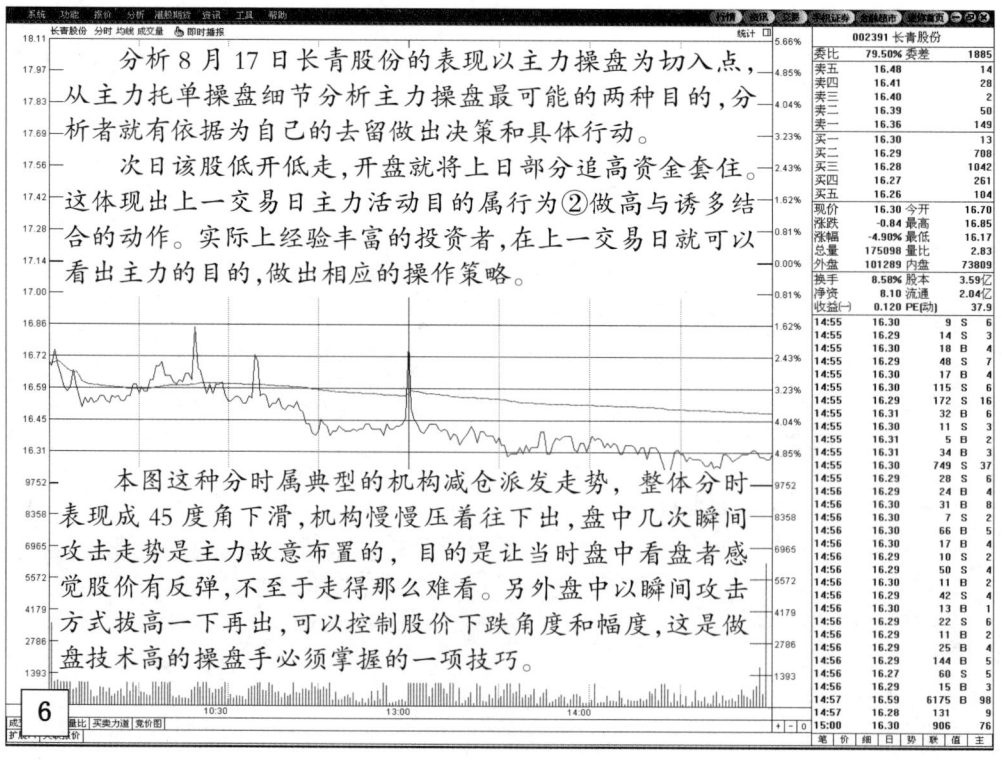

分析8月17日长青股份的表现以主力操盘为切入点,从主力托单操盘细节分析主力操盘最可能的两种目的,分析者就有依据为自己的去留做出决策和具体行动。

次日该股低开低走,开盘就将上日部分追高资金套住。这体现出上一交易日主力活动目的属行为②做高与诱多结合的动作。实际上经验丰富的投资者,在上一交易日就可以看出主力的目的,做出相应的操作策略。

本图这种分时属典型的机构减仓派发走势,整体分时表现成45度角下滑,机构慢慢压着往下出,盘中几次瞬间攻击走势是主力故意布置的,目的是让当时盘中看盘者感觉股价有反弹,不至于走得那么难看。另外盘中以瞬间攻击方式拔高一下再出,可以控制股价下跌角度和幅度,这是做盘技术高的操盘手必须掌握的一项技巧。

主力操盘引导性影响股价上行盘口

大资金短期内大量买入或者卖出一只股票，会直接影响该股股价的升跌，影响的时间长短与股价升跌幅的大小，与买卖量和操作方式有关。资金量大的主力可以通过资金优势长时间如一天、一周、一个月甚至更长时间操纵影响个股股价，资金量小的主力往往只能在短时间操纵影响个股股价。主力做盘操纵股价有两种方式：一是以高强度密集性连续性买卖去促使股价往其目标方向运动；二是以低强度断续性买卖引导股价往其目标方向运动。两者的重要区分在"买卖量、买卖持续性"差别上，前者出手很猛，后者刚中怀柔，这两种方式一般主力都会辅以其他做盘技巧。

本文以应流股份(6003308)走势为例，介绍潜伏在东方证券深圳金田路证券营业部主力，利用买入与堆单推高股价方式引导股价往其目标方向运动的明显做盘行为细节。

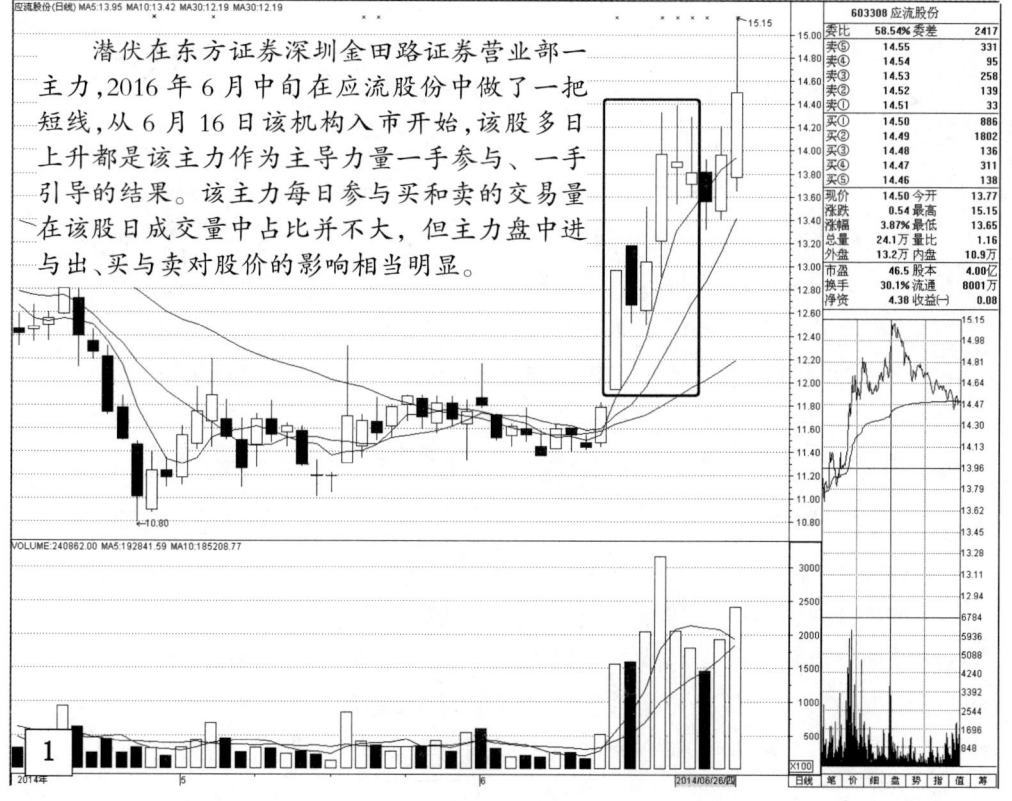

主力行为盘口解密(七)

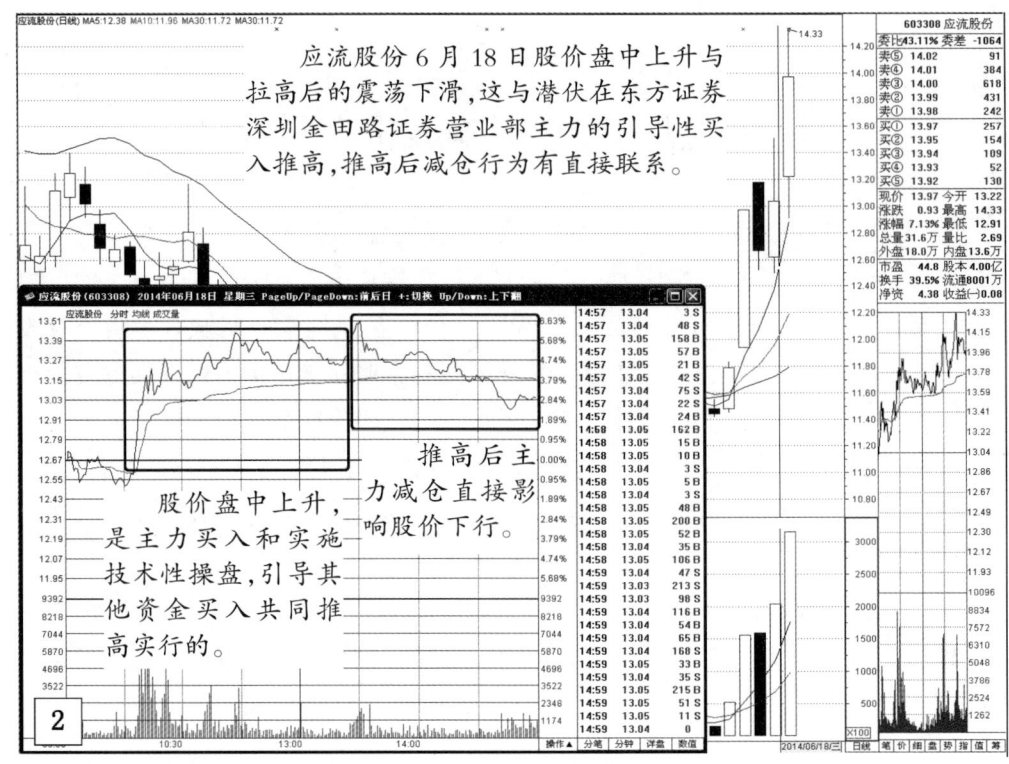

上海证券交易所每日交易信息(2014年6月18日)

证券代码	证券简称	换手率(%)	成交量(股)	成交金额(万元)
603308	应流股份	25.47	20375878	26807.73

买入营业部名称	累计买入金额(元)
东方证券股份有限公司深圳金田路证券营业部	5465088.24
招商证券股份有限公司东莞鸿福路证券营业部	4476747.71
西南证券股份有限公司重庆惠工路证券营业部	3675611.70
华泰证券股份有限公司南京解放路证券营业部	3348331.00
五矿证券有限公司深圳金田路证券营业部	3066779.58

卖出营业部名称	累计卖出金额(元)
东方证券股份有限公司深圳金田路证券营业部	15261227.68
华泰证券股份有限公司扬中扬子中路证券营业部	3733325.00
海通证券股份有限公司成都人民西路营业部	3275641.25
华泰证券股份有限公司南京解放路证券营业部	2883602.00
中国中投证券有限责任公司广州天河路证券营业部	2149846.00

从 6 月 18 日应流股份公开交易数据中可以看到，东方证券股份深圳金田路证券营业部在当天既买又卖，这买卖在此是一个主力的交易行为，这不是对敲，买是为了拔高而买入，拔高后出是为了减仓而卖出。买和卖两个动作发生在不同时间和不同价格，买卖的目的也是明确的。

上海证券交易所每日交易信息（2014年6月19日）

证券代码	证券简称	换手率(%)	成交量(股)	成交金额(万元)
603308	应流股份	39.52	31621412	43520.27

买入营业部名称	累计买入金额(元)
东方证券股份有限公司深圳金田路证券营业部	20641929.28
机构专用	11149922.00
华泰证券股份有限公司成都蜀金路证券营业部	10817295.20
华泰证券股份有限公司盐城人民中路证券营业部	8497884.73
国泰君安证券股份有限公司南京太平南路证券营业部	7824099.08

卖出营业部名称	累计卖出金额(元)
东方证券股份有限公司深圳金田路证券营业部	12441418.79
华泰证券股份有限公司南京解放路证券营业部	5178019.42
招商证券股份有限公司东莞鸿福路证券营业部	4835448.69
国泰君安证券股份有限公司上海商城路证券营业部	4480432.76
东方证券股份有限公司上海长阳路证券营业部	4194017.77

6 月 18 日应流股份交易中，东方证券深圳金田路证券营业部主力当天既买又卖，6 月 19 日该主力又用完全同样的操盘思路和手法实施操盘，当天为了推高股价共买入 2064 万元，占当天该股总成交额 4.35 亿元的 4.74%，拔高后减仓卖出 1244 万元，占当天该股总成交金额的 2.85%。在整个推高股价过程中，主力除了亲力亲为买入消化卖盘，还利用"买盘堆单"方式做盘，诱导他人跟风买进共同推高股价。

主力行为盘口解密(七)

主力6月19日在竞价时就参与操盘,操盘手在竞价时挂出巨大的买单参与做盘,导致股价高开1.38%,这些巨大买单是主力为了制造虚假繁荣假象而挂,意在诱导其他人跟进,并不是以真正买入为目的操作,9:30进入连续交易状态大买单快速撤下。

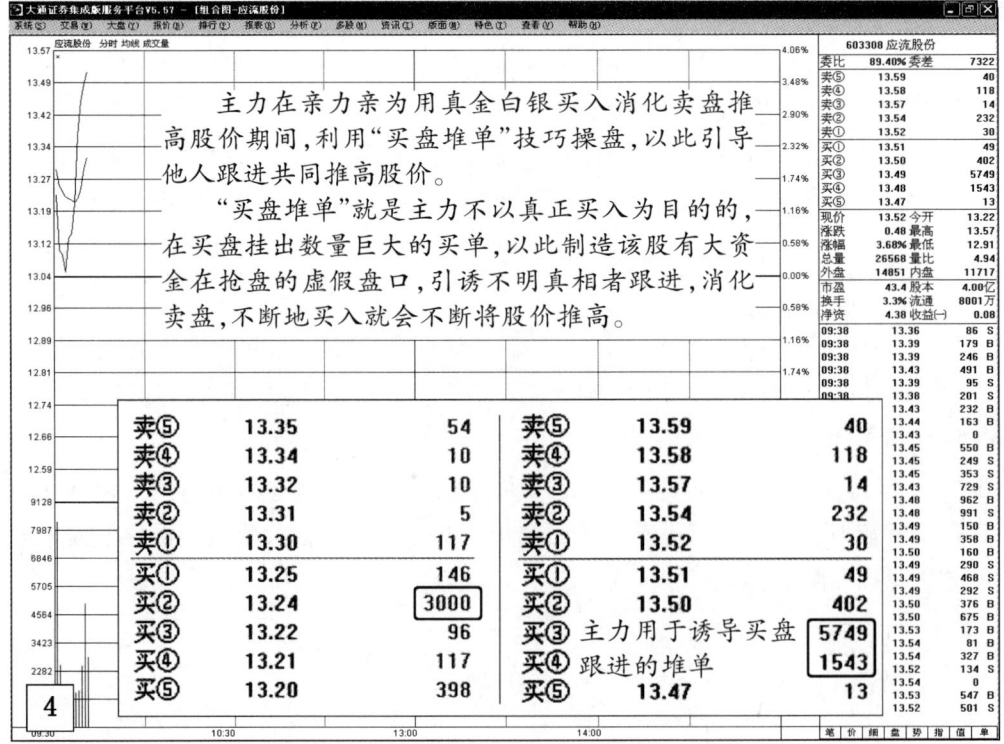

主力在亲力亲为用真金白银买入消化卖盘推高股价期间,利用"买盘堆单"技巧操盘,以此引导他人跟进共同推高股价。

"买盘堆单"就是主力不以真正买入为目的的,在买盘挂出数量巨大的买单,以此制造该股有大资金在抢盘的虚假盘口,引诱不明真相者跟进,消化卖盘,不断地买入就会不断将股价推高。

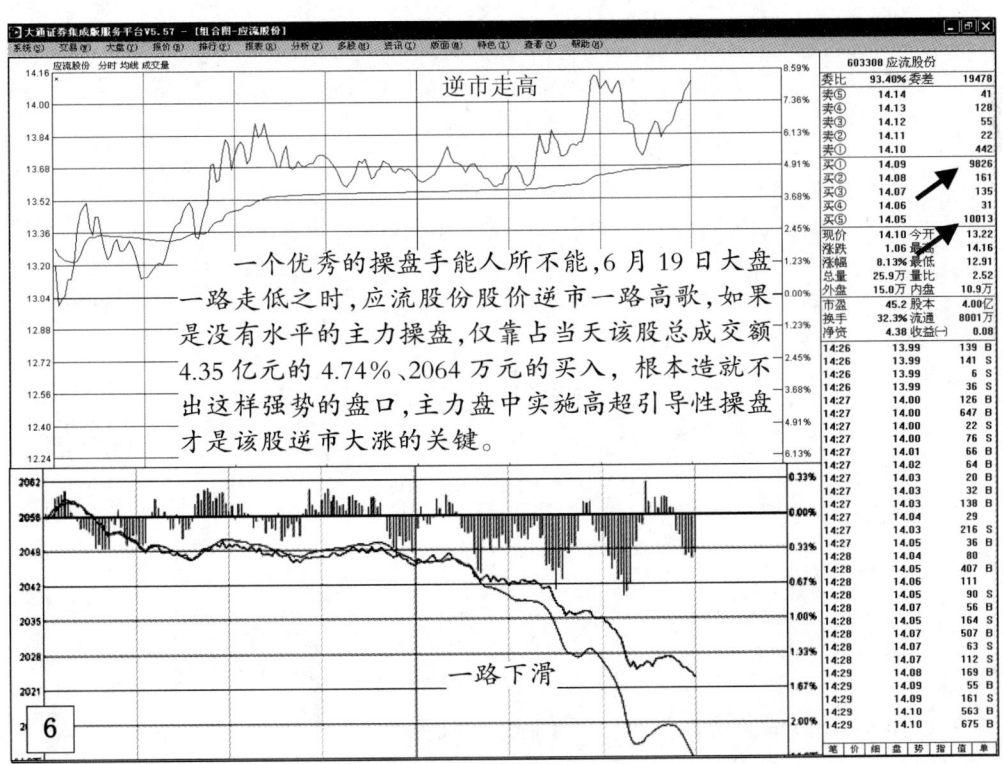

主力行为盘口解密(七)

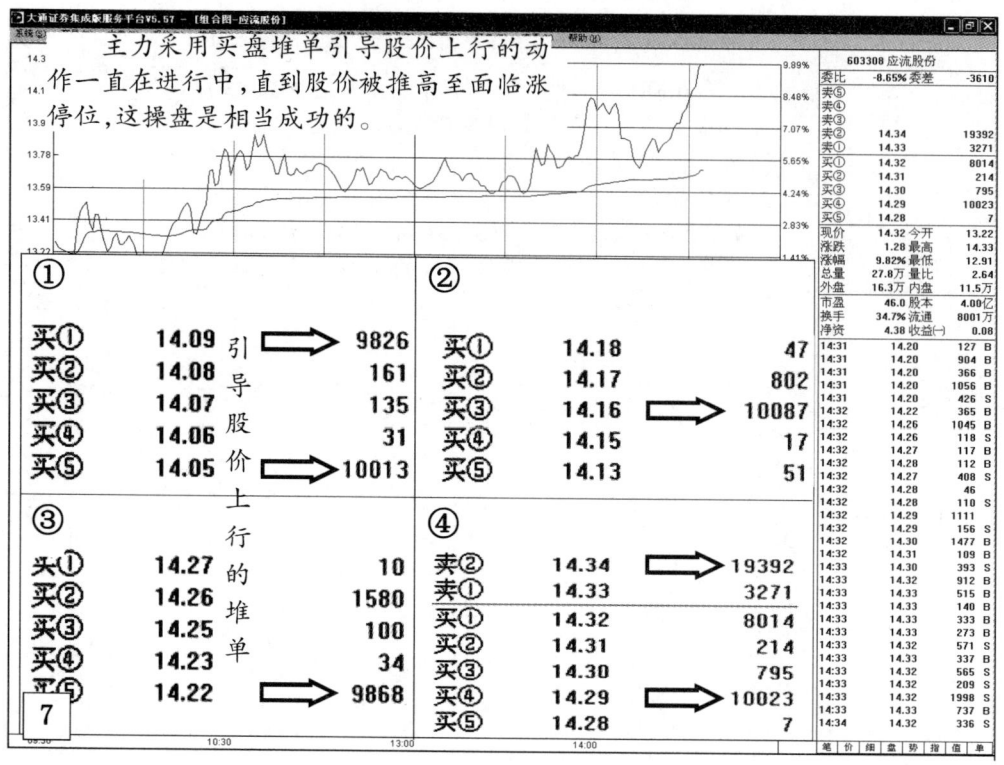

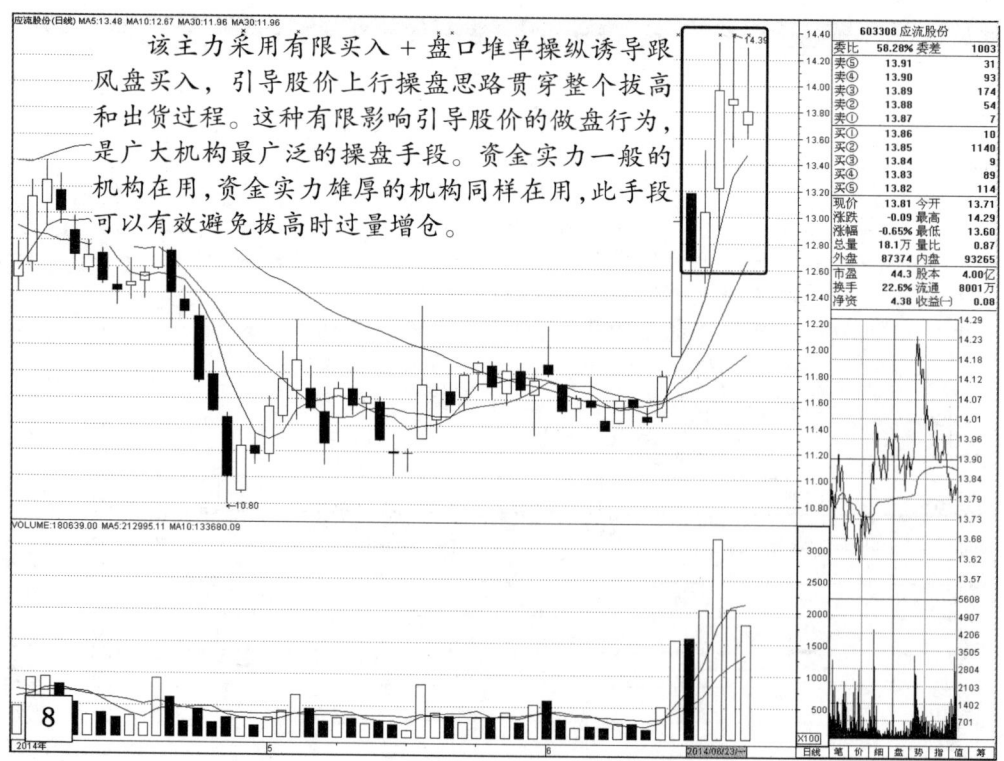

上海证券交易所每日交易信息（2014年6月20日）

证券代码	证券简称	换手率(%)	成交量(股)	成交金额(万元)
603308	应流股份	25.5	20470215	28508.06

买入营业部名称	累计买入金额(元)
东方证券股份有限公司深圳金田路证券营业部	12824141.86
广发证券股份有限公司鹤山新城路证券营业部	9084620.42
招商证券股份有限公司东莞鸿福路证券营业部	8003075.00
安信证券股份有限公司汕头金砂路第一证券营业部	4791633.29
安信证券股份有限公司佛山顺德政通路证券营业部	3051929.00

卖出营业部名称	累计卖出金额(元)
东方证券股份有限公司深圳金田路证券营业部	10544789.68
华泰证券股份有限公司盐城人民中路证券营业部	8465288.06
海通证券股份有限公司南京广州路营业部	7913175.65
国泰君安证券股份有限公司南京太平南路证券营业部	7034503.51
国都证券有限责任公司上海华山路证券营业部	4363848.00

上海证券交易所每日交易信息（2014年6月23日）

证券代码	证券简称	换手率(%)	成交量(股)	成交金额(万元)
603308	应流股份	22.5	18063907	25050.75

买入营业部名称	累计买入金额(元)
东方证券股份有限公司深圳金田路证券营业部	6363300.00
招商证券股份有限公司广州华穗路证券营业部	6316261.47
国泰君安证券股份有限公司上海商城路证券营业部	4609466.60
华创证券有限责任公司贵阳中华北路证券营业部	4141481.04
华泰证券股份有限公司上海武定路证券营业部	2692319.00

卖出营业部名称	累计卖出金额(元)
华泰证券股份有限公司成都蜀金路证券营业部	9667856.03
兴业证券股份有限公司深圳景田路证券营业部	5000219.72
安信证券股份有限公司佛山顺德政通路证券营业部	3071592.00
民生证券股份有限公司武汉珞瑜路证券营业部	2557141.90
申银万国证券股份有限公司温州车站大道证券营业部	2467098.10

主力行为盘口解密(七)

买盘挂巨单虚张声势盘口

　　虚张声势本是指弄虚作假，假装出强大的气势借以吓人，泛指没有实力而故意做势之作，在战术上虚张声势也并非是毫无实力的作假，有时它只是一种制造假象欺骗对手蒙骗群众的策略。

　　在股市中主力通过虚张声势做盘经常可见。交易时大量对敲，盘口挂出巨大买卖单这些操作动作中都有虚张声势成分。通过虚张声势手段欺骗迷惑对手，或者蒙骗投资者达到自己的目的。如中国电建和国栋建设这两只股票就有主力就在盘中做出明显的虚张声势动作，虚张声势的目的是想蒙骗和引诱群众去帮忙推高价格。主力使用相同的手段操盘，都是在盘中拉升时在买盘挂出巨大的、单笔超过10万手的买单。虚张声势故意暴露大资金入市动作以吸引眼球，吸引跟风盘。

第四章

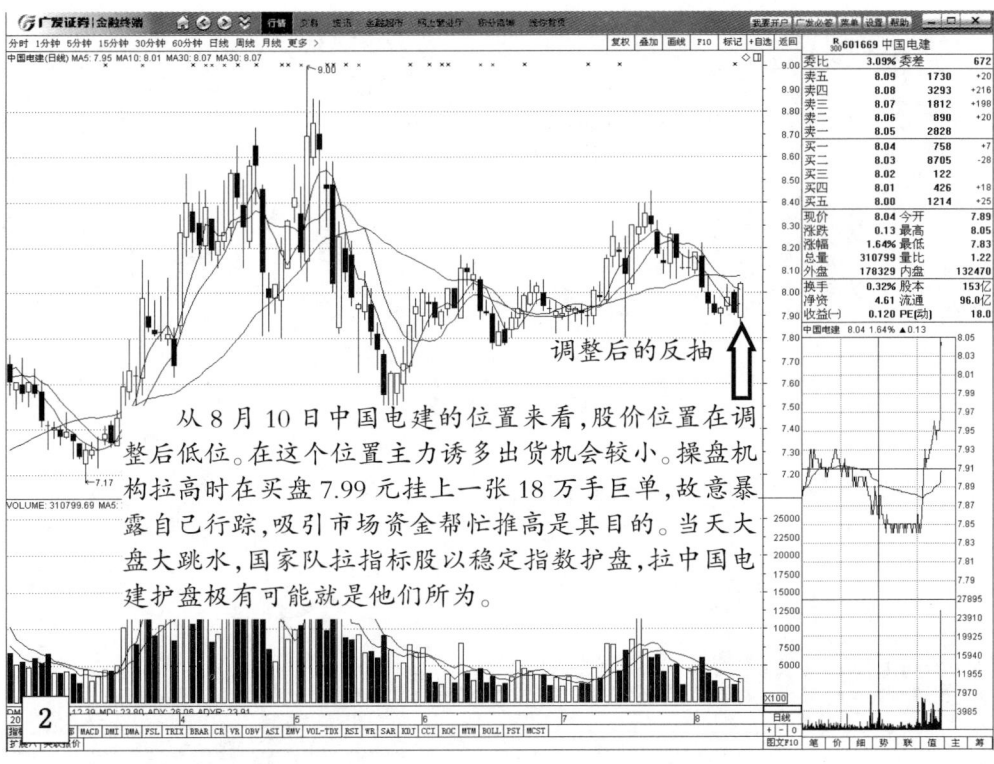

从 8 月 10 日中国电建的位置来看，股价位置在调整后低位。在这个位置主力诱多出货机会较小。操盘机构拉高时在买盘 7.99 元挂上一张 18 万手巨单，故意暴露自己行踪，吸引市场资金帮忙推高是其目的。当天大盘大跳水，国家队拉指标股以稳定指数护盘，拉中国电建护盘极有可能就是他们所为。

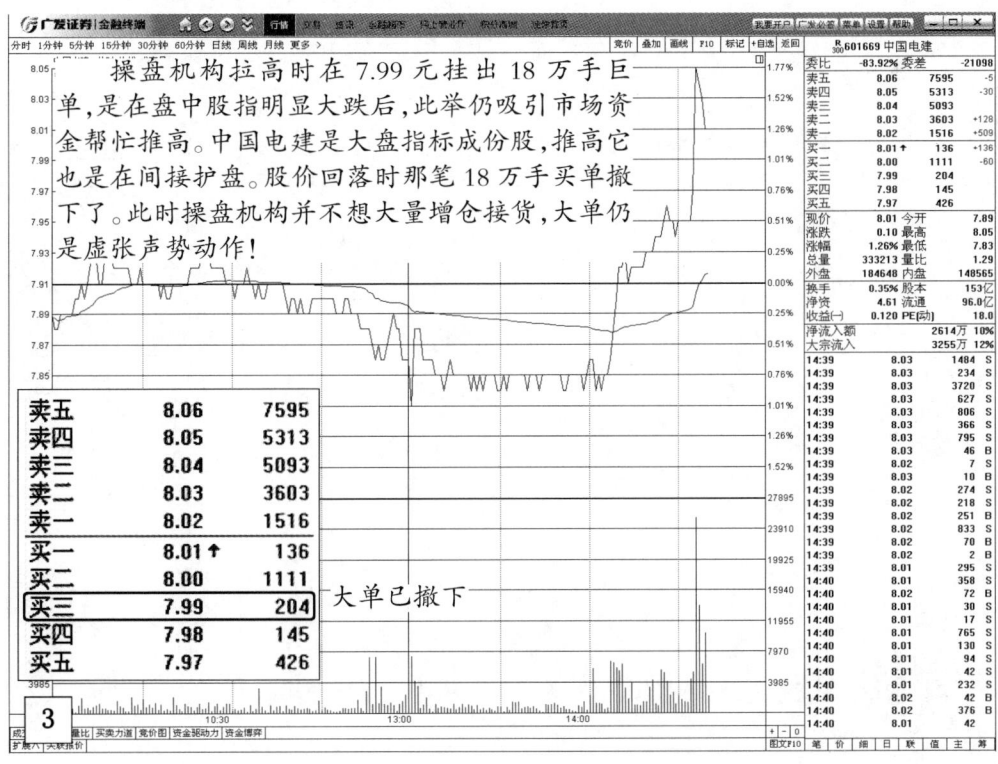

操盘机构拉高时在 7.99 元挂出 18 万手巨单，是在盘中股指明显大跌后，此举仍吸引市场资金帮忙推高。中国电建是大盘指标成份股，推高它也是在间接护盘。股价回落时那笔 18 万手买单撤下了。此时操盘机构并不想大量增仓接货，大单仍是虚张声势动作！

大单已撤下

111

主力行为盘口解密(七)

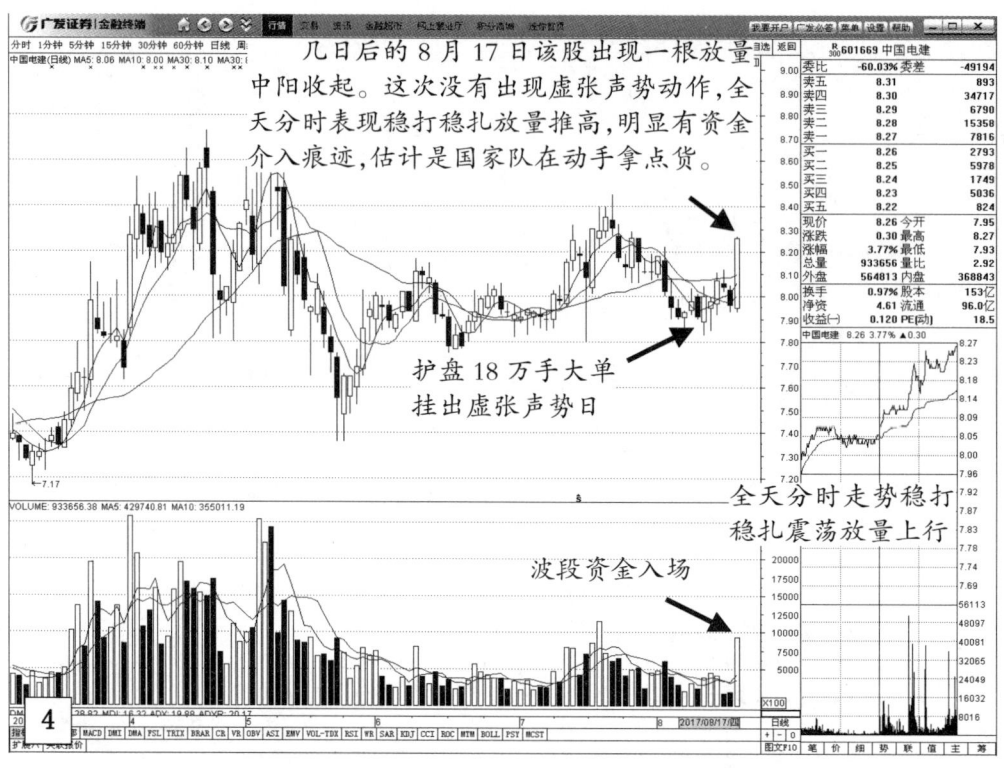

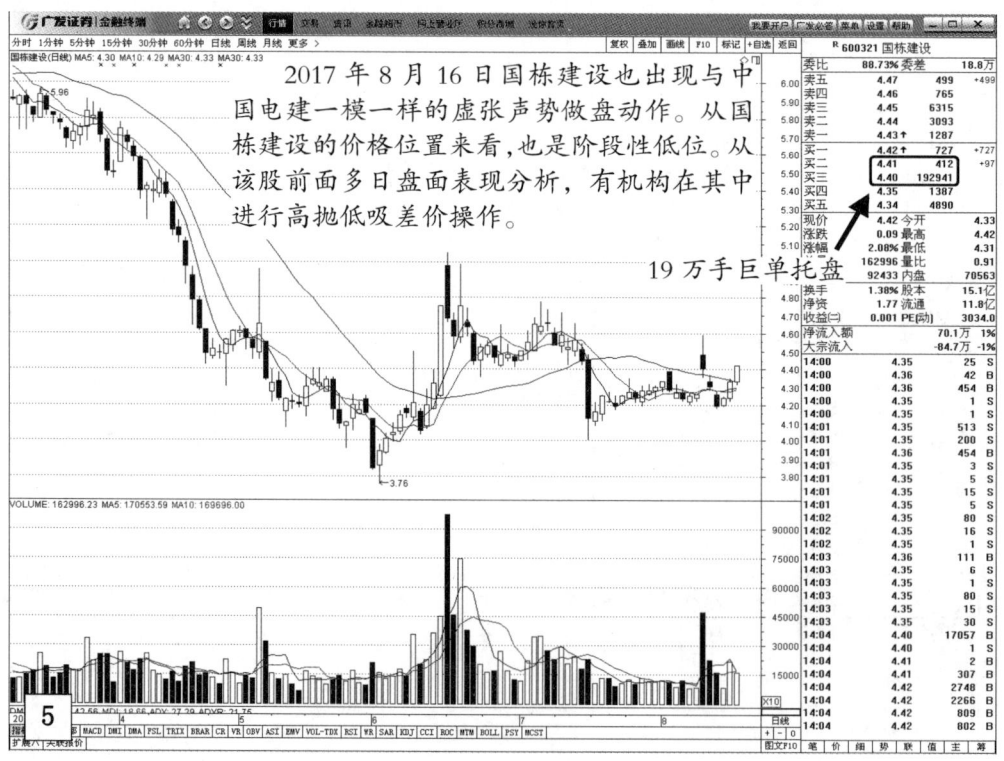

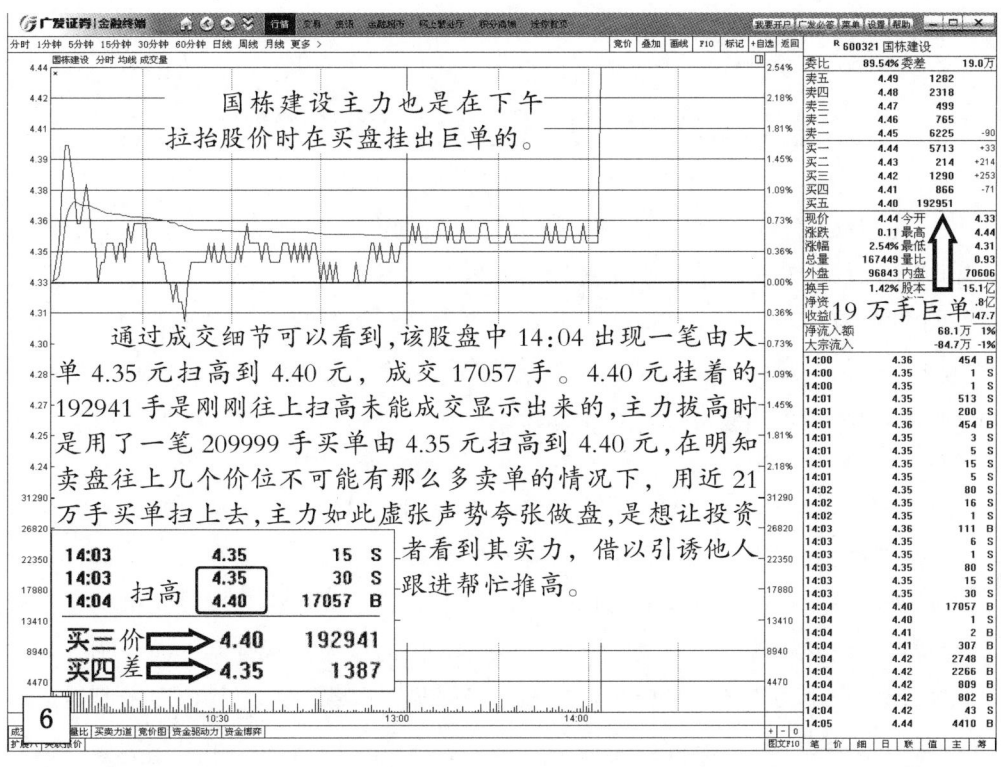

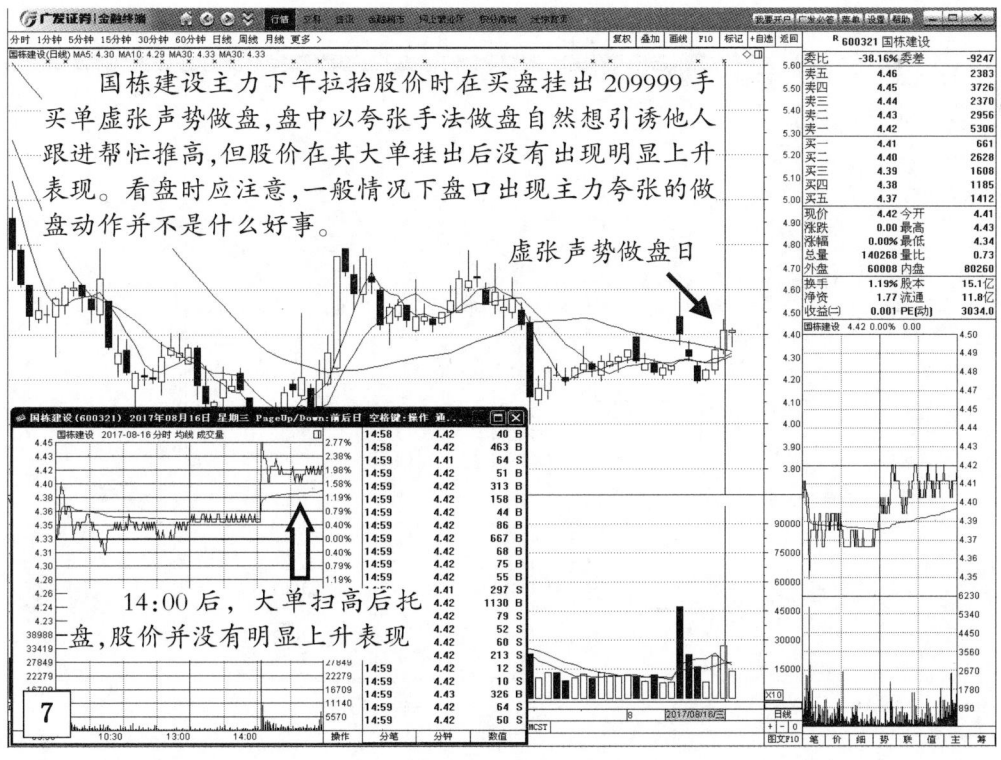

主力行为盘口解密(七)

盘口识别主力制造大买单吸筹陷阱

广大投资者分析发现个股有机构入场常用的两种方法是：①看个股的日K线和成交量；②看个股的盘中交易出现大量的大买单。

个股低位出现大阳线加成交量明显放大，是分析判断有机构入场建仓的一种重要手段。交易盘口出现大量大买单往上吃货动作，也是分析判断大机构建仓的一种方法。这两种传统看盘分析方法是技术派分析研判的基础。而同样的方法不同的使用者分析得出的结论，操作的结果有着很大的差别。

技术分析领域，任何被广大投资者所熟悉和掌握的技术方法，都有可能被一些大机构反向利用为其自身利益服务。每一种技术方法本身都存在不足，这些分析方法被一些无良机构反向利用后，对股民的误导与危害相当严重。机构通过做盘技术操纵或者顺应投资者的爱好欺骗误导股民的行为很常见。下面介绍一种主力出货或借用市场资金推高股价，操盘手通过做盘操纵分时走势，对敲制造大买单，制造机构建仓假象误导投资者的行为，以及教你如何从盘面上识别这一造假做盘行为。

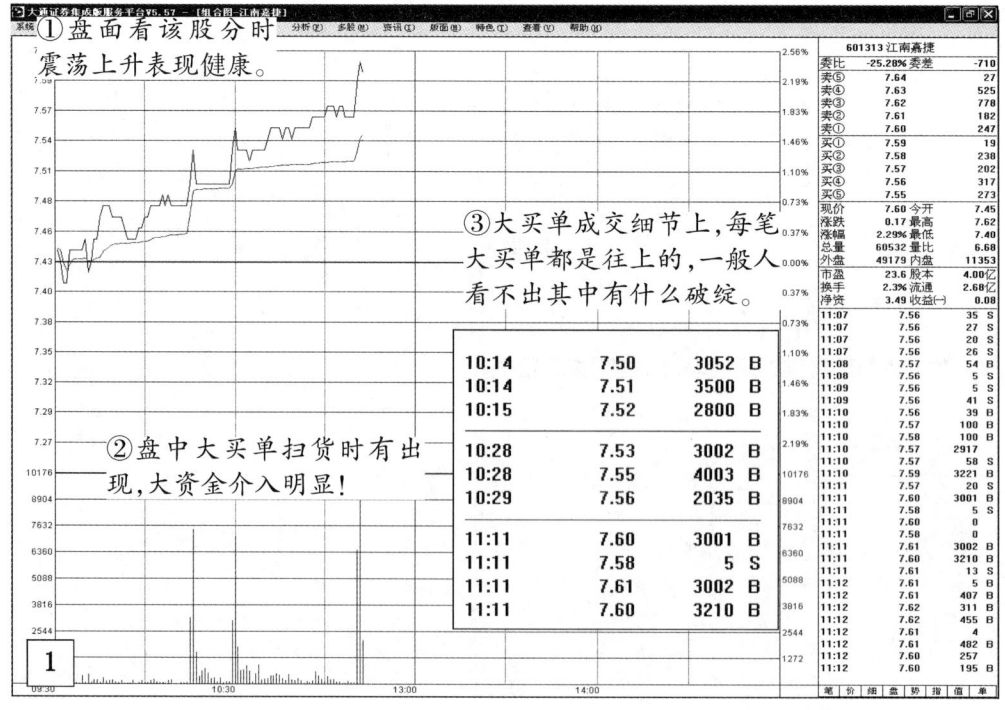

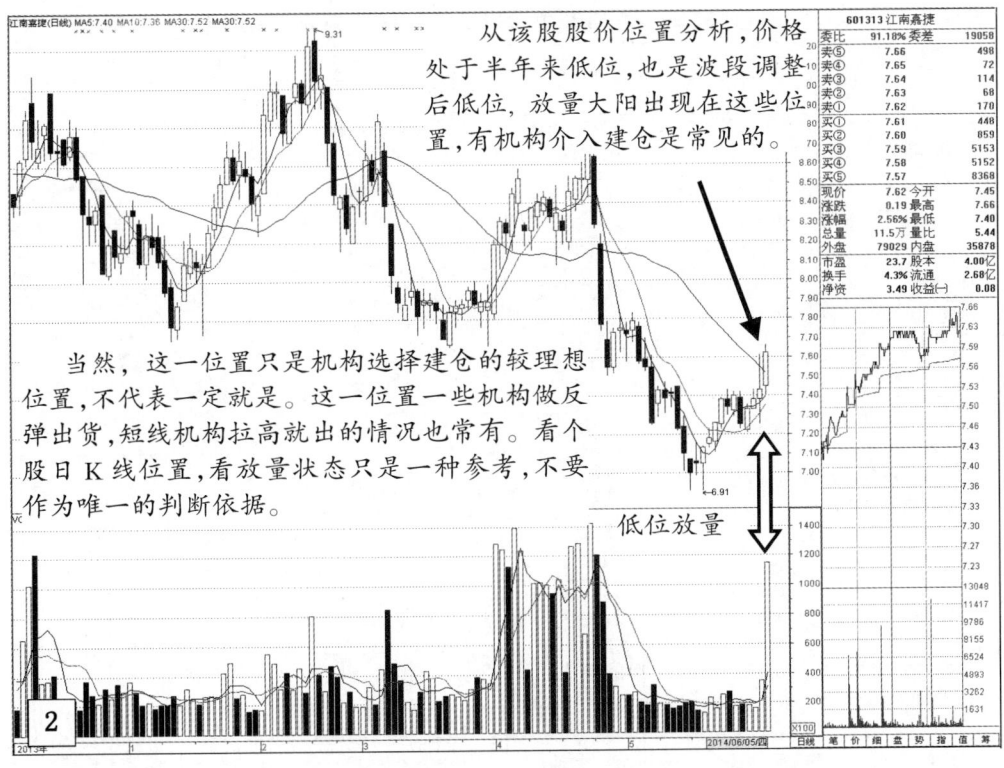

从该股股价位置分析,价格处于半年来低位,也是波段调整后低位,放量大阳出现在这些位置,有机构介入建仓是常见的。

当然,这一位置只是机构选择建仓的较理想位置,不代表一定就是。这一位置一些机构做反弹出货,短线机构拉高就出的情况也常有。看个股日K线位置,看放量状态只是一种参考,不要作为唯一的判断依据。

低位放量

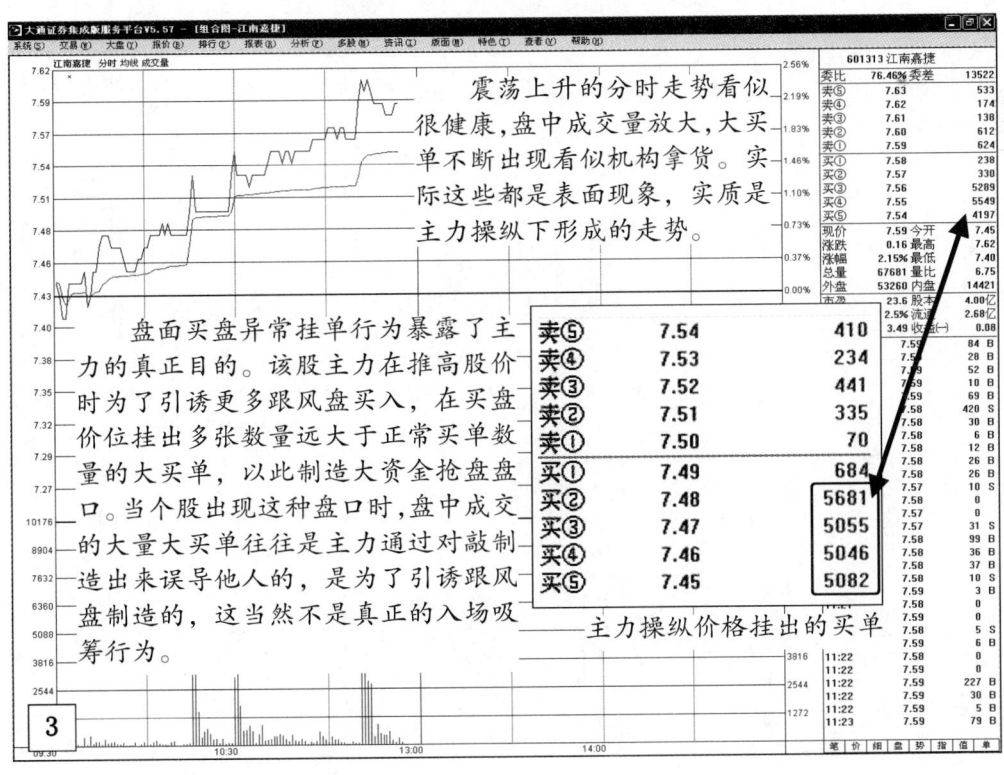

震荡上升的分时走势看似很健康,盘中成交量放大,大买单不断出现看似机构拿货。实际这些都是表面现象,实质是主力操纵下形成的走势。

盘面买盘异常挂单行为暴露了主力的真正目的。该股主力在推高股价时为了引诱更多跟风盘买入,在买盘价位挂出多张数量远大于正常买单数量的大买单,以此制造大资金抢盘盘口。当个股出现这种盘口时,盘中成交的大量大买单往往是主力通过对敲制造出来误导他人的,是为了引诱跟风盘制造的,这当然不是真正的入场吸筹行为。

主力操纵价格挂出的买单

主力行为盘口解密(七)

同在6月5日这天,秋林集团盘口也出现这样的情况,股价14:30后放量走高时,万手大买单就出现了五笔,表面上看是大机构入市疯狂扫货,而买盘多个价位挂出的多张大买单,暴露了主力通过对敲制造大买单引诱跟风盘的意图。

还是6月5日,太湖股份盘口也先是大买单不断,后在买盘挂出数量巨大的买单去引诱跟风盘。

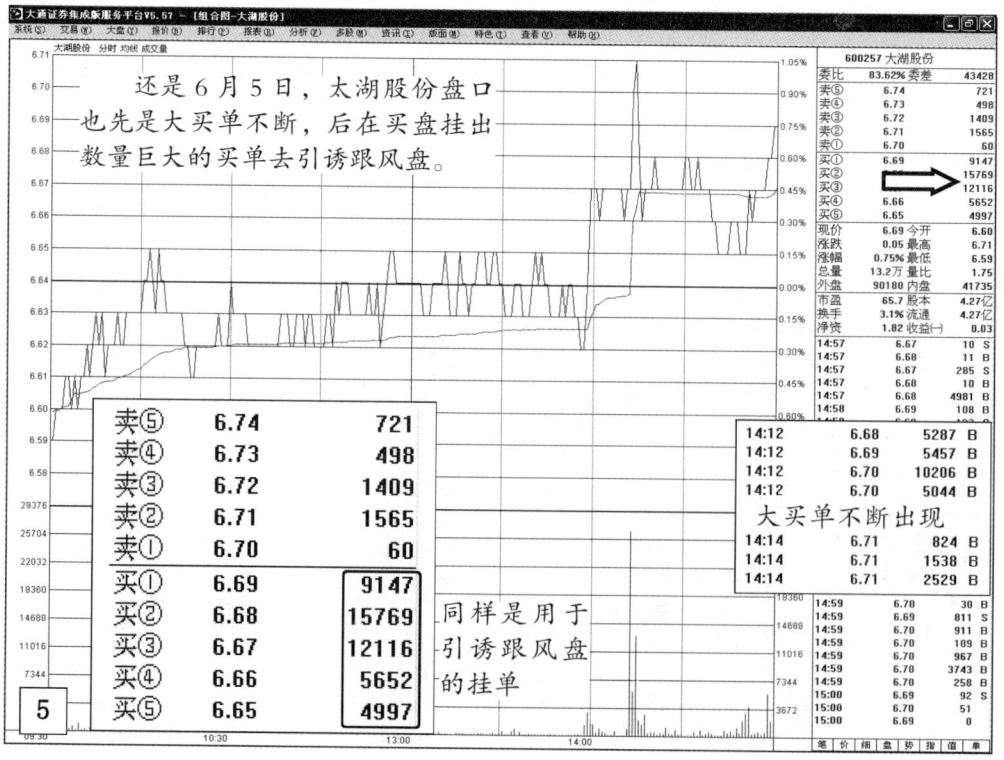

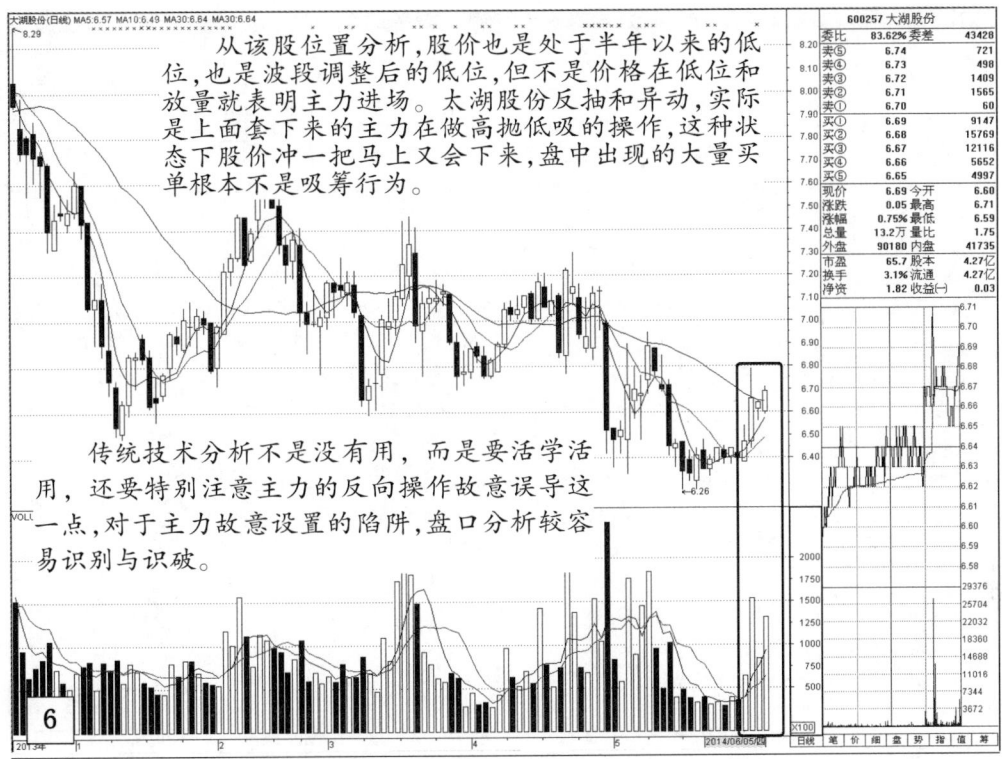

一叶知秋：主力操盘行为的背后

"一叶知秋"，顾名思义，就是看到一片落叶随风飘落，可预知秋天将要来临。聪明的人非常善于观察总结洞悉天机，发现一点就知道事物将来的发展和趋向。一叶知秋预知行为并不是缥缈的幻想，而是对事物自然发展规律的一种认识与演绎。

股票市场中同样存在"一叶知秋"预知演绎行为，主要体现在股票局部自然波动规律和主力用同样的方法反复操纵股价规律，主力操纵股价有规律吗？股票市场主力很多，操盘方法技术大部分是共通共用的。

局部自然波动、主力用同样的方法反复操纵股价形成规律，特定情况中可于实践分析，下面通过乐凯胶片盘口，一叶知秋预判后面走势。

主力行为盘口解密(七)

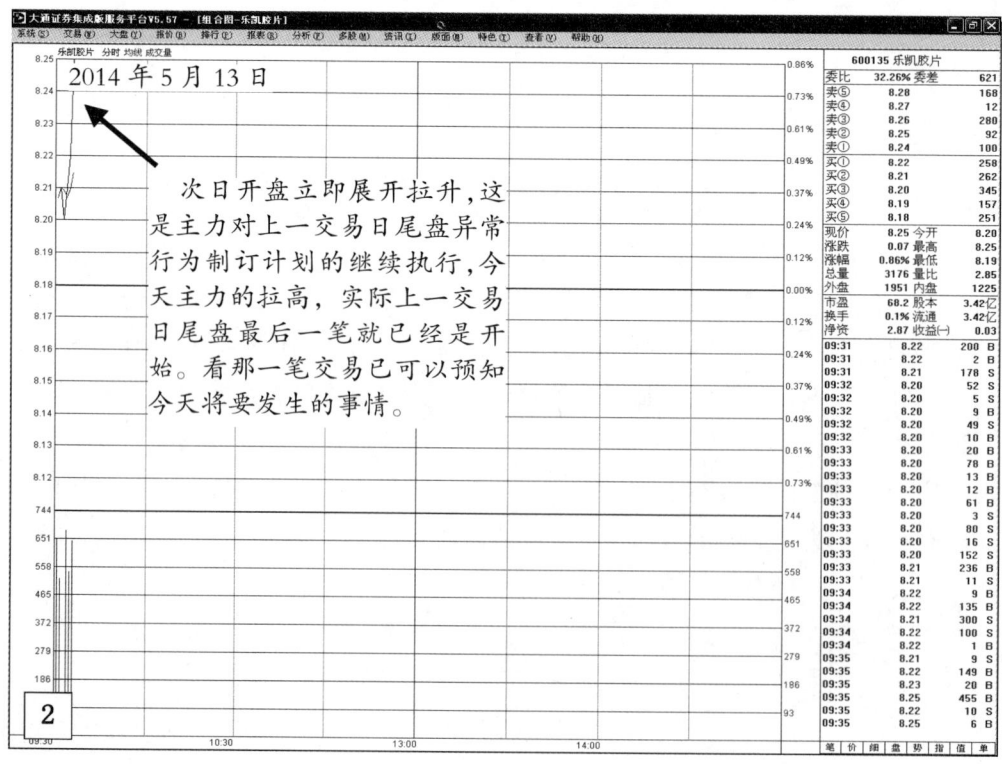

乐凯胶片 2014 年 5 月 12 日盘面并无太多特别之处，在 15:00 收盘最后一刻，出现一笔大买单入市，瞬间将股价由 8.15 元拔高到 8.21 元。成交 4418 手，未成交的买单 5580 手在买①8.21 元挂着显示。4418 + 5580 = 9998 手，9998 是个吉利好数字。最后这笔大单拔高是主力故意的一个做盘动作，通过这一细微做盘动作可以读解出，下一个交易日主力准备出手进行拉升了。

次日开盘立即展开拉升，这是主力对上一交易日尾盘异常行为制订计划的继续执行，今天主力的拉高，实际上一交易日尾盘最后一笔就已经是开始。看那一笔交易已可以预知今天将要发生的事情。

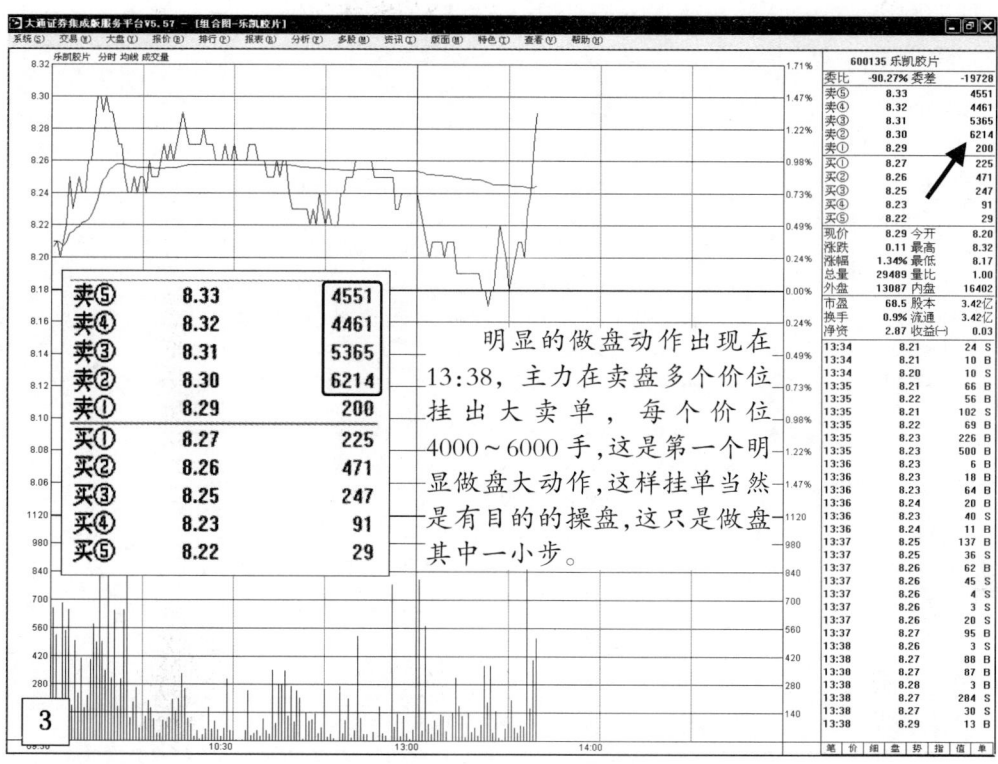

明显的做盘动作出现在13:38，主力在卖盘多个价位挂出大卖单，每个价位4000～6000手，这是第一个明显做盘大动作，这样挂单当然是有目的的操盘，这只是做盘其中一小步。

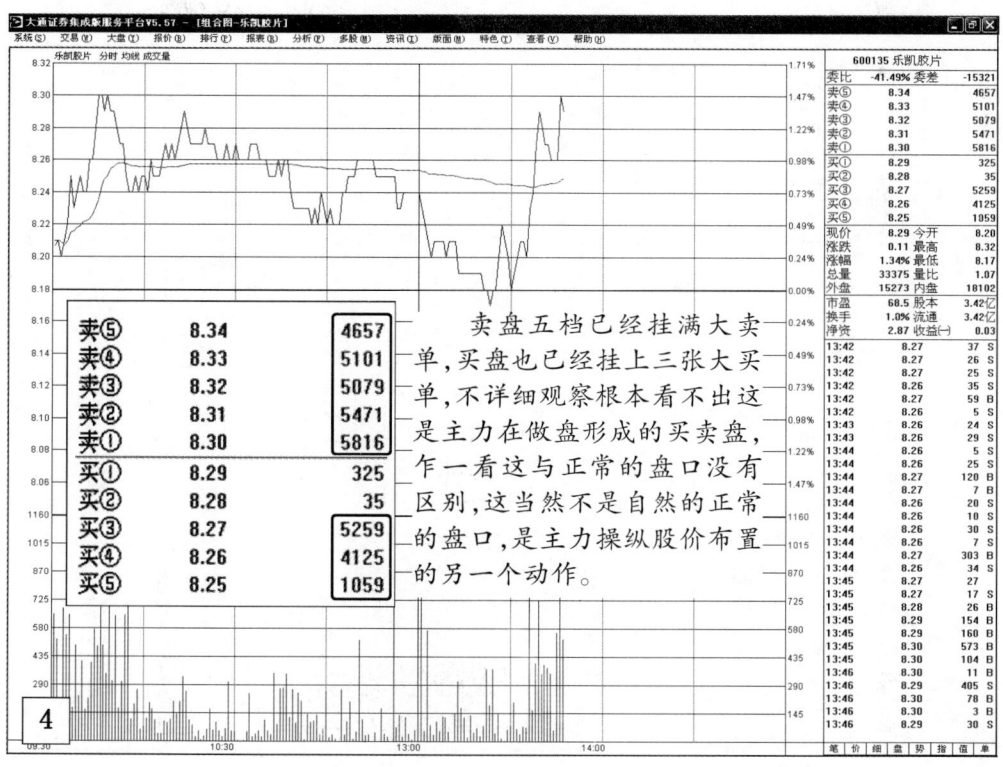

卖盘五档已经挂满大卖单，买盘也已经挂上三张大买单，不详细观察根本看不出这是主力在做盘形成的买卖盘，乍一看这与正常的盘口没有区别，这当然不是自然的正常的盘口，是主力操纵股价布置的另一个动作。

主力行为盘口解密(七)

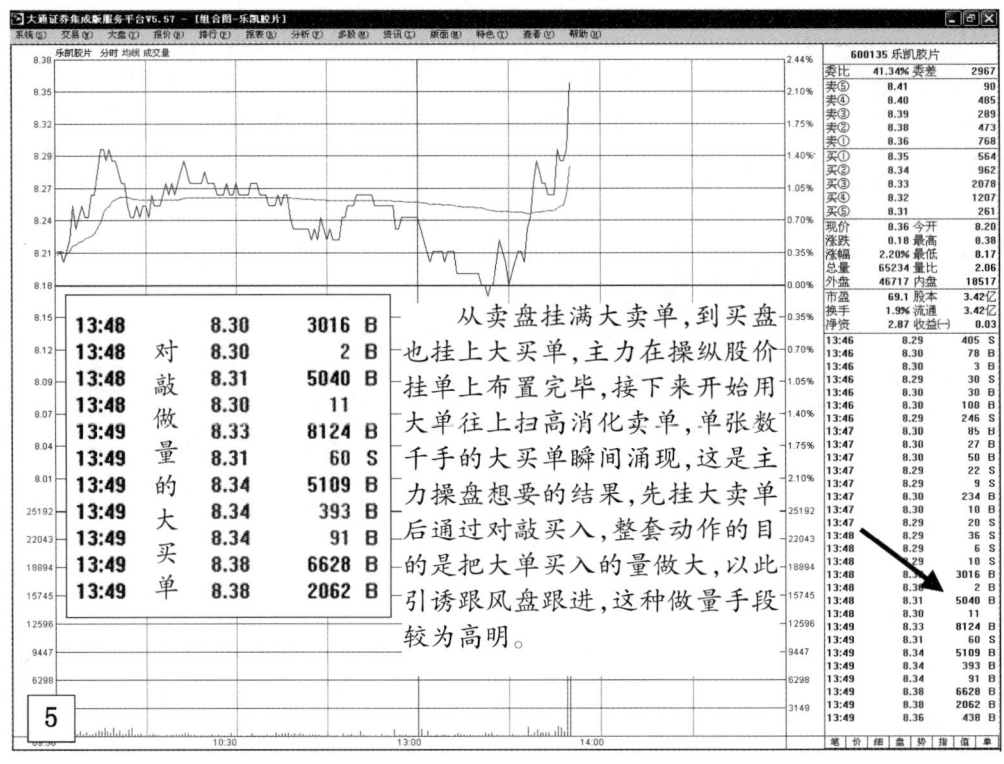

从卖盘挂满大卖单，到买盘也挂上大买单，主力在操纵股价挂单上布置完毕，接下来开始用大单往上扫高消化卖单，单张数千手的大买单瞬间涌现，这是主力操盘想要的结果，先挂大卖单后通过对敲买入，整套动作的目的是把大单买入的量做大，以此引诱跟风盘跟进，这种做量手段较为高明。

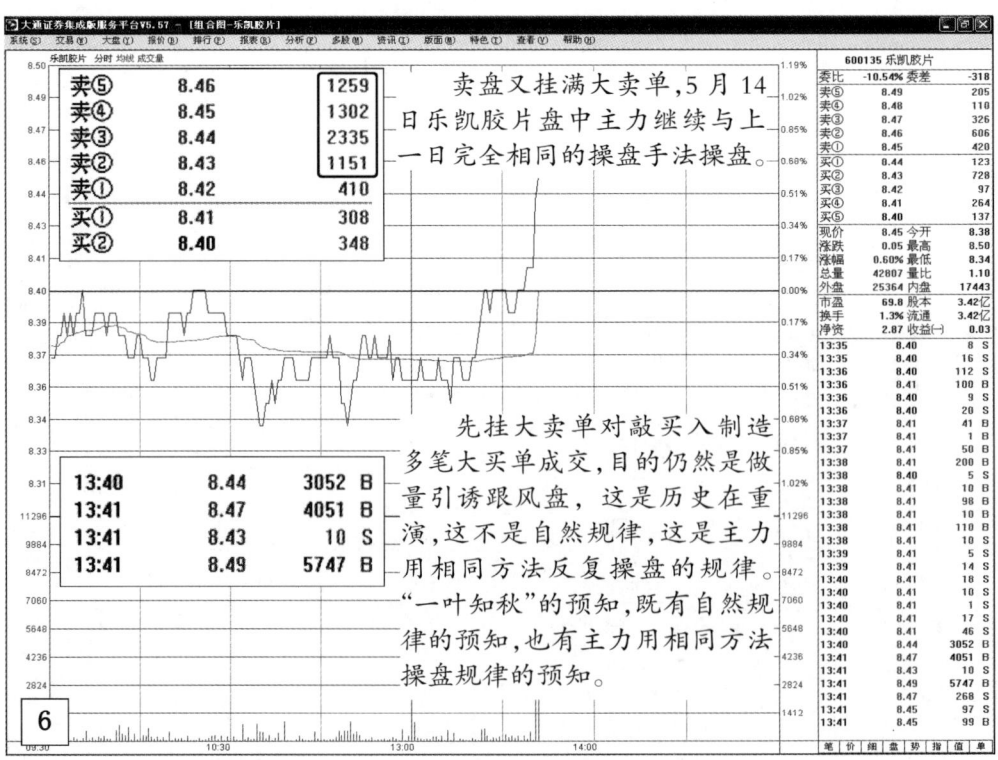

卖盘又挂满大卖单，5月14日乐凯胶片盘中主力继续与上一日完全相同的操盘手法操盘。

先挂大卖单对敲买入制造多笔大买单成交，目的仍然是做量引诱跟风盘，这是历史在重演，这不是自然规律，这是主力用相同方法反复操盘的规律。"一叶知秋"的预知，既有自然规律的预知，也有主力用相同方法操盘规律的预知。

120

平台突破后的危险信号特征

股票市场中个股形成横盘平台实际有三种状态：第一种是个股长期横向波动形成的横盘状态，这种状态实际上是一种K线处于"箱体"波动形态，在箱体顶部波动减小后形成的平台。第二种是个股经阶段明显上升后，股价进入横向波动形成横盘平台，这也是大家通常所说的平台。第三种是个股经过阶段下跌后止跌企稳，股价转向横向波动形成横盘平台，这是一种下跌中途形成的平台。

而平常大家关注和讨论最多的是，股价经阶段上升后出现的平台形态。这些平台的出现部分是主力故意压制股价上升，实施阶段性洗盘形成的，部分属于跟随指数上升自然形成的平台，当平台形态出现有效往上突破时股价将又上一台阶，当然股价上升突破平台也有陷阱，有时主力通过操纵做盘拉出大阳突破假象，当日或次日在跟风盘最旺盛时实施反手出逃。

一般在平台突破当日出现机构明显借机大量出逃痕迹的，当日K线收市出现较长上影线，那么利用平台突破次日借机大量出逃的又是什么状态？本文将介绍平台突破次日机构借机出逃的一些特征。

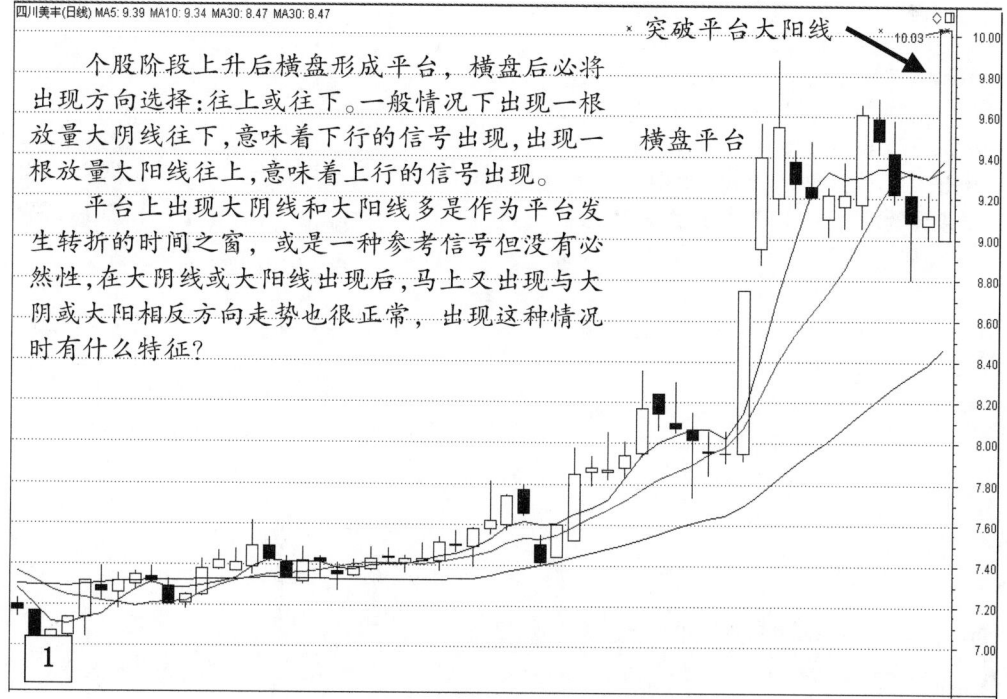

主力行为盘口解密(七)

最强的突破横盘平台方式是一根放量涨停大阳线往上，这种突破状态次日股价高开高走一路高歌最常见，如次日股价出现高开低走盘中一路下滑，那么该股可以肯定的是有大资金在借势出逃。开盘如出现的是低开低走，后果就更严重。

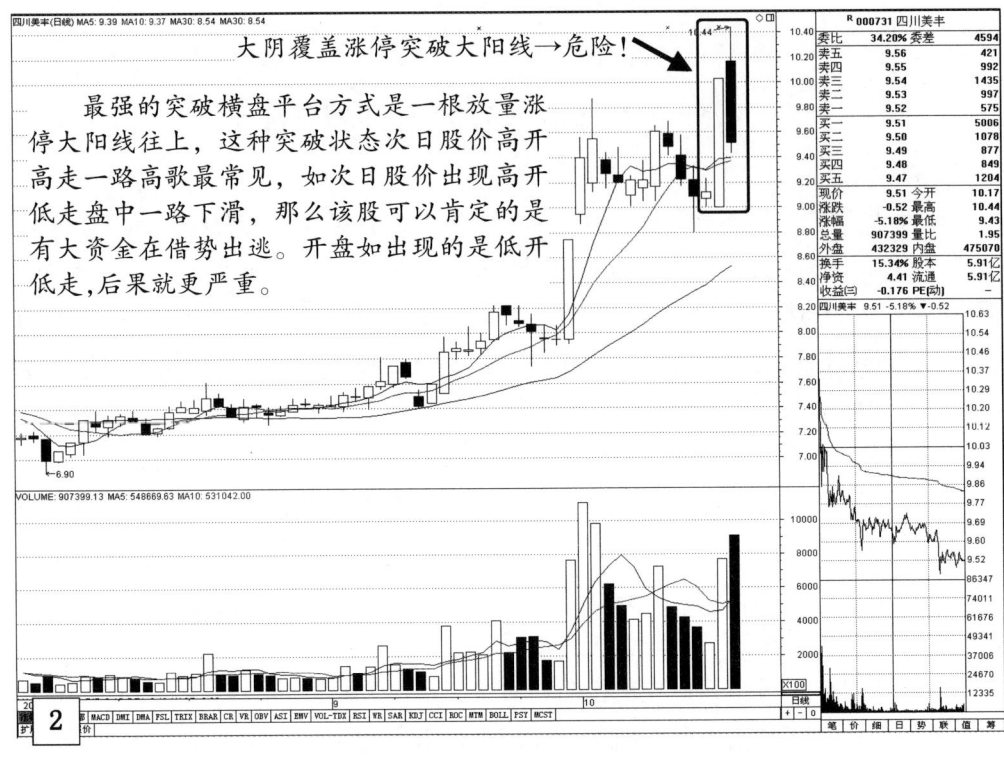

无论是一根大阳线还是涨停大阳线往上突破横盘平台，次日立即出现大阴线杀回来都不是什么好事，大资金借机出逃毫无疑问。出现如本图所示这种K线形态走势时，空仓的投资者当然不买，持仓的盘中应及时撤出。这种情况的出现，原来往上突破瞬间转势变为往下跌破平台的机会较大。

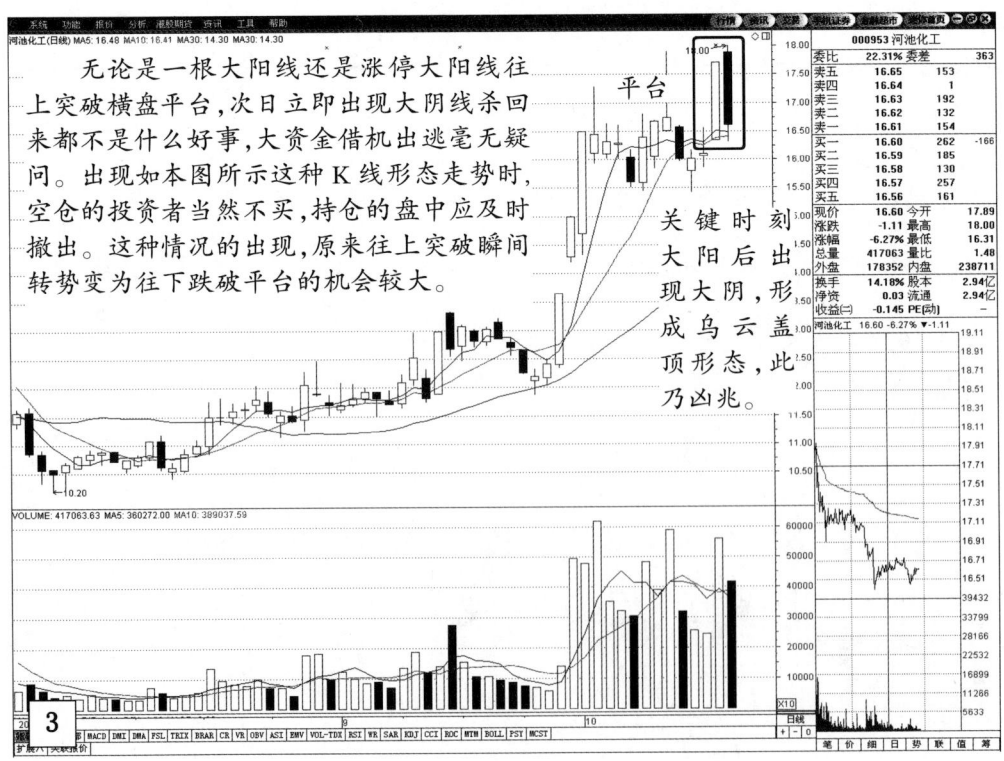

实践中不单是平台突破,上升通道往上突破出现加速走势的分析原理也同样,一根放量大阳线往上突破后,次日马上就出现一根放量大阴线杀回,这同样是危险的信号,这是有大资金借机出逃的行为,得防止目标股票出现反方向往下大跌。

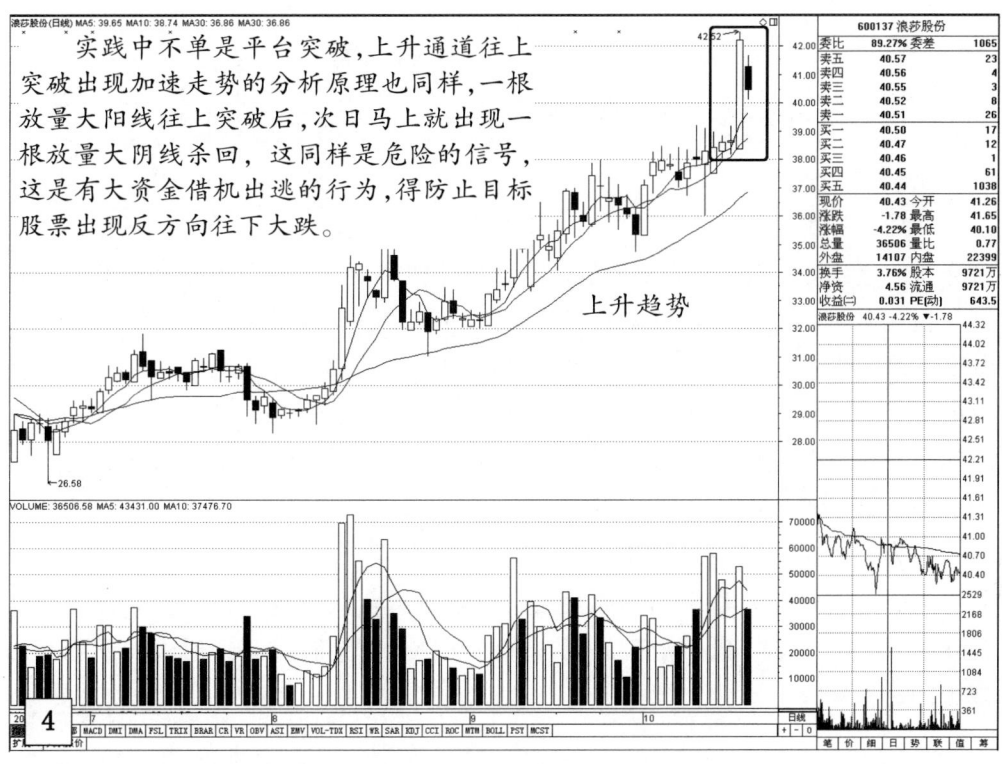

个股走势总是在不断变化中演绎,升转跌或跌转升都可在瞬间完成转换,一根放量大阳线往上突破后,次日一根放量大阴线杀回是危险信号,但大阴线过后又出现一根放量大阳线往上收复跌势继续突破,出现这种情况该股仍然可看好,出现这种具有戏剧性变化状态时分析要灵活应变。

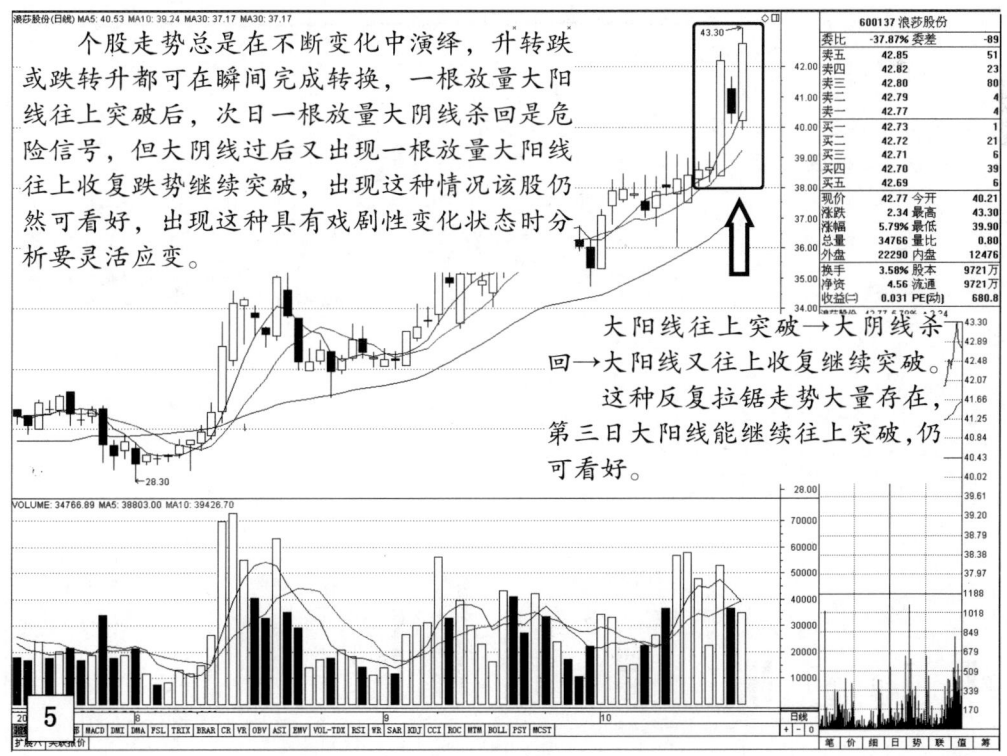

大阳线往上突破→大阴线杀回→大阳线又往上收复继续突破。
这种反复拉锯走势大量存在,第三日大阳线能继续往上突破,仍可看好。

主力行为盘口解密(七)

个股长下影线成因盘口主力行为剖析

一根日K线记录一个交易日的交易信息。准确地说，一根日K线只记录了一个交易的开盘价、最高价、最低价、收盘价这四个信息。交易盘中多空双方的搏斗、机构与机构之间、投资者与投资者之间的交手过程日K线是无法记录在案的。因此，要清晰地知道一只个股在当日交易中的具体行情表现，就必须研究目标股票当天的分时走势表现。分时走势记录更多更详细的资金进出与搏斗的痕迹和细节。继而再往下一级研究盘中的每一笔单笔成交，则完全看清楚各种资金盘中交易进出与搏斗的详细完整过程。

探究某股票某日日K线出现长下影线的成因，就要从长下影线K线本身，结合当天分时走势、盘中单笔成交这些因素进行全面综合分析。下面以宝馨科技 2015 年 4 月 16 日盘口走势为例，介绍笔者分析个股日K线形成长下影线的成因的过程步骤。

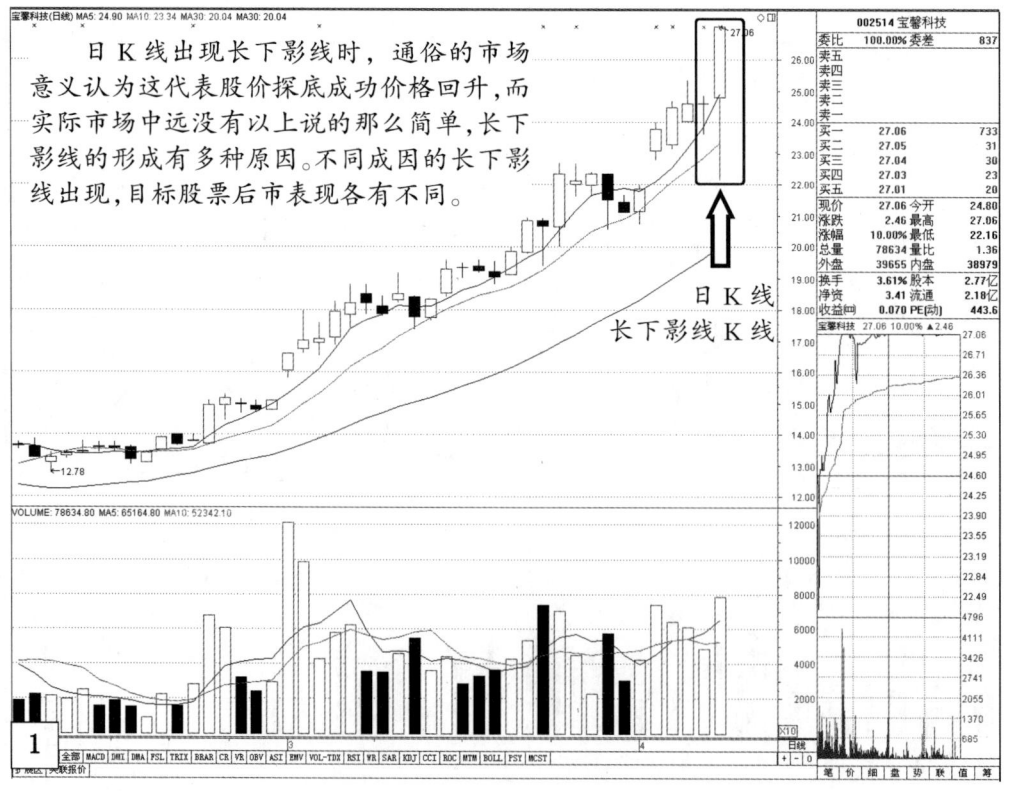

分析长下影线成因第一步：

看该股盘中的分时走势表现。

大部分长下影线分时走势都有股价下探的记录。如宝馨科技日 K 线上长下影线的出现，是股价开盘几分钟内快速下跌然后拉起形成的。早盘的分时走势非常清晰地记录了这一痕迹。

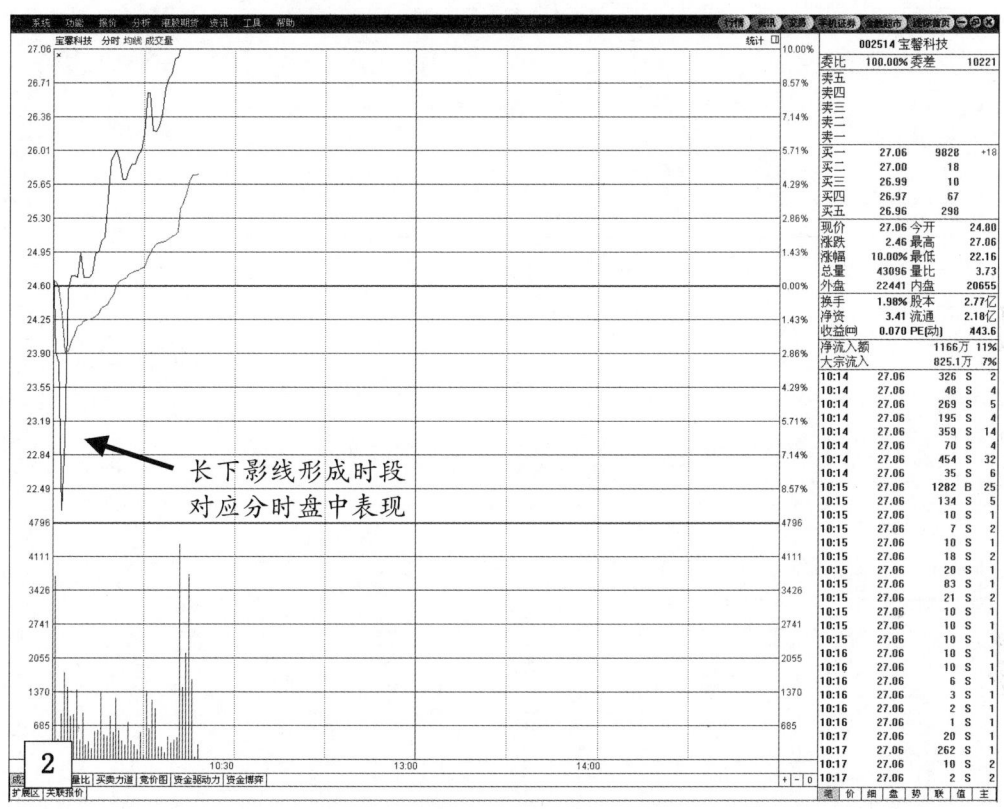

分析长下影线成因第二步：

分析当日大盘盘中分时走势表现，拿目标股票分时出现明显下探时段表现与大盘对应时段分时进行比较。如个股相应分时与大盘下探时段分时表现十分接近。说明个股盘中股价大幅下行，主要是受大盘当时的下探影响而下跌；否则属大资金操盘行为影响的可能性较大。

宝馨科技长下影线形成时，股价快速大幅度下探发生在开盘后几分钟内。当时大盘开盘恰恰是低开低走。宝馨科技的开盘下行明显是受到大盘低开低走的影响。

主力行为盘口解密（七）

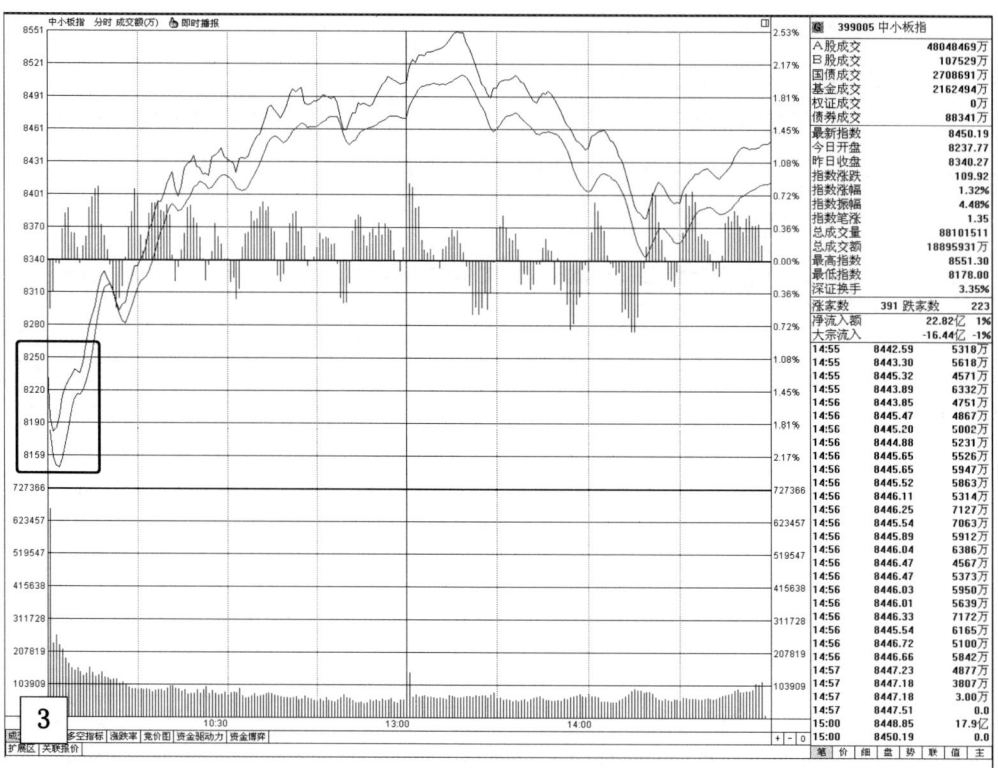

分析长下影线成因第三步:

看分时下探时的成交明细,看是什么资金在进出,了解什么原因导致股价大跌。

看宝馨科技出现下影线时股价快速大幅下探时的成交明细,都是一些小卖单往下抛出,这导致股价大跌。从成交明细看并没有什么大资金出逃。小卖单能砸得那么狠与当时大盘开盘低开低走引发的恐慌影响有关。

上海证券交易所每日交易信息(2015年4月16日)

证券代码	证券简称	振幅值(%)	成交量(股)	成交金额(万元)
002514	宝馨科技	22.11	7860000	20691

买入金额最大的前5名

营业部或交易单元名称	买入金额(元)	卖出金额(元)
机构专用	35921095.68	0.00
中信证券(山东)有限责任公司青岛标山路证券营业部	11988047.10	0.00
西南证券股份有限公司广州天河路证券营业部	6678071.40	0.00
长江证券股份有限公司上海绵绣路证券营业部	5447310.38	0.00
国金证券股份有限公司上海黄浦区西藏中路证券营业部	4905719.00	268381.00

卖出金额最大的前5名

营业部或交易单元名称	买入金额(元)	卖出金额(元)
国都证券有限责任公司北京北三环中路证券营业部	13485.00	8483481.00
财达证券有限责任公司廊坊新华路证券营业部	0.00	4329600.00
中国中投证券有限责任公司郑州商务内环路证券营业部	0.00	3788400.00
机构专用	0.00	3783410.00
海通证券股份有限公司北京工人体育场北路证券营业部	0.00	3769568.00

分析长下影线成因第四步:

如果当天该股有公开交易数据,则应该研究分析公开交易数据,看有哪些大资金进出,以及分析这些资金的影响程度如何。看宝馨科技当日公开交易数据,卖出第一名营业部最大卖出量只有848万元,其他的更小。从该数据分析来看没有什么大资金大机构明显出逃痕迹。由此判断该股开盘时的大幅杀跌行为,是当天大盘开盘低开低走引发恐慌盘相互砸盘出逃造成的。看买入第一名营业部是一家基金公司,买入3592万元,占全天总成交量的17.36%。

通过以上四步分析可得出以下简单结论:宝馨科技4月16日日K线长下影线的形成,是A股市场在延续前一交易日股指大跳水情况下,股指开盘低开低走给市场带来压力。宝馨科技开盘后股价下跌引发大众恐慌砸盘,股价快速下探,而一基金和另一营业部资金在市场恐慌时大举进场,早盘将股价由大跌拉起并大幅推高至涨停。长下影线是大众恐慌砸出来的。通过对宝馨科技特殊盘口走势,以及资金进出情况分析可以预期,该股短线仍然将继续上冲。

第五章

主力行为盘口解密(七)

变盘节点上的一组K线形态

上升调整、上升见顶，下跌反弹、下跌反转，无论个股还是股指行情走势持续一段时间后就会出现方向转折，而这些转折大部分有一定的规律可循，具体体现在K线和K线组合形态上，认识和掌握各种有较大机会发生转折的K线和K线组合形态，对辨别市场行情或个股走势有极大的帮助。下面给大家介绍一组由三根K线组合而成的技术形态，该形态出现后行情走势较容易发生转折。

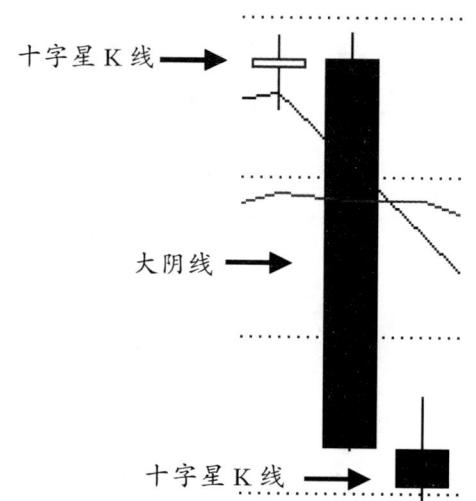

这三根K线由两根十字星K线和一根大阴线组成：十字星K线代表市场多空双方处于平衡犹豫状态，次日大阴线出现意味着空头发力取得完全压倒性优势，大阴线过后次日又是一根十字星K线，说明空头没能继续占优势。

市场先是在平衡犹豫中出现大跌，大跌后又见十字星说明市场仅仅下跌一日就已跌不下去，这意味着后市方向是上是下又要重新再次选择，但这次方向性选择不一定马上就发生，要待时间消磨后决定。

上面这三根K线形态的出现，自身并不是变盘的信号，它是变盘信号的前奏形态。这组K线形态出现后，大多时方向再次发生转折出现在后面 3～6 个交易日中。

三根K线形态出现后的横盘状态

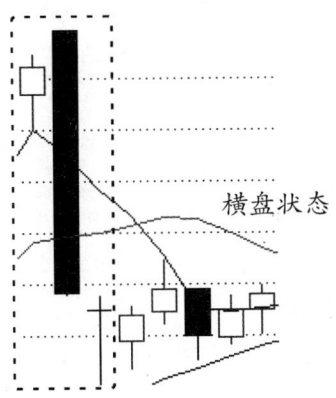

这三根 K 线形态出现后，最常见的就是后面股价展开横盘震荡，大部分股票横盘时间在 3～6 个交易日就将出现新的方向选择。方向选择是指往上或者往下出现明确的方向。往上的标志是横盘期间出现一根放量大阳线往上；往下的标志是横盘期间出现一根放量大阴线往下。横盘期间出现的大阳线或者大阴线往往就是变盘的标志。

三根K线形态出现后横盘时的变盘情况

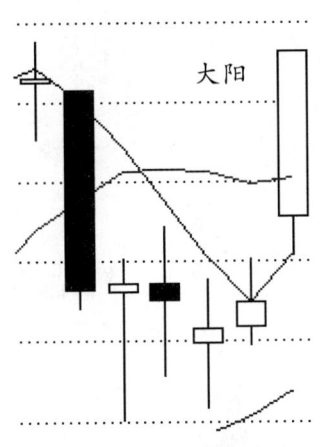 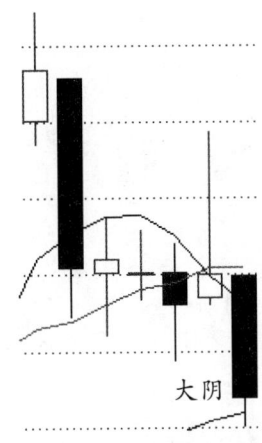

横盘中一根放量的大阳线往上　　　横盘中一根放量的大阴线往下
这是行情短线选择上行的标志　　　这是行情短线选择下行的标志

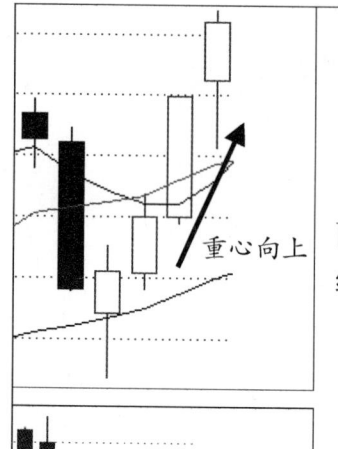

另外较为常见的情况是三根K线形态出现后,后面股价出现连续多日上升超过前面三根K线第一根K线最高点,这是一种调整后最强上行状态。

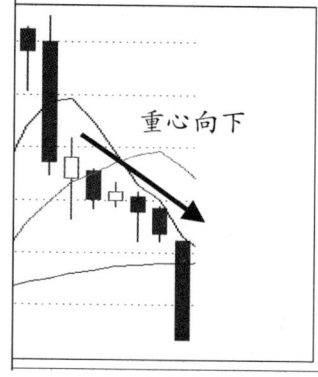

三根K线形态出现后,后面股价出现连续多日不断下滑,最后出现一根大阴线快速下跌,这是相当弱势的表现。

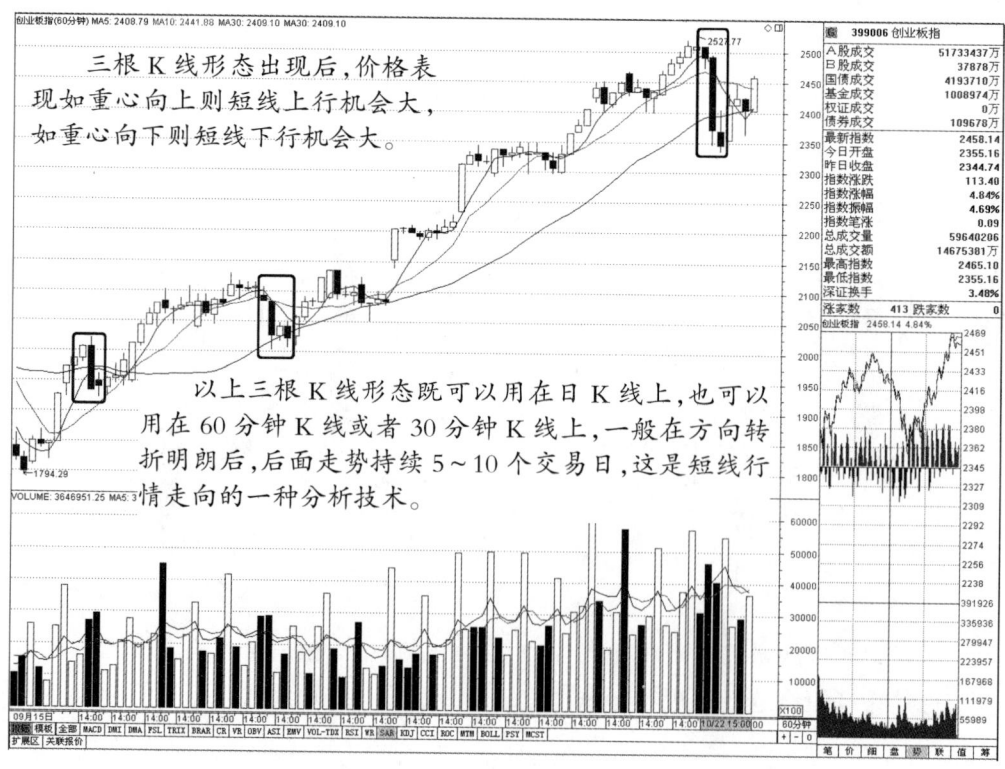

以上三根K线形态既可以用在日K线上,也可以用在60分钟K线或者30分钟K线上,一般在方向转折明朗后,后面走势持续5~10个交易日,这是短线行情走向的一种分析技术。

不能抢反弹的K线形态及其原因

君子有所为有所不为，说的是做人做事知道哪些事可以做哪些事不可以做，当知道了解某件事可以做才去做，当知道某件事不能做就不去做，那么股票市场中有的股票不可以去买，有的股票在某阶段不能去买，这你又了解多少？总结了多少属于自己的经验？

君子不立于危墙之下，说的是要远离危险的地方，这包括两个方面：一是防患于未然，预先觉察潜在的危险，并采取防范措施；二是一旦发现自己处于危险境地，要及时离开。你总结了多少方法与技巧，并利用它去分析个股是否有危险？在个股比较危险时远离或身在其中及时离开？本文内容介绍的就是主力出货导致股价下跌后，能不能做反弹，以及如何做反弹的分析方法。

股市中大部分个股短线或波段股价涨跌，与大资金进出有直接联系，大资金对个股短线的涨跌影响非常大，通过对个股中潜伏大资金的动向进行分析，去判断股价未来的表现是一种有效的分析方法。分析后若能掌握大资金运作的思路，那么对股价未来的走向就有更好更有效的把握。

股价涨多了就跌、跌多了就涨，这是自然波动规律，但在短时间内主力可集中资金优势，利用操盘技术影响扭曲股价表现，也可以直接改变股价方向。就短线而论，大机构干扰影响价格，远大于自然规律对价格的作用。

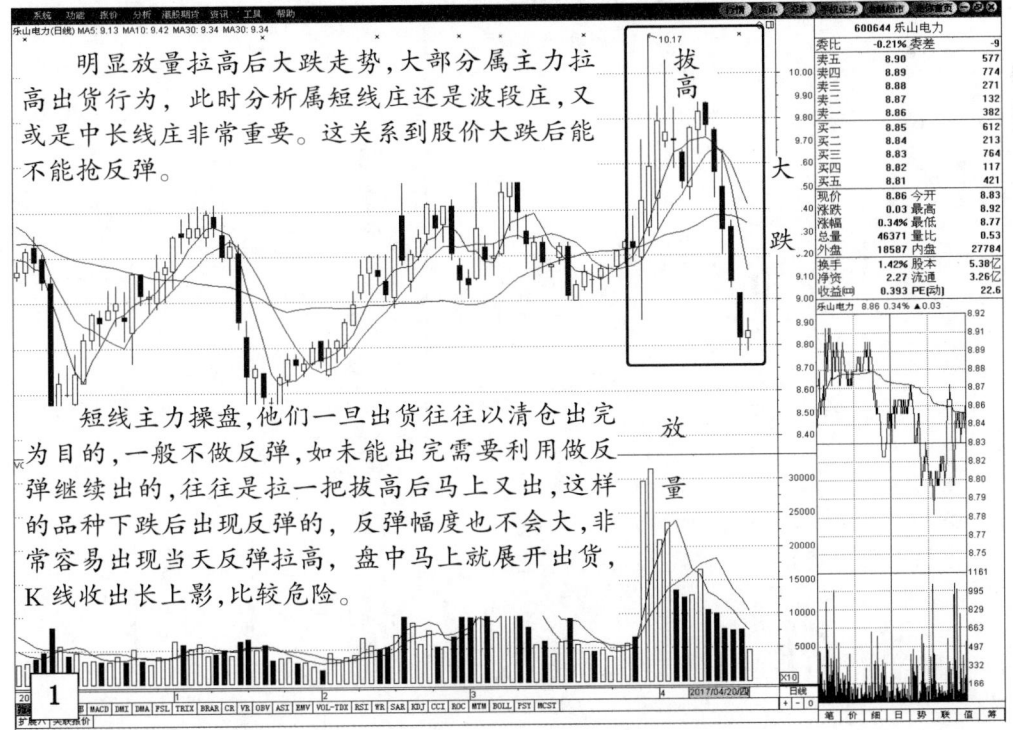

133

主力行为盘口解密(七)

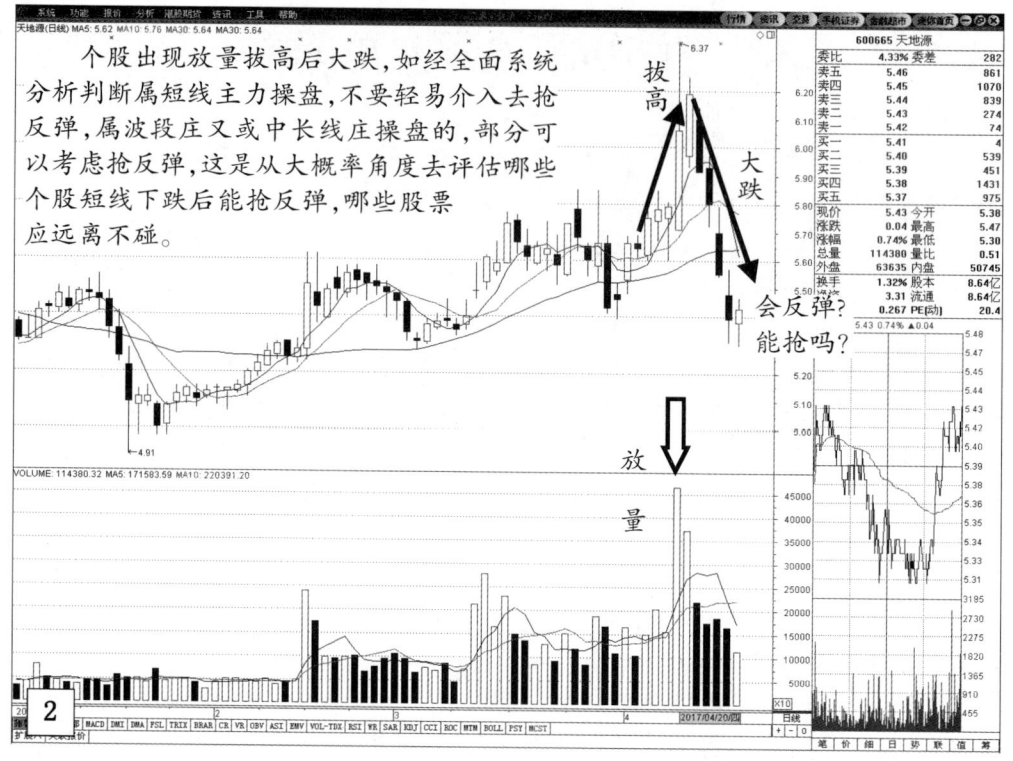

个股出现放量拔高后大跌,如经全面系统分析判断属短线主力操盘,不要轻易介入去抢反弹,属波段庄又或中长线庄操盘的,部分可以考虑抢反弹,这是从大概率角度去评估哪些个股短线下跌后能抢反弹,哪些股票应远离不碰。

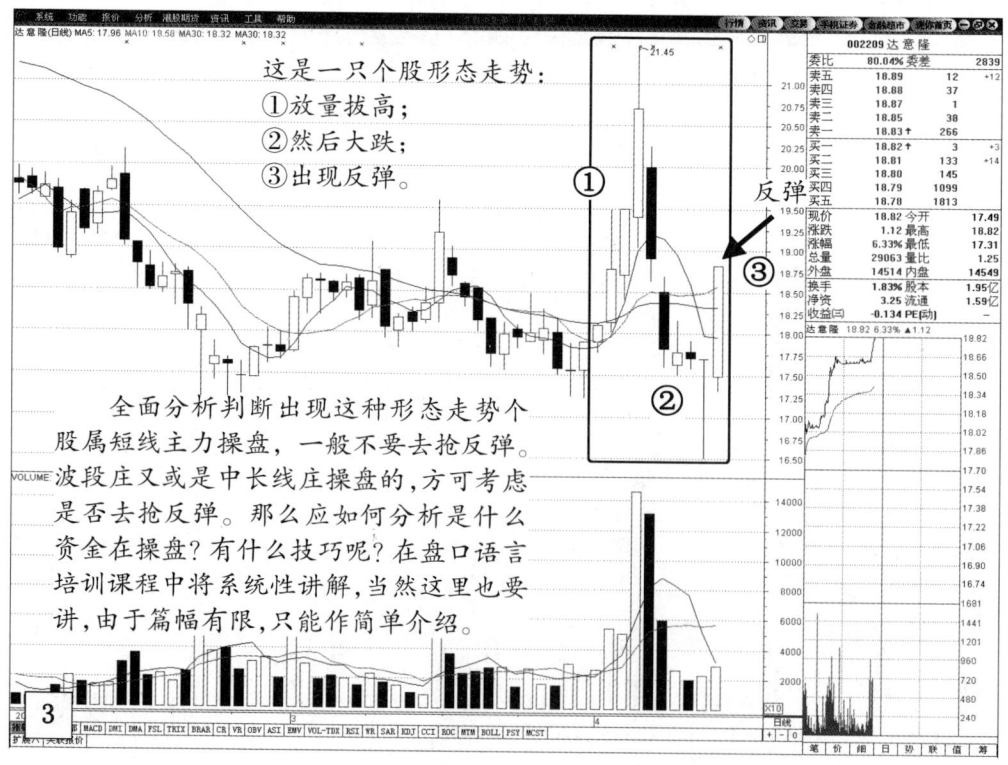

这是一只个股形态走势:
① 放量拔高;
② 然后大跌;
③ 出现反弹。

全面分析判断出现这种形态走势个股属短线主力操盘,一般不要去抢反弹。波段庄又或是中长线庄操盘的,方可考虑是否去抢反弹。那么应如何分析是什么资金在操盘?有什么技巧呢?在盘口语言培训课程中将系统性讲解,当然这里也要讲,由于篇幅有限,只能作简单介绍。

第五章

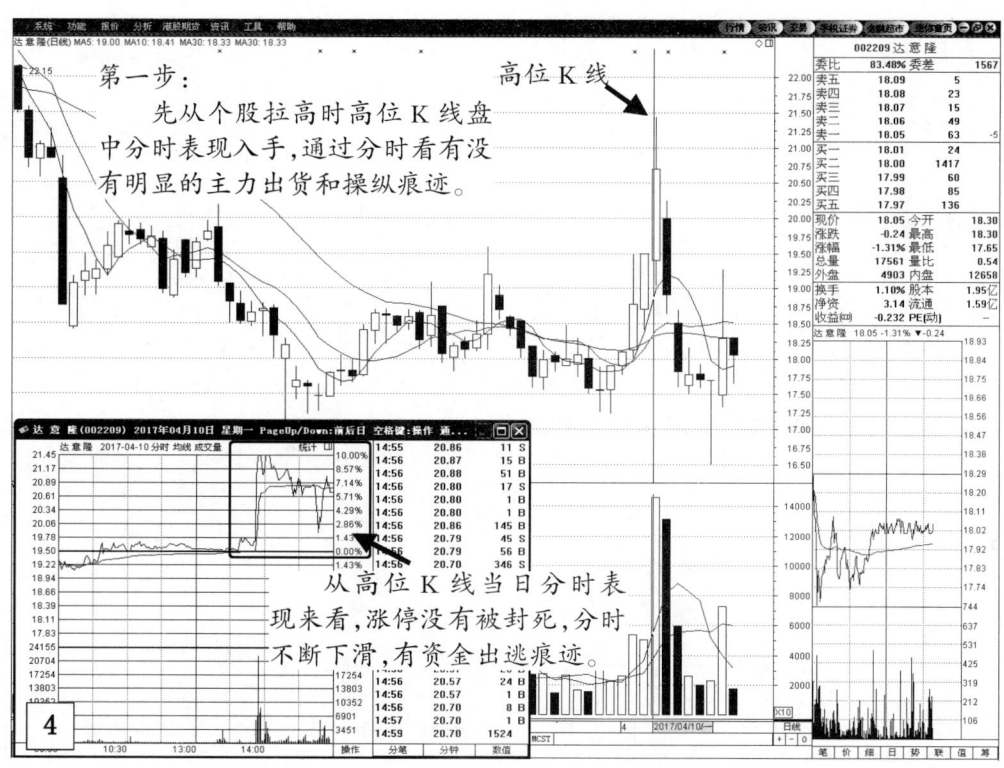

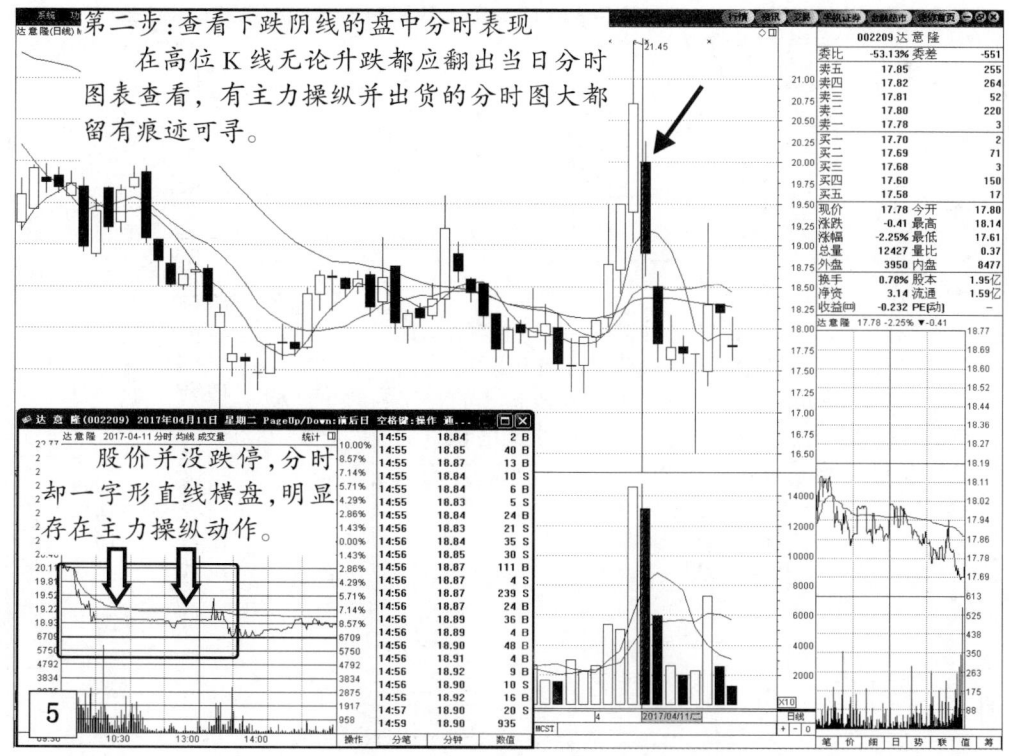

主力行为盘口解密(七)

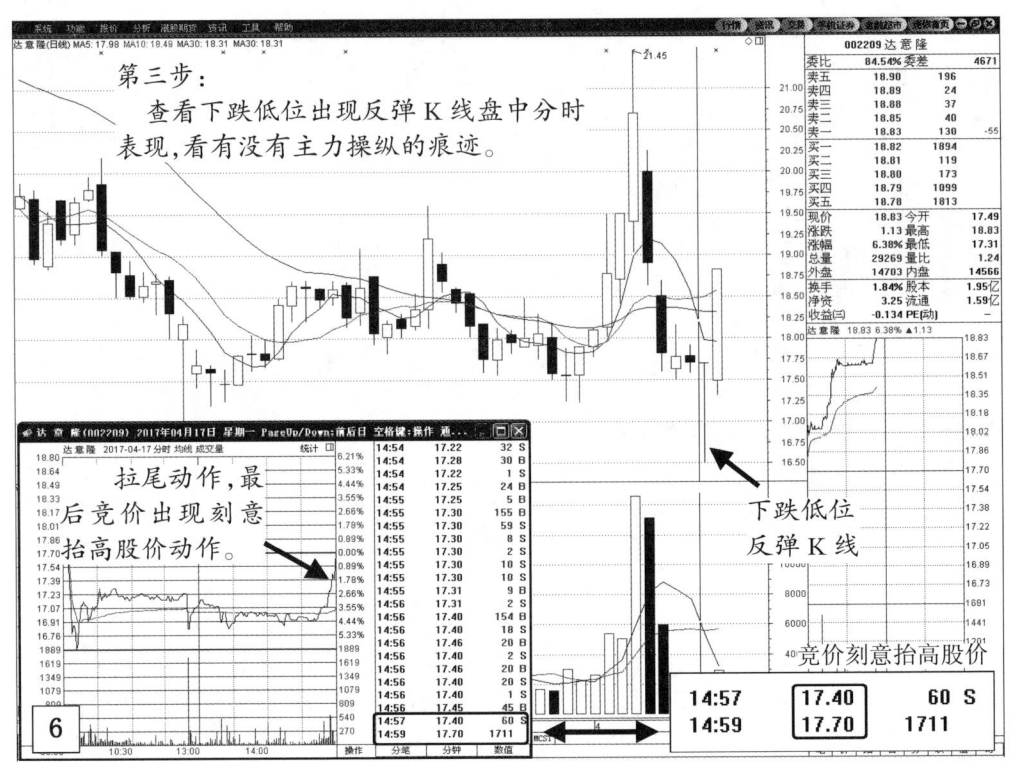

第三步：
查看下跌低位出现反弹K线盘中分时表现，看有没有主力操纵的痕迹。

拉尾动作，最后竞价出现刻意抬高股价动作。

下跌低位反弹K线

竞价刻意抬高股价

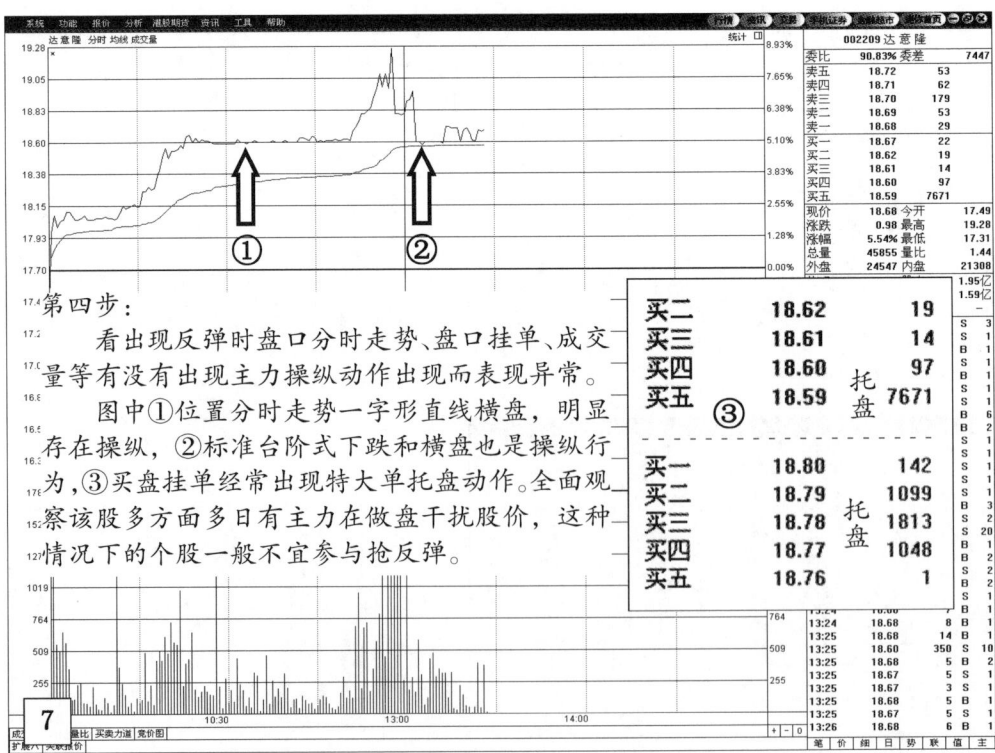

第四步：
看出现反弹时盘口分时走势、盘口挂单、成交量等有没有出现主力操纵动作出现而表现异常。

图中①位置分时走势一字形直线横盘，明显存在操纵，②标准台阶式下跌和横盘也是操纵行为，③买盘挂单经常出现特大单托盘动作。全面观察该股多方面多日有主力在做盘干扰股价，这种情况下的个股一般不宜参与抢反弹。

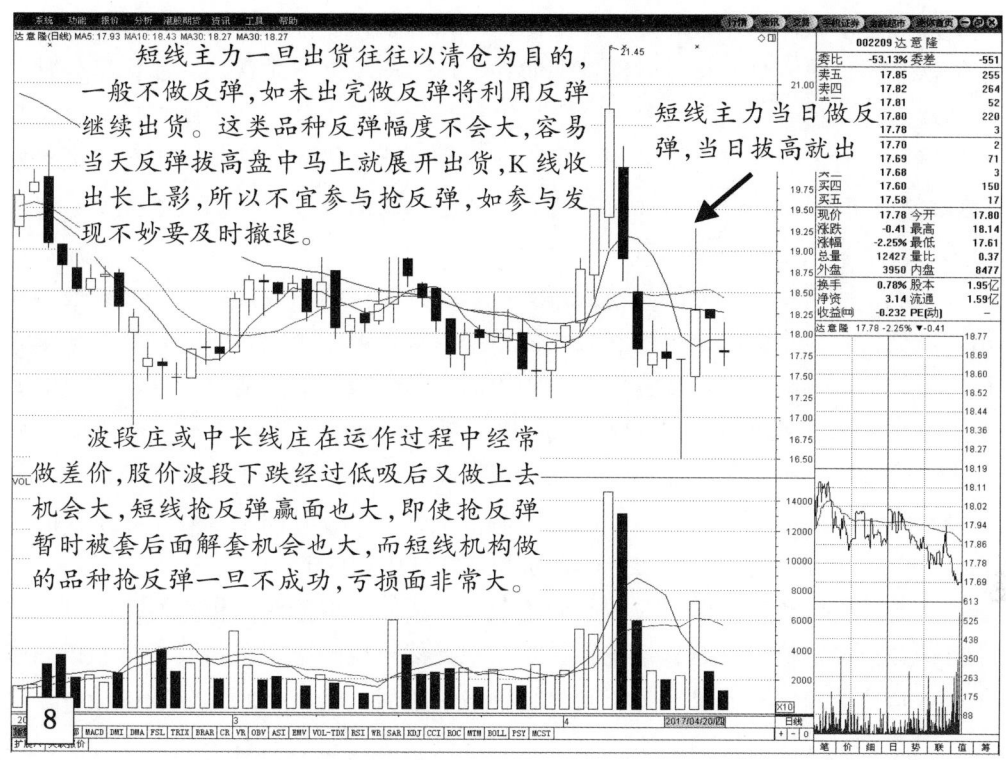

揭秘神秘长上影线的成因

　　个股日K线出现长上影线是很正常的事，大部分长上影线普通投资者都能明白其含义，上影线大都是因股价拉高后遇到较大抛压回落形成的。绝大部分个股出现日K线长上影线时，通过盘面分时走势能清楚看到其形成的原因，但有一种较特殊的日K线长上影线，盘面是看不到分时走势有明显冲高痕迹的，一般人找不到上影线形成原因。包括盘中单笔成交也看不到有那么高的单笔成交记录。

　　日K线出现长上影线，但分时走势没见明显冲高痕迹，单笔成交也找不到有那么高的成交价记录，看似很神秘其实并不神秘，是现在的股票行情软件数据记录和显示规则造成的。下面就来介绍这方面的知识。

　　现在大部分股票行情软件分时显示规则是这样的：①在交易中一分钟时间内，个股每一笔成交分时线都会如实在软件盘口中显示出来，但不做永久记录。②交易时间中个股分时线的构成，以该股每一分钟最后那笔的成交价做记录。从开盘的第一分钟开始，前一分钟与后一分钟的最后那笔成交价进行连线直至收市，这就构成了分时线或叫分时走势线。分时线是由点与点连线形成的。

主力行为盘口解密(七)

按照行情软件上述分时显示规则①,一只股票在一分钟时间内,实际股价任何一次不同价的成交变化分时线都即时在盘口中出现上下跳跃,其变化在分时图中体现出现。盘中无论是交易单往上拔高还是往下砸,分时马上就有反应。成交越活跃的分时盘中反复上下跳动的频率就越高,这些成交价被软件永久记录下来(这就是成交明细数据),但此时分时在这一分钟内出现过的跳动轨迹并不被软件永久记录下来,这叫动态盘口。

按照行情软件上述分时显示规则②,个股分时线的构成,以每一分钟最后那笔的成交价数值作为永久记录和画线依据,也就是说,个股分时线只负责记录该股每分钟最后那笔成交价。盘中一分钟内的交易除最后那笔成交价外,其他的成交价在分时走势过后根本无迹可寻。根据这一行情软件分时显示和构成规则可知,一只股票在盘中某一分钟出现大涨或大跌分时有变化但不保存记录,到这分钟结束最后一笔成交时如股价已恢复正常水平状态,分时图根本看不到刚才的波动情况,这是由行情软件上述分时记录和连线规则造成的。

小部分个股有时盘中日K线明明出现长上影线,但分时却根本看不到有大幅上升或被拔高的痕迹,这种情况往往是盘中突然出现一笔大单将股价瞬间拔高或者砸低造成的,由于这笔交易不是这分钟内的最后一笔,而到这分钟内最后一笔成交时股价已经恢复正常的水平,因此软件没有进行记录而看不到。这种情况出现既有市场正常自然交易行为,也有熟悉规则的机构故意通过不留痕迹的拉抬或打压股价去制造上、下影线,影响干扰市场行为。

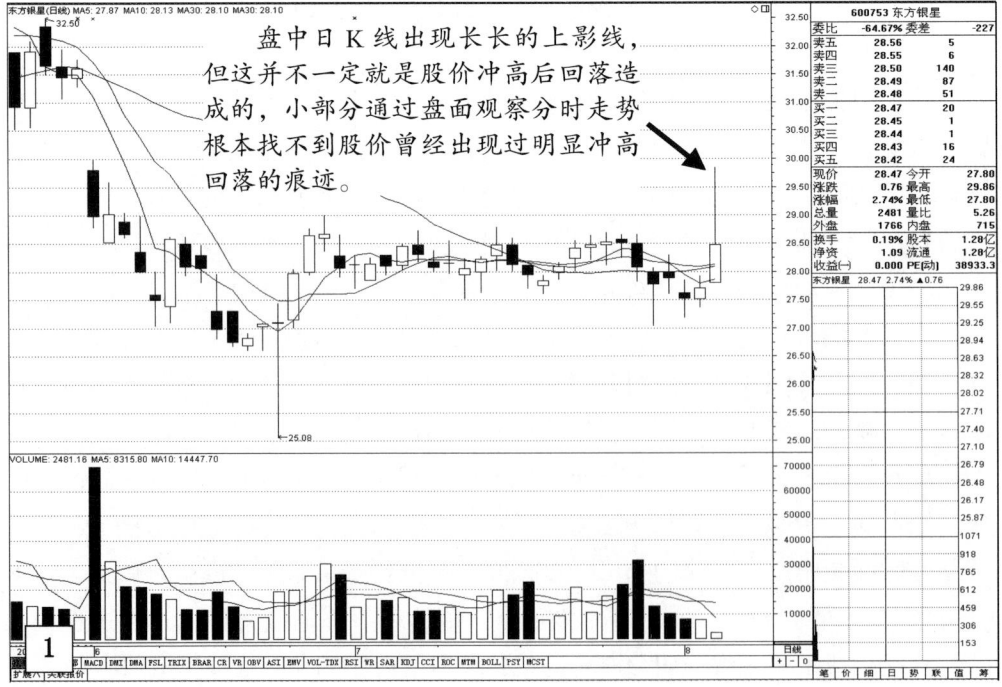

盘中日K线出现长长的上影线,但这并不一定就是股价冲高后回落造成的,小部分通过盘面观察分时走势根本找不到股价曾经出现过明显冲高回落的痕迹。

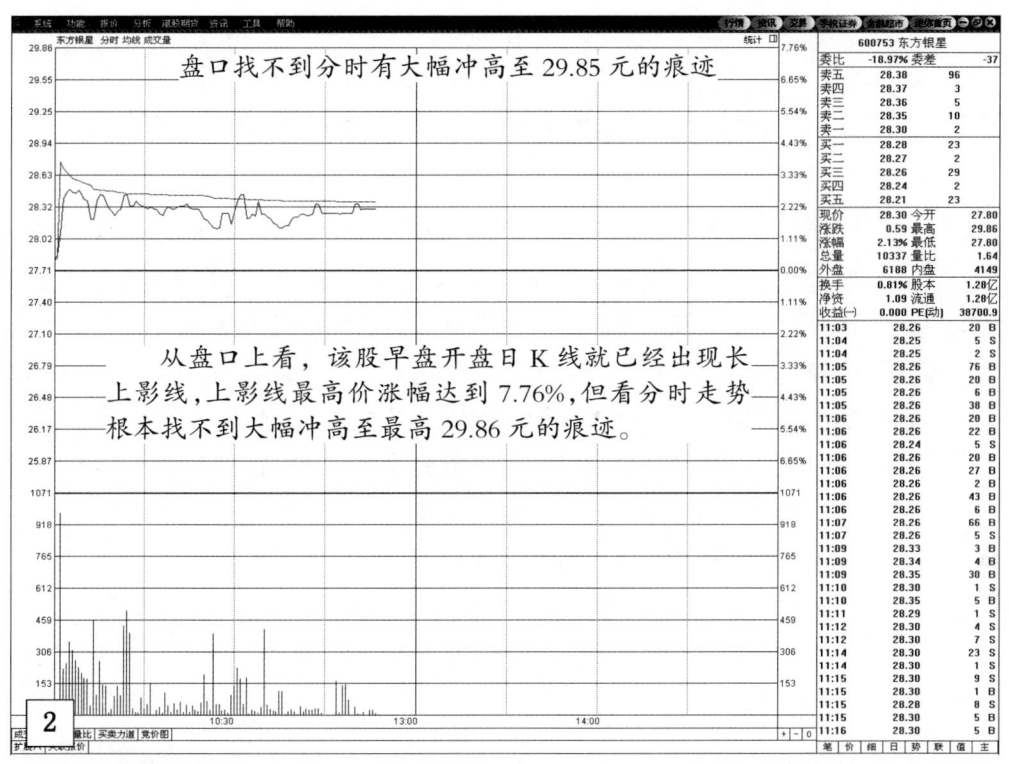

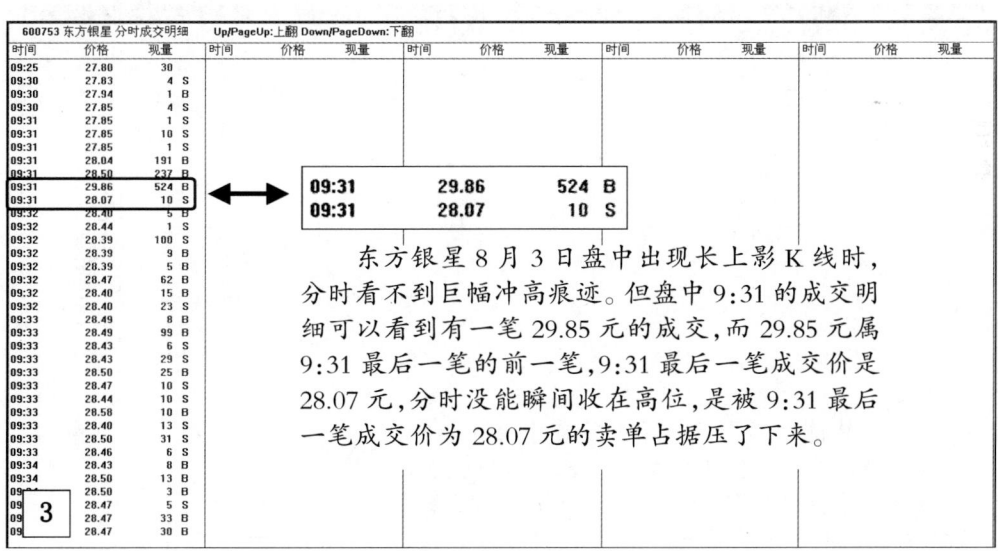

这种盘中突然出现一笔大单将股价瞬间拔高或者砸低的成交，大部分在盘中成交明细中找不到那么高成交价的交易单，是因为现在券商提供的行情软件，每一笔成交单都不是真正的原始成交，而是由6秒钟内所有的成交累加在一起显示的捏合单，当往上拔高或砸低的成交单和其他单混合在一起了，价格也随之被改变，所以分辨不出来。

139

主力行为盘口解密(七)

下影线三种构成以及分析原理

技术分析有个重要内容：技术形态的构成分析，如一根大阳线，它是如何构成的，这就得看这一交易日中它的分时走势表现属市场自然正常波动交易状态，还是机构操纵或引导下的波动状态，这相当重要。如属在机构操纵或引导下的波动，那么该机构当天目的何在？下一步目的何在？这些都将影响该股下一个交易日或未来数个交易日的表现。分析一根大阳线及其对未来股价发展的影响，首先要熟悉其内在构成，清楚是什么力量起主要影响等深层次问题。

同理，一根K线收出长下影线，那么这根K线的长下影线是如何构成的？什么力量影响其构成？这些都是分析这根K线长下影线要清楚的。下面以多个经典个案展开这方面的知识介绍。

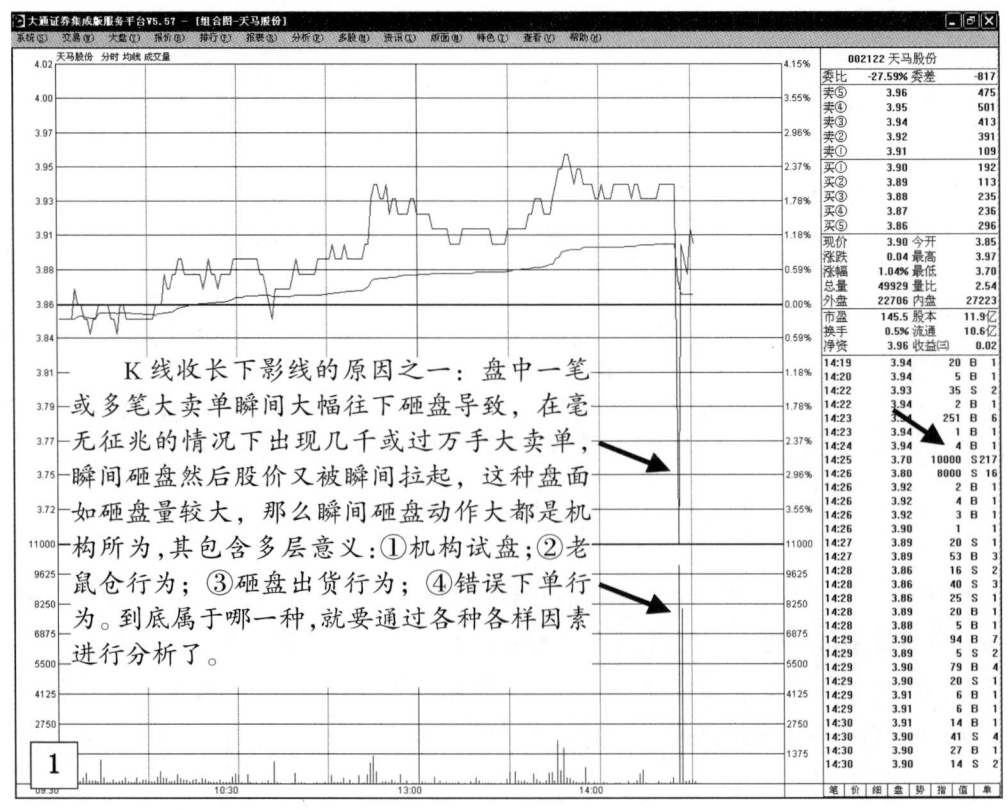

K线收长下影线的原因之一：盘中一笔或多笔大卖单瞬间大幅往下砸盘导致，在毫无征兆的情况下出现几千或过万手大卖单，瞬间砸盘然后股价又被瞬间拉起，这种盘面如砸盘量较大，那么瞬间砸盘动作大都是机构所为，其包含多层意义：①机构试盘；②老鼠仓行为；③砸盘出货行为；④错误下单行为。到底属于哪一种，就要通过各种各样因素进行分析了。

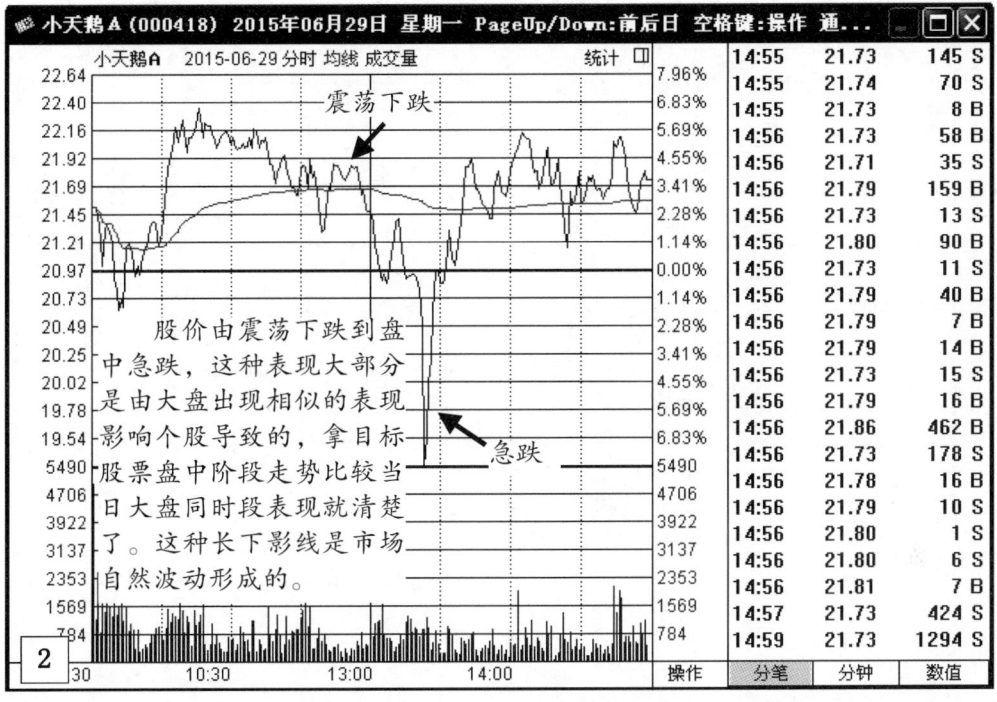

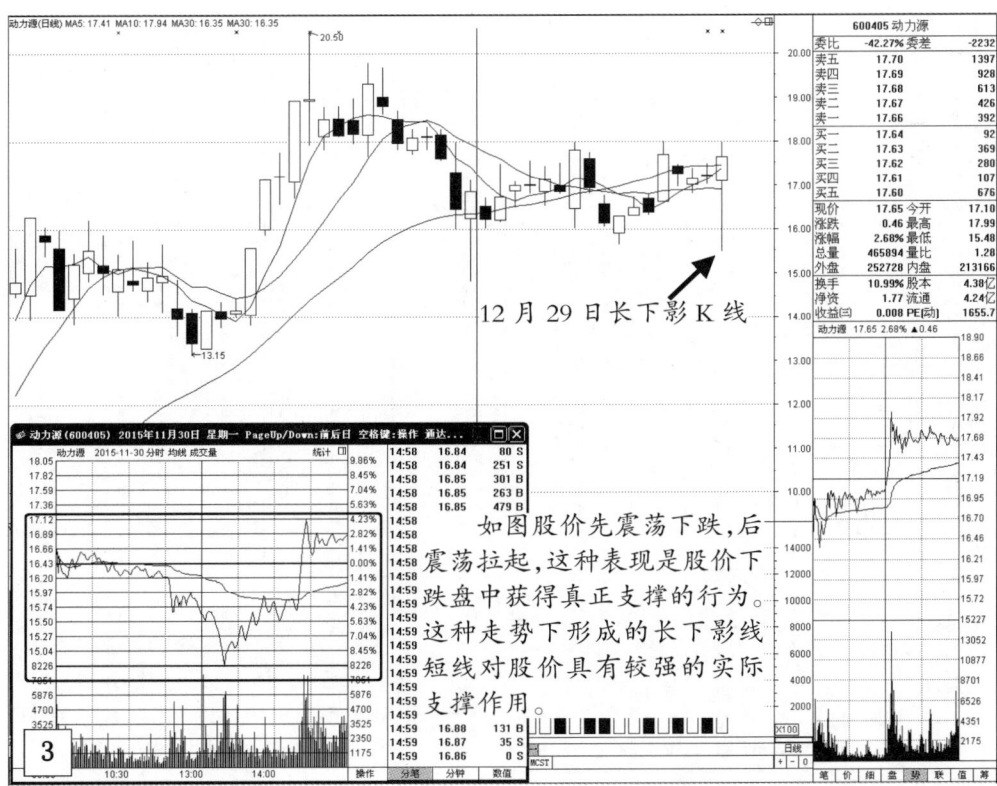

主力行为盘口解密(七)

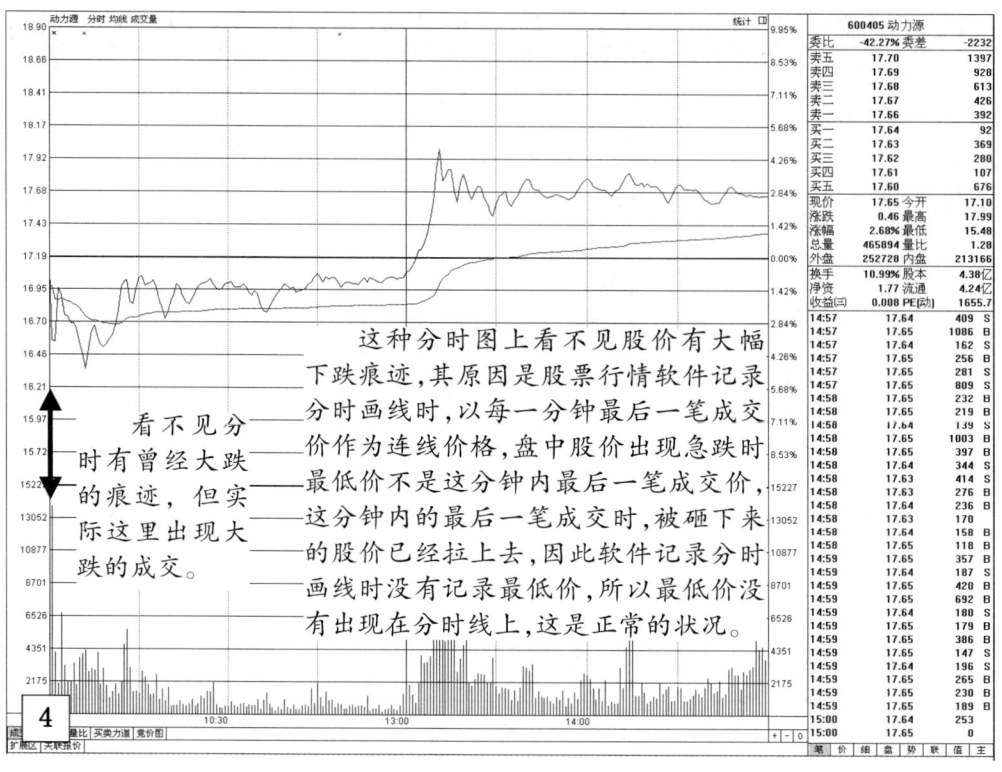

看不见分时有曾经大跌的痕迹,但实际这里出现大跌的成交。

这种分时图上看不见股价有大幅下跌痕迹,其原因是股票行情软件记录分时画线时,以每一分钟最后一笔成交价作为连线价格,盘中股价出现急跌时最低价不是这分钟内最后一笔成交价,这分钟内的最后一笔成交时,被砸下来的股价已经拉上去,因此软件记录分时画线时没有记录最低价,所以最低价没有出现在分时线上,这是正常的状况。

动力源12月29日盘面并没有看见大跌痕迹,但当天日K线却出现长下影线,长下影线是在开盘9:30时下跌造成的。由于开盘时买盘较少承接力弱,连续卖出的小卖单将股价快速大幅砸低,由于砸低的时间非常短,所以分时线没有记录下这一幕。

股价由17.1元被小单快速砸低到15.48元,然后被5手买单一笔就拉回到16.99元。

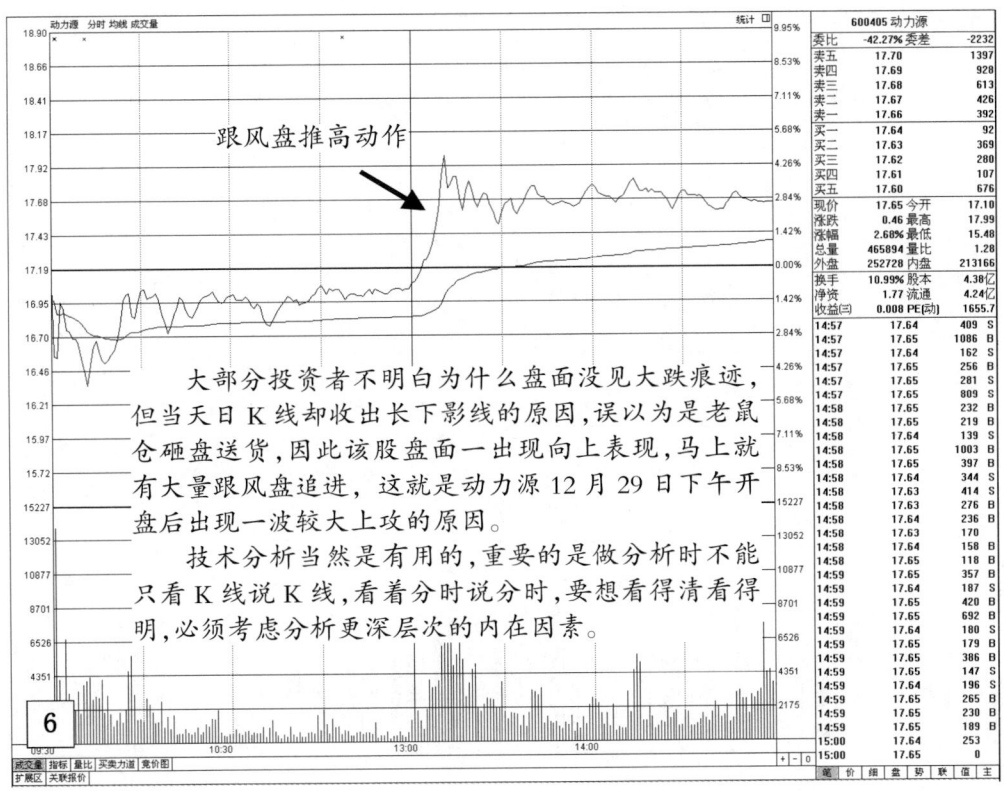

利用60分钟K线分析大市涨跌技巧

股票市场操作我们面对两大问题：个股与大盘。

最理想的状态是所选个股看好大盘同时也看涨，两者未来预期方向相同，如此操作成功概率高。如果所选个股看好但大盘看跌或难以预测走向不明朗，如此操作胜率将大打折扣，因为大盘表现时刻影响个股的表现，影响多空各方的判断和行动。正因为如此操作前除了对目标股票精心研究，还应该深入分析大盘的方向与表现。

对于指数的分析，传统图表分析是有效的，因为股指受人为因素操纵影响相对不大，通过对指数K线走势、K线形态的分析研判市场未来走势是可行的，实盘分析指数有两个目的：①判断趋势是否延续；②判断方向转折点何时出现。这两者可用趋势学、形态学去进行分析研判。下面以60分钟K线为例，介绍这一领域的分析技巧。

主力行为盘口解密(七)

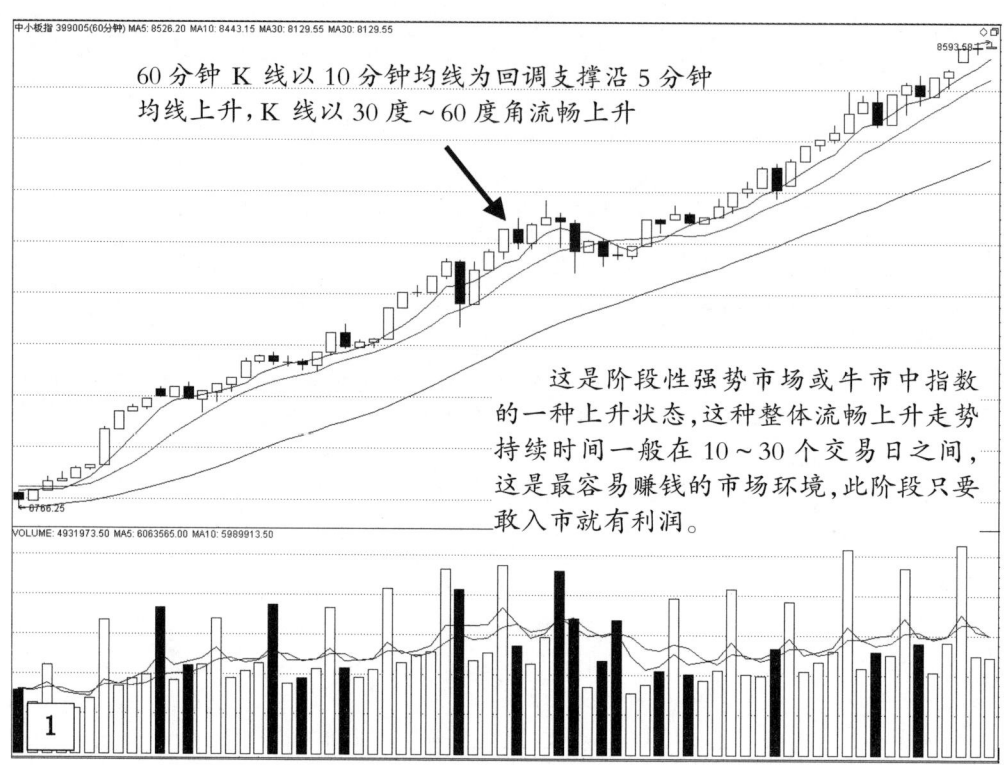

60分钟K线以10分钟均线为回调支撑沿5分钟均线上升，K线以30度~60度角流畅上升

这是阶段性强势市场或牛市中指数的一种上升状态，这种整体流畅上升走势持续时间一般在10~30个交易日之间，这是最容易赚钱的市场环境，此阶段只要敢入市就有利润。

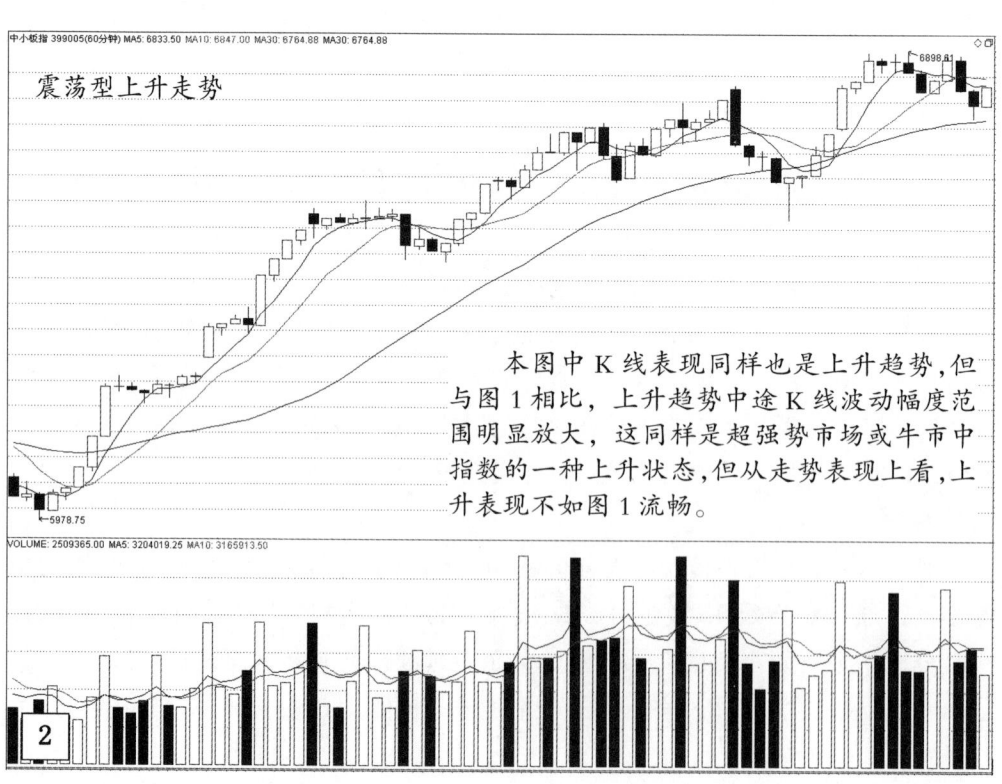

震荡型上升走势

本图中K线表现同样也是上升趋势，但与图1相比，上升趋势中途K线波动幅度范围明显放大，这同样是超强势市场或牛市中指数的一种上升状态，但从走势表现上看，上升表现不如图1流畅。

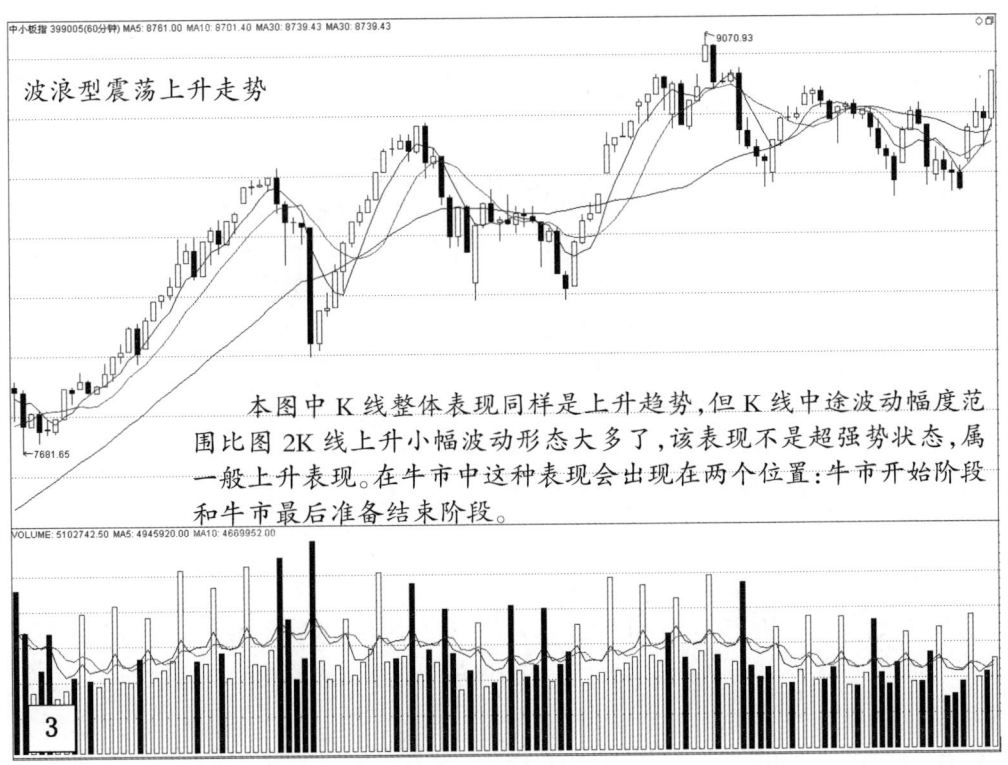

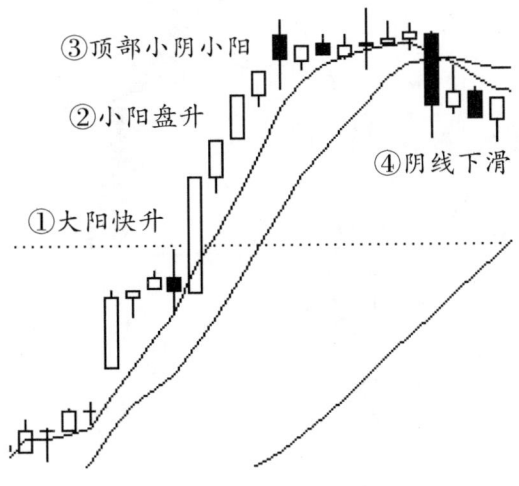

股指出现图 2 中 K 线震荡型小幅波动上升走势时，K 线一般以这四大步骤运行：①大阳快升；②小阳盘升；③顶部小阴小阳；④阴线下滑；然后就是面临方法选择了。

主力行为盘口解密(七)

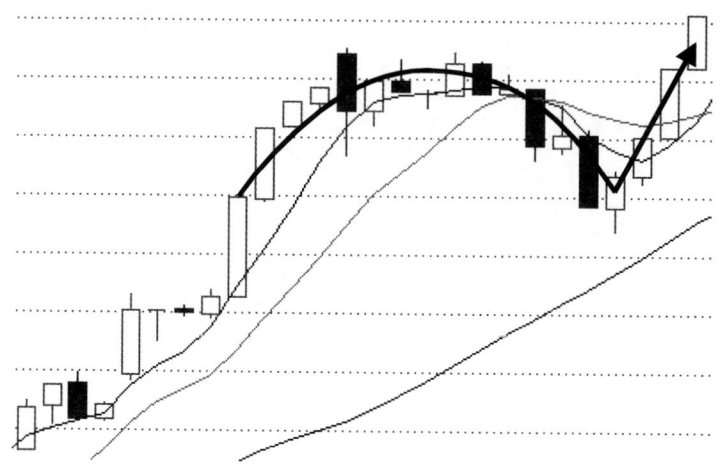

5

K线经过①大阳快升，②小阳盘升，③顶部小阴小阳，④阴线下滑这四个阶段后股指面临选择方向，此时如出现一两根放量的大阳线上行，实践中可看做是方向往上的标志性表现。

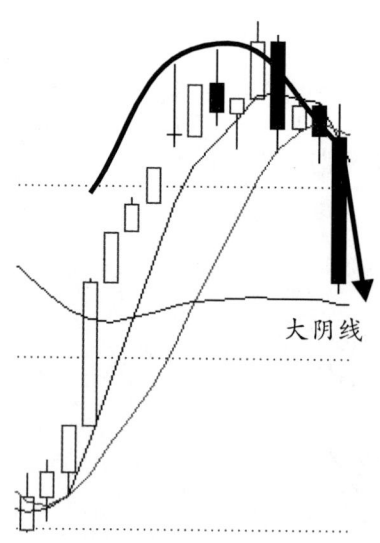

6

K线经过①大阳快升，②小阳盘升，③顶部小阴小阳，④阴线下滑这四个阶段后股指面临选择方向，此时如出现一两根放量的大阴线杀跌，那么这是方向往下的标志性表现，放量大阴线出现是市场下行的开始。

个股出现这几种分时走势就要撤

牛市中间也有大大小小的震荡和调整，很少有人真正能从牛市一开始进入到牛市结束才出来，中途会因为各种各样的原因主动或被动撤出，然后再介入。牛市中个股大资金的临时出逃，也会导致股价短期出现明显的下跌调整，而且每次调整的幅度都不同。投资者操作如能跟着大机构步伐进出，他进我进，他撤我走，定能稳定获利，重要的是要掌握大机构的操盘思路和方法，方能及时跟上。

对于大机构大资金出逃影响导致股价出现下跌调整，从个股盘口和分时走势中可以发现其轨迹。下面介绍多种机构常用的大资金出逃手法，这些出逃手法在个股盘中分时走势中经常出现，通过看盘看分时走势就能发现这些机构的撤退动作，从而紧跟其后及时进出，这些方法在熊市中屡试不爽，在牛市中对判断股价短期内调整也非常有效。

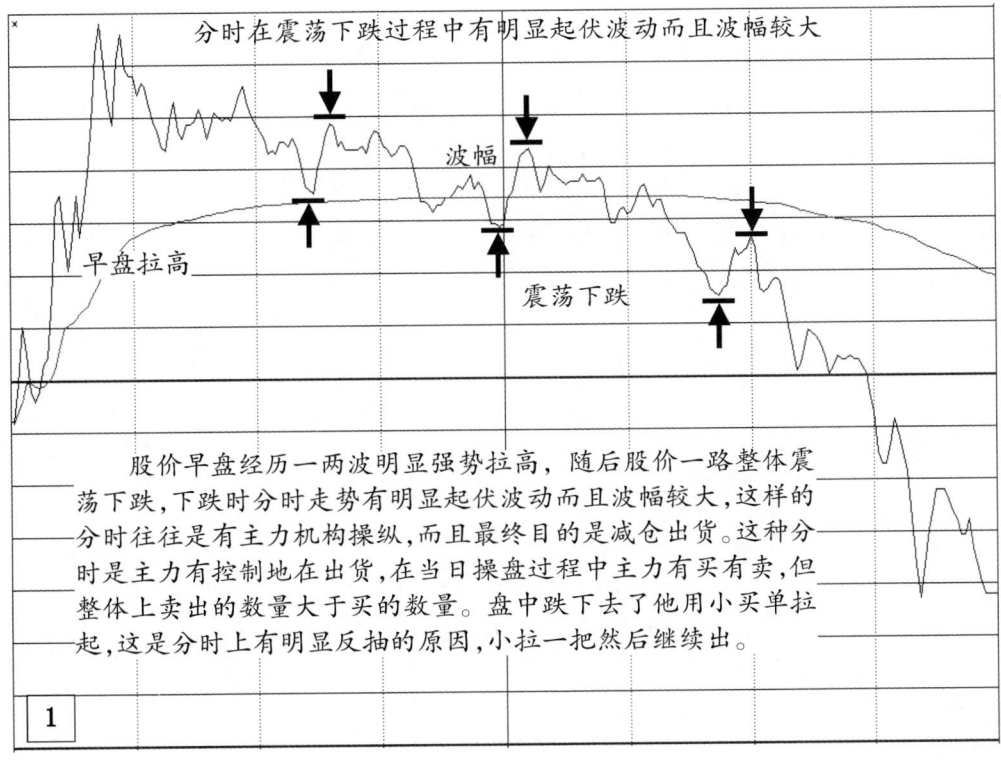

主力行为盘口解密(七)

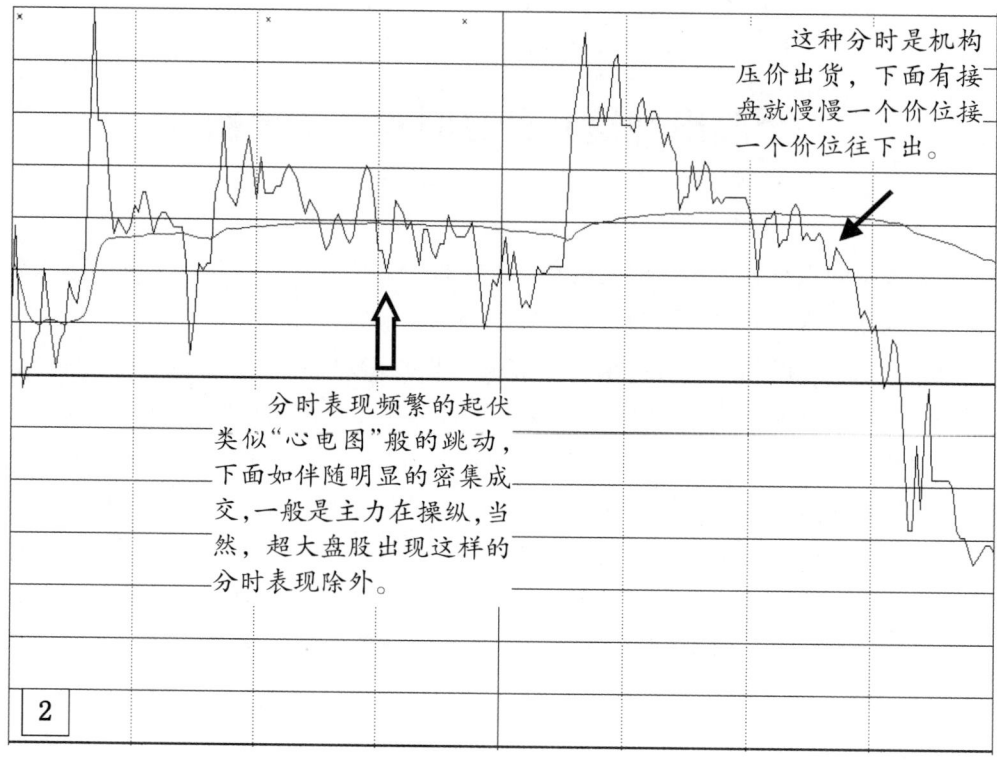

这种分时是机构压价出货,下面有接盘就慢慢一个价位接一个价位往下出。

分时表现频繁的起伏类似"心电图"般的跳动,下面如伴随明显的密集成交,一般是主力在操纵,当然,超大盘股出现这样的分时表现除外。

2

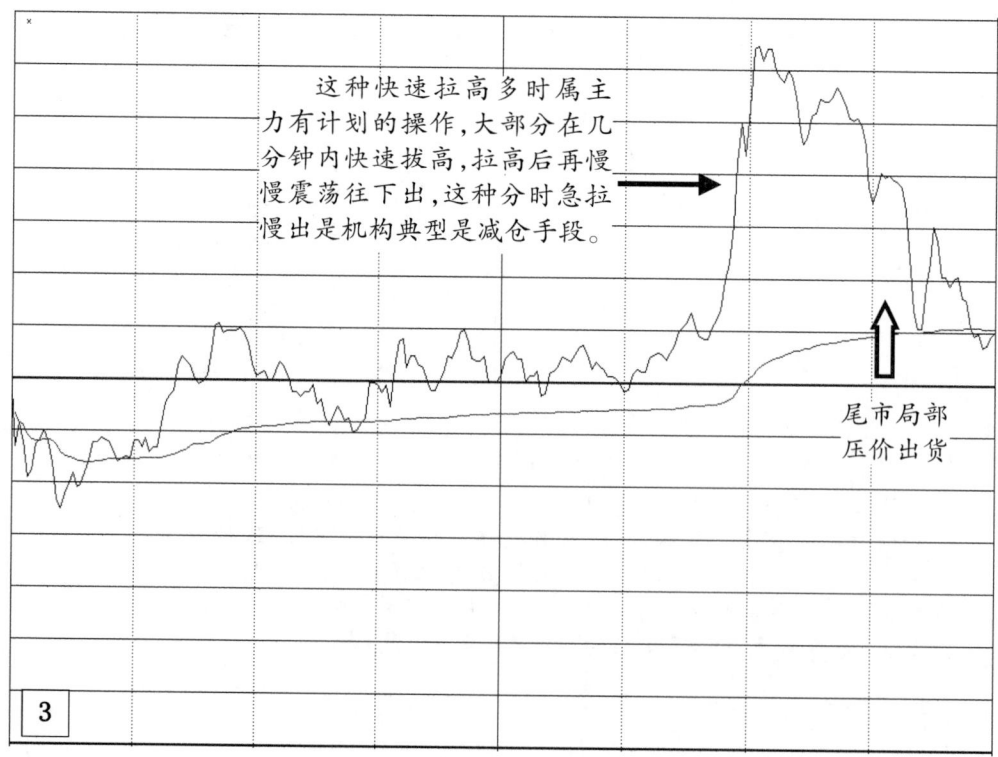

这种快速拉高多时属主力有计划的操作,大部分在几分钟内快速拔高,拉高后再慢慢震荡往下出,这种分时急拉慢出是机构典型是减仓手段。

尾市局部压价出货

3

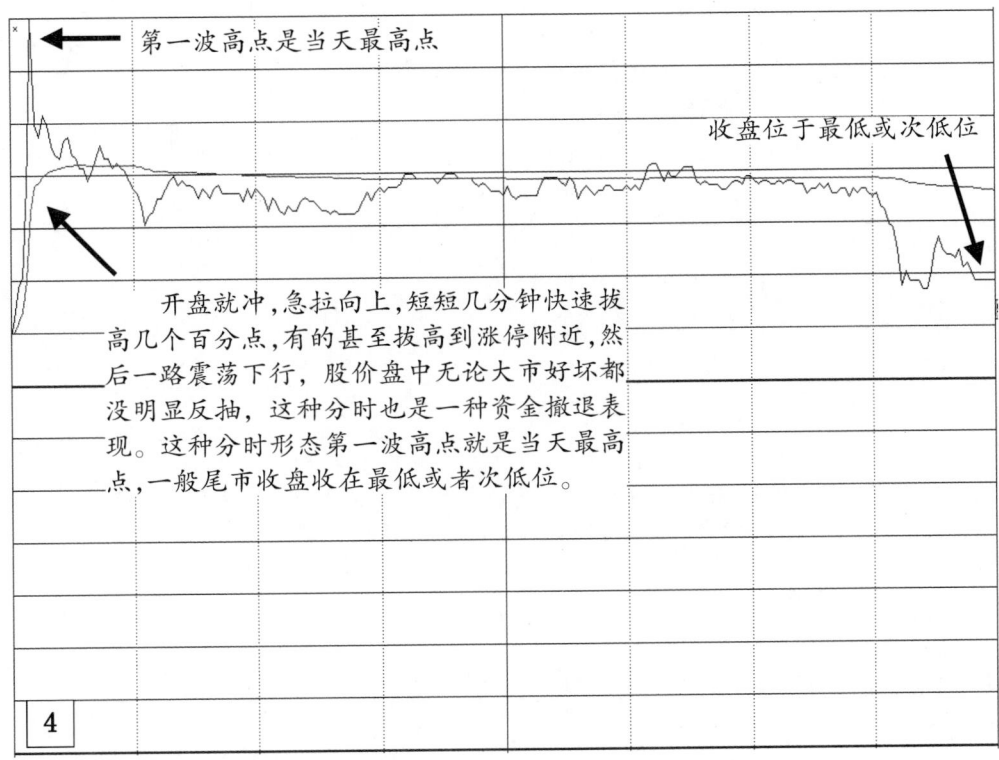

4

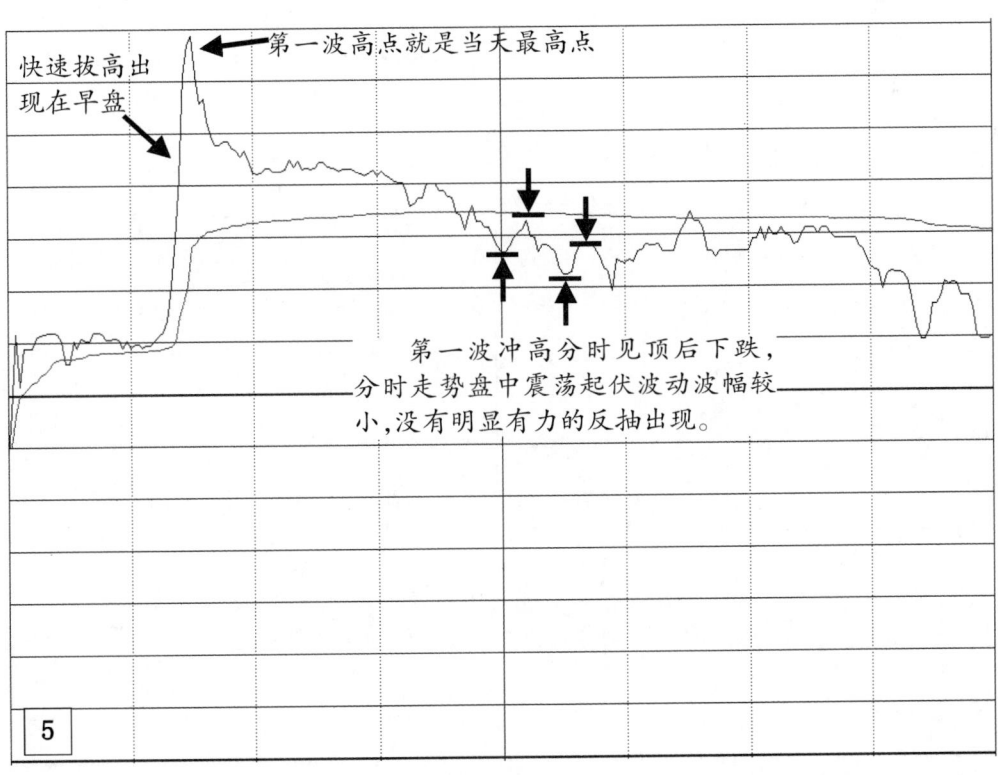

5

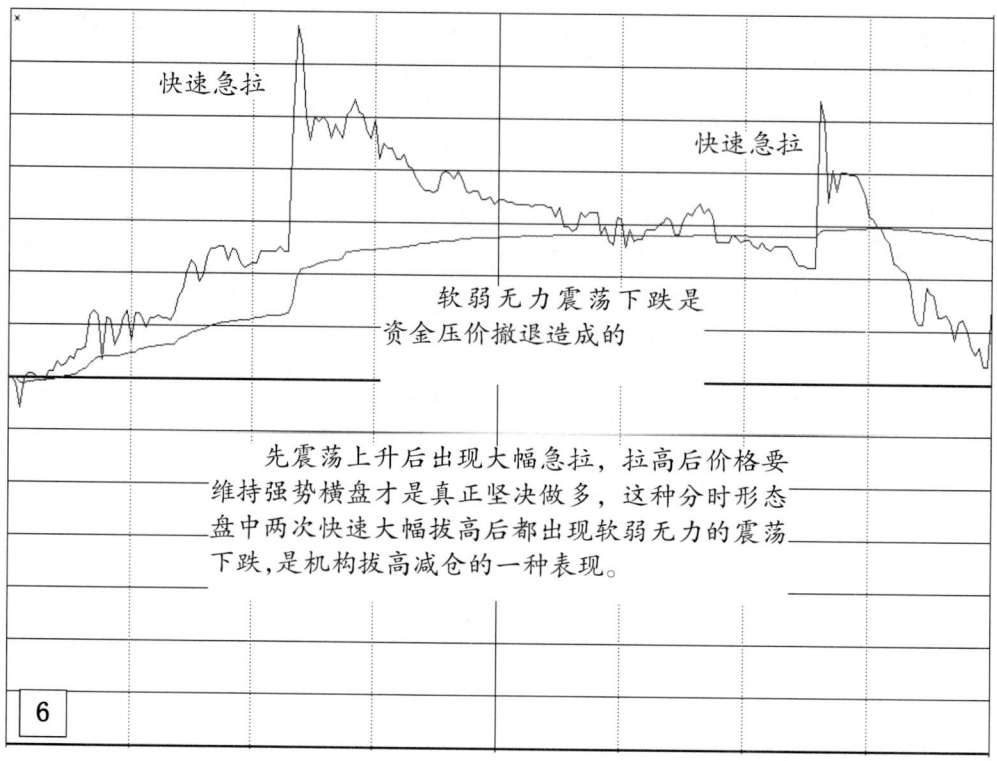

先震荡上升后出现大幅急拉，拉高后价格要维持强势横盘才是真正坚决做多，这种分时形态盘中两次快速大幅拔高后都出现软弱无力的震荡下跌，是机构拔高减仓的一种表现。

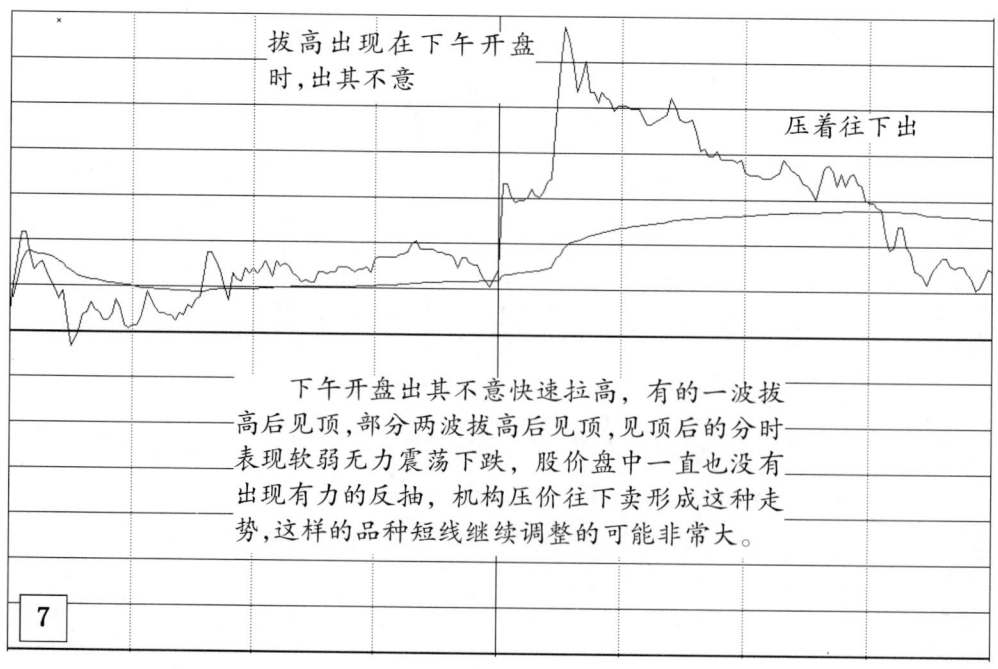

下午开盘出其不意快速拉高，有的一波拔高后见顶，部分两波拔高后见顶，见顶后的分时表现软弱无力震荡下跌，股价盘中一直也没有出现有力的反抽，机构压价往下卖形成这种走势，这样的品种短线继续调整的可能非常大。

局部分时中一种危险的走势

通常我们所说的分时走势是指指数或个股一天的分时表现，分析某一天的分时走势时通常有两种分析方法：全局分析和局部分析。

全局分析就是看全日的分时走势作全面的总结分析，局部分析就是利用分割或分段方式把某一天的分时走势分成若干个阶段进行研究分析，局部分析的第一点就是要进行局部分割或分段，进行分割或分段的方式非常多，可以按照盘中一个完整的上升或者下跌走势划分，也可以拿目标股票与指数表现对应划分，还可以进行强弱阶段等划分。另外，如目标股票明显有机构在做盘还可以进行明显操纵和正常交易阶段划分，划分的原则可以按个人的需求去实施。

未收盘前盘中的分析往往属于局部分析，笔者观察发现大部分个股的主力机构出手操纵干预股价时都是进行局部操纵，实施全日操纵的只是少数。

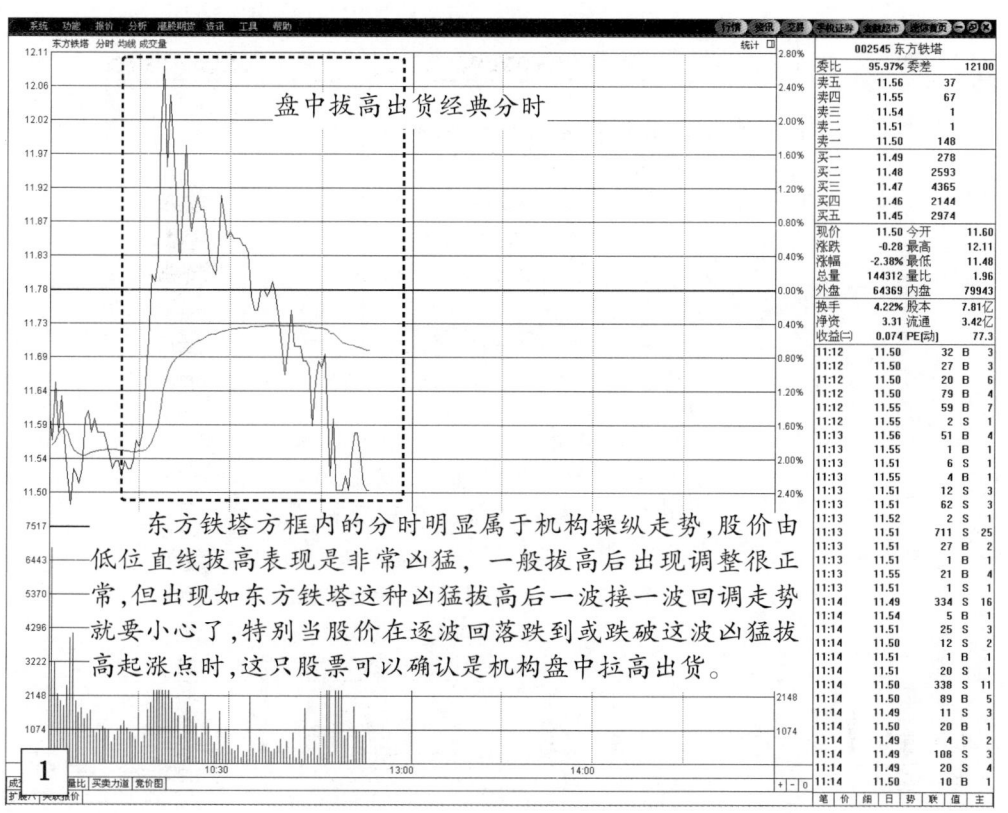

东方铁塔方框内的分时明显属于机构操纵走势，股价由低位直线拔高表现是非常凶猛，一般拔高后出现调整很正常，但出现如东方铁塔这种凶猛拔高后一波接一波回调走势就要小心了，特别当股价在逐波回落跌到或跌破这波凶猛拔高起涨点时，这只股票可以确认是机构盘中拉高出货。

主力行为盘口解密(七)

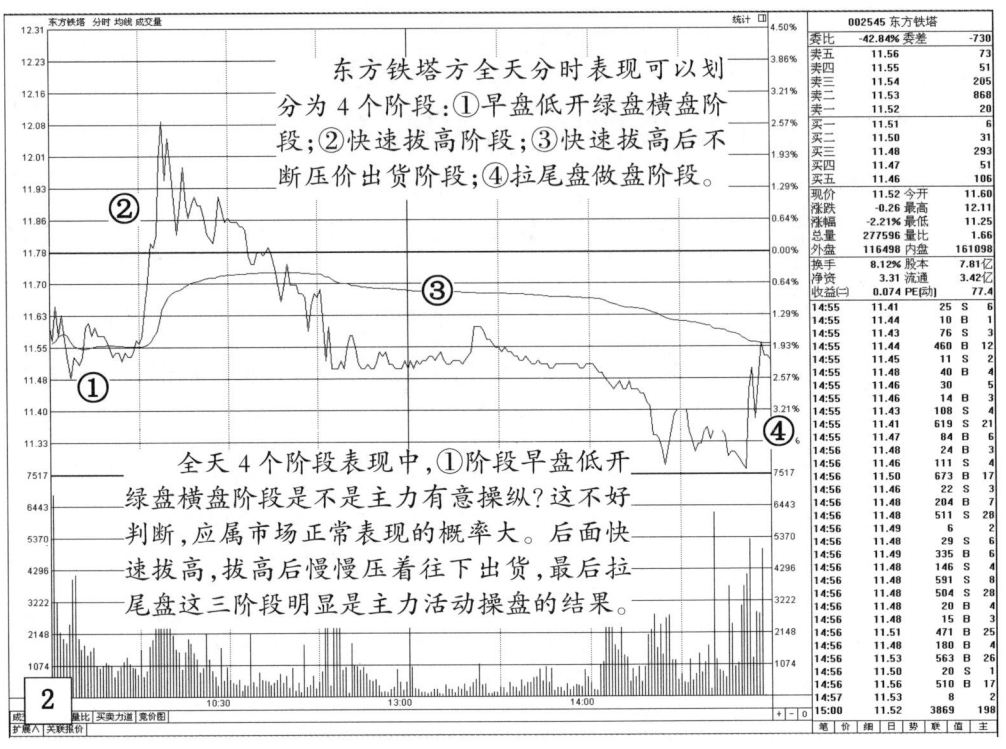

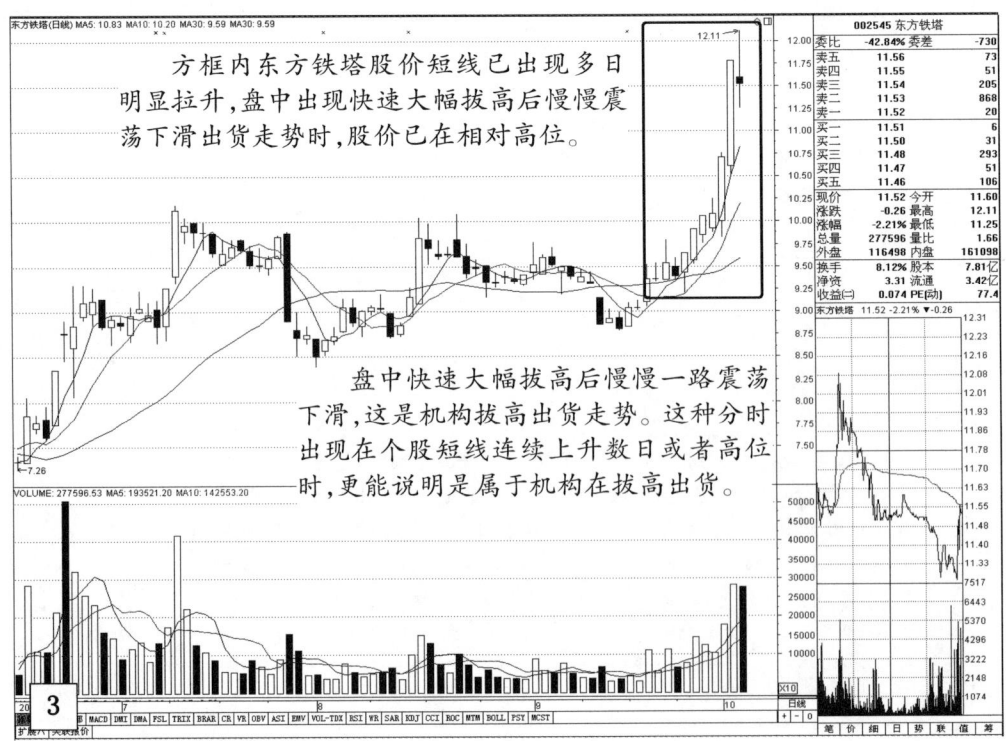

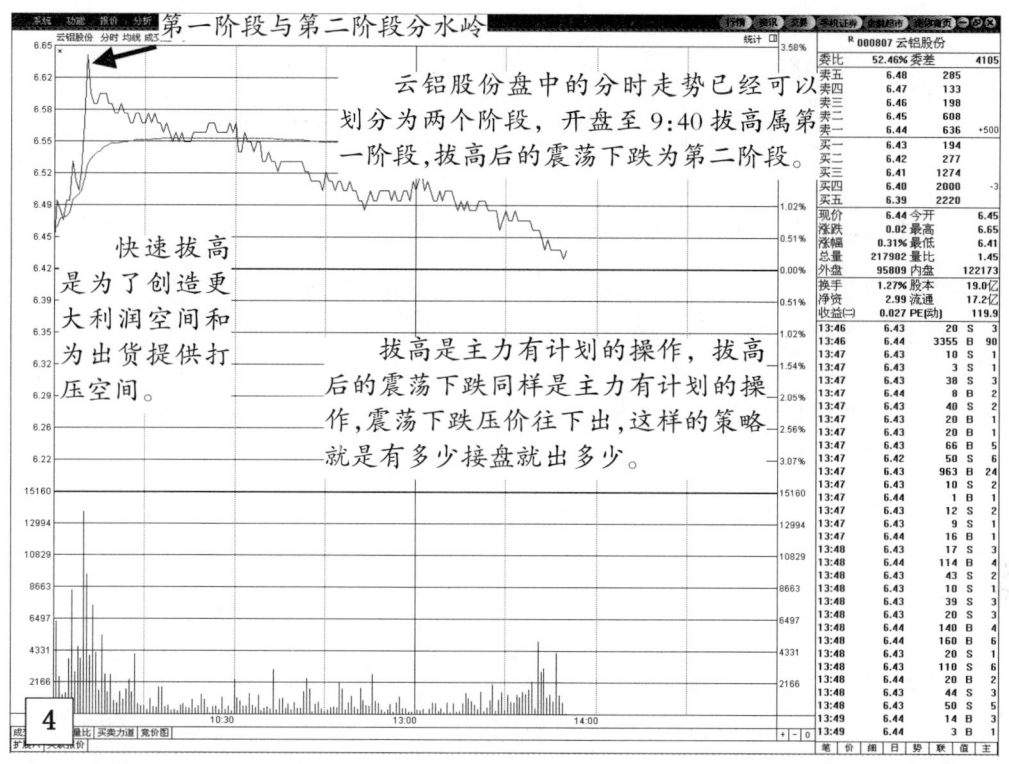

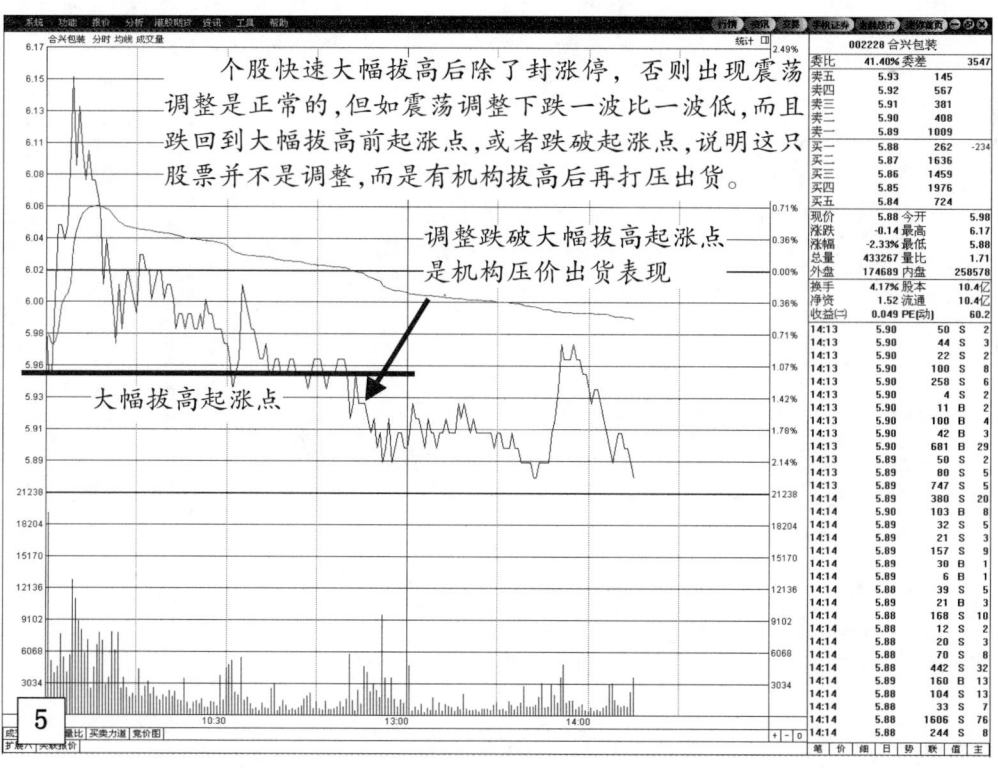

153

> 主力行为盘口解密(七)

详析盘口分时八字形走势意义

个股盘口分时表现最容易出现局部规律走势，如个股中常见的"八字形分时走势"就是其中一种。"八字形分时走势"是什么样的？其分时形态如大写的八字。八第一笔是一撇，这一撇在分时盘口中表现实际是一种分时45角度上升形态，八字第二笔是一捺，这一捺在分时盘口中表现是一种分时45角度下降形态，八字的这两笔撇捺构成一幅直观分时图，如图1、图2所示。

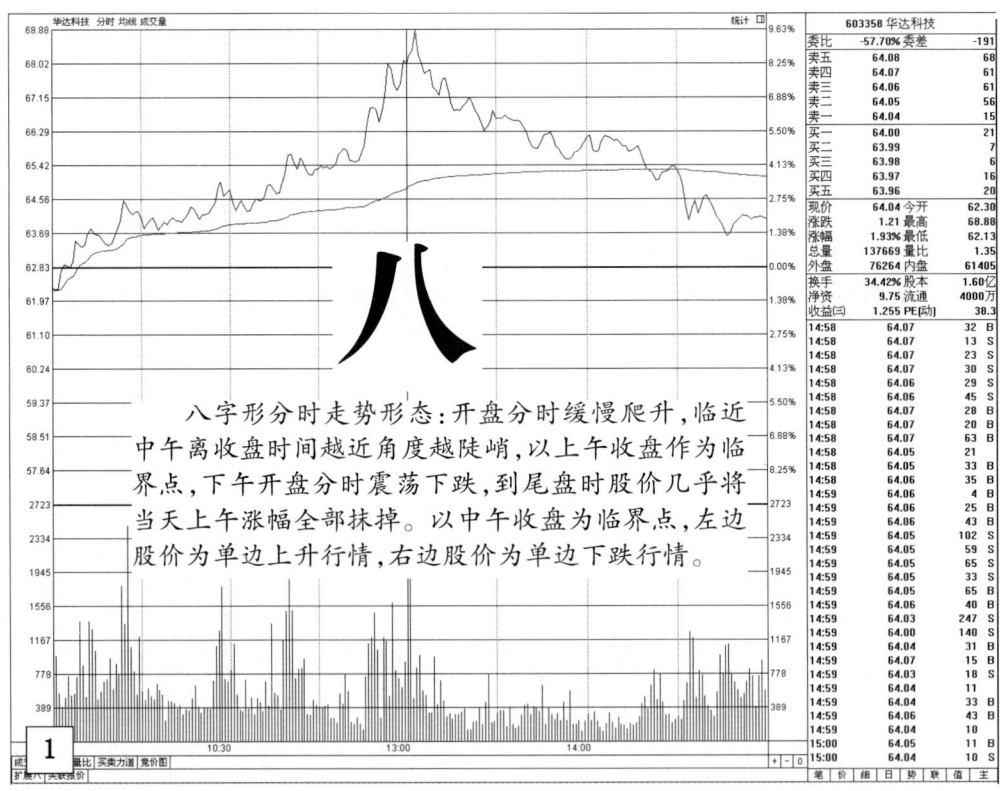

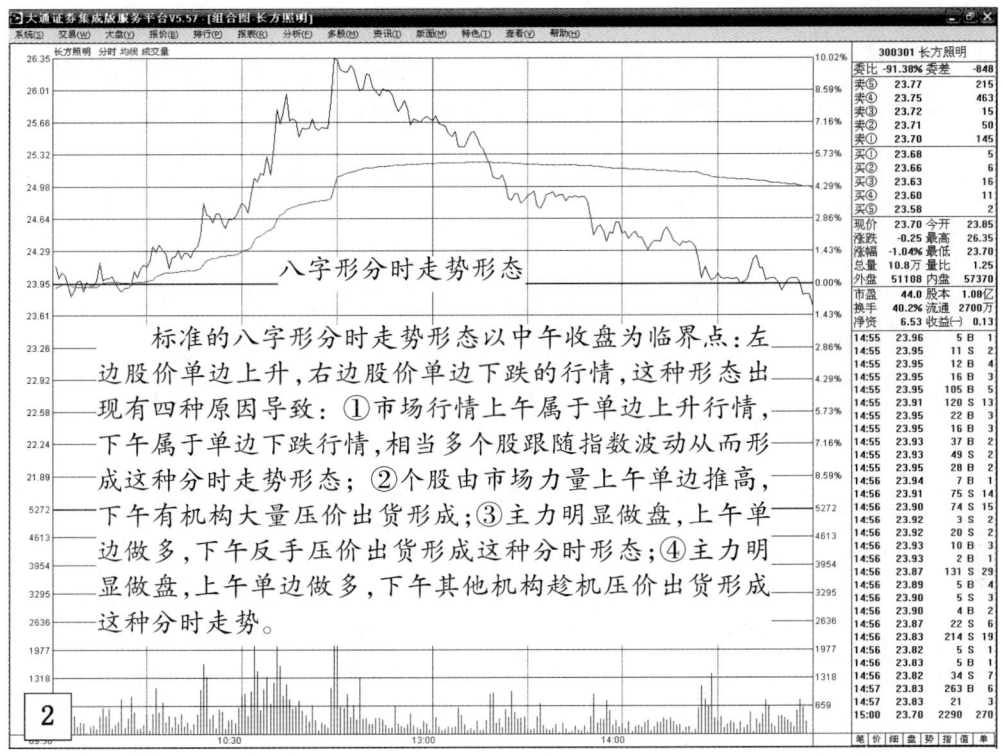

证券代码	证券简称	换手率(%)	成交量(股)	成交金额(万元)
300301	长方照明	40.18	10850000	27064

买入金额最大的前5名

营业部或交易单元名称	买入金额(元)	卖出金额(元)
中国银河证券杭州解放路证券营业部	4489293.85	25012.00
光大证券杭州庆春路证券营业部	3851354.00	4259643.40
华泰证券福州六一中路证券营业部	3844124.00	3976495.02
中信证券上海长寿路证券营业部	3681367.92	6184549.70
中国中投证券杭州环球中心证券营业部	3535823.25	39437.00

卖出金额最大的前5名

营业部或交易单元名称	买入金额(元)	卖出金(元)
广发证券深圳民田路证券营业部	2764.00	23237695.13
方正证券杭州延安路证券营业部	0.00	6768233.50
中信证券上海长寿路证券营业部	3681367.92	6184549.7
国盛证券抚州赣东大道证券营业部	14560.00	4797018.40
方正证券台州解放路证券营业部	67789.00	4540099.00

主力行为盘口解密(七)

分析长方集团八字形分时走势形态当天的公开数据,该股当天总成交金额2.7亿元,买入前五名营业部买入量都在300万~500万元之间,从该数据看当天股价上涨明显是市场环境较好大众力量共同推高的。看卖出数据卖出第二名至第五名营业部在400万~600万元之间,对比当天该股总量,这几大营业部单个卖出占比也小,而卖出第一名广发证券深圳民田路证券营业部卖出量达2324万元,占当天总量2.7亿元的8.6%,这个比例已经不小了,该股下午股价单边下跌与该机构压价大量出货有直接关系。这是个股盘口八字形分时走势形态下午明显有机构出货的代表性品种。

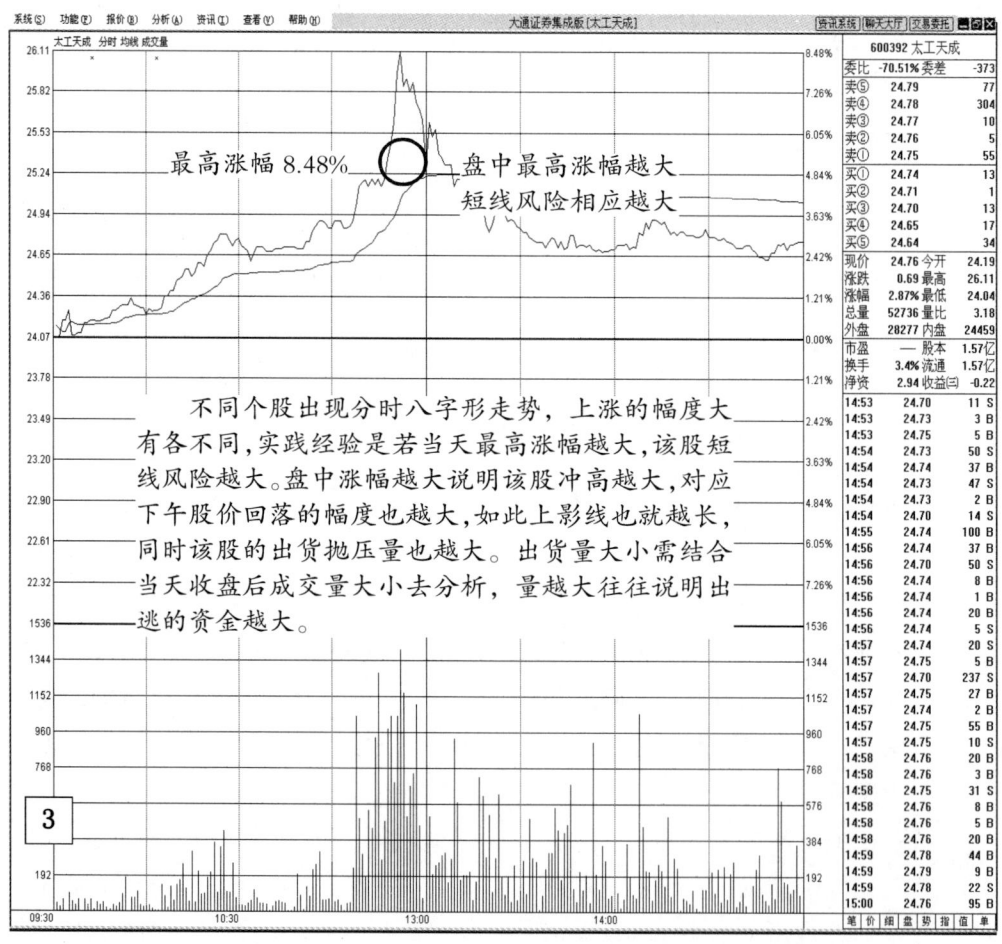

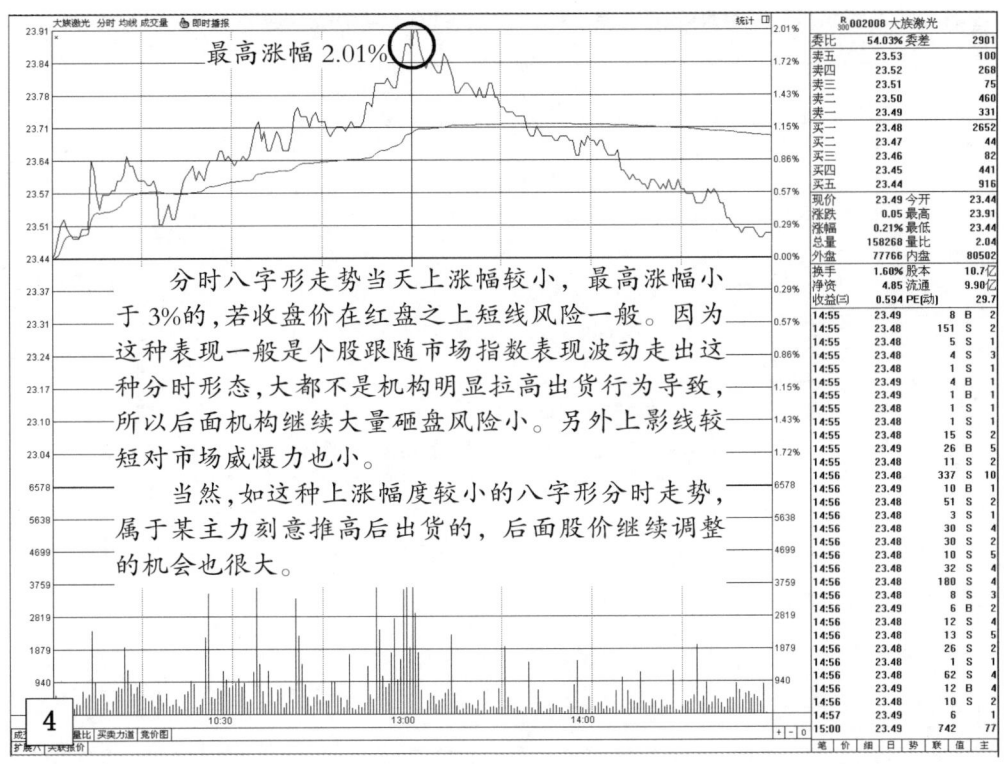

分时八字形走势当天上涨幅较小，最高涨幅小于3%的，若收盘价在红盘之上短线风险一般。因为这种表现一般是个股跟随市场指数表现波动走出这种分时形态，大都不是机构明显拉高出货行为导致，所以后面机构继续大量砸盘风险小。另外上影线较短对市场威慑力也小。

当然，如这种上涨幅度较小的八字形分时走势，属于某主力刻意推高后出货的，后面股价继续调整的机会也很大。

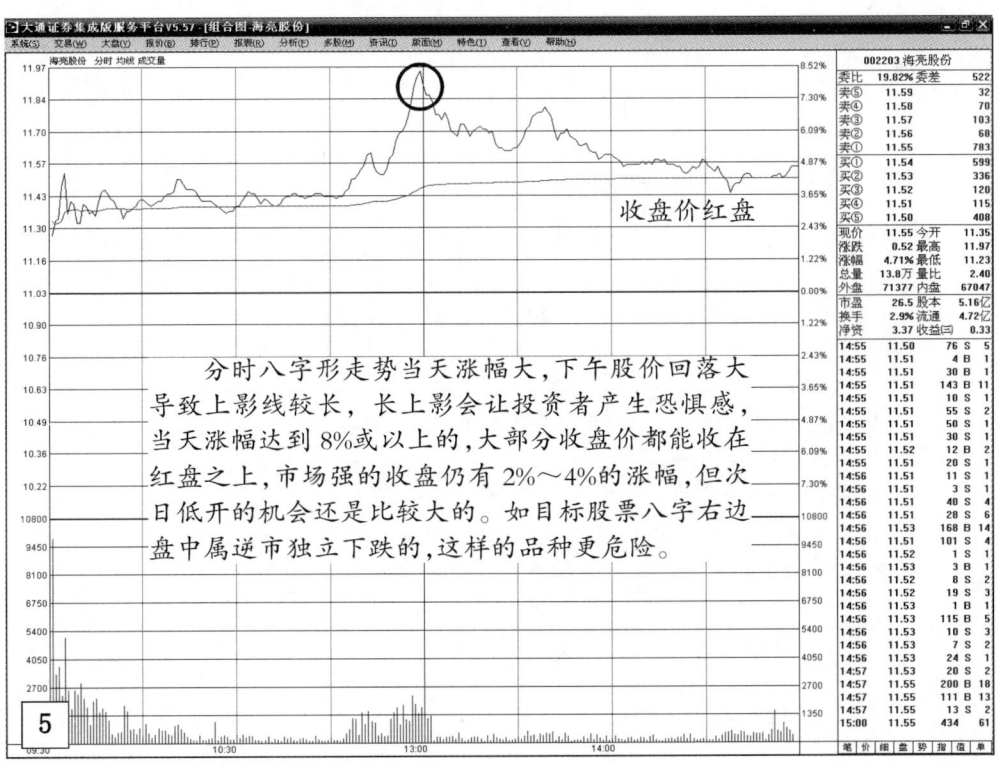

分时八字形走势当天涨幅大，下午股价回落大导致上影线较长，长上影会让投资者产生恐惧感，当天涨幅达到8%或以上的，大部分收盘价都能收在红盘之上，市场强的收盘仍有2%~4%的涨幅，但次日低开的机会还是比较大的。如目标股票八字右边盘中属逆市独立下跌的，这样的品种更危险。

主力行为盘口解密(七)

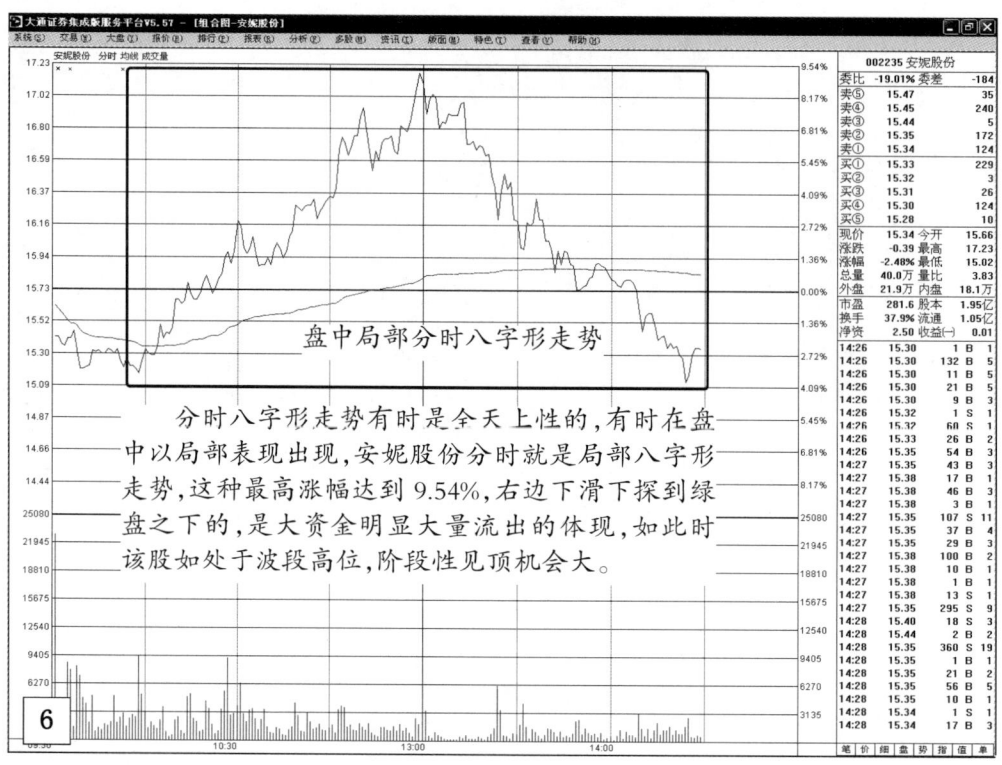

分时八字形走势有时是全天上性的,有时在盘中以局部表现出现,安妮股份分时就是局部八字形走势,这种最高涨幅达到9.54%,右边下滑下探到绿盘之下的,是大资金明显大量流出的体现,如此时该股如处于波段高位,阶段性见顶机会大。

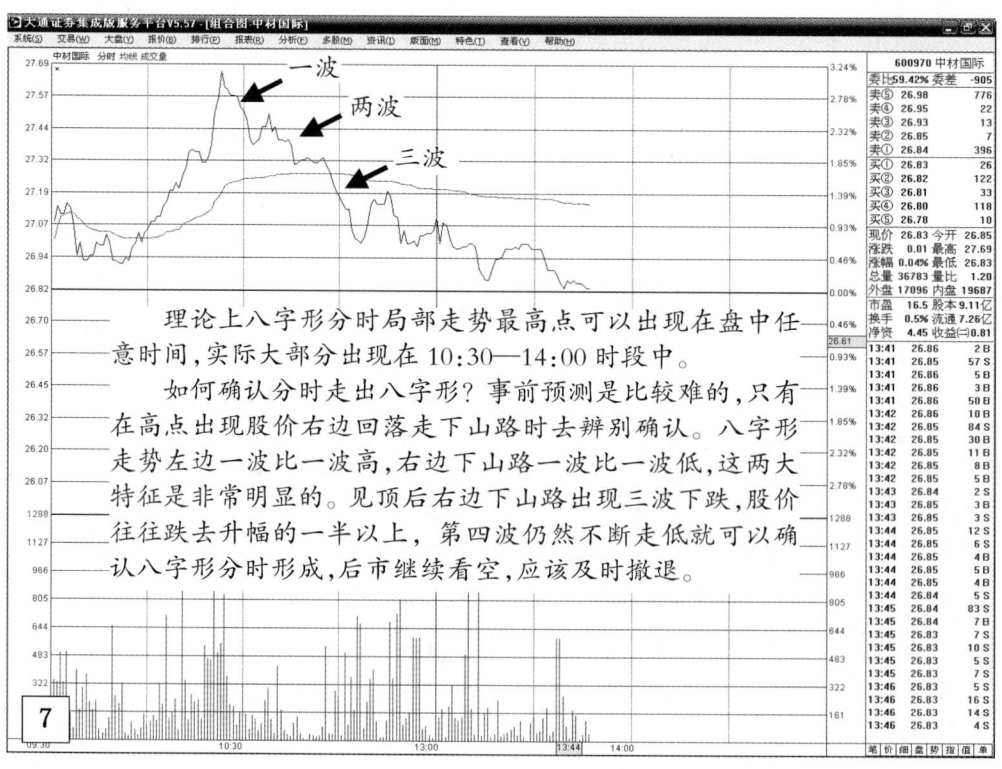

理论上八字形分时局部走势最高点可以出现在盘中任意时间,实际大部分出现在10:30—14:00时段中。

如何确认分时走出八字形?事前预测是比较难的,只有在高点出现股价右边回落走下山路时去辨别确认。八字形走势左边一波比一波高,右边下山路一波比一波低,这两大特征是非常明显的。见顶后右边下山路出现三波下跌,股价往往跌去升幅的一半以上,第四波仍然不断走低就可以确认八字形分时形成,后市继续看空,应该及时撤退。

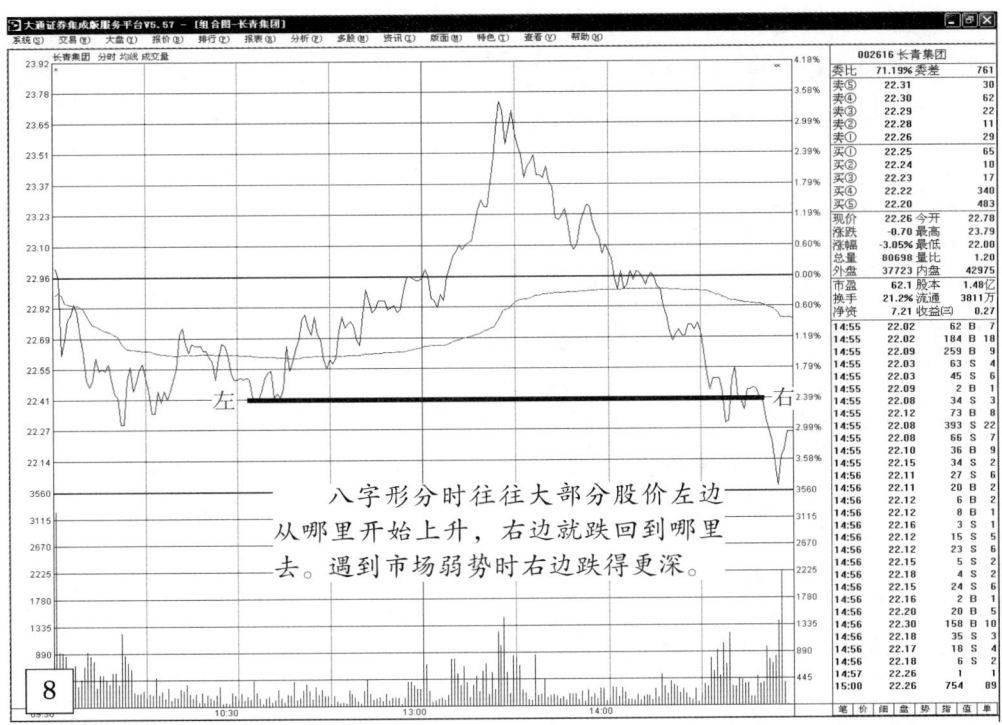

无论是全天八字形分时，还是盘中局部八字形分时走势，强势的一般都在红盘之上收盘，而弱势的大都收在绿盘之下，遇到市场不好跳水时也大都收在绿盘之下。所拿品种出现八字形分时，不要因为股价比当天高点低了很多而犹豫不决不肯卖出，在波段高位出现八字形分时多是见顶的第一天。

分时强势整理上升状态

个股盘中表现起起落落，在没有T+0的情况下心理容易紧张的投资者面对盘口，总是表现得患得患失、提心吊胆，升了怕跌回来、跌了怕跌得更多，所以无论是升还是跌，总免不了产生害怕和恐惧心理，持股者怕、选股者也怕，持股者怕自己的股票下跌走弱，选股者怕所选的个股一进去就被套。

大盘无论是升还是跌，盘中总有个股红盘上升，这些品种中既有顺势表现的也有逆市运行的。个股顺势表现可能是市场力量作为主导推动，也可能有机构在其中作为主导力量干预影响股价涨跌和方向，盘中逆市明显上行的个股大都是有机构在其中，对于一般散户自然最喜欢逆市表现强势个股。

主力行为盘口解密(七)

出现一气呵成连续拉升直接涨停的个股每日都只是少数，大部分个股盘中每上一台阶后都出现休整再继续上行。除了上升阶段，横盘也是最能体现个股表现是否强势的时间，分时怎么样的横盘表现才是最强势最有机会继续上一台阶的，笔者整理了这一类型的分时供大家参考。

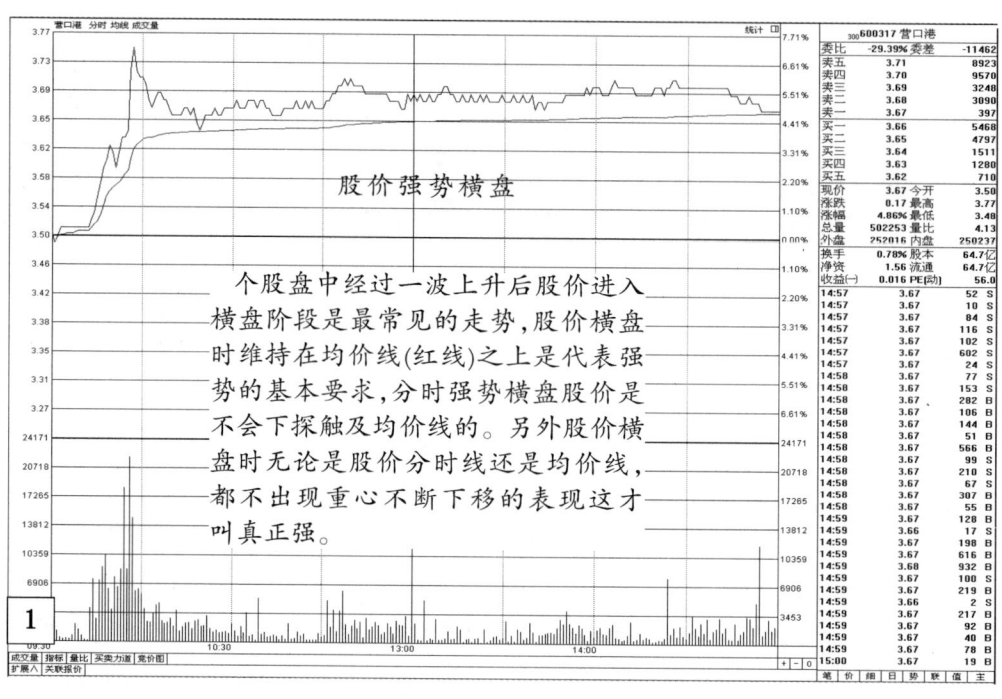

个股盘中经过一波上升后股价进入横盘阶段是最常见的走势，股价横盘时维持在均价线(红线)之上是代表强势的基本要求，分时强势横盘股价是不会下探触及均价线的。另外股价横盘时无论是股价分时线还是均价线，都不出现重心不断下移的表现这才叫真正强。

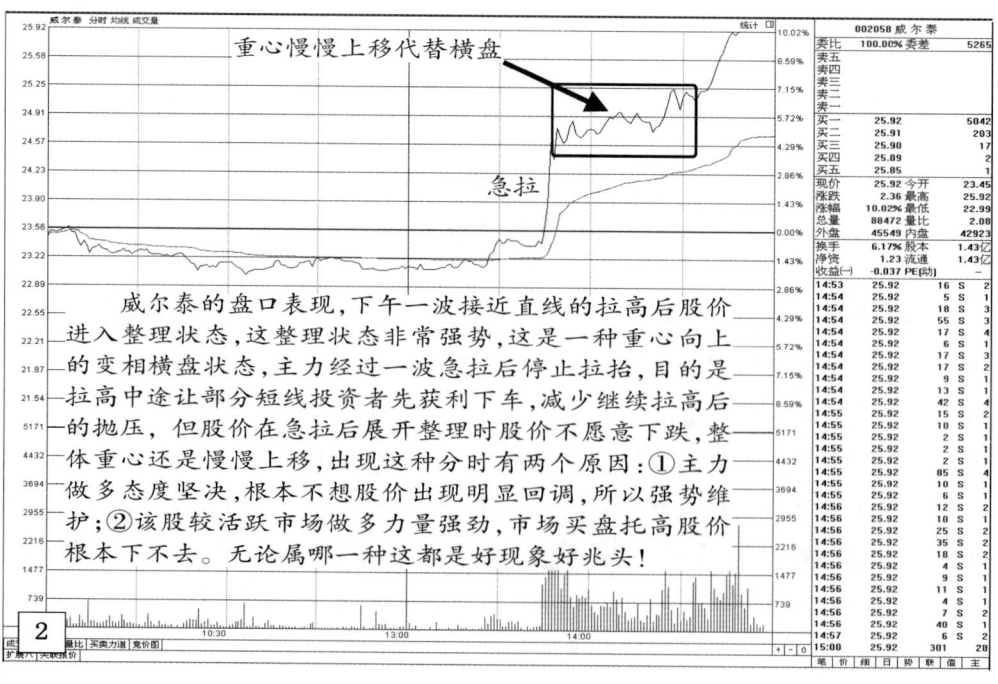

威尔泰的盘口表现，下午一波接近直线的拉高后股价进入整理状态，这整理状态非常强势，这是一种重心向上的变相横盘状态，主力经过一波急拉后停止拉抬，目的是拉高中途让部分短线投资者先获利下车，减少继续拉高后的抛压，但股价在急拉后展开整理时股价不愿意下跌，整体重心还是慢慢上移，出现这种分时有两个原因：①主力做多态度坚决，根本不想股价出现明显回调，所以强势维护；②该股较活跃市场做多力量强劲，市场买盘托高股价根本下不去。无论属哪一种这都是好现象好兆头！

160

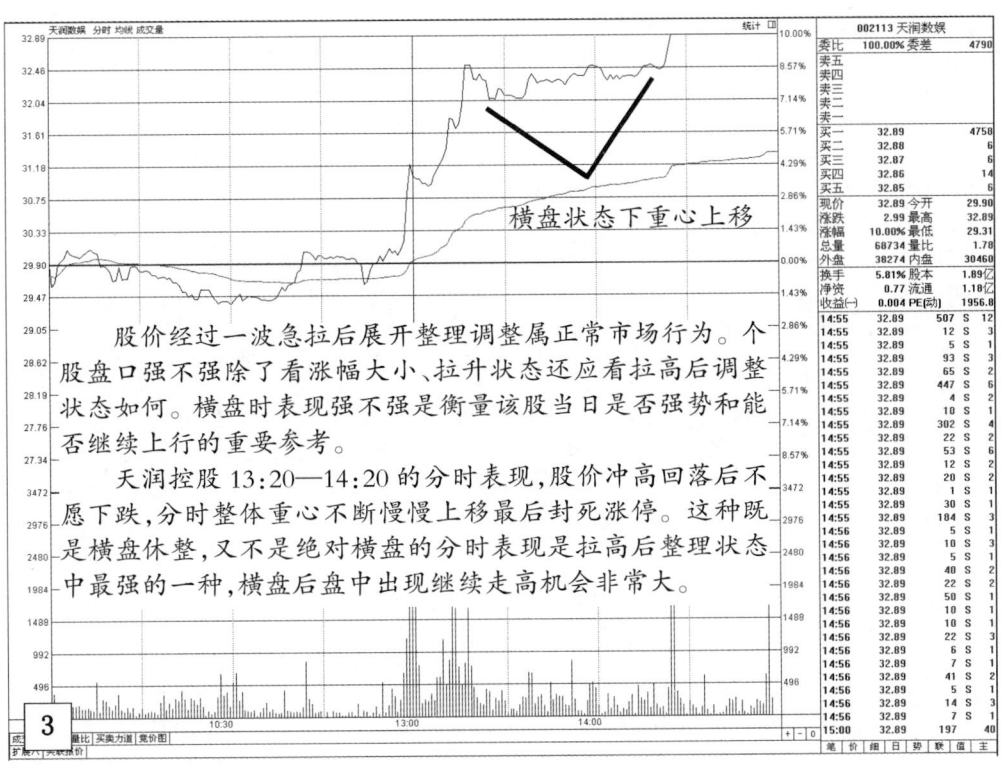

股价经过一波急拉后展开整理调整属正常市场行为。个股盘口强不强除了看涨幅大小、拉升状态还应看拉高后调整状态如何。横盘时表现强不强是衡量该股当日是否强势和能否继续上行的重要参考。

天润控股 13:20—14:20 的分时表现,股价冲高回落后不愿下跌,分时整体重心不断慢慢上移最后封死涨停。这种既是横盘休整,又不是绝对横盘的分时表现是拉高后整理状态中最强的一种,横盘后盘中出现继续走高机会非常大。

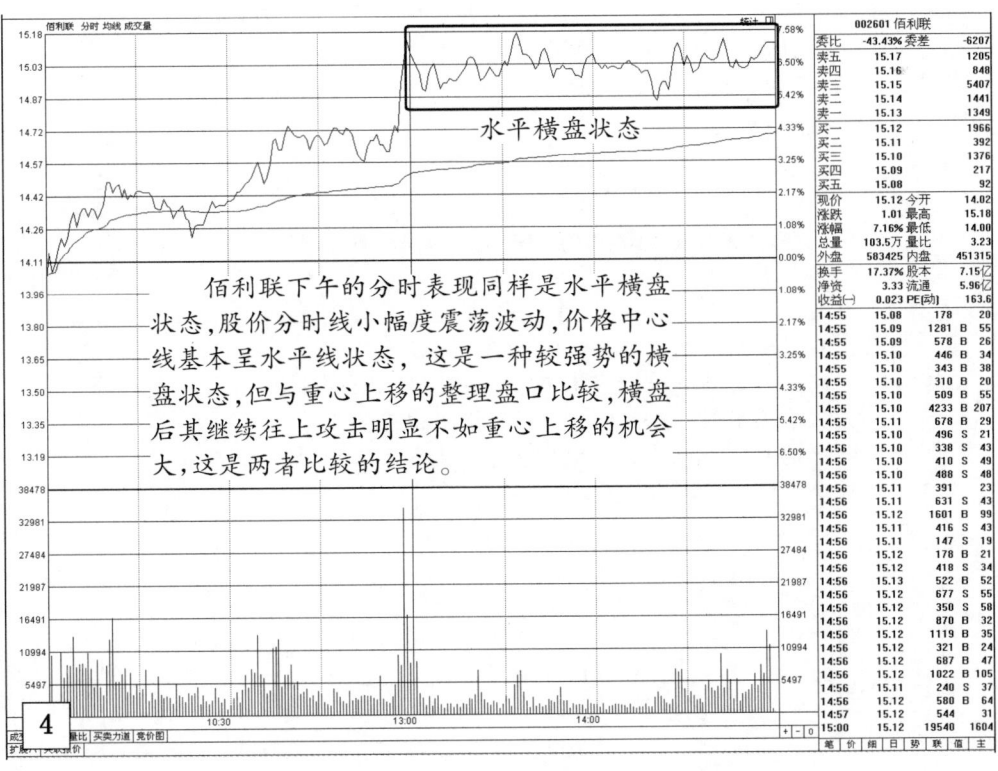

佰利联下午的分时表现同样是水平横盘状态,股价分时线小幅度震荡波动,价格中心线基本呈水平线状态,这是一种较强势的横盘状态,但与重心上移的整理盘口比较,横盘后其继续往上攻击明显不如重心上移的机会大,这是两者比较的结论。

主力行为盘口解密（七）

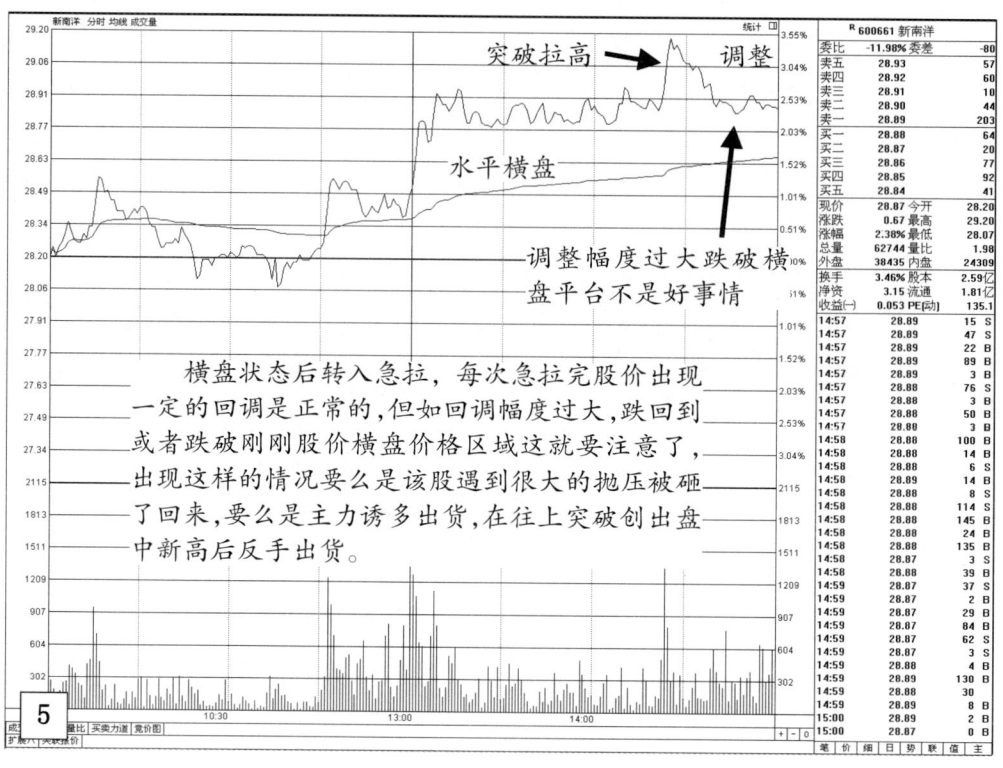

横盘状态后转入急拉，每次急拉完股价出现一定的回调是正常的，但如回调幅度过大，跌回到或者跌破刚刚股价横盘价格区域这就要注意了，出现这样的情况要么是该股遇到很大的抛压被砸了回来，要么是主力诱多出货，在往上突破创出盘中新高后反手出货。

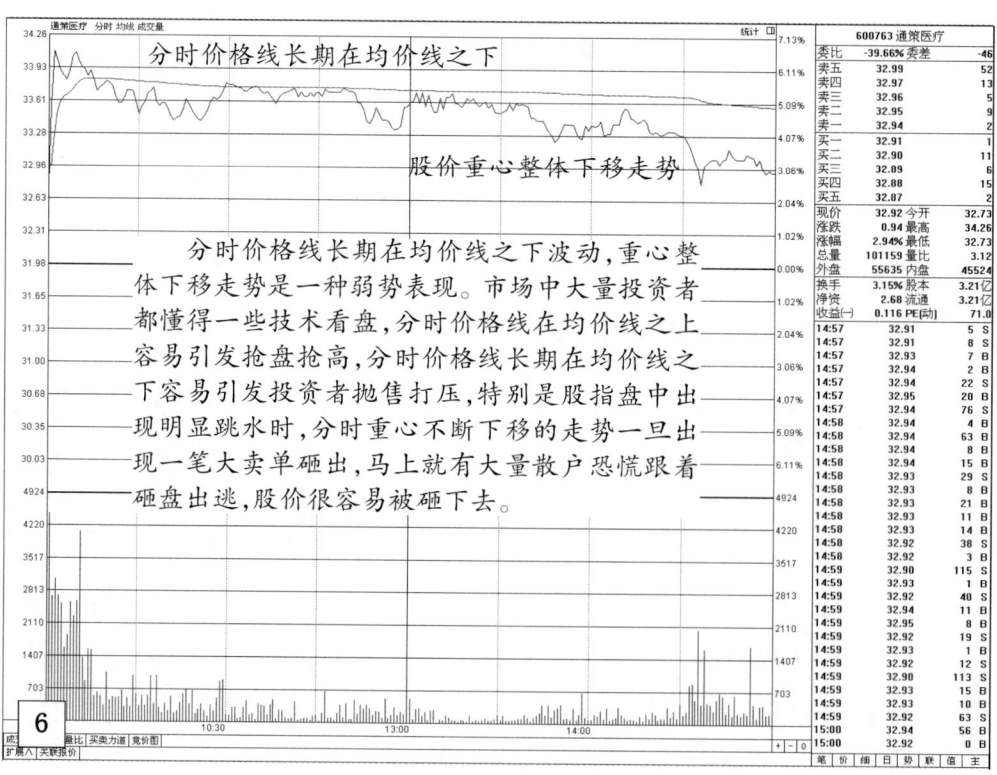

分时价格线长期在均价线之下波动，重心整体下移走势是一种弱势表现。市场中大量投资者都懂得一些技术看盘，分时价格线在均价线之上容易引发抢盘抢高，分时价格线长期在均价线之下容易引发投资者抛售打压，特别是股指盘中出现明显跳水时，分时重心不断下移的走势一旦出现一笔大卖单砸出，马上就有大量散户恐慌跟着砸盘出逃，股价很容易被砸下去。

第五章

主力出其不意的操盘绝招

出其不意，出自《孙子·计篇》："兵者，诡道……攻其无备，出其不意。"

趁对方没有意料到就采取行动，该词用于描述主力之操盘手段非常贴切，在股市中主力操盘手无论是吸筹、拉高、出货往往总有出其不意、攻其无备的计划与招式。这些计划和招式在盘口中，特别是分时走势中最明显清晰体现出来，本文以冠农股份和模塑科技两股表现为例，讲讲主力盘中是如何利用各种各样的招式出其不意实施突袭出逃的。

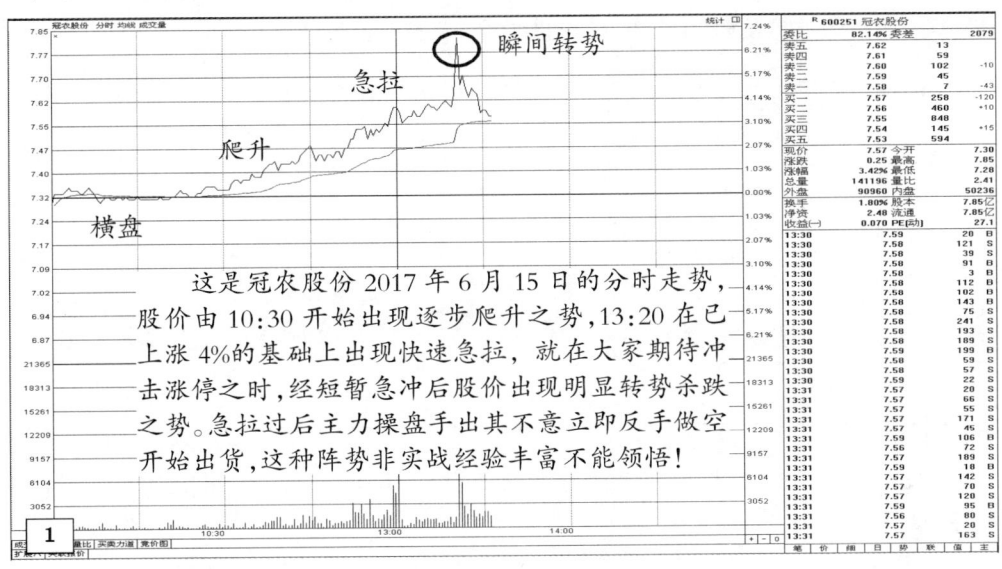

这是冠农股份2017年6月15日的分时走势，股价由10:30开始出现逐步爬升之势，13:20在已上涨4%的基础上出现快速急拉，就在大家期待冲击涨停之时，经短暂急冲后股价出现明显转势杀跌之势。急拉过后主力操盘手出其不意立即反手做空开始出货，这种阵势非实战经验丰富不能领悟！

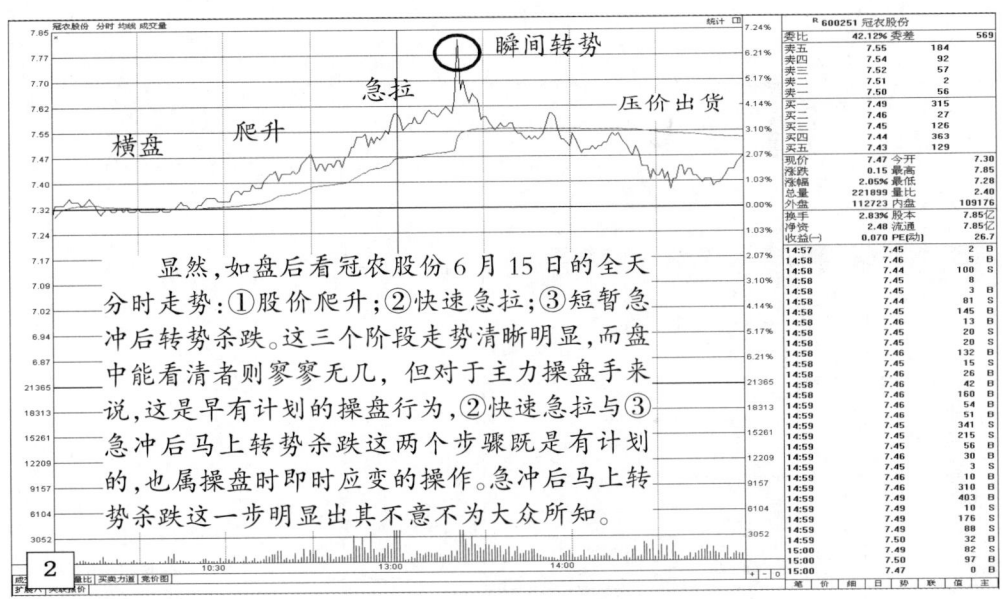

显然，如盘后看冠农股份6月15日的全天分时走势：①股价爬升；②快速急拉；③短暂急冲后转势杀跌。这三个阶段走势清晰明显，而盘中能看清者则寥寥无几，但对于主力操盘手来说，这是早有计划的操盘行为，②快速急拉与③急冲后马上转势杀跌这两个步骤既是有计划的，也属操盘时即时应变的操作。急冲后马上转势杀跌这一步明显出其不意不为大众所知。

163

主力行为盘口解密(七)

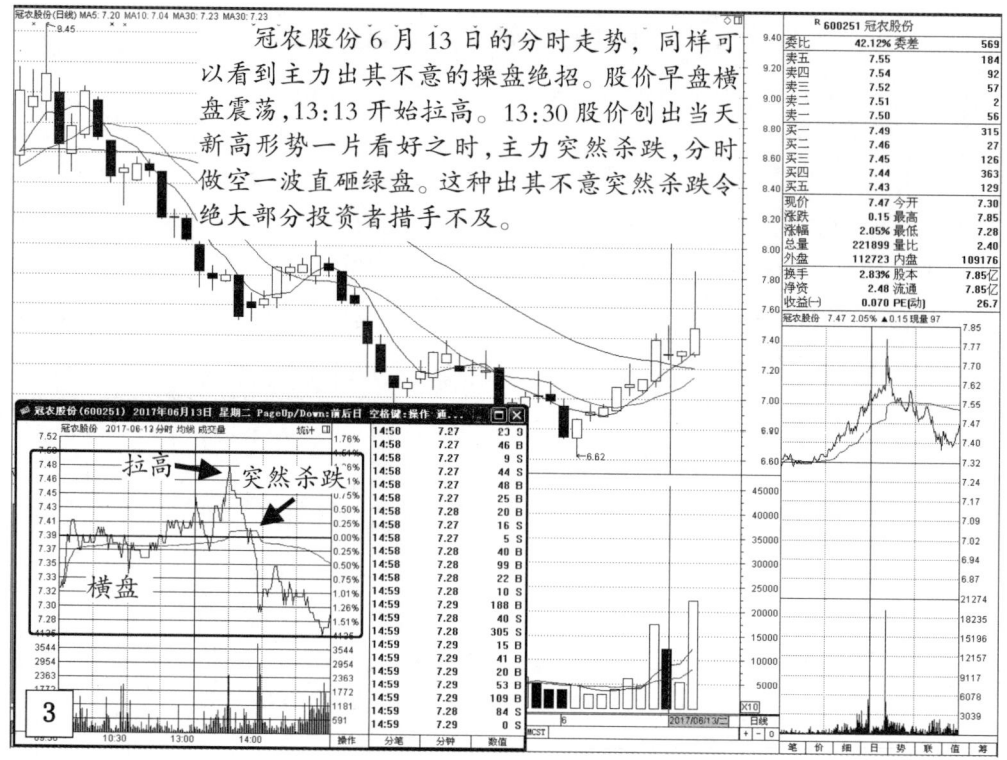

冠农股份 6 月 13 日的分时走势，同样可以看到主力出其不意的操盘绝招。股价早盘横盘震荡，13:13 开始拉高。13:30 股价创出当天新高形势一片看好之时，主力突然杀跌，分时做空一波直砸绿盘。这种出其不意突然杀跌令绝大部分投资者措手不及。

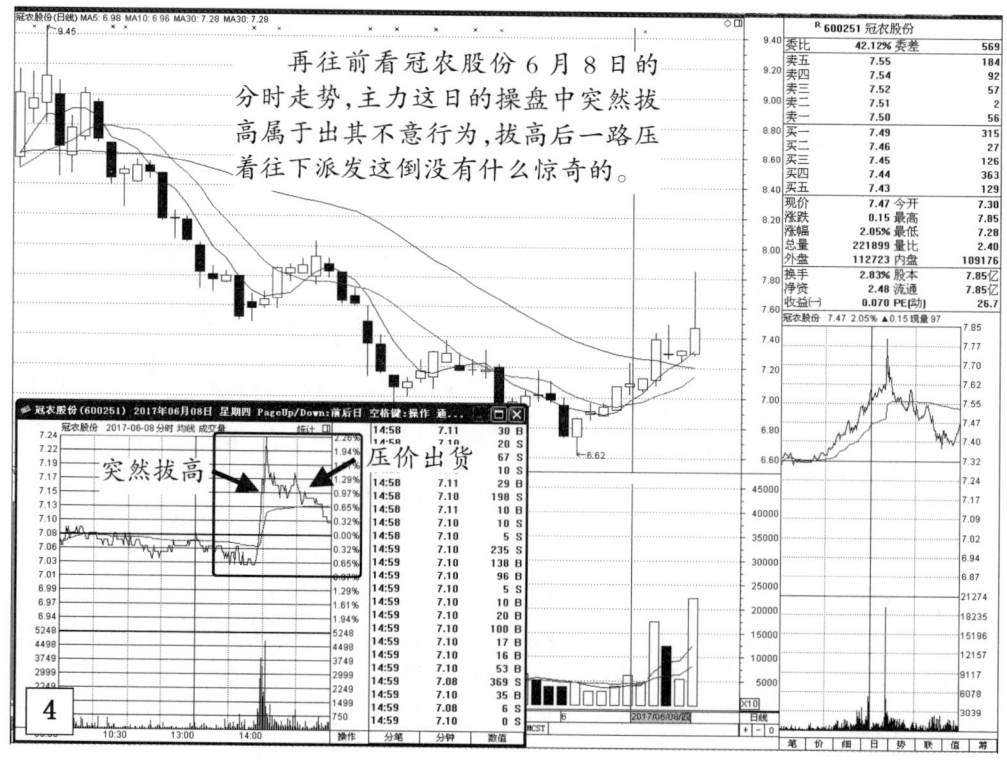

再往前看冠农股份 6 月 8 日的分时走势，主力这日的操盘中突然拔高属于出其不意行为，拔高后一路压着往下派发这倒没有什么惊奇的。

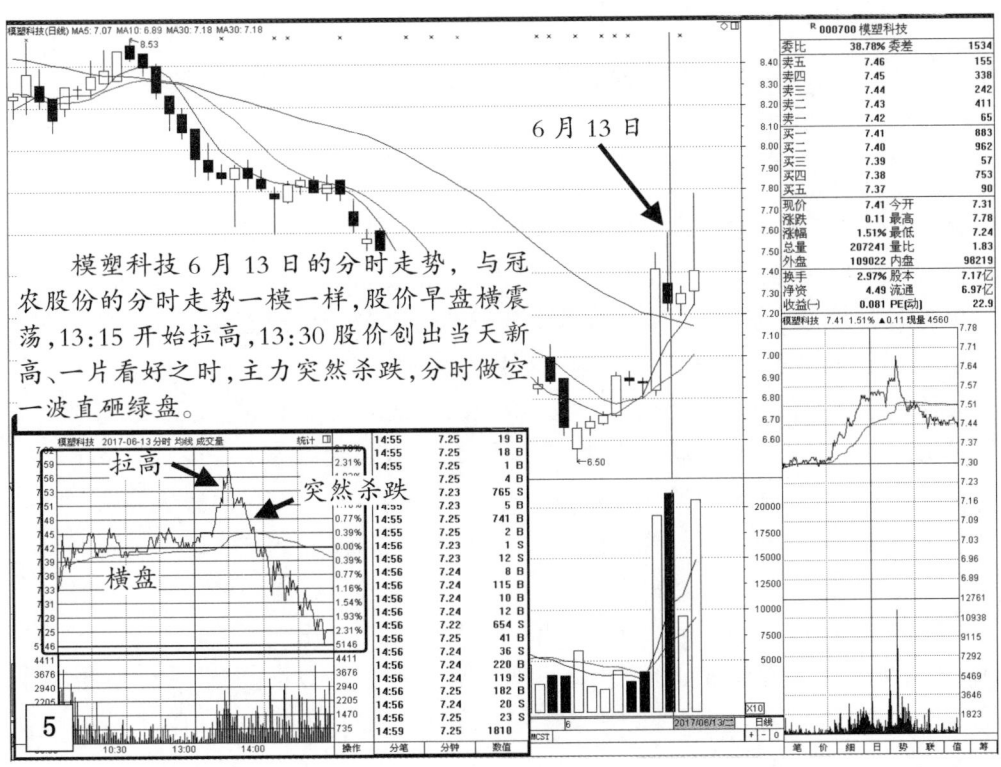

模塑科技6月13日的分时走势,与冠农股份的分时走势一模一样,股价早盘横震荡,13:15开始拉高,13:30股价创出当天新高、一片看好之时,主力突然杀跌,分时做空一波直砸绿盘。

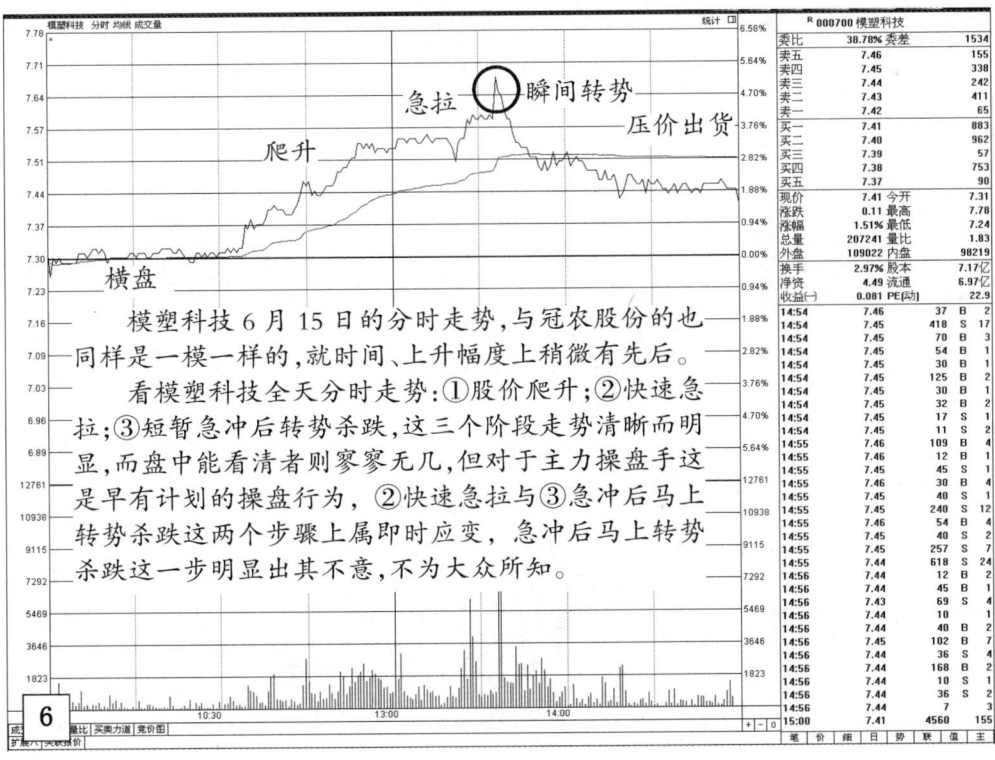

模塑科技6月15日的分时走势,与冠农股份的也同样是一模一样的,就时间、上升幅度上稍微有先后。

看模塑科技全天分时走势:①股价爬升;②快速急拉;③短暂急冲后转势杀跌,这三个阶段走势清晰而明显,而盘中能看清者则寥寥无几,但对于主力操盘手这是早有计划的操盘行为,②快速急拉与③急冲后马上转势杀跌这两个步骤上属即时应变,急冲后马上转势杀跌这一步明显出其不意,不为大众所知。

165

主力行为盘口解密(七)

认识并远离有这种危险盘口的股票

个股表现有升、跌、平三种状态,涨跌预测分析与数学中的概率学有关,一次随机预测某个股某日的表现带有偶然性,升、跌、平的发生概率各为33.33%,但个股在特定条件下的表现往往呈现出某种明显的规律性。什么状况下个股出现上升或者下跌的概率特别大?这些需要每一位投资者进行大量的研究总结,从无序的变化中总结出一定的规律。

什么样的股票可以大胆买?什么样的股票千万不能买?这问题看似简单,要回答实际并不容易。要回答以上两个问题,就要找出大概率上升或大概率下跌的特别股票。本文从回避风险角度出发,介绍市场中一种下行风险较大的个股盘口特征,个股出现这种盘口,当天股价震荡走低,次日低开低走的概率很大。

涨停板是目前A股交易制度下个股上升时的一种极端状态,是市场极度看好股价短线上行的一种表现,但如在涨停板封死后卖盘出现巨大卖单砸盘,则情况可能有转变。当涨停板遭遇卖单瞬间将封涨单大部分或全部砸掉时,该股能不能维持极端强势就要继续观察判断了。下面结合个股盘中交易盘口细节介绍这种较为危险的盘口特征。

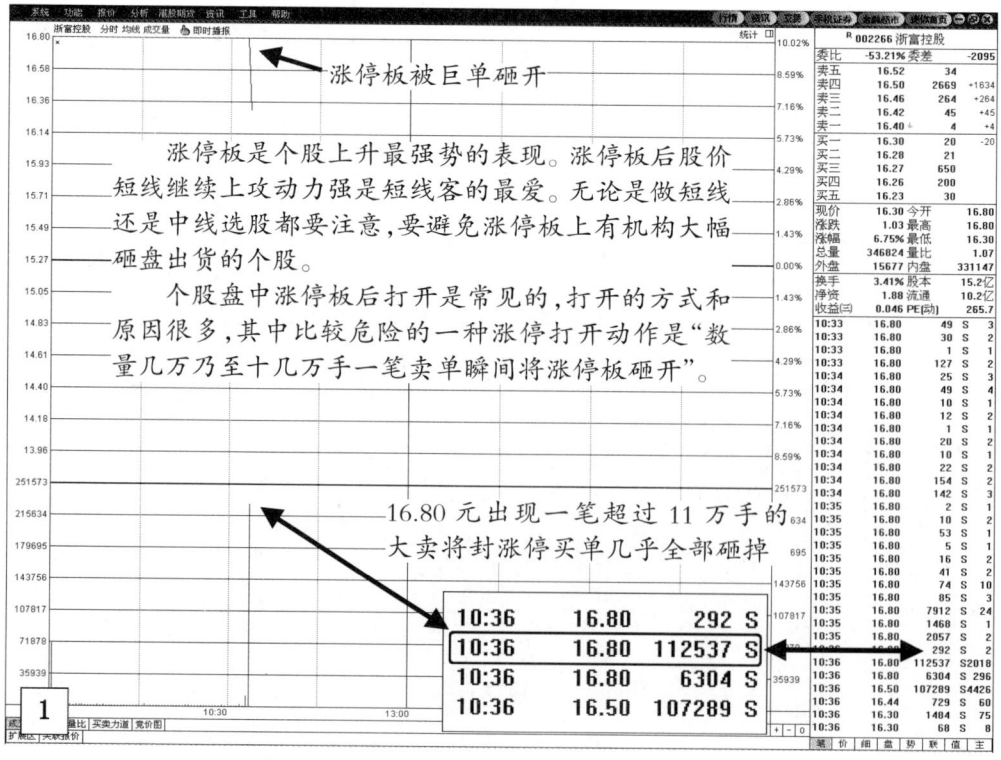

166

第五章

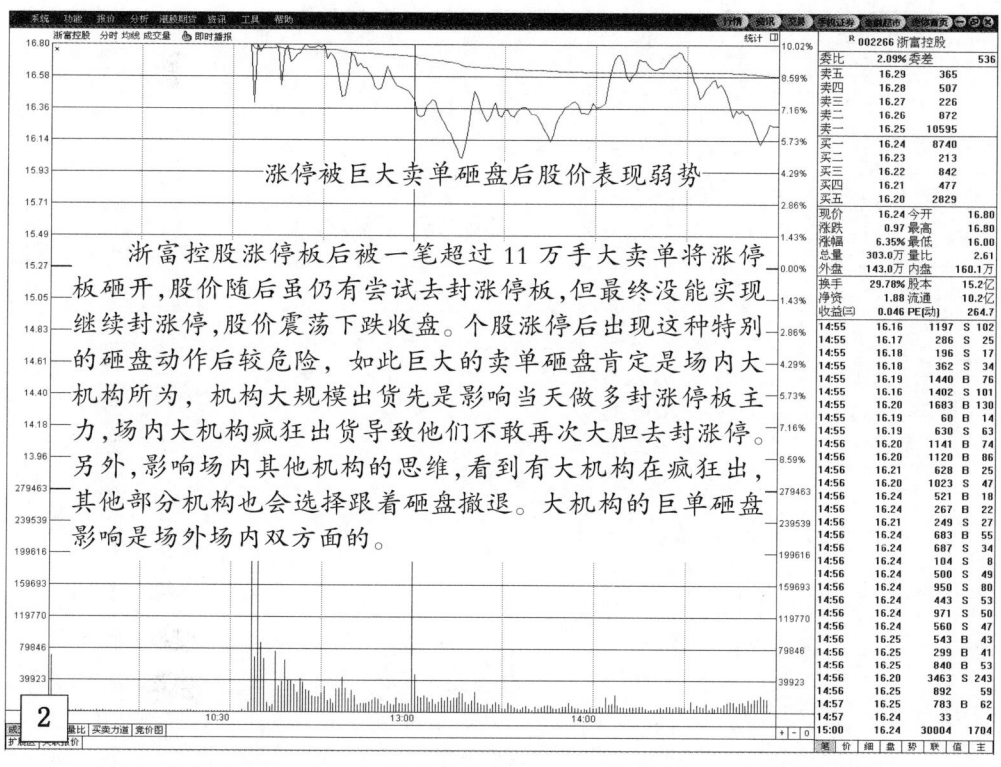

涨停被巨大卖单砸盘后股价表现弱势

浙富控股涨停板后被一笔超过11万手大卖单将涨停板砸开，股价随后虽仍有尝试去封涨停板，但最终没能实现继续封涨停，股价震荡下跌收盘。个股涨停后出现这种特别的砸盘动作后较危险，如此巨大的卖单砸盘肯定是场内大机构所为，机构大规模出货先是影响当天做多封涨停板主力，场内大机构疯狂出货导致他们不敢再次大胆去封涨停。另外，影响场内其他机构的思维，看到有大机构在疯狂出，其他部分机构也会选择跟着砸盘撤退。大机构的巨单砸盘影响是场外场内双方面的。

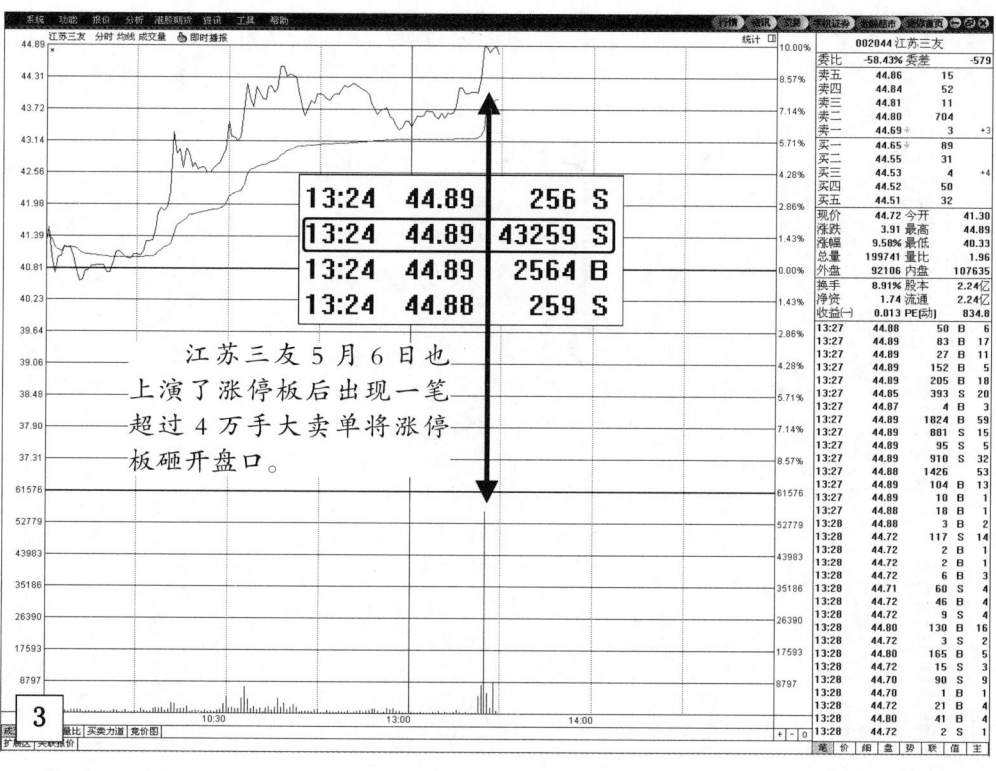

江苏三友5月6日也上演了涨停板后出现一笔超过4万手大卖单将涨停板砸开盘口。

主力行为盘口解密(七)

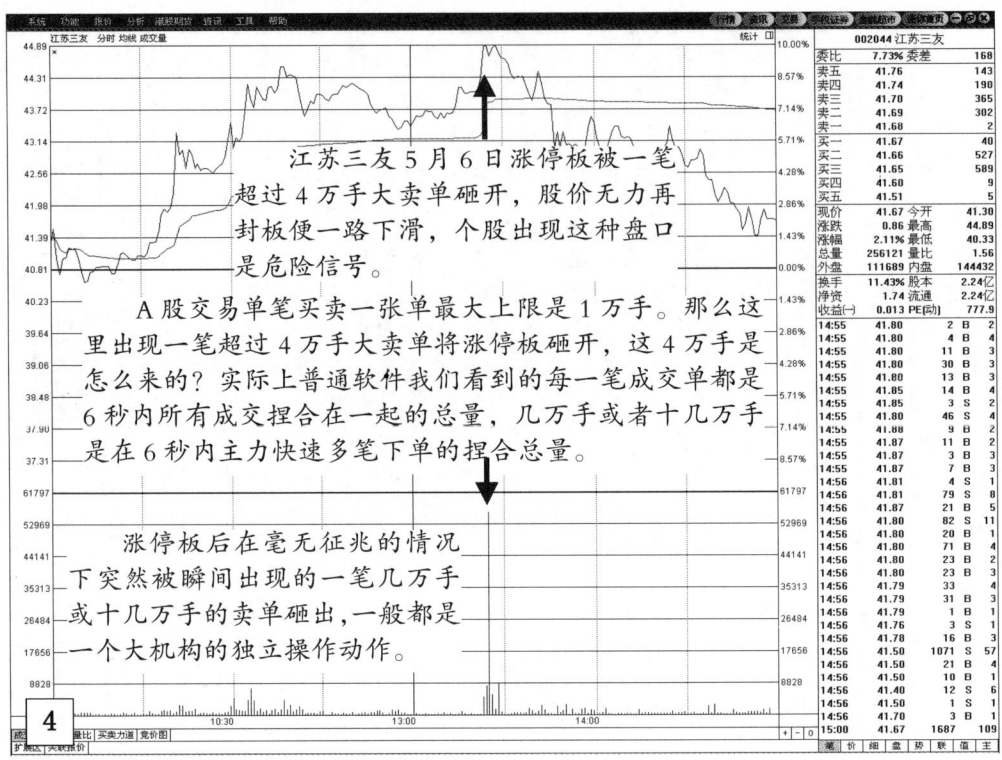

江苏三友5月6日涨停板被一笔超过4万手大卖单砸开，股价无力再封板便一路下滑，个股出现这种盘口是危险信号。

A股交易单笔买卖一张单最大上限是1万手。那么这里出现一笔超过4万手大卖单将涨停板砸开，这4万手是怎么来的？实际上普通软件我们看到的每一笔成交单都是6秒内所有成交捏合在一起的总量，几万手或者十几万手是在6秒内主力快速多笔下单的捏合总量。

涨停板后在毫无征兆的情况下突然被瞬间出现的一笔几万手或十几万手的卖单砸出，一般都是一个大机构的独立操作动作。

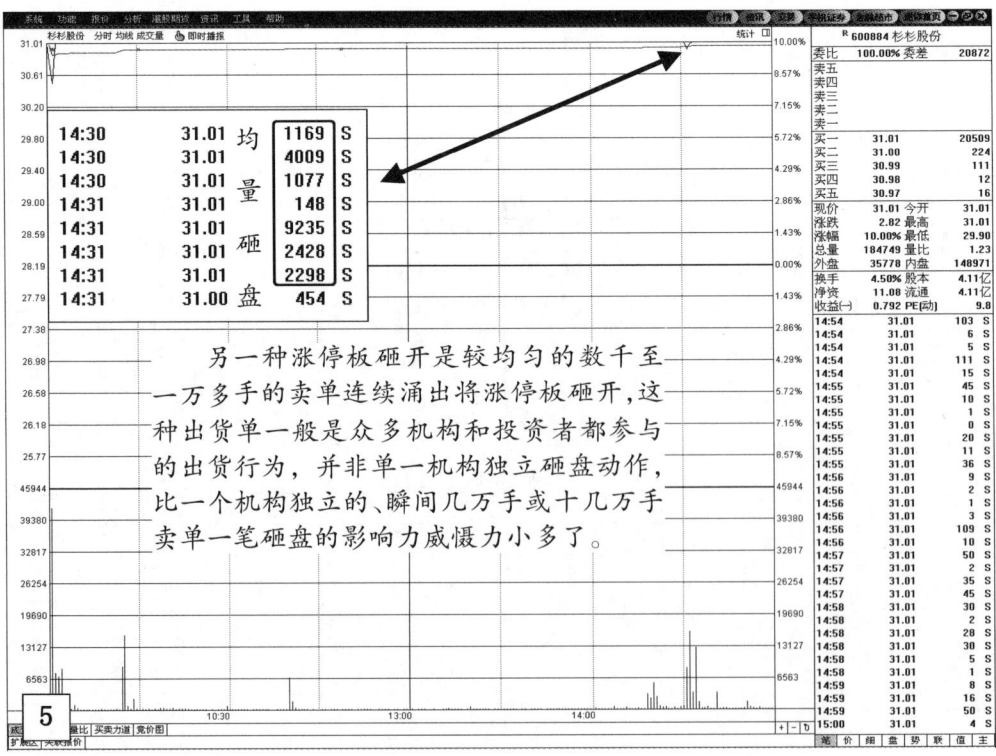

另一种涨停板砸开是较均匀的数千至一万多手的卖单连续涌出将涨停板砸开，这种出货单一般是众多机构和投资者都参与的出货行为，并非单一机构独立砸盘动作，比一个机构独立的、瞬间几万手或十几万手卖单一笔砸盘的影响力威慑力小多了。

168

第六章

温州帮的短线滚动操盘

温州帮是以上海证券温州月乐西街、长江证券温州车站大道、上海证券温州永嘉环城西路、上海证券温州永中西路证券这几个营业部为核心，上海、青岛、广州多个营业部分仓为辅专门做涨停的一个游资机构。温州帮所做的股票在分时与盘口上人为干预操纵痕迹较明显，巨量对敲是他们必不可少的操作，连续拉升多是连续涨停。出货时非常坚决，多以连续跌停方式出逃毫不手软。

温州帮的操盘基本思路并不复杂，根据该机构之前大量操作品种的公开数据发现，该主力运作的品种总是先提前数日入场拿货建仓，到拉升时出手就是涨停，连续两至三个涨停很常见，出货方式是直接往下打压派货，盘中对敲动作明显，分时走势表现怪异。

温州帮的操作术也是资金优势加操盘技巧，无论在拉升阶段还是出货阶段都有操纵价格的动作而且操纵动作特别明显。下面以安德利（603031）为例看看温州帮操盘时留下的做盘痕迹。

上海证券交易所每日交易信息 交易日期（2016年9月14日）

证券代码	证券简称	换手率(%)	成交量(股)	成交金额(万元)
603031	安德利	55.64	11127341	72687.63

买入营业部名称	累计买入金额(元)
上海证券有限责任公司温州月乐西街证券营业部	96872943.00
长江证券股份有限公司温州车站大道证券营业部	35392683.22
华鑫证券有限责任公司乐清双雁路证券营业部	29576469.45
上海证券有限责任公司温州永嘉环城西路证券营业部	18804486.00
上海证券有限责任公司温州永中西路证券营业部	16408749.00

卖出营业部名称	累计卖出金额(元)
国泰君安证券股份有限公司上海福山路证券营业部	28148075.84
华泰证券股份有限公司沈阳大西路证券营业部	10596377.00
湘财证券股份有限公司佛山祖庙路证券营业部	9178150.71
广发证券股份有限公司广州科韵路证券营业部	8102069.00
中国银河证券股份有限公司福州证券营业部	6718103.00

9月14日安德利首次涨停，温州帮大本营四个证券营业部上榜，当日共计买入达1.67亿元。

上海证券交易所每日交易信息（2016年9月19日）

证券代码	证券简称	换手率(%)	成交量(股)	成交金额(万元)
603031	安德利	41.03	8205223	59195.46

买入营业部名称	累计买入金额(元)
华鑫证券有限责任公司乐清双雁路证券营业部	41034047.00
长江证券股份有限公司温州车站大道证券营业部	31445245.12
国信证券股份有限公司乐清旭阳路证券营业部	22069090.00
恒泰证券股份有限公司瑞安拱瑞山路证券营业部	20537441.00
上海证券有限责任公司温州月乐西街证券营业部	20065617.60

卖出营业部名称	累计卖出金额(元)
上海证券有限责任公司温州月乐西街证券营业部	45948440.00
财通证券股份有限公司杭州文二西路证券营业部	14121913.00
中国银河证券股份有限公司杭州体育场路证券营业部	9487780.00
东兴证券股份有限公司泉州温陵北路证券营业部	7483860.00
招商证券股份有限公司成都人民南路证券营业部	7458002.00

9月19日周一安德利再次涨停时，温州帮长江证券温州车站大道营业部、上海证券温州月乐西街营业部继续大量买入，而同时月乐西街营业已经开始大量卖出4594万元。前二者是为了推高股价而买入，后者是在股价推高后高位卖出。这种交易并不是什么对倒对敲，叫滚动操作。主力为了拔高必须买入消化卖盘，拉高后减仓目的是减少总仓位持股量，一来一回就形成了滚动回转交易。

上海证券交易所每日交易信息（2016年9月21日）

证券代码	证券简称	换手率(%)	成交量(股)	成交金额(万元)
603031	安德利	58.61	11722064	92023.06

买入营业部名称	累计买入金额(元)
方正证券股份有限公司北京阜外大街证券营业部	60491728.00
中信证券股份有限公司上海东方路证券营业部	48665187.00
长江证券股份有限公司黄石武汉路证券营业部	34272862.00
中信建投证券股份有限公司北京市安立路证券营业部	32994159.00
中泰证券股份有限公司上海甘河路证券营业部	29251093.00

主力行为盘口解密(七)

卖出营业部名称	累计卖出金额(元)
上海证券有限责任公司温州月乐西街证券营业部	130594095.00
华鑫证券有限责任公司乐清双雁路证券营业部	69546225.00
国信证券股份有限公司乐清旭阳路证券营业部	60809163.00
长江证券股份有限公司温州车站大道证券营业部	44866894.00
方正证券股份有限公司温州丽岙中路证券营业部	21578100.00

9月21日安德利股价上午继续上行最高涨幅达9%,下午主力开始明显出货。

从当天公开数据来看,温州三个营业部共卖出1.97亿元,另外乐清的两个营业部精准跟进,又精准卖出,不得不怀疑也是温州帮的分仓。那么,9月21日安德利股价是谁推高的?从买入营业部来看,五大排名中有四个是北京和上海的,这其中必然有温州帮的分仓。

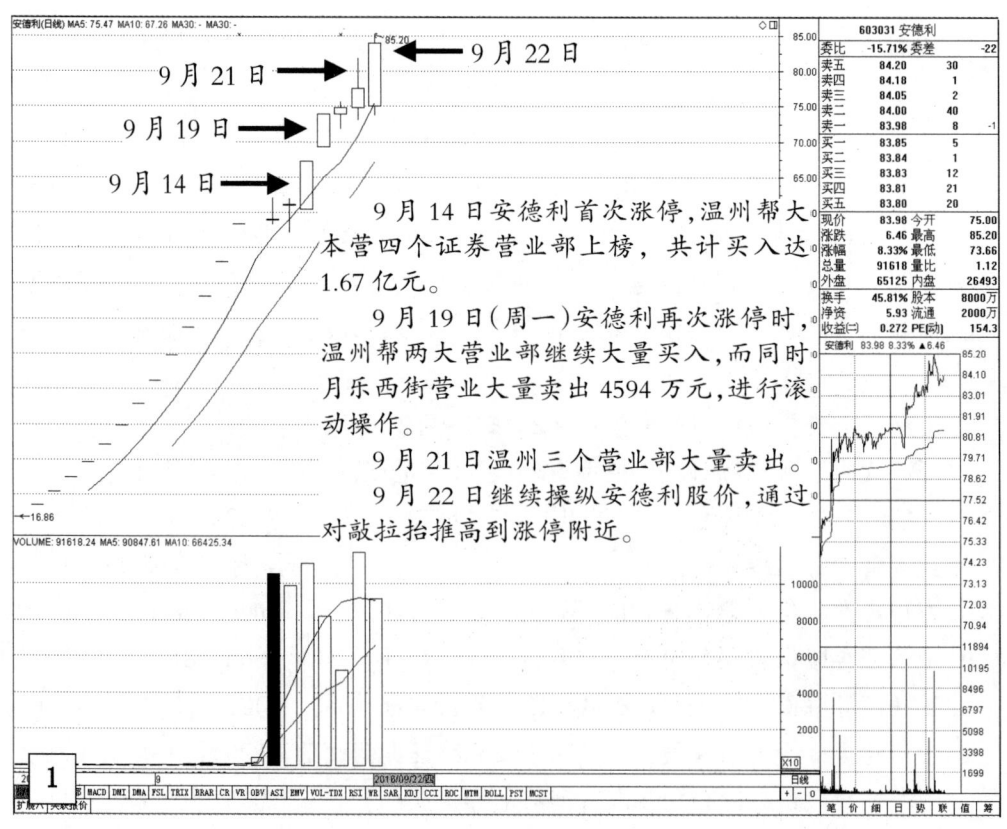

9月14日安德利首次涨停,温州帮大本营四个证券营业部上榜,共计买入达1.67亿元。

9月19日(周一)安德利再次涨停时,温州帮两大营业部继续大量买入,而同时月乐西街营业大量卖出4594万元,进行滚动操作。

9月21日温州三个营业部大量卖出。

9月22日继续操纵安德利股价,通过对敲拉抬推高到涨停附近。

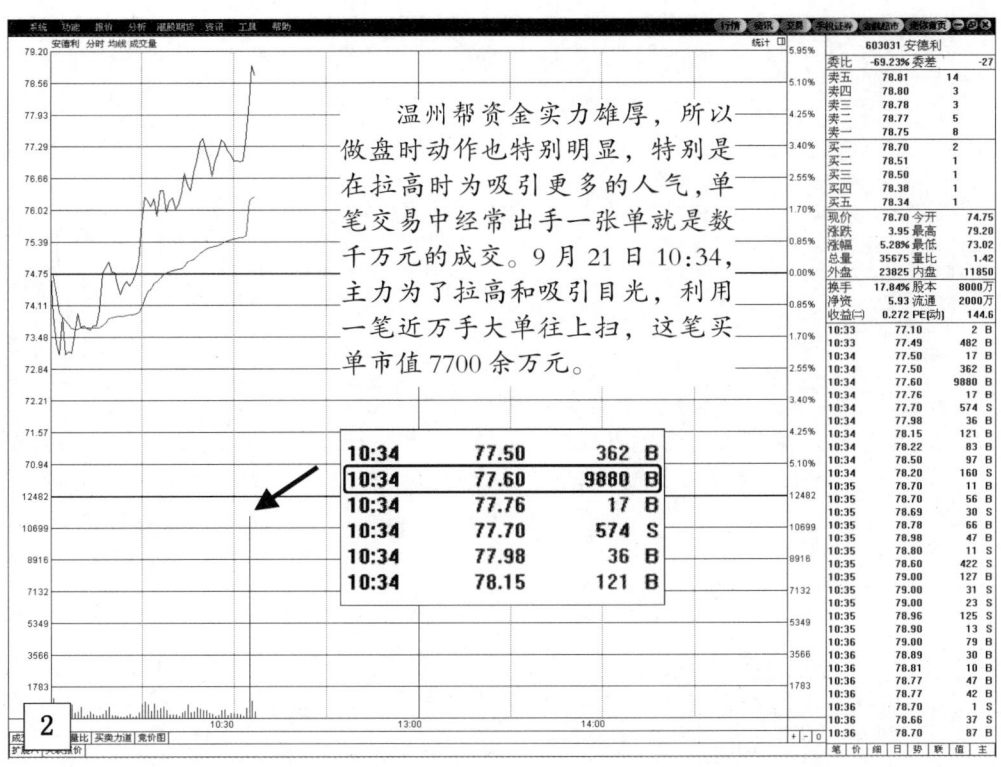

温州帮资金实力雄厚,所以做盘时动作也特别明显,特别是在拉高时为吸引更多的人气,单笔交易中经常出手一张单就是数千万元的成交。9月21日10:34,主力为了拉高和吸引目光,利用一笔近万手大单往上扫,这笔买单市值7700余万元。

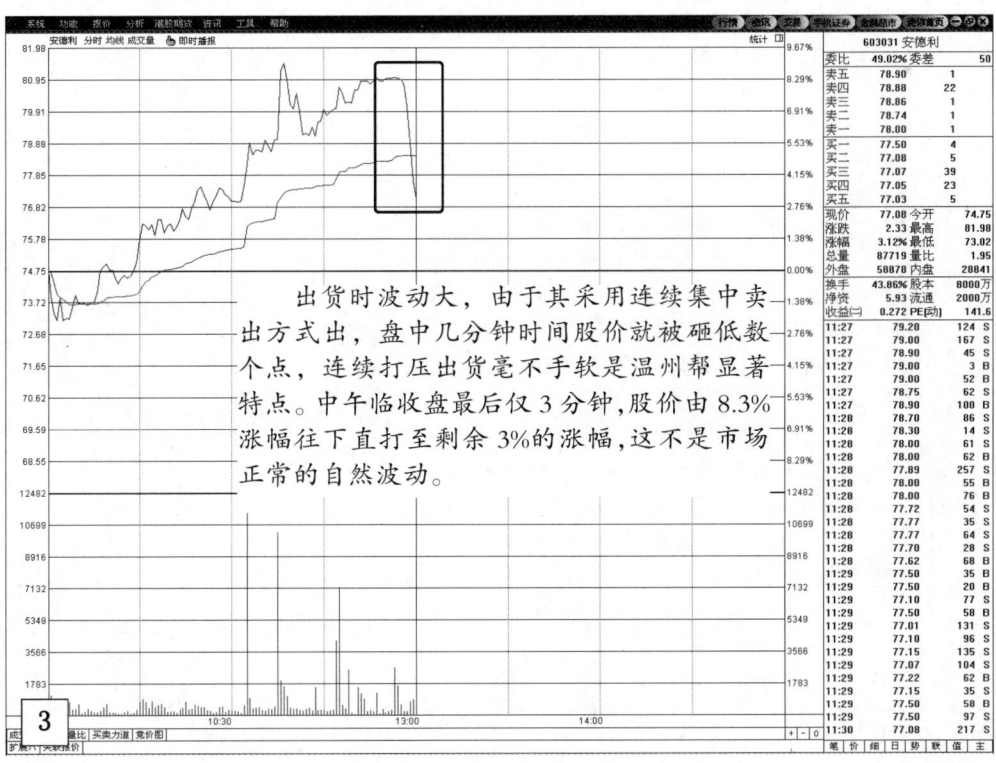

出货时波动大,由于其采用连续集中卖出方式出,盘中几分钟时间股价就被砸低数个点,连续打压出货毫不手软是温州帮显著特点。中午临收盘最后仅3分钟,股价由8.3%涨幅往下直打至剩余3%的涨幅,这不是市场正常的自然波动。

主力行为盘口解密(七)

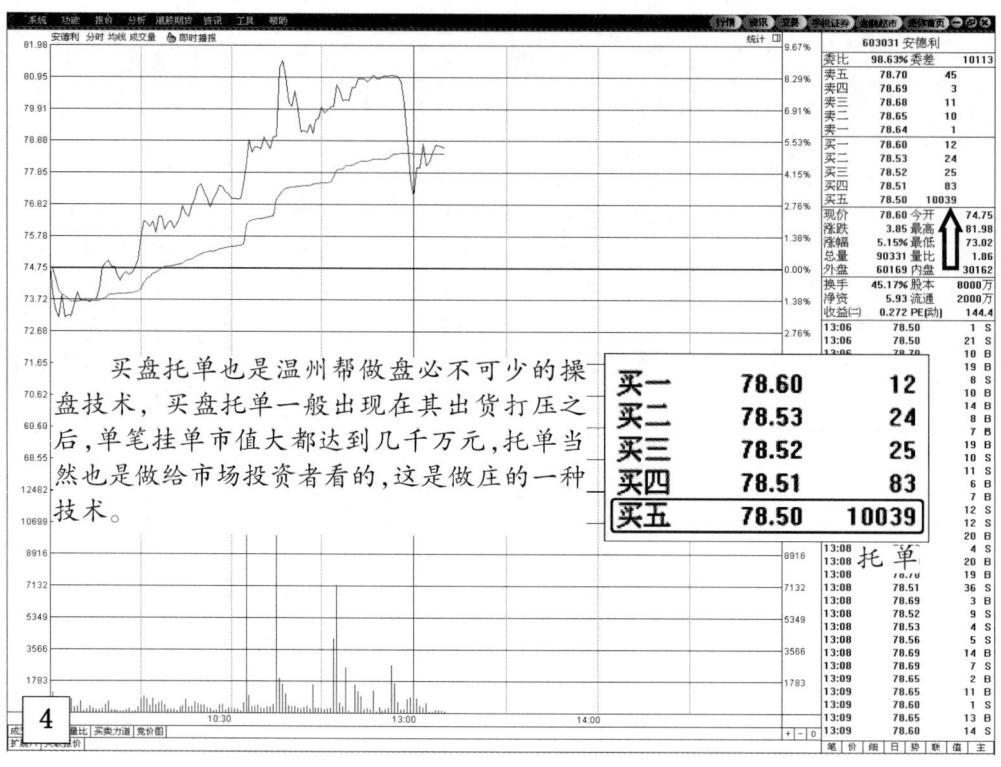

买盘托单也是温州帮做盘必不可少的操盘技术，买盘托单一般出现在其出货打压之后，单笔挂单市值大都达到几千万元，托单当然也是做给市场投资者看的，这是做庄的一种技术。

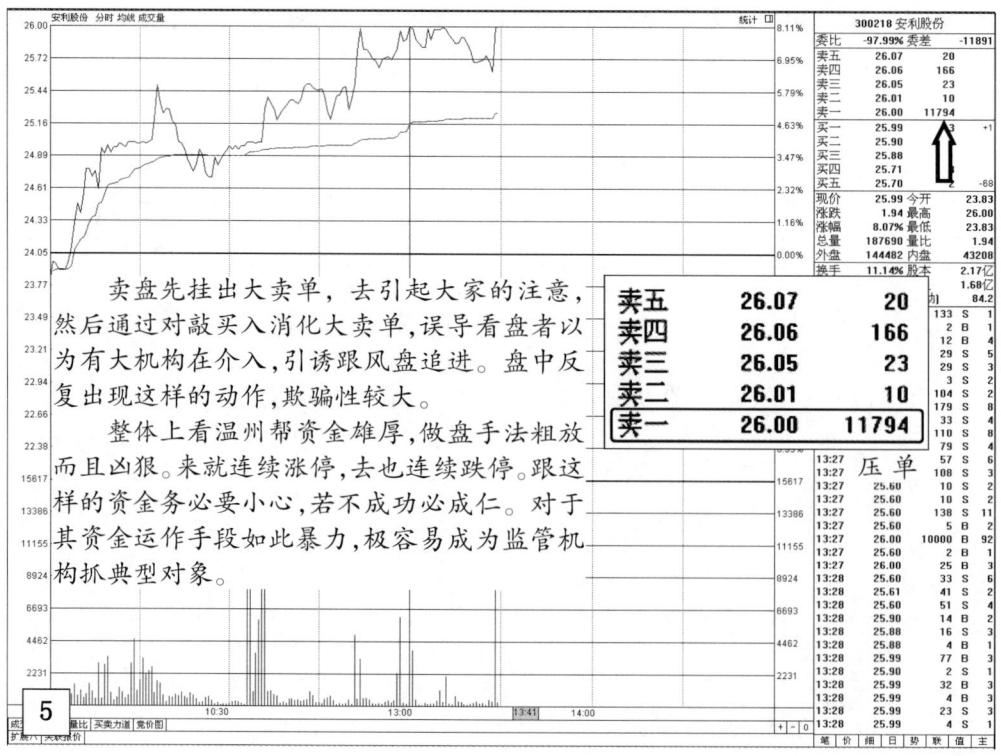

卖盘先挂出大卖单，去引起大家的注意，然后通过对敲买入消化大卖单，误导看盘者以为有大机构在介入，引诱跟风盘追进。盘中反复出现这样的动作，欺骗性较大。

整体上看温州帮资金雄厚，做盘手法粗放而且凶狠。来就连续涨停，去也连续跌停。跟这样的资金务必要小心，若不成功必成仁。对于其资金运作手段如此暴力，极容易成为监管机构抓典型对象。

通过数据分析看温州帮的操盘状况

　　A股两大交易所对每个交易日出现的异常交易、涨跌幅达到预期幅度等个股公开其买卖前五名营业部交易数据，这种数据虽然粗暴笼统，但如是一个机构用一个交易席位，或几个常用的交易席位在交易，通过数据分析就能大概看出是什么类型的资金在交易进出，以及窥视其介入大体深度情况，这对特定个股短期方向表现判断有一定的帮助。

　　通合科技大幅波动就有一个主力一直贯穿其中进行操盘，在低位到拉高再到跌停出货，根据该主力所用的多个交易席位能看到其进出部分数据。这在一定程度上可以了解主力的操盘情况。下面就通合科技盘面表现结合数据分析主力的一些做盘手段。

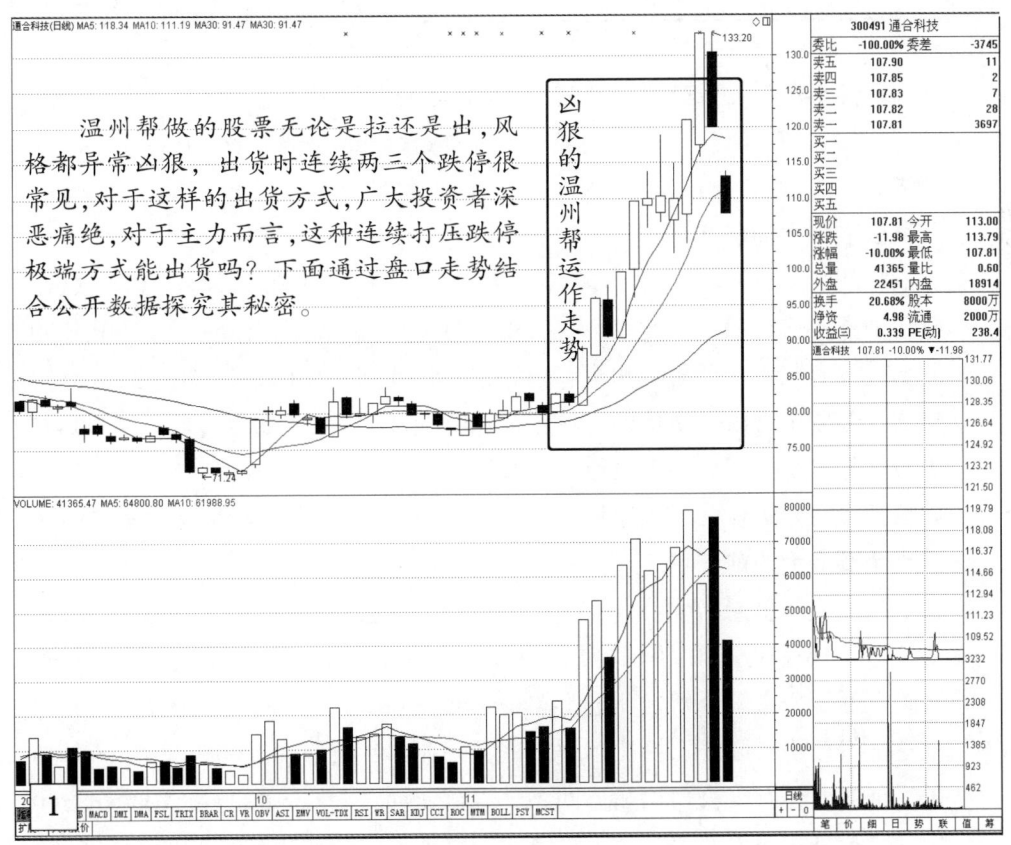

主力行为盘口解密(七)

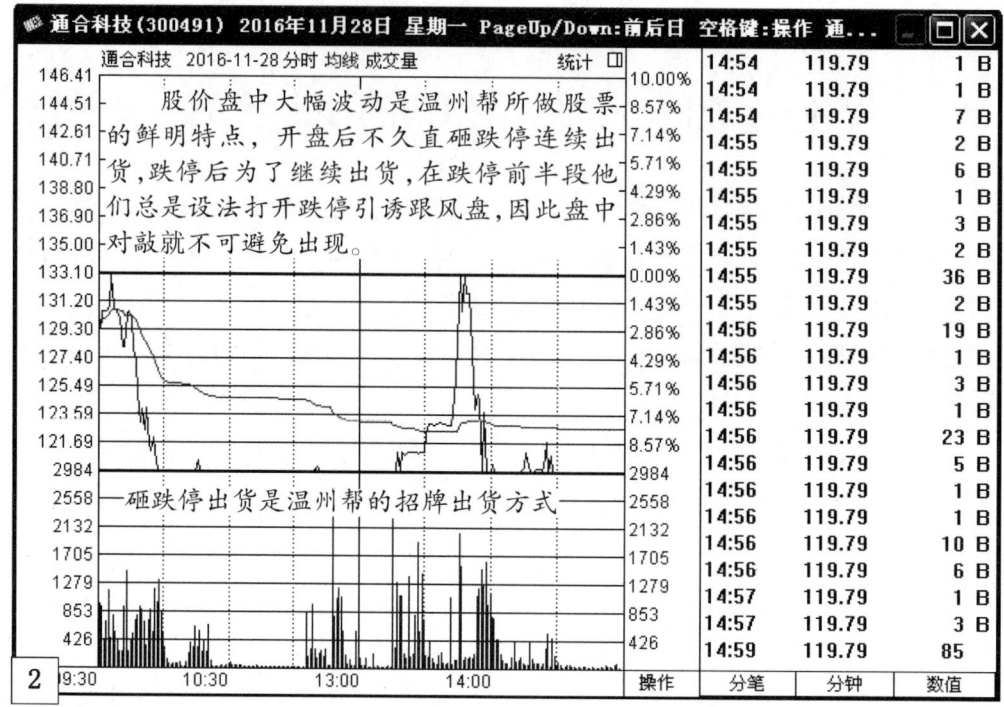

股价盘中大幅波动是温州帮所做股票的鲜明特点,开盘后不久直砸跌停连续出货,跌停后为了继续出货,在跌停前半段他们总是设法打开跌停引诱跟风盘,因此盘中对敲就不可避免出现。

——砸跌停出货是温州帮的招牌出货方式——

深圳证券市场创业板交易公开信息(2016年11月28日)

证券代码　证券简称　　　跌幅偏离值(%)　　成交量(股)　　成交金额(万元)

300491　　通合科技　　　－9.69　　　　　　7720000　　　94618

买入金额最大的前5名

营业部或交易单元名称　　　　　　　　买入金额(元)　　卖出金额(元)

方正证券股份有限公司北京阜外大街证券营业部　178377105.00　13044.00

网信证券有限责任公司杭州庆春东路证券营业部　13164414.00　0.00

财通证券股份有限公司杭州金城路证券营业部　12461445.00　24000.00

中原证券股份有限公司上海第一分公司　　　　　11211973.00　0.00

国盛证券有限责任公司永康城南路证券营业部　　9742467.00　23958.00

卖出金额最大的前5名

营业部或交易单元名称　　　　　　　　买入金额(元)　　卖出金额(元)

国元证券股份有限公司广州江南大道中路证券营业部　132841.00　106787420.80

海通证券股份有限公司常州健身路证券营业部　　95833.00　91729859.00

信达证券股份有限公司福州远洋路证券营业部　　124409.00　53012099.00

国海证券股份有限公司福州五四路证券营业部　　0.00　41208468.00

中信建投证券股份有限公司上海浦东南路证券营业部　0.00　35405970.93

由于市场上曾有众多媒体写温州帮的做盘特点，以及揭露其交易席位，现其已经大量弃用原来的营业部，更换新营业部去做交易，但福州和广州几个营业部仍然交易频繁，从11月28日该股跌停数据来看，卖出五大营业部全是温州帮的交易。这五个营业部总卖出量达到3.2亿元，而上榜买入第一名方正证券股份有限公司北京阜外大街证券营业部也是温州帮的，该营业部曾参与了温州帮操盘的柘中股份（002346）、熊猫金控（600599）、达华智能（002512）等。该营业部当天大买1.78亿元中包含两种行为：一是股价盘中打跌停后反复对敲买入以制造买单引诱跟风盘，这是大量的买入成交；二是跌停打开后拉高时少量买入引导股价上行。当日主力对敲和正常买入近2亿元，但五个营业部总卖出量达到3.2亿元，实际已经减仓1.2亿元。

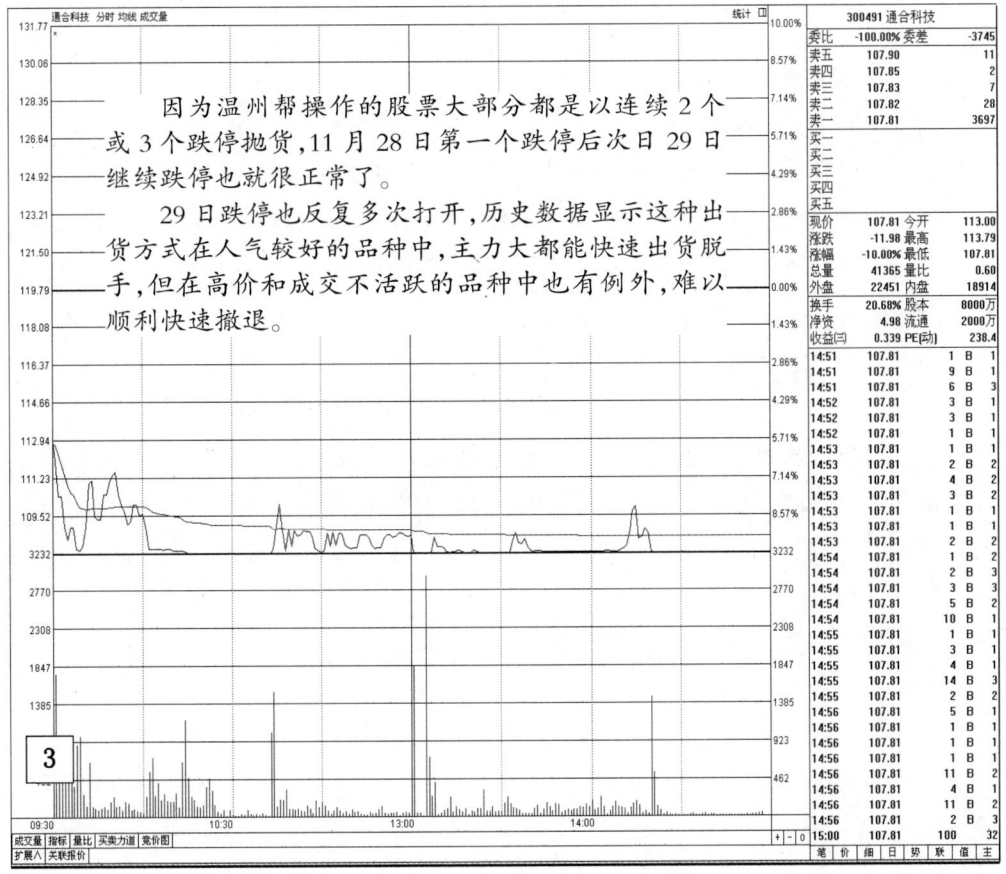

主力行为盘口解密(七)

深圳证券市场创业板交易公开信息(2016年11月29日)

证券代码	证券简称	跌幅偏离值(%)	成交量(股)	成交金额(万元)
300491	通合科技	-9.22	4140000	44890

买入金额最大的前5名

营业部或交易单元名称	买入金额(元)	卖出金额(元)
国海证券股份有限公司上海四川北路证券营业部	46078422.00	16398033.00
中信证券股份有限公司广州临江大道证券营业部	19453845.12	118789.00
中信证券股份有限公司上海长寿路证券营业部	18435510.00	0.00
国元证券股份有限公司深圳百花二路证券营业部	12625896.00	55643.00
第一创业证券股份有限公司杭州金城路证券营业部	9519623.00	21766839.00

卖出金额最大的前5名

营业部或交易单元名称	买入金额(元)	卖出金额(元)
第一创业证券股份有限公司杭州金城路证券营业部	9519623.00	21766839.00
国海证券股份有限公司上海四川北路证券营业部	46078422.00	16398033.00
东方证券股份有限公司上海长宁区遵义路证券营业部	0.00	14848859.69
国元证券股份有限公司广州江南大道中路证券营业部	21813.00	14730298.83
方正证券股份有限公司北京阜外大街证券营业部	121000.00	14544303.00

11月29日跌停数据显示,卖出五大营业部部分是温州帮的,这五个营业部总卖出量不到9000万元,上一日温州帮因对敲买入的第一名方正证券股份有限公司北京阜外大街证券营业部买进1.78亿元,而在今天第二个跌停数据显示它只卖出了1454万元,不到上一日买入量的10%,他们的其他营业部出货量也有限,说明主力在第二个跌停出货量少,出得不成功。

连续砸跌停出货是温州帮招牌出货方式，其操作的大部分个股在连续砸到第二个跌停时已经变成轻仓，第三个跌停全部清完，而从通合科技11月29日第二个跌停当天公开数据来看，主力只出了几千万元，上一日其手上还有超过2亿元的筹码，显然筹码没能顺利脱手。

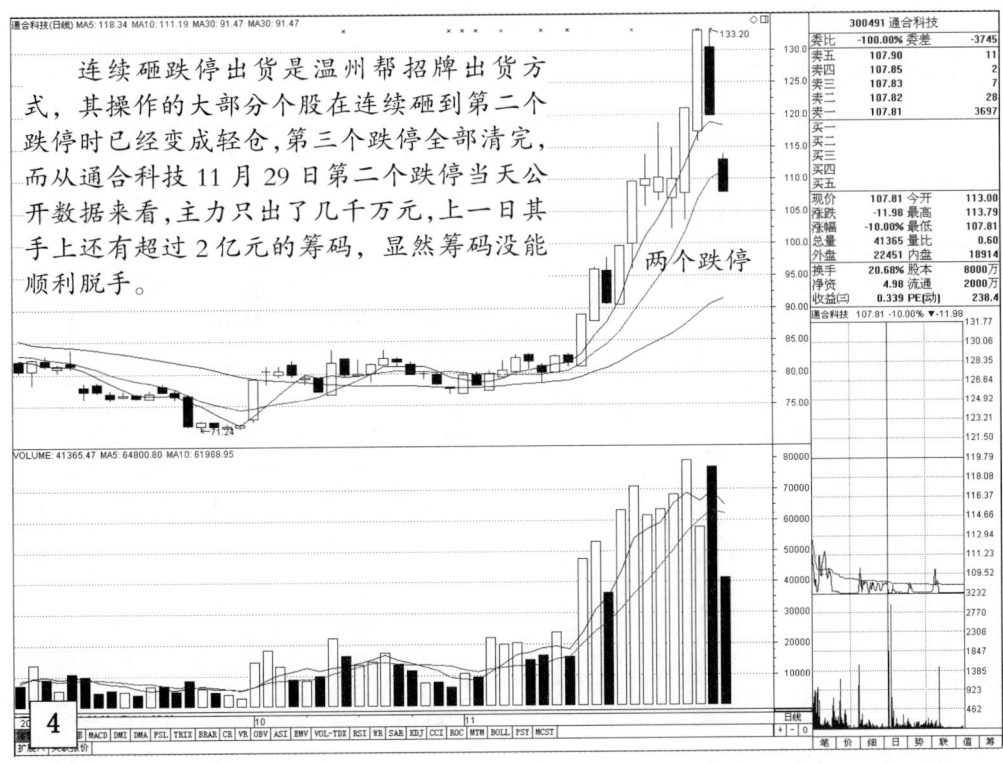

主力看到连续砸跌停出货难，不容易轻松脱手，通合科技没有出现连续第三个跌停，而是随后做反弹。主力希望通过做反弹来吸引资金接货，这是临场改变的出货操盘方式。在12月1日的反抽中该股盘口出现明显的对敲动作。

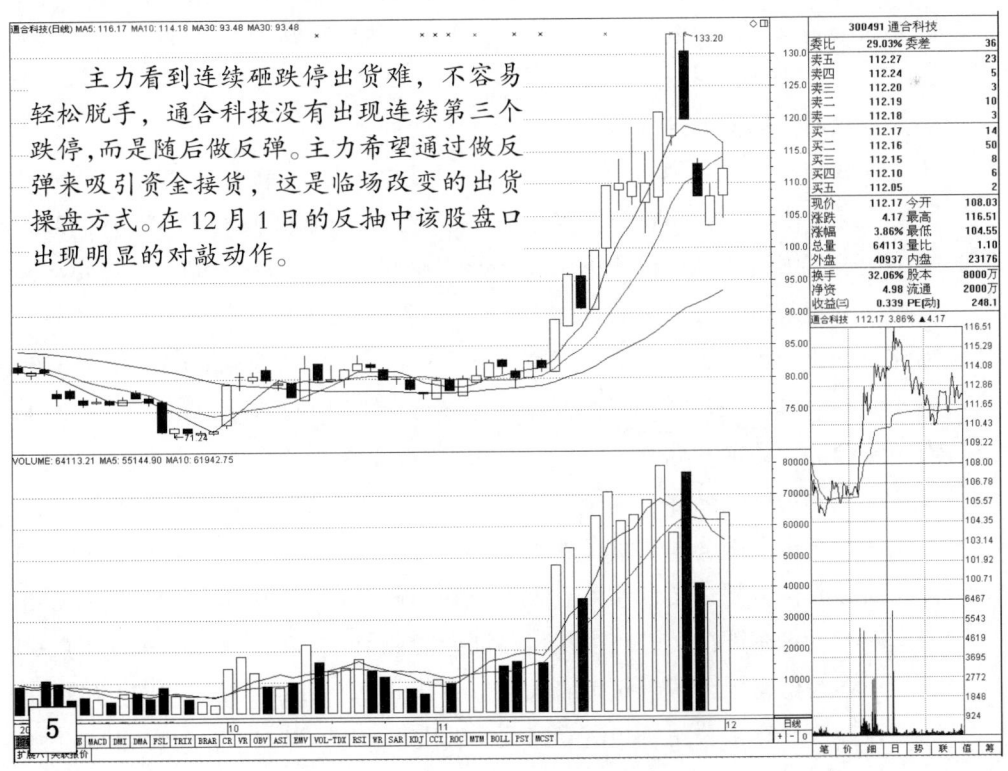

主力行为盘口解密（七）

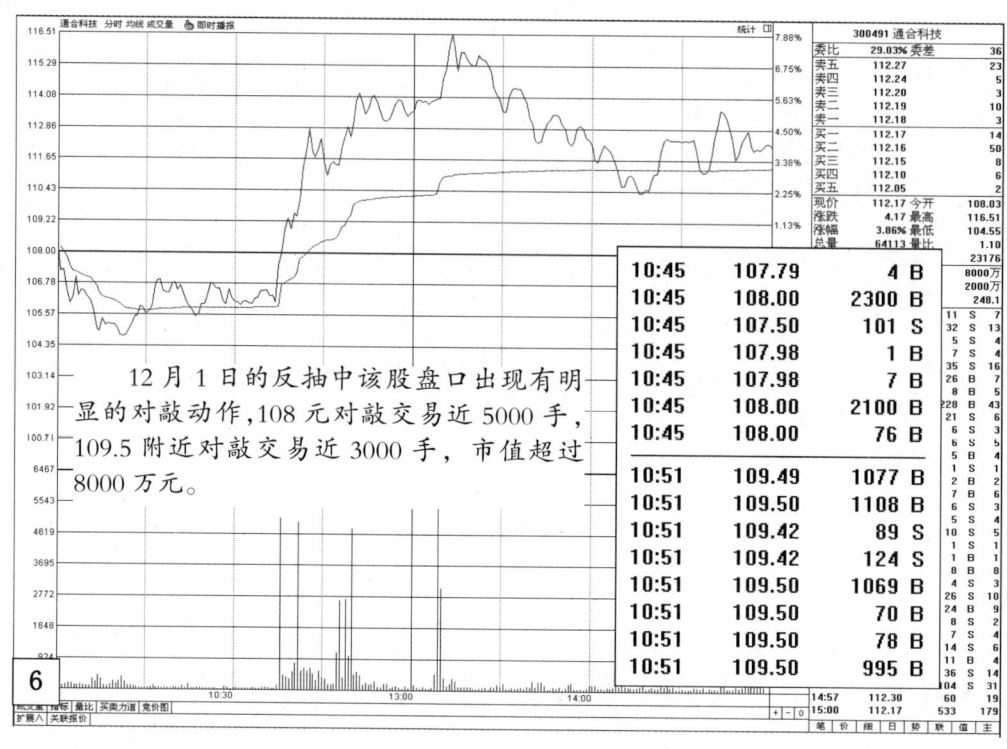

12月1日的反抽中该股盘口出现有明显的对敲动作，108元对敲交易近5000手，109.5附近对敲交易近3000手，市值超过8000万元。

深圳证券市场创业板交易公开信息（2016年12月1日）

证券代码	证券简称	换手率(%)	成交量(股)	成交金额(万元)
300491	通合科技	32.06	6410000	71387

买入金额最大的前5名

营业部或交易单元名称	买入金额(元)	卖出金额(元)
网信证券有限责任公司杭州庆春东路证券营业部	51609469.00	12141000.00
中山证券有限责任公司杭州杨公堤证券营业部	22679983.00	10487.00
平安证券有限责任公司上海分公司	22097520.00	1176605.00
招商证券股份有限公司杭州文三路证券营业部	21001803.00	940803.00
东北证券股份有限公司杭州体育场路证券营业部	16935972.00	0.00

卖出金额最大的前5名

营业部或交易单元名称	买入金额(元)	卖出金额(元)
方正证券股份有限公司北京阜外大街证券营业部	57030.00	68422420.00
恒泰证券股份有限公司台州市府大道证券营业部	0.00	44519401.00
中泰证券有限责任公司胶州福州南路证券营业部	0.00	19596360.00
长江证券股份有限公司台州市府大道证券营业部	11420.00	18745072.00
恒泰证券股份有限公司杭州富春路证券营业部	1462368.00	16800000.00

从 12 月 1 日公开数据来看，方正证券股份有限公司北京阜外大街证券营业部卖出量 6842 万元，第二名恒泰证券股份有限公司台州市府大道证券营业部卖出量 4452 万元，都是温州帮的，买入的几个杭州营业部也都是他们的，买入量过亿元，这样看除去对敲的交易也没有出多少货。

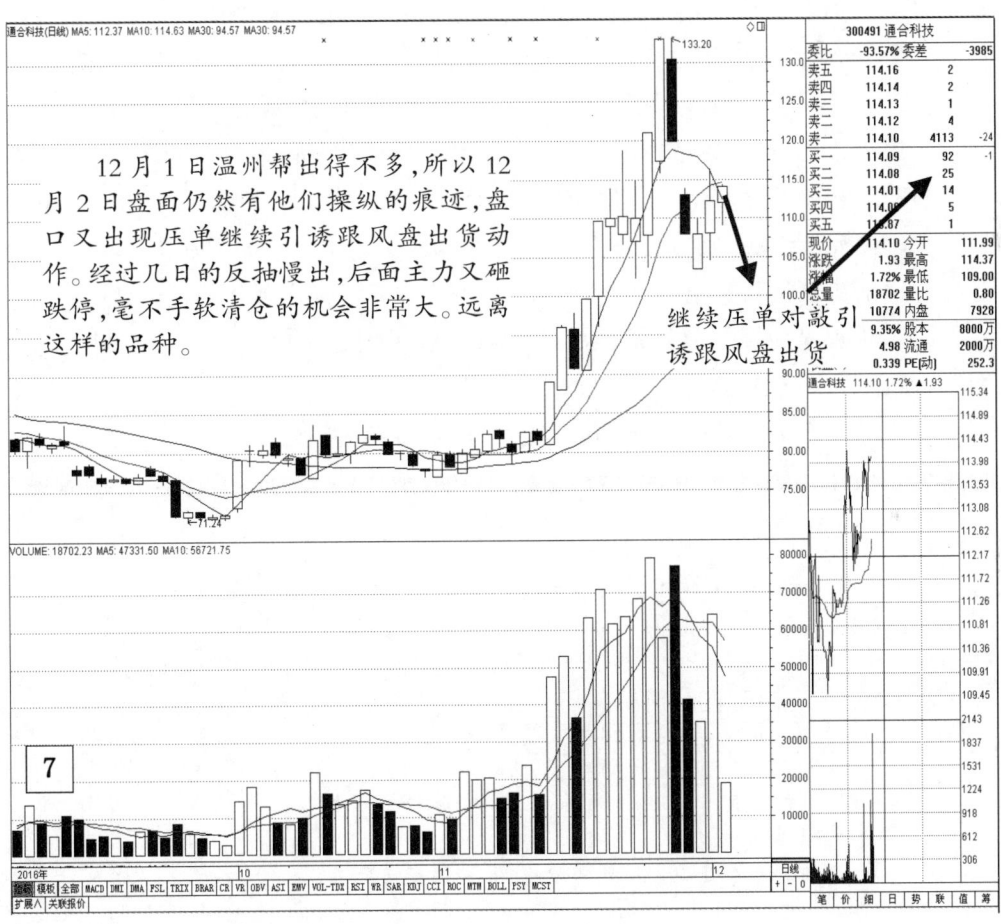

主力行为盘口解密(七)

温州帮损招之尾盘恶毒连续砸盘出货

游资温州帮见报消息屡见不鲜，其凶悍的操作手法和庞大的操盘资金是市场最关注的焦点，但至今对于涉及温州帮的相关消息仍是扑朔迷离，公开消息显示温州帮对个股恶意夸张炒作已经进入监管层视线。

温州帮炒作一般选盘子较小的个股，大部分流通市值在20亿元以下，单个股票少则投入一两亿元去炒作，多的四五亿元砸下去。对于一个只有十几亿元流通市值的个股，如此庞大的资金介入影响甚大。温州帮所操盘个股操盘手几乎是想怎么做就怎么做，要它怎么走它就怎么走，利用资金影响股价这是最明显直接的体现。

温州帮做庄手法成熟的操盘模型一开始其实有好几种，不同股票其内部不同小组的做法差别也较大，但在交易细节上有许多相同招式，如最常用的"压单对敲拉升，直接连续砸跌停板出货"等，比徐翔的"一字断魂刀"还狠，尾盘突袭连续打压出货也是其常用的一种招式。温州帮恶名远扬，现仍然活跃在A股上，暴力的手法被媒体屡屡曝光后现有所收敛，但所到之处现还是在不断制造"惨案"，属恶庄损庄之类。

本文将介绍温州帮恶毒的"尾盘连续砸盘出货"损招。

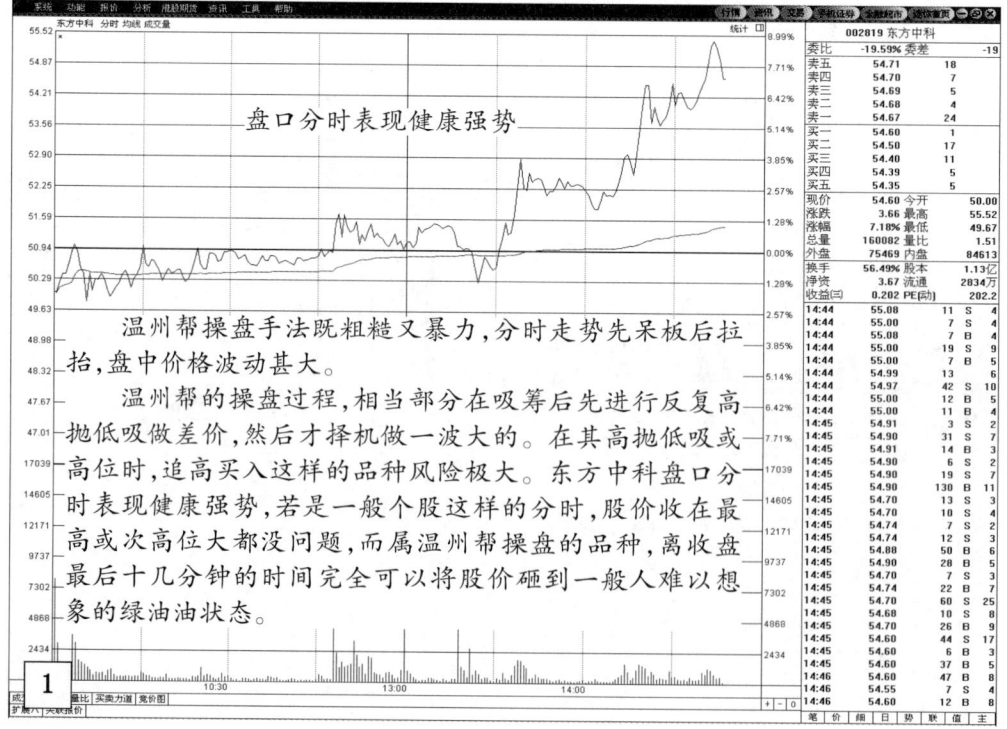

温州帮操盘手法既粗糙又暴力，分时走势先呆板后拉抬，盘中价格波动甚大。

温州帮的操盘过程，相当部分在吸筹后先进行反复高抛低吸做差价，然后才择机做一波大的。在其高抛低吸或高位时，追高买入这样的品种风险极大。东方中科盘口分时表现健康强势，若是一般个股这样的分时，股价收在最高或次高位大都没问题，而属温州帮操盘的品种，离收盘最后十几分钟的时间完全可以将股价砸到一般人难以想象的绿油油状态。

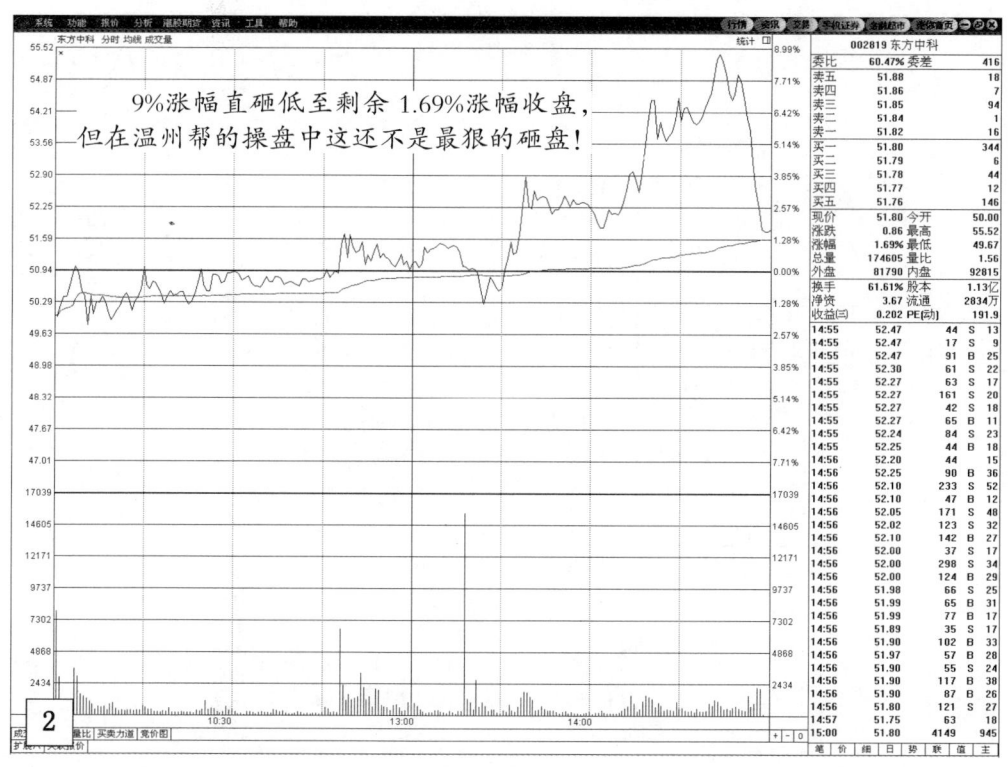

9%涨幅直砸低至剩余1.69%涨幅收盘，但在温州帮的操盘中这还不是最狠的砸盘！

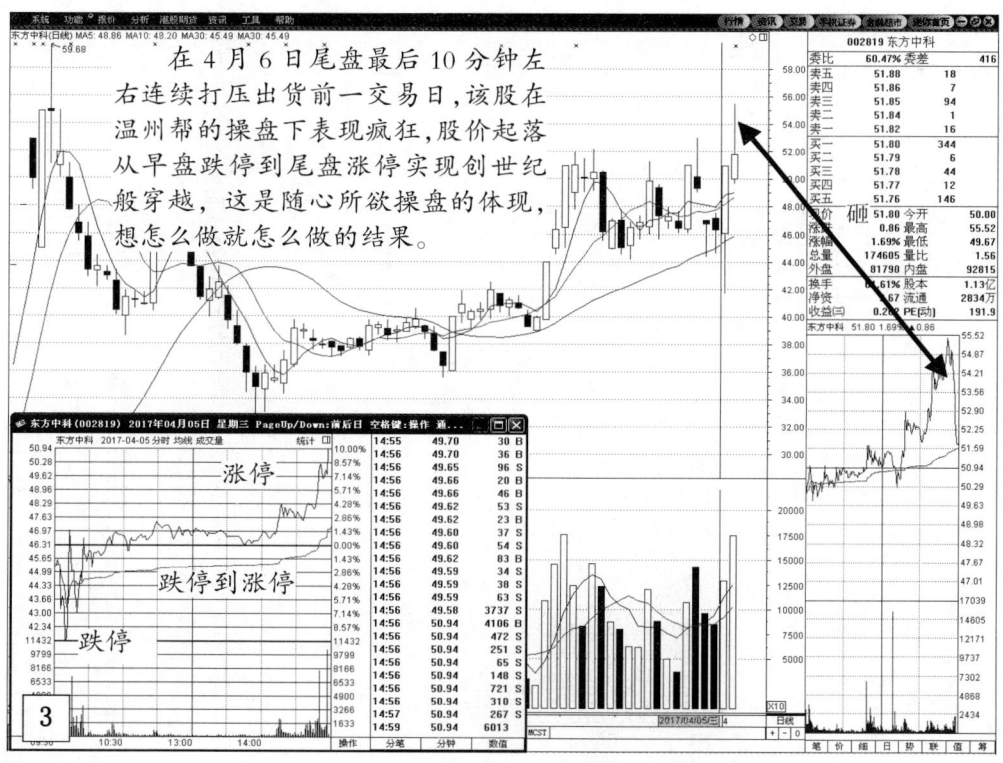

在4月6日尾盘最后10分钟左右连续打压出货前一交易日，该股在温州帮的操盘下表现疯狂，股价起落从早盘跌停到尾盘涨停实现创世纪般穿越，这是随心所欲操盘的体现，想怎么做就怎么做的结果。

涨停

跌停到涨停

跌停

主力行为盘口解密(七)

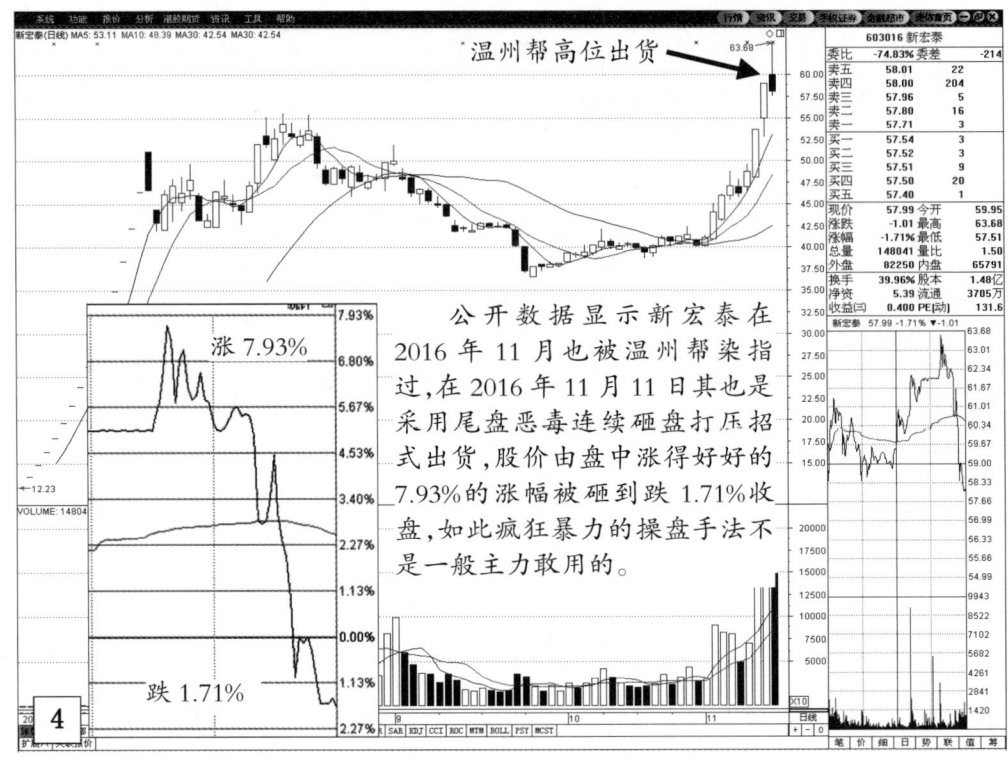

公开数据显示新宏泰在2016年11月也被温州帮染指过,在2016年11月11日其也是采用尾盘恶毒连续砸盘打压招式出货,股价由盘中涨得好好的7.93%的涨幅被砸到跌1.71%收盘,如此疯狂暴力的操盘手法不是一般主力敢用的。

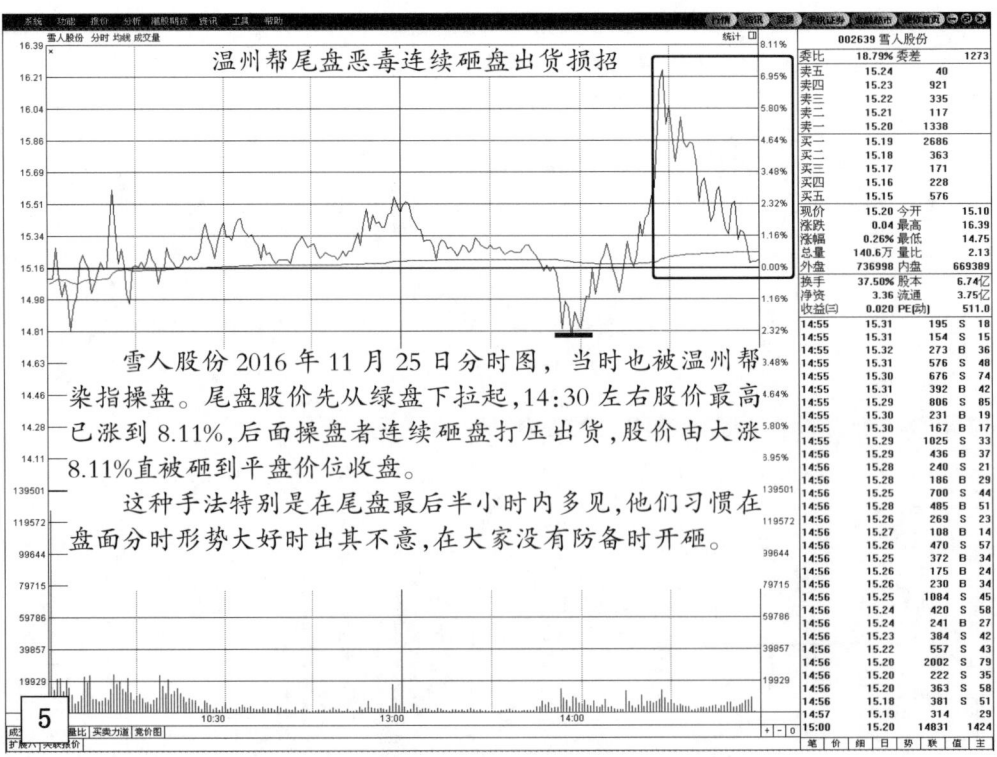

雪人股份2016年11月25日分时图,当时也被温州帮染指操盘。尾盘股价先从绿盘下拉起,14:30左右股价最高已涨到8.11%,后面操盘者连续砸盘打压出货,股价由大涨8.11%直被砸到平盘价位收盘。

这种手法特别是在尾盘最后半小时内多见,他们习惯在盘面分时形势大好时出其不意,在大家没有防备时开砸。

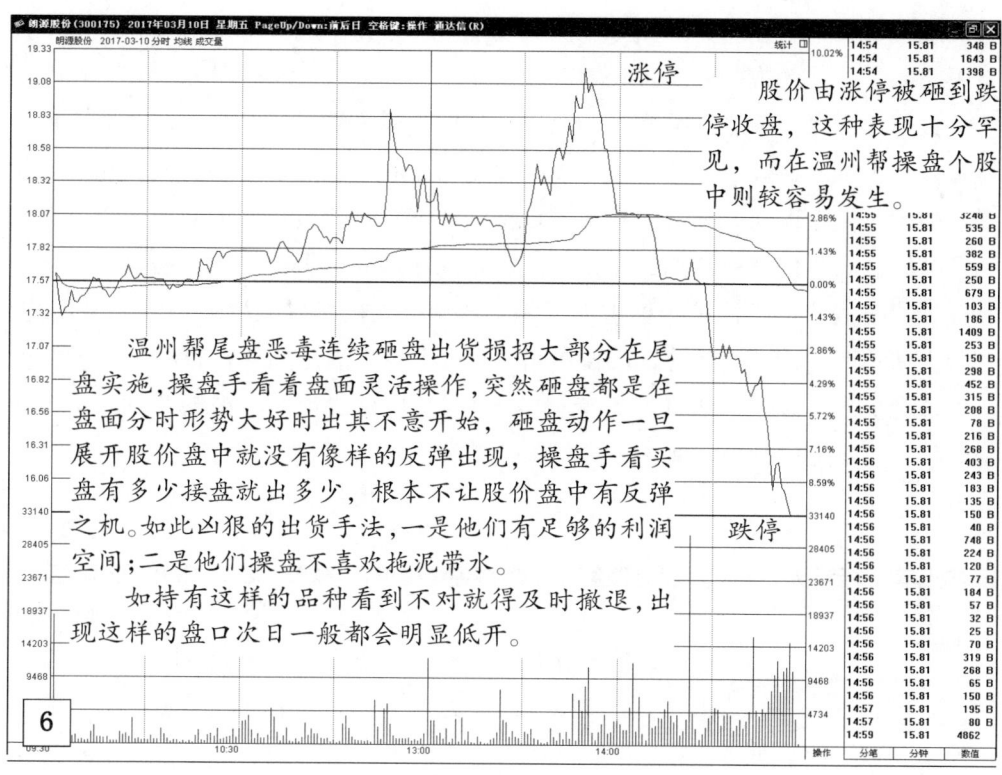

主力的借力与点火

个股一天的交易成交中,如一人买卖量占比达到5%就将影响该股涨跌状态,如果一人买卖量占比达到10%,那将明显影响股价涨跌,如果操盘者掌握一定的操盘技巧并加以有计划的操作,那么影响程度和结果就会更加明显。

大部分个股大部分交易时间中,出现一人或一个机构买卖量占该股当日总成交量的10%以上是较少见的。在某一交易日中大量集中买入一只股票行为中,大部分都是机构有计划以影响干预股价为目的的操作,通俗地说这就是做庄行为。说到做庄行为大部分投资者就联想认为主力是一副青面獠牙凶狠狰狞面貌,以为主力做盘总是随心所欲想怎么干就怎么干。市场上的确有资金量大十分野蛮的机构,但大部分主力做盘大多时都不是随心所欲想怎么干就怎么干,做庄行为操纵

主力行为盘口解密(七)

影响股价有轻重之分,资金优势加操盘技术,对运作个股价格波动实施有限干预有限影响是最常见的做庄行为。

　　大部分主力并不能只手遮天,他们只是比一般投资者资金量大、掌握一定的操盘技巧罢了。这些主力在操盘过程中更多的是利用天时、地利、人和加自己的做盘技术去做盘谋利。操盘手利用市场特别环境,进行技巧性调动广大投资者参与,共同做高股价是最常见的做盘方式,推高时调动广大投资者参与共同消化目标股票卖盘去推高股价是一种借力行为,调动广大投资者吸引他们跟风追进时,利用大买单明显往上扫货的这一技巧叫"点火"。主力是如何在有限干预的情况下实施借力和点火的?下面以天沃科技6月28日盘口为例,根据其盘口主力做盘表现介绍这方面具体细节。

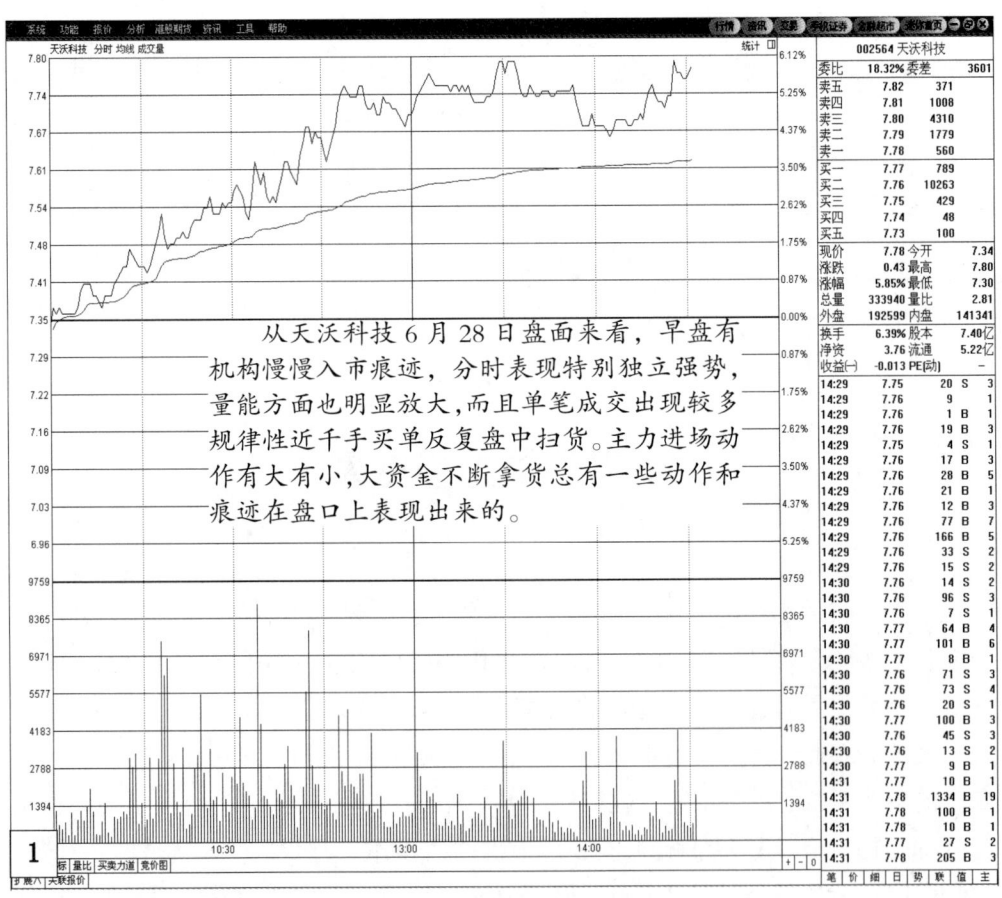

从天沃科技6月28日盘面来看,早盘有机构慢慢入市痕迹,分时表现特别独立强势,量能方面也明显放大,而且单笔成交出现较多规律性近千手买单反复盘中扫货。主力进场动作有大有小,大资金不断拿货总有一些动作和痕迹在盘口上表现出来的。

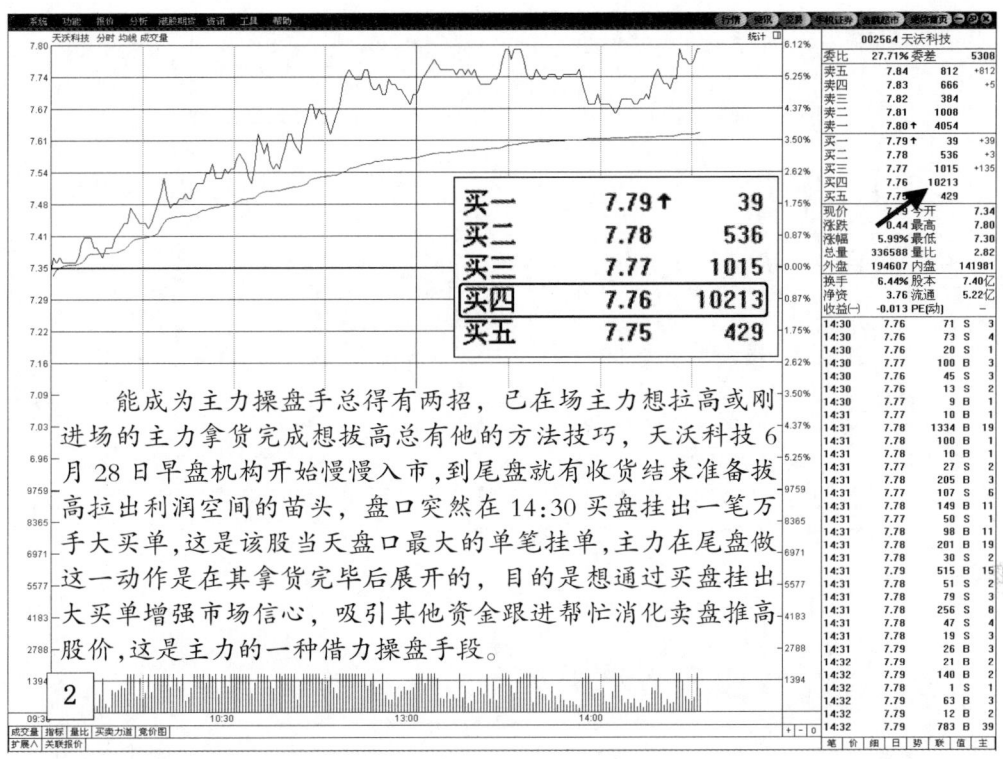

能成为主力操盘手总得有两招，已在场主力想拉高或刚进场的主力拿货完成想拔高总有他的方法技巧，天沃科技6月28日早盘机构开始慢慢入市，到尾盘就有收货结束准备拔高拉出利润空间的苗头，盘口突然在14:30买盘挂出一笔万手大买单，这是该股当天盘口最大的单笔挂单，主力在尾盘做这一动作是在其拿货完毕后展开的，目的是想通过买盘挂出大买单增强市场信心，吸引其他资金跟进帮忙消化卖盘推高股价，这是主力的一种借力操盘手段。

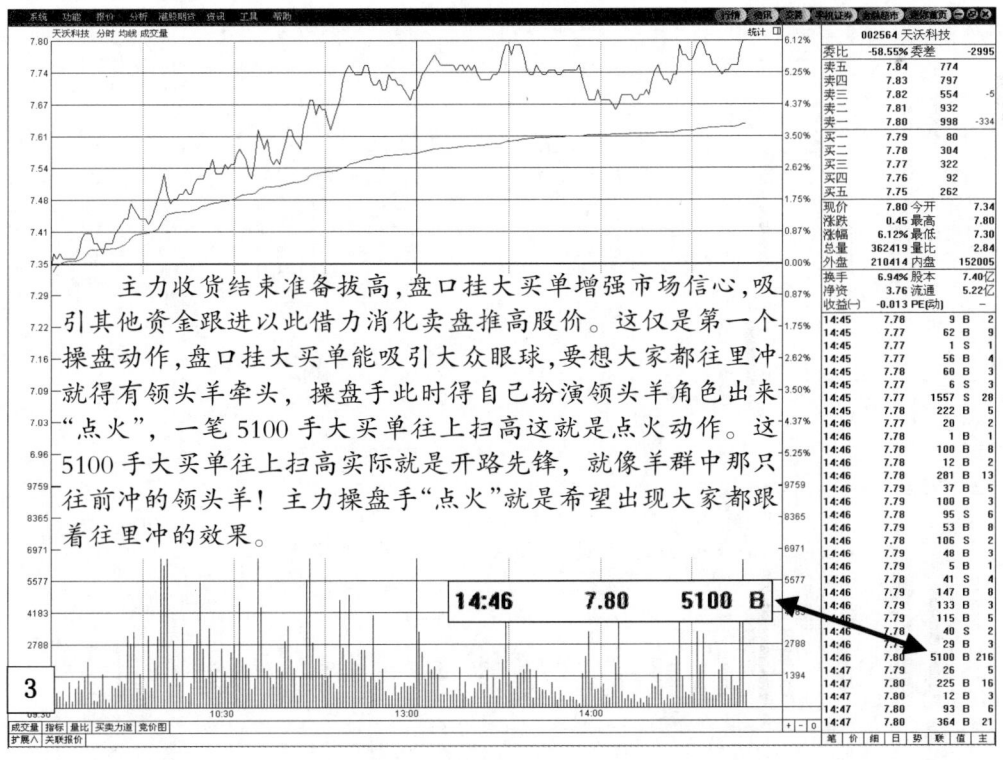

主力收货结束准备拔高，盘口挂大买单增强市场信心，吸引其他资金跟进以此借力消化卖盘推高股价。这仅是第一个操盘动作，盘口挂大买单能吸引大众眼球，要想大家都往里冲就得有领头羊牵头，操盘手此时得自己扮演领头羊角色出来"点火"，一笔5100手大买单往上扫高这就是点火动作。这5100手大买单往上扫高实际就是开路先锋，就像羊群中那只往前冲的领头羊！主力操盘手"点火"就是希望出现大家都跟着往里冲的效果。

主力行为盘口解密(七)

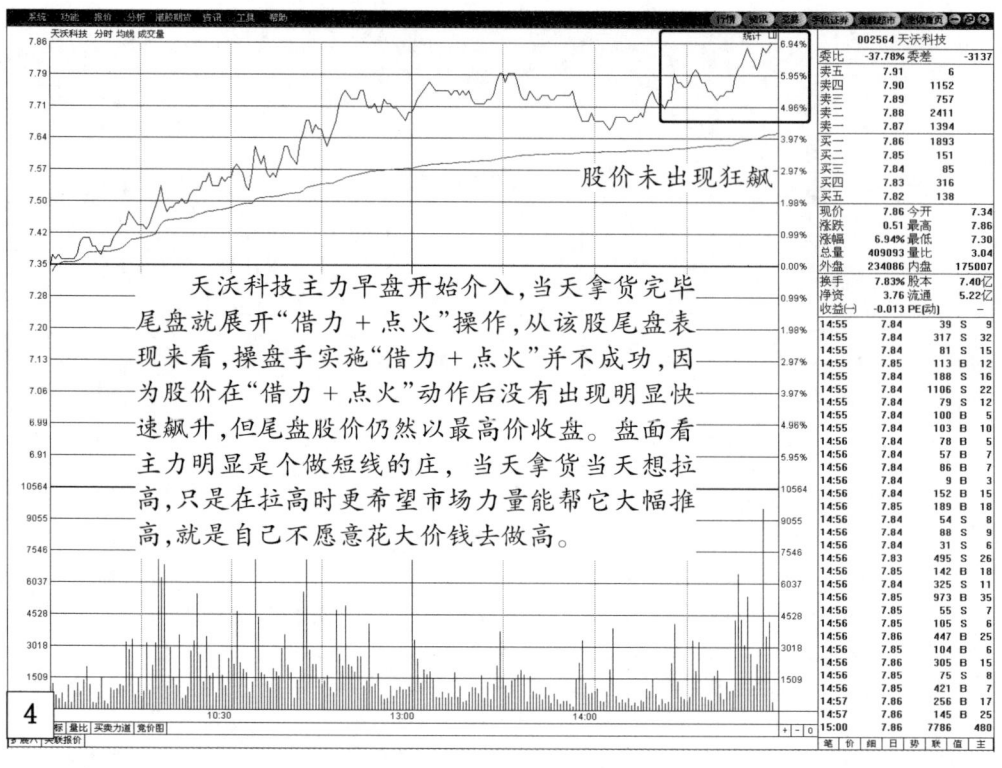

天沃科技主力早盘开始介入,当天拿货完毕尾盘就展开"借力+点火"操作,从该股尾盘表现来看,操盘手实施"借力+点火"并不成功,因为股价在"借力+点火"动作后没有出现明显快速飙升,但尾盘股价仍然以最高价收盘。盘面看主力明显是个做短线的庄,当天拿货当天想拉高,只是在拉高时更希望市场力量能帮它大幅推高,就是自己不愿意花大价钱去做高。

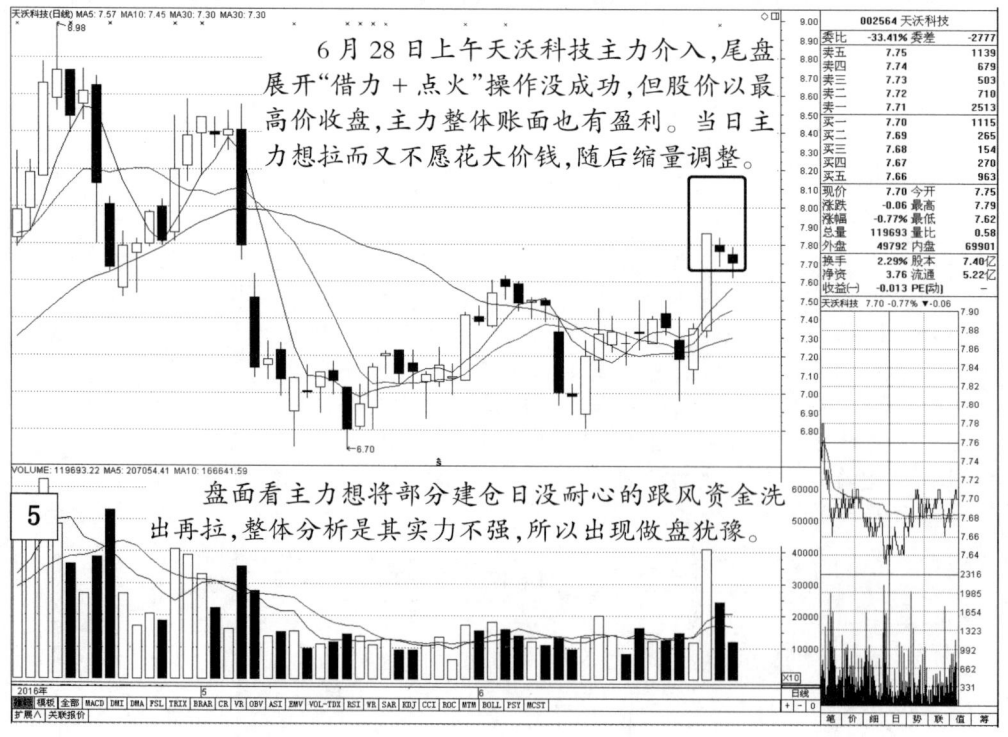

6月28日上午天沃科技主力介入,尾盘展开"借力+点火"操作没成功,但股价以最高价收盘,主力整体账面也有盈利。当日主力想拉而又不愿花大价钱,随后缩量调整。

盘面看主力想将部分建仓日没耐心的跟风资金洗出再拉,整体分析是其实力不强,所以出现做盘犹豫。

第六章

主力盘中洗盘伎俩识别技巧

洗盘是主力运作过程中的一个细节，常见的洗盘形式有如下几种：①先拉高后打压股价进行洗盘；②直接往下砸低股价进行洗盘；③以长期横盘方式进行洗盘。以上三种洗盘方式又分为单日洗盘和多日洗盘，单日洗盘是指在一个交易日内机构运用以上其中一种方式进行洗盘，多日洗盘机构既可以只运用以上其中一种方式，或者多手法交替进行洗盘。

主力机构在进行洗盘时是比较难辨别的。洗盘既有顺势展开，也有逆势展开，主力视自己的情况决定什么时间展开。主力顺势展开洗盘时目标股票股价跌大盘指数也跌，此时根本难以分清目标股票是受大盘影响而下跌的，还是机构刻意打压下跌的，逆势洗盘的相对容易看懂一些。机构洗盘时如有需要就会出手砸盘制造恐慌恐吓投资者。主力无论是出货，还是为洗盘砸盘，卖单砸出来时都是同样的，此时盘口是难以辨别的，只有操盘手自己知道这砸盘卖单的真正意义。要区分主力出货时的卖出和洗盘时的砸盘不同之处靠传统技术分析难以做到。分析主力故意洗盘还是股价自然下跌可从其他多方面入手，如在主力洗盘数日后，成交量往往越往后就越缩量。另外，一般真正的洗盘行为，一旦主力洗盘结束就会很快将股价拉起，拉起时有的一口气拉回到洗盘时下跌价位，部分则连续上攻。

盘中洗盘就是一日洗盘、利用一个交易日时间去洗盘。洗盘结束可以当天就拉高，也可以次日再拉。下面就来看看盘中洗盘的一些特征。

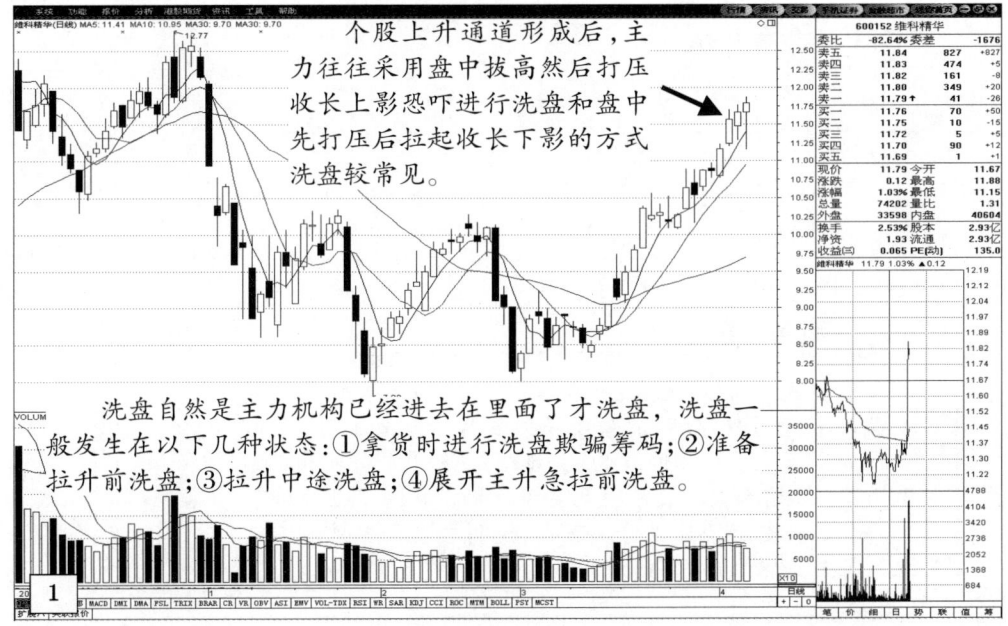

189

主力行为盘口解密(七)

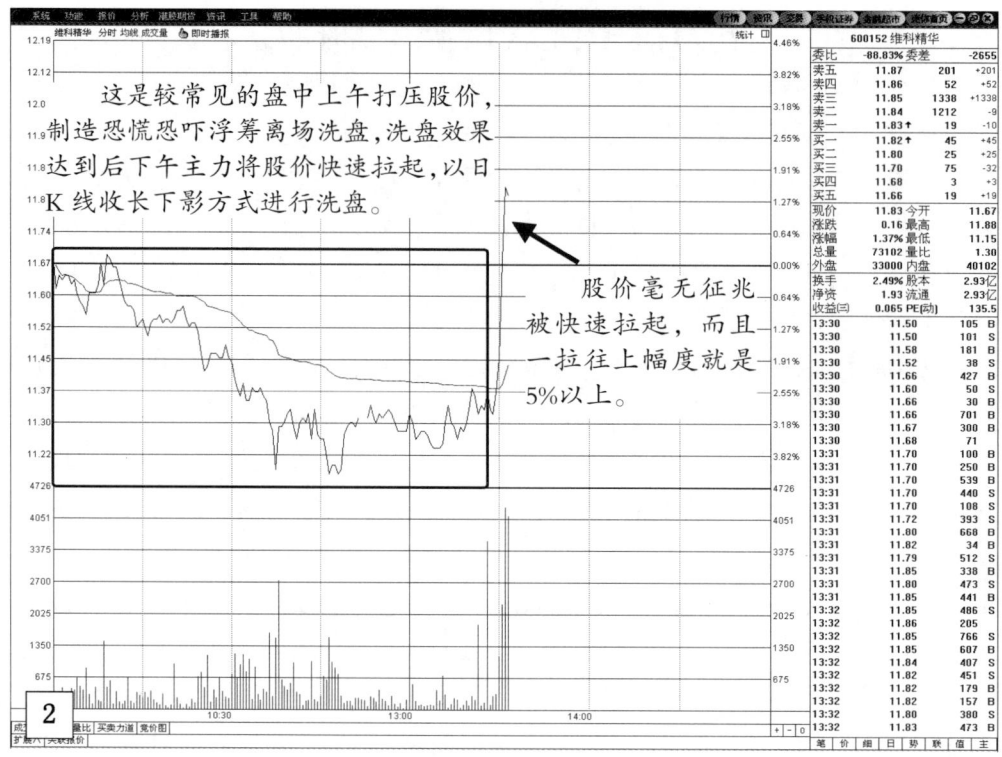

这是较常见的盘中上午打压股价，制造恐慌恐吓浮筹离场洗盘，洗盘效果达到后下午主力将股价快速拉起，以日K线收长下影方式进行洗盘。

股价毫无征兆被快速拉起，而且一拉往上幅度就是5%以上。

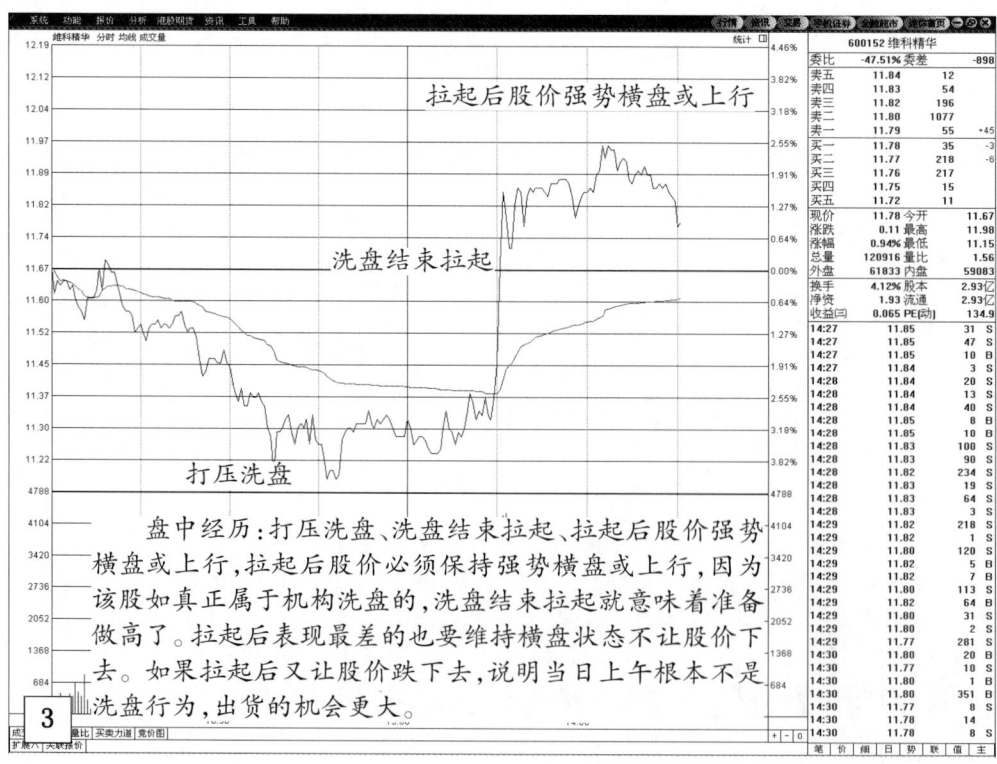

拉起后股价强势横盘或上行

洗盘结束拉起

打压洗盘

盘中经历：打压洗盘、洗盘结束拉起、拉起后股价强势横盘或上行，拉起后股价必须保持强势横盘或上行，因为该股如真正属于机构洗盘的，洗盘结束拉起就意味着准备做高了。拉起后表现最差的也要维持横盘状态不让股价下去。如果拉起后又让股价跌下去，说明当日上午根本不是洗盘行为，出货的机会更大。

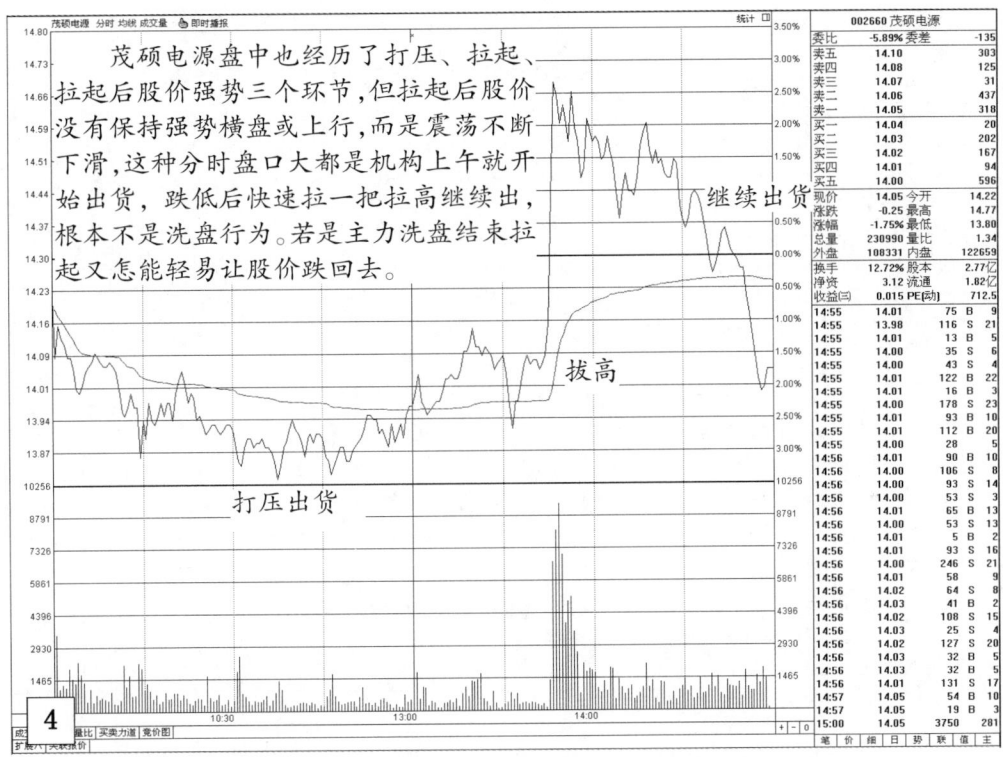

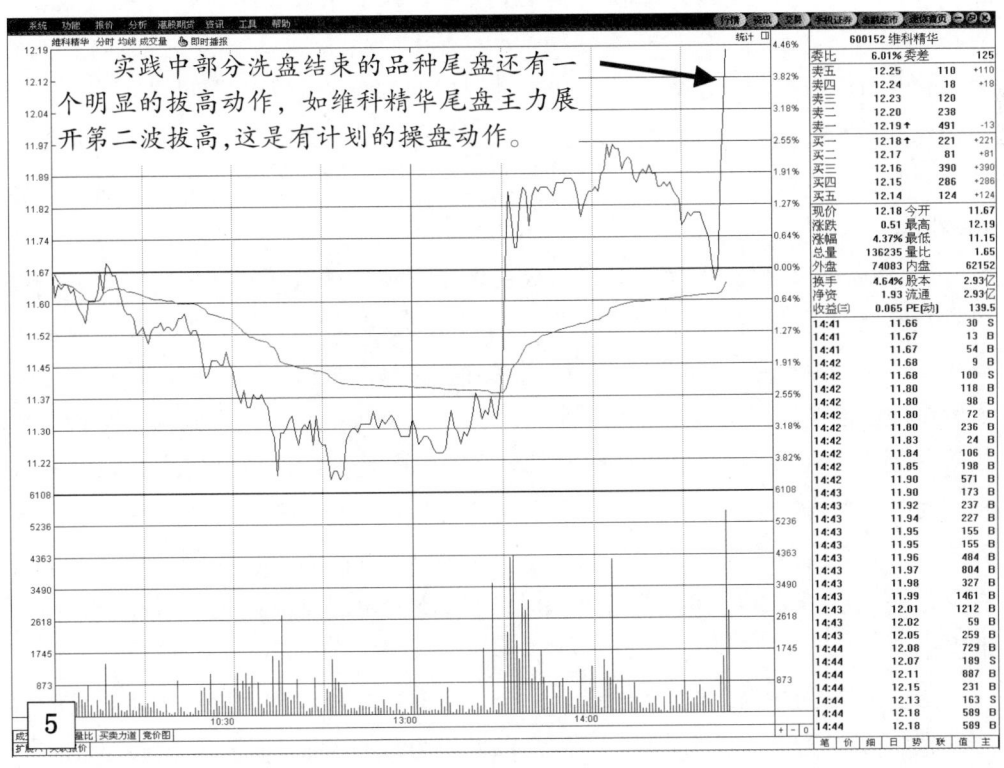

主力行为盘口解密(七)

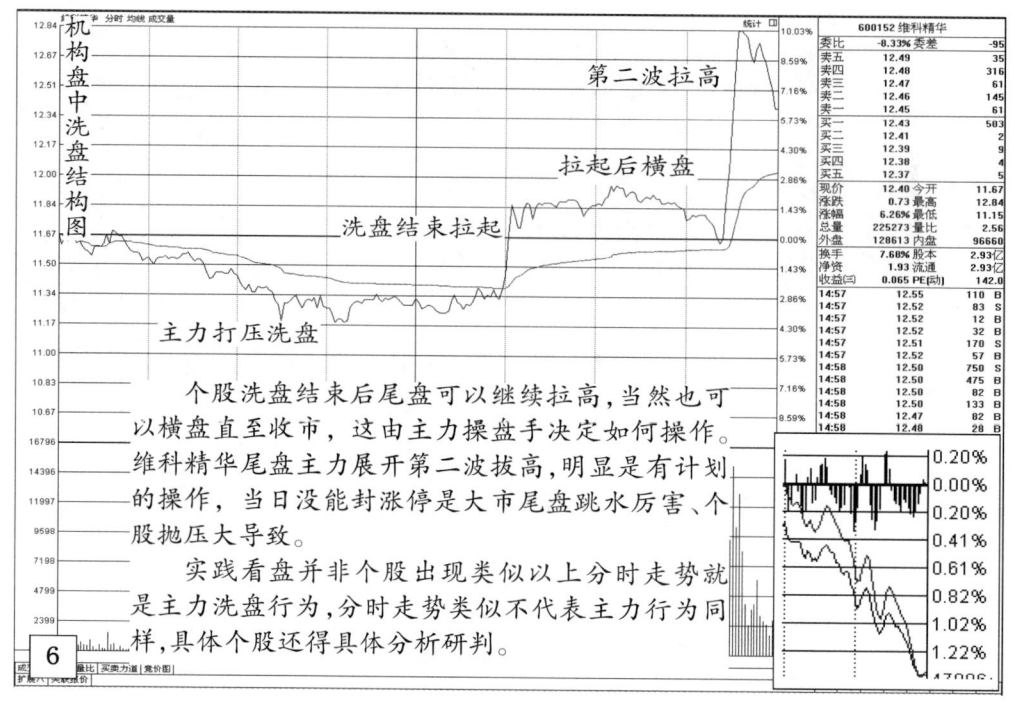

主力隐蔽分仓持股实例剖析

分仓持股有两种：①将一个账户资金分成几部分分别买入不同的品种，这叫分仓操作或分仓持股，分仓操作的最大目的是控制整体风险。②将资金分为多份，分配到N个账户中买入同一支股票，这种行为的最大目的是避免暴露行踪和逃避监管。

《上市公司收购管理办法》第二章权益披露规定，通过证券交易所的交易，投资者及其一致行动人买入的股份达到一个上市公司已发行股份的5%时，发生之日起3日内编制权益变动报告书，向证监会、交易所提交书面报告，抄报上市公司所在地证监会派出机构，通知上市公司并予以公告；在上述期限内，不得再行买卖该上市公司股票，以后每增加或减少5%，应当按照前款规定进行报告和公告。而且在报告期限内和作出报告、公告后2日内，不得再次买卖该上市公司的股票。另外《证券法》第四十七条规定，上市公司董事、监事、高级管理人员、持有上市公司股份5%以上的股东，将其持有的该公司的股票在买入后6个月内不准卖出。

由以上证券法律法规可以看出，一个以交易赚差价谋利的机构买卖一只股票超过流通盘5%是件"麻烦"事，特别是以做庄为目的的主力，一旦买入一只股票流通盘 5%就有暴露和受交易限制的风险。所以但凡资金量较大，计划买入一只股票筹码超该股流通盘 5%的一定会将资金分为多份，分配到 N 个账户中买入。即使某一主力没计划买入一只股票筹码流通盘 5%那么多，同样也会将资金分为多份，分配到 N 个账户中买入这只股票以分仓持股，这是为了防止被交易所和证监会盯上，避免不必要的麻烦。

主力除了分仓持股，还把分仓分散在全国各地多个券商营业部，当然，无论主力如何掩饰，操盘时都会留下各种蛛丝马迹，下面就来看看一实例。

深圳证券市场中小企业板交易公开信息（2016年12月16日）

证券代码	证券简称	振幅值(%)	成交量(股)	成交金额(万元)
002767	先锋电子	20.14	20030000	75851

买入金额最大的前 5 名

营业部或交易单元名称	买入金额(元)	卖出金额(元)
东海证券股份有限公司厦门祥福路证券营业部	41283089.78	0.00
东方证券股份有限公司厦门仙岳路证券营业部	27932044.75	0.00
恒泰证券股份有限公司温州古岸路证券营业部	19365416.58	321124.00
华福证券有限责任公司厦门仙岳路证券营业部	14953988.74	0.00
广发证券股份有限公司厦门湖滨南路证券营业部	14388163.19	16357.50

卖出金额最大的前 5 名

营业部或交易单元名称	买入金额(元)	卖出金额(元)
信达证券股份有限公司杭州莫干山路证券营业部	655266.00	91593869.67
中信证券股份有限公司平湖建国北路证券营业部	2928259.98	45926104.40
信达证券股份有限公司绍兴柯桥山阴路证券营业部	0.00	29733519.84
华西证券股份有限公司义乌稠州北路证券营业部	373940.00	25135280.08
华泰证券股份有限公司石家庄中华北大街证券营业部	383400.00	18713309.16

分析先锋电子 12 月 16 日涨停板公开数据，买入营业部中有四家上榜，重点在卖出营业部，卖出第一名信达证券股份有限公司杭州莫干山路证券营业部卖出量达到 9159 万元，以该股当天成交均价 38 元每股计算，该营业部卖出量达 241 万股。241 万股意味着什么？先锋电子总股本 1.5 亿股，流通股 3750 万股，241 万股相当于总股本的 1.6%，流通股的 6.42%，也就是说，卖出第一名信达证券股份有限公司杭州莫干山路证券营业部这天的卖出量已经超过流通股的 5%。如这些卖出属于同一个机构或一个人的，这已经远超过举牌数量，依据证券法规，这么大的减持是要通知上市公司并予以公告的，但事后并没有看到关于该股大股东减持的公告。

主力行为盘口解密(七)

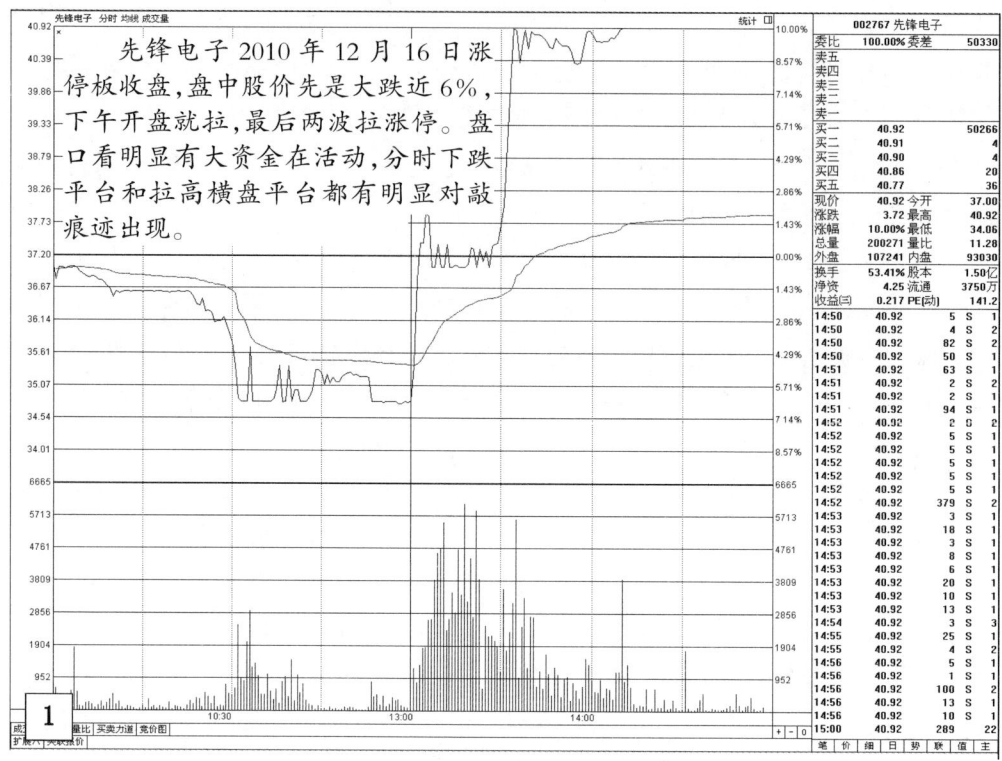

先锋电子十大股东(截至日期:2016年9月30日)

股东	持股数（万股）	占总股（%）	性质	增减情况（万股）
石政民	7359.00	49.06	受限股份	未变
石义民	3375.00	22.50	受限股份	未变
刘毅	67.62	0.45	流通A股	7.05
中央汇金资产管理有限责任公司	52.62	0.35	流通A股	未变
金美玲	50.69	0.34	流通A股	新进
北京比格戴特投资管理有限公司—比格戴特2期稳健成长私募投资基金	49.54	0.33	流通A股	新进
董诗文	49.41	0.33	流通A股	-2.68
浙江嘉得资产管理有限公司—嘉得趋势策略二号基金	46.13	0.31	流通A股	新进
李学柳	43.87	0.29	流通A股	新进
朱秀芳	43.13	0.29	流通A股	新进
合　　计	11137.01	74.25		

从先锋电子9月30日持股情况来看，流通股东中第一名最大持有者只有67.62万股，而当天卖出第一名信达证券股份有限公司杭州莫干山路证券营业部卖出量达到241万股之巨，如不是大股东的那就只有两种情况了：①这是众人或者多个毫不相干的机构在该营业部开户买卖；②是一个主力在该营业部有N个不同账户的分仓持仓，以笔者的分析属后者概率非常大。结合12月16日当天其他买卖数据来看，买和卖的第二名营业部成交额都超过4000万元，按均价38元每股算，成交股数都超100万股，而流通股东中并没有持股过100万股的，很明显这家营业部的巨量是主力的分仓。至于买入前五名营业部中有四名在厦门，估计该主力大本营在厦门。

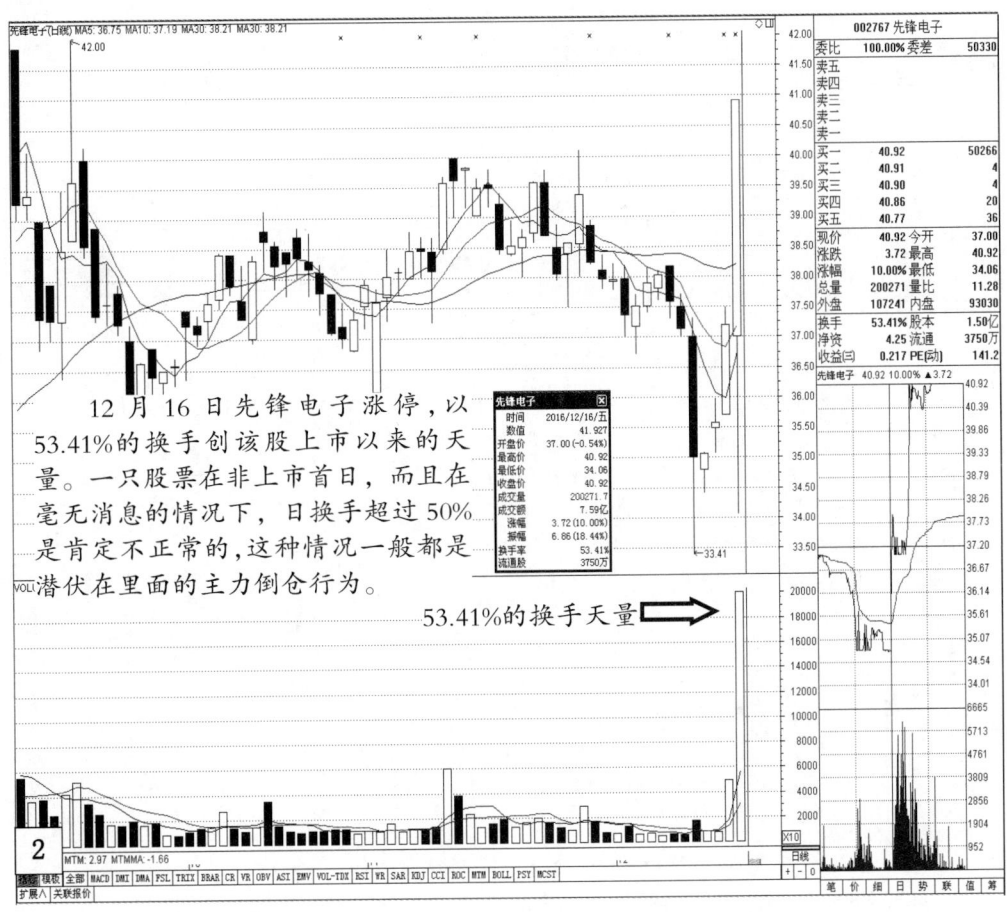

主力行为盘口解密(七)

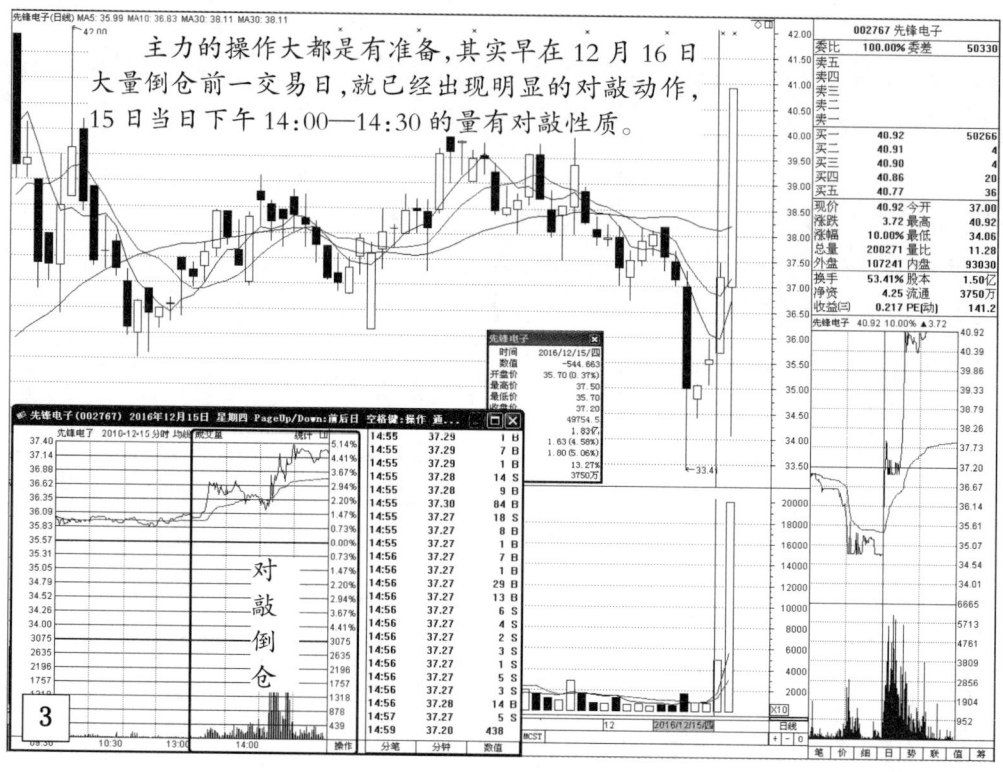

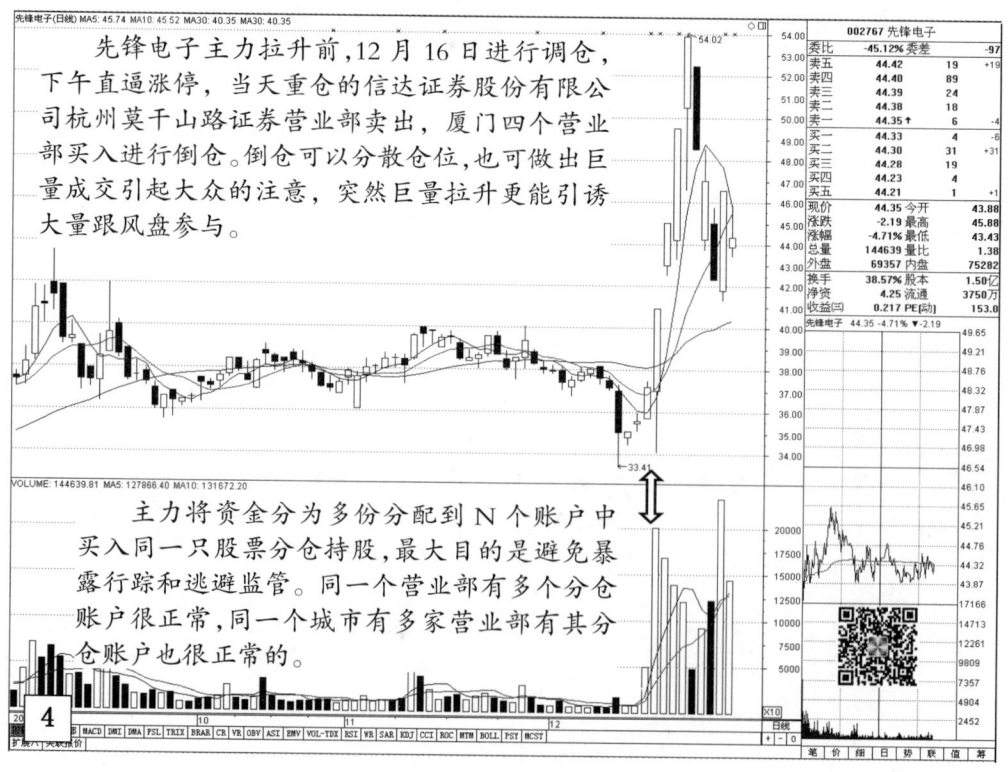

主力滚动操盘一只股票数日经典案例

主力某日不花一分钱就将一只股票拉出一根大阳甚至拉涨停,你相信吗?或者会觉得这不可思议吧?其实不花钱是不可能的,但实际上主力在不增加仓位,不多买一股的情况下,将他们所操盘的个股拉大阳甚至拉涨停是完全可以做到的。这是什么手段?业内叫"滚动操盘"。

滚动操盘是指主力在某股票低位吸足筹码后开始拉升股价,拉升到一定的幅度时打压股价出掉部分筹码,以便腾出资金等到股价落到相对低位时出手接盘,然后再拉起,这样的过程不断循环叫"滚动操盘"!

滚动操盘对于主力有两大意义:①主力利用滚动操盘进行高抛低吸赚取差价;②主力操盘过程中为将资金充分利用发挥淋漓尽致,用高超手段操盘,做到日内或短线既拉高价格又不增仓。

个股出现主力滚动操盘时属于上述哪种情况?又或者是两种情况兼有?这只有操盘者最清楚,一般投资者要了解个股是否有主力在滚动操盘,可以通过盘口观察去辨别。熟悉和了解个股有没有主力在滚动操盘有什么用?一是可以跟着主力进行滚动操盘高抛低吸赚取差价;二是了解主力操作思路,做到有备无患不在中途被震出来。了解主力滚动操盘原理,解决"为什么有的股票明明看到有主力在出货,但还能不断地创新高"这个疑问。

下面以模塑科技为例,介绍主力进行滚动操盘赚取差价和不断做高股价的操作思路与过程。

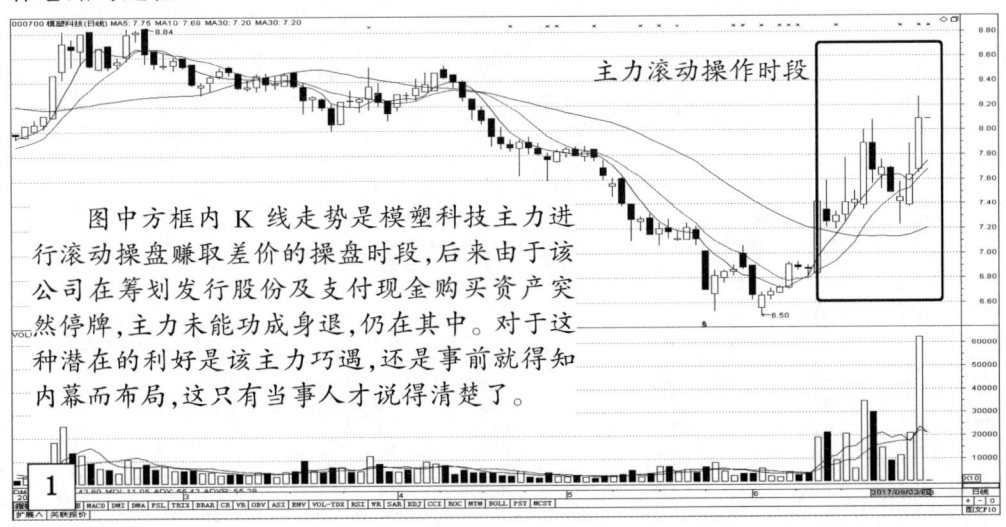

主力行为盘口解密(七)

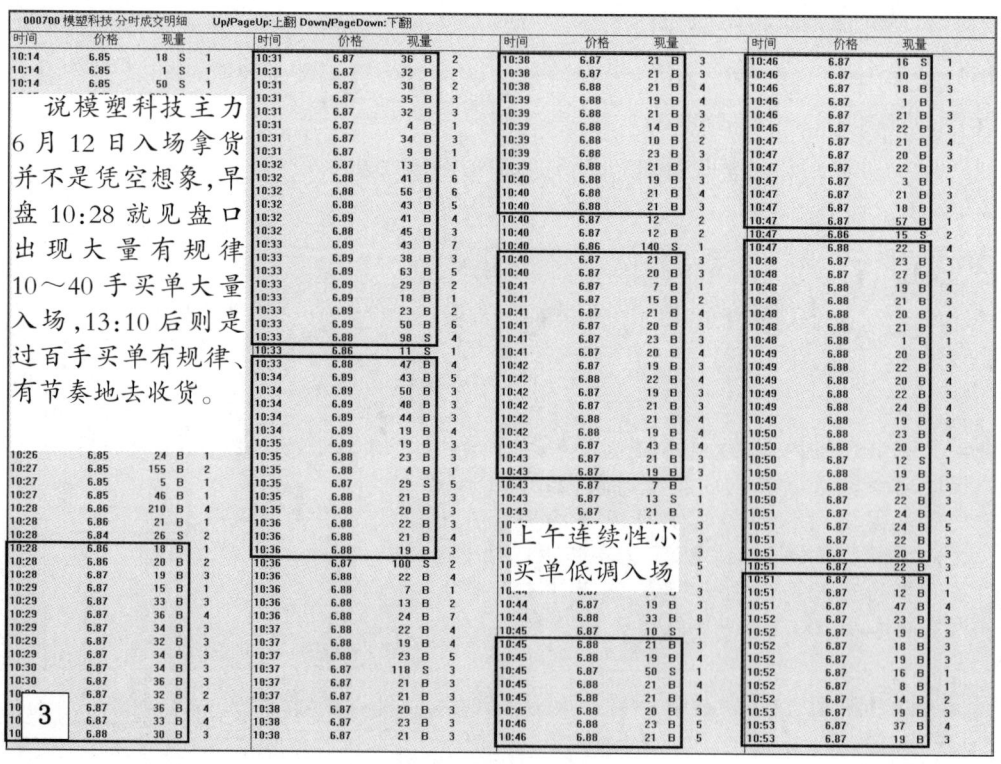

模塑科技主力滚动操盘从6月12日起,当日是主力入场拿货首日,这从当天分时走势中清晰可见,大量拿货从13:10开始,股价小拉一把后强势震荡上行,成交量从13:10开始突然放大,尾盘拿货量达到一定的程度后直线拉高,这是主力拿货达到预期后通过拉尾盘拉出利润空间的操作。

盘中主力主动通过震荡推高股价大量收集筹码,当日该股总成交金额1.38亿元,该主力拿货估计是总量是20%～30%,拿到大概3000万～4000万元左右。通过尾盘拉高后筹码平均获利至少有3%。

说模塑科技主力6月12日入场拿货并不是凭空想象,早盘10:28就见盘口出现大量有规律10～40手买单大量入场,13:10后则是过百手买单有规律、有节奏地去收货。

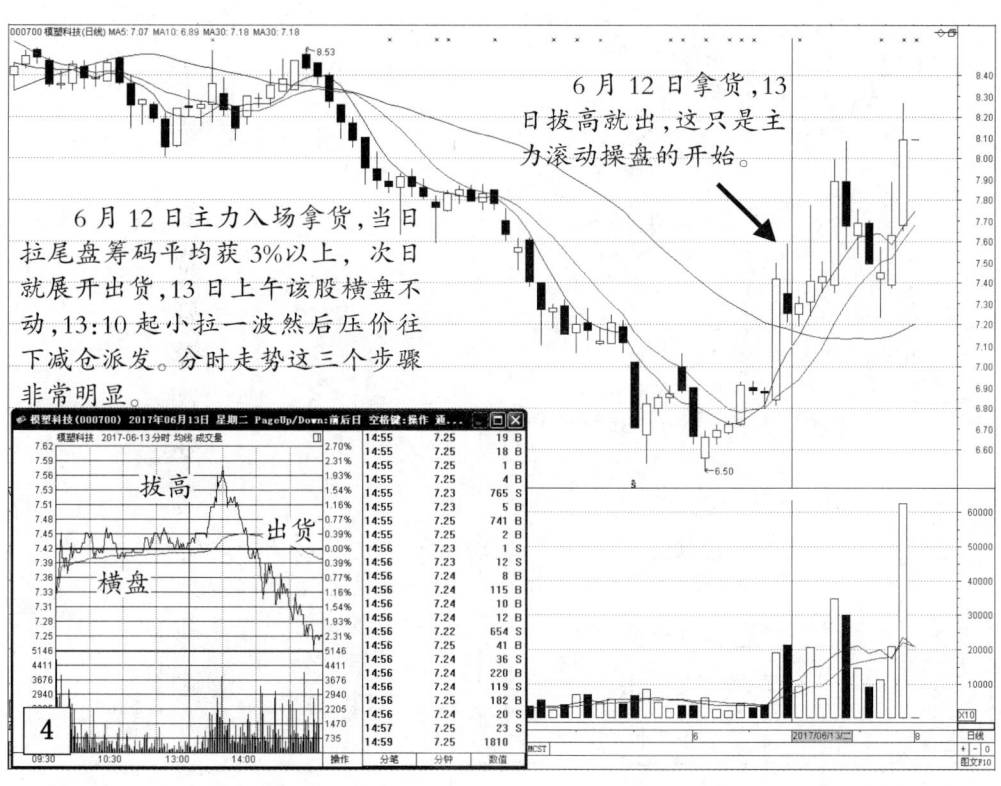

6月12日主力入场拿货,当日拉尾盘筹码平均获3%以上,次日就展开出货,13日上午该股横盘不动,13:10起小拉一波然后压价往下减仓派发。分时走势这三个步骤非常明显。

6月12日拿货,13日拔高就出,这只是主力滚动操盘的开始。

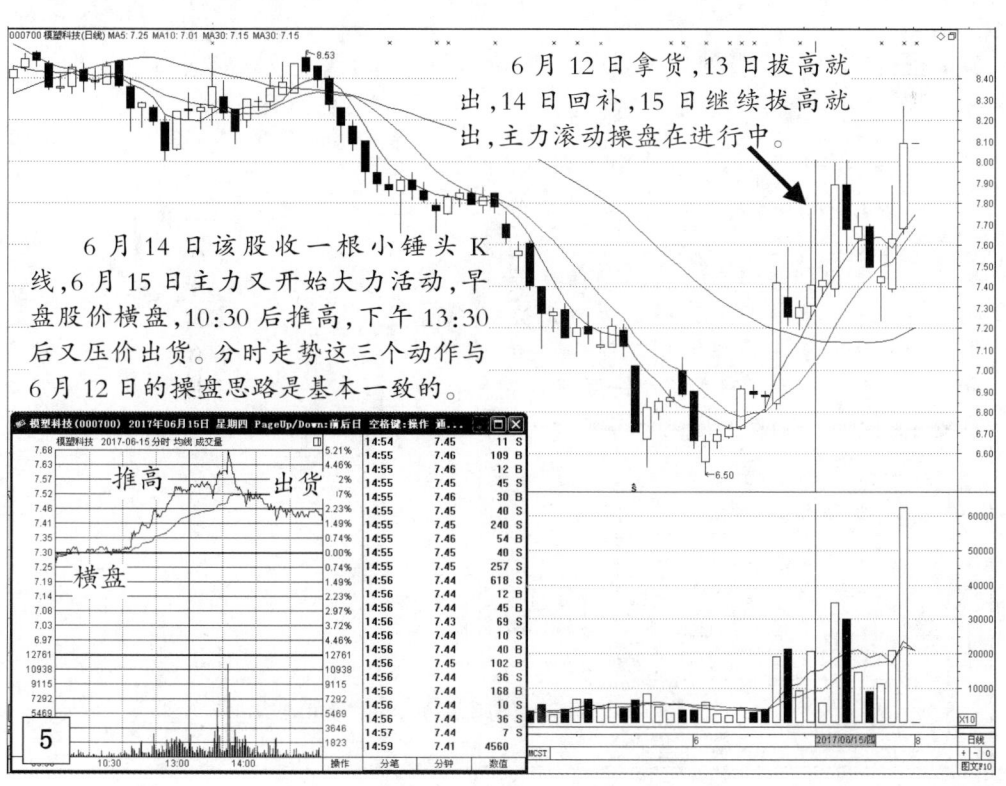

6月14日该股收一根小锤头K线,6月15日主力又开始大力活动,早盘股价横盘,10:30后推高,下午13:30后又压价出货。分时走势这三个动作与6月12日的操盘思路是基本一致的。

6月12日拿货,13日拔高就出,14日回补,15日继续拔高就出,主力滚动操盘在进行中。

主力行为盘口解密(七)

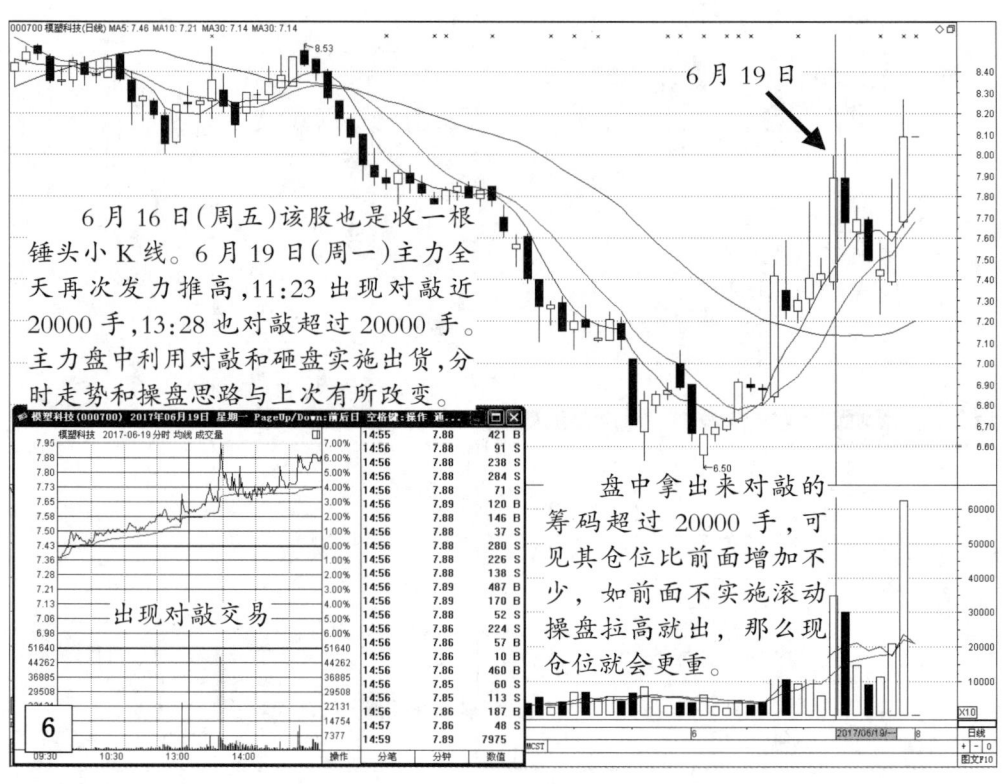

6月16日(周五)该股也是收一根锤头小K线。6月19日(周一)主力全天再次发力推高,11:23出现对敲近20000手,13:28也对敲超过20000手。主力盘中利用对敲和砸盘实施出货,分时走势和操盘思路与上次有所改变。

盘中拿出来对敲的筹码超过20000手,可见其仓位比前面增加不少,如前面不实施滚动操盘拉高就出,那么现仓位就会更重。

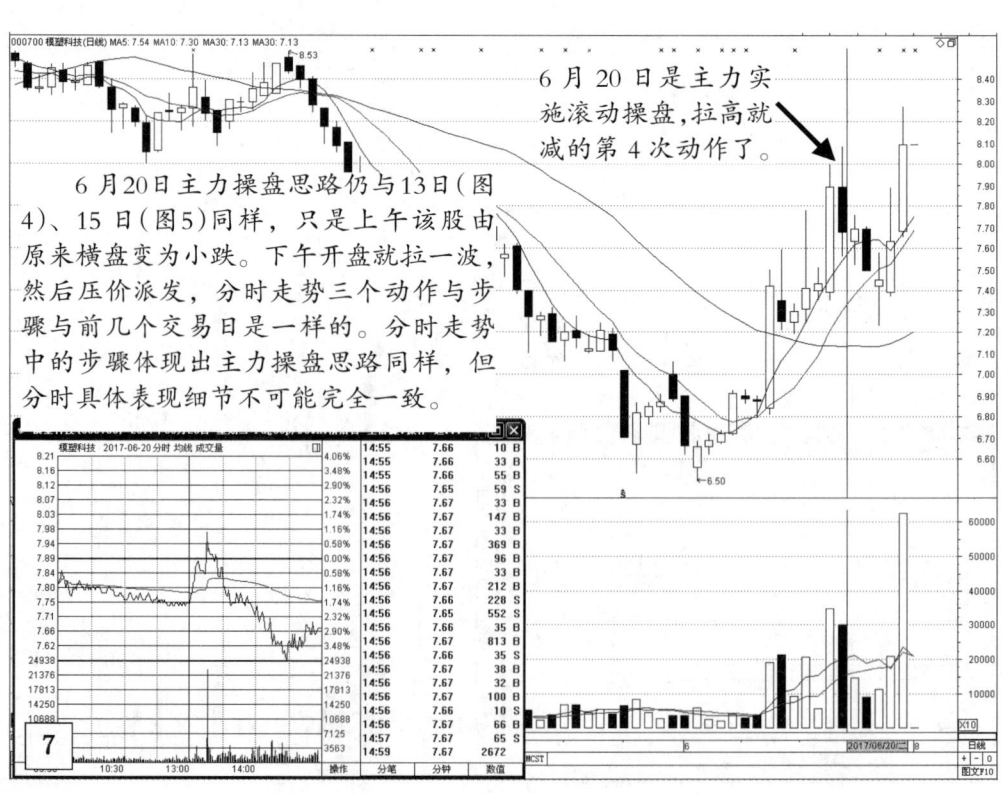

6月20日主力操盘思路仍与13日(图4)、15日(图5)同样,只是上午该股由原来横盘变为小跌。下午开盘就拉一波,然后压价派发,分时走势三个动作与步骤与前几个交易日是一样的。分时走势中的步骤体现出主力操盘思路同样,但分时具体表现细节不可能完全一致。

6月20日是主力实施滚动操盘,拉高就减的第4次动作了。

第六章

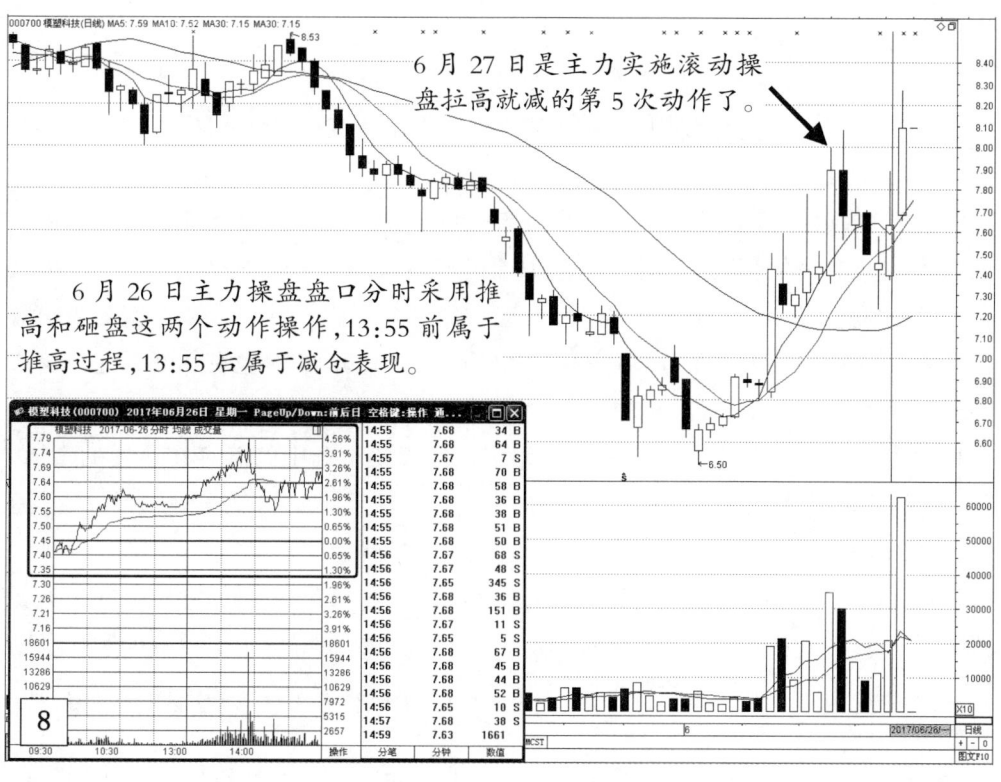

6月27日是主力实施滚动操盘拉高就减的第5次动作了。

6月26日主力操盘盘口分时采用推高和砸盘这两个动作操作,13:55前属于推高过程,13:55后属于减仓表现。

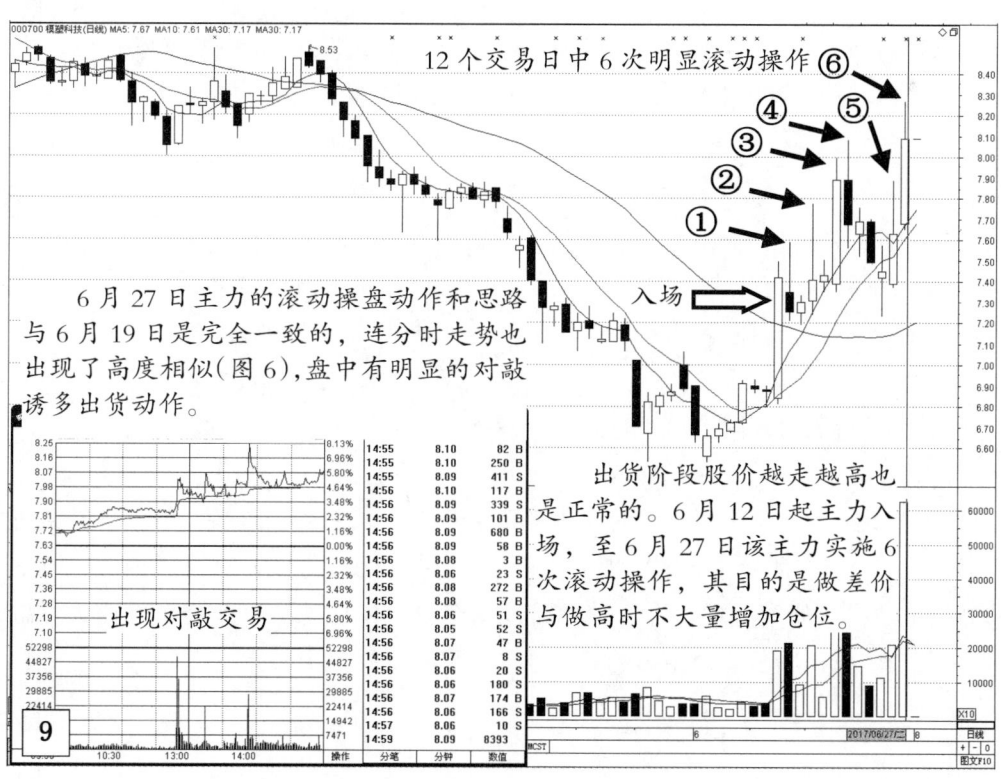

12个交易日中6次明显滚动操作

6月27日主力的滚动操盘动作和思路与6月19日是完全一致的,连分时走势也出现了高度相似(图6),盘中有明显的对敲诱多出货动作。

出现对敲交易

出货阶段股价越走越高也是正常的。6月12日起主力入场,至6月27日该主力实施6次滚动操作,其目的是做差价与做高时不大量增加仓位。

主力行为盘口解密(七)

主力为赚1%蝇头小利而忙碌的原因

股票市场中有些机构操盘行为局外者永远不知内情,也无法理解。一家机构会为了赚取10%的利润投入几千万元甚至几亿元去操纵股价吗?这个肯定会,1亿元的10%就是1000万元,1000万元能干很多事情了,那么一家机构会为赚取3%的利润去做庄操纵股价吗?这还是有可能的,1亿元赚3%也有300万元,这相当一年期银行利息。那么一家机构投入2000万元去操纵某股票为赚1%的利润,你相信存在这样的事情吗?你可以不相信,但股票市场中的确存在这样的事情,赚1%的利润能做什么?1000万元的1%是10万元,2000万元的1%是20万元,当然只赚1%的利润并不是最终目的。

很多时候一些机构手握资金上亿元乃至数亿元,市场不好时拿出一两千万元或者三五千万元去操作,目的并不是赚多少钱,而是在市场中保持盘面和操盘的感觉,能赚最好,小亏无事,从这角度来看,为了赚1%的利润去操盘就没有什么不可能的了。

证券代码	证券简称	成交占比(%)	成交量	成交金额(万元)
600039	四川路桥	50.32	10553858	5553.11

融资买入会员名称	融资买入金额(元)
安信证券股份有限公司	13364128.74
东方证券股份有限公司	8266360.00
华泰证券股份有限公司	3230067.84
东吴证券股份有限公司	535830.00
长江证券股份有限公司	428565.00

公开数据中看到6月5日有两大券商通过融资买入四川路桥,安信证券买进1336万元,东方证券买进827万元,两者共买入2163万元,占当天成交金额的39%。笔者多年研究发现,在一些比较冷门个股中,出现一个或两个券商大量融资买入一个股,属于一个主力的行为动作居多。

第六章

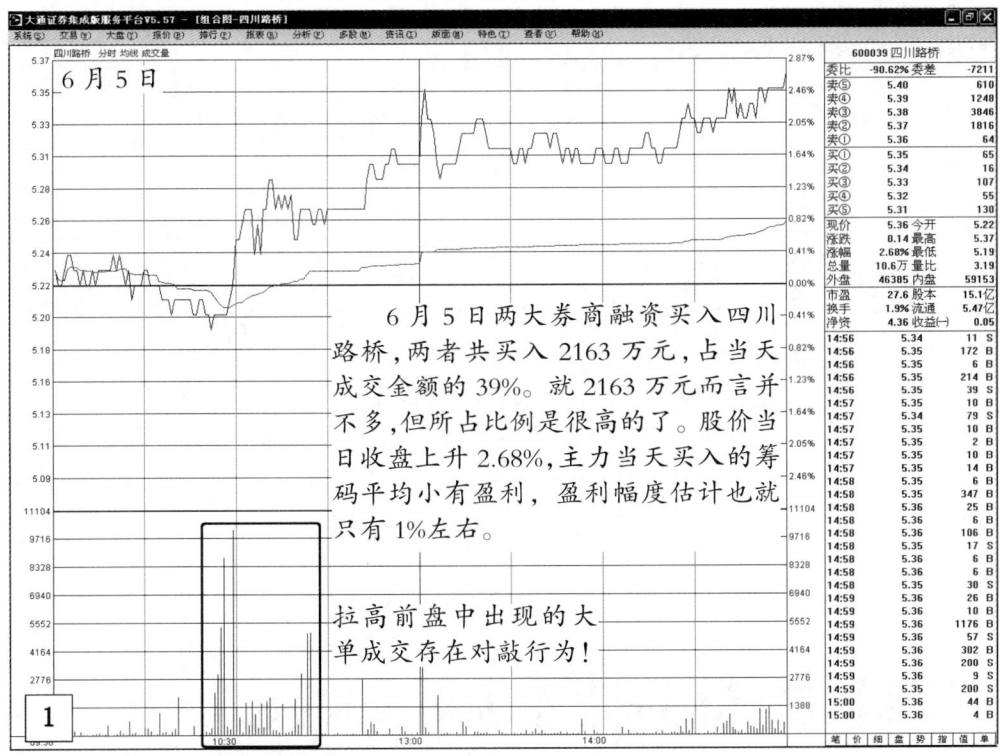

6月5日两大券商融资买入四川路桥，两者共买入2163万元，占当天成交金额的39%。就2163万元而言并不多，但所占比例是很高的了。股价当日收盘上升2.68%，主力当天买入的筹码平均小有盈利，盈利幅度估计也就只有1%左右。

拉高前盘中出现的大单成交存在对敲行为！

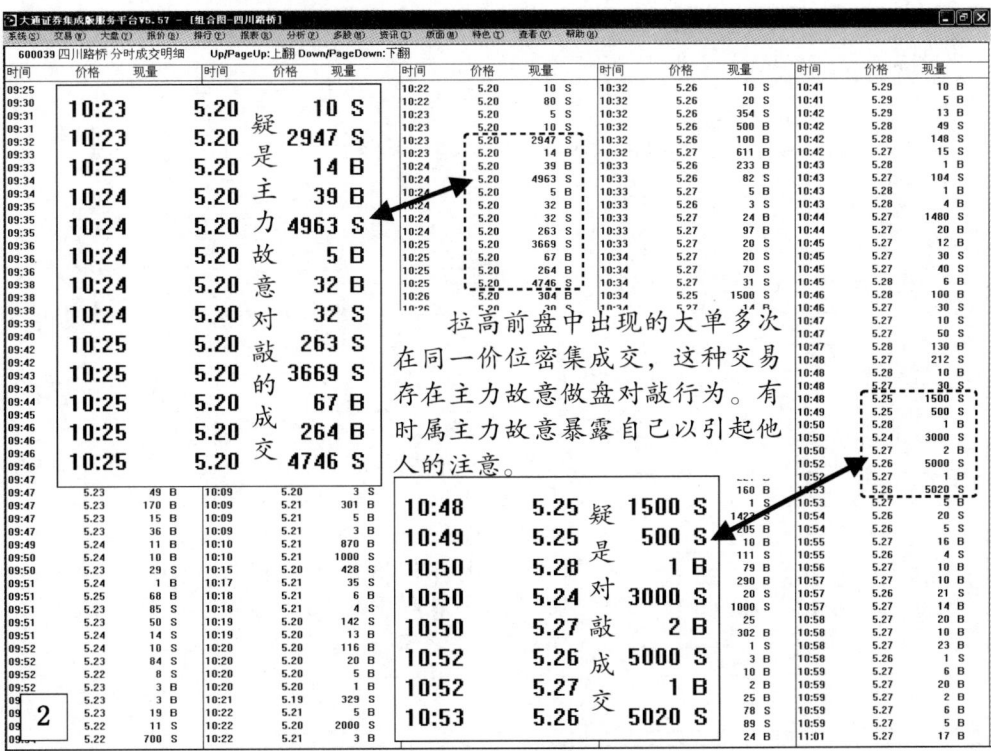

拉高前盘中出现的大单多次在同一价位密集成交，这种交易存在主力故意做盘对敲行为。有时属主力故意暴露自己以引起他人的注意。

主力行为盘口解密(七)

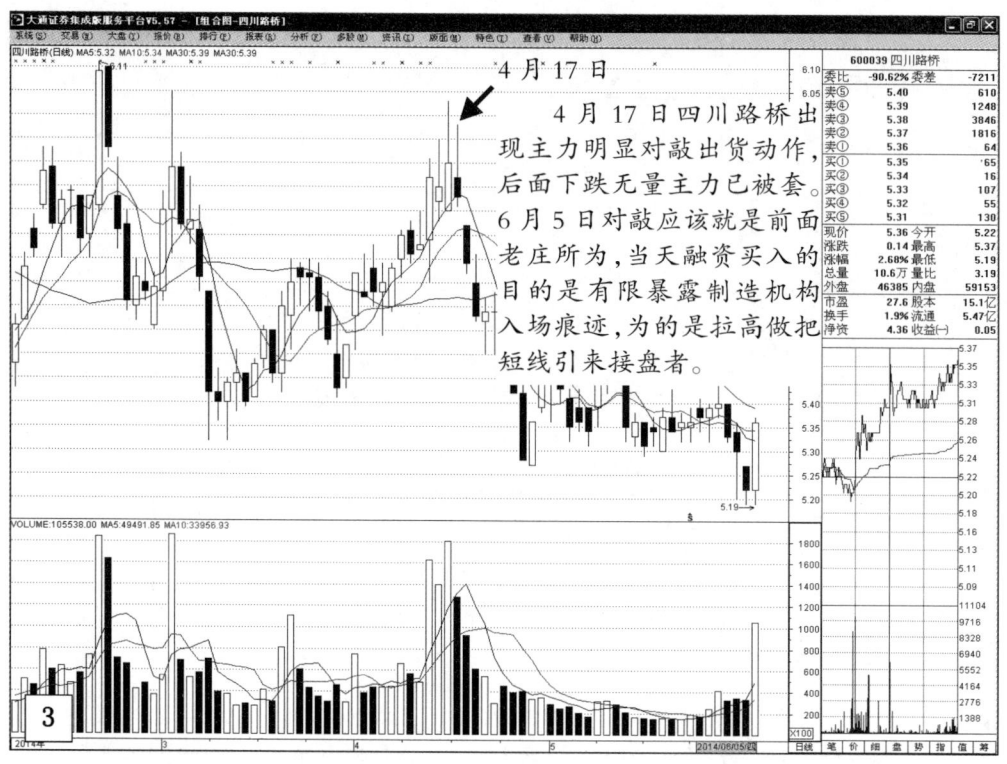

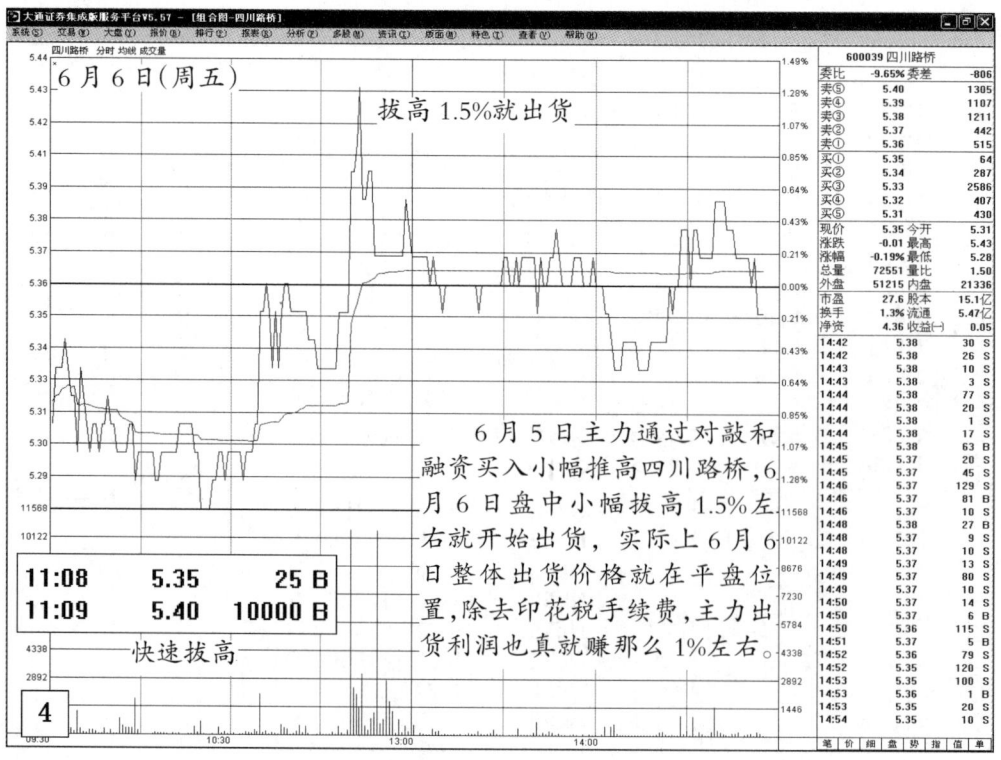

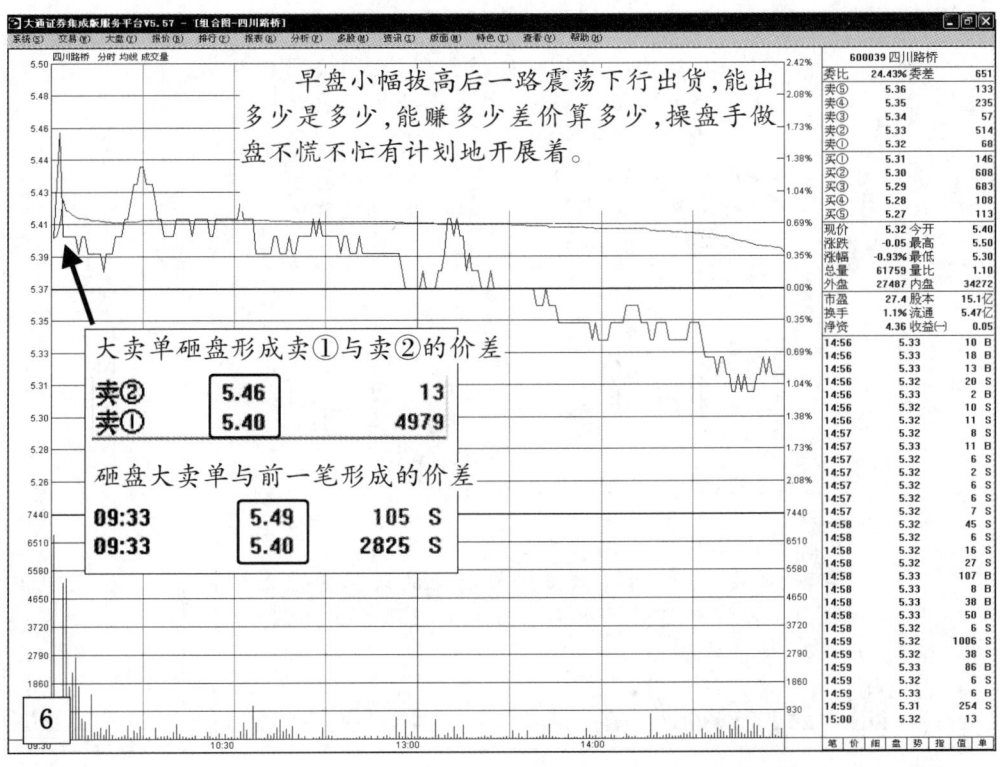

主力行为盘口解密(七)

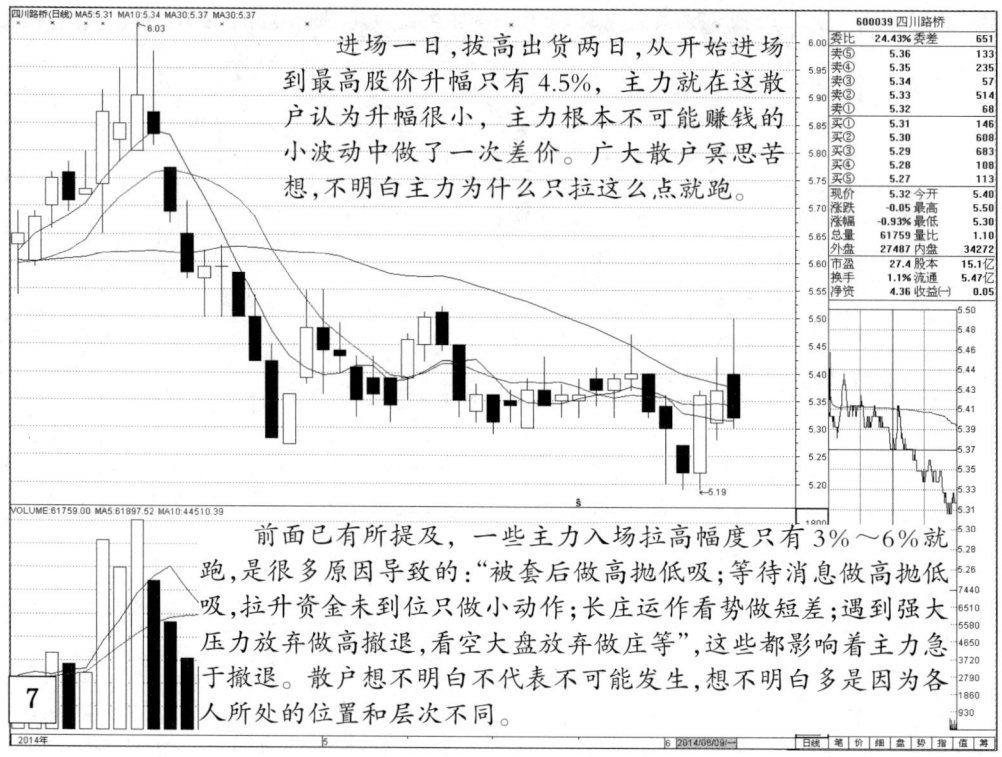

进场一日,拔高出货两日,从开始进场到最高股价升幅只有4.5%,主力就在这散户认为升幅很小,主力根本不可能赚钱的小波动中做了一次差价。广大散户冥思苦想,不明白主力为什么只拉这么点就跑。

前面已有所提及,一些主力入场拉高幅度只有3%~6%就跑,是很多原因导致的:"被套后做高抛低吸;等待消息做高抛低吸,拉升资金未到位只做小动作;长庄运作看势做短差;遇到强大压力放弃做高撤退,看空大盘放弃做庄等",这些都影响着主力急于撤退。散户想不明白不代表不可能发生,想不明白多是因为各人所处的位置和层次不同。

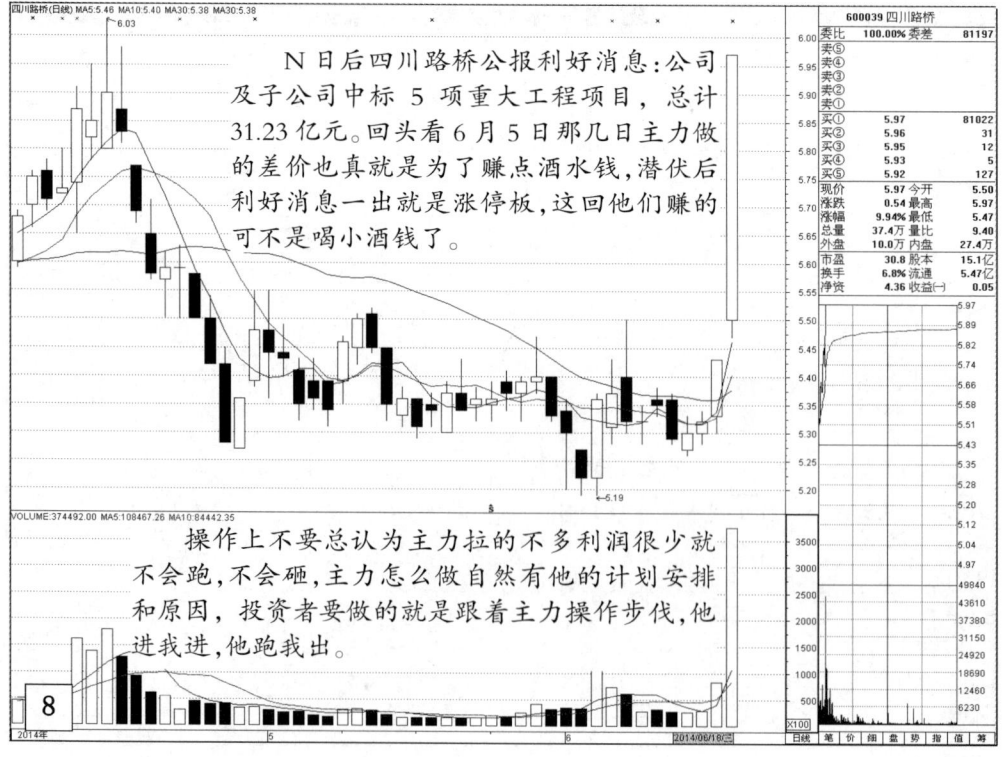

N日后四川路桥公报利好消息:公司及子公司中标5项重大工程项目,总计31.23亿元。回头看6月5日那几日主力做的差价也真就是为了赚点酒水钱,潜伏后利好消息一出就是涨停板,这回他们赚的可不是喝小酒钱了。

操作上不要总认为主力拉的不多利润很少就不会跑,不会砸,主力怎么做自然有他的计划安排和原因,投资者要做的就是跟着主力操作步伐,他进我进,他跑我出。

主力短线做差价与洗盘结合的操作

　　主力中长线运作个股过程中进行短线高抛低吸，赚取差价操作是常见之事，高抛低吸短到可以做到盘中上午拔高就出货下午跌下来马上就回补，最常见的还是几个交易日内进行的高抛低吸。主力短线高抛低吸与洗盘有关系吗？有没有关系这就得看主力自身的考虑了。部分主力进行洗盘时除了洗盘本身，还结合短线走势做一些高抛低吸赚取差价的操作，其中一种方法的具体操盘思路如下：主力开始洗盘时某日盘中上午先将股价拉高，拉高后将手中持有的筹码慢慢往下压价卖出，整个下午分时走势出现明显冲高回落状态，日K线留下长长的上影线，给投资者感觉盘中拔高就有机构大资金开始出货出逃。次日主力开盘继续打压令股价低开低走，将股价砸低数个百分点后开始慢慢买入。下午洗盘目的达到后将股价慢慢推高，此时之前高位出掉的筹码已经补回成功。打压日的日K线留下长下影线。

　　主力洗盘时盘中上午先将股价拉高目的有二：①做差价拉高出货赚更多的钱；②打压收出长上影线给该股持有者沉重的心理压力。先拔高后有计划砸盘，下午分时走势出现不断下滑的表现让部分投资者产生恐惧，逼迫部分人选择撤退卖出。次日股价低开部分属上一交易日没有出掉的恐慌盘在砸出，主力当然也可以自己打压令股价低开，低开低走能令更多恐慌者撤退。如此，主力既能完成洗盘又同时进行了高抛低吸短线赚取差价操作。

主力行为盘口解密(七)

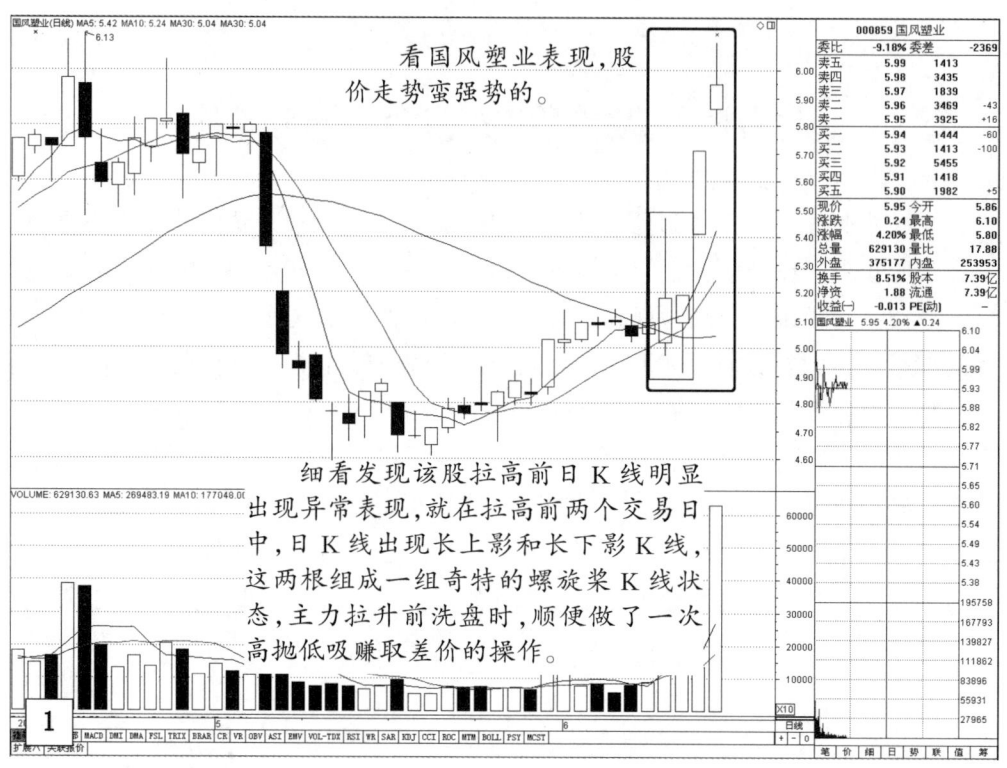

看国风塑业表现,股价走势蛮强势的。

细看发现该股拉高前日K线明显出现异常表现,就在拉高前两个交易日中,日K线出现长上影和长下影K线,这两根组成一组奇特的螺旋桨K线状态,主力拉升前洗盘时,顺便做了一次高抛低吸赚取差价的操作。

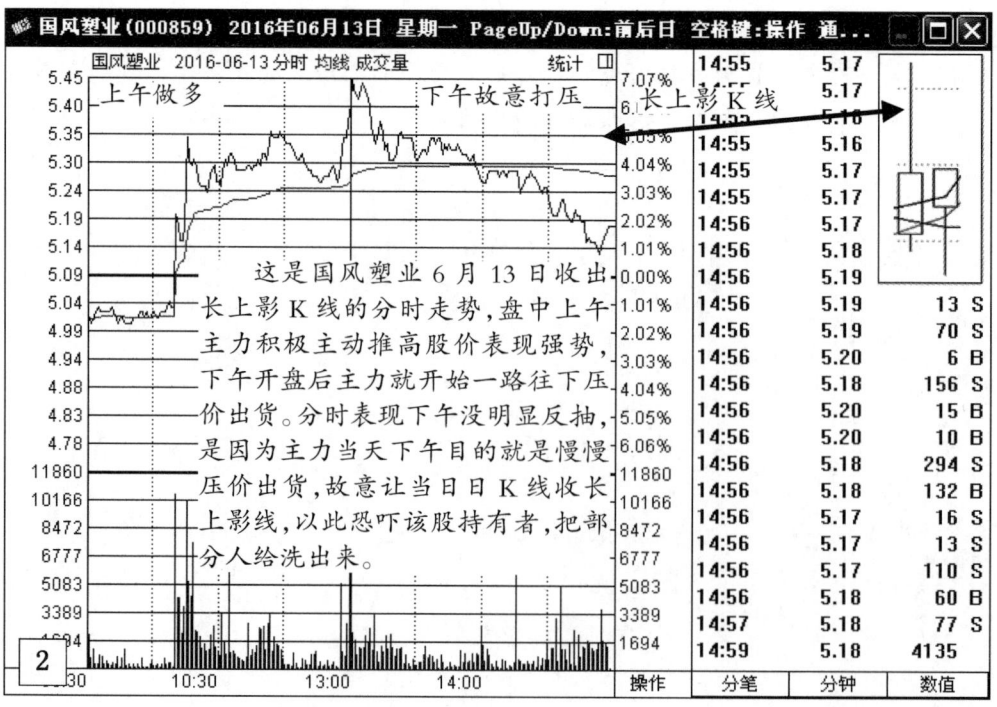

上午做多　　　下午故意打压　　长上影K线

这是国风塑业6月13日收出长上影K线的分时走势,盘中上午主力积极主动推高股价表现强势,下午开盘后主力就开始一路往下压价出货。分时表现下午没明显反抽,是因为主力当天下午目的就是慢慢压价出货,故意让当日日K线收长上影线,以此恐吓该股持有者,把部分人给洗出来。

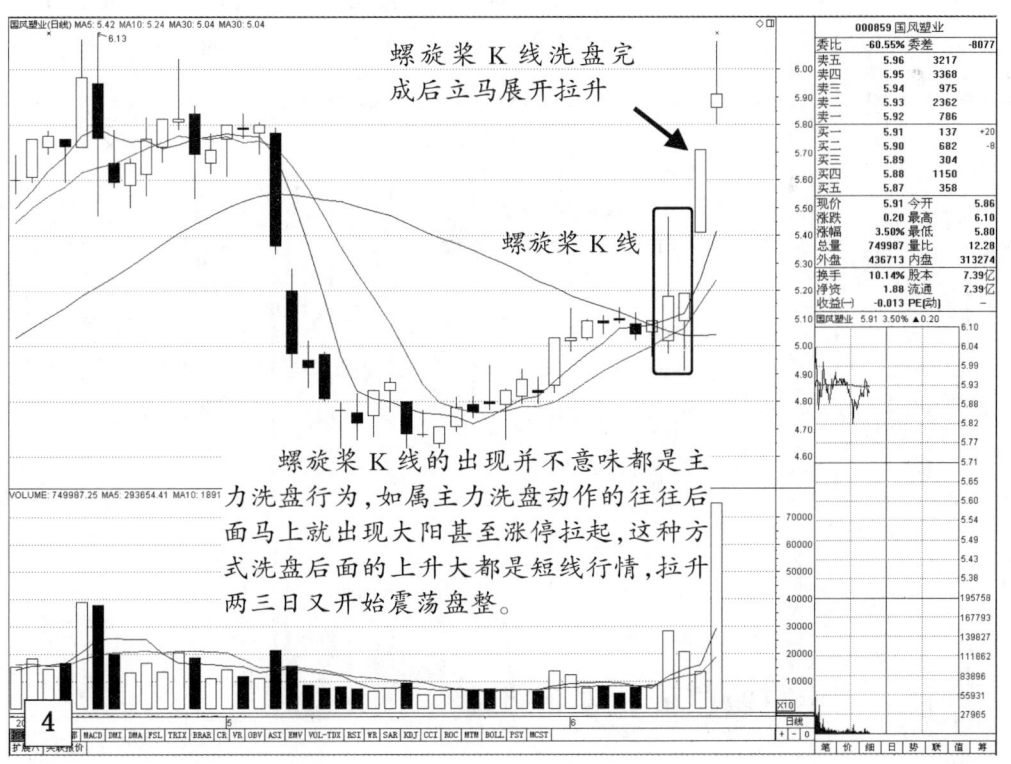

主力行为盘口解密(七)

主力同一组扫货动作不同性质之分

　　一把砍刀、一个壮汉，在院子里举刀那是砍柴，在伐木场举刀那是砍木材，在战场上举刀那是砍敌人，在厨房中举刀那是砍骨头。同样的工具，同样的人，同样的动作，出现在不同的场合其意义和行为性质及结果可以是相同的，也可以是完全不同的。股票市场也大量存在这样的情况，一张或多张大单成交，同样的动作在不同的时间、不同的位置出现，其意义和行为结果也可以是相同的，也可以是完全不同的，每一位技术分析使用者，必须认识股票市场存在这种情况。

　　在同一交易日中同样的大买单，同样的交易动作，在不同时间、不同位置出现，行为性质可以是相同的，也可以是不同的，有的个股早盘明明做多拉高，下午就出现明显的打压出货，或者上午明显的出货，下午就变成了做多，因为主力机构的动作改变，盘中的大买单、大卖单性质也就随之改变。下面以雅克科技(002409)为例，介绍同样的交易动作，在不同时间不同位置出现，其性质是怎样的完全不同。

　　研究个股的第一步是了解该股现处于什么阶段，所谓的阶段可以分为自然波动价格趋势状态阶段，主力运作所处阶段两种。有主力在里面运作明显的，就看主力运作所处的阶段状态去分析，没有主力在里面运作的，就看自然波动价格处于趋势阶段状态去分析，看清个股现所处阶段状态是分析的关键。

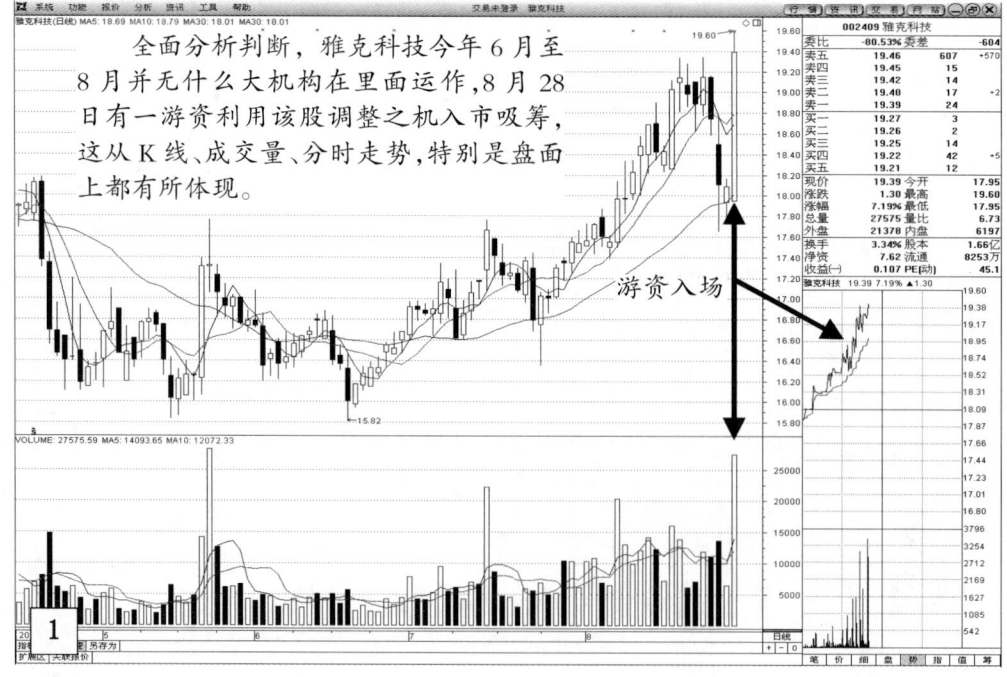

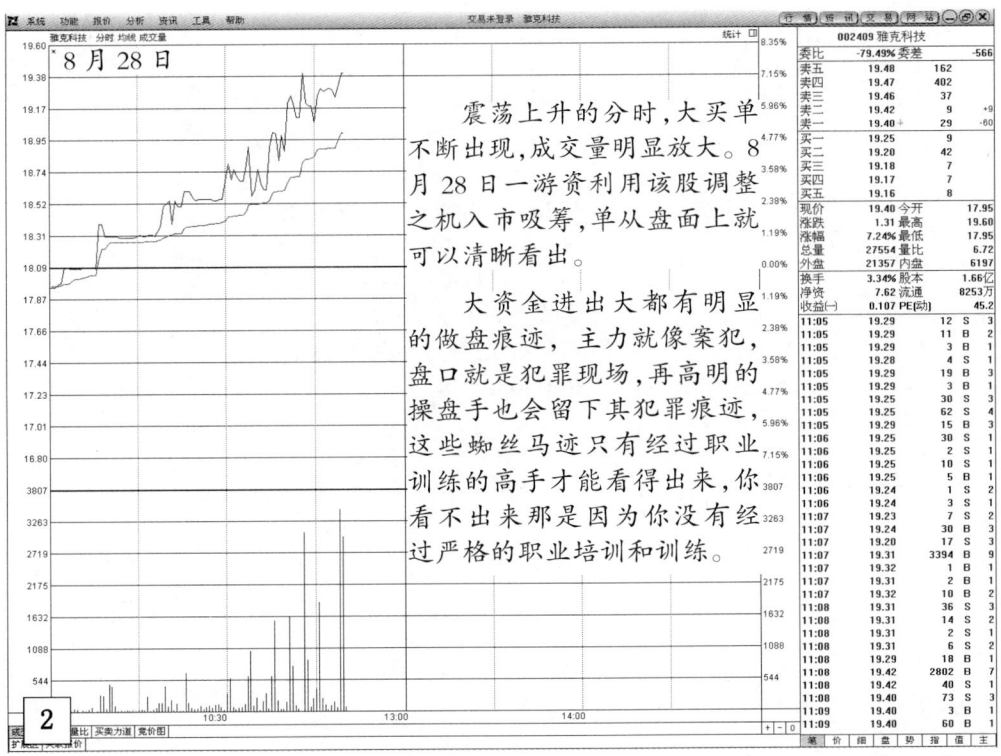

震荡上升的分时，大买单不断出现，成交量明显放大。8月28日一游资利用该股调整之机入市吸筹，单从盘面上就可以清晰看出。

大资金进出大都有明显的做盘痕迹，主力就像案犯，盘口就是犯罪现场，再高明的操盘手也会留下其犯罪痕迹，这些蛛丝马迹只有经过职业训练的高手才能看得出来，你看不出来那是因为你没有经过严格的职业培训和训练。

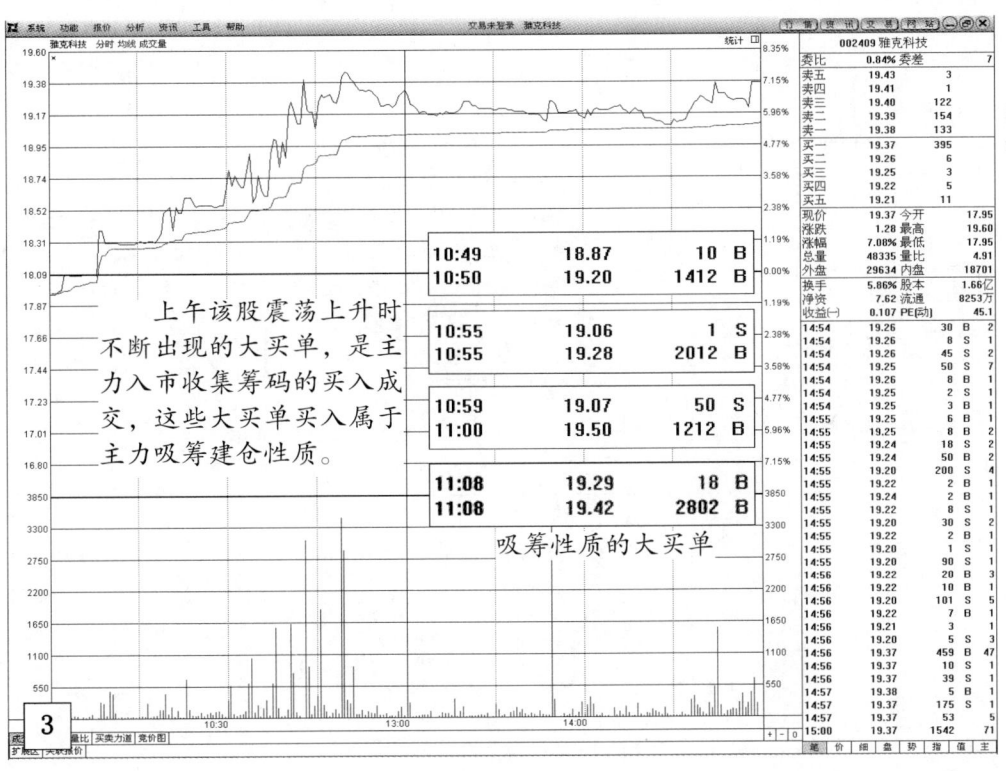

上午该股震荡上升时不断出现的大买单，是主力入市收集筹码的买入成交，这些大买单买入属于主力吸筹建仓性质。

吸筹性质的大买单

主力行为盘口解密(七)

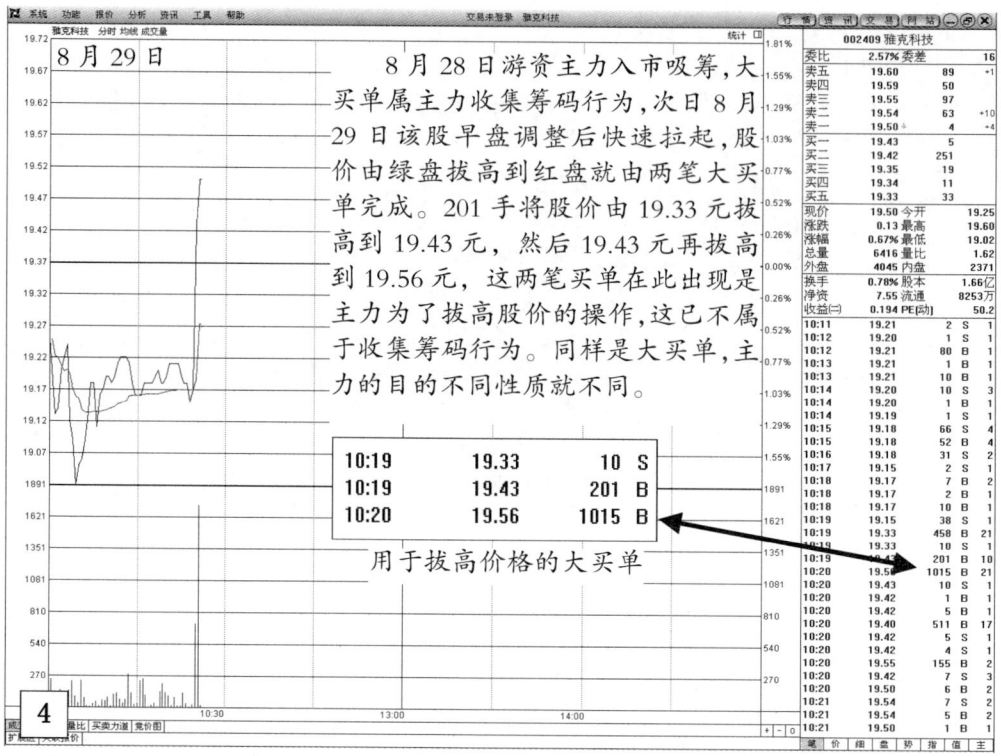

8月28日游资主力入市吸筹,大买单属主力收集筹码行为,次日8月29日该股早盘调整后快速拉起,股价由绿盘拔高到红盘就由两笔大买单完成。201手将股价由19.33元拔高到19.43元,然后19.43元再拔高到19.56元,这两笔买单在此出现是主力为了拔高股价的操作,这已不属于收集筹码行为。同样是大买单,主力的目的不同性质就不同。

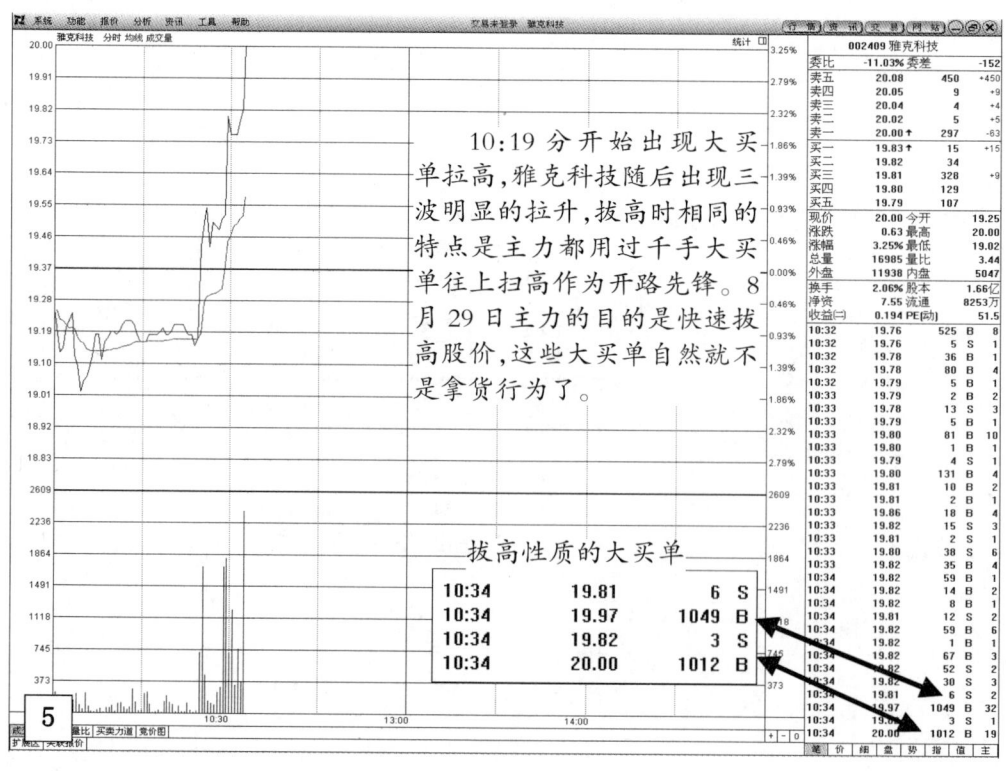

10:19分开始出现大买单拉高,雅克科技随后出现三波明显的拉升,拔高时相同的特点是主力都用过千手大买单往上扫高作为开路先锋。8月29日主力的目的是快速拔高股价,这些大买单自然就不是拿货行为了。

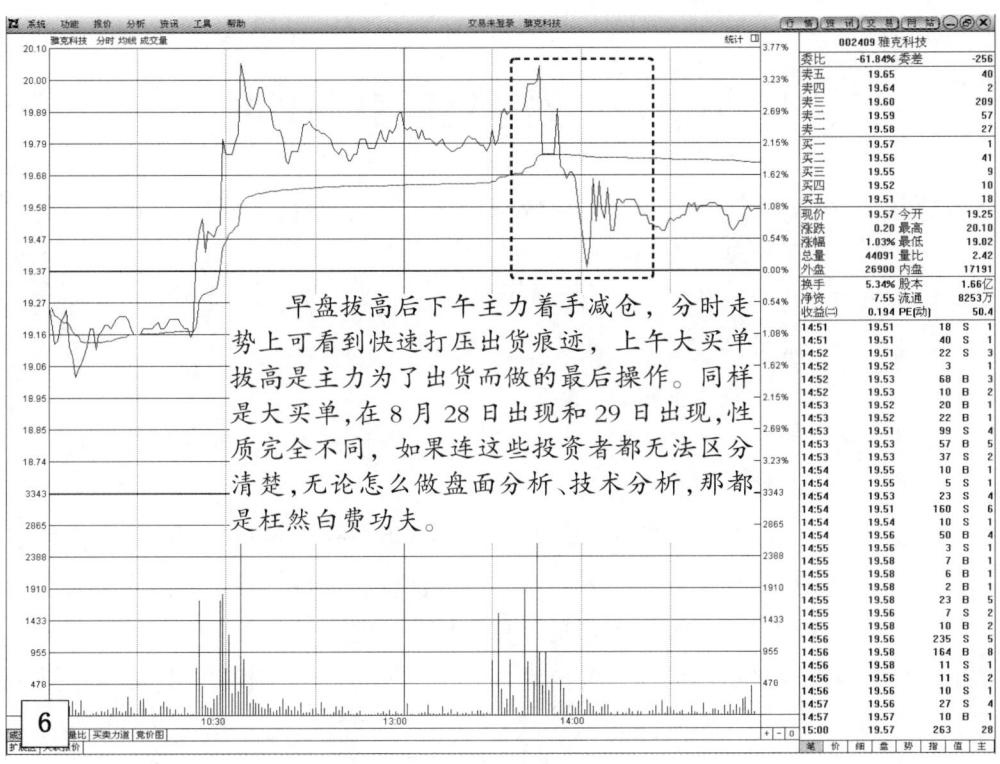

早盘拔高后下午主力着手减仓，分时走势上可看到快速打压出货痕迹，上午大买单拔高是主力为了出货而做的最后操作。同样是大买单，在8月28日出现和29日出现，性质完全不同，如果连这些投资者都无法区分清楚，无论怎么做盘面分析、技术分析，那都是枉然白费功夫。

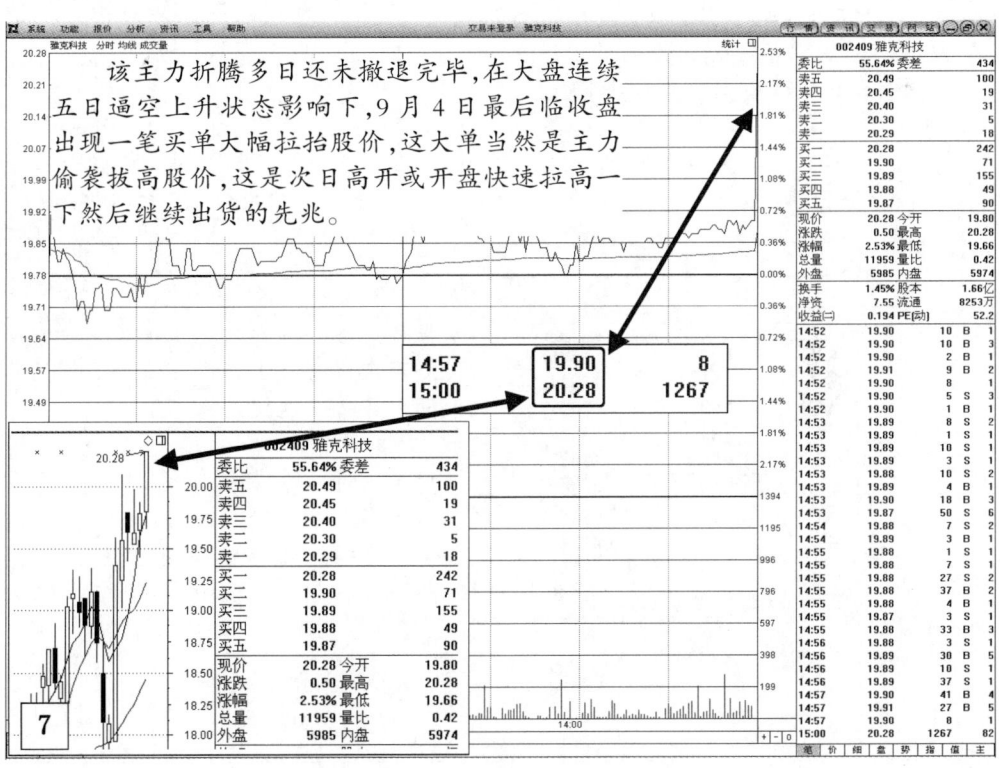

该主力折腾多日还未撤退完毕，在大盘连续五日逼空上升状态影响下，9月4日最后临收盘出现一笔买单大幅拉抬股价，这大单当然是主力偷袭拔高股价，这是次日高开或开盘快速拉高一下然后继续出货的先兆。

主力行为盘口解密(七)

主力盘口多渠道造假手段剖析

　　甄别个股某日的K线和成交量表现是否有主力刻意造假，可以从该股票当日的分时走势、单笔成交、盘口挂单入手进行分析识别。有时主力通过交易故意造假欺骗投资者时操盘动作特别明显，只要掌握一般的盘口分析方法技巧就能轻松发现。盘口分析能够捕捉K线分析无法做到的主力操纵行为，下面笔者挑选一些经典个案说明其做假行为的特征状态。

　　买卖盘挂单是主力机构做盘操纵最频繁的一个窗口，通过改变挂单数量、挂单价格可以迷惑欺骗大量投资者。

　　成交造假仅次于盘口挂单，是主力做庄最常用的操纵手段，厉害的主力做量造假一般投资者根本无法看得出来，市面上售价数千过万的股票软件大部分也无法识别。没有主力作假的成交量才是最有分析价值的，掌握盘口语言，有主力作假的成交量就更有价值，因为如看得懂主力作假行为，了解其目的就更容易判断股价后面的表现。

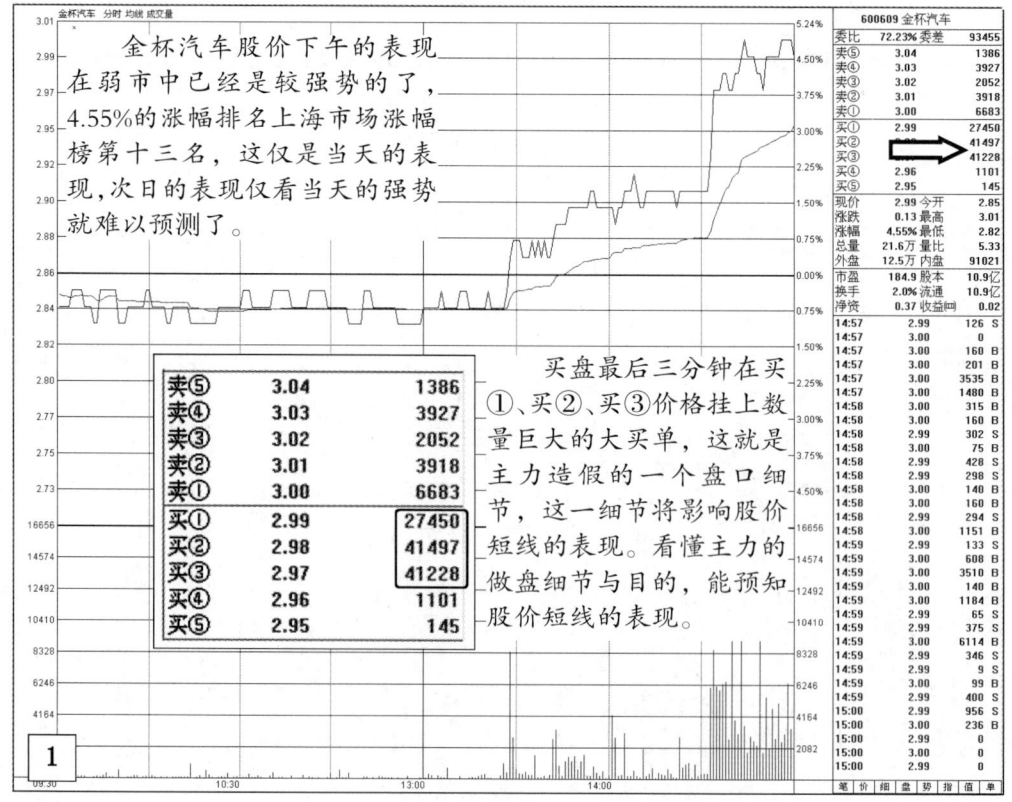

第六章

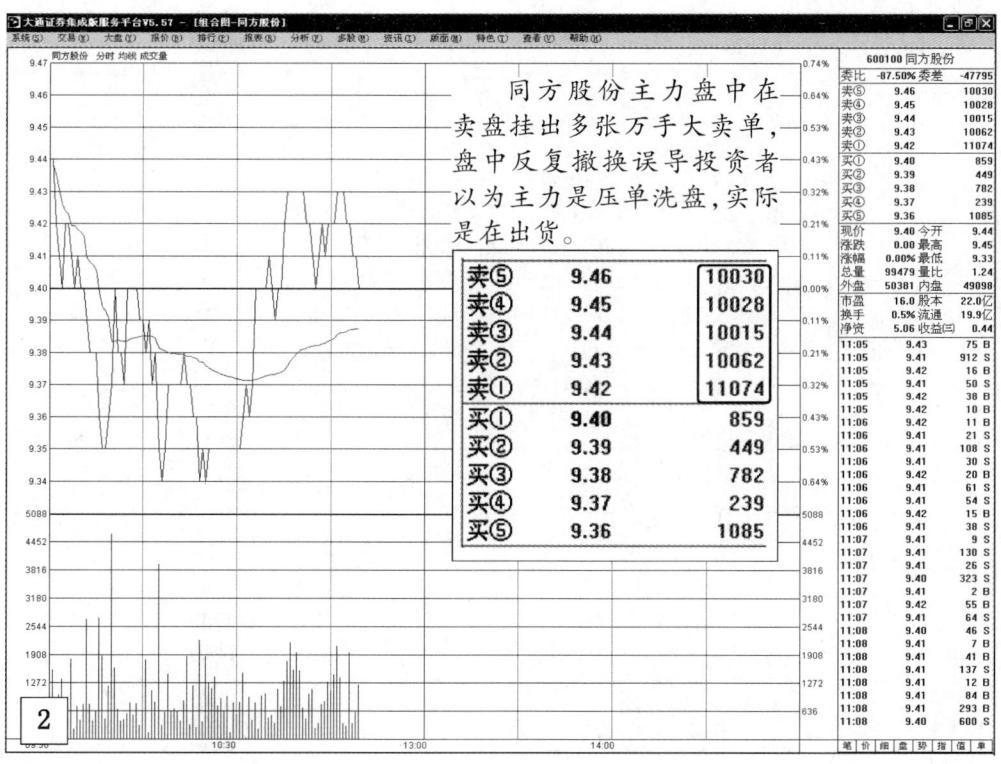

同方股份主力盘中在卖盘挂出多张万手大卖单，盘中反复撤换误导投资者以为主力是压单洗盘，实际是在出货。

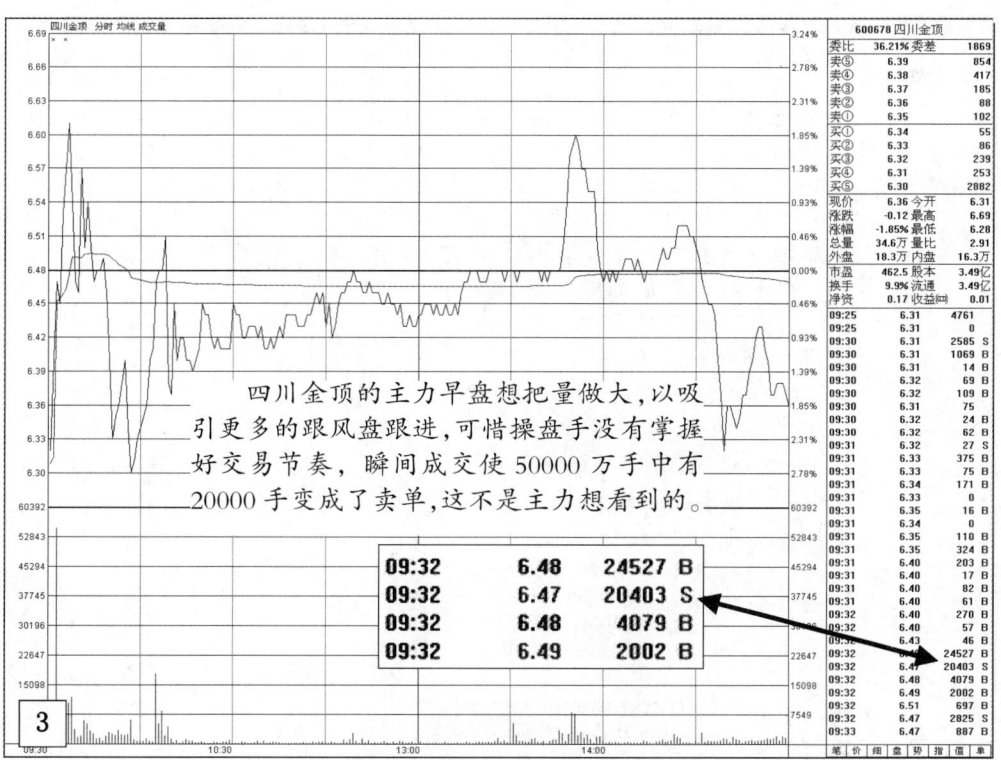

四川金顶的主力早盘想把量做大，以吸引更多的跟风盘跟进，可惜操盘手没有掌握好交易节奏，瞬间成交使50000万手中有20000手变成了卖单，这不是主力想看到的。

主力行为盘口解密(七)

新朋股份盘中出现多次9900手大买单成交,表面看是有大主力在进场,这些大买单实际全部是由一主力对敲制造出来的,这种盘口属于较简单的对敲成交造假,但对于这些买单一般商业软件无法识别,错误的统计到机构买入量中是必然的。

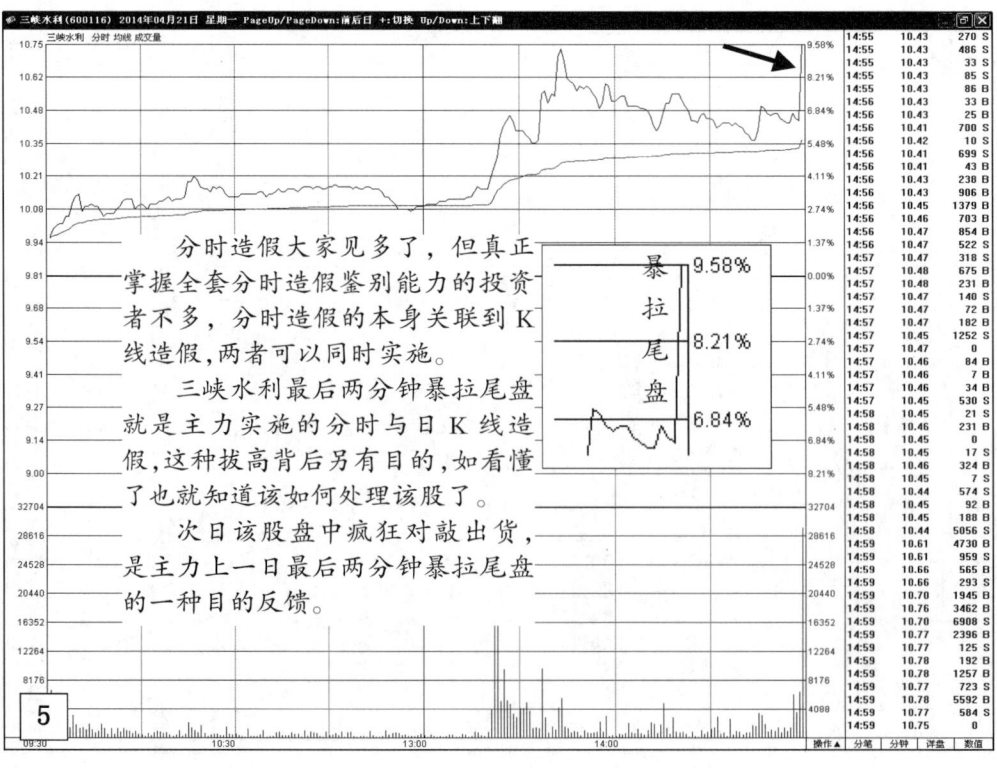

分时造假大家见多了,但真正掌握全套分时造假鉴别能力的投资者不多,分时造假的本身关联到K线造假,两者可以同时实施。

三峡水利最后两分钟暴拉尾盘就是主力实施的分时与日K线造假,这种拔高背后另有目的,如看懂了也就知道该如何处理该股了。

次日该股盘中疯狂对敲出货,是主力上一日最后两分钟暴拉尾盘的一种目的反馈。

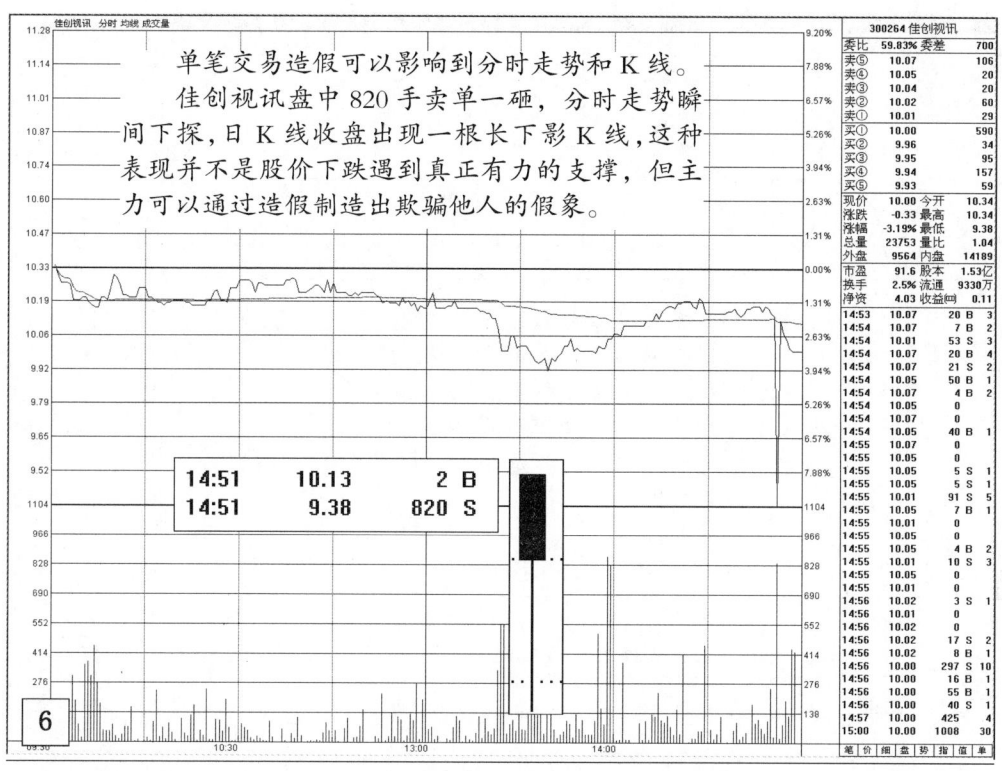

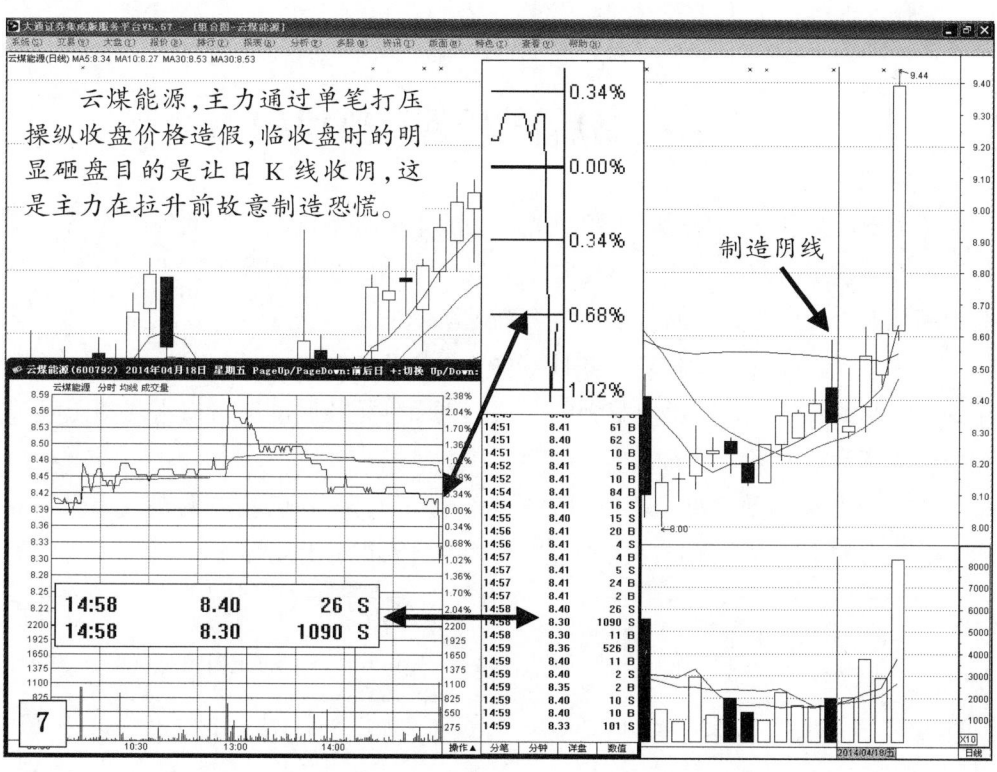

主力行为盘口解密(七)

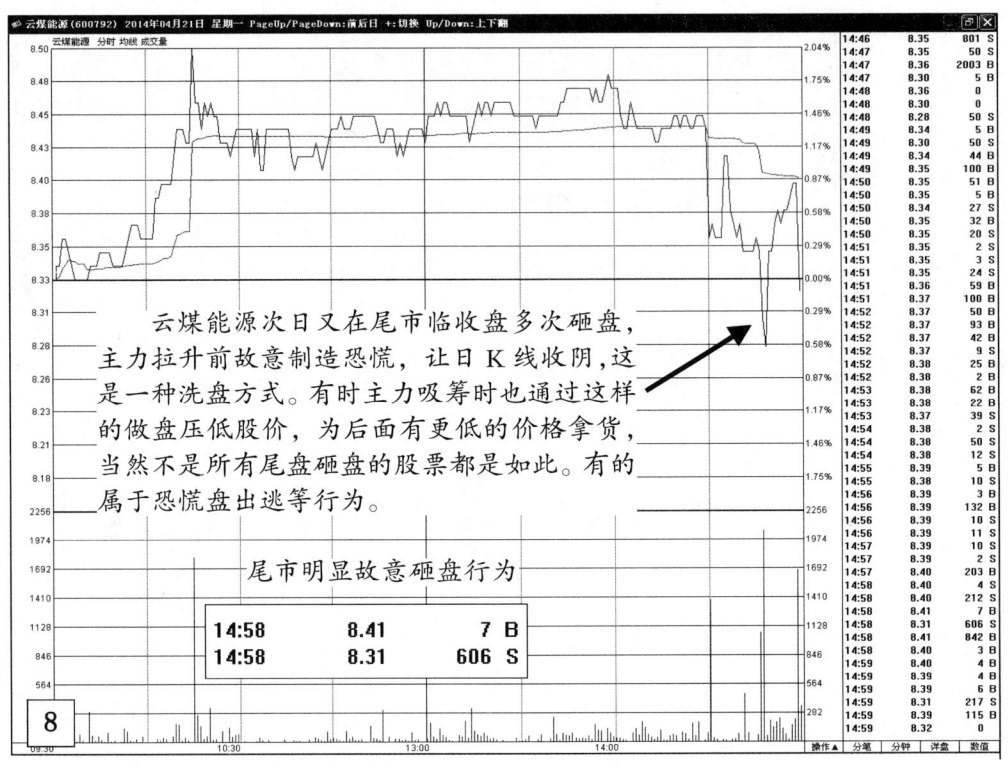

主力拉高后被砸遇险狼狈相

从散户的角度看主力总是无限风光,在股市中兴风作浪为所欲为吃人不吐骨头,很多时候主力的确如此,但有时主力也会遇到麻烦非常狼狈,谁会给主力苦头和麻烦?主力同行之间的竞争和博弈有时就令主力自己身陷困境。

动用过十亿元资金运作亚盛集团(600108)的主力,2015年5月13日这天就遇到了不小的麻烦,盘中出现狼狈的一幕,下面剖析该股动态盘口来观赏无限风光——大庄遭遇困境难堪的一幕。

5月13日两融数据显示,亚盛集团融资净买入8.36亿元,为当日两市净买入金额最大的个股,从融资净买入看机构大手笔入市痕迹明显。

交易日期	简称	融资余额(元)	融资买入(元)	融资偿还(元)	融券余额(元)	融券卖出量(股)	融券偿还量(股)
2015-05-13	亚盛集团	3379982346	1389608898	553554266	2992572	5162742	5184042

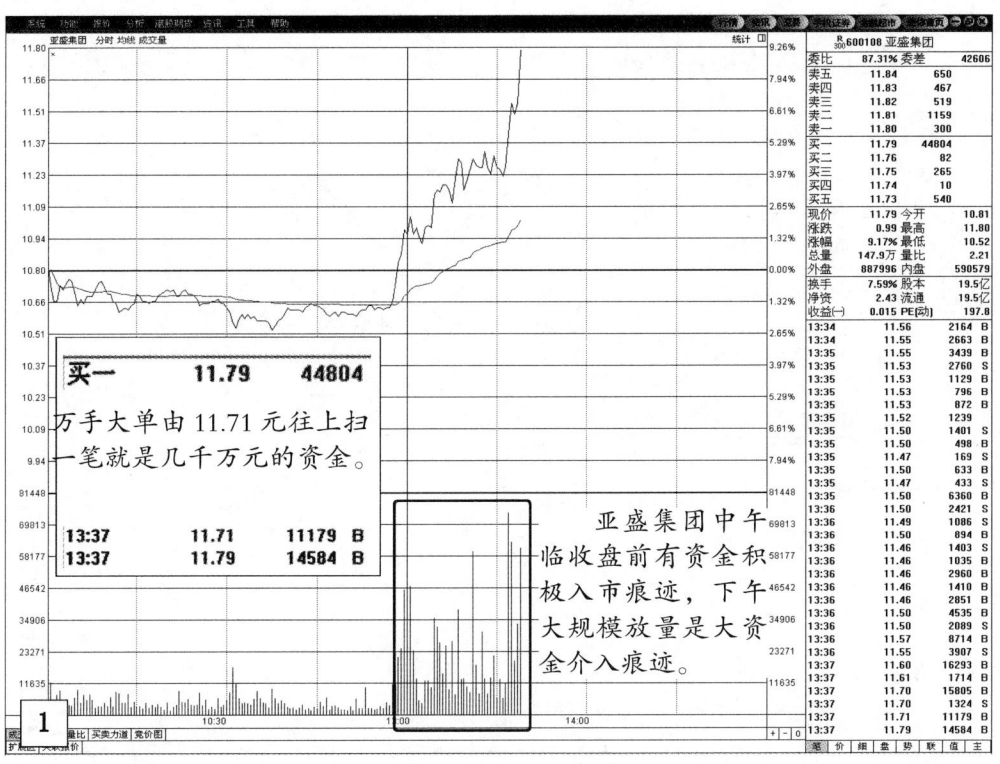

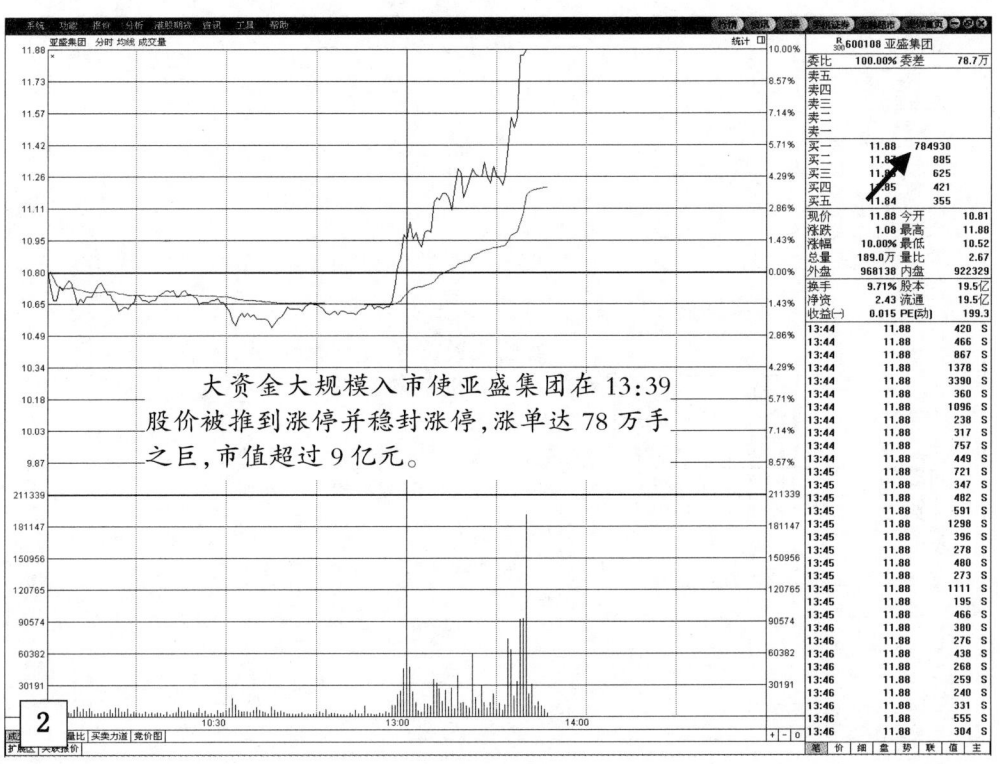

主力行为盘口解密(七)

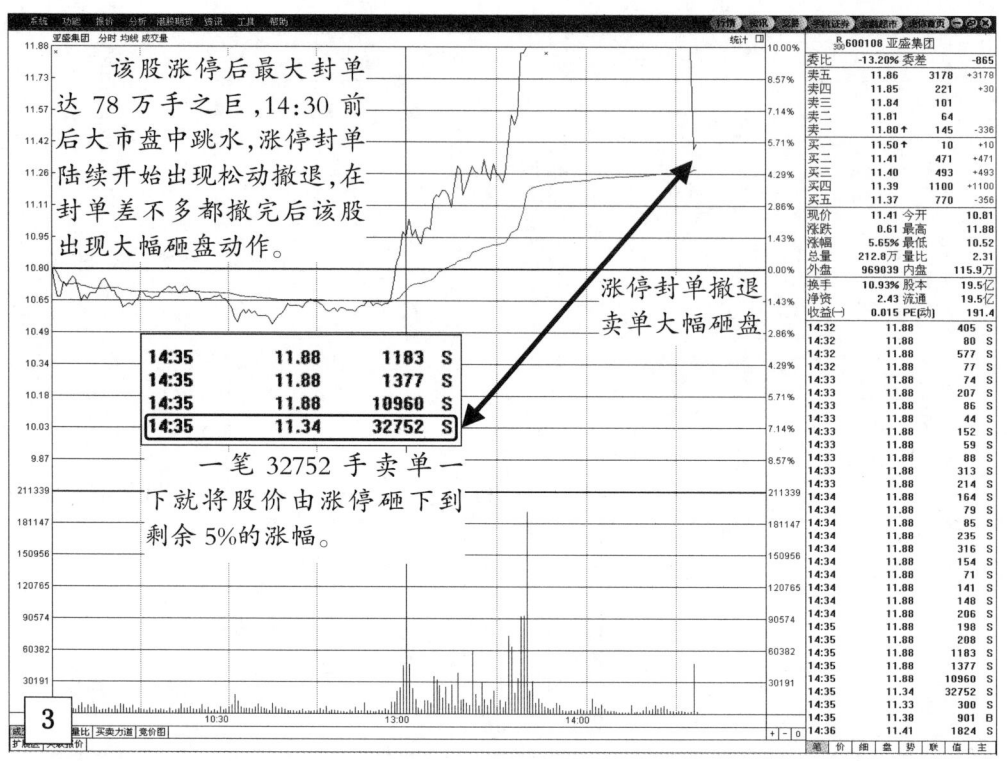

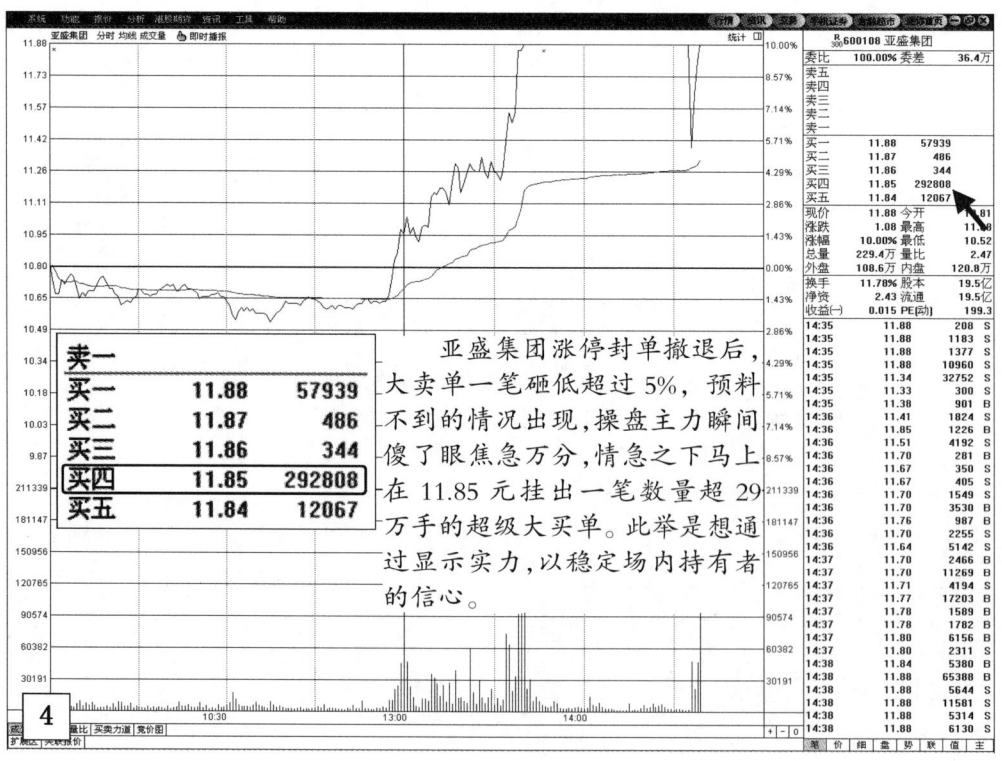

第六章

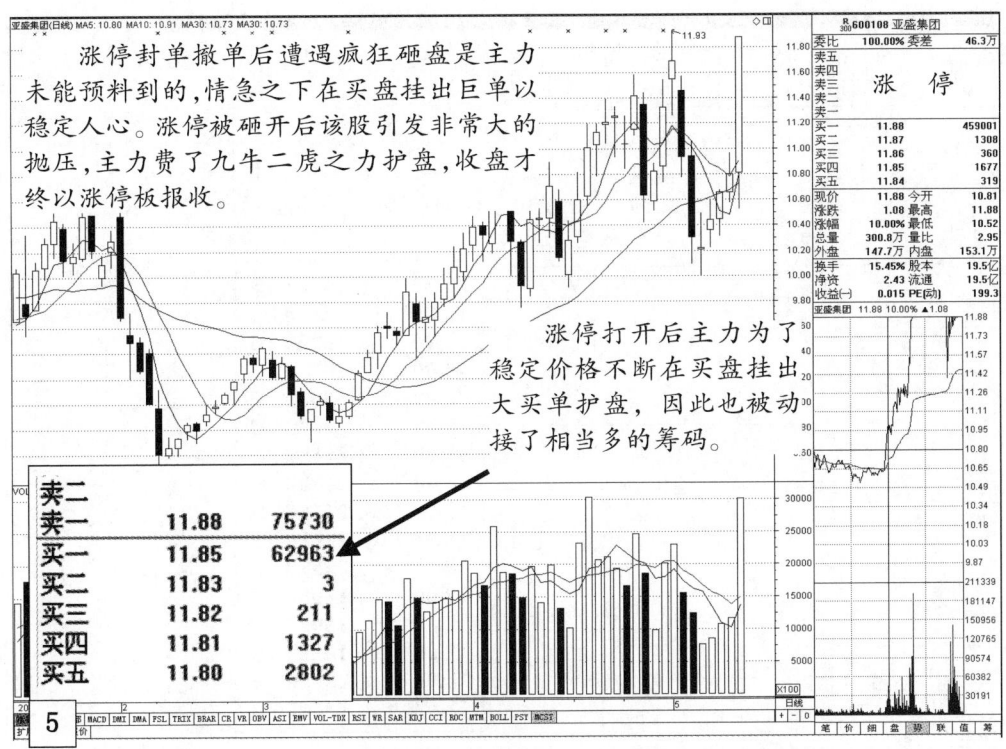

涨停封单撤单后遭遇疯狂砸盘是主力未能预料到的,情急之下在买盘挂出巨单以稳定人心。涨停被砸开后该股引发非常大的抛压,主力费了九牛二虎之力护盘,收盘才终以涨停板报收。

涨停打开后主力为了稳定价格不断在买盘挂出大买单护盘,因此也被动接了相当多的筹码。

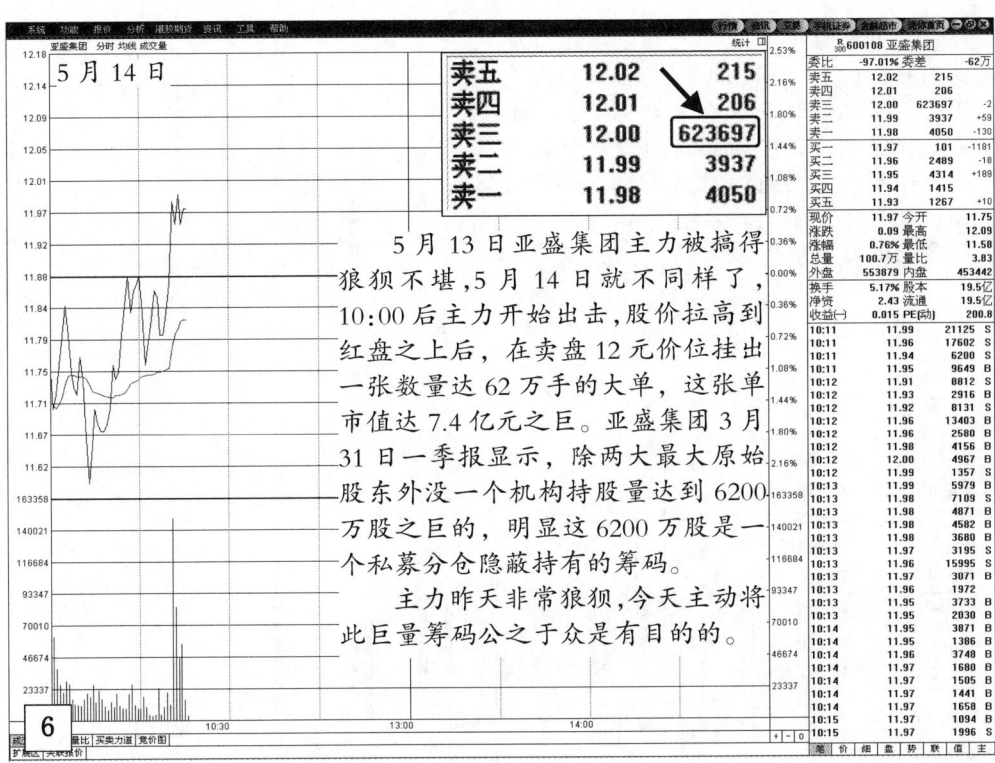

5月13日亚盛集团主力被搞得狼狈不堪,5月14日就不同样了,10:00后主力开始出去,股价拉高到红盘之上后,在卖盘12元价位挂出一张数量达62万手的大单,这张单市值达7.4亿元之巨。亚盛集团3月31日一季报显示,除两大最大原始股东外没一个机构持股量达到6200万股之巨的,明显这6200万股是一个私募分仓隐蔽持有的筹码。

主力昨天非常狼狈,今天主动将此巨量筹码公之于众是有目的的。

主力行为盘口解密（七）

卖盘12元价位原挂出的62万手大买单撤了部分，随后出现明显的对敲动作，主力通过对敲来制造有机构抢货引诱买盘跟风接货，由此看来该主力今天的做盘目的明确，昨天被动后今天主动减仓。

股市中主力并非时刻都是要风得风要雨得雨的，主力同样也会遇到麻烦，看亚盛集团这两日表现就是如此。但从主力的操盘来看，在遇到麻烦盘中和次日都立即有与之对应的操盘策略，这是大部分散户不具备的。投资者如遇到这种股票应远离为妙！

盘中主力反复挂单做盘操纵价格引诱跟风盘

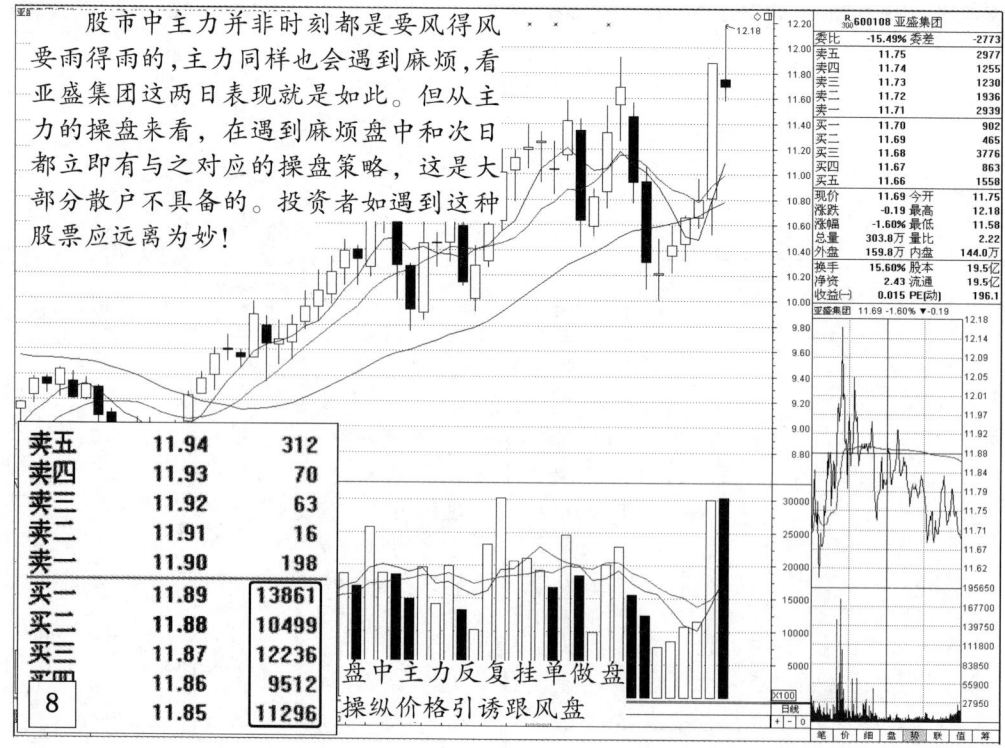

远离走势诡异个股

个股走势怪异主要表现在两个方面：一是日K线走势怪异；二是分时走势怪异。日K线走势怪异主要特征是单根K线长期连续反复出现明显上下影线，K线几个月的走势状态像一条百足蜈蚣，同时成交量萎缩得很小，出现放大时突然放得非常大。这是一种高度控盘的表现，一般出现在中高价小盘股中。

分时走势怪异表现情况复杂点，怪异主要体现在分时走势表现与大盘表现不同步不自然，盘中人为操纵干扰导致分时出现被压制或控制性的痕迹，这种分时状态操纵机构无须控盘，只需在操盘特定时间中花更多的资金或筹码加以技巧就可做到。实践中个股无论出现日K线走势怪异，还是分时走势怪异都应特别小心，因为这类个股往往是有主力在控制的，股价上落与方向由操盘主力按他的思路去操作，技术分析用在这样的品种上往往是无效的，散户要远离这样的品种，里面主力想怎么做就怎么做，升跌和方向都不是常人猜得准的。

下面以好利来为样本，介绍这种异常表现形态个股，以及了解控盘主力操纵股价的一些明显痕迹特征。

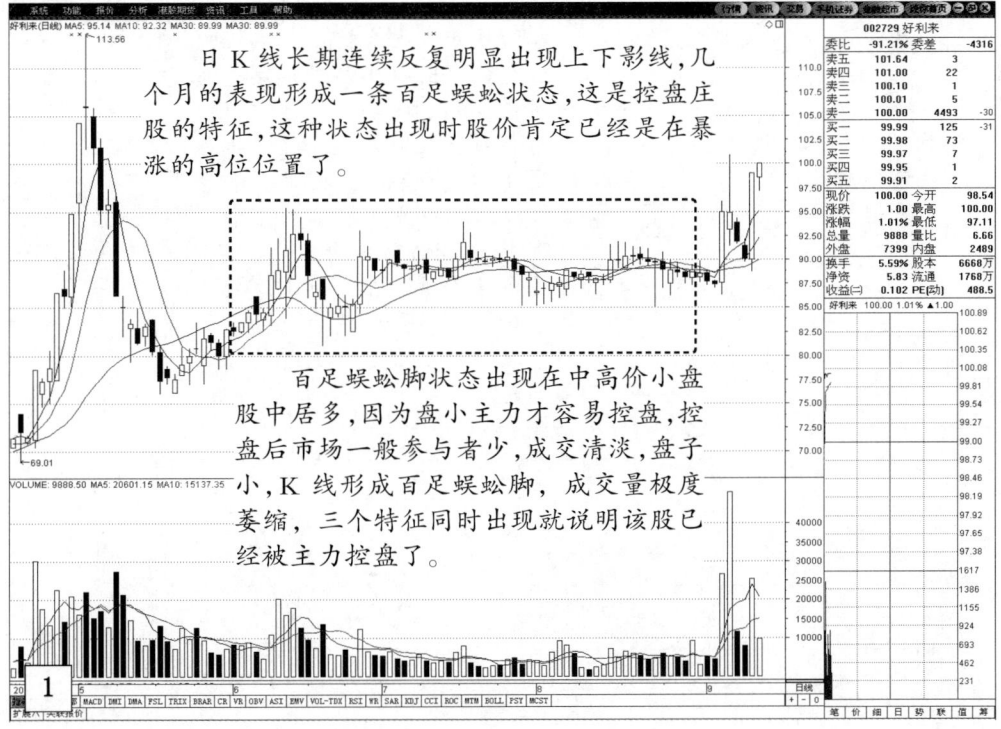

主力行为盘口解密(七)

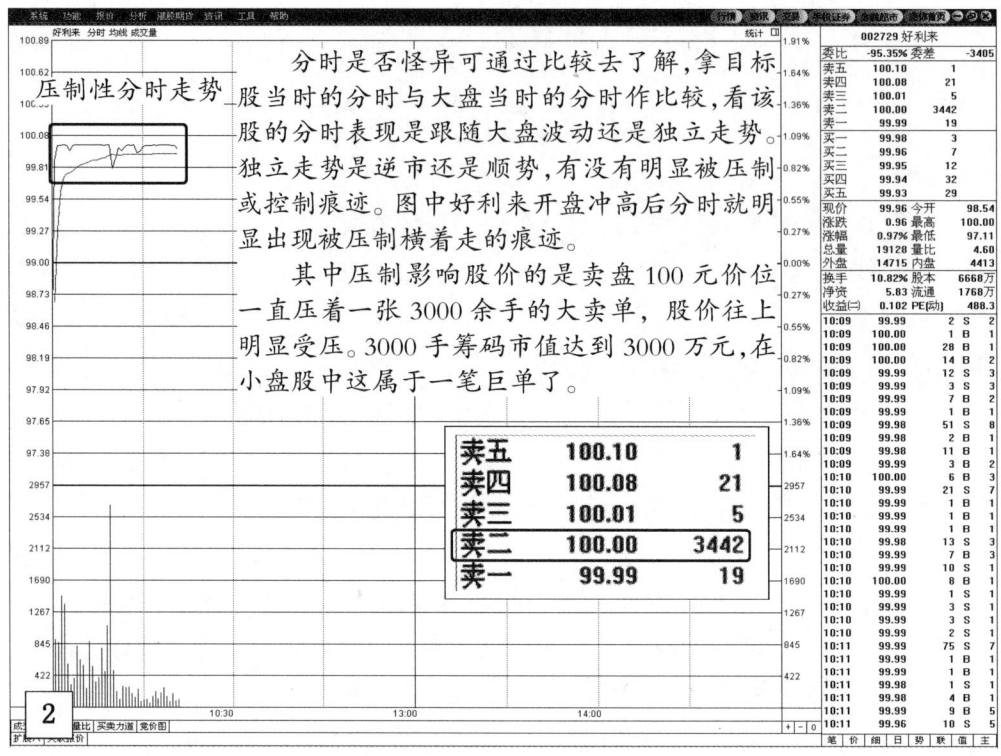

分时是否怪异可通过比较去了解,拿目标股当时的分时与大盘当时的分时作比较,看该股的分时表现是跟随大盘波动还是独立走势。独立走势是逆市还是顺势,有没有明显被压制或控制痕迹。图中好利来开盘冲高后分时就明显出现被压制横着走的痕迹。

其中压制影响股价的是卖盘100元价位一直压着一张3000余手的大卖单,股价往上明显受压。3000手筹码市值达到3000万元,在小盘股中这属于一笔巨单了。

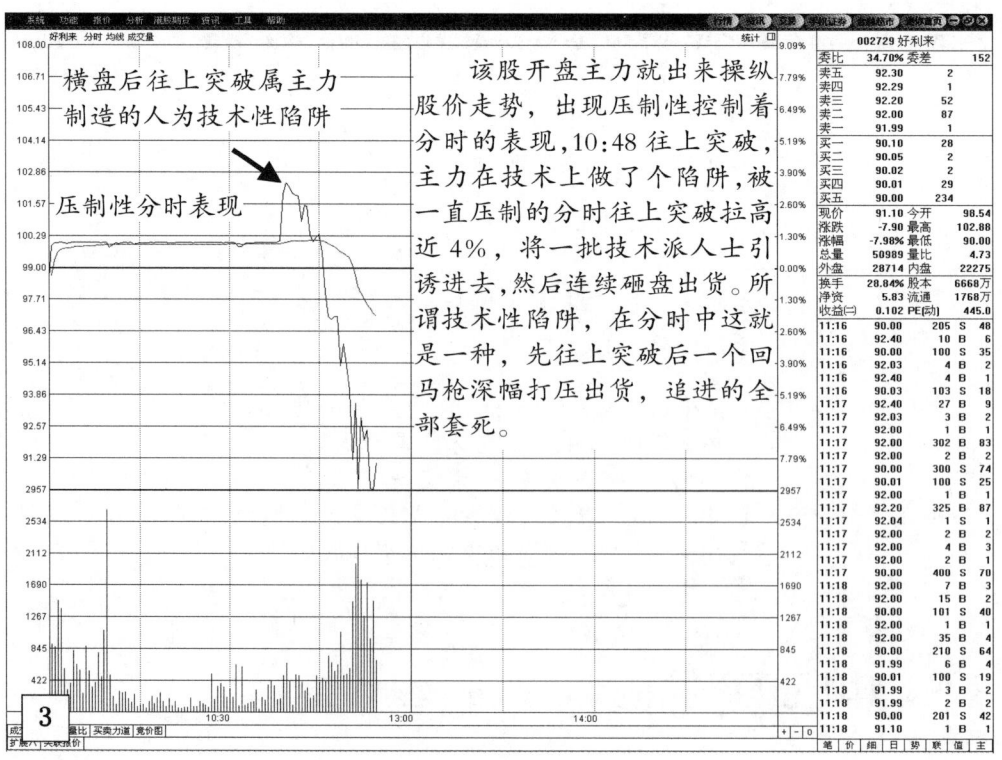

该股开盘主力就出来操纵股价走势,出现压制性控制着分时的表现,10:48往上突破,主力在技术上做了个陷阱,被一直压制的分时往上突破拉高近4%,将一批技术派人士引诱进去,然后连续砸盘出货。所谓技术性陷阱,在分时中这就是一种,先往上突破后一个回马枪深幅打压出货,追进的全部套死。

第六章

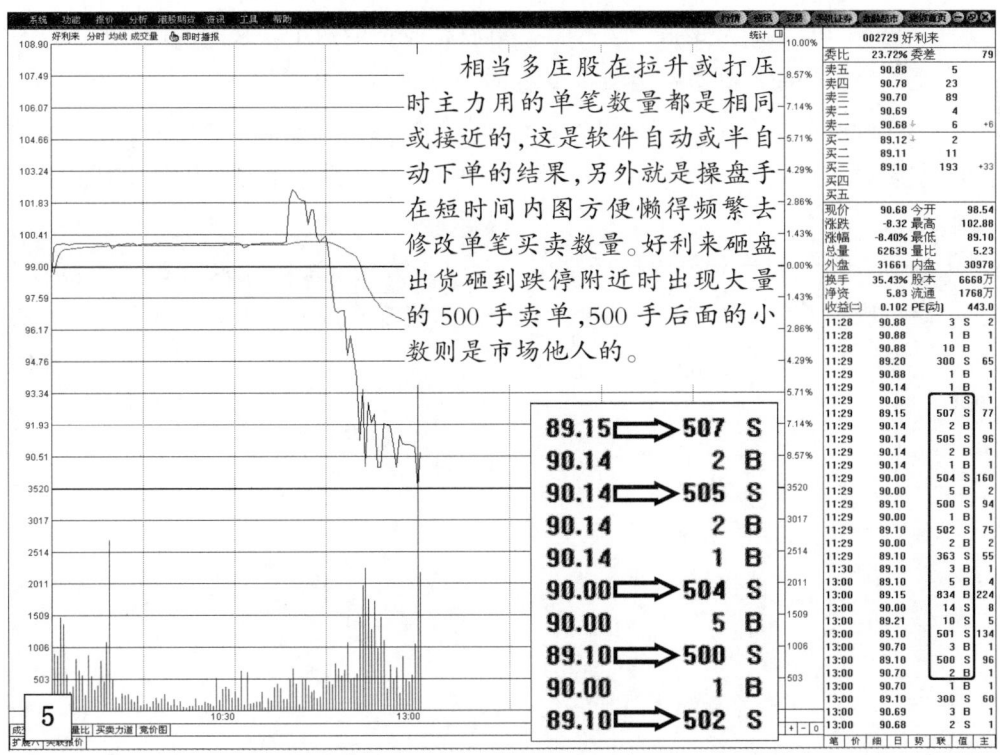

该股除了分时出现怪异走势,在成交方面也可见主力操作痕迹,具体细节体现在单笔成交,盘中一段时期连续出现200手、300手、400手卖单有规律有节奏地卖出。这同样的单笔手数,有规律、有节奏,明显影响股价。

相当多庄股在拉升或打压时主力用的单笔数量都是相同或接近的,这是软件自动或半自动下单的结果,另外就是操盘手在短时间内图方便懒得频繁去修改单笔买卖数量。好利来砸盘出货砸到跌停附近时出现大量的500手卖单,500手后面的小数则是市场他人的。

225

主力行为盘口解密(七)

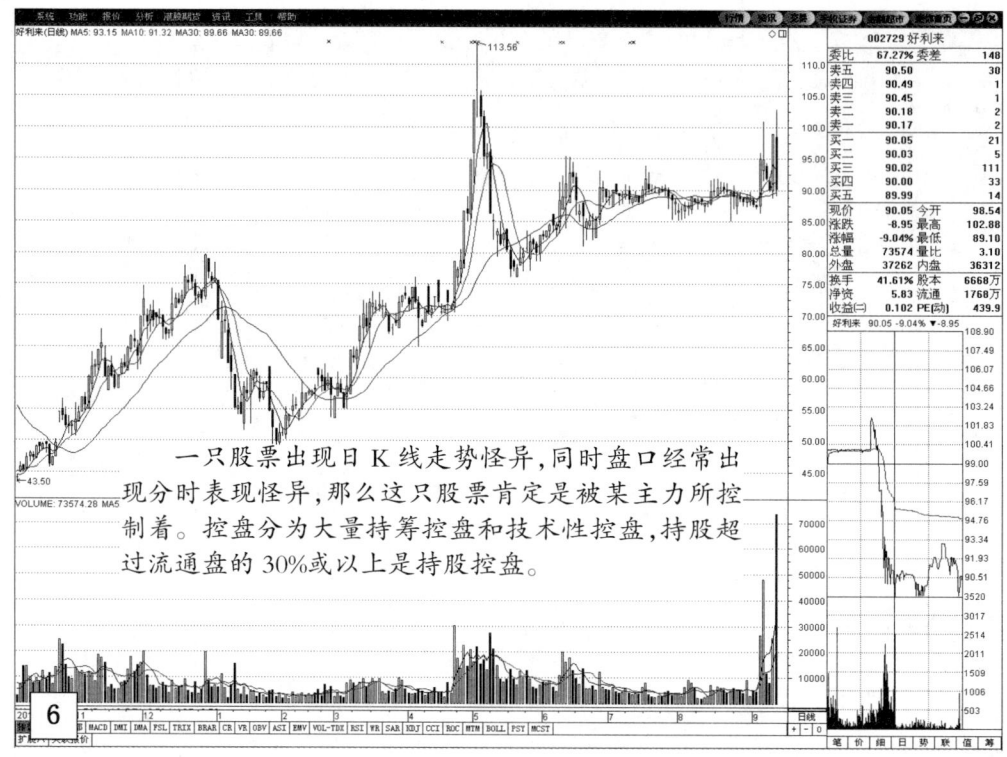

一只股票出现日K线走势怪异,同时盘口经常出现分时表现怪异,那么这只股票肯定是被某主力所控制着。控盘分为大量持筹控盘和技术性控盘,持股超过流通盘的30%或以上是持股控盘。

  分析一只股票是不是被主力控盘,可看该股长期两年以来的表现,被控盘的一定是长线大牛股,翻番甚至数番很常见。

  另一种所谓的控盘实际上并不是主力大量持股,而是技术性控盘。主力持有目标股票流通盘10%或以下,但主力在短期内通过频繁活动操纵股价形成类似控盘状态。

  遇到K线走势怪异、盘口经常出现分时走势怪异品种,投资者应该远离为上。这些股票的后面走势难以预测,这些主力大都不按常理出牌。

超级强势股的几种独有特性

A股市场年内个股家数将跨越3500家大关！3500只股票意味着什么？意味着每天每只股票开市你如果都花5秒看一眼，还没看完全部股票就已经收市。数量如此庞大的股票意味着选股是个大难题。由于个股数量庞大市值激增，导致炒作难齐涨齐跌的时代也就结束了。现阶段市场绝大部分都是以板块轮番炒的方式展开，只有选到当时热点板块中的强势品种才能赚到钱。

A股市场整体环境这两年已发生大变化，特别自2017年政策倡导价值投资以来市场投机交易气氛大为下降。政策压制令大量游资偃旗息鼓、马放南山、刀枪入库，因此自2017年以来市场中大部分短线操盘者，若不选择市场轮番炒热门品种为目标，操作就难以展开和获得明显收效。

热门股、强势股若分门别类也可以分为很多种。其中最为激进的非连续涨停品种最为耀眼！那么，选择连续涨停品种作为目标有些什么特别的优点？下面笔者就来谈谈自己多年来所总结的一些经验。

①连续涨停超级强势股受众人追捧，越走越强、越炒越疯狂，甚至部分被炒到完全失控场面。

②连续涨停超级强势股出现两个涨停以后更容易受市场万众瞩目，最容易被市场游资与大众合力连续抢涨停出现三连板甚至五连板。

③连续涨停超级强势股波动大，这既有风险也是机会，没什么波动或波动较小的品种难以展开短线操作。

④连续涨停超级强势股开盘或者盘中即使出现大幅杀跌也容易被拉起来，甚至继续封涨停。一般个股是下跌容易拉起难，盘中当股价跌幅达到5%后就很难拉到红盘之上了。

主力行为盘口解密(七)

在市场齐涨齐跌时代,因为股指的上升个股大都都在赚。现在齐涨齐跌没有了,没买中热门板块品种就只有眼巴巴看着他人赚钱。因此,现在关注连续涨停强势股者也是有增无减。

连续涨停超级强势股就是大众情人,所以受众人追捧。越炒越疯狂,不少被炒到完全失控的场面。如海联讯就出现连续涨停,已经被炒到失控的场面。

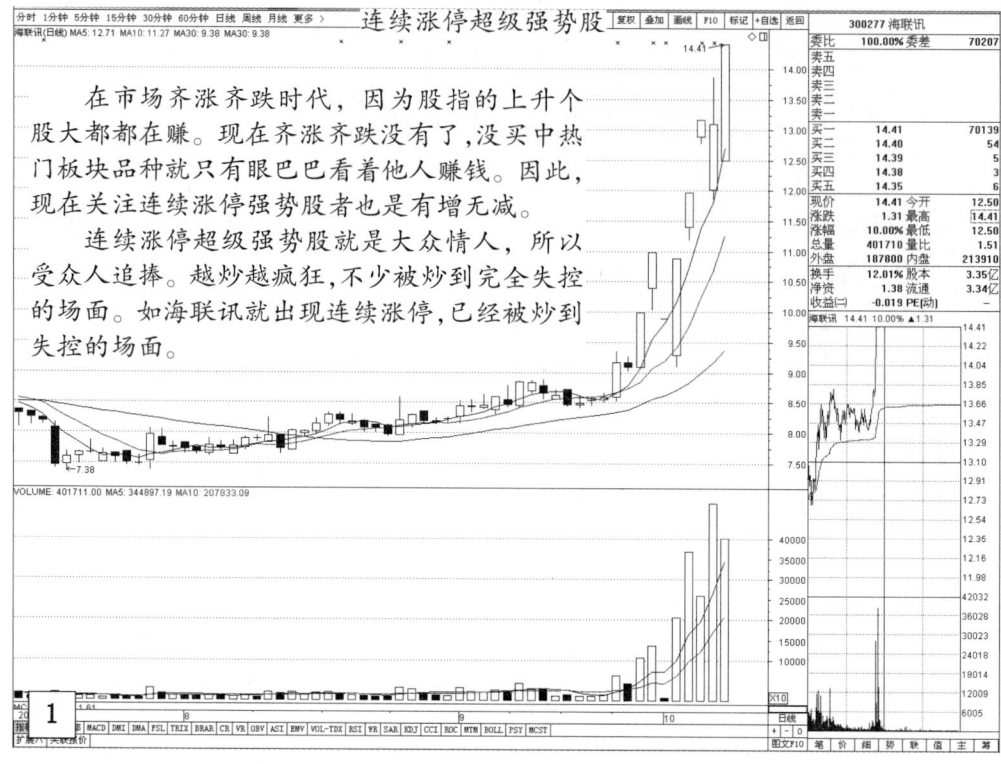

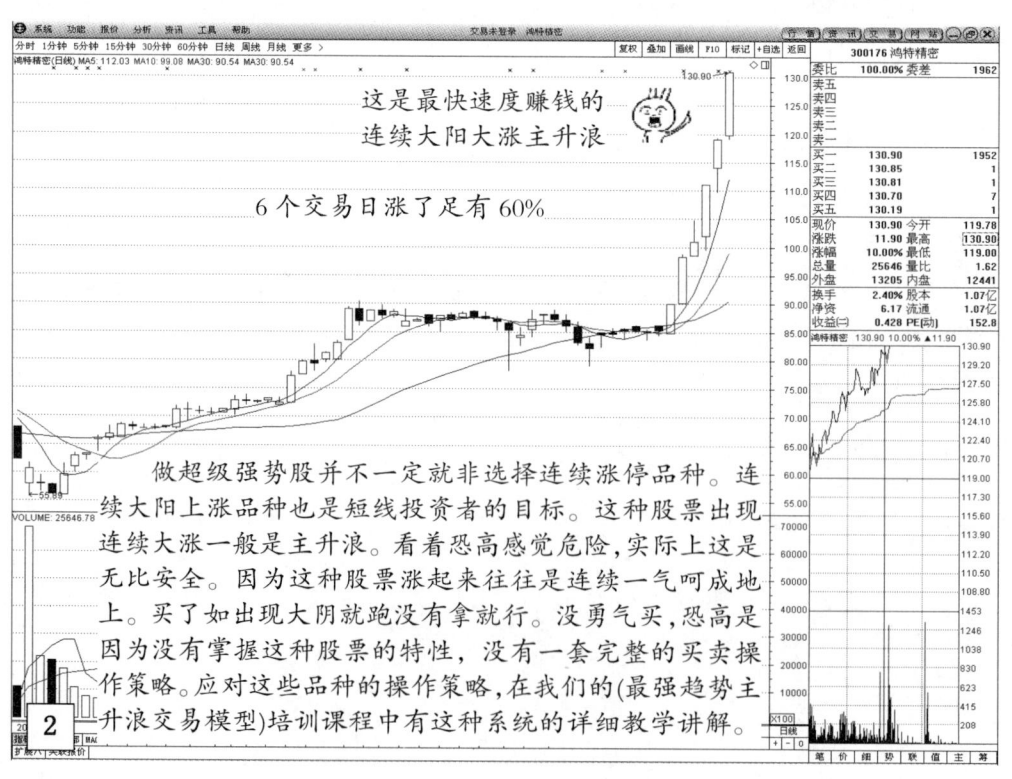

做超级强势股并不一定就非选择连续涨停品种。连续大阳上涨品种也是短线投资者的目标。这种股票出现连续大涨一般是主升浪。看着恐高感觉危险,实际上这是无比安全。因为这种股票涨起来往往是连续一气呵成地上。买了如出现大阴就跑没有拿就行。没勇气买,恐高是因为没有掌握这种股票的特性,没有一套完整的买卖操作策略。应对这些品种的操作策略,在我们的(最强趋势主升浪交易模型)培训课程中有这种系统的详细教学讲解。

228

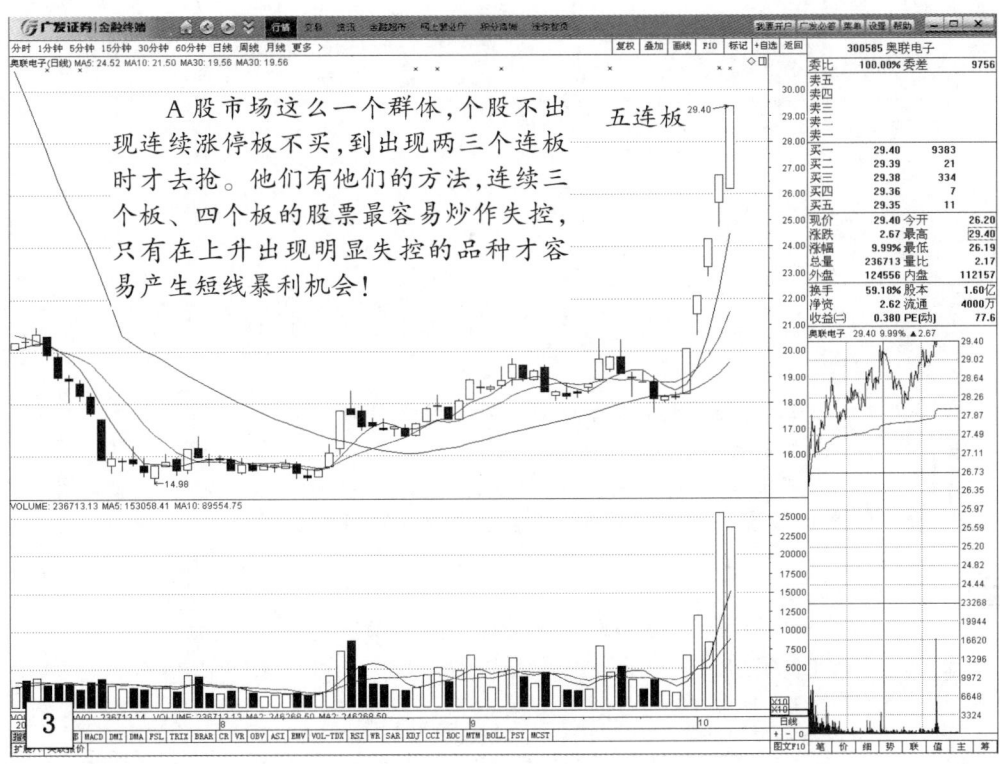

A股市场这么一个群体,个股不出现连续涨停板不买,到出现两三个连板时才去抢。他们有他们的方法,连续三个板、四个板的股票最容易炒作失控,只有在上升出现明显失控的品种才容易产生短线暴利机会!

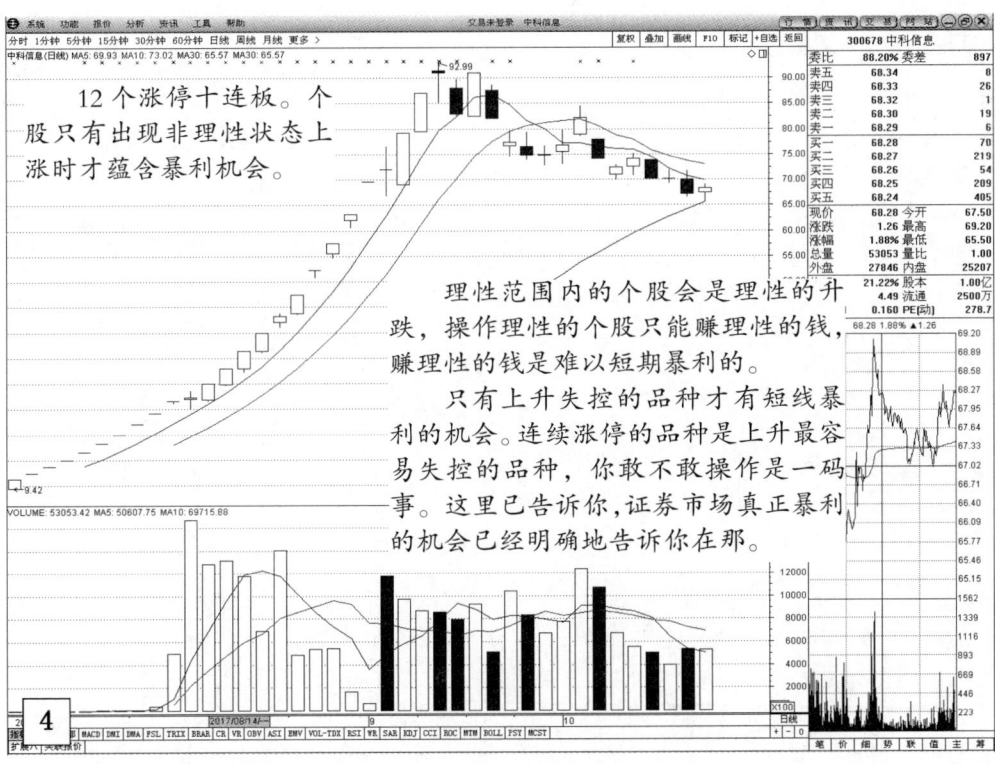

12个涨停十连板。个股只有出现非理性状态上涨时才蕴含暴利机会。

理性范围内的个股会是理性的升跌,操作理性的个股只能赚理性的钱,赚理性的钱是难以短期暴利的。

只有上升失控的品种才有短线暴利的机会。连续涨停的品种是上升最容易失控的品种,你敢不敢操作是一码事。这里已告诉你,证券市场真正暴利的机会已经明确地告诉你在那。

主力行为盘口解密(七)

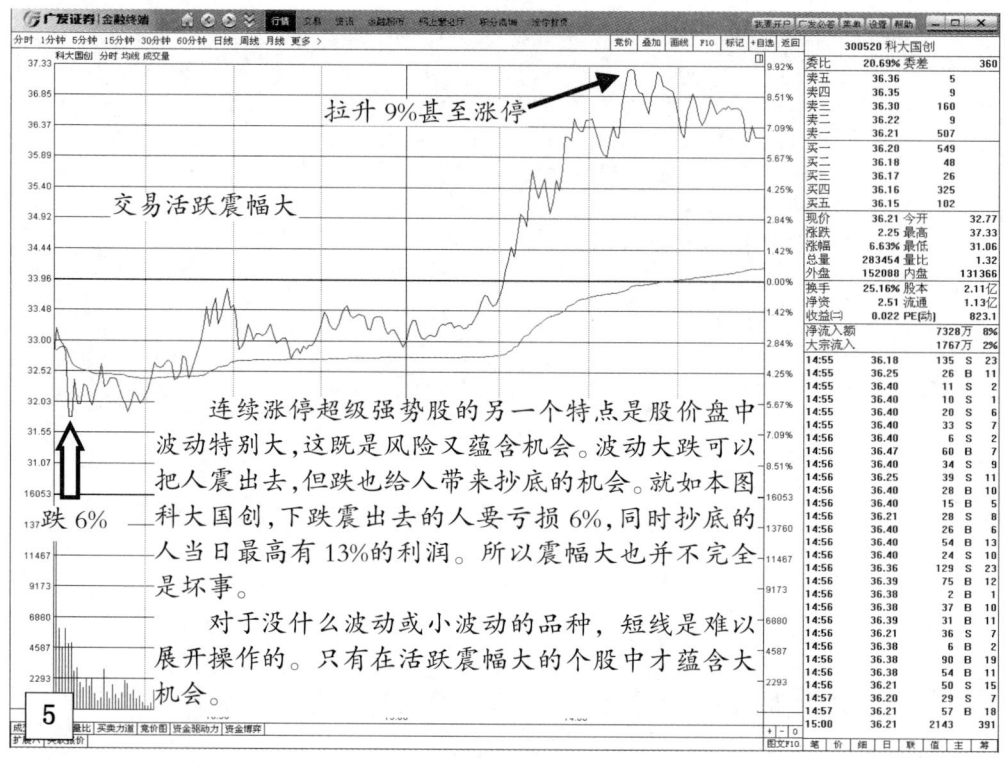

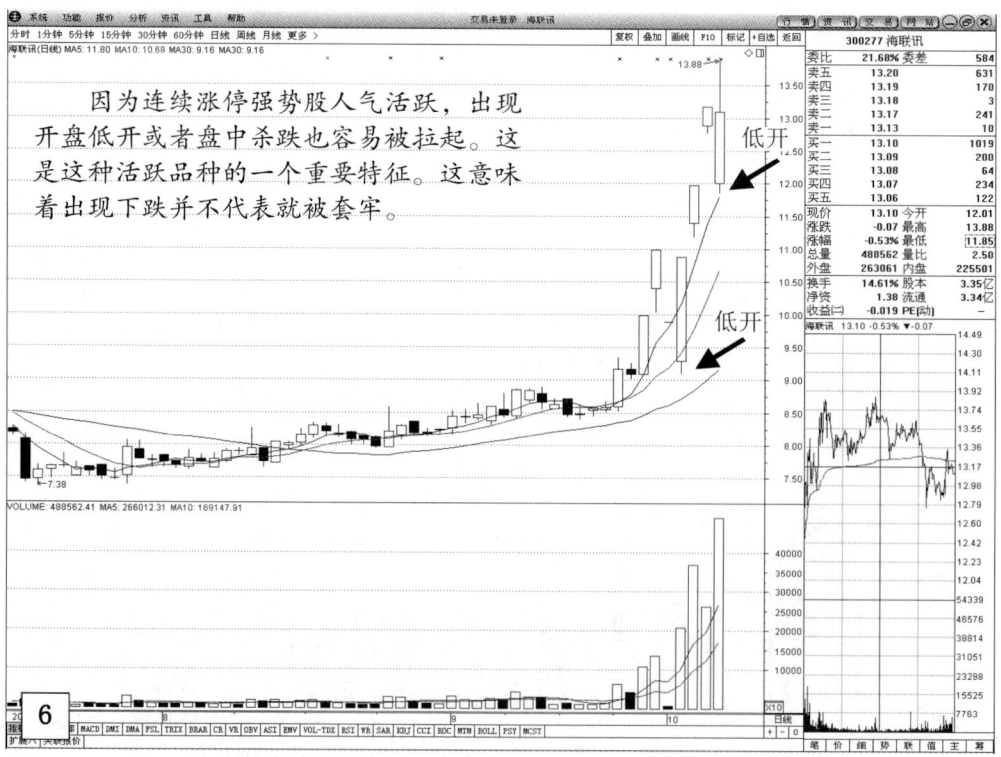

利用强势股方法操作买的股票都可能下跌，但大概率会出现明显反弹，这样就可能减少损失，甚至能拉到红盘之上让你解套，或者盈利。特性对于实践是非常有用的。

这是海联讯10月20日的表现，该股连续三个涨停次日大幅低开。低开幅度达到-8.5%看着很吓人。开盘后几分钟股价就被狂热的抄底盘拉回到红盘之上。一般个股下跌容易拉起难，当跌幅达到5%以上后当天就很难能拉到红盘之上了。超级强势股可以例外。

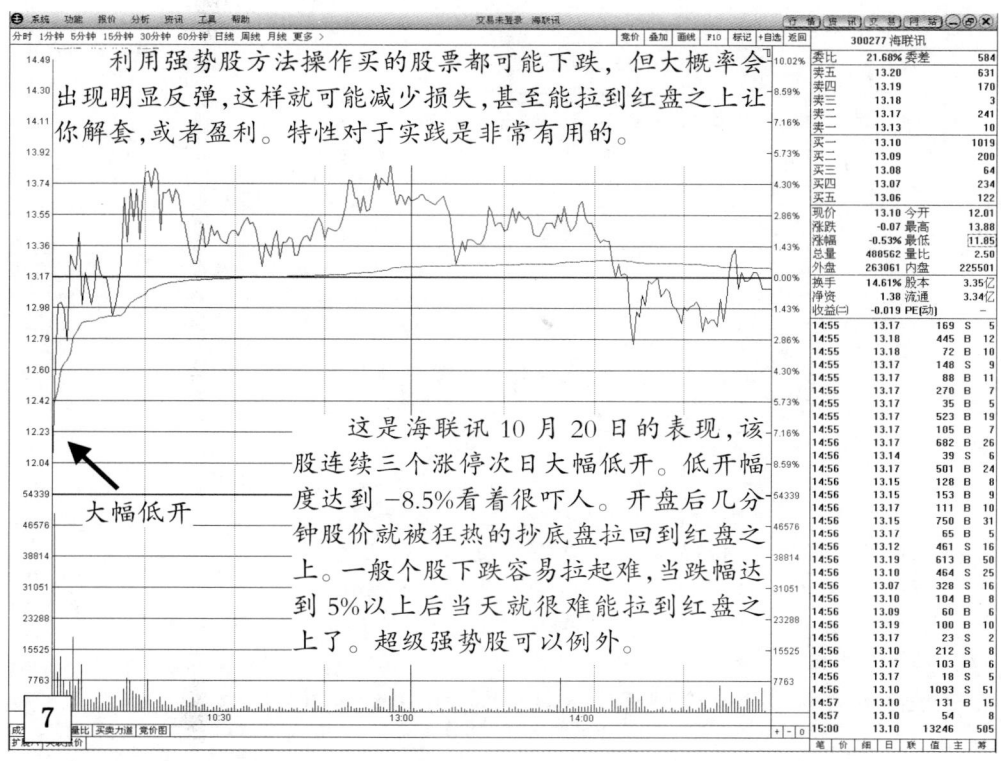

超强股票跌了反抽有力容易拉起。也就是说，做强势股波动大，除了风险大机会也大。做错了大跌了可能还能给你减少损失，甚至还能在众人失望中给你利润。重要的是，做强势股有方法策略，不能乱买乱卖。

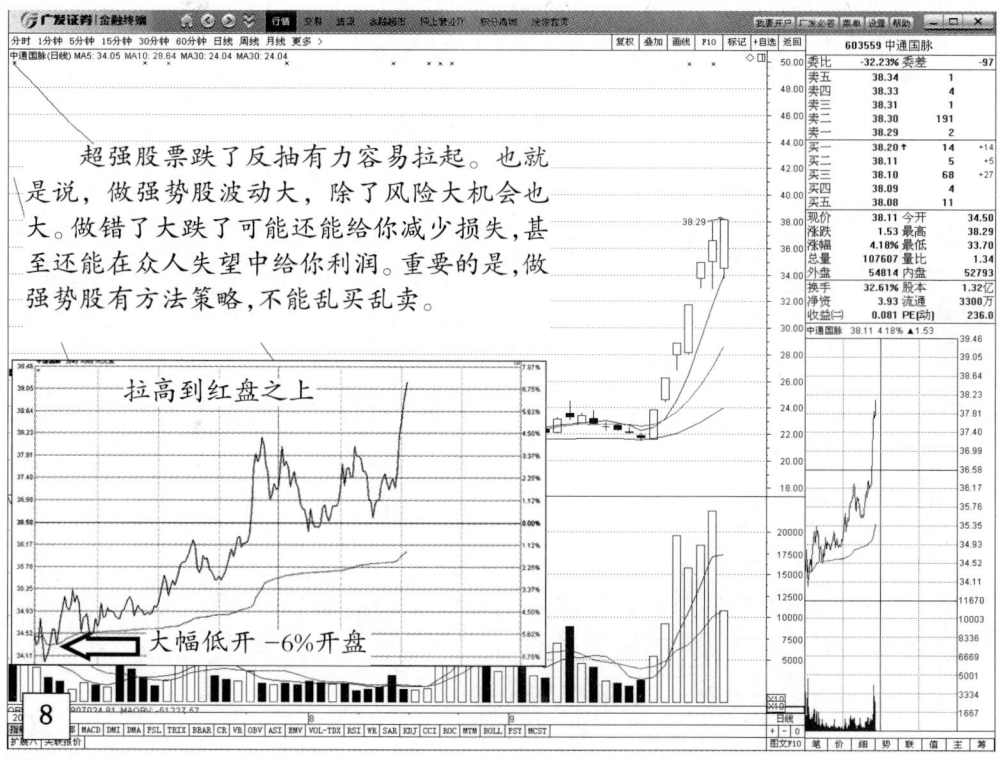

主力行为盘口解密(七)

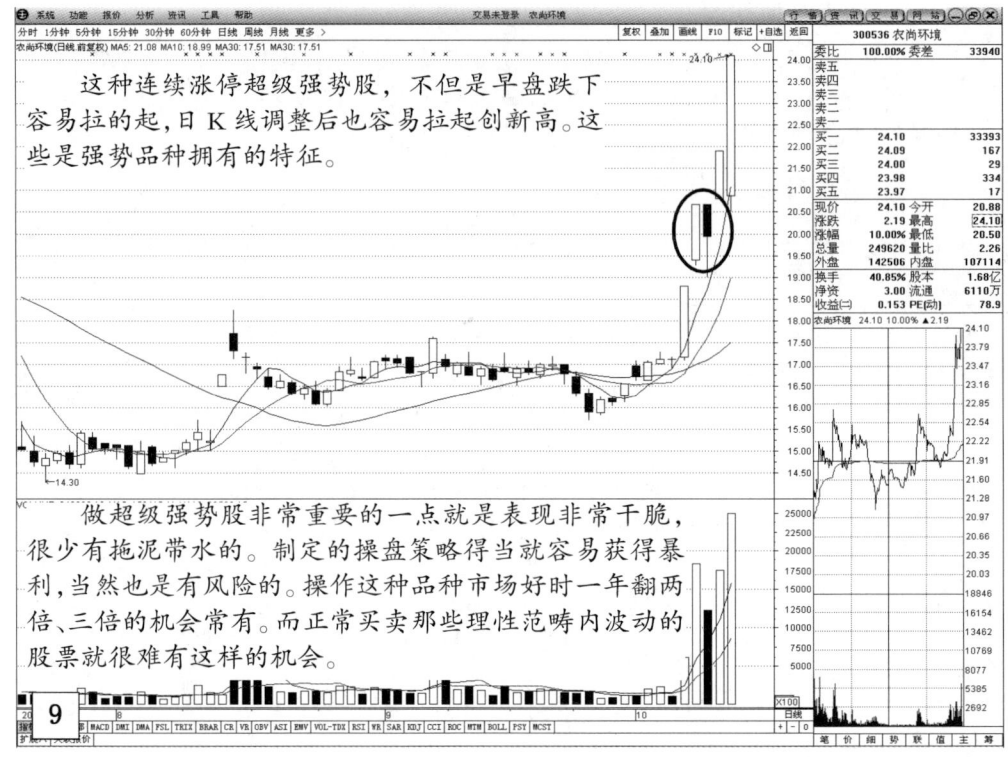

短线游资的绝望折腾

政策的压制使市场活跃度极速下降,这是因为大量游资炒作个股被处罚或者被警告,部分已退出观望,在场的也不敢再疯狂。个股上升连续拉升行为多以游资参与炒作为主导,现时能出现连续拉升的个股少之又少。行情没有多少活跃资金参与,不敢拉抬,没有连续性,这样的环境下短线操作十分困难也很自然。

不少个股盘中出现放量资金介入明显,当你跟进后马上就下跌或者调整,难以获利,这并不是机构狡猾而是市场环境使然,他们有心无力或者做盘忐忑不安。市场稍好时短线资金炒作,所介入的个股从入场、拉升、出货一气呵成,在市场中活动的机构即使做把差价也一波三折。

下面以常青股份为例,介绍游资做差价的做盘情况。

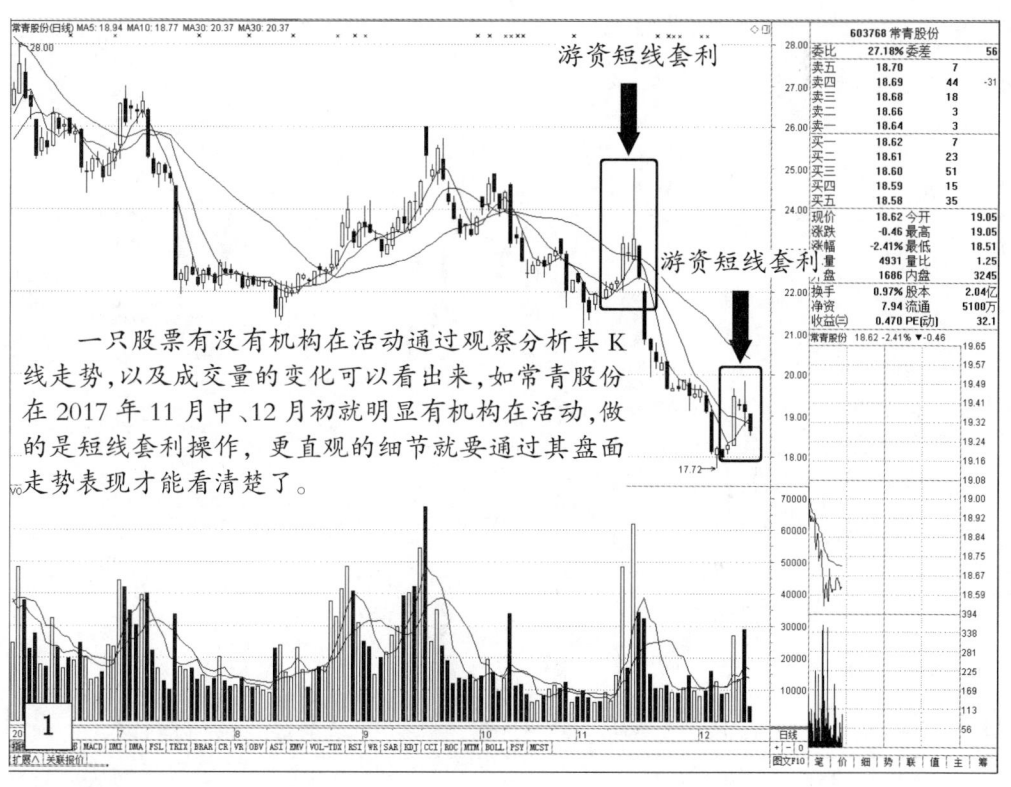

一只股票有没有机构在活动通过观察分析其K线走势,以及成交量的变化可以看出来,如常青股份在2017年11月中、12月初就明显有机构在活动,做的是短线套利操作,更直观的细节就要通过其盘面走势表现才能看清楚了。

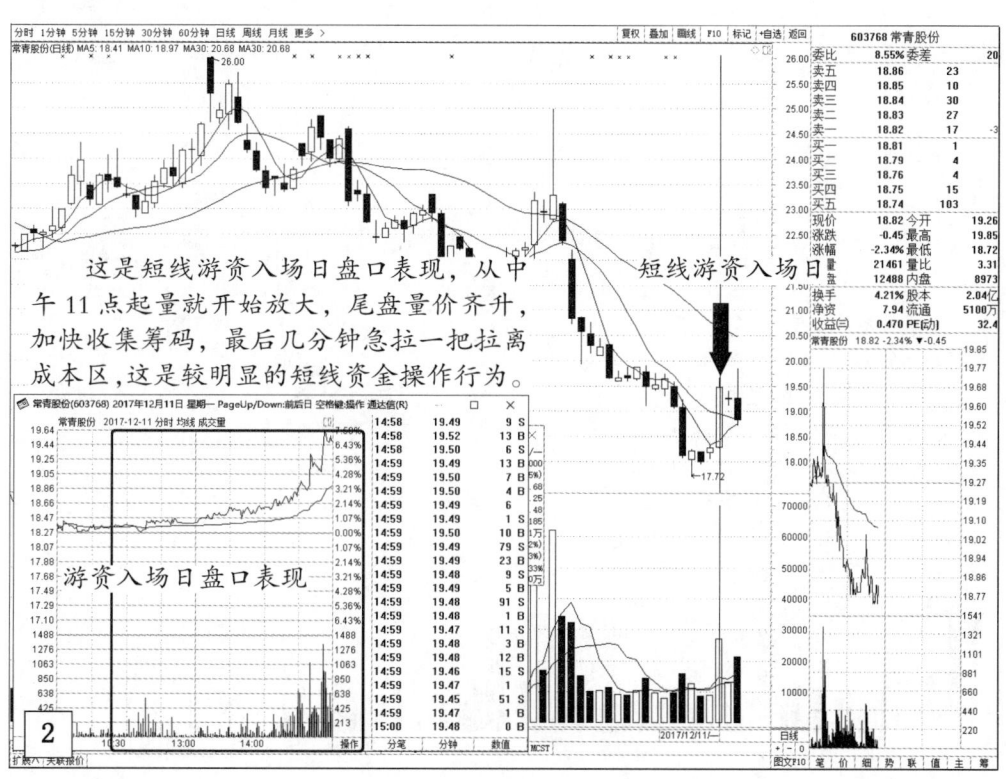

这是短线游资入场日盘口表现,从中午11点起量就开始放大,尾盘量价齐升,加快收集筹码,最后几分钟急拉一把拉离成本区,这是较明显的短线资金操作行为。

主力行为盘口解密(七)

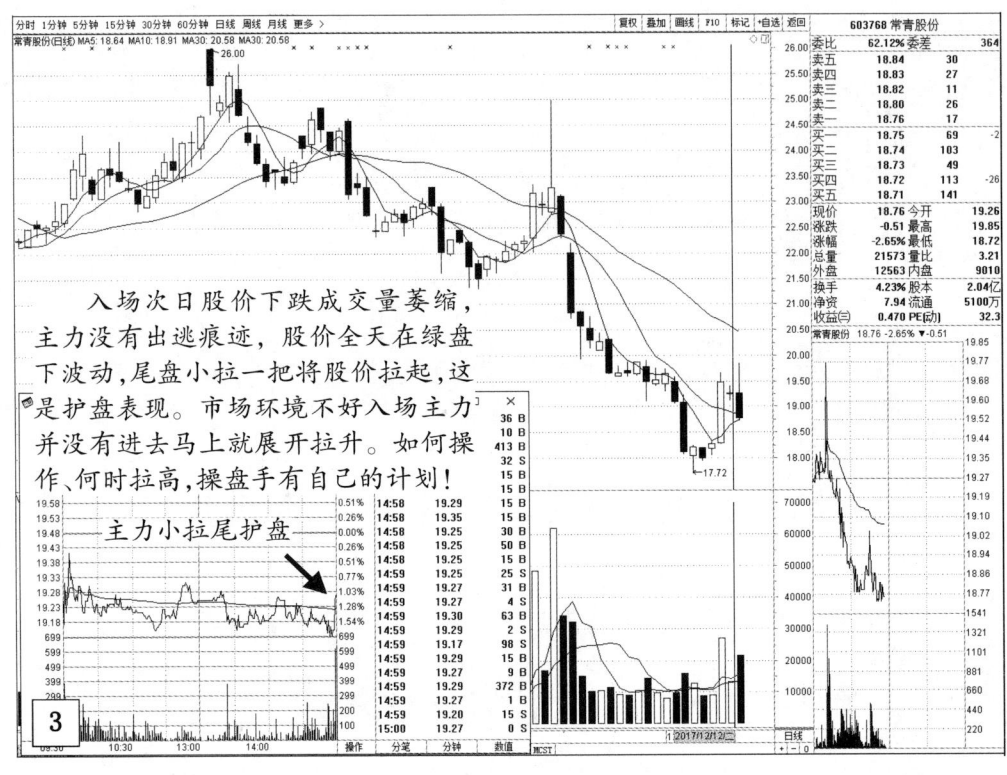

入场次日股价下跌成交量萎缩,主力没有出逃痕迹,股价全天在绿盘下波动,尾盘小拉一把将股价拉起,这是护盘表现。市场环境不好入场主力并没有进去马上就展开拉升。如何操作、何时拉高,操盘手有自己的计划!

主力小拉尾护盘

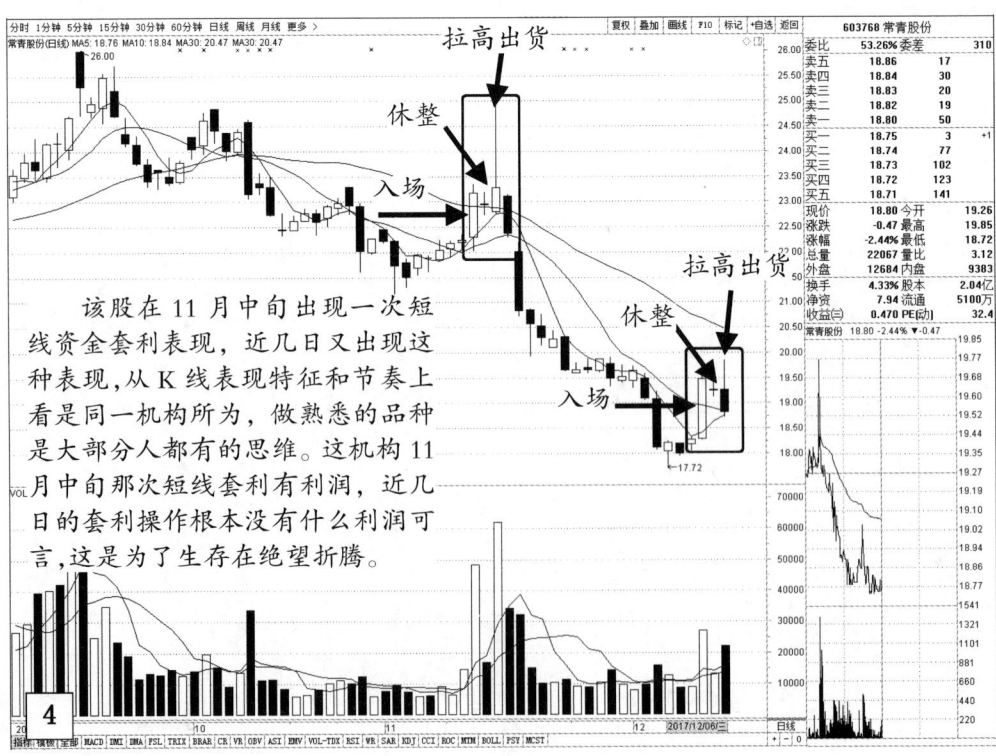

该股在11月中旬出现一次短线资金套利表现,近几日又出现这种表现,从K线表现特征和节奏上看是同一机构所为,做熟悉的品种是大部分人都有的思维。这机构11月中旬那次短线套利有利润,近几日的套利操作根本没有什么利润可言,这是为了生存在绝望折腾。

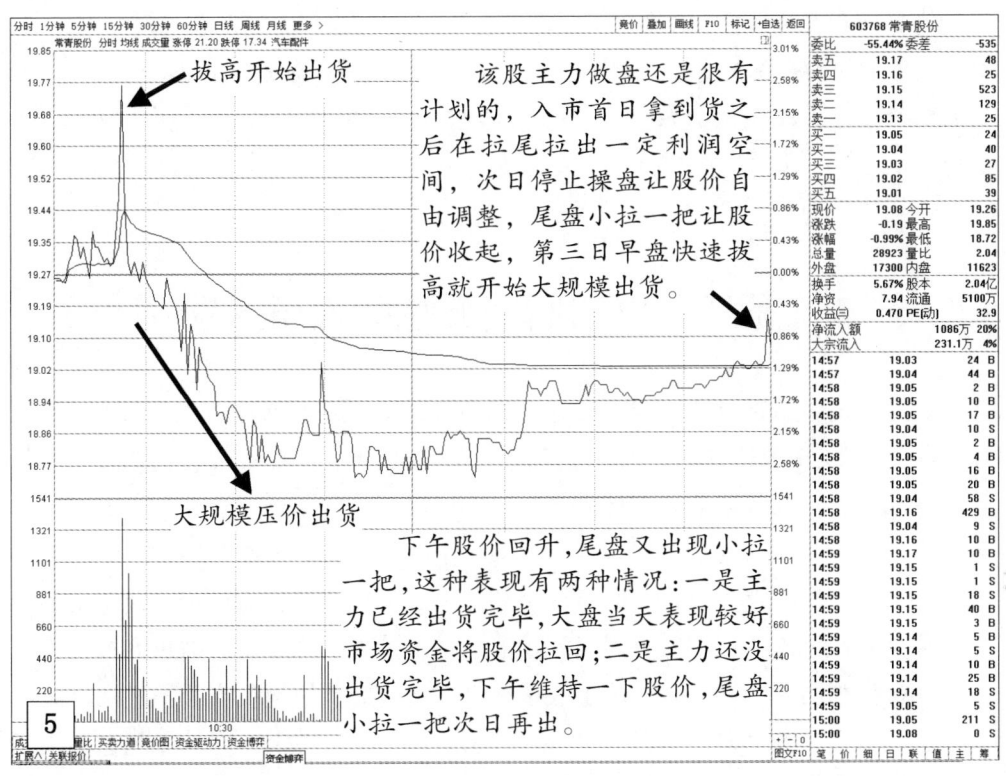

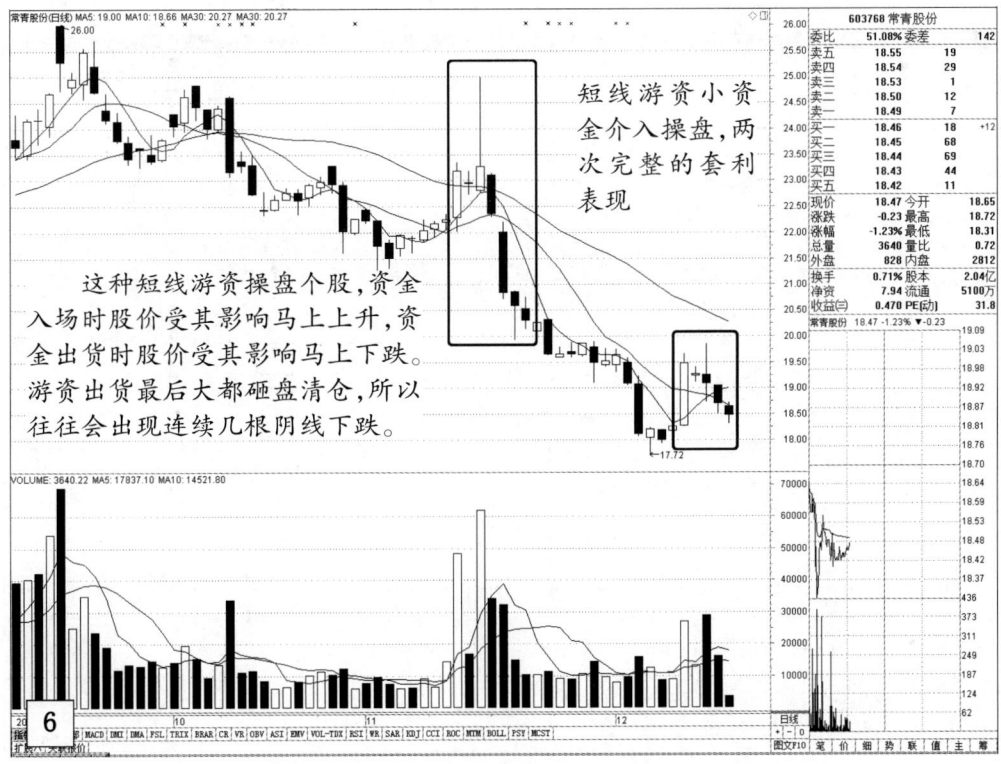

主力行为盘口解密（七）

许多投资者看到有资金介入就跟进，在主力拉一把时没有撤退，跌下来了更不会走，他们认为主力没有什么利润不会出货。这种想法实际是经验不足的表现。短线游资操盘并非每次都可以盈利，也不会要求每次盈利幅度很大。他们讲究的是快进快出，这次不赚在下个目标中去赚，分析时别将自己的思维愿望强加于主力头上。

个股下午开盘瞬间暴拉的性质区别

股票市场中总是有些让人不容易看懂的特别怪异走势。如有些个股在下午即13：00开盘就出现快速、连续、大幅急拉表现，笔者长期跟踪收集记录了这几年这些品种，观察其事前和事后的表现，对于这些个股之所以会出现这种怪异走势的原因做了一番总结，下面就将笔者多年来总结的五点经验与各位共享。

①大盘中午临收盘出现一波狂飙，部分个股下午市场抢盘股价被快速推高；
②个股在中午休市期间有重大利好消息公布，下午开盘股价被瞬间抢高；
③机构利用下午开盘时抛压小快速拉高，纯粹为了快速拉高拉出利润空间；
④机构下午开盘即快速暴拉股价，吸引眼球，希望更多人参与一起做多；
⑤机构主力下午开盘即暴拉股价，拉高后开始减仓派发出货。

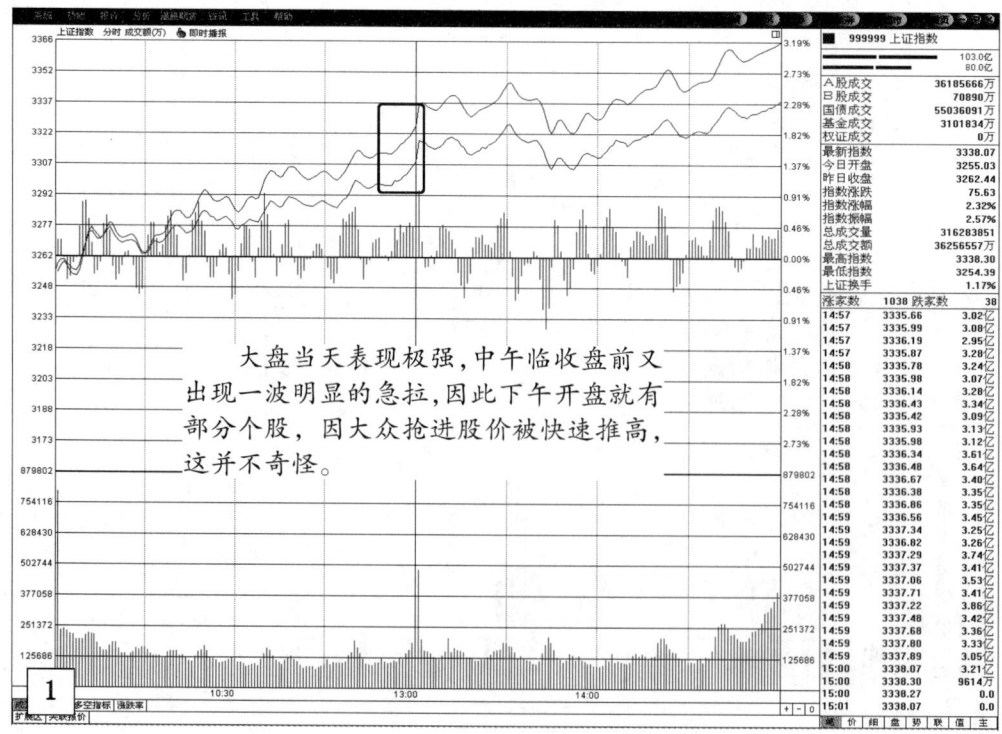

大盘当天表现极强，中午临收盘前又出现一波明显的急拉，因此下午开盘就有部分个股，因大众抢进股价被快速推高，这并不奇怪。

第六章

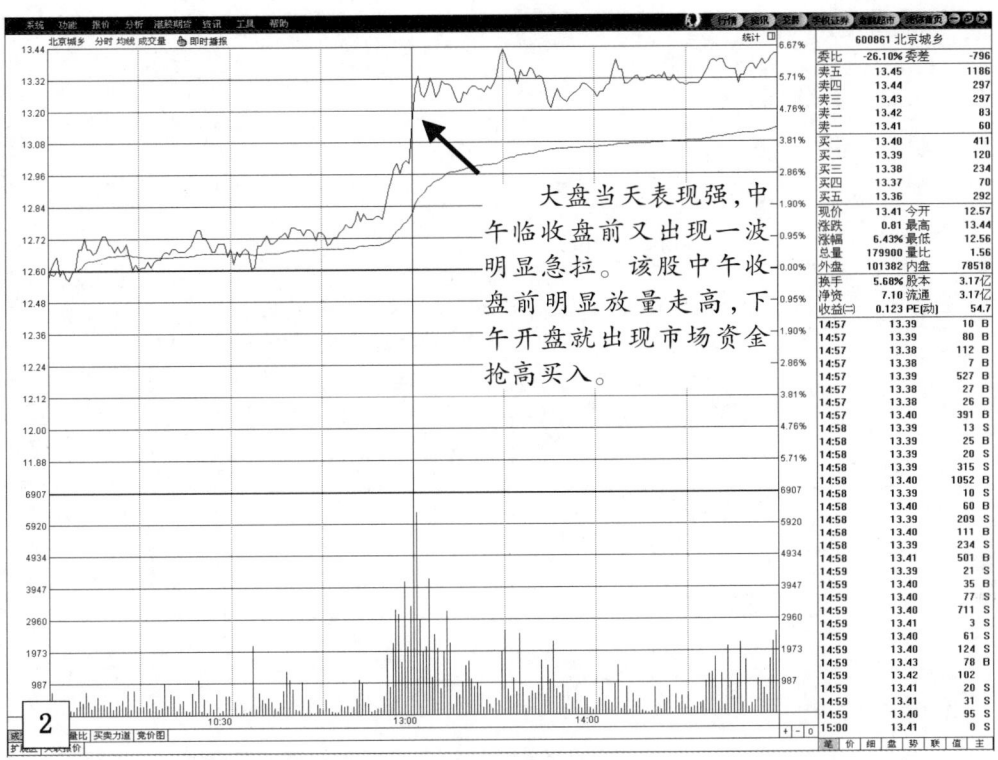

大盘当天表现强,中午临收盘前又出现一波明显急拉。该股中午收盘前明显放量走高,下午开盘就出现市场资金抢高买入。

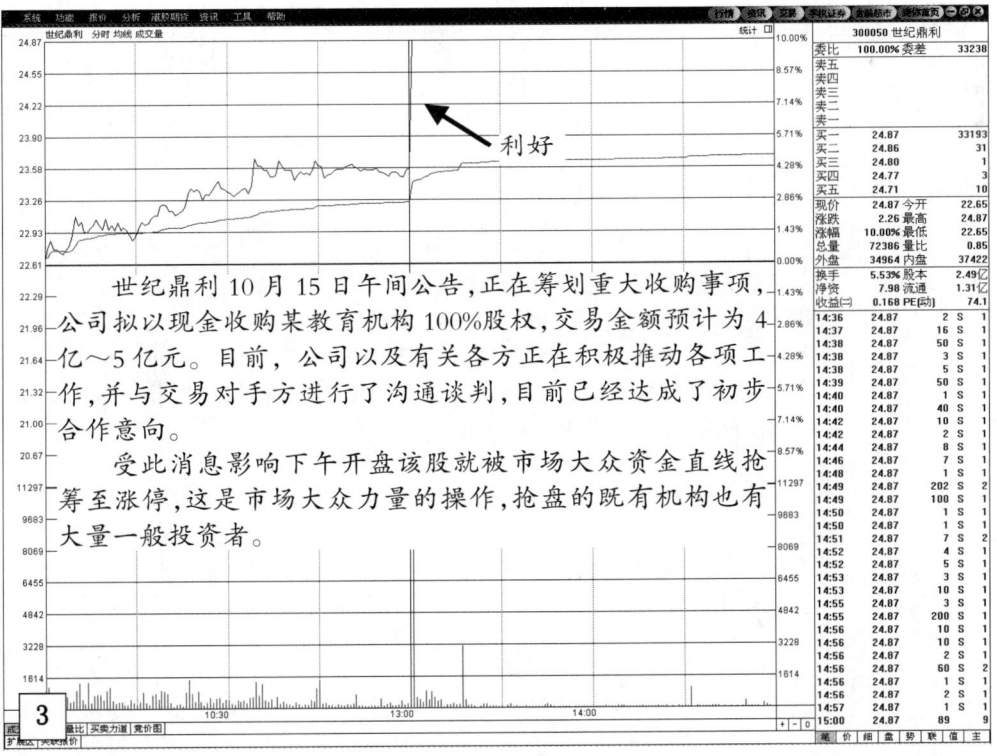

世纪鼎利10月15日午间公告,正在筹划重大收购事项,公司拟以现金收购某教育机构100%股权,交易金额预计为4亿~5亿元。目前,公司以及有关各方正在积极推动各项工作,并与交易对手方进行了沟通谈判,目前已经达成了初步合作意向。

受此消息影响下午开盘该股就被市场大众资金直线抢筹至涨停,这是市场大众力量的操作,抢盘的既有机构也有大量一般投资者。

主力行为盘口解密(七)

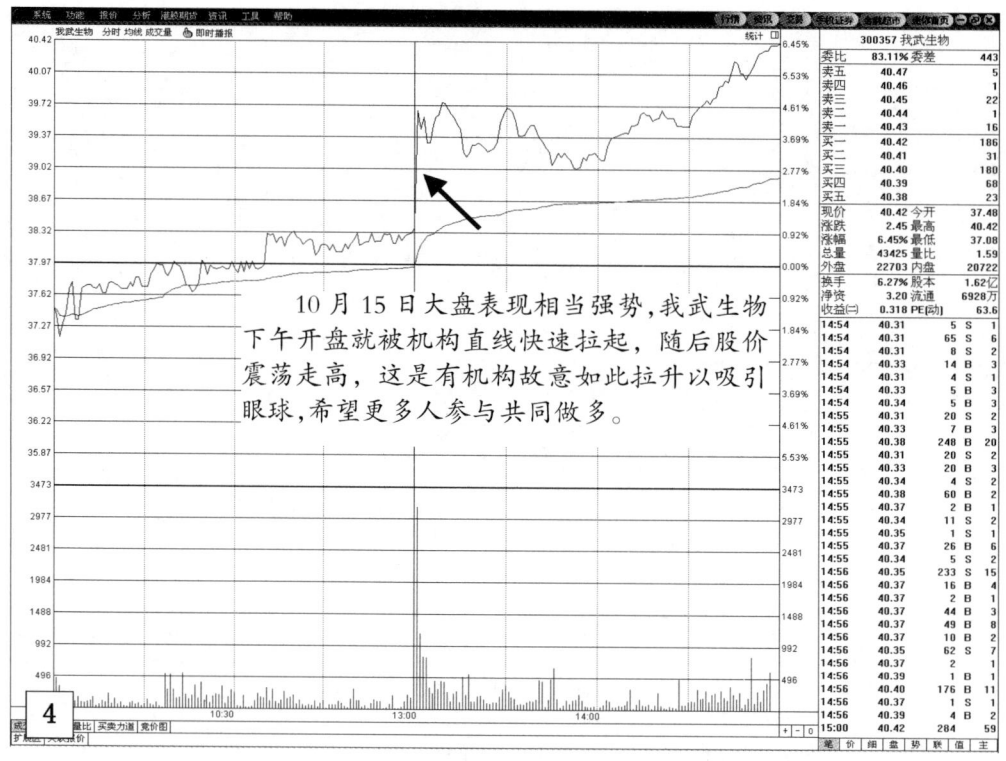

10月15日大盘表现相当强势，我武生物下午开盘就被机构直线快速拉起，随后股价震荡走高，这是有机构故意如此拉升以吸引眼球，希望更多人参与共同做多。

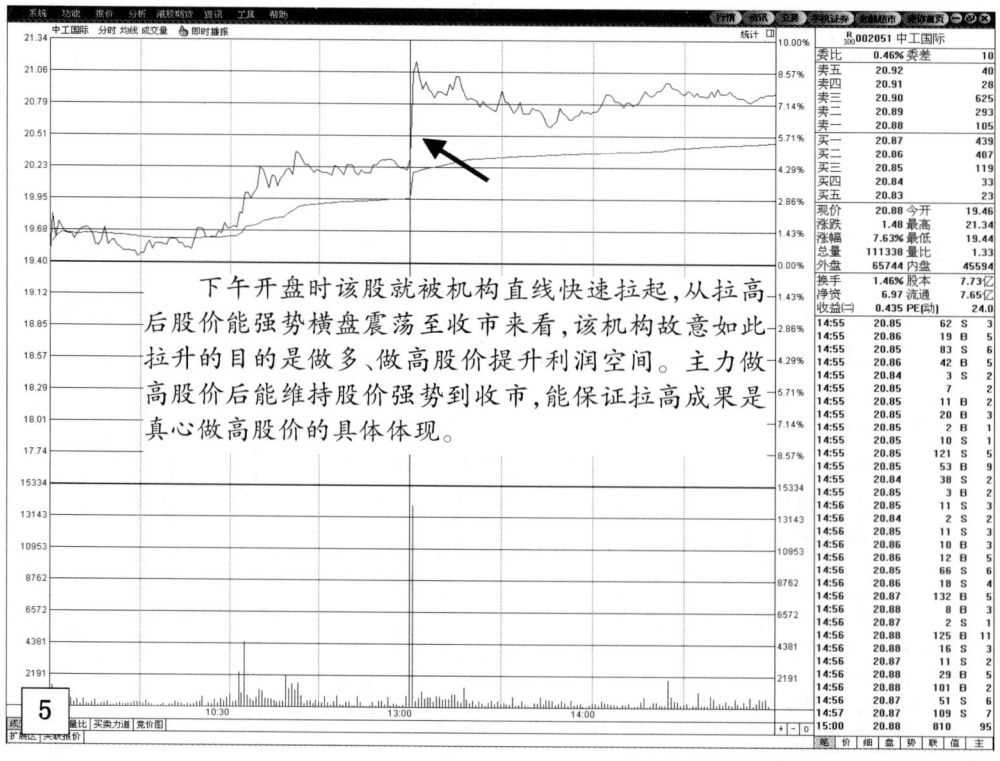

下午开盘时该股就被机构直线快速拉起，从拉高后股价能强势横盘震荡至收市来看，该机构故意如此拉升的目的是做多、做高股价提升利润空间。主力做高股价后能维持股价强势到收市，能保证拉高成果是真心做高股价的具体体现。

238

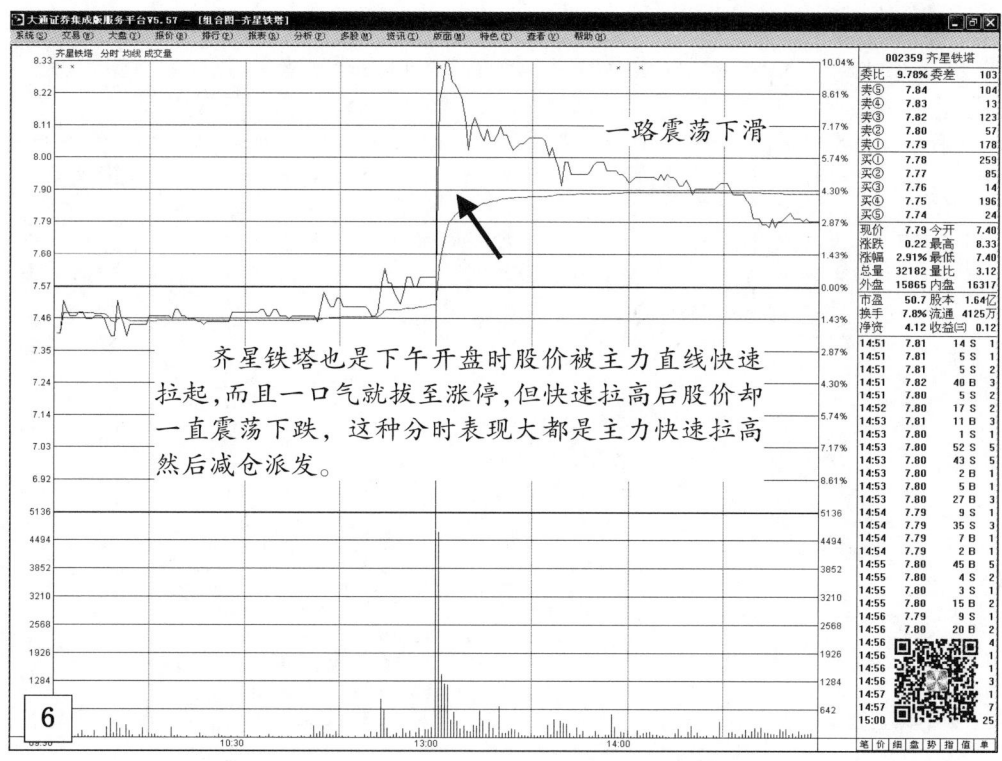

机构开盘就拉巨单拔高玄机

有实力的主力运作个股,大部分操作都是在计划框架大范围内灵活进行,小部分操作严格执行制订的操盘计划,按照计划细节去实施,盘面上所见有的个股开盘就出现主力明显出手做盘,这些操盘动作在开盘前,或者上一个交易日收盘后主力就已策划好了。

部分主力做盘计划中,就有开盘就出手拉抬股价,不管当时市场如何,他们制顶方案后,就按该方案动手完成自己的计划操作,3月22日的浔兴股份、北京科锐、富奥股份等这些品种开盘竞价结束后的几分钟时间,都出现一笔或几笔大单疯狂瞬间扫高股价的现象,从盘面多方面分析判断,这些迅速拔高动作并不是机构突然临时起意,是明显早有预谋、有计划的操盘。如此拔高有什么目的?下面就来分析这几只股票盘面情况,了解主力做盘意图。

主力行为盘口解密(七)

看盘稍微注意就可以发现,在每日竞价结束后9:30开盘后几分钟时间内,不少个股出现一笔或多笔大单瞬间疯狂将股价大幅拔高现象,这种异常动作一般都是潜伏在里面的主力,早已有准备有预谋按计划操作的结果,其如此操作一般有以下几种目的:①快速拉高股价;②吸引眼球吸引跟风盘;③该股有特大利好资金开盘就抢筹;④主力快速拉高股价后展开出货等。

单笔大买单以非常大的差价往上扫高,单笔大买单数量大小与目标股票的流通盘大小、价格高低、活跃度等有关。

开盘几分钟时间内一笔或多笔大单瞬间疯狂将股价拔高后出现回落时表现

这种早盘竞价结束后9:30开盘几分钟时间内,一笔或几笔大单瞬间疯狂将股价拔高现象,盘中有时将股价打至涨停,但大部分将股价打至5%以上幅度。瞬间拔高后因为卖盘没有什么接盘,股价出现瞬间回落,回落到拔高前的价位也是正常的,但这种瞬间疯狂将股价拔高动作能吸引大量投资者目光。

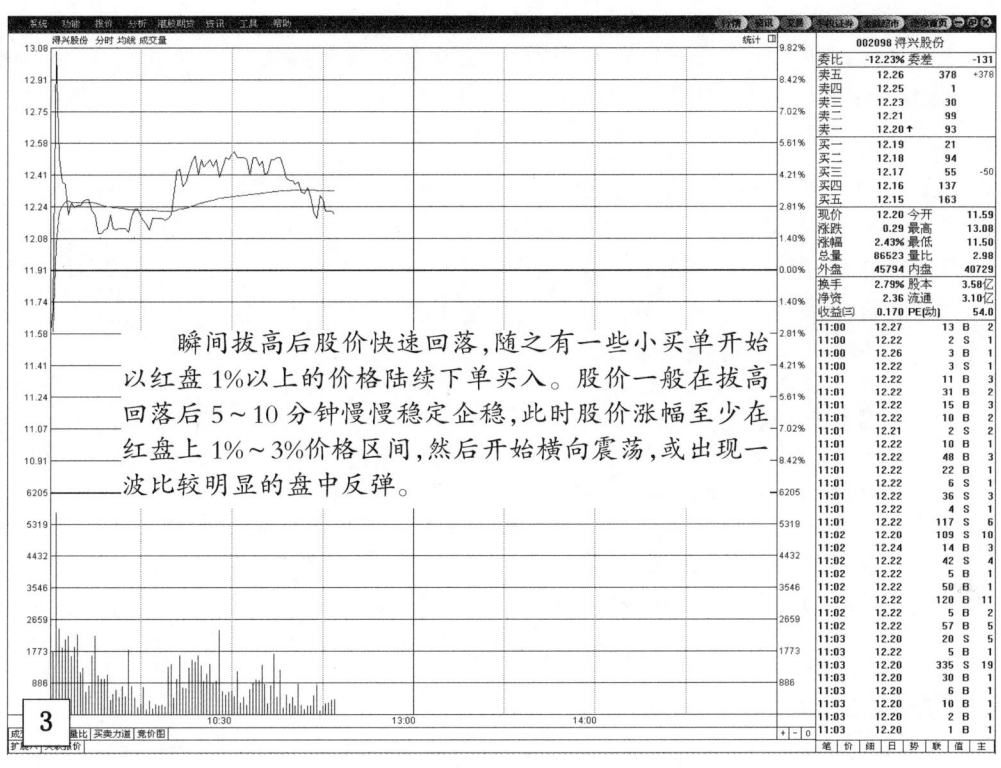

瞬间拔高后股价快速回落,随之有一些小买单开始以红盘1%以上的价格陆续下单买入。股价一般在拔高回落后5～10分钟慢慢稳定企稳,此时股价涨幅至少在红盘上1%～3%价格区间,然后开始横向震荡,或出现一波比较明显的盘中反弹。

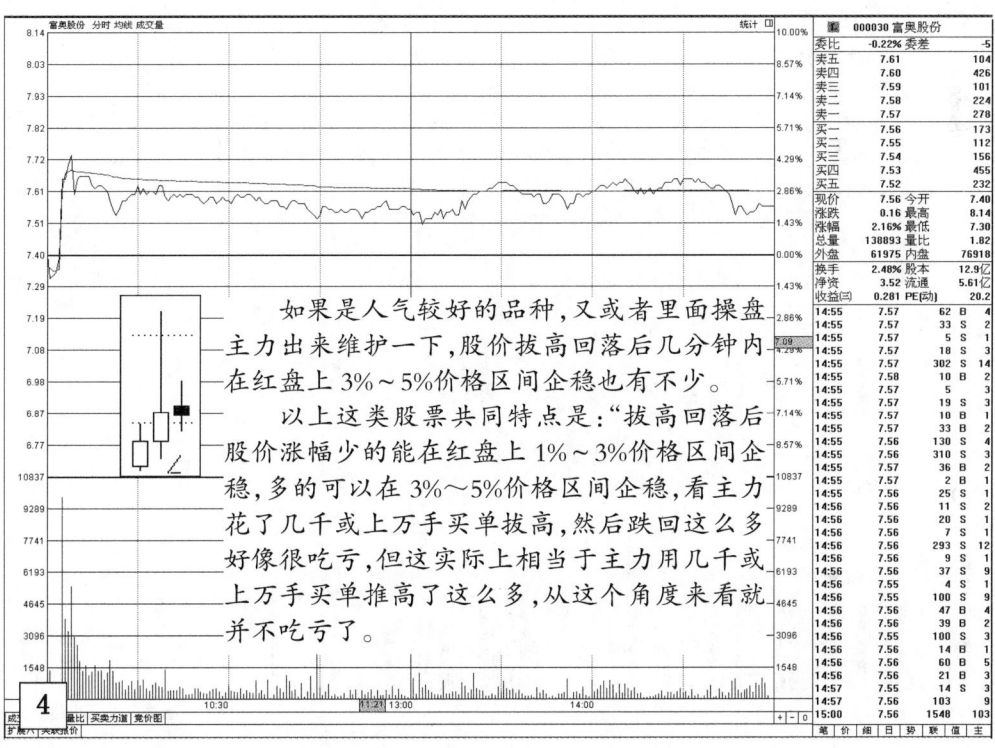

如果是人气较好的品种,又或者里面操盘主力出来维护一下,股价拔高回落后几分钟内在红盘上3%～5%价格区间企稳也有不少。

以上这类股票共同特点是:"拔高回落后股价涨幅少的能在红盘上1%～3%价格区间企稳,多的可以在3%～5%价格区间企稳,看主力花了几千或上万手买单拔高,然后跌回这么多好像很吃亏,但这实际上相当于主力用几千或上万手买单推高了这么多,从这个角度来看就并不吃亏了。

主力行为盘口解密(七)

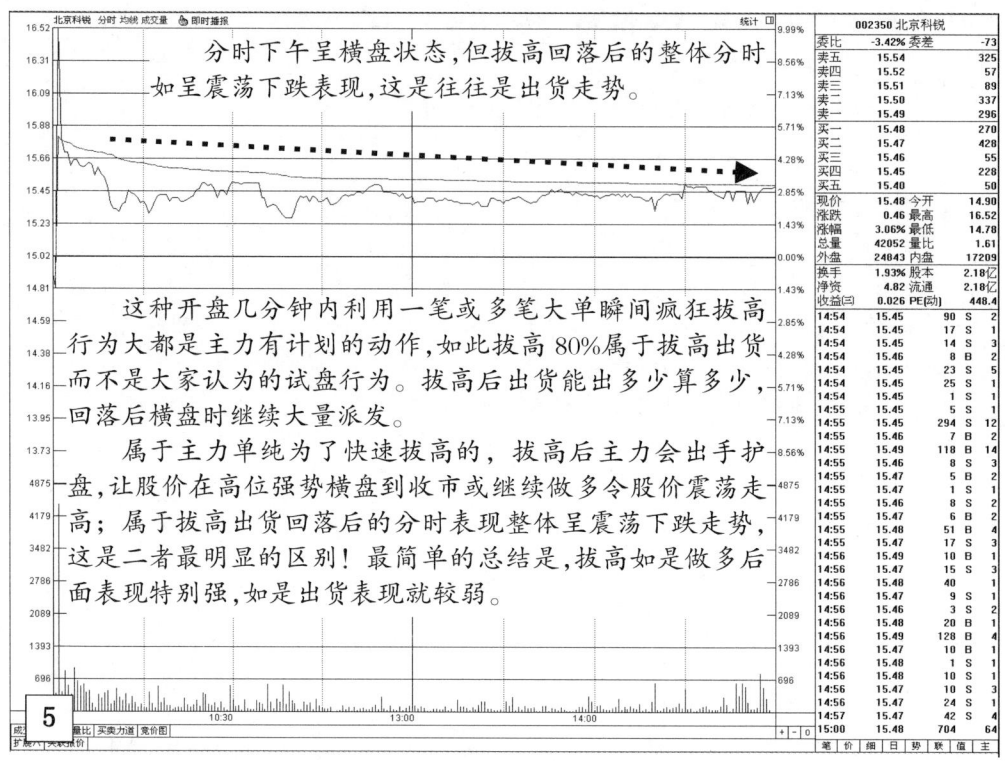

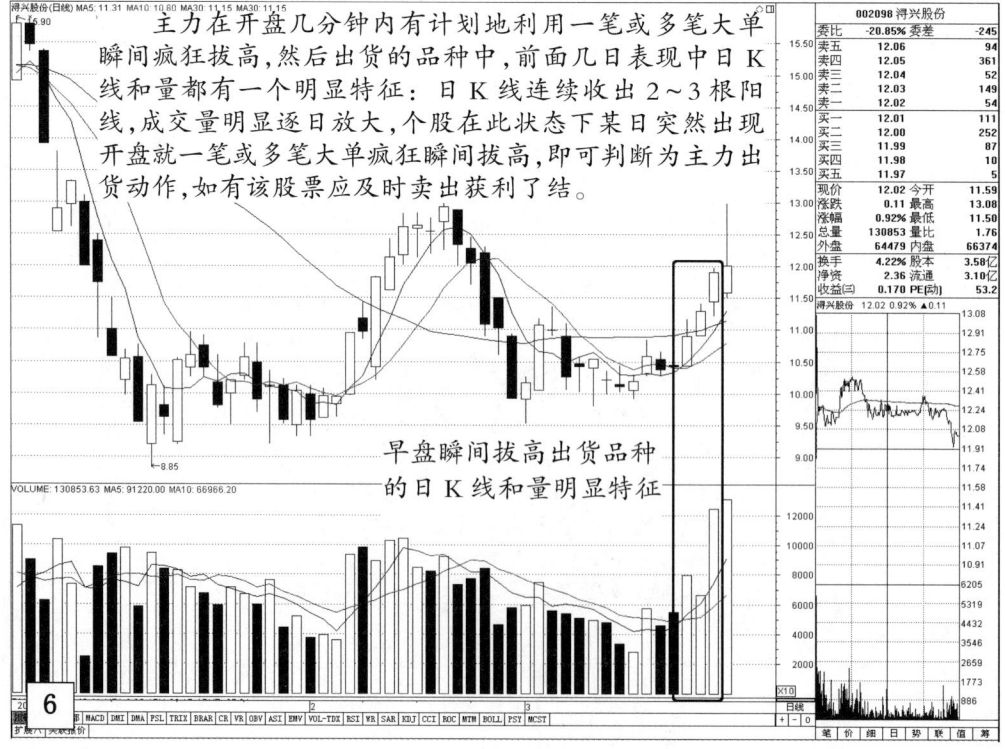

竞价大卖单压低出货盘口特征

竞价是个股一天交易的开始，部分股票在竞价时就出现机构活动的痕迹，部分股票竞价时主力的行为动作，决定该股当天的整体表现。有主力参与竞价而且表现出强烈做多欲望动作，可预期该股全天走势在该主力影响下出现强势表现可预期，如主力竞价时就表现出强烈的出逃动作，该股当天表现在该主力影响下出现弱势下跌也很常见。看懂个股竞价时有没有大机构参与做盘，做盘的方向与目的是什么，这是判断一天行情表现的重要开始。

开盘竞价分两个阶段：9:15—9:20可以自由下单和撤单，9:20—9:25可以下单但不能撤单。

9:20前可以自由下单和撤单，这时段内任何人任何机构都可以大胆操纵股价，以跌停或涨停价挂单买卖，股票都可以，只要在9:20最后一秒前撤单就行。大部分高开或低开的个股，9:15—9:20竞价买卖单中都有不以真正买卖为目的的虚假申报，虚假申报可以影响误导他人判断，如某机构以涨停价挂单20000手申报买入某股票，该股竞价价格即处于涨停状态，不明内情者以为该股真涨停故以涨停价买入，这买入就是受到误导的操作。

下面介绍一种机构在竞价时参与做盘，竞价即将结束时压价出货的盘口。个股出现这种盘口后开盘大都出现快速杀跌，认识了解这种盘口，一旦以后遇到便可以快速逃离撤退。

通常所见的机构竞价阶段，压价出货动作发生在个股出现利空时，另外一种出现在个股涨停次日中。利空出现、个股竞价时股价大都在绿盘之下，竞价结束时股价被突然压得很低开盘，这就是压价出货的一种动作！涨停次日竞价时股价大都以涨停价或者高开开始竞价，竞价结束时股价被突然压得很低，在涨幅剩余不多的情况下开盘，这也是压价出货的一种动作。

主力行为盘口解密(七)

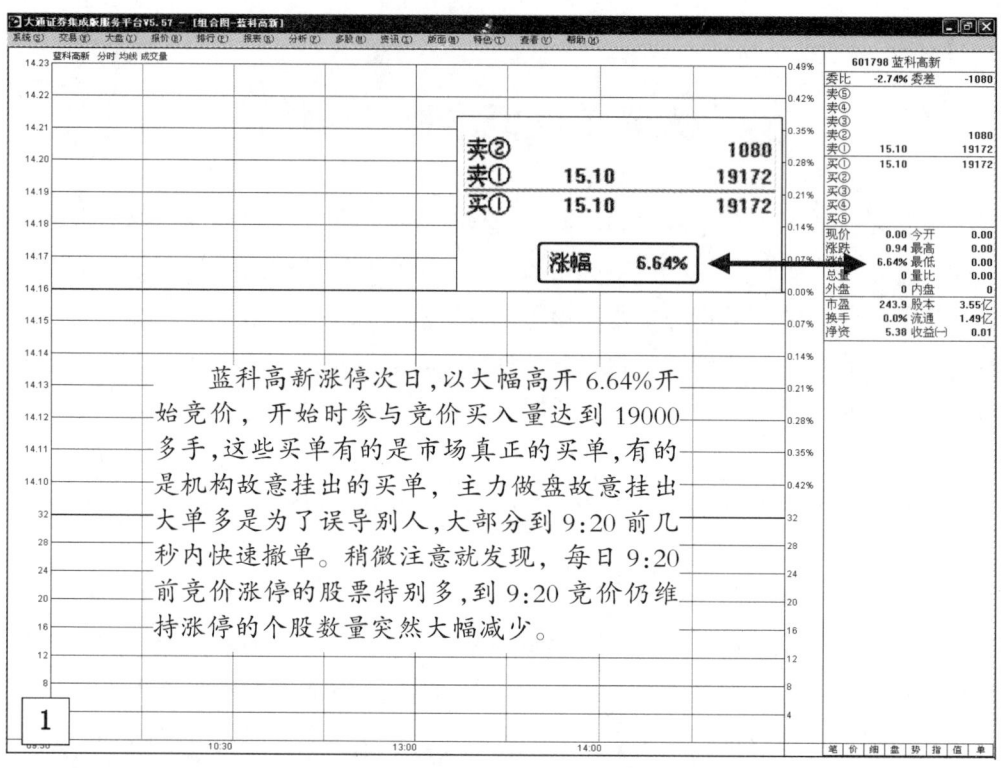

蓝科高新涨停次日,以大幅高开6.64%开始竞价,开始时参与竞价买入量达到19000多手,这些买单有的是市场真正的买单,有的是机构故意挂出的买单,主力做盘故意挂出大单多是为了误导别人,大部分到9:20前几秒内快速撤单。稍微注意就发现,每日9:20前竞价涨停的股票特别多,到9:20竞价仍维持涨停的个股数量突然大幅减少。

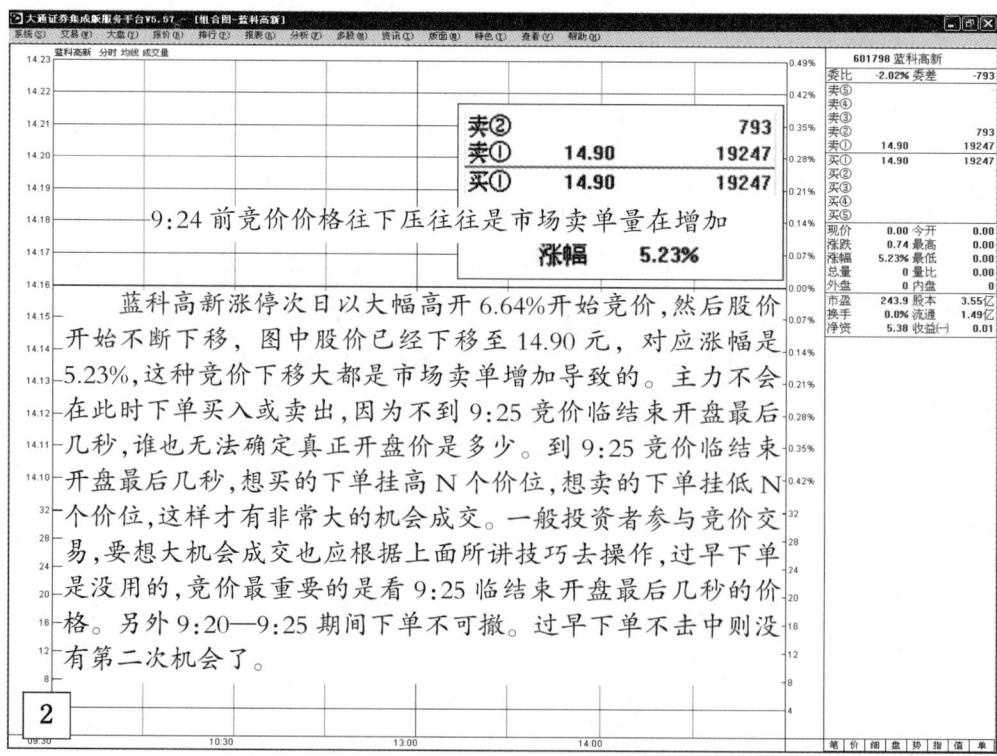

蓝科高新涨停次日以大幅高开6.64%开始竞价,然后股价开始不断下移,图中股价已经下移至14.90元,对应涨幅是5.23%,这种竞价下移大都是市场卖单增加导致的。主力不会在此时下单买入或卖出,因为不到9:25竞价临结束开盘最后几秒,谁也无法确定真正开盘价是多少。到9:25竞价临结束开盘最后几秒,想买的下单挂高N个价位,想卖的下单挂低N个价位,这样才有非常大的机会成交。一般投资者参与竞价交易,要想大机会成交也应根据上面所讲技巧去操作,过早下单是没用的,竞价最重要的是看9:25临结束开盘最后几秒的价格。另外9:20—9:25期间下单不可撤。过早下单不击中则没有第二次机会了。

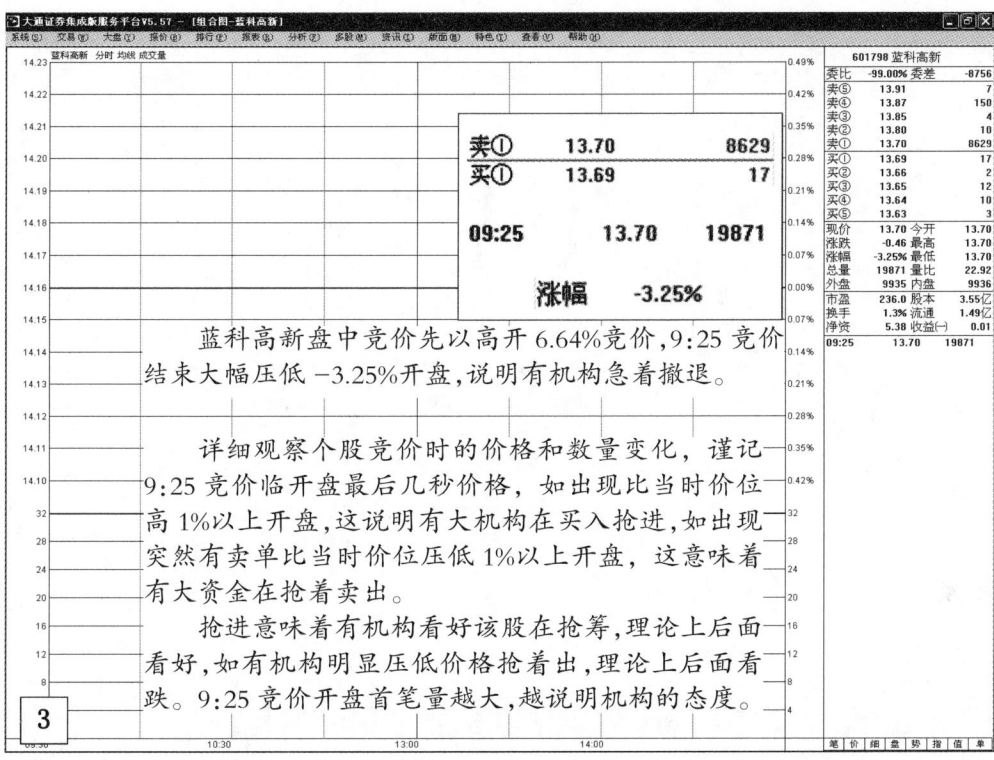

蓝科高新盘中竞价先以高开6.64%竞价,9:25竞价结束大幅压低-3.25%开盘,说明有机构急着撤退。

详细观察个股竞价时的价格和数量变化,谨记9:25竞价临开盘最后几秒价格,如出现比当时价位高1%以上开盘,这说明有大机构在买入抢进,如出现突然有卖单比当时价位压低1%以上开盘,这意味着有大资金在抢着卖出。

抢进意味着有机构看好该股在抢筹,理论上后面看好,如有机构明显压低价格抢着出,理论上后面看跌。9:25竞价开盘首笔量越大,越说明机构的态度。

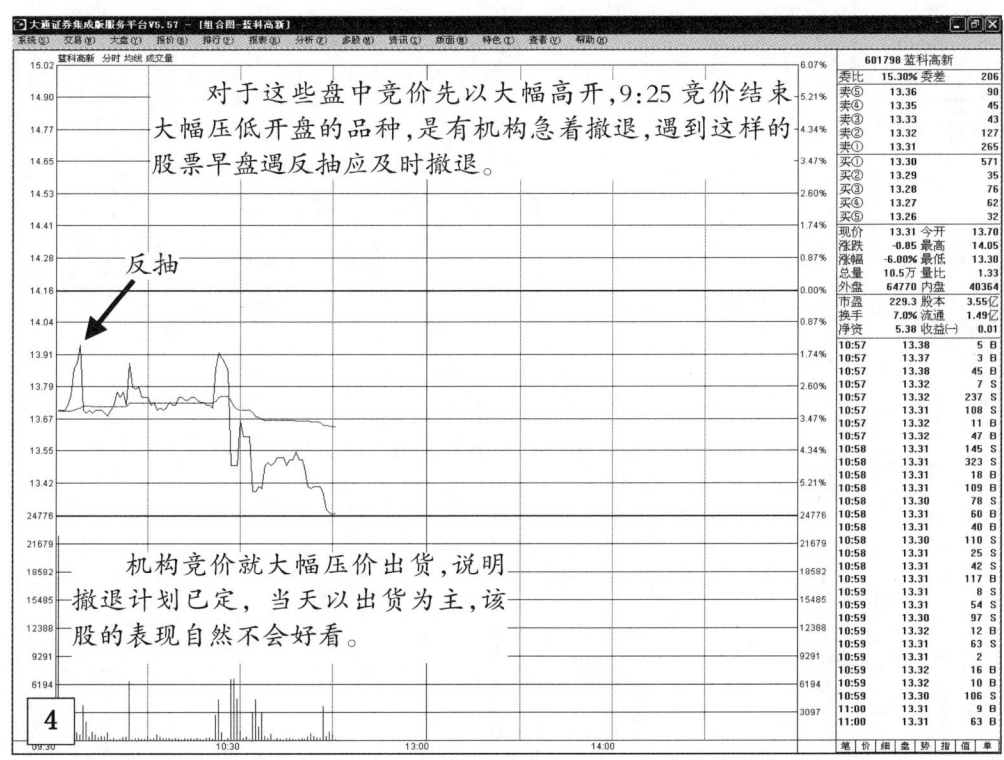

对于这些盘中竞价先以大幅高开,9:25竞价结束大幅压低开盘的品种,是有机构急着撤退,遇到这样的股票早盘遇反抽应及时撤退。

机构竞价就大幅压价出货,说明撤退计划已定,当天以出货为主,该股的表现自然不会好看。

主力行为盘口解密(七)

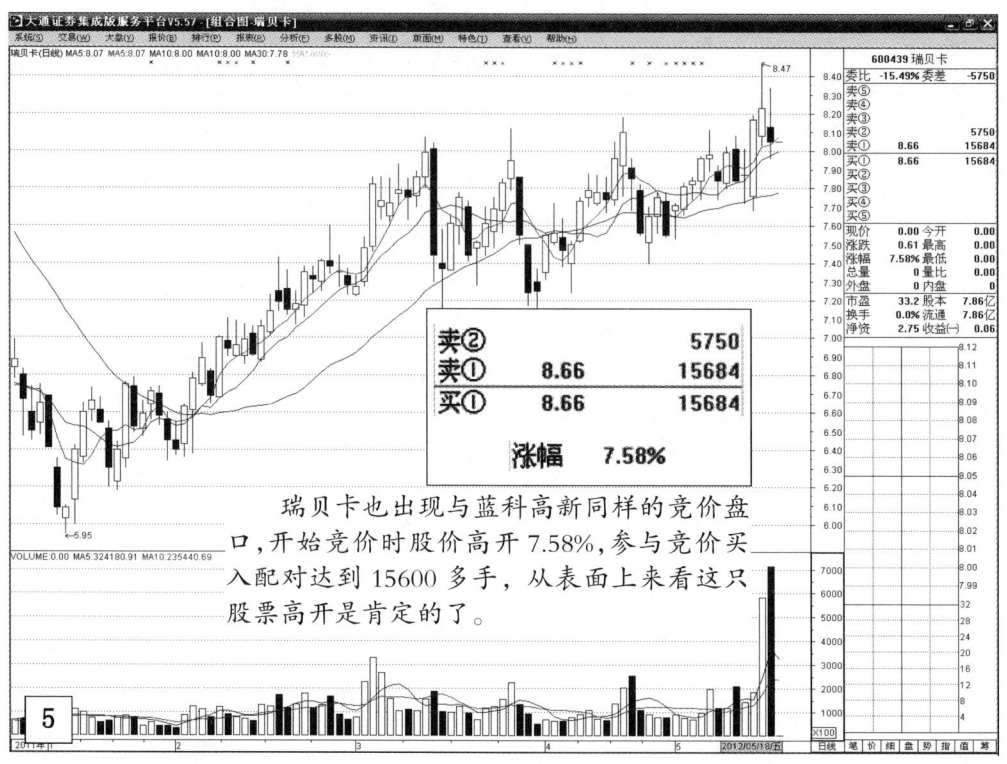

瑞贝卡也出现与蓝科高新同样的竞价盘口,开始竞价时股价高开7.58%,参与竞价买入配对达到15600多手,从表面上来看这只股票高开是肯定的了。

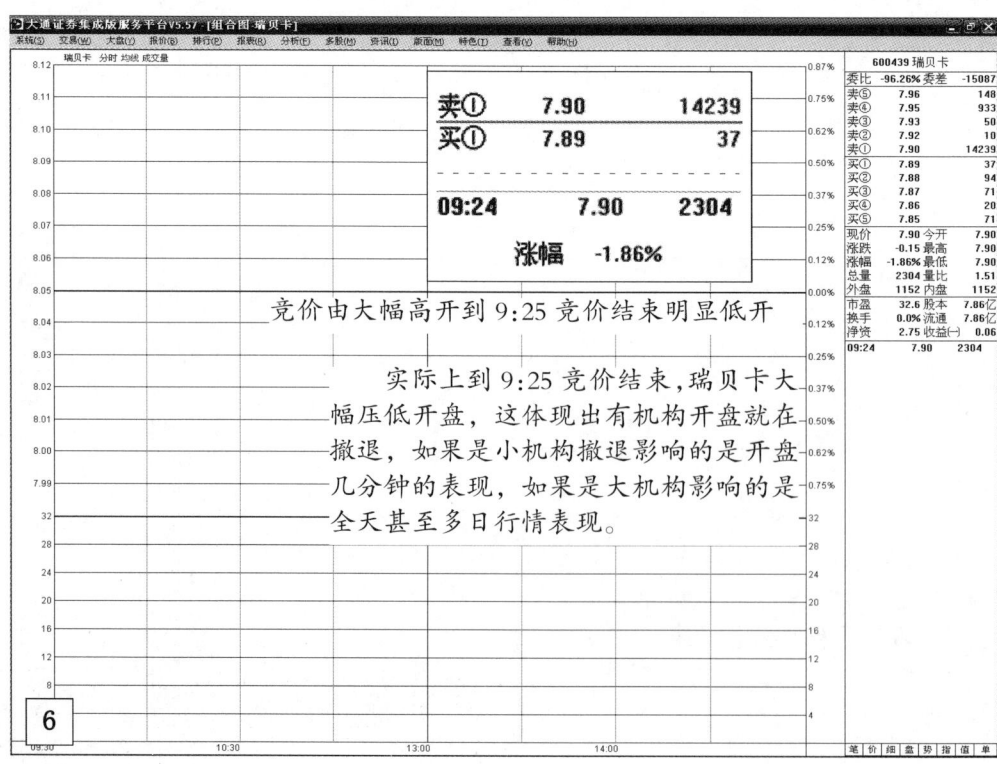

竞价由大幅高开到9:25竞价结束明显低开

实际上到9:25竞价结束,瑞贝卡大幅压低开盘,这体现出有机构开盘就在撤退,如果是小机构撤退影响的是开盘几分钟的表现,如果是大机构影响的是全天甚至多日行情表现。

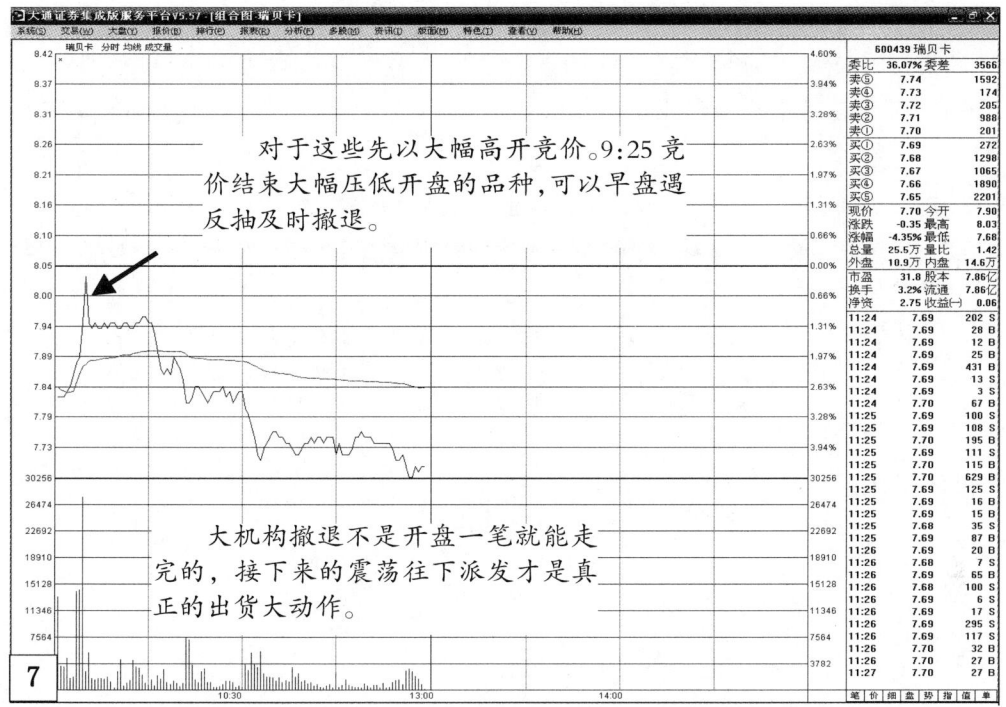

剖析短线主力被套自救招式

市场大好之时无论散户还是机构都大面积赚钱，市场熊市之时无论散户还是机构都大面积亏损，弱市中散户被套是家常便饭，机构被套也司空见惯见怪不怪了。散户被套后只能听天由命，而机构特别是主力被套后则不完全都听天由命，部分机构或主力在条件允许情况下会组织自救。

主力自救行为目的有两种：①组织自救拉抬股价以拉起股价维护市值；②组织自救拉抬股价拉高后马上就走。

认识主力自救行为的目的对投资者而言非常重要，自己手上持有的个股，出现机构或主力自救拉抬时是去是留，这就要根据机构自救行为是为了维护市值，还是拉高就走去决定。为维护股价、维护市值采取自救行为，主力自救拉高后股价会尽力维持在高位，如此可持。如主力展开自救拉抬股价是为了出货离场，在拉高后主力将马上出货，主力撤退后股价会跌得更惨！

笔者多年实践总结，股票市场专业做短线的主力在介入后马上被套出现的自救，十有八九拉高后就马上出货。这种自救以撤离该股为目的，遇上这样的品种

主力行为盘口解密(七)

如有则要在主力自救拔高时马上卖出,千万不能在主力自救拉高时跟进。下面以安彩高科为例,剖析其短线主力入市即被套后展开自救、拉高出货逃离的一种招式。

分析个股是不是短线主力自救拉高,首先看该股最近半个月以来的表现情况,看日K线和成交量有没有出现明显放量、有大资金建仓痕迹,而且看资金建仓后短线是不是已经被套。这是分辨判断是否属短线主力自救拉高的分析要点。

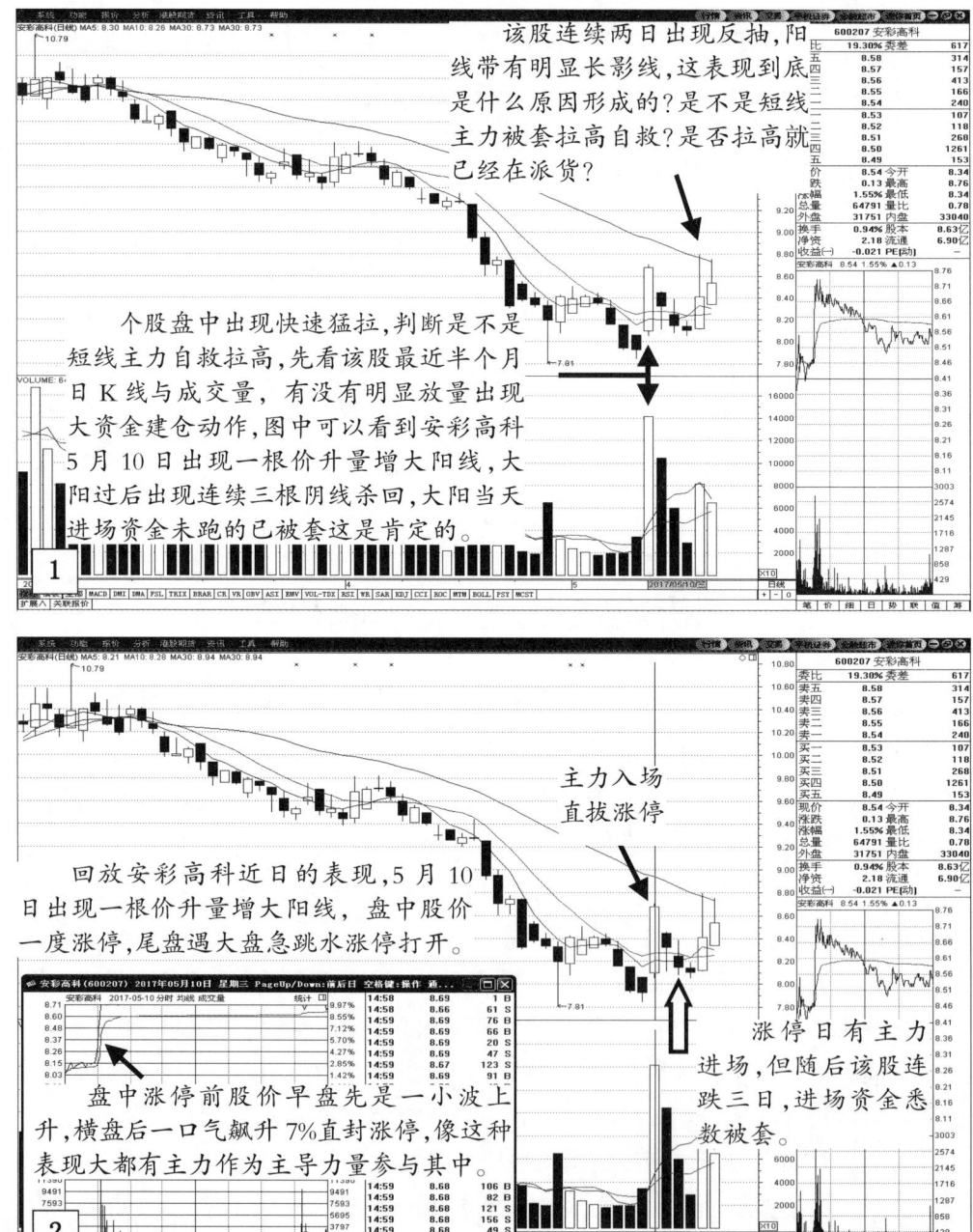

第六章

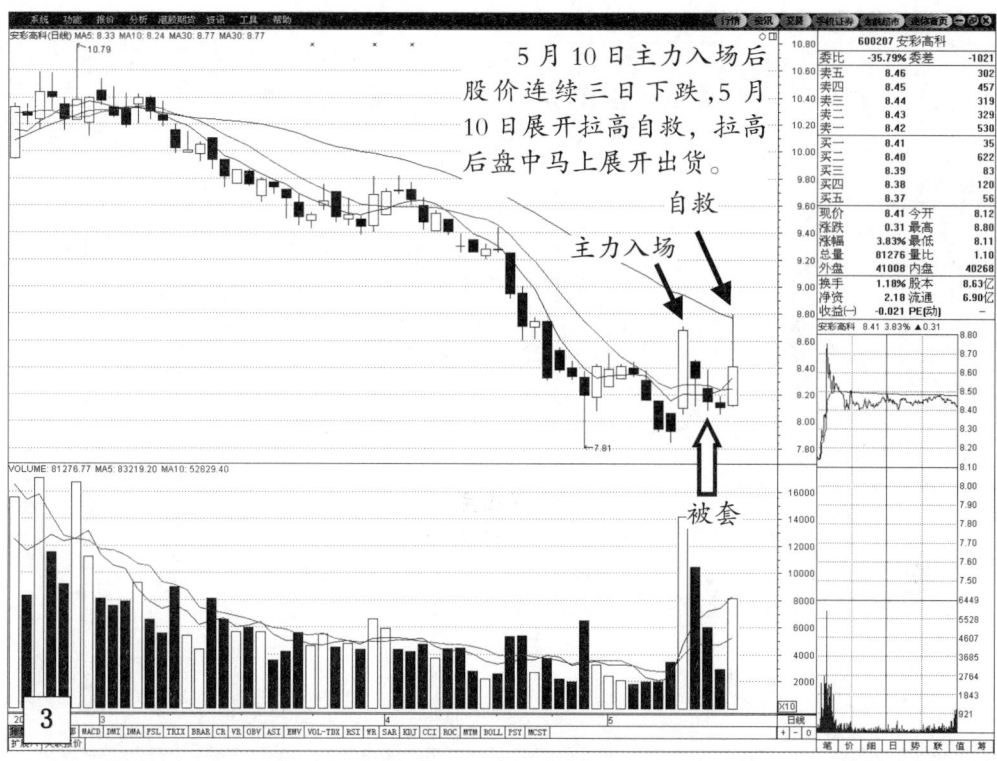

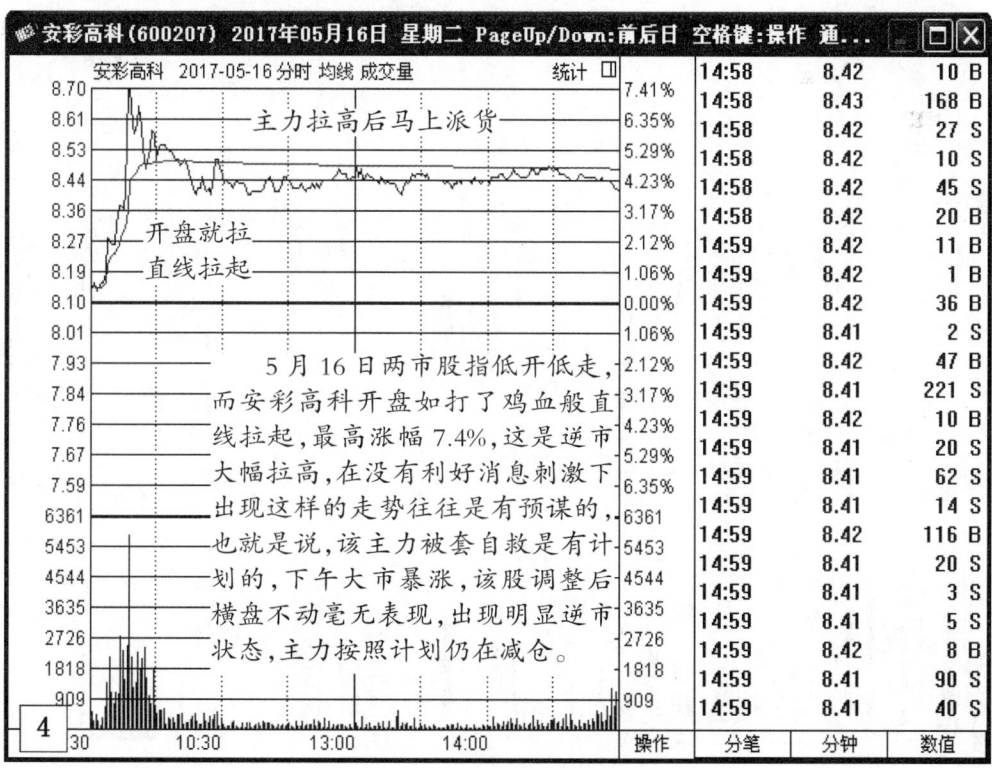

主力行为盘口解密(七)

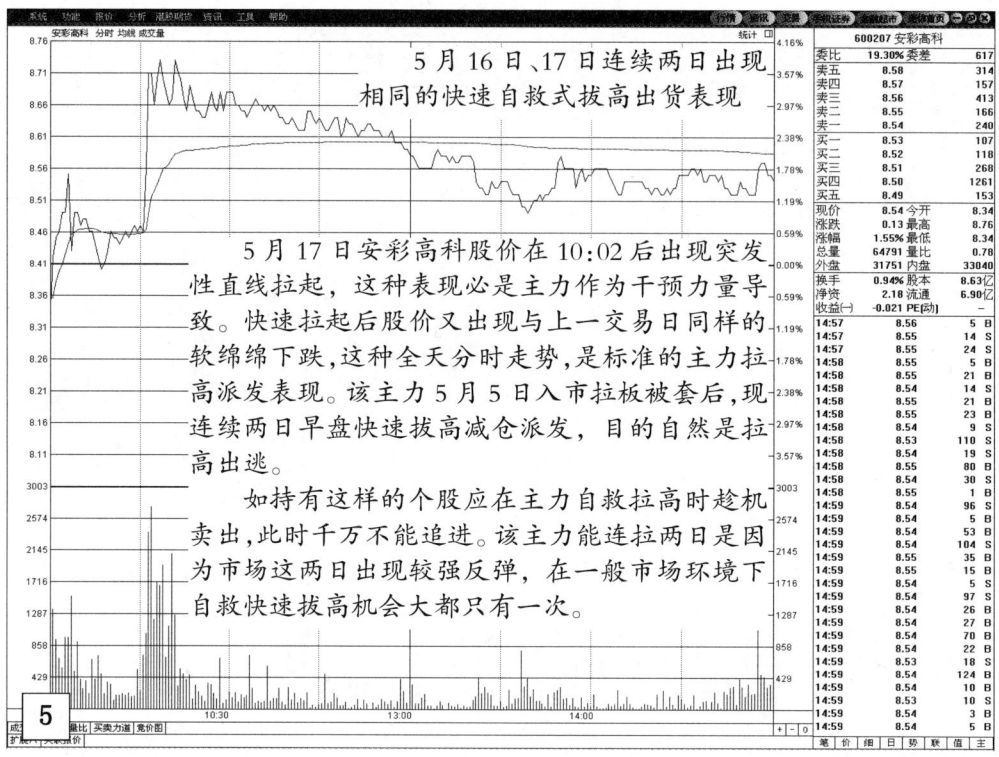

5月16日、17日连续两日出现相同的快速自救式拔高出货表现

5月17日安彩高科股价在10:02后出现突发性直线拉起,这种表现必是主力作为干预力量导致。快速拉起后股价又出现与上一交易日同样的软绵绵下跌,这种全天分时走势,是标准的主力拉高派发表现。该主力5月5日入市拉板被套后,现连续两日早盘快速拔高减仓派发,目的自然是拉高出逃。

如持有这样的个股应在主力自救拉高时趁机卖出,此时千万不能追进。该主力能连拉两日是因为市场这两日出现较强反弹,在一般市场环境下自救快速拔高机会大都只有一次。

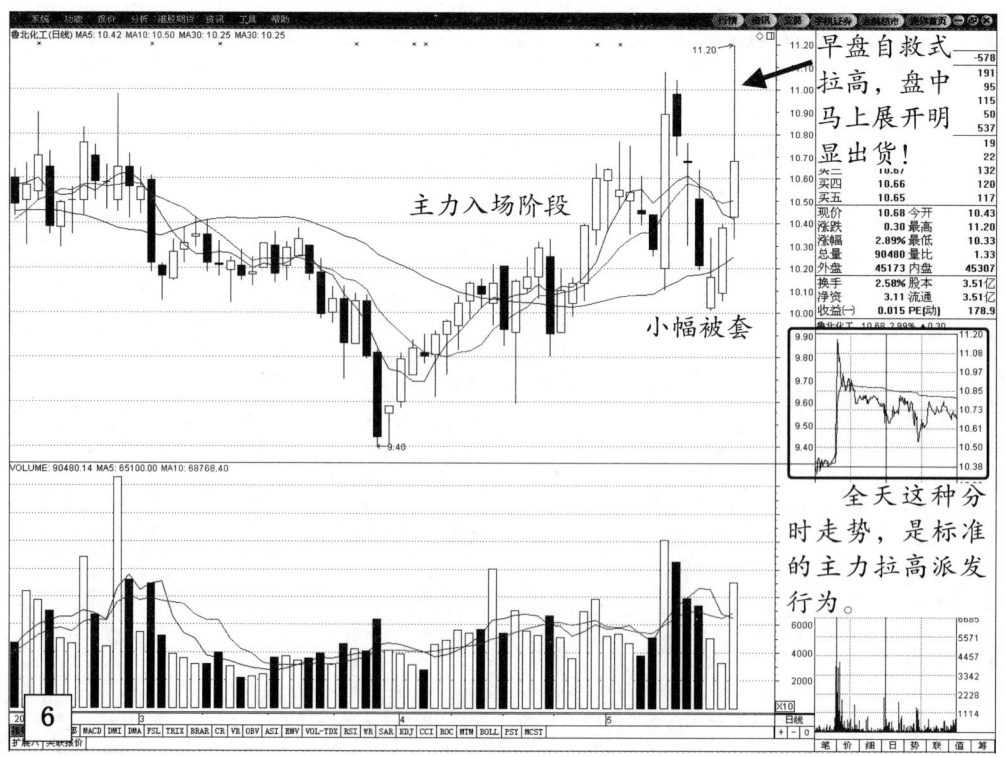

早盘自救式拉高,盘中马上展开明显出货!

主力入场阶段

小幅被套

全天这种分时走势,是标准的主力拉高派发行为。

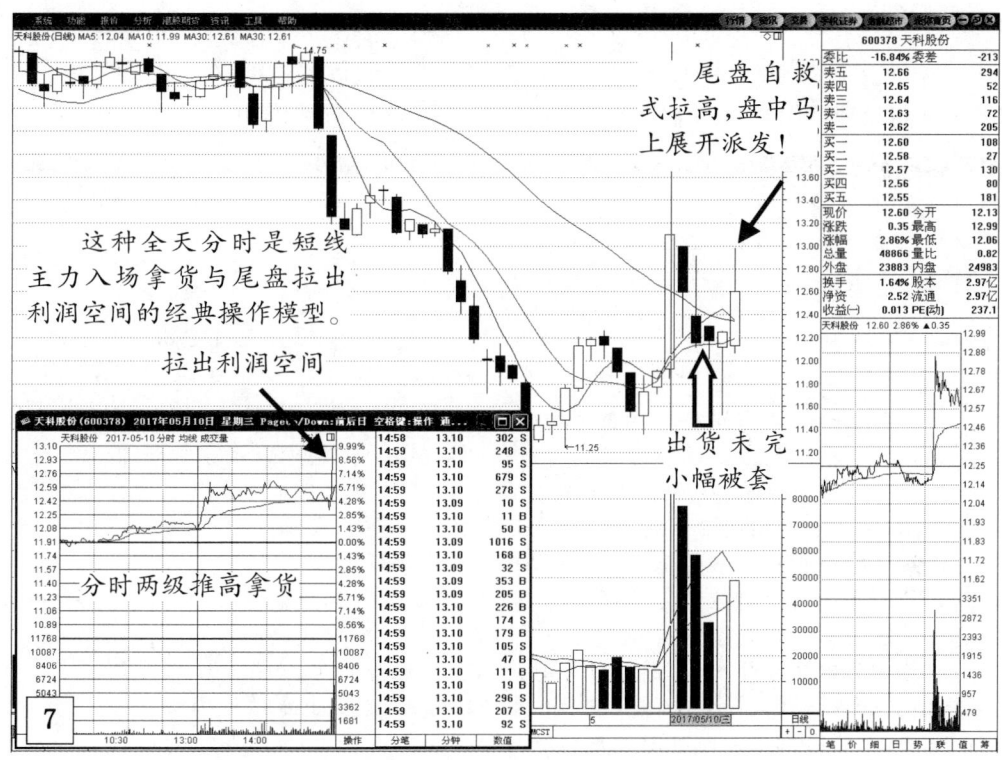

新主力建仓与老主力推高的区分方法

在股市中投资者选股各施其法，没有好坏之分，贵在能赚钱，但实践中大部分投资者选股毫无章法可言，但散兵游勇般、四处打游击、乱放枪是很难稳定获利的。选什么样的股票作为操作目标？首先在选股原理应清楚明白，根据个股走势或机构操作周期所处阶段去选择是一种方向。周期阶段，如资金建仓阶段、洗盘完毕阶段、拉升阶段、主升浪急拉阶段，处于这些阶段下的个股相对安全，而且往往是一买就涨，上升时不拖泥带水。

选择资金建仓阶段的品种最安全，正常情况下大资金建仓介入后不会轻易让其跌破建仓成本区。机构建仓品种中选择短线资金建仓个股更安全，因为短线资金往往拿到货后就展开拉高，可以现实快速盈利和兑现，这需要掌握短线资金建仓盘口特征，了解短线资金建仓手法。本文介绍的是短线资金建仓的一些特征及其机构推高特征的区分技巧。

短线资金建仓和已潜伏在里面的机构推高股价走势有相同点也有不同点，相同的是两者在机构运作下股价都会上升，不同的是大资金建仓时比较克制，做盘

主力行为盘口解密(七)

尽量控制股价波动幅度与涨幅,而已潜伏在里面的机构进入拉升阶段推高股价时,盘面往往大力疯狂制造做多气氛、大幅度推高股价,盘中利用大买单大手笔明显拔高股价动作明显,下面以多个股盘面表现说明这种盘面特征。

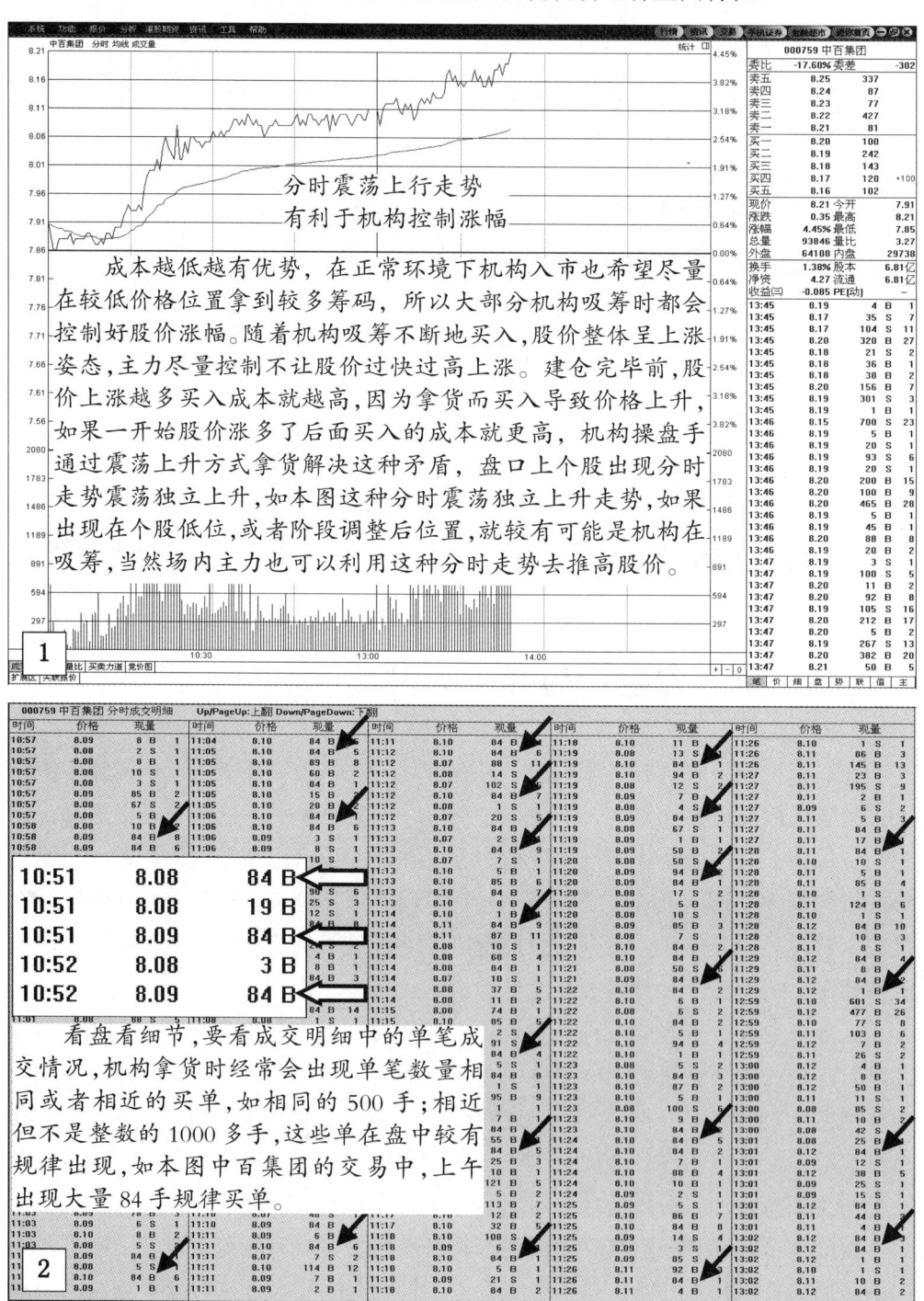

成本越低越有优势,在正常环境下机构入市也希望尽量在较低价格位置拿到较多筹码,所以大部分机构吸筹时都会控制好股价涨幅。随着机构吸筹不断地买入,股价整体呈上涨姿态,主力尽量控制不让股价过快过高上涨。建仓完毕前,股价上涨越多买入成本就越高,因为拿货而买入导致价格上升,如果一开始股价涨多了后面买入的成本就更高,机构操盘手通过震荡上升方式拿货解决这种矛盾,盘口上个股出现分时走势震荡独立上升,如本图这种分时震荡独立上升走势,如果出现在个股低位,或者阶段调整后位置,就较有可能是机构在吸筹,当然场内主力也可以利用这种分时走势去推高股价。

看盘看细节,要看成交明细中的单笔成交情况,机构拿货时经常会出现单笔数量相同或者相近的买单,如相同的500手;相近但不是整数的1000多手,这些单在盘中较有规律出现,如本图中百集团的交易中,上午出现大量84手规律买单。

第六章

单笔数量相同或者相近的买单在盘中出现一段时间后一般都会变为其他数字，下午出现大量200手买单，这是因为同一组数字出现久了会引起大家注意，操盘手改用其他数量下单买入。

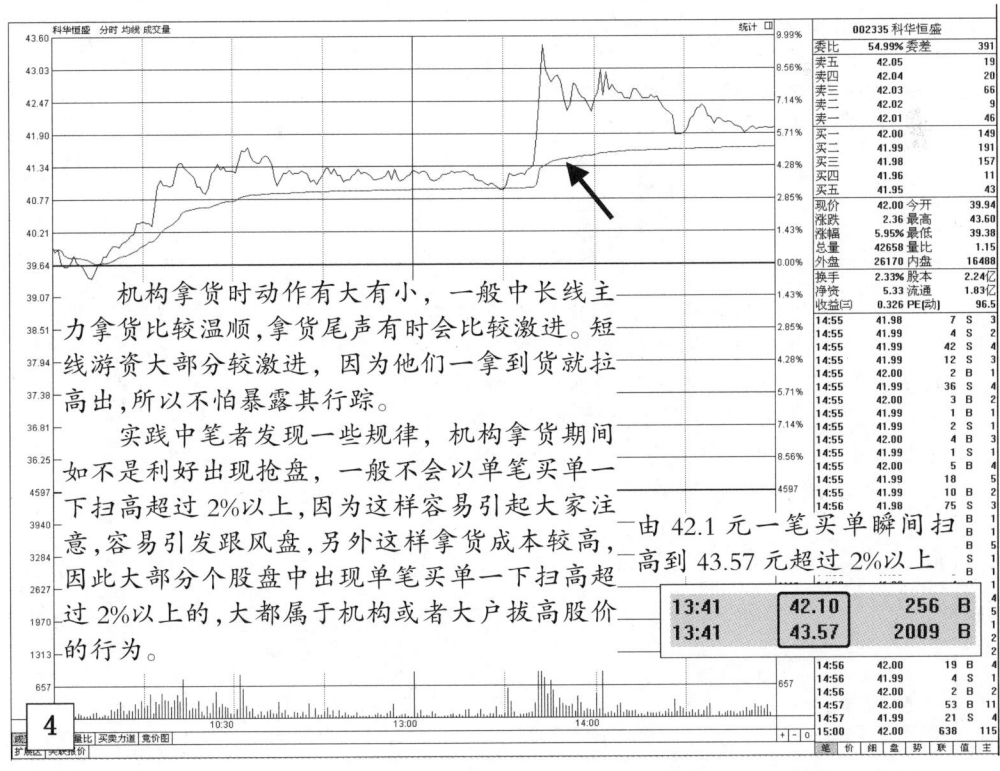

机构拿货时动作有大有小，一般中长线主力拿货比较温顺，拿货尾声有时会比较激进。短线游资大部分较激进，因为他们一拿到货就拉高出，所以不怕暴露其行踪。

实践中笔者发现一些规律，机构拿货期间如不是利好出现抢盘，一般不会以单笔买单一下扫高超过2%以上，因为这样容易引起大家注意，容易引发跟风盘，另外这样拿货成本较高，因此大部分个股盘中出现单笔买单一下扫高超过2%以上的，大都属于机构或者大户拔高股价的行为。

由42.1元一笔买单瞬间扫高到43.57元超过2%以上

主力行为盘口解密（七）

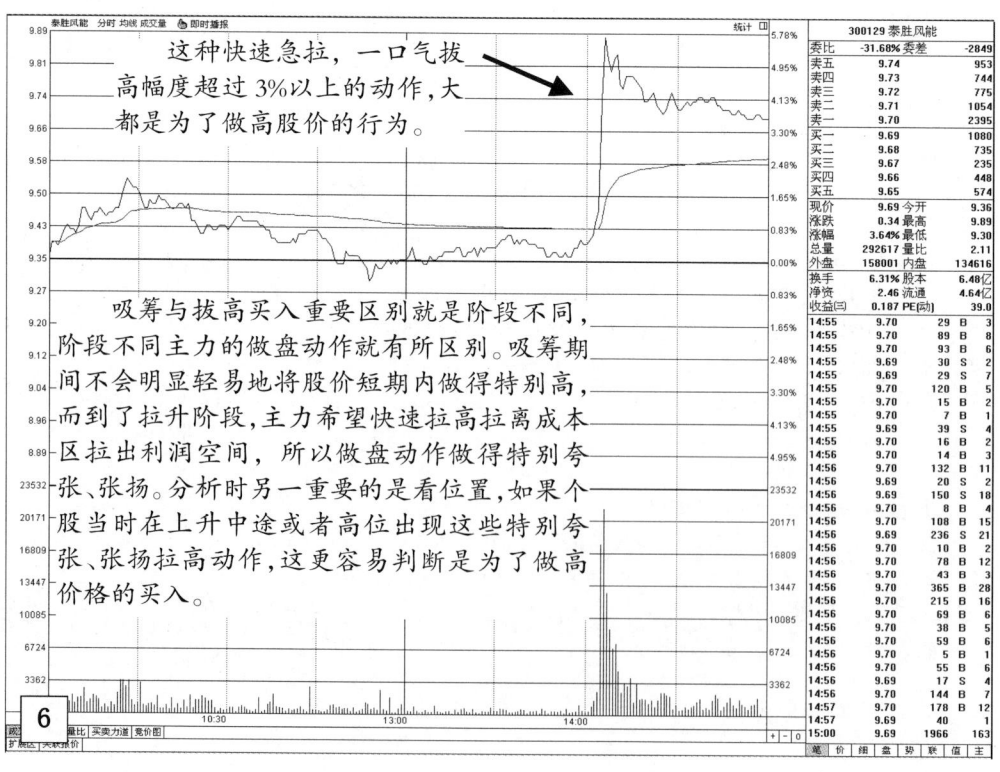

吸筹与拔高买入，这两种行为都是买入行为，但对于机构而言其意义是不同的。吸筹所拿的筹码是作为仓底不动的筹码，一直持股到目标价位才卖出，这是最重要的获利筹码。而拔高时的买入，是为了做高股价的动作，股价除了自然波动上升，要想它明显大幅上升，主力就必须有计划动手去买入，消化卖盘从而推高股价。因此为了做高股价的买入并不是吸筹，吸筹与为了做高股价的买入有本质上的区别。

由 42.57 元一笔扫高到 43.96 元，涨幅超过 3%

这种盘中动不动就一笔买单一下将股价扫高超过 2% 以上的动作，大部分是拔高股价动作，而不是拿货阶段的吸筹行为。

这种快速急拉，一口气拔高幅度超过 3% 以上的动作，大都是为了做高股价的行为。

吸筹与拔高买入重要区别就是阶段不同，阶段不同主力的做盘动作就有所区别。吸筹期间不会明显轻易地将股价短期内做得特别高，而到了拉升阶段，主力希望快速拉高拉离成本区拉出利润空间，所以做盘动作做得特别夸张、张扬。分析时另一重要的是看位置，如果个股当时在上升中途或者高位出现这些特别夸张、张扬拉高动作，这更容易判断是为了做高价格的买入。

游资主力遇袭情况

证券市场中每个人都有快乐时刻也都有烦恼之时,大家熟悉的专业打涨停游资,一般人只看到其打涨停不断赚钱,却少有人了解这些游资也有各种各样说不出的苦。现在的专业打涨停游资所参与的品种中,介入品种能稳封涨停的次日大部分都会有利润出来,但他们打涨停的个股中相当部分当天因没能封涨停次日亏损出来的也是家常便饭,这是他们的最大烦恼所在。

常在河边走,哪有不湿鞋?游资在打涨停过程中有时也会遇到明显的对手盘,你封涨停他趁机出货导致打板失败屡见不鲜,怡亚通就是一经典案例。

有研究专业打涨停游资的都知道华泰证券股份有限公司成都南一环路第二证券营业部是著名专业做涨停游资的其中一员。其营业部打涨停游资实力较强,手法凶狠是较成功的专业做涨停游资之一。10月11日怡亚通的涨停就是该营业部游资出手所为。下午稳封涨停在临收盘最后一刻遇场内机构突然袭击大手笔砸盘。具体情况请看该股盘口表现!

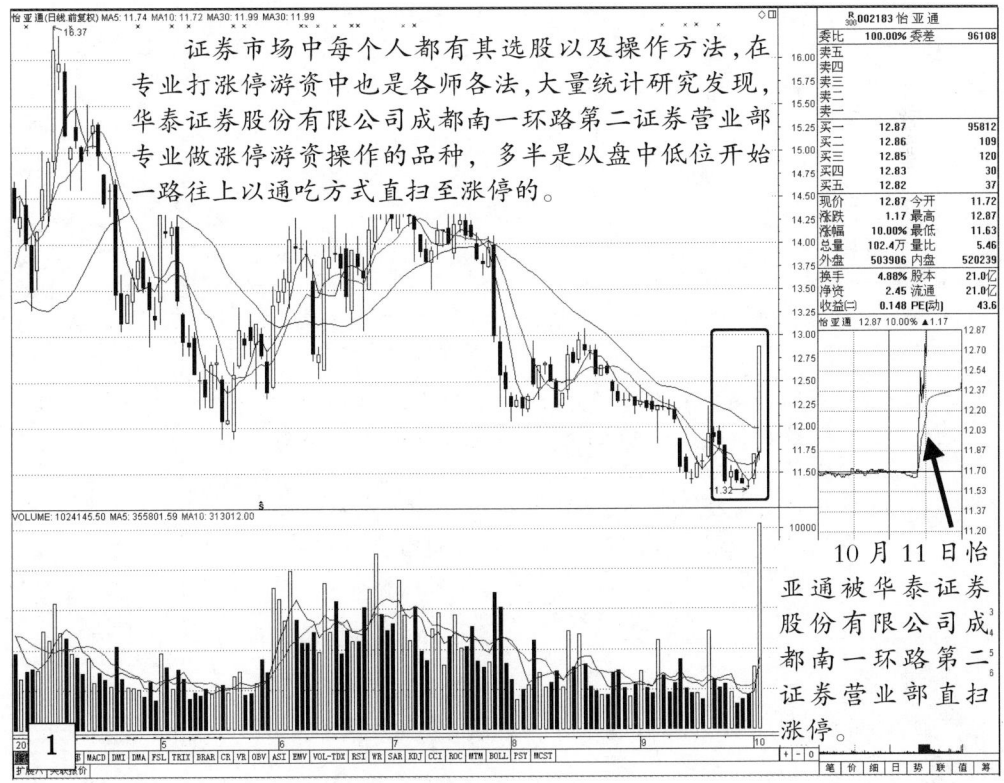

255

主力行为盘口解密(七)

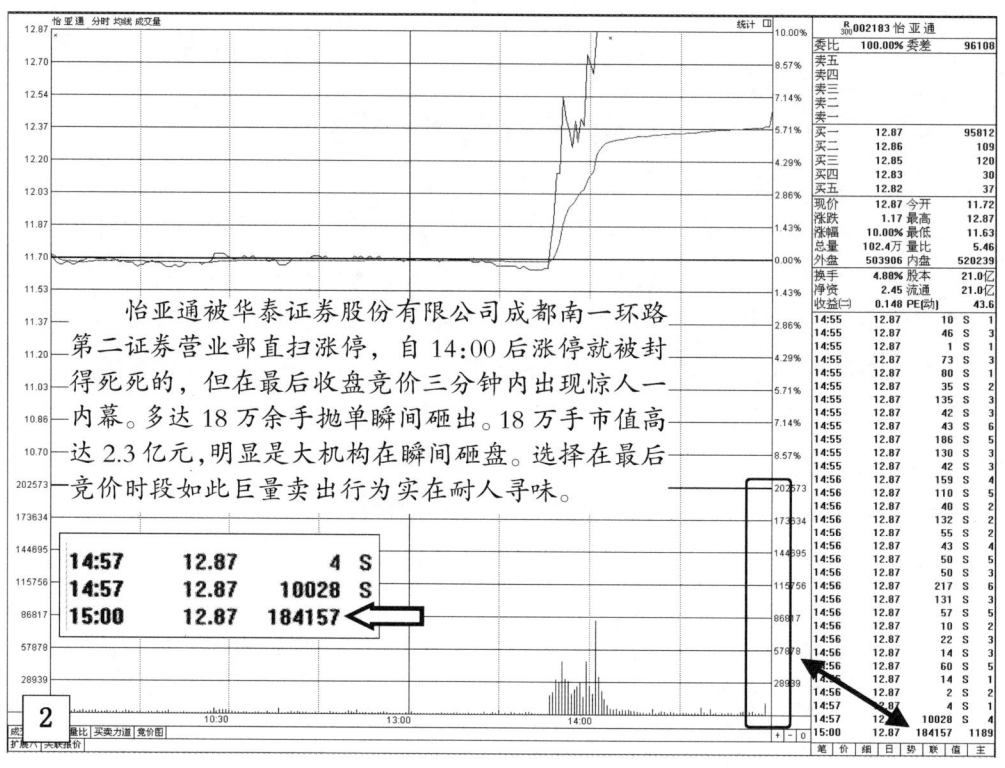

怡亚通被华泰证券股份有限公司成都南一环路第二证券营业部直扫涨停,自14:00后涨停就被封得死死的,但在最后收盘竞价三分钟内出现惊人一内幕。多达18万余手抛单瞬间砸出。18万手市值高达2.3亿元,明显是大机构在瞬间砸盘。选择在最后竞价时段如此巨量卖出行为实在耐人寻味。

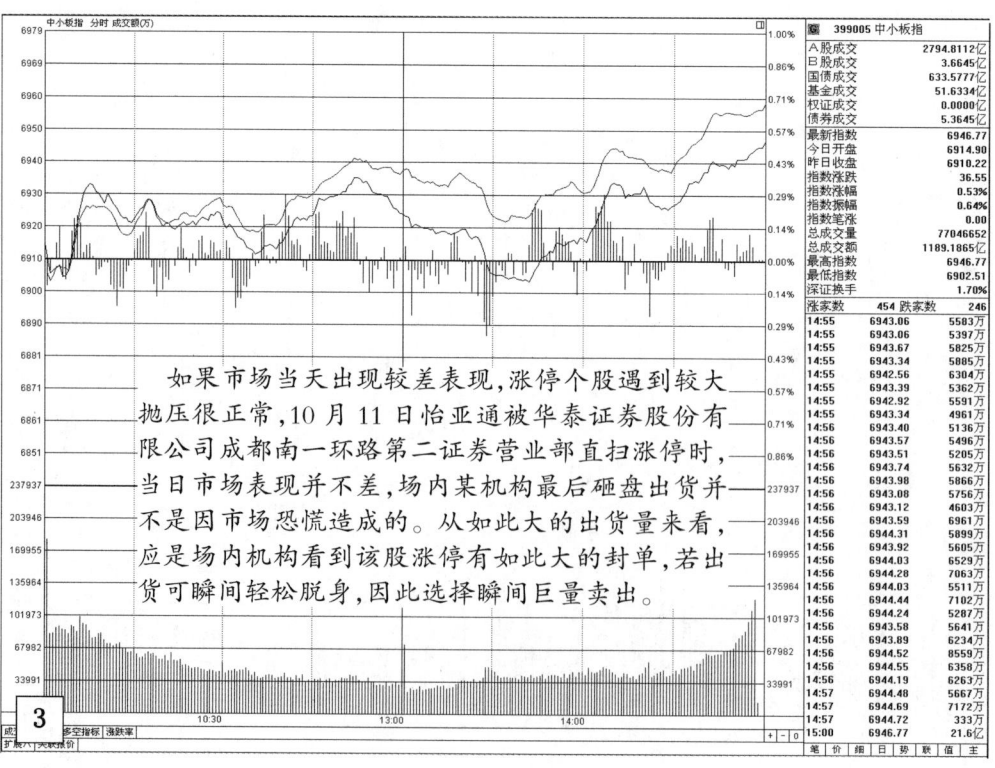

如果市场当天出现较差表现,涨停个股遇到较大抛压很正常,10月11日怡亚通被华泰证券股份有限公司成都南一环路第二证券营业部直扫涨停时,当日市场表现并不差,场内某机构最后砸盘出货并不是因市场恐慌造成的。从如此大的出货量来看,应是场内机构看到该股涨停有如此大的封单,若出货可瞬间轻松脱身,因此选择瞬间巨量卖出。

证券代码	证券简称	涨跌幅偏离值(%)	成交量(股)	成交金额(万元)
002183	怡亚通	9.37	10241000	127703

买入金额最大的前5名

营业部或交易单元名称	买入金额(元)	卖出金额(元)
华泰证券股份有限公司成都南一环路第二证券营业部	101858751.52	187867.00
兴业证券股份有限公司上海金陵东路证券营业部	91210981.00	739999.00
海通证券股份有限公司南京广州路证券营业部	42449371.00	365964.00
中银国际证券有限责任公司成都人民中路证券营业部	31069202.00	25740.00
光大证券股份有限公司佛山季华六路证券营业部	27007034.00	154300.00

卖出金额最大的前5名

营业部或交易单元名称	买入金额(元)	卖出金额(元)
中银国际证券有限责任公司深圳中心四路证券营业部	1474306.00	199323568.98
机构专用	0.00	20915422.53
长江证券股份有限公司十堰人民北路证券营业部	107676.00	19645908.57
光大证券股份有限公司宁波中山西路证券营业部	3428453.00	17711137.52
中航证券有限公司宁波首南西路证券营业部	0.00	17255240.60

从当日怡亚通涨停公开数据来看，华泰证券股份有限公司成都南一环路第二证券营业部当日买入1.02亿元，而卖出第一名中银国际证券股份有限公司深圳中心四路证券营业部卖1.99亿元。华泰证券成都南一环路第二证券营业部作为主庄，推高股价时买入不少货，封板买单被砸深也接了不少货。另外一机构兴业证券股份有限公司上海金陵东路证券营业部买入量达到9121万元，估计大部分成交是挂单封涨停被砸时成交的。中银国际尾市巨量砸盘行为是这两家游资没有预料到的。

主力行为盘口解密(七)

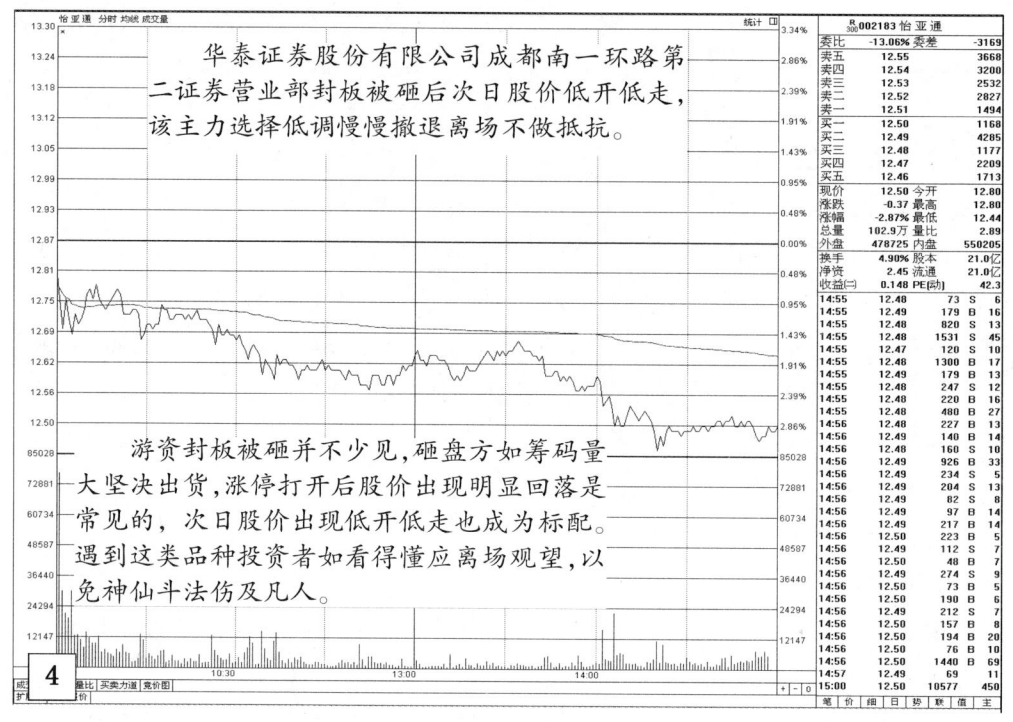

主力灵活操盘细节体现

股票市场中部分投资者操作前后有做自己的操盘计划，这些计划包含多方面内容，从分析研究目标股票基本面开始，到如何建仓、如何持股，以及如何卖出等都属计划内容，但计划终究是赶不上市场变化，当市场发生变化时，已制订的计划发生改变也是常见的。股票操作其实就如驾驶机动车，在往目标方向前进过程中，当路面出现障碍时你就得进行修正或绕道行驶或停车。

股票市中主力的运作其实也是如此，在个股运作操盘过程中主力难免会遇到各种各样的问题，出现问题操盘手就得解决问题，根据情况临时改变操作计划是常有的事，以空港股份为例，主力在5月23日涨停日买入进去，5月25日早盘主力在买盘反复多次挂出近万手大买单推高股价，折腾推高近2%后撤下大买单开始出货。由于该股成交不活跃，在派发过程中买盘接盘稀少，股价砸到了绿盘也没出掉多少，在平盘价格附近横了大概20分钟后操盘手改变策略，突然用多张大买单快速将股价连续拔高，一口气将股价拉升近5%然后再继续出货。早盘推高主力出货不成有点恼羞成怒，然后临时改变策略反手做多突然大幅拔高，这突然大幅拔高就是操盘手盘中遇出货难，临时改变策略的行为动作。

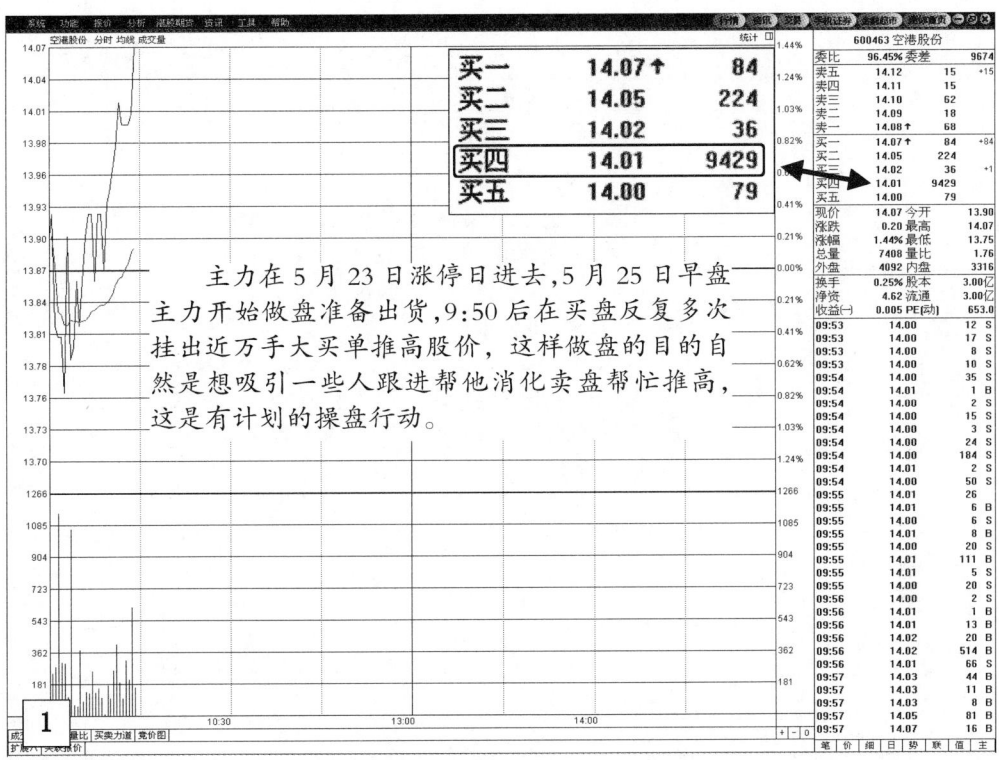

主力在5月23日涨停日进去,5月25日早盘主力开始做盘准备出货,9:50后在买盘反复多次挂出近万手大买单推高股价,这样做盘的目的自然是想吸引一些人跟进帮他消化卖盘帮忙推高,这是有计划的操盘行动。

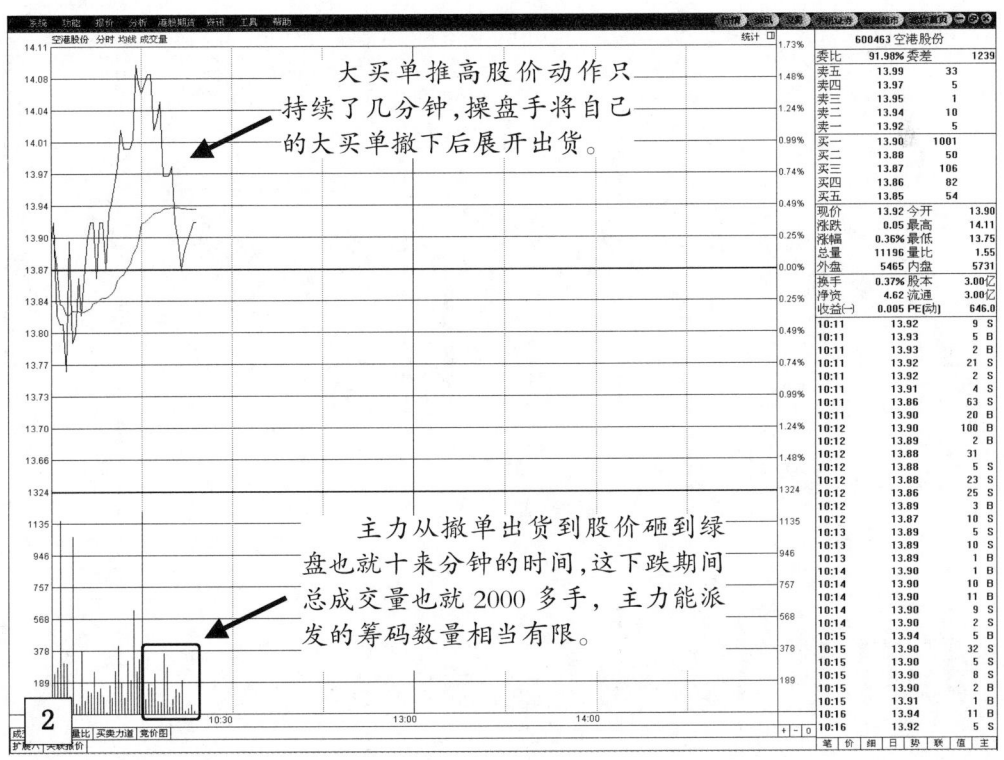

大买单推高股价动作只持续了几分钟,操盘手将自己的大买单撤下后展开出货。

主力从撤单出货到股价砸到绿盘也就十来分钟的时间,这下跌期间总成交量也就2000多手,主力能派发的筹码数量相当有限。

主力行为盘口解密(七)

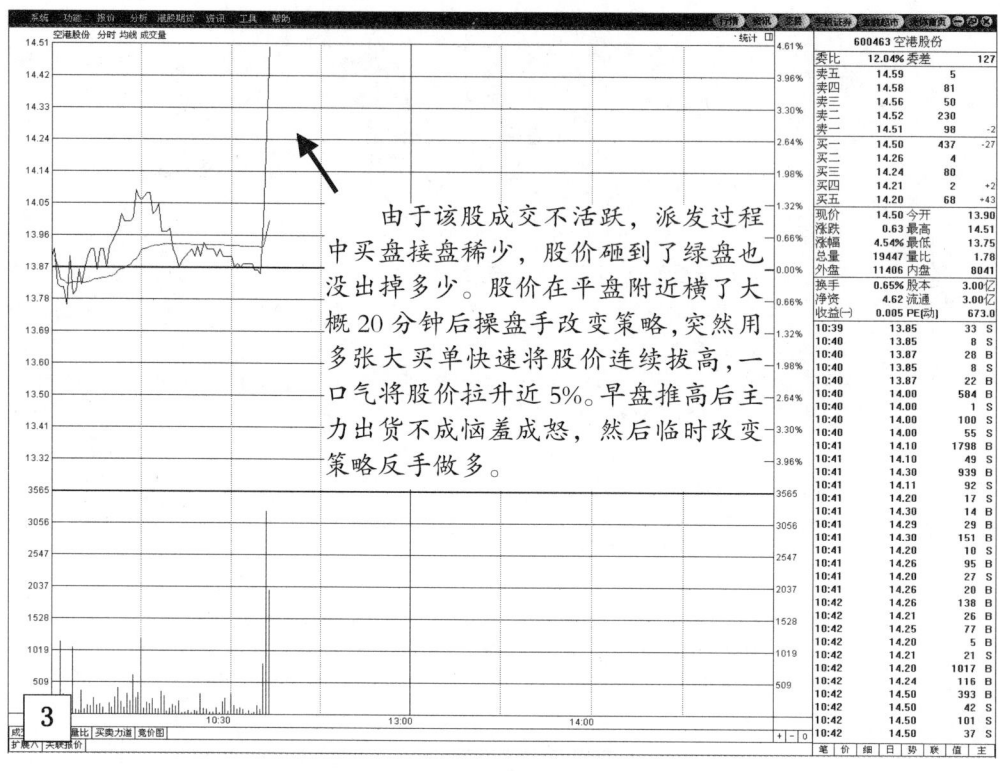

由于该股成交不活跃,派发过程中买盘接盘稀少,股价砸到了绿盘也没出掉多少。股价在平盘附近横了大概20分钟后操盘手改变策略,突然用多张大买单快速将股价连续拔高,一口气将股价拉升近5%。早盘推高后主力出货不成恼羞成怒,然后临时改变策略反手做多。

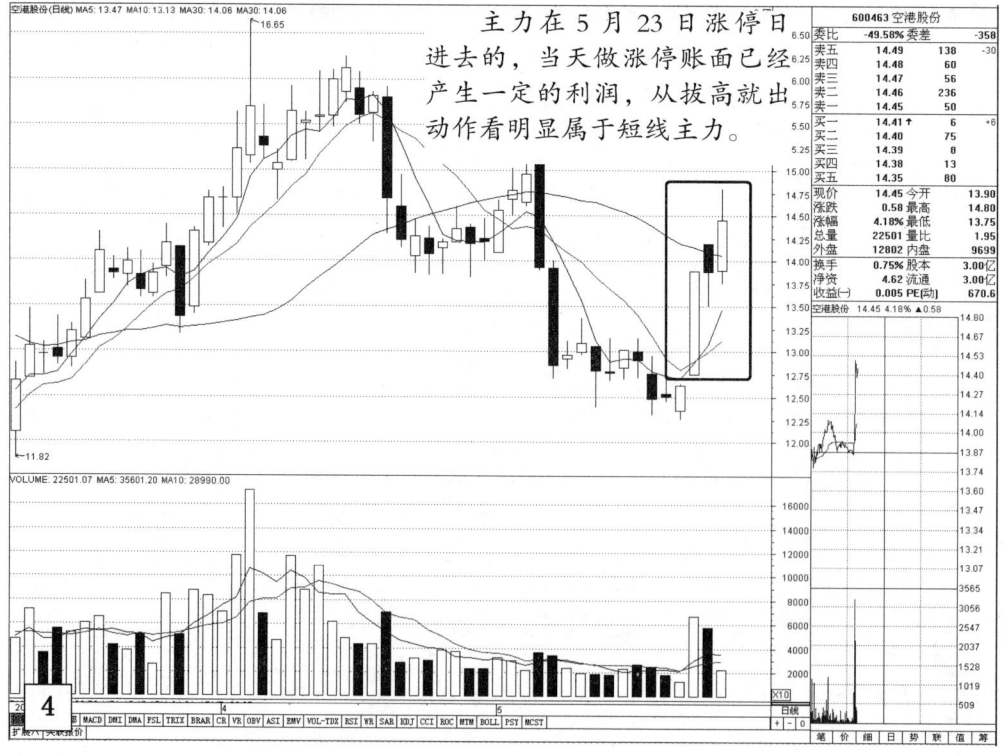

主力在5月23日涨停日进去的,当天做涨停账面已经产生一定的利润,从拔高就出动作看明显属于短线主力。

第六章

早盘堆单推高然后出货是主力有计划的操作，出货时接盘少出不了多少，横盘期间主力操盘手甚为苦恼，原来出货策略是明显没效果，如何才能顺利派发兑现，他这时必须得另想办法，在平盘位置如继续往下打压出货，那根本没有利润可言甚至还得亏损，如此还不如放手一博大幅拉高后再出，于是操盘手临时改变策略，随之前展开猛烈拉高。

任何主力运作个股过程中难免会遇到各种各样的难题，操盘手根据情况临时改变操作计划是常见的，空港股份主力在出货困难时临时改变策略，他们知道要打压出就可能亏损，拔高出货尚可一博。随后突然大幅度拔高并没有改变其出货性质，只是出货过程中间多了一道插曲，拔高后出货行为依旧。

平时看盘投资者要特别注意这一点，不因为主力的临时小动作动摇了自己原本正确的判断。

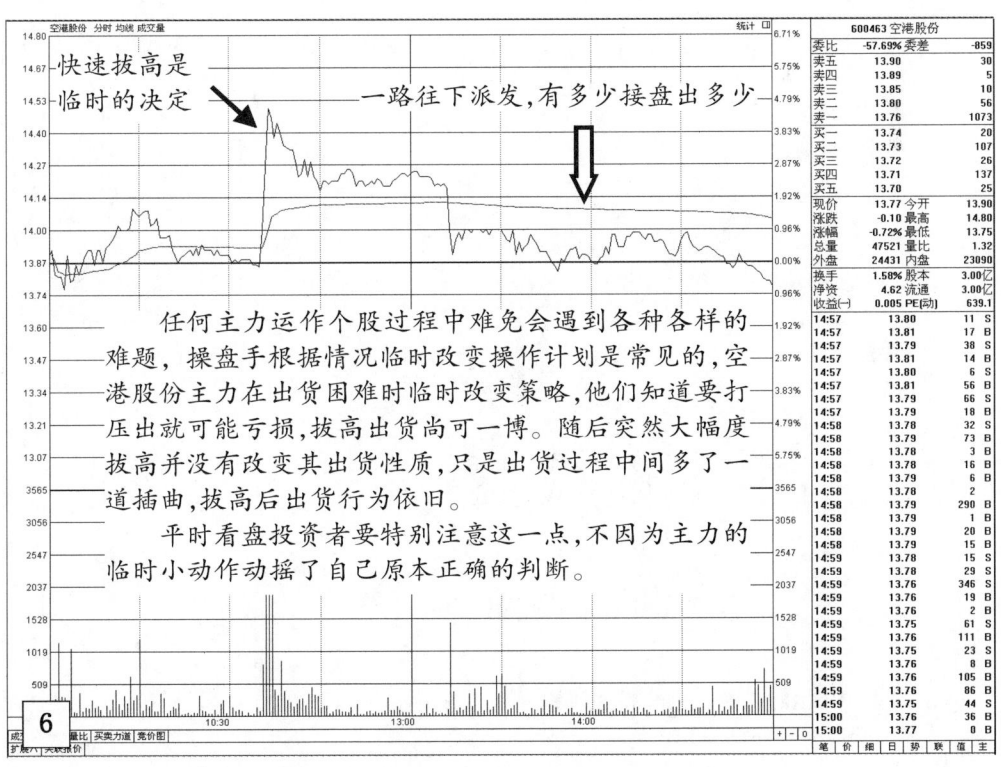

主力行为盘口解密(七)

从机构做盘的思路上战略看盘

交易日中个股开盘需有买卖交易然后才有成交。交易者中个人投资者自然是少不了的。大部分个股都有机构参与，小部分活跃个股在同一日有大量不同机构参与很正常。在这些有机构参与的品种中，大部分机构参与行为只是一般性质的投机或投资买卖。而其中有一小部分机构并不甘只作为参与者这一角色，他们希望并以实际行动扮演着个股涨跌东道主角色。

东道主就是主角，个股主角承担举起引导该股价格涨跌大旗。作为主角通常都会通过自己掌握的优势干预影响股价的走势。有实力控制欲强的主力机构不仅仅只是干预影响股价走势，他们会实施有计划的行动令股价按照自己的愿望和方向走。明显操纵股价行为常在盘面上清晰可见。

在机构短线做盘明显操纵较严重的个股中，可以通过个股分时走势表现清晰看到每日操盘手的做盘思路，以及在其操纵之下刻意做盘明显痕迹。下面以益盛药业为例，讲讲该股连续多日机构短线做盘思路在盘面上的具体体现。

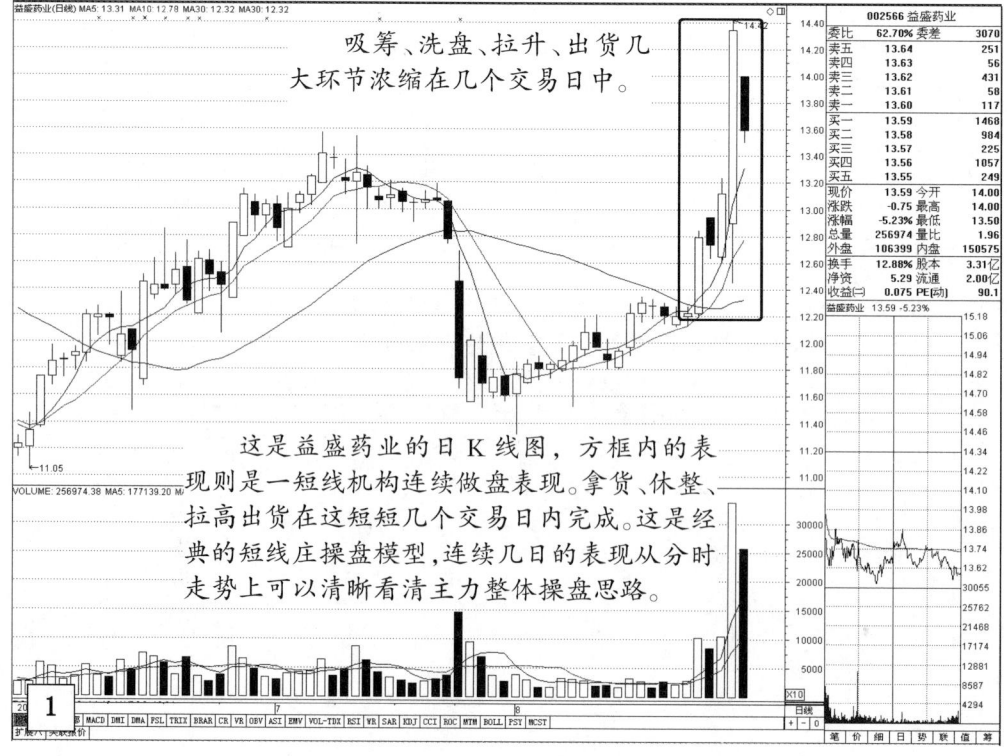

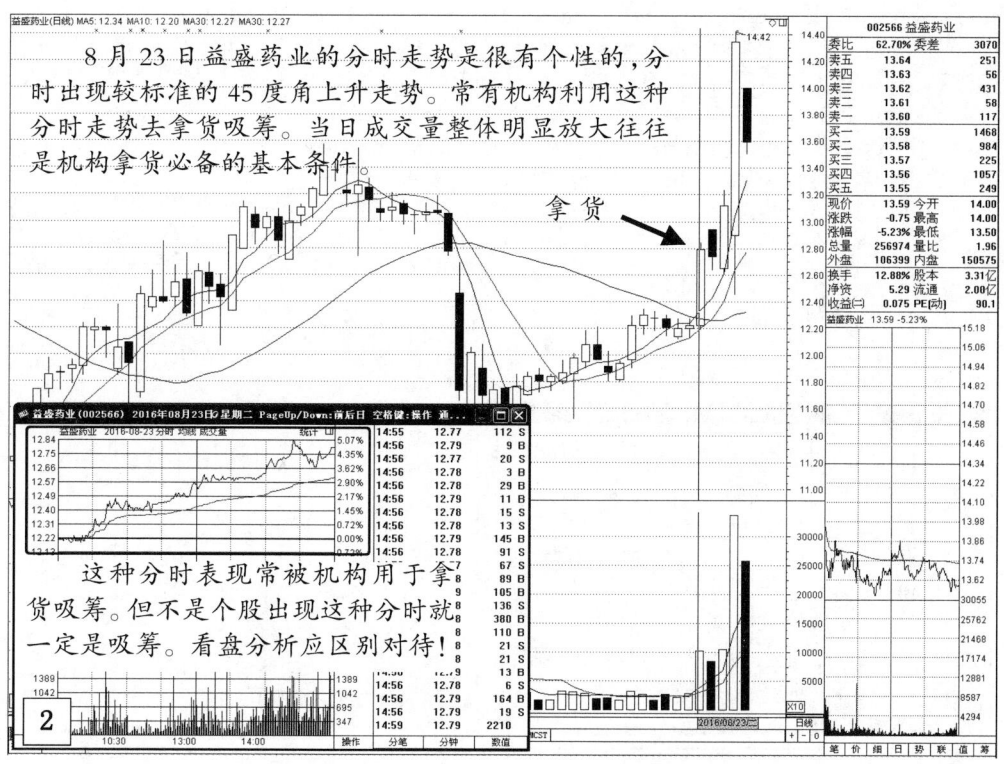

8月23日益盛药业的分时走势是很有个性的,分时出现较标准的45度角上升走势。常有机构利用这种分时走势去拿货吸筹。当日成交量整体明显放大往往是机构拿货必备的基本条件。

这种分时表现常被机构用于拿货吸筹。但不是个股出现这种分时就一定是吸筹。看盘分析应区别对待!

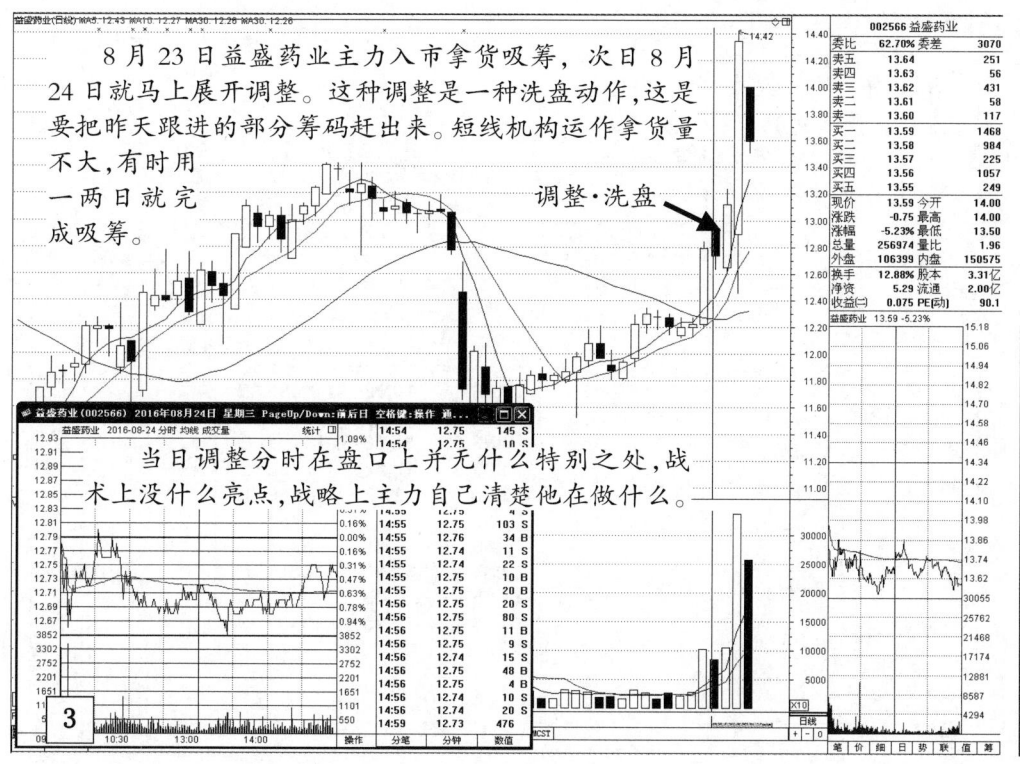

8月23日益盛药业主力入市拿货吸筹,次日8月24日就马上展开调整。这种调整是一种洗盘动作,这是要把昨天跟进的部分筹码赶出来。短线机构运作拿货量不大,有时用一两日就完成吸筹。

当日调整分时在盘口上并无什么特别之处,战术上没什么亮点,战略上主力自己清楚他在做什么。

主力行为盘口解密(七)

8月23日，益盛药业主力入市拿货吸筹，24日调整洗盘，到了25日进入拉高阶段。全天分时表现人为干预和控制比较明显：①开盘小幅低开后拉起；②股价拉高后以非常小的震幅横盘等候拉高时机；③10:45一气呵成连续拔高近4%；④以非常小的震幅横盘至收盘保证早盘拉高的胜利果实。

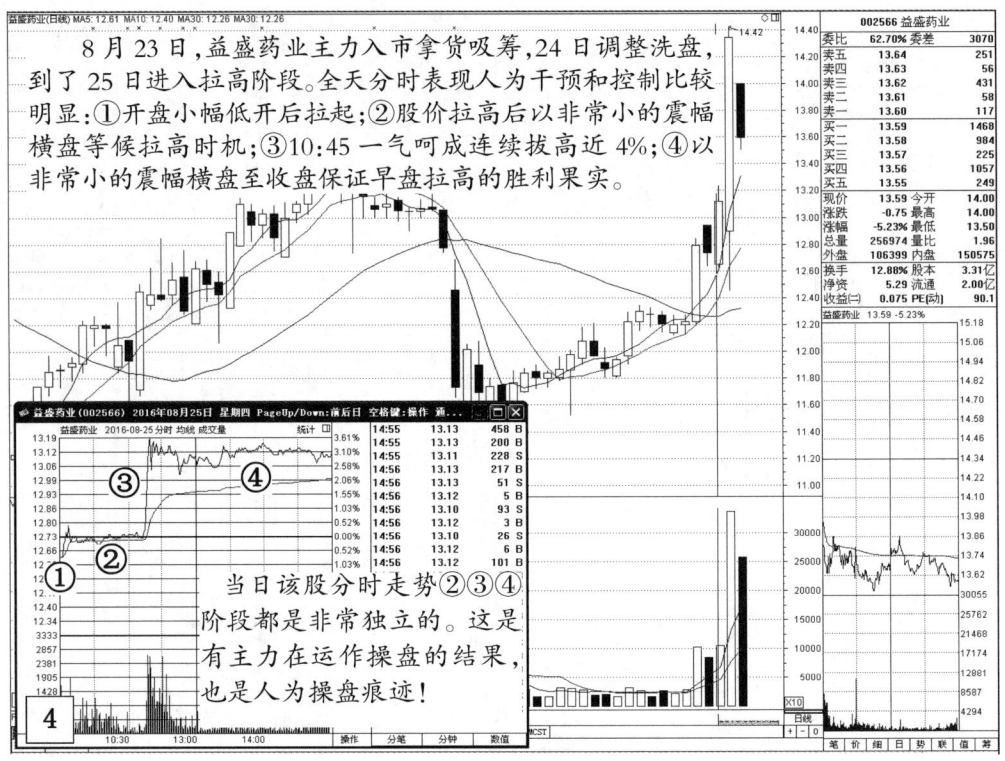

当日该股分时走势②③④阶段都是非常独立的。这是有主力在运作操盘的结果，也是人为操盘痕迹！

8月30日开盘低开，上午都处于-2.5%绿盘状态横盘。这是盘中洗盘，主力把上一交易日跟进的筹码洗出来再拉。该操盘手经验丰富而且老奸巨滑。

下午开盘快速连续拔到涨停附近。如此干脆的拔高是有计划、有安排的，这在上午盘中洗盘后展开的。盘中拔高时出现明显买盘对敲动作。12.82元和12.90元在一分钟时间内出现高达几万手的成交，这是主力引诱跟风盘的做盘动作。

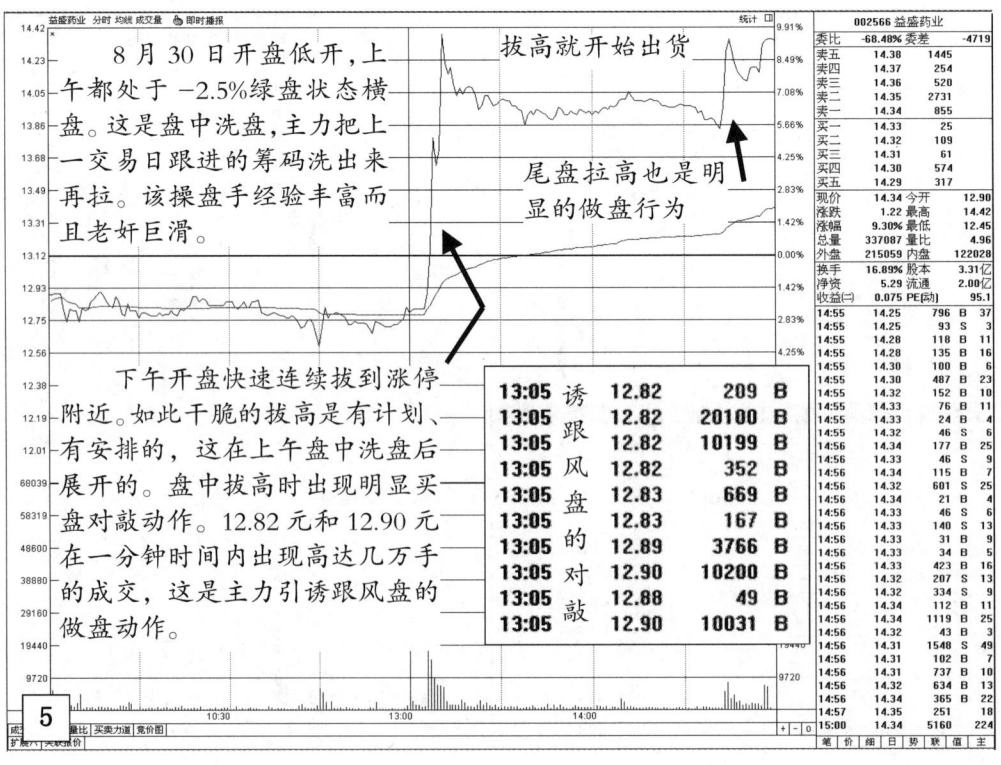

拔高就开始出货

尾盘拉高也是明显的做盘行为

264

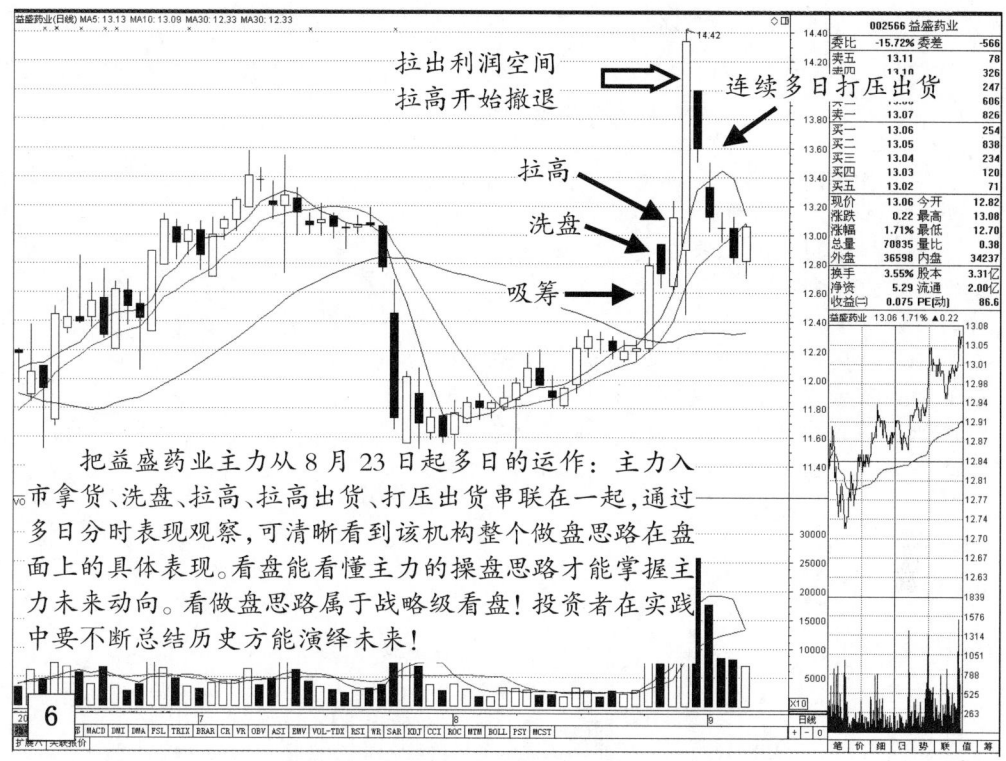

短线强势股低开杀跌卖出技巧

　　牛市中也有调整，强势股也有下跌时！如何辨别强势股是真下跌还是正常震荡调整相当重要。每日开盘都有强势个股低开或者开盘后就快速大幅下行杀跌。有的只是盘中的震荡，有的是阶段下行调整。辨别是真调整还是正常震荡可看低开或杀跌的幅度大小，以及反抽的力度如何去判断。

　　市场日常有震荡强势股出现小幅度低开（低开幅度-2%以内）也没有什么不正常。如果强势股低低开幅度达到-4%或更大，那该股就很可能有问题了。利空消息影响，大机构压价出货都对其有直接影响。笔者在实践发现，一个强势股在大盘没有出现大幅低开的情况下，该股某日出现低开幅度达到或超过-4%的，大部分这样的品种当天股价很难拉回去红盘之上。如遇当日大盘走得较弱，这类个股当日跌幅都比较大。因此投资者要小心注意那些无缘无故大幅低开的股票。另外，开盘就出现明显大幅杀跌，一口气杀到绿盘以下-4%或更多的品种，也是短线危险品种。

　　无缘无故大幅低开-4%或以上，开盘即大幅杀跌杀到绿盘以下-4%的品种。

主力行为盘口解密(七)

要小心这些股票当日或短线出现见顶痕迹。大幅低开或杀跌品种早盘如能立马拉起，尚可持股观察，如不能拉起则应考虑卖出撤退。下面就以上两种股价开盘表现结合一些案例讲讲这方面的分析操作技巧。

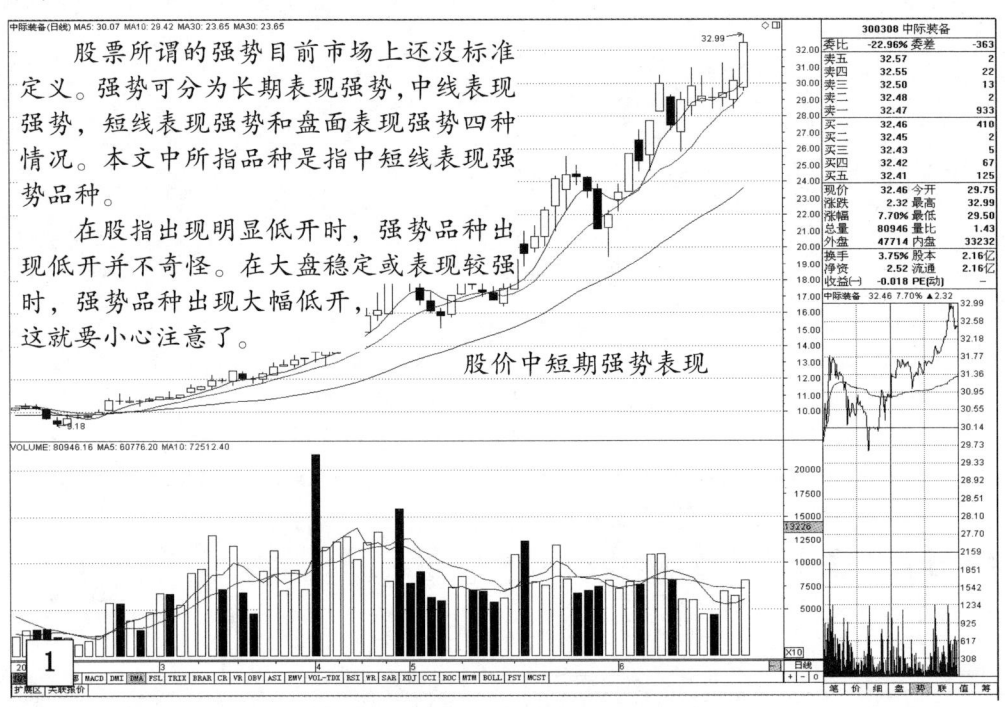

股票所谓的强势目前市场上还没标准定义。强势可分为长期表现强势，中线表现强势，短线表现强势和盘面表现强势四种情况。本文中所指品种是指中短线表现强势品种。

在股指出现明显低开时，强势品种出现低开并不奇怪。在大盘稳定或表现较强时，强势品种出现大幅低开，这就要小心注意了。

股价中短期强势表现

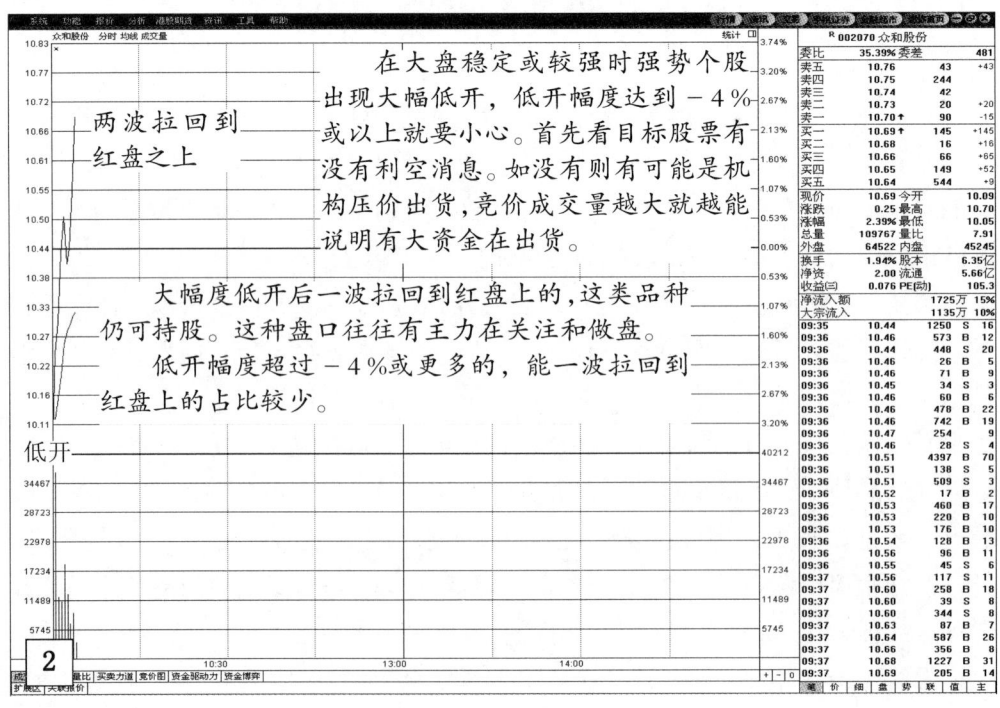

在大盘稳定或较强时强势个股出现大幅低开，低开幅度达到-4%或以上就要小心。首先看目标股票有没有利空消息。如没有则有可能是机构压价出货，竞价成交量越大就越能说明有大资金在出货。

两波拉回到红盘之上

大幅度低开后一波拉回到红盘上的，这类品种仍可持股。这种盘口往往有主力在关注和做盘。

低开幅度超过-4%或更多的，能一波拉回到红盘上的占比较少。

低开

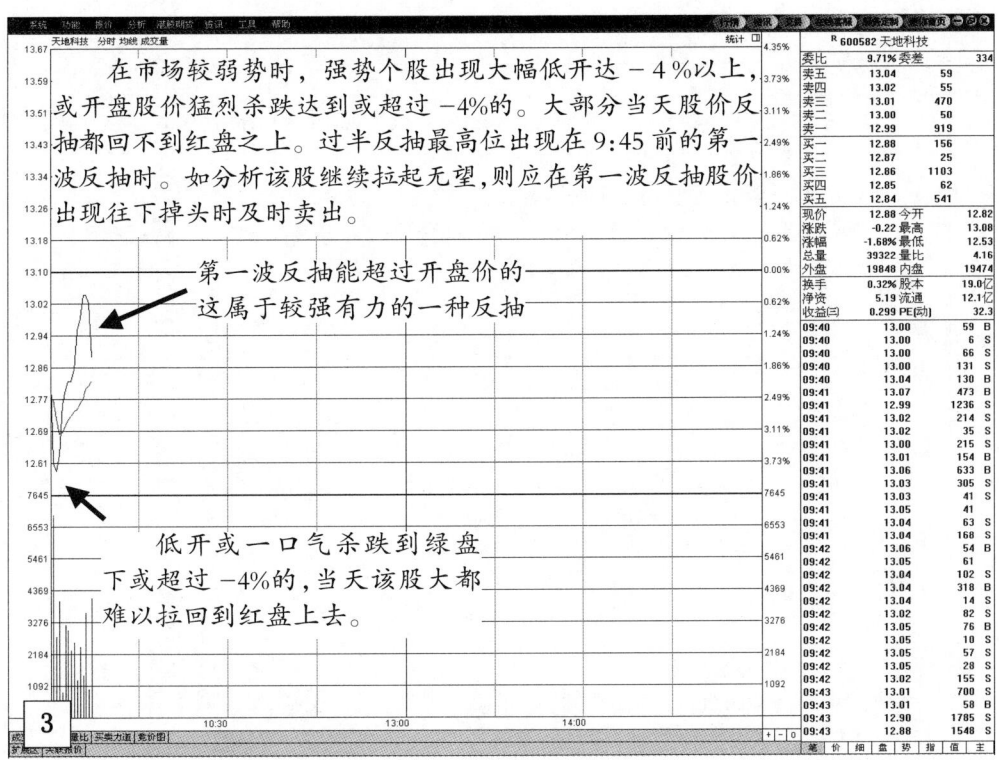

在市场较弱势时，强势个股出现大幅低开达-4%以上，或开盘股价猛烈杀跌达到或超过-4%的。大部分当天股价反抽都回不到红盘之上。过半反抽最高位出现在9:45前的第一波反抽时。如分析该股继续拉起无望，则应在第一波反抽股价出现往下掉头时及时卖出。

第一波反抽能超过开盘价的这属于较强有力的一种反抽

低开或一口气杀跌到绿盘下或超过-4%的，当天该股大都难以拉回到红盘上去。

第一波反抽超过开盘价属于较强有力反抽。低开或开盘股价猛烈杀到绿盘下达到或超过-6%的，这种情况特别危险。往往是因为大盘当时恐慌，公司有利空消息，大机构疯狂出货这三种情况之一影响导致的。这种状态下股价第一波反抽高点较难超过开盘价。应在第一波反抽股价出现往下掉头时赶快卖出,亏少当赢！第一波反抽后股价下行大都创出盘中新低甚至杀到跌停价位。

低开或开盘股价立马杀跌到绿盘下跌达到或超过6%,是非常危险的走势。

主力行为盘口解密(七)

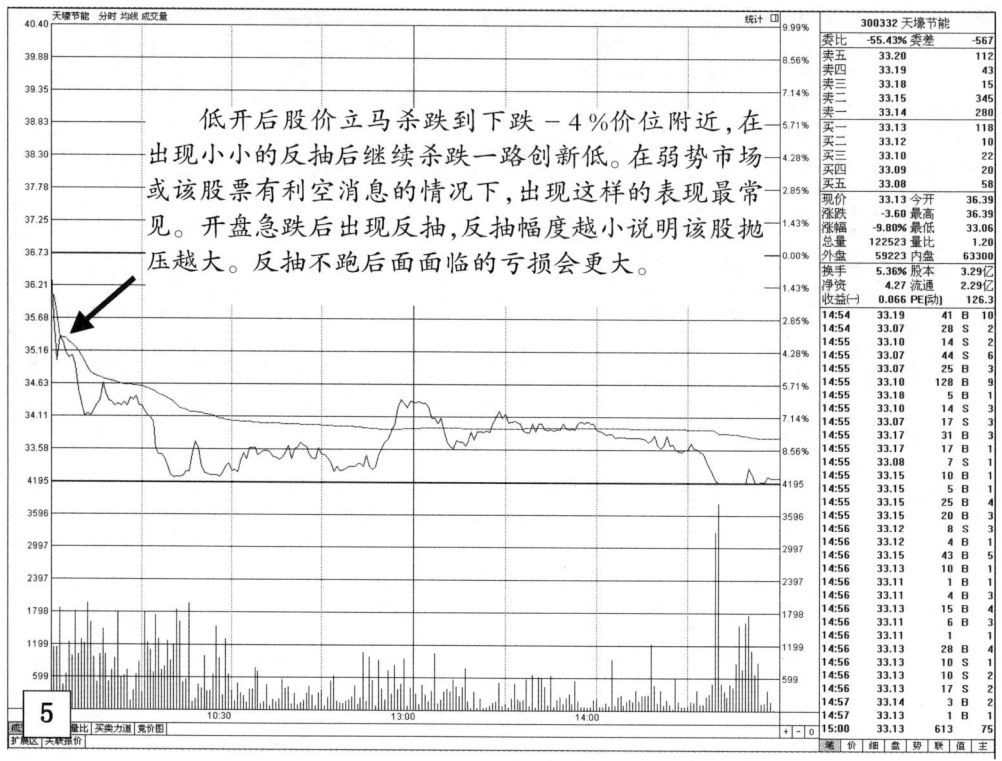

低开后股价立马杀跌到下跌－4％价位附近，在出现小小的反抽后继续杀跌一路创新低。在弱势市场或该股票有利空消息的情况下，出现这样的表现最常见。开盘急跌后出现反抽，反抽幅度越小说明该股抛压越大。反抽不跑后面面临的亏损会更大。

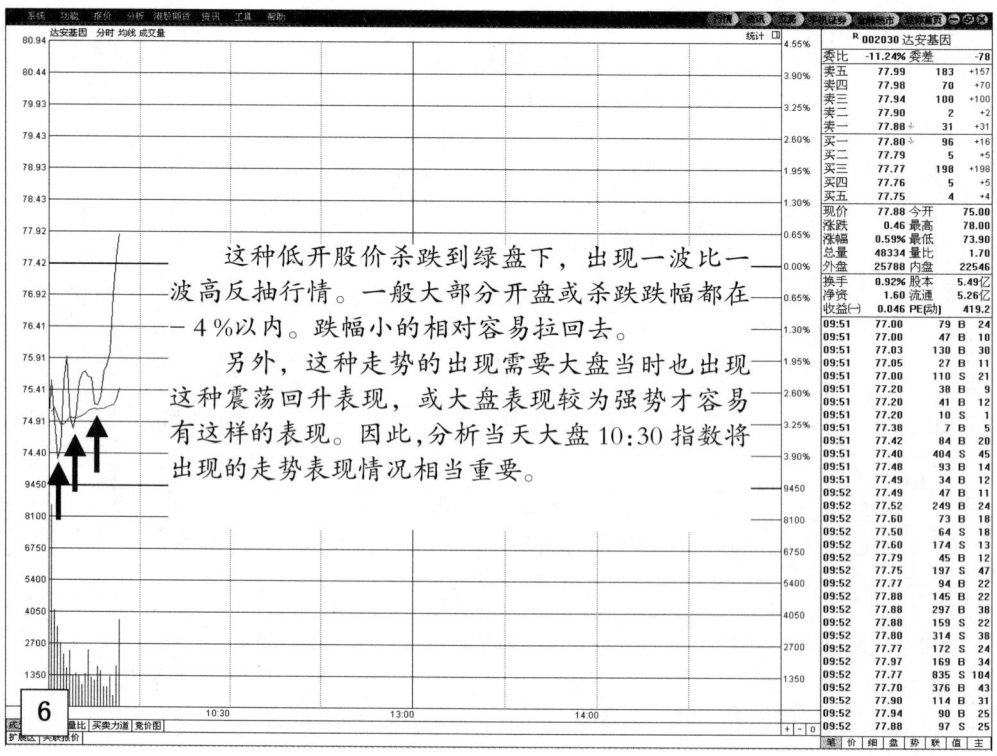

这种低开股价杀跌到绿盘下，出现一波比一波高反抽行情。一般大部分开盘或杀跌跌幅都在－4％以内。跌幅小的相对容易拉回去。

另外，这种走势的出现需要大盘当时也出现这种震荡回升表现，或大盘表现较为强势才容易有这样的表现。因此，分析当天大盘10:30指数将出现的走势表现情况相当重要。

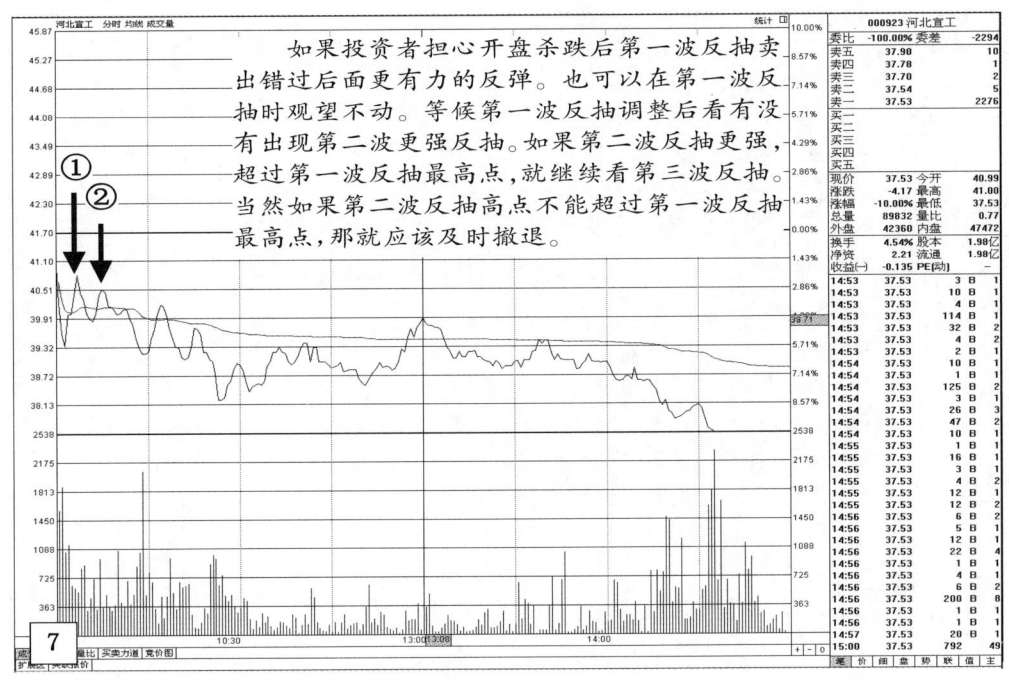

告诉你什么是通吃扫货

"通吃"原是赌博中的一个术语,现多引申为能战胜全部对手或全部都能得到。

股市中也常用到"通吃"一说,主力做庄时欺骗他人交出筹码全部收下叫"通吃",主力做庄时引诱他人接货然后将其全部套死也叫"通吃",在盘口中主力收集筹码一路往上拿,无论多少全要这也叫"通吃"。主力机构利用"通吃"方式收集筹码一般出现在以下几种情况中.

①某上市公司马上就要公布利好消息,主力已没有时间进行慢慢收集筹码了;②某种原因希望快速拿到足够多的筹码;③发现有对手正在或欲和自己抢筹码,必须快速出手;④利用一路往上通吃拿货,以制造疯狂上升姿态,利诱想买者往上追涨;⑤利用一路往上通吃拿货,以此展示自身资金实力雄厚和做多信心十足;⑥其他情况。

对于个股出现大资金通吃现象,既有好事也有陷阱,如个股大资金通吃所拿货属于建仓行为,这些股票后面较有潜力,如个股大资金通吃扫货属于诱多前的拔高行为,这些个股往往一冲高短线就见顶。看盘时要区别对待,凡事都有多面性,分析时要区别对待。下面列举几个超短游资 2016 年 11 月 2 日通吃扫货盘口,分析他们真正的做盘目的。

主力行为盘口解密(七)

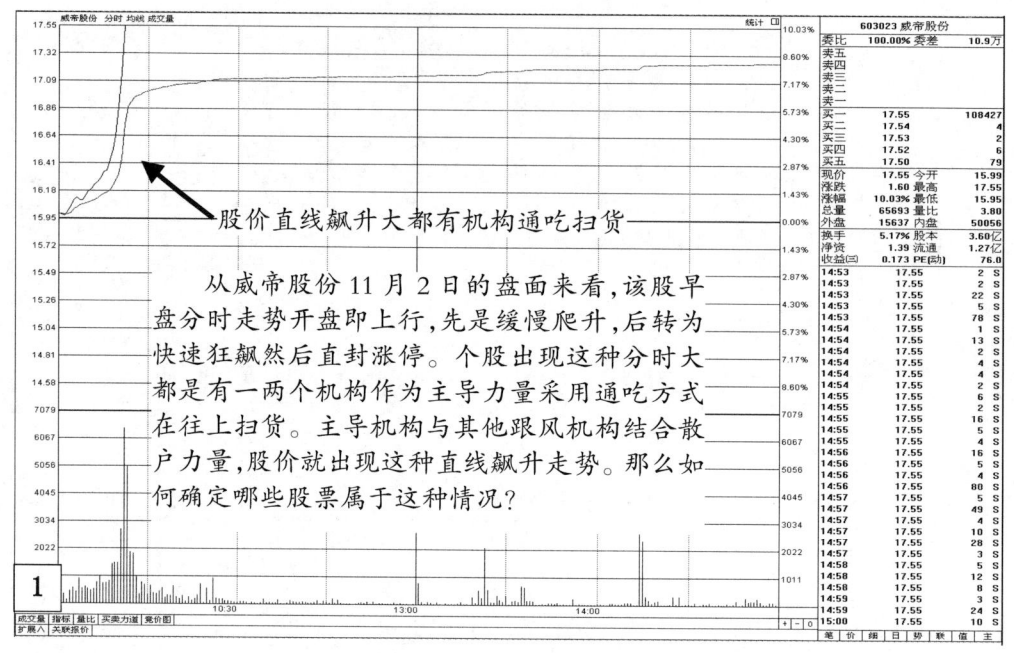

股价直线飙升大都有机构通吃扫货

从威帝股份 11 月 2 日的盘面来看,该股早盘分时走势开盘即上行,先是缓慢爬升,后转为快速狂飙然后直封涨停。个股出现这种分时大都是有一两个机构作为主导力量采用通吃方式在往上扫货。主导机构与其他跟风机构结合散户力量,股价就出现这种直线飙升走势。那么如何确定哪些股票属于这种情况?

上海证券交易所每日交易信息(2016年11月2日)

证券代码	证券简称	偏离值(%)	成交量(股)	总成交金额(万元)
603023	威帝股份	10.66	6569328	11333.35

买入营业部名称	累计买入金额(元)
光大证券股份有限公司佛山季华六路证券营业部	56647890.00
华泰证券股份有限公司南通环城西路证券营业部	5265000.00
华泰证券股份有限公司成都南一环路第二证券营业部	5061390.00
国泰君安证券股份有限公司成都北一环路证券营业部	4603365.00
国联证券股份有限公司成都锦城大道证券营业部	2076662.00

卖出营业部名称	累计卖出金额(元)
机构专用	7020000.00
光大证券股份有限公司深圳海德二路证券营业部	4808700.00
机构专用	1589591.25
万联证券有限责任公司广州花蕾路证券营业部	1317053.00
海通证券股份有限公司苏州南园北路证券营业部	1218700.00

说威帝股份 11 月 2 日的盘面股价直线飙升,是有机构采用通吃方式在往上扫货,是有数据支持的。据当日公开数据显示,该股当天总成交额 1.13 亿元,买入第一名光大证券股份有限公司佛山季华六路证券营业部买入 5665 万元,占

比达50%，当天成交一半被该营业部拿下，直白地说，该股就是该营业部主力拉涨停的，分时直线飙升走势说明主力采用通吃方式往上扫货。这种股票当天跟进必赚。

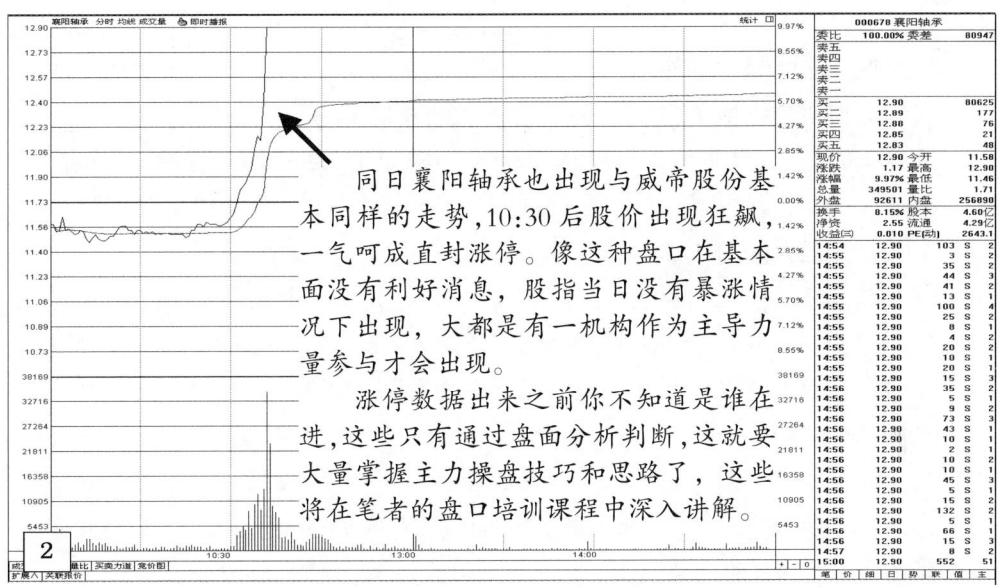

同日襄阳轴承也出现与威帝股份基本同样的走势，10:30后股价出现狂飙，一气呵成直封涨停。像这种盘口在基本面没有利好消息，股指当日没有暴涨情况下出现，大都是有一机构作为主导力量参与才会出现。

涨停数据出来之前你不知道是谁在进，这些只有通过盘面分析判断，这就要大量掌握主力操盘技巧和思路了，这些将在笔者的盘口培训课程中深入讲解。

深圳证券市场中小企业板交易公开信息（2016年11月2日）

证券代码	证券简称	涨幅偏离值(%)	成交量（股）	成交金额（万元）
000678	襄阳轴承	10.63	10241000	127703

买入金额最大的前5名

营业部或交易单元名称	买入金额(元)	卖出金额(元)
国泰君安证券股份有限公司上海天山路证券营业部	90203250.00	0.00
华泰证券股份有限公司舟山解放东路证券营业部	15480000.00	132902.00
安信证券股份有限公司梅州新中路证券营业部	12900000.00	265612.00
国元证券股份有限公司淮南朝阳西路证券营业部	12377622.00	19350.00
中投证券有限责任公司深圳宝安区创业一路证券营业部	11785440.00	0.00

卖出金额最大的前5名

营业部或交易单元名称	买入金额(元)	卖出金额(元)
国泰君安证券股份有限公司连云港巨龙南路证券营业部	934374.00	8178488.00
中国银河证券股份有限公司临汾解放东路证券营业部	1860782.00	7748389.38
国信证券股份有限公司上海北京东路证券营业部	271069.00	5678825.35
中国中投证券有限责任公司绵阳临园路证券营业部	2434.00	5116748.00
东兴证券股份有限公司重庆邹容路证券营业部	138825.00	5078400.00

主力行为盘口解密(七)

11月2日襄阳轴承盘面股价直线飙升封板背后也有故事，当日公开数据显示，该股当天总成交额4.35亿元，买入第一名国泰君安证券股份有限公司上海天山路证券营业部买入9020万元，占比达20.7%，当天成交1/5被该营业部拿下，一个交易日内买这么多是一个非常高的比例，该股能涨停也是该营业部主力连续往上扫货通吃起主导作用。

深圳证券市场主板A股交易公开信息(2016年11月2日)

证券代码	证券简称	涨幅偏离值(%)	成交量(股)	成交金额(万元)
000852	石化机械	10.63%	10790000	13103

买入金额最大的前5名

营业部或交易单元名称	买入金额(元)	卖出金额(元)
华泰证券股份有限公司成都南一环路第二证券营业部	16229135.00	0.00
海通证券股份有限公司天津霞光道证券营业部	12350000.00	0.00
中信山东交易单元(394874)	12348765.00	0.00
兴业证券股份有限公司福州树汤路证券营业部	7492745.00	0.00
国泰君安证券股份有限公司成都北一环路证券营业部	4816500.00	24700.00

卖出金额最大的前5名

营业部或交易单元名称	买入金额(元)	卖出金额(元)
中国中投证券有限责任公司溧阳平陵中路证券营业部	3684.40	5136763.40
南京证券股份有限公司深圳深南中路证券营业部	8984.00	5131084.15
国泰君安证券股份有限公司顺德大良证券营业部	0.00	3860610.00
申万宏源西部证券有限公司盐城大庆中路证券营业部	0.00	3287014.25
中泰证券股份有限公司厦门厦禾路证券营业部	0.00	2336020.00

11月2日石化机械盘公开数据显示，该股当天总成交额1.31亿元，买入第一名华泰证券股份有限公司成都南一环路第二证券营业部买入1623万元，占比达12.3%。实践中发现当一个机构当日的买卖量达到该股成交总量的10%，这已经可以明显影响股价盘中的表现，如该机构掌握较好的做盘技巧就能明显干预股价走势，而买入第一名华泰证券股份有限公司成都南一环路第二证券营业部，是一个著名的短线主力所在营业部，该主力短线做盘水平非常高，做涨停属家常便饭，所以当天该股涨停该营业部主力虽然买得不是特别多，但分时采用连续往上通吃扫货对股价冲击涨停起到了主导力量。

这些机构盘中采用连续往上通吃扫货引导股价冲击涨停并封涨停，这样做盘的目的是以此展示自身资金实力雄厚和做多信心十足。引诱不明真相的其他机构和投资者在次日追进，而当次日股价在市场力量推高之时他们快速出货兑现。学习了本文后你就要掌握这点技能，以后别上少上主力的当！

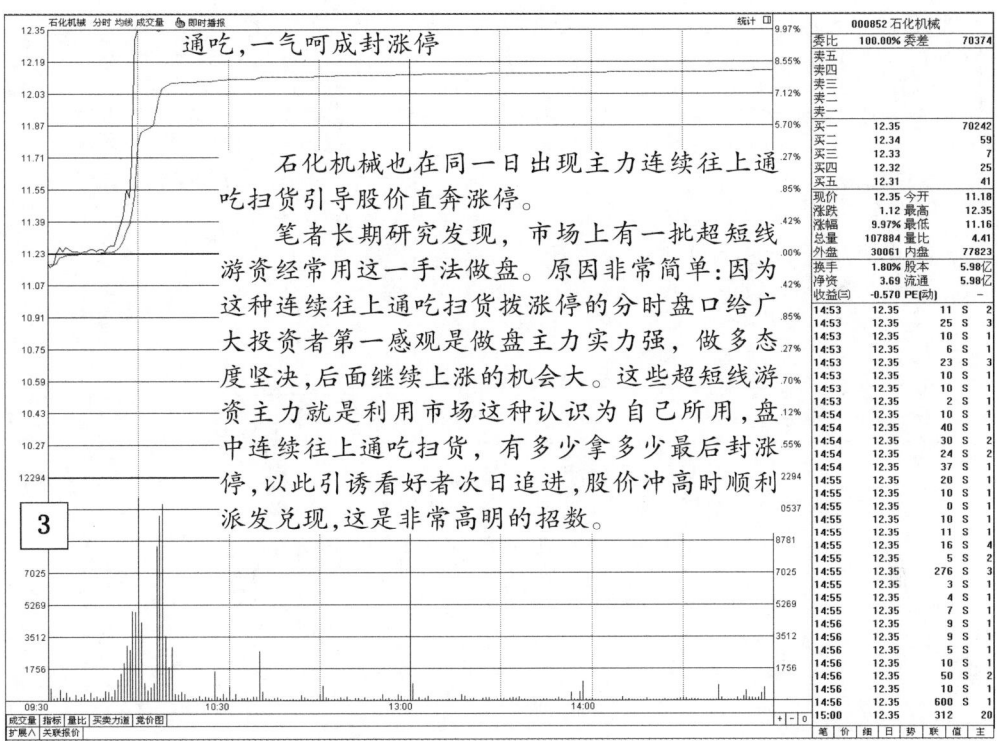

通吃，一气呵成封涨停

石化机械也在同一日出现主力连续往上通吃扫货引导股价直奔涨停。

笔者长期研究发现，市场上有一批超短线游资经常用这一手法做盘。原因非常简单：因为这种连续往上通吃扫货拨涨停的分时盘口给广大投资者第一感观是做盘主力实力强，做多态度坚决，后面继续上涨的机会大。这些超短线游资主力就是利用市场这种认识为自己所用，盘中连续往上通吃扫货，有多少拿多少最后封涨停，以此引诱看好者次日追进，股价冲高时顺利派发兑现，这是非常高明的招数。

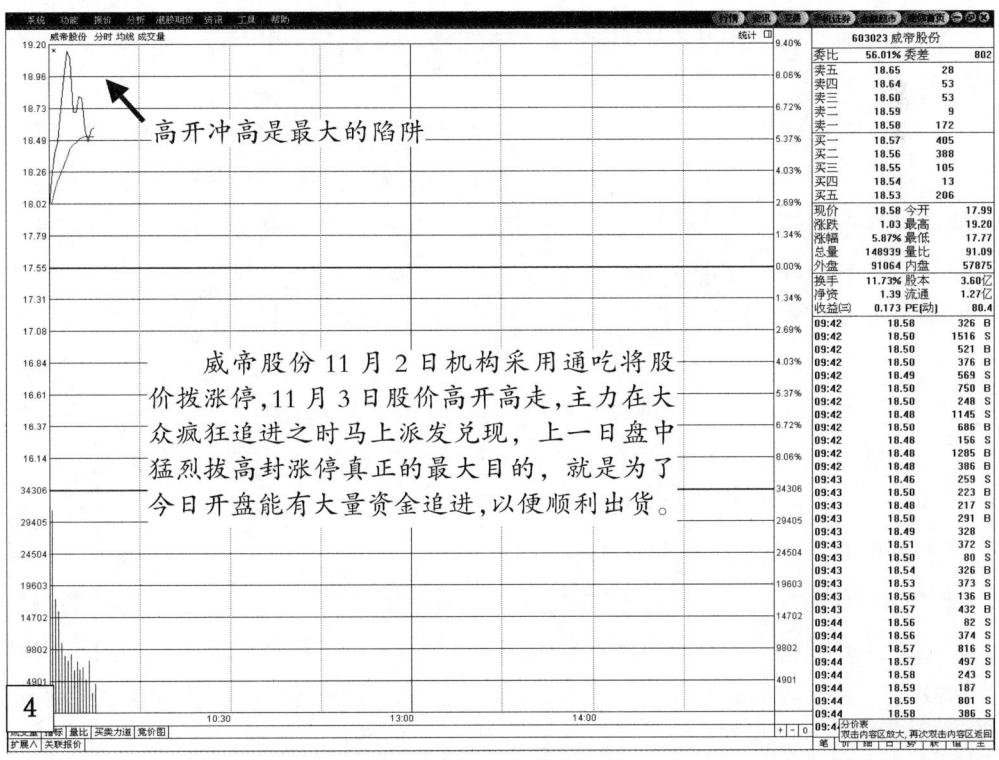

高开冲高是最大的陷阱

威帝股份11月2日机构采用通吃将股价拨涨停，11月3日股价高开高走，主力在大众疯狂追进之时马上派发兑现，上一日盘中猛烈拨高封涨停真正的最大目的，就是为了今日开盘能有大量资金追进，以便顺利出货。

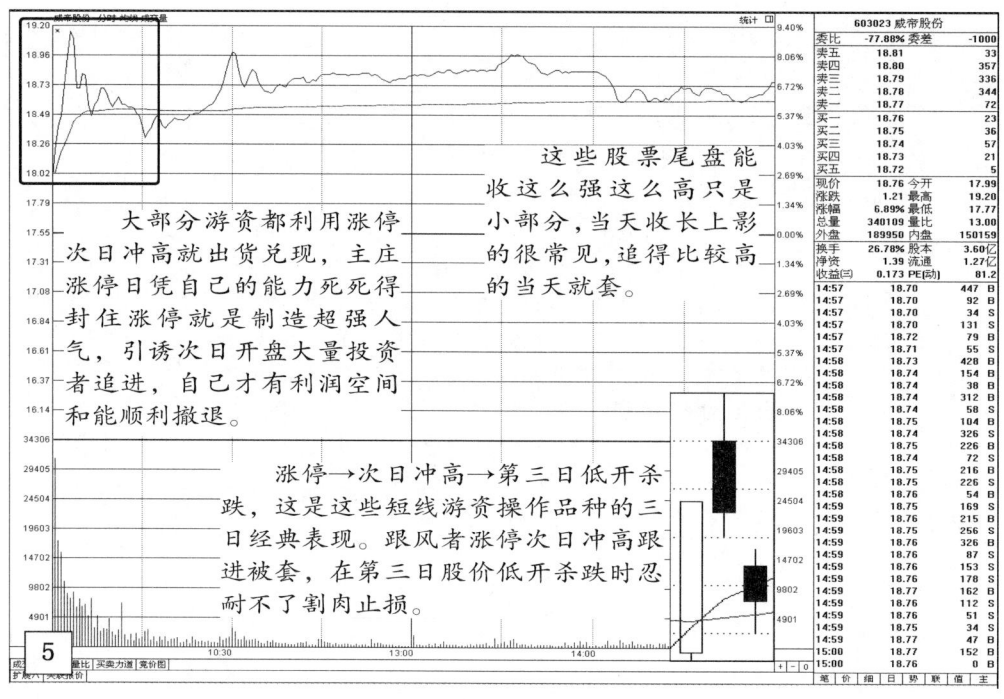

机构的内回转T+0交易操作三种形式

T+0是证券期货外汇等的一种交易制度，当天买入的证券在当天就可以卖出，不限交易次数。T+0交易曾在A股证券市场实行过，因为投机性大，为了保证证券市场稳定，1996年后A股和基金交易实行T+1交易制度，当日买进的要到下一个交易日才能卖出。但A股对资金仍然实行T+0制度，即当日回笼的资金马上可以使用买入个股，这一条使得投资者当天可以实现有限的"一次T+0交易"，卖出股票后当天可以买回或者可以买入其他股票。

无论机构还是个人都可以在操作过程中进行日内有限的"一次T+0交易"，卖出股票后买入其他看好的股票是最常见的，卖出的股票当天又买回这种行为也时有发生，一般人称之为做差价，也就是高抛低吸T+0差价交易，这种方式对于机构而言更有优势。他们有计划卖出可以令股价下跌，然后在低位回补，较容易赚取差价。对一般投资者而言所持的股票当天卖出又买回，这种操作往往是看盘面看技术面分析，希望高抛低吸，实际当天卖出又买回，能否真正做到高抛和低吸就不好说了。大部分经常做这种日内回转T+0差价交易的个人投资者往往是好的股票被玩飞了，不好的股票却越做越套越深。

证券代码	证券简称	跌幅偏离值(%)	成交量(股)	成交金额(万元)
002500	山西证券	-7.93	82510000	121011

买入金额最大的前5名

营业部或交易单元名称	买入金额(元)	卖出金额(元)
安信证券股份有限公司上海黄浦区中山南路证券营业部	38812919.49	26639298.22
招商证券股份有限公司深圳益田路免税商务大厦证券营业	16602322.30	2234157.30
东方证券股份有限公司上海肇嘉浜路证券营业部	13510164.00	770667.48
招商证券股份有限公司上海肇嘉浜路证券营业部	8553652.00	3832176.66
华泰证券股份有限公司上海威宁路证券营业部	8074667.34	1533329.00

卖出金额最大的前5名

营业部或交易单元名称	买入金额(元)	卖出金额(元)
安信证券股份有限公司上海黄浦区中山南路证券营业部	38812919.49	26639298.22
华泰证券股份有限公司上海黄浦区来福士广场证券营业部	185136.00	21871800.61
国元证券股份有限公司上海斜土路证券交易营业部	51999.00	21037679.49
华融证券股份有限公司阿克苏东大街证券营业部	31396.00	14980429.00
光大证券股份有限公司宁波悦盛路证券营业部	139761.00	12636079.09

从山西证券这天的交易公开数据来看，安信证券股份有限公司上海黄浦区中山南路证券营业部当天既有卖也有买，而且数量较大，明显该机构在当天盘中进行了T+0回转交易操作，盘面看这是先卖后买的日内回转T+0操作。

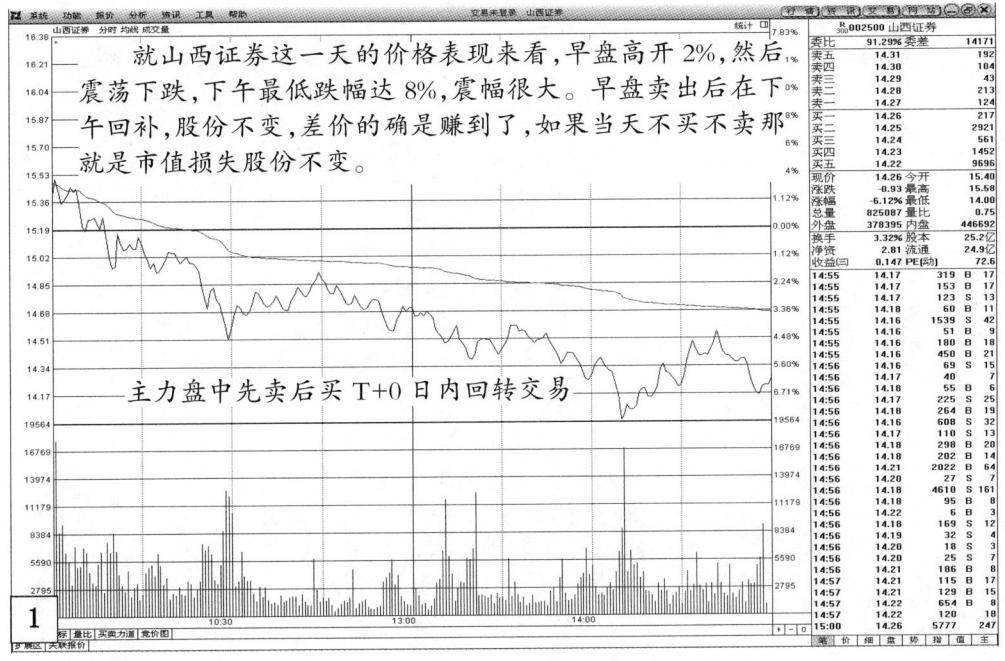

就山西证券这一天的价格表现来看，早盘高开2%，然后震荡下跌，下午最低跌幅达8%，震幅很大。早盘卖出后在下午回补，股份不变，差价的确是赚到了，如果当天不买不卖那就是市值损失股份不变。

主力盘中先卖后买T+0日内回转交易

主力行为盘口解密(七)

证券代码	证券简称	振幅值(%)	成交量(股)	成交金额(万元)
002260	伊立浦券	21.26	8150000	16713

买入金额最大的前5名

营业部或交易单元名称	买入金额(元)	卖出金额(元)
国泰君安证券股份有限公司上海大渡河路证券营业部	20094338.84	12611813.11
招商证券股份有限公司杭州文三路证券营业部	5882058.95	38760.00
五矿证券有限公司杭州市心北路证券营业部	5469118.26	0.00
银泰证券有限责任公司青岛宁夏路证券营业部	4582010.00	10135.00
安信证券股份有限公司济南泉城路证券营业部	3310104.00	0.00

卖出金额最大的前5名

营业部或交易单元名称	买入金额(元)	卖出金额(元)
东兴证券股份有限公司莆田梅园东路证券营业部	1948000.00	13972737.87
国泰君安证券股份有限公司上海大渡河路证券营业部	20094338.84	12611813.11
机构专用	0.00	9904792.69
机构专用	168430.00	8158817.73
西南证券交易单元(049300)	765114.00	6999813.00

从伊立浦这天的交易公开数据来看，国泰君安证券股份有限公司上海大渡河路证券营业部当天既有卖也有买，数量也较大，明显该机构在当天盘中进行T+0回转交易操作，从盘面来看这是先买后卖日内回转T+0操作，低位买入在盘中拉高后实施减仓操作。

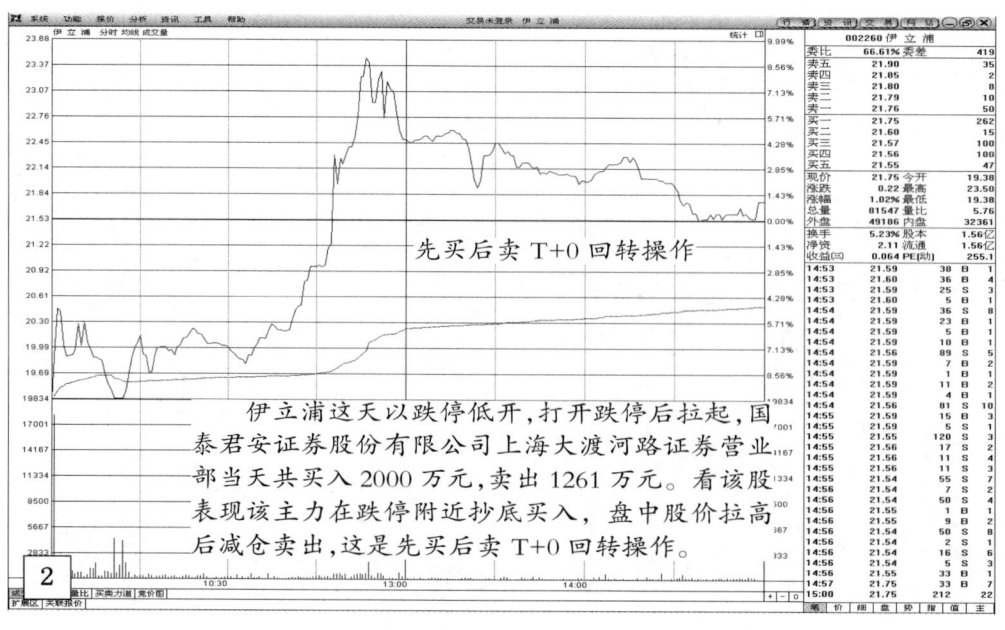

先买后卖T+0回转操作

伊立浦这天以跌停低开，打开跌停后拉起，国泰君安证券股份有限公司上海大渡河路证券营业部当天共买入2000万元，卖出1261万元。看该股表现该主力在跌停附近抄底买入，盘中股价拉高后减仓卖出，这是先买后卖T+0回转操作。

证券代码	证券简称	换手率(%)	成交量(股)	成交金额(万元)
300319	麦捷科技	22.72	13580000	23284

买入金额最大的前5名

营业部或交易单元名称	买入金额(元)	卖出金额(元)
安信证券股份有限公司梅州兴宁迎宾大道证券营业部	24818108.44	22335542.00
山西证券股份有限公司太原平阳路证券营业部	16644130.75	6907.00
申银万国证券股份有限公司苏州吴中西路证券营业部	5651757.65	0.00
机构专用	5552522.00	0.00
广发证券股份有限公司上海中山北二路证券营业部	4740810.00	3554942.35

卖出金额最大的前5名

营业部或交易单元名称	买入金额(元)	卖出金额(元)
安信证券股份有限公司梅州兴宁迎宾大道证券营业部	24818108.44	22335542.00
兴业证券股份有限公司郑州商务外环路证券营业部	0.00	9456948.50
华泰证券交易单元(354100)	50170.00	7026045.05
国泰君安证券股份有限公司上海江苏路证券营业部	0.00	6994674.97
方正证券股份有限公司唐山兴源道证券营业部	43339.00	6837329.66

从麦捷科技这天的交易公开数据来看，安信证券股份有限公司梅州兴宁迎宾大道证券营业部既有卖也有买，明显该机构在当天盘中有进行T+0回转交易操作，盘面看该股低开后整体横向弱势横盘。到底是先买后卖，还是先卖后买，还是混乱中买卖无从得知。这种股价表现下的日内回转T+0操作混乱，无利可图。

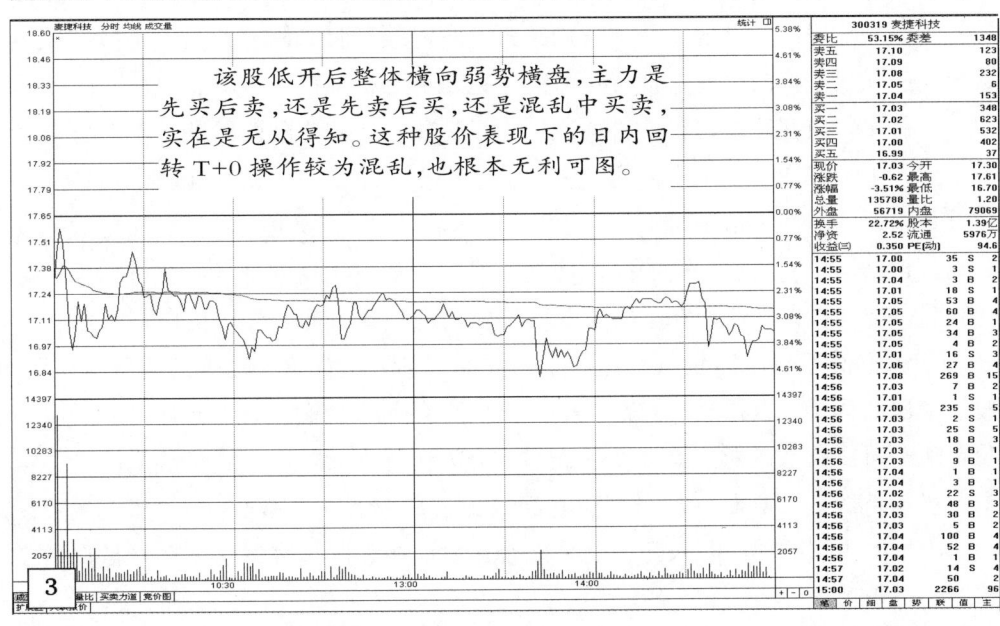

①先买后卖，②先卖后买，③混乱中买卖，这是机构日内回转 T+0 操作的三种表现形式，有的机构做得很漂亮，有的做得十分混乱。对于一般投资者而言，在较有把握的情况下做把日内回转 T+0 操作未尚不可，但经常进行日内回转 T+0 操作不可取，容易出现好股票卖了被拉起买不回来，不好的股票却越玩套得越深。

如何通过配股交易数据看清主力

了解个股持股股东最直接的方法是向交易所申请打印持股股东清单。但这个只有上市公司或国家合规执法部门才拥有这样的权利。一般投资者要了解上市公司股东持股情况，只有看公司年报或季报的公告。但上市公司年报或季报公布时间都具有时间滞后性，而且公布的数据只是其持股量前 10 名大股东。如果是地下私募操盘，持股分散较难了解机构真正的持股情况。或是在公布期后进的大机构不能反映在上期的报表中。有大机构悄悄潜伏的品种往往机会大，及时发现这些大机构踪迹，对于是否值得买入或者继续持股具有较大的参考意义。个人向交易所申请打印某上市公司持股股东清单这不可能，看年报或季报公告又滞后。有没有什么其他方法能另辟途径率先了解这方面信息？

方法有但比较特殊，那就是遇到想了解的个股出现配股，在配股交款认购期间通过研究配股成交情况去了解。首先配股要除权，如在配股登记日持有配股品种如不参加配股的，到配股交款认购结束开盘时股价自动除权开盘，不参与配股就会损失除权差价。因此，没特殊情况登记在册的机构都会参加配股。

笔者多年研究发现，单一机构或地下私募每个账户需要配股的。配股数量如小于一万手，往往都是出于方便一次性一笔买入完全配股。如果配股数量如达到几万手以上的，往往都是每笔一万手连续性短时间内，多笔买入最后加尾数完全配股。根据这机构出于方便的操作特性，看配股量可以反向推导出该机构现时的持股量。下面以龙洲股份（002682）配股为例，介绍这方面的分析技巧。

龙洲股份近日配股情况如下：公司本次配股 10 配 3，配股价为 5.60 元/股，配股代码为"002682"。发行人第一大股东福建省龙岩交通国有资产投资经营有限公司出具承诺函，承诺以现金方式全额认购本次配股中其可认配股份。第一大股东持股 54852300 股。按照 10 配 3 比例应配股 16455690 股。那么大股东在本次配股中认购中，买入配股交易能否在盘面中反映出来？这就要看盘面成交情况去分析了。

第六章

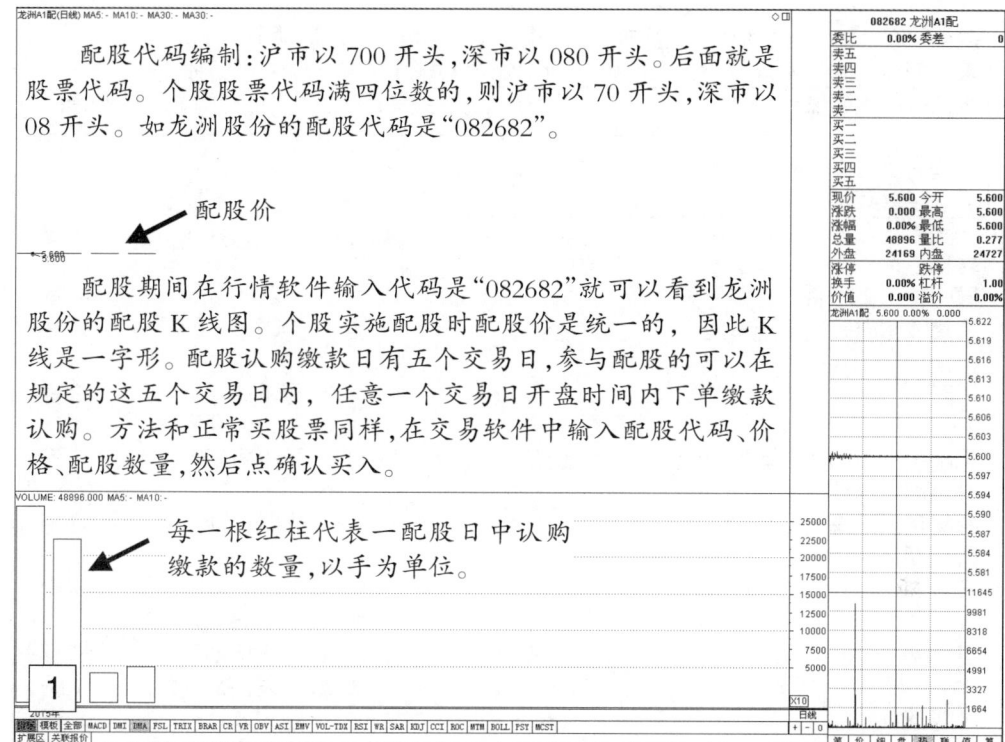

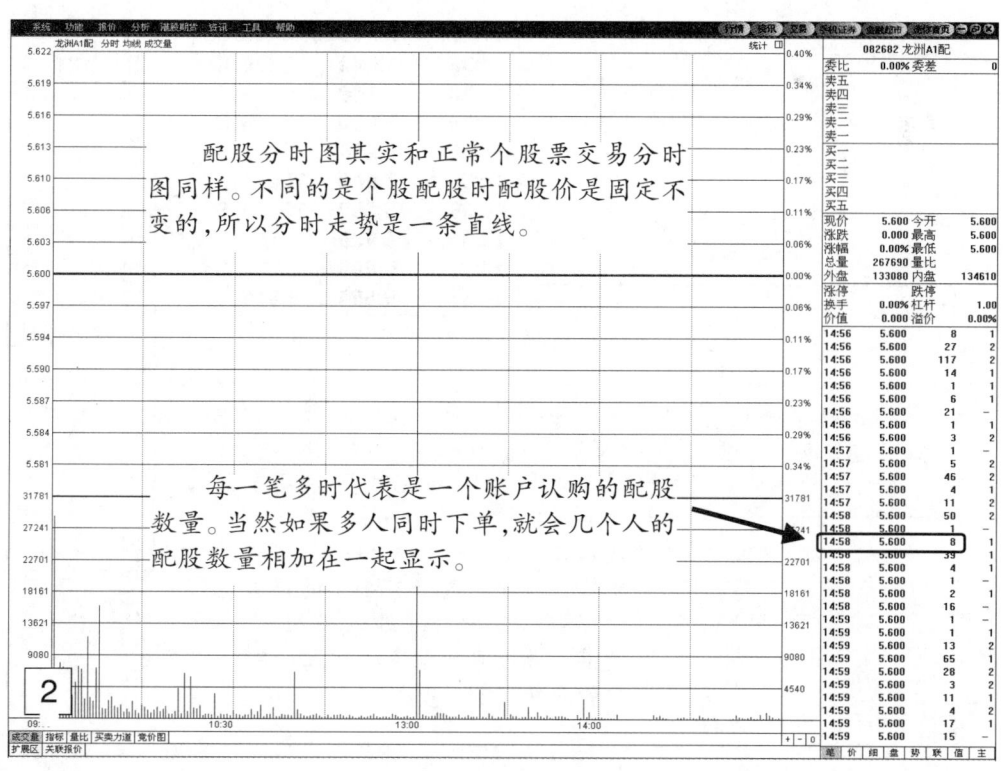

主力行为盘口解密(七)

截至日期：2015-03-31 十大股东情况 A股户数:19413 户均流通股:7383
累计持有:7660.96万股,累计占总股本比:36.82%,较上期变化:27.97万股↑

股东名称（单位:万股）	持股数	占总股本比(%)	股份性质	增减情况
福建省龙岩交通国有资产投资经营有限公司	5485.23	26.37	限售A股	未变
全国社会保障基金理事会转持三户	第一大股东持股 54852300 股，按 10 配 3 比例应配股 16455690 股			未变
厦门特运集团有限公司				未变
福建漳州市长运集团有限公司	289.69	1.39	无限售A股	未变
王跃荣	72.00	0.35	无限售A股	未变
	216.00	1.04	限售A股	—
福建省宁德市汽车运输有限公司	189.69	0.91	无限售A股	未变
福建莆田汽车运输股份有限公司	184.62	0.89	无限售A股	未变
袁合志	39.70	0.19	无限售A股	未变
	119.10	0.57	限售A股	—
苏龙州	39.70	0.19	无限售A股	未变
	119.10	0.57	限售A股	—
李芝	139.41	0.67	无限售A股	新进

3

反向推导，根据机构大单短时连续买入量，按配股比例推导出其现持股量！

第一大股东配股集中认购连续买入成交

根据机构配股量达几万手以上的，单笔一万手连续多笔买入，最后加尾数习惯分析。6月26日 10:36—10:40 期间出现连续性多笔万手买单，最后尾数是 4457 手。其连续买入量加尾数共计为 16445700 股，与第一大股东配股量比较，仅仅是尾数有小小的误差，可以确认盘中的连续性买入量就是第一大股东的配股操作。其他机构的分析同理。

4

盘口细节看主力做盘目的

　　看分时走势往往只能看到盘中一天内盘中阶段性走势强弱，如能了解个股有没有主力运作，主力运作到哪一阶段，这样就较容易判断个股短线或盘中走势。所谓主力运作阶段就是大家常挂嘴边的"吸筹、拉高、出货"三大环节，这三大环节中每一个环节也都可以细分为"初期、中期、后期"三种情况，如吸筹初期、吸筹中期、吸筹后期。在不同时期主力的做盘思路和手法是不同的。

　　了解主力运作阶段从哪里入手？最直观有效的方法就是分析研究目标股票前期走势，短期看前一个月以来走势，中短期看前三个月以来走势，长期则看一年以来走势。看一年以来走势主要是了解该股大趋势属于什么状态；看前三个月以来走势是了解波段该股处于什么位置，看前一个月以来走势自然是了解该股短期表现。通过历史表现结合现时去了解现在有没有主力在活动，如有那么现主力在干什么？是新进主力还是之前老主力在操作。对于属新进还是之前老主力在操作这个问题，可以看该股长期以来的连续分时表现，主要看分时在不同时间不同位置是否反复出现同样的，或十分相似分时走势或相似做盘痕迹，若同一个机构长期在里面操作必会出现很多同样的，或十分相似的规律性做盘痕迹，把这些规律找出来进行比对研究。

　　下面以东北电气 2016 年 6 月 23 日表现为例，讲讲如何通过盘口观察分析该股短线主力做盘技巧和思路。

主力行为盘口解密(七)

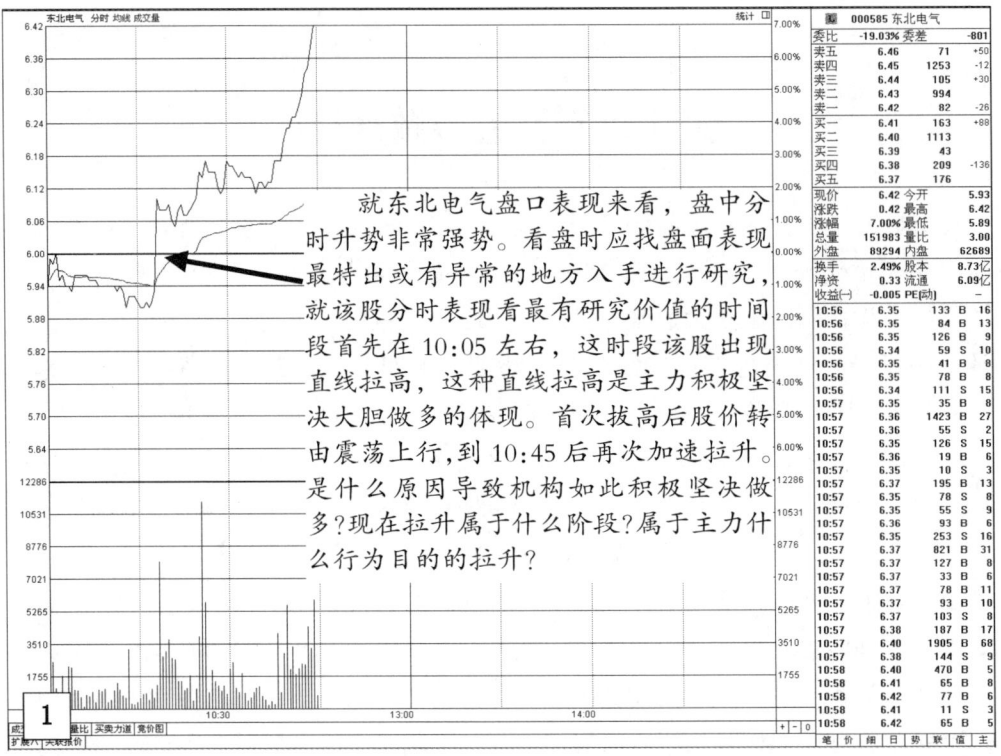

就东北电气盘口表现来看，盘中分时升势非常强势。看盘时应找盘面表现最特出或有异常的地方入手进行研究，就该股分时表现看最有研究价值的时间段首先在10:05左右，这时段该股出现直线拉高，这种直线拉高是主力积极坚决大胆做多的体现。首次拔高后股价转由震荡上行，到10:45后再次加速拉升。是什么原因导致机构如此积极坚决做多？现在拉升属于什么阶段？属于主力什么行为目的的拉升？

早盘10:05左右时段，该股出现直线拉高，5.94元一笔拔高至6元，接着又由6元笔拔高至6.10元。

这种拔高是主力在极有信心下才出现的跳跃式大胆做多，是什么原因导致主力如此有信心？这可以通过查看该前面一段时期以来的表现去了解该股主力情况。

第六章

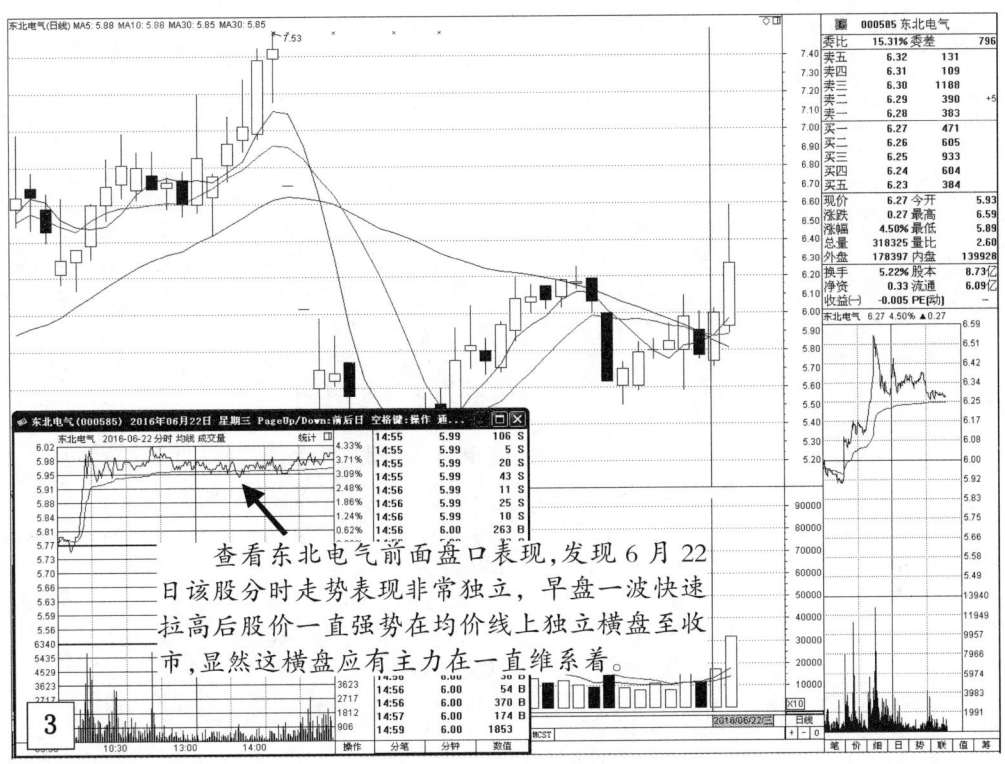

查看东北电气前面盘口表现,发现6月22日该股分时走势表现非常独立,早盘一波快速拉高后股价一直强势在均价线上独立横盘至收市,显然这横盘应有主力在一直维系着。

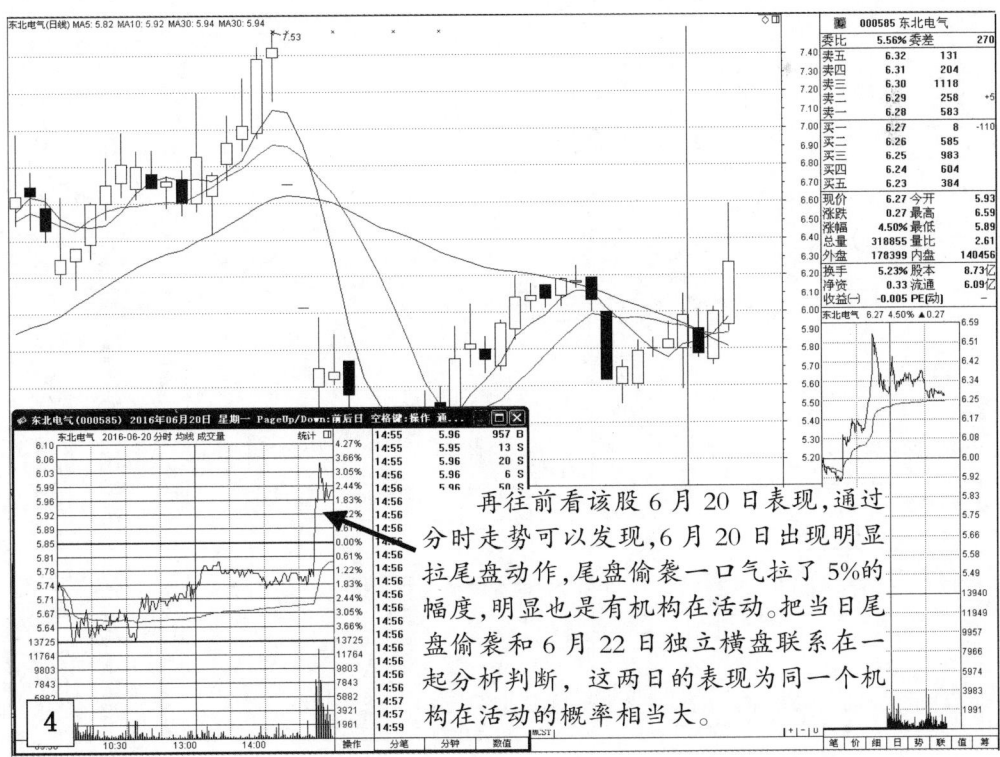

再往前看该股6月20日表现,通过分时走势可以发现,6月20日出现明显拉尾盘动作,尾盘偷袭一口气拉了5%的幅度,明显也是有机构在活动。把当日尾盘偷袭和6月22日独立横盘联系在一起分析判断,这两日的表现为同一个机构在活动的概率相当大。

主力行为盘口解密(七)

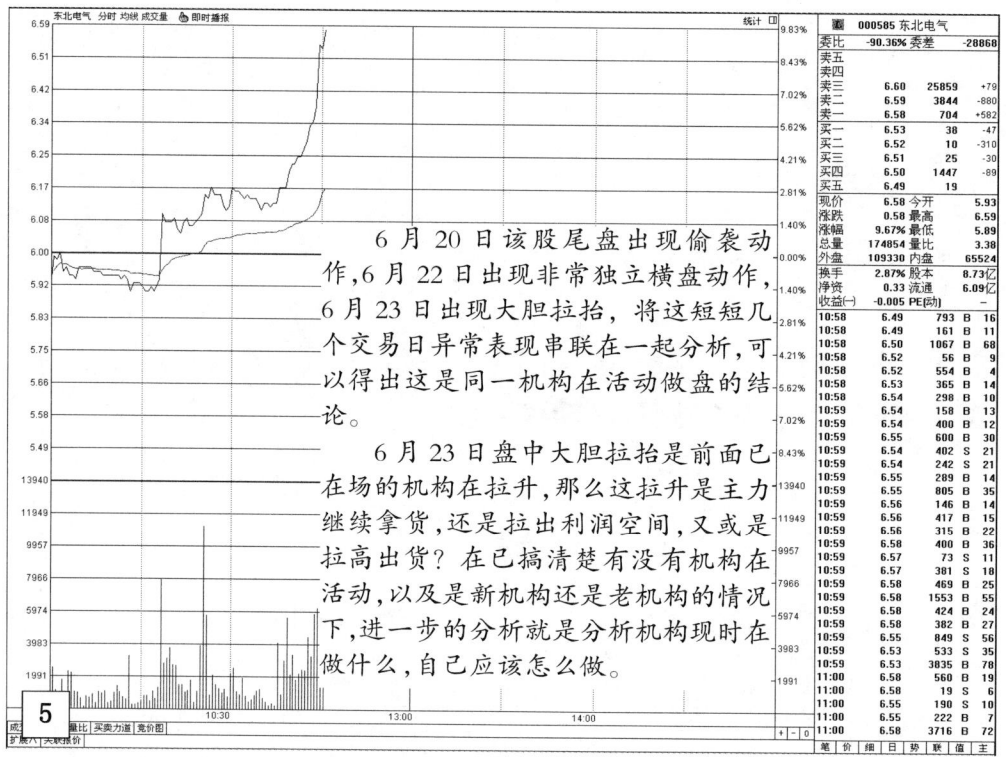

6月20日该股尾盘出现偷袭动作,6月22日出现非常独立横盘动作,6月23日出现大胆拉抬,将这短短几个交易日异常表现串联在一起分析,可以得出这是同一机构在活动做盘的结论。

6月23日盘中大胆拉抬是前面已在场的机构在拉升,那么这拉升是主力继续拿货,还是拉出利润空间,又或是拉高出货?在已搞清楚有没有机构在活动,以及是新机构还是老机构的情况下,进一步的分析就是分析机构现时在做什么,自己应该怎么做。

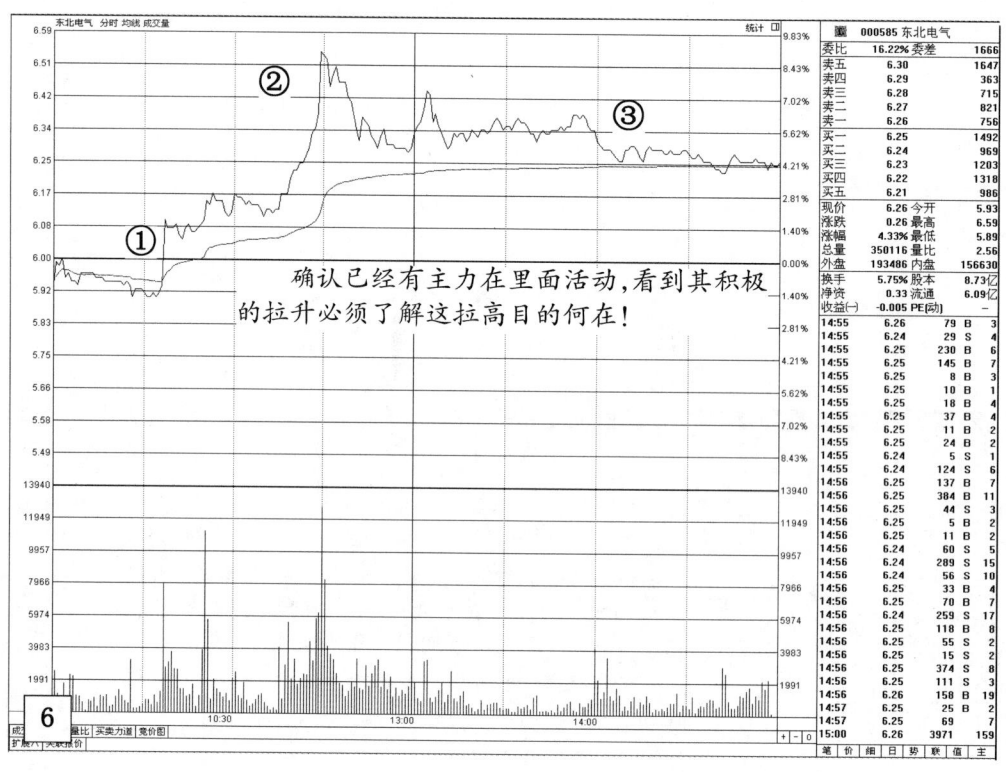

确认已经有主力在里面活动,看到其积极的拉升必须了解这拉高目的何在!

从盘中表现进行分析，在①位置快速急拉，这样的急拉大都是为了快速拉高，吸筹机会较小，因为几笔就拔几个百分点，动作如是吸筹成本过高，不在万不得已的情况下主力不会如此去拿货。在②位置股价出现疯狂冲击涨停板，拉得如此高，这表现只能说目的是拉高股价。位置③实际就是 11:00 至收盘这一段，这是一个震荡下行重心不断下移的阶段性走势，这是资金明显减仓的一种走势。将该股①②③这三阶段串联起来分析结论是：早盘老主力大胆积极以跳跃式拉起开始做多，后出现快速拔高冲击涨停未果，11:00 后随即展开减仓派发，简单一句话就是主力拉高减仓出货。

分析盘面全局，辨明主力行为

不识庐山真面目，只缘身在此山中！在股票市场中有时看不清一只股票的走势与方向，看不清主力主力做盘的目的，那是因为分析太贴近盘面了，或研究只看到其中一面未能做到面面俱到。无论是技术分析还是基本面分析，要想准确客观，必须进行综合全面全方位的分析研判。

进行技术分析时，如果你只看一笔交易，或者只看一张分时一根 K 线的表现，这很难得出准确客观的分析结论。分析时涉及面要拓宽，分析材料以及时间周期要拓宽。下面以本钢板材 2015 年 12 月 16 日盘面分时表现为例，讲讲实盘分析涉及面如何拓宽以及分析步骤。

看本钢板材分时表现，盘面给投资者的第一感觉是该股从 11:15 起走势强劲，有主力在拿货，这是片面看盘第一感观得出的结论。实际上该股是不是主力在拿货？还是做其他行为动作？仅凭当前盘面阶段性分时表现就下结论是不够客观的。实战中应对更多相关要素进行综合分析研判。

主力行为盘口解密(七)

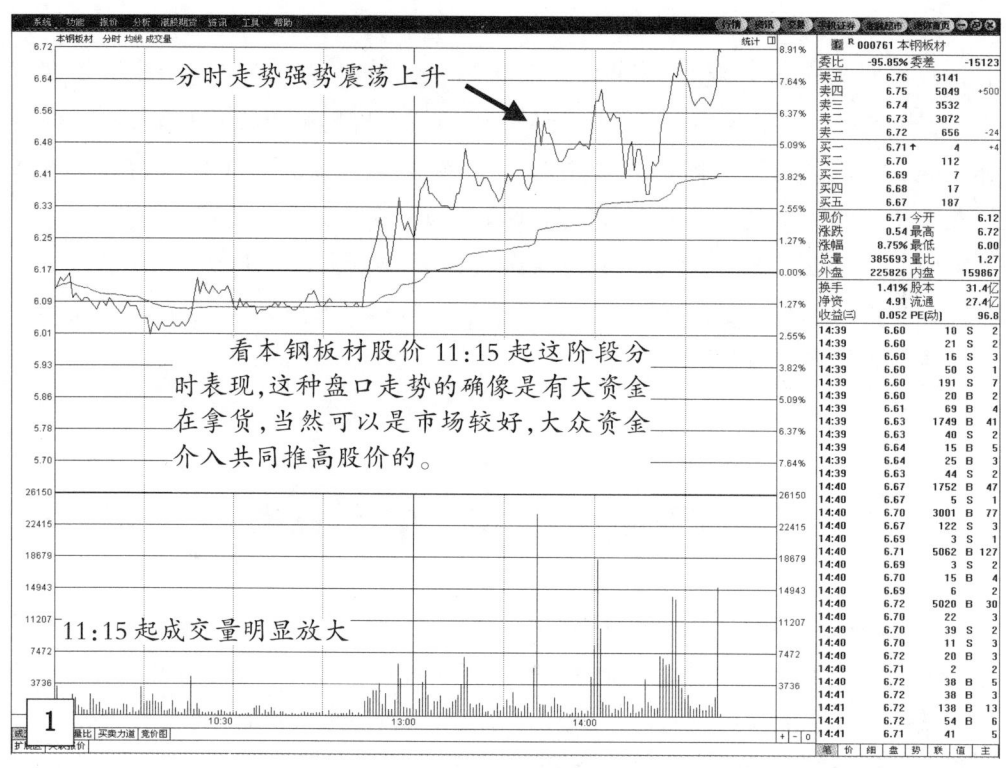

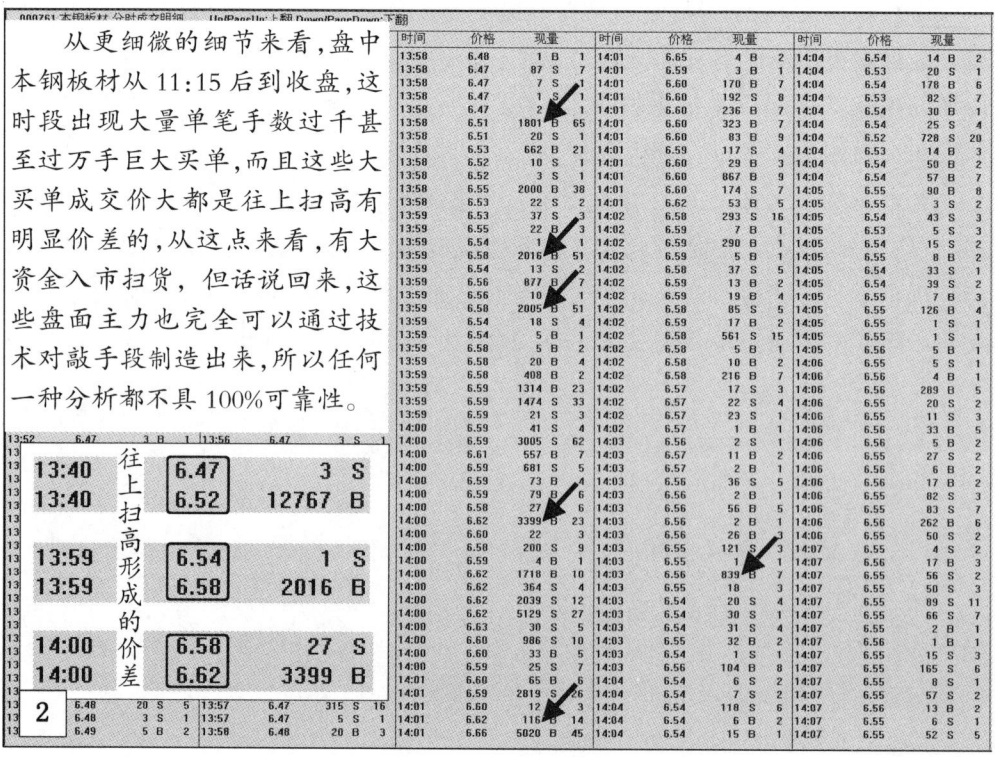

第六章

看分时走势、看单笔成交细节，这是盘口分析时必须做的，但不能就仅凭看分时和看单笔成交那么点材料就下结论。从细微细节着手，然后往更高级别研究，日K线就是比单笔成交和分时高一级别的构成要素。分析日K线主要看：位置、形态、股价现所处的阶段等，实际真正的是看有没有机构在运作，现在处于哪一阶段，这才是核心。

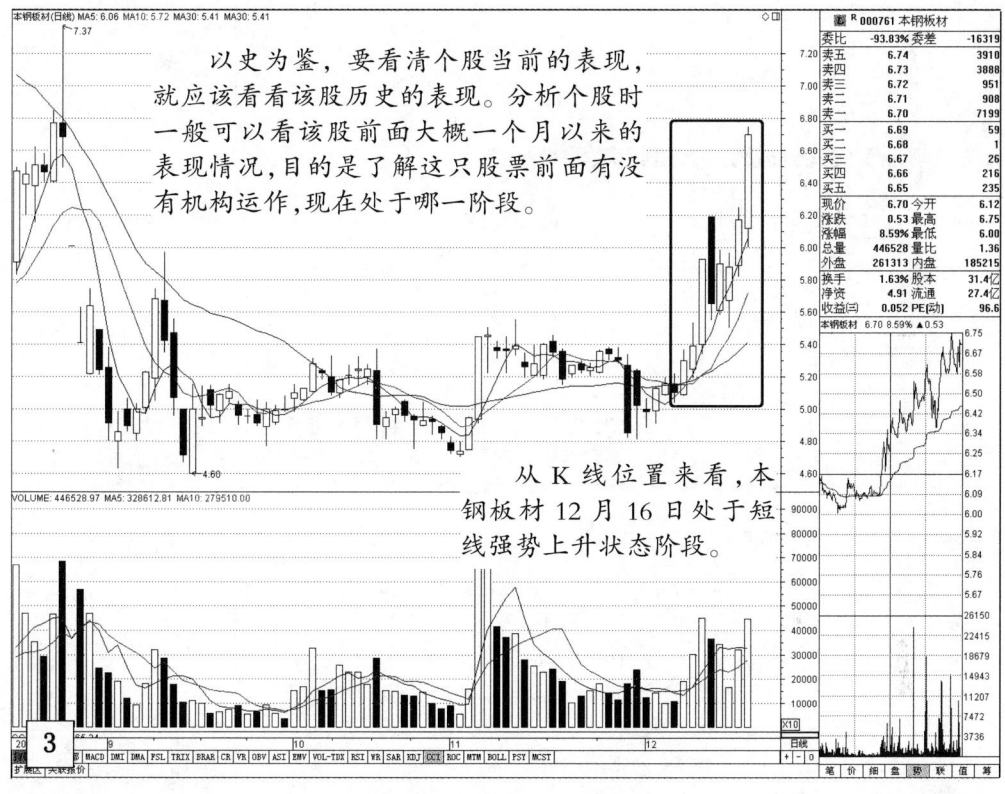

以史为鉴，要看清个股当前的表现，就应该看看该股历史的表现。分析个股时一般可以看该股前面大概一个月以来的表现情况，目的是了解这只股票前面有没有机构运作，现在处于哪一阶段。

从K线位置来看，本钢板材12月16日处于短线强势上升状态阶段。

主力行为盘口解密(七)

分析历史表现是为了了解目标股票近日有无主力明显运作,找出其明显做盘痕迹,分析其做盘意图和目的,推断其是否还在其中,重要的是要了解现时主力运作到了哪一阶段,弄清楚这些就更容易看清当前情况。翻看本钢板材近一个月的K线每日分时走势表现,发现近日该股有主力明显做盘痕迹,从12月10日的分时看主力做盘就相当经典。

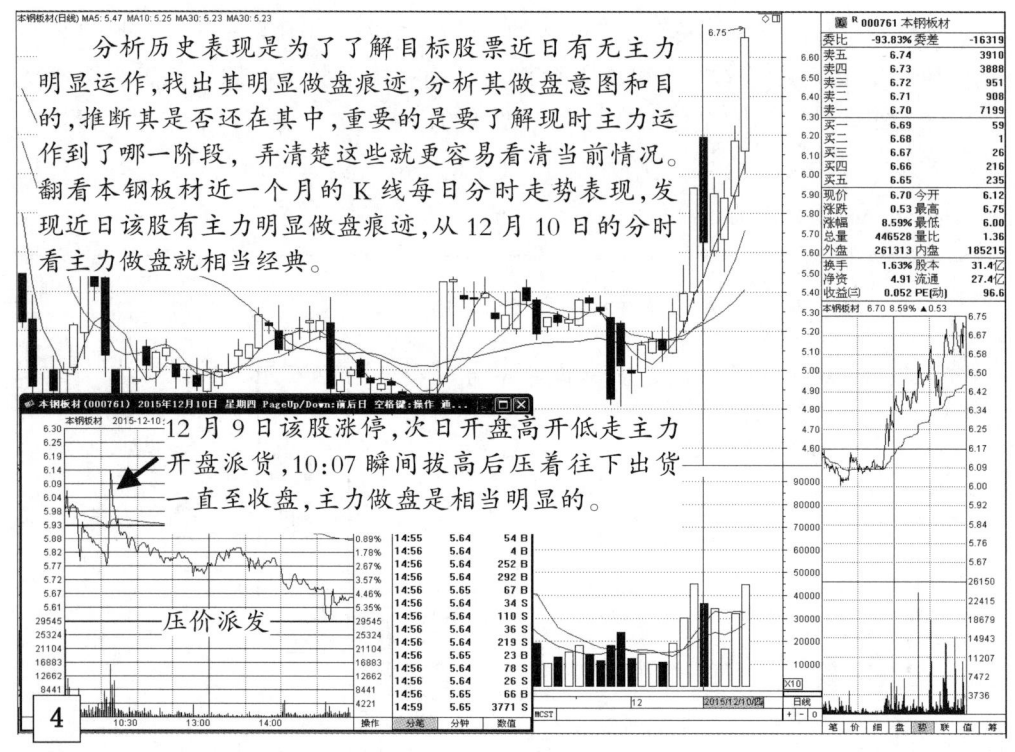

12月9日该股涨停,次日开盘高开低走主力开盘派货,10:07瞬间拔高后压着往下出货一直至收盘,主力做盘是相当明显的。

压价派发

有主力运作做盘的股票在一段时期内,盘口主力操纵股价动作往往反复出现。本钢板材12月9日涨停,10日开盘就派货,11日下午拉高后继续派货,收盘竞价时主力疯狂出手,将开始竞价5.63元一下拔高到5.90元收盘,这是主力派货还不多,为了后面有更好价格出手,同时也是为了做漂亮K线的操纵。拉尾动作说明主力还在其中。

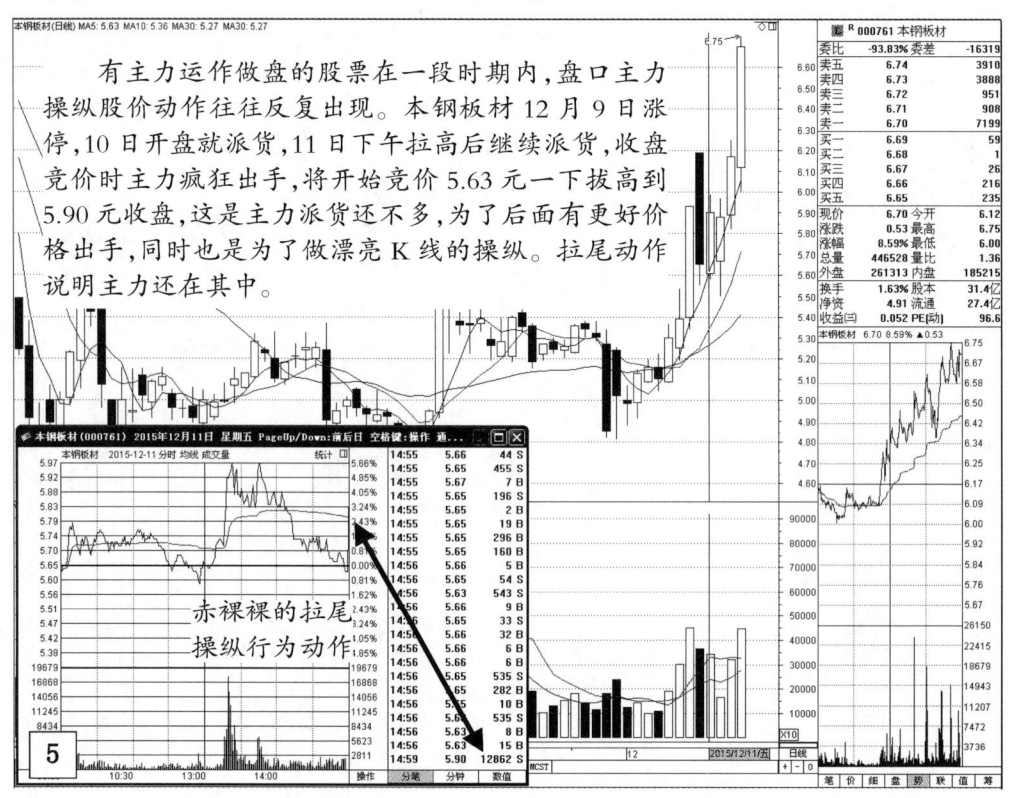

赤裸裸的拉尾操纵行为动作

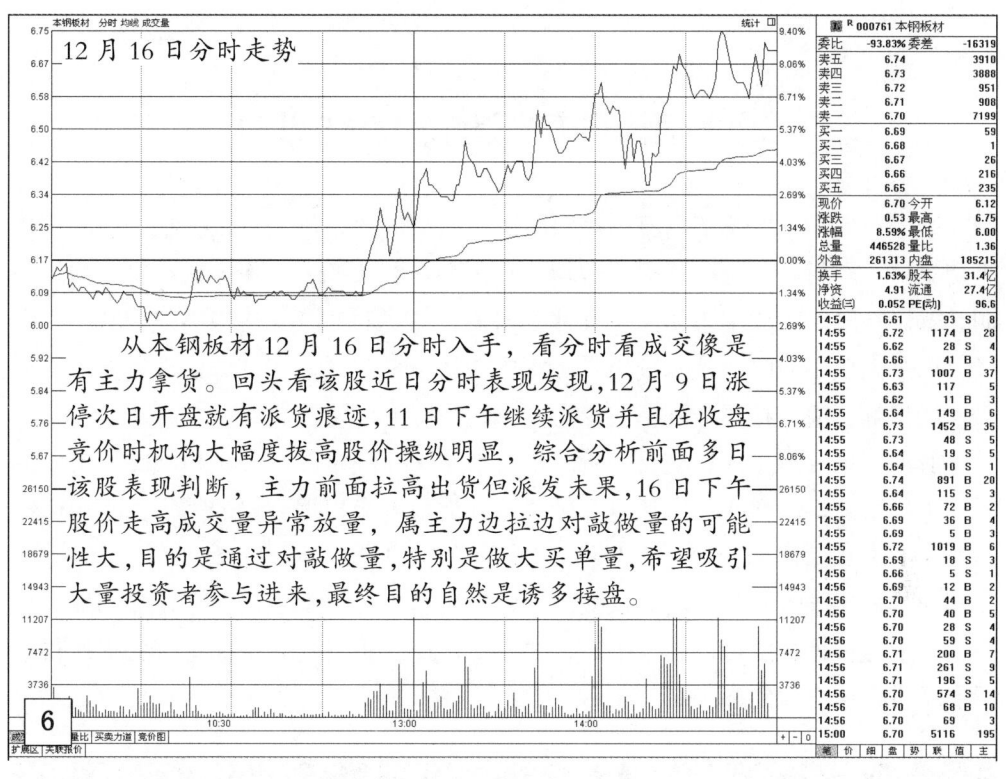

12月16日分时走势

从本钢板材12月16日分时入手,看分时看成交像是有主力拿货。回头看该股近日分时表现发现,12月9日涨停次日开盘就有派货痕迹,11日下午继续派货并且在收盘竞价时机构大幅度拔高股价操纵明显,综合分析前面多日该股表现判断,主力前面拉高出货但派发未尽,16日下午股价走高成交量异常放量,属主力边拉边对敲做量的可能性大,目的是通过对敲做量,特别是做大买单量,希望吸引大量投资者参与进来,最终目的自然是诱多接盘。

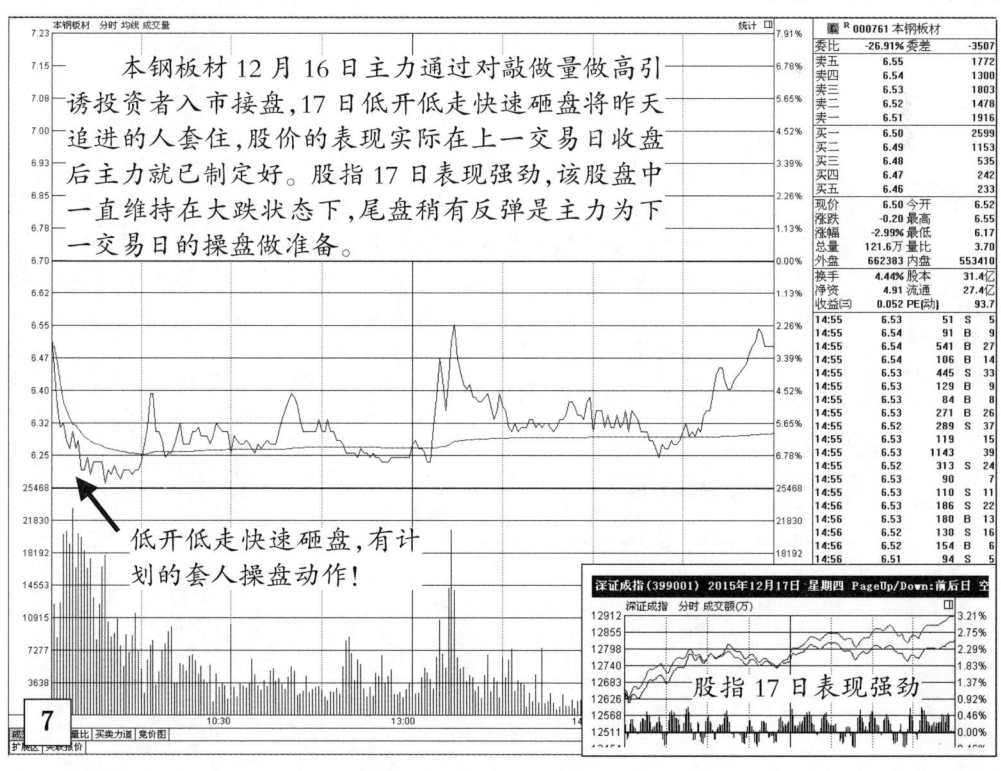

本钢板材12月16日主力通过对敲做量做高引诱投资者入市接盘,17日低开低走快速砸盘将昨天追进的人套住,股价的表现实际在上一交易日收盘后主力就已制定好。股指17日表现强劲,该股盘中一直维持在大跌状态下,尾盘稍有反弹是主力为下一交易日的操盘做准备。

低开低走快速砸盘,有计划的套人操盘动作!

股指17日表现强劲

主力行为盘口解密(七)

深度剖析断崖式崩盘大跌盘口

同一东西在不同位置场景中扮演不同角色其性质是不同样。一把刀：在厨房里切菜属下厨厨具；上山砍柴为劳动工具；拿去威胁他人叫作凶器；带上战场那叫兵器。在股票市场上也如此，一种相同招式在不同的位置环境出现，其性质意义可以是完全不同的。技术使用者必须自身认识理解这一点，分析要做到审时度势才能理解认清，相同一种招式在不同位置环境下出现的性质意义。

股票市场背后是人在交易，所有招式都是人在使用。同一种招式使用者不同时间去使用其目的何在只有他自己最清楚。使用者会根据自己的需求去运用。在市场上存在大量暴涨个股，高位经常出现"塌方断崖式崩盘盘口"。这种塌方断崖式崩盘盘口既可以是市场大众交易行为产生，也可以是主力故意做盘形成。属于主力故意做盘形成可以用于出货、洗盘、试探三种目的。下面通过如通股份近日表现讲讲这方面的知识。

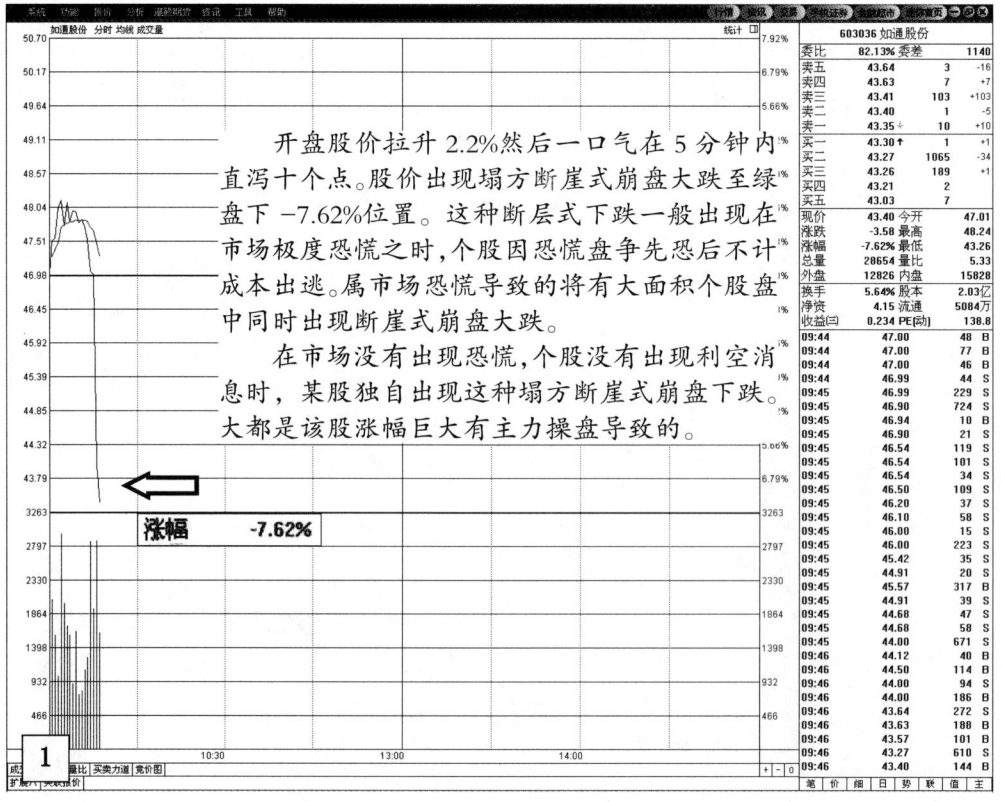

290

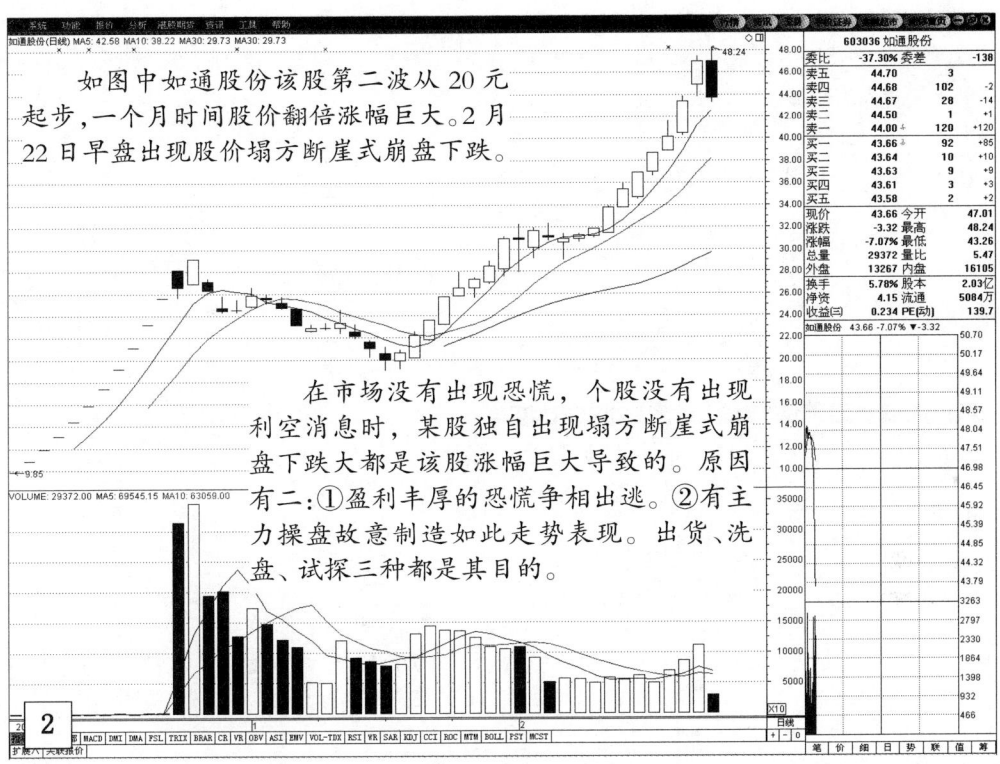

如图中如通股份该股第二波从20元起步，一个月时间股价翻倍涨幅巨大。2月22日早盘出现股价塌方断崖式崩盘下跌。

在市场没有出现恐慌，个股没有出现利空消息时，某股独自出现塌方断崖式崩盘下跌大都是该股涨幅巨大导致的。原因有二：①盈利丰厚的恐慌争相出逃。②有主力操盘故意制造如此走势表现。出货、洗盘、试探三种都是其目的。

高价股出现塌方断崖式崩盘下跌不需要太多量。由于前期涨幅巨大参与者已少接盘者少，卖盘小量就能砸下去。另外前期涨幅巨大盈利盘利润丰厚，出货时往往可以不计成本。

个股出现断崖式大跌时必是先有个别大户机构连续出货将股价砸低，盘口分时出现明显跳水状态引发恐慌，群众争先恐后出逃形成羊群杀跌效应。

断崖式下跌属于主力出洗盘或试探动作时，盘中大跌往往是主力操盘手故意打压造成的。在主力自己出货时，当然不希望股价出现猛烈断崖式下跌。但主力出货时可能会引发这种断崖式暴跌。

主力行为盘口解密(七)

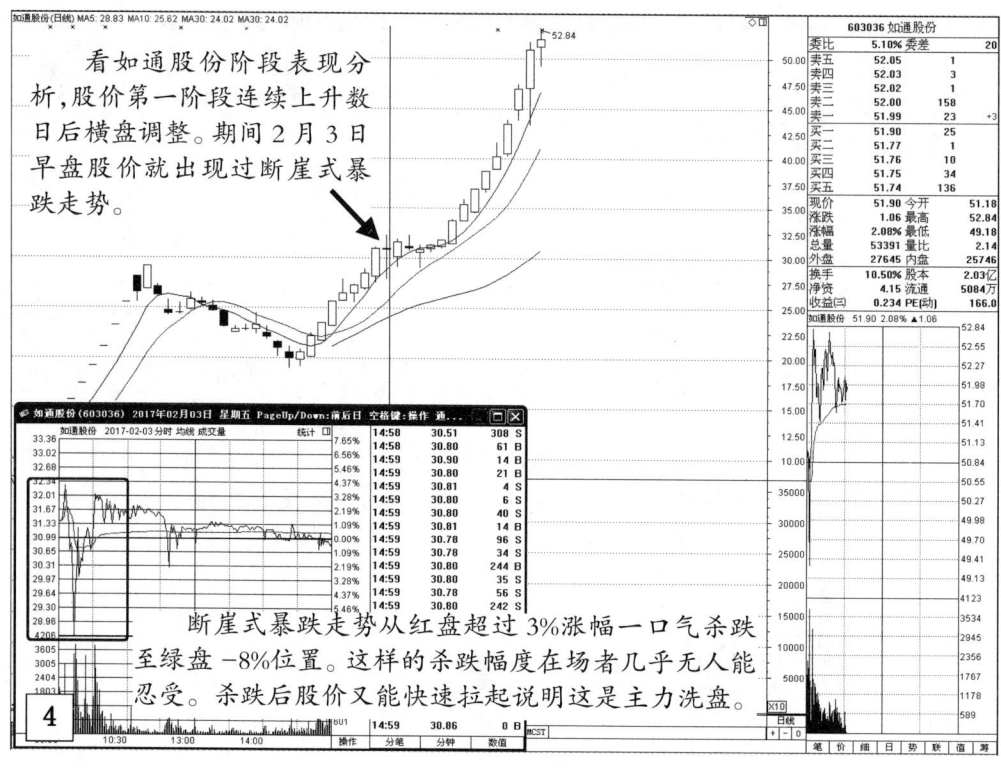

看如通股份阶段表现分析，股价第一阶段连续上升数日后横盘调整。期间2月3日早盘股价就出现过断崖式暴跌走势。

断崖式暴跌走势从红盘超过3%涨幅一口气杀跌至绿盘-8%位置。这样的杀跌幅度在场者几乎无人能忍受。杀跌后股价又能快速拉起说明这是主力洗盘。

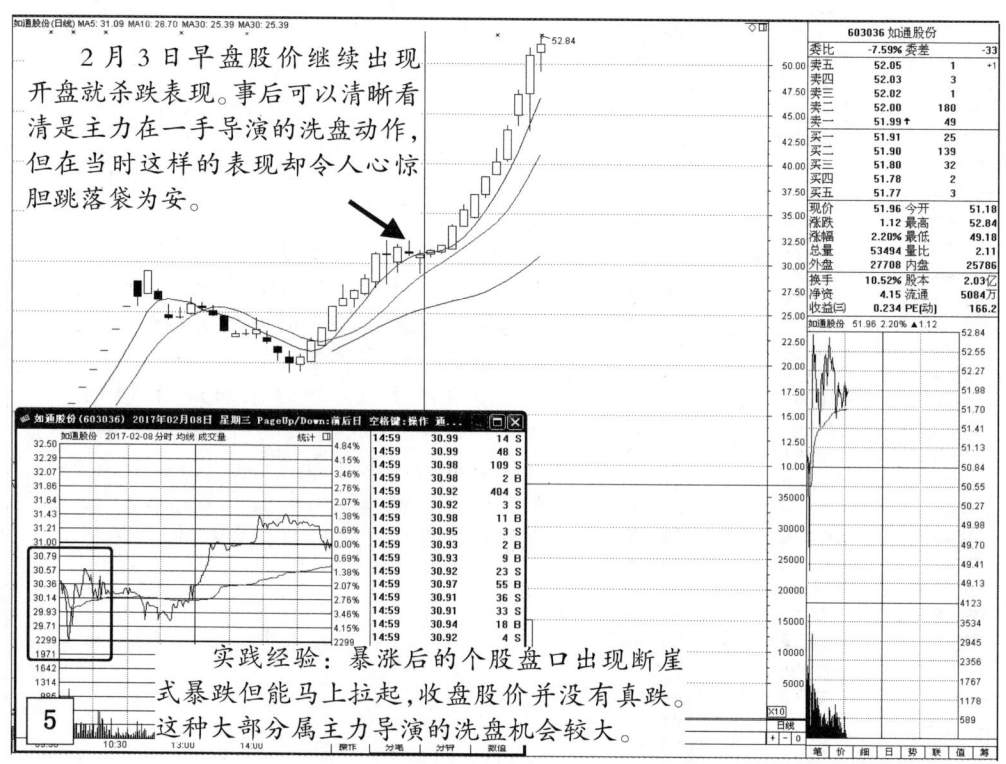

2月3日早盘股价继续出现开盘就杀跌表现。事后可以清晰看清是主力在一手导演的洗盘动作，但在当时这样的表现却令人心惊胆跳落袋为安。

实践经验：暴涨后的个股盘口出现断崖式暴跌但能马上拉起，收盘股价并没有真跌。这种大部分属主力导演的洗盘机会较大。

292

2月22日如通股份股价已是在1个月内翻倍价位之上。当日早盘股价又出现断崖式暴跌,而盘中瞬间暴跌后股价也被马上拉起。此时的位置与前期2月3日已经大不同了。

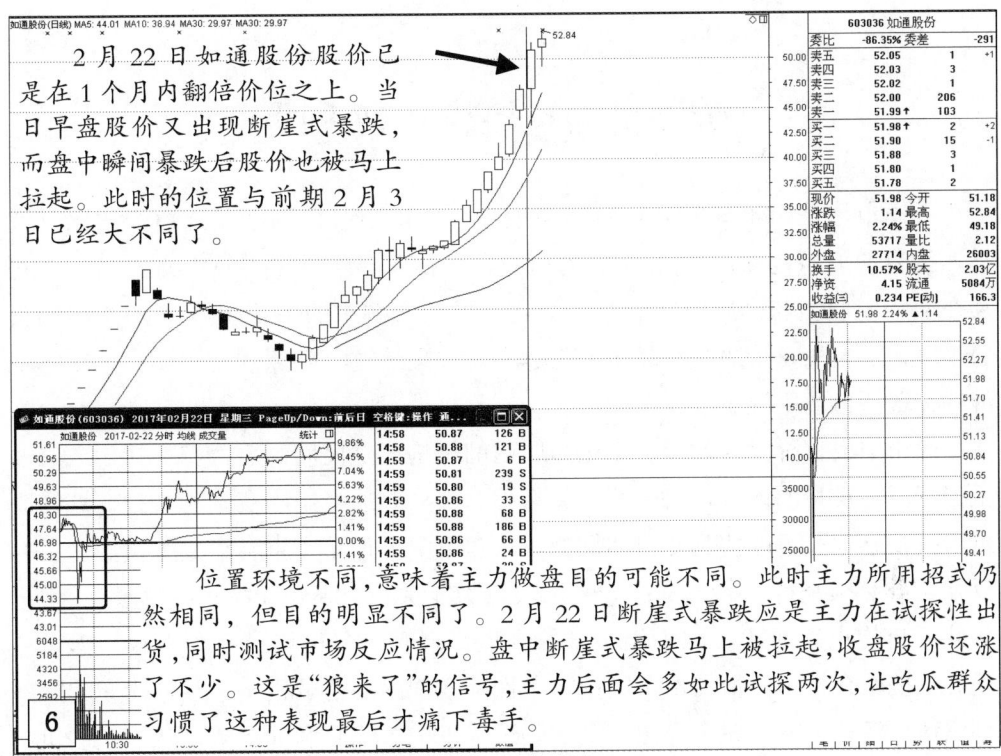

位置环境不同,意味着主力做盘目的可能不同。此时主力所用招式仍然相同,但目的明显不同了。2月22日断崖式暴跌应是主力在试探性出货,同时测试市场反应情况。盘中断崖式暴跌马上被拉起,收盘股价还涨了不少。这是"狼来了"的信号,主力后面会多如此试探两次,让吃瓜群众习惯了这种表现最后才痛下毒手。

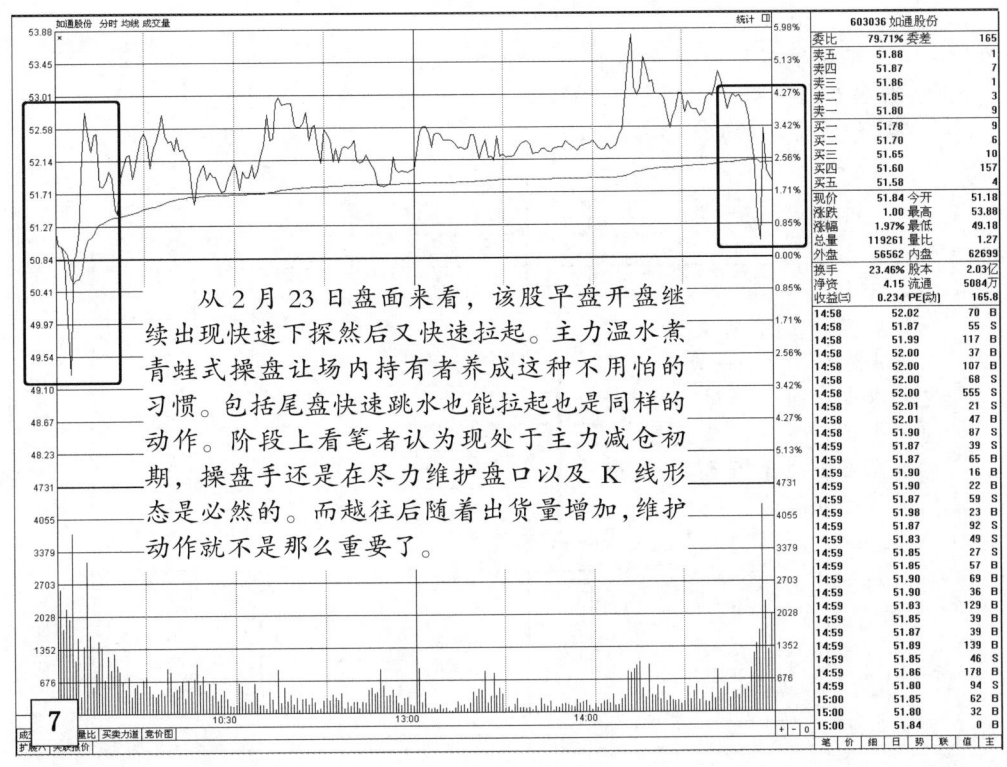

从2月23日盘面来看,该股早盘开盘继续出现快速下探然后又快速拉起。主力温水煮青蛙式操盘让场内持有者养成这种不用怕的习惯。包括尾盘快速跳水也能拉起也是同样的动作。阶段上看笔者认为现处于主力减仓初期,操盘手还是在尽力维护盘口以及K线形态是必然的。而越往后随着出货量增加,维护动作就不是那么重要了。

主力行为盘口解密(七)

游资机构超短线套利手段

不同市场采用不同的操作策略为上策,牛市中股指与个股上行一波比一波高,持有的如不是那占比2%左右的瘟股,那持股自然是拿得越久赚得越多。相反在熊市中股指与个股下行总是一波比一波低,如拿的不是那占比2%左右的强势牛股,那自然是持股拿得越久亏得越多。如果连这个基原理都不明白,就不要继续在股票市场中混了。

熊市中也有阶段性反弹,无论是聪明的机构还是民间高手,空仓持币之时要抵挡阶段性反弹的诱惑,忍耐不了怎么办?部分人选择用小资金玩一把,这样既可以找找感觉又可能博到几日的烟酒钱。熊市中无论是小资金还是大资金入市博反弹,都必须坚持一条原则:"快进快出不能贪心,不行即撤止损离场"。散户如此,机构也须如此,此千年不变的真理一直有部分机构遵守和奉行。熊市中途,一些空仓持币但抵挡不了股指阶段性反弹疑惑的游资机构,经常出来为赚些烟酒钱而活动,下面就来介绍一下这些游资机构短线套利的形式,认识这些机构的操盘手法。

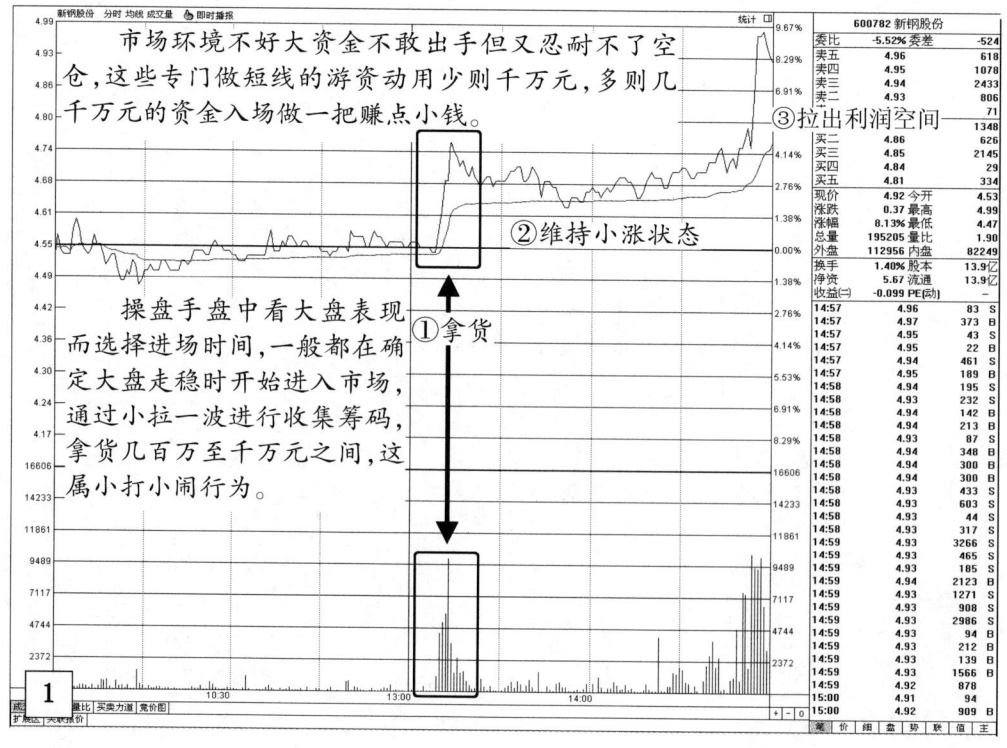

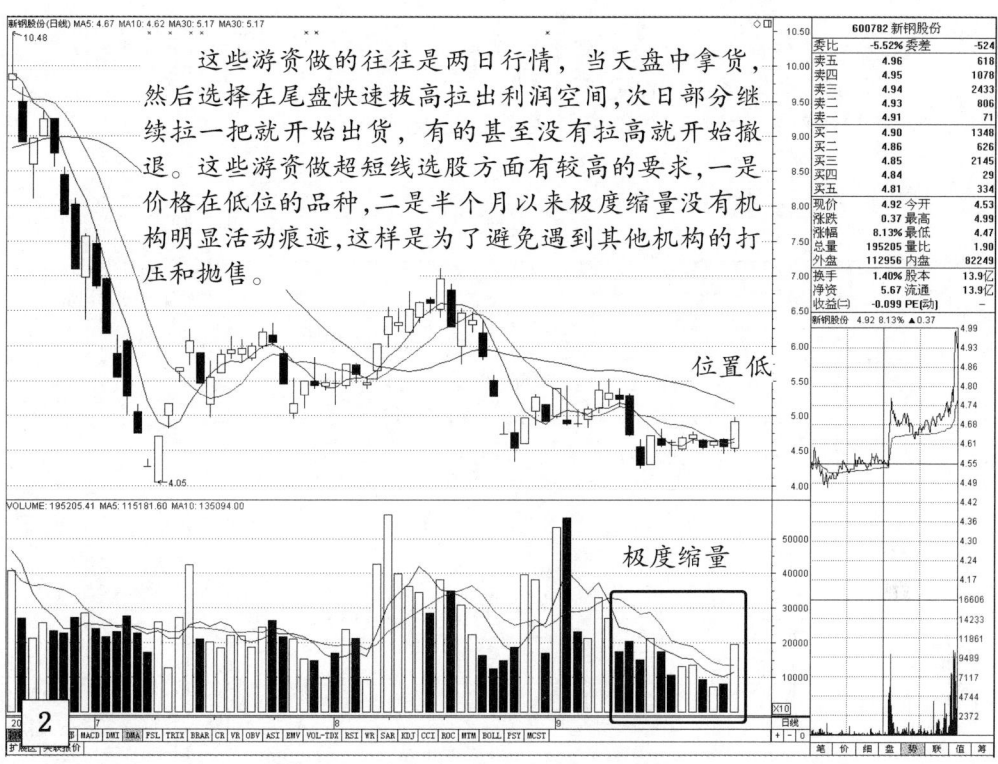

这些游资做的往往是两日行情,当天盘中拿货,然后选择在尾盘快速拔高拉出利润空间,次日部分继续拉一把就开始出货,有的甚至没有拉高就开始撤退。这些游资做超短线选股方面有较高的要求,一是价格在低位的品种,二是半个月以来极度缩量没有机构明显活动痕迹,这样是为了避免遇到其他机构的打压和抛售。

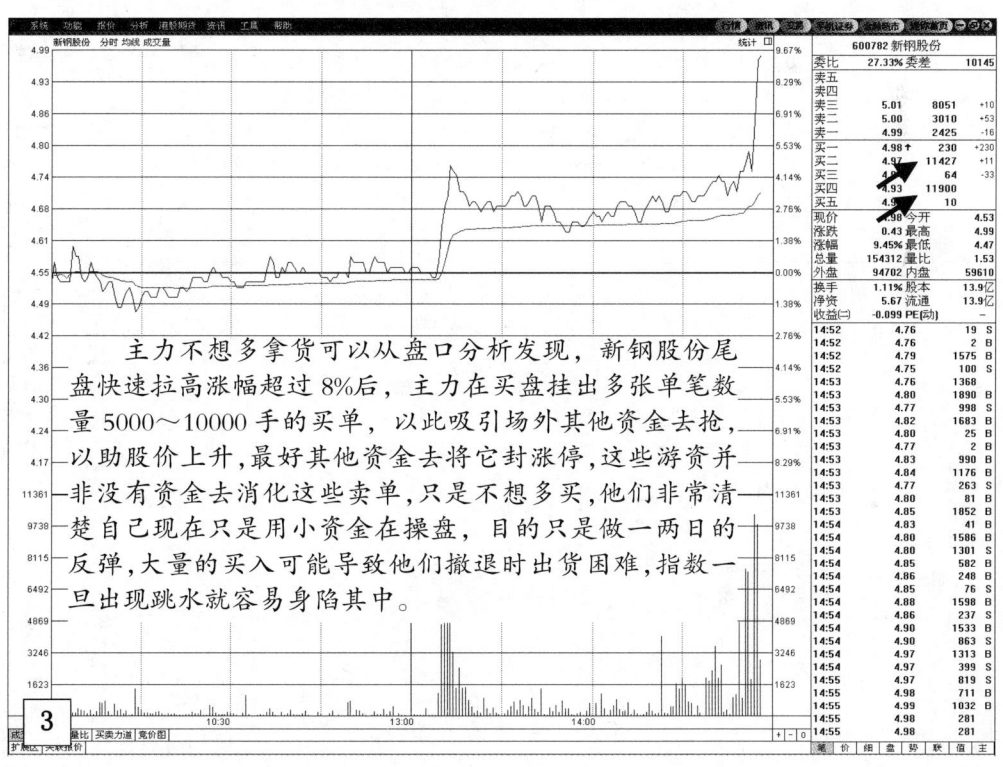

主力不想多拿货可以从盘口分析发现,新钢股份尾盘快速拉高涨幅超过8%后,主力在买盘挂出多张单笔数量5000～10000手的买单,以此吸引场外其他资金去抢,以助股价上升,最好其他资金去将它封涨停,这些游资并非没有资金去消化这些卖单,只是不想多买,他们非常清楚自己现在只是用小资金在操盘,目的只是做一两日的反弹,大量的买入可能导致他们撤退时出货困难,指数一旦出现跳水就容易身陷其中。

主力行为盘口解密(七)

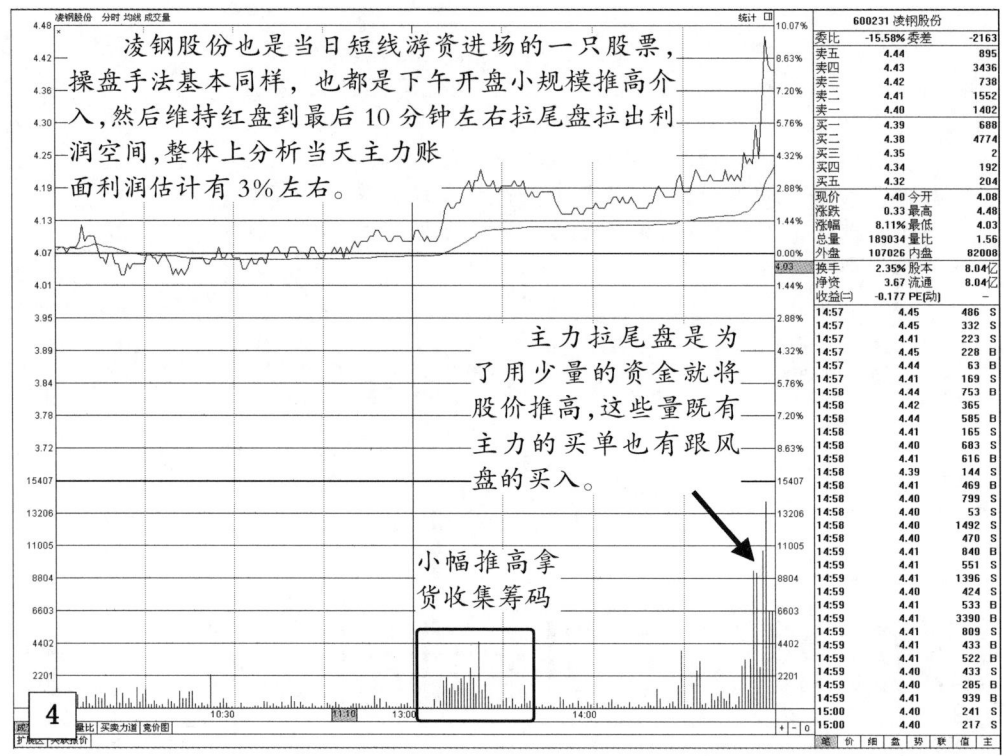

凌钢股份也是当日短线游资进场的一只股票,操盘手法基本同样,也都是下午开盘小规模推高介入,然后维持红盘到最后10分钟左右拉尾盘拉出利润空间,整体上分析当天主力账面利润估计有3%左右。

主力拉尾盘是为了用少量的资金就将股价推高,这些量既有主力的买单也有跟风盘的买入。

小幅推高拿货收集筹码

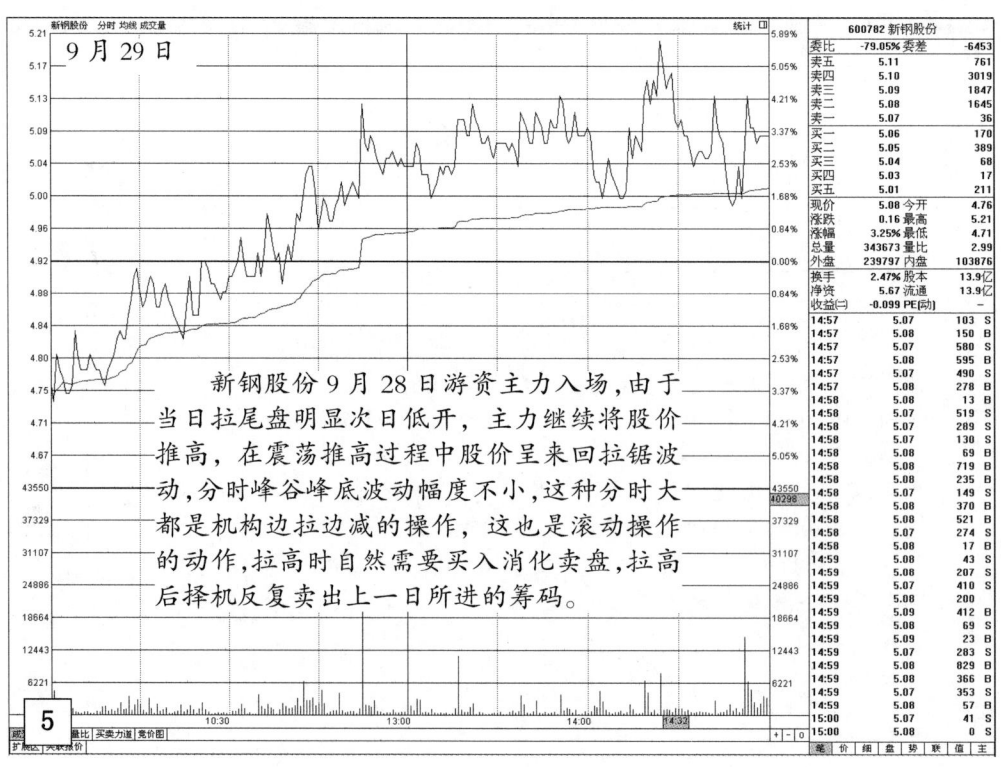

9月29日

新钢股份9月28日游资主力入场,由于当日拉尾盘明显次日低开,主力继续将股价推高,在震荡推高过程中股价呈来回拉锯波动,分时峰谷峰底波动幅度不小,这种分时大都是机构边拉边减的操作,这也是滚动操作的动作,拉高时自然需要买入消化卖盘,拉高后择机反复卖出上一日所进的筹码。

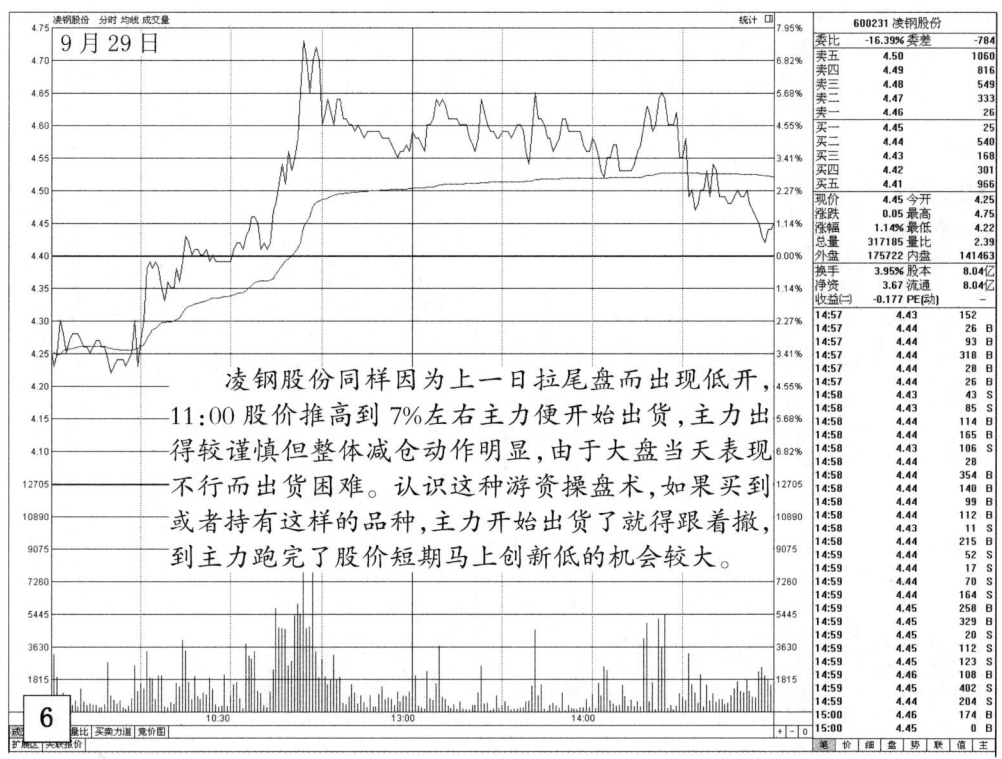

传统技术与盘口结合分析案例

跟着大机构进出安全有保障，跟着独立操盘实力机构进出对盈利更容易作出预期。因为独立操盘实力机构大多会出手拉抬干预股价主动创造利润。

通过盘口可以发现部分独立操盘实力机构活动痕迹。这类机构在个股中活动时，股价多时表现出较强的独立性，这通过盘面分时走势分析研判可发现。大机构入市拿货买单多有规律可循，大买单成交出现较多手数同样或相近。大买单吃货价差大并反复出现。如是主力出货，同一天盘中有时出现较多手数同样或相近大卖单，大卖单出货砸盘动作相似。有大主力在一只股票中活动的一个交易日或短期内，细心研究可以找到各种密切关联的一连串操盘痕迹。

下面以奥瑞金该股3月4日表现作为分析标的，讲讲技术分析与盘面分析结合的发现主力活动的方法。

主力行为盘口解密(七)

传统技术分析方法中:K线形态、趋势、均线、成交量等具有较高的价值。这些是看盘必备的常用工具。看奥瑞金日K线表现,1月以来日K线形成明显上升趋势。股价这样状态下参与的个人和机构都较积极活跃。这是传统技术分析下得出的基本结论。

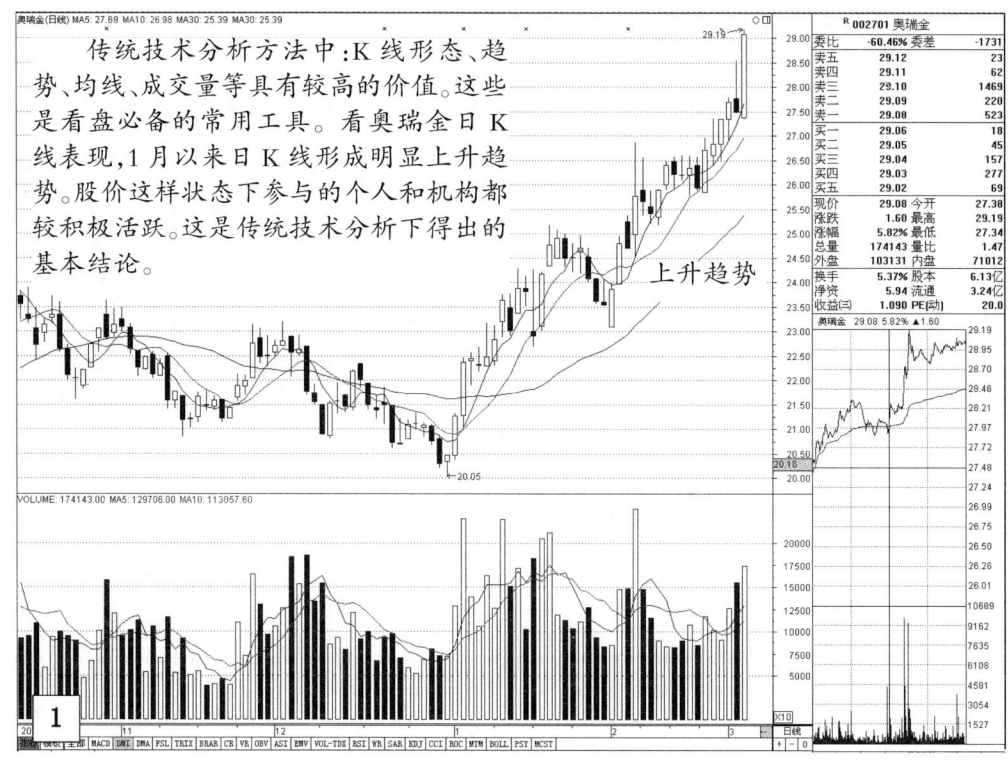

奥瑞金3月4日股价整体表现强势,上午股价小幅震荡上升,13:40后出现明显加速上行。

看个股有没有大机构活动看分时走势表现便可知其一。独立强势是大机构做多的重要特征之一。

独立和强势可通过对比大盘当时的分时表现后获释。

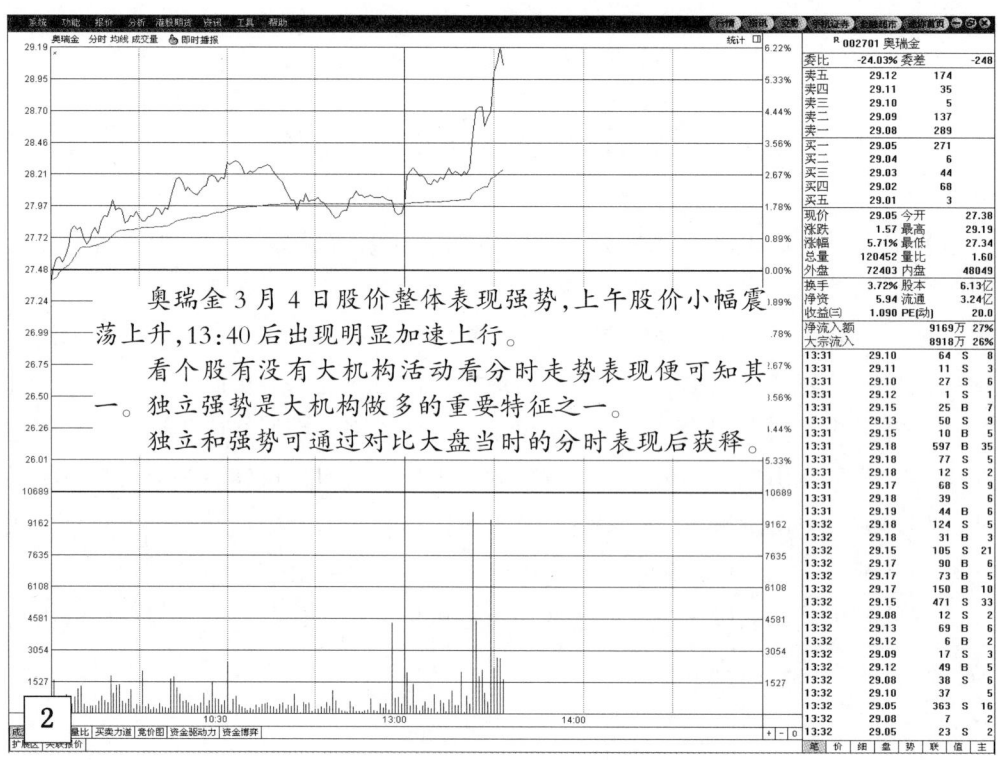

9:53则出现不少50手、60手有规律买单。盘中不同时段多次出现有规律交易痕迹，属同一机构在活动留下的概率较大。

成交细节上 9:47—9:49出现大量100手整数买单。

入量五六十手买单

13:22开始该股出现明显拔高，拔高方式是多次单笔数千手买单大幅往上扫高。每次拔高的价差在0.2～0.3元之间，具有一定的规律。结合早盘出现的100手和50手60手规律买单分析，属同一主力在操盘概率就更大了。分析仅靠一两要点是不好下结论的。如发现有三个以上规律性动作则就可做出初步判断结论。

多次大单快速大幅拔高，目的二者有其一：拿货或拉升。无论该机构做盘是这那一种目的，理论上短线仍有一定机会。

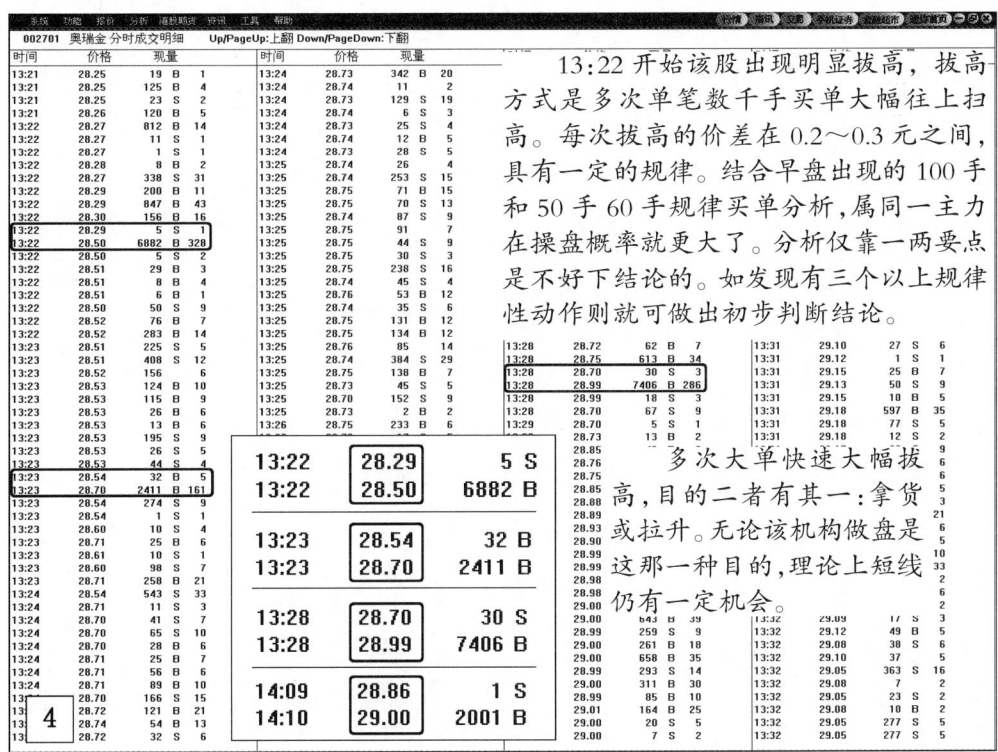

主力行为盘口解密（七）

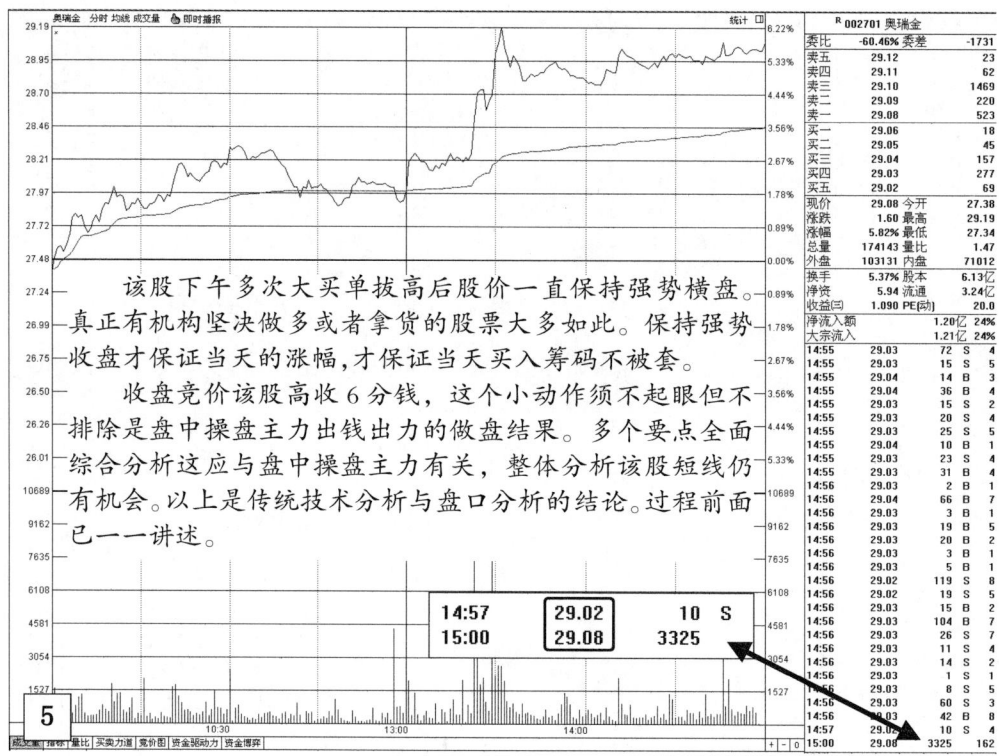

该股下午多次大买单拔高后股价一直保持强势横盘。真正有机构坚决做多或者拿货的股票大多如此。保持强势收盘才保证当天的涨幅，才保证当天买入筹码不被套。

收盘竞价该股高收 6 分钱，这个小动作须不起眼但不排除是盘中操盘主力出钱出力的做盘结果。多个要点全面综合分析这应与盘中操盘主力有关，整体分析该股短线仍有机会。以上是传统技术分析与盘口分析的结论。过程前面已一一讲述。

后 记

  十多年前认识一位出版界的朋友，在网上看到笔者发表的操盘日记，联系笔者希望能够整理出版，笔者考虑再三后觉得，出版成书能够让更多的读者学习到盘口技术，了解主力操盘的真实意图，顺势而为便能够成为股市中的赢家，与人与己都是一件快乐的事，所以就同意出版，也就有了《主力行为盘口解密》1~6辑，加上现在的这本共有7本系列专辑。

  图书出版后有许多读者来信，反映在阅读主力行为盘口解密系列书时，盘口分析比较难掌握。书中例子看得清楚明白，但一到实盘就无从下手，不知所措。笔者认为，刚刚接触盘口分析的朋友，看盘出现这种情况是正常现象。盘口分析的确是所有技术分析中最难的，但也是最有价值的，要熟悉掌握这种技能需要投资者长期的实践与训练，在实战中慢慢领悟。盘口语言是基础知识之上更高层次的知识，学习盘口技术先要积累大量的股票基础知识，有了一定的基础才能学好盘口语言。笔者在网上每周都会发表新的关于主力做盘手法的文章，读者朋友可以长期跟踪阅读，对照自己在实战中遇到的问题有针对性的学习提高。有疑惑与问题请直接联系作者的QQ与微信。

  金印联系方式：QQ（306881188）

  金印微信码：jytz10008

  金印官网：http://www.jy1008.com

  金印微信公众号：